Justus Möser, Reinhard Zöllner

Patriotische Phantasien

In zwei Teilen. Erster Teil

Justus Möser, Reinhard Zöllner

Patriotische Phantasien
In zwei Teilen. Erster Teil

ISBN/EAN: 9783744641647

Hergestellt in Europa, USA, Kanada, Australien, Japan

Cover: Foto ©ninafisch / pixelio.de

Weitere Bücher finden Sie auf **www.hansebooks.com**

Bibliothek

der

Deutschen Nationalliteratur

des

achtzehnten und neunzehnten Jahrhunderts.

Patriotische Phantasien.

Von

Justus Möser.

———

Mit Einleitung und Anmerkungen

herausgegeben

von

Reinhard Zöllner.

In zwei Theilen.

Erster Theil.

Leipzig:

F. A. Brockhaus.

1871.

Justus Möser.

Die geistlichen Staaten Deutschlands hatten im vorigen Jahrhundert ihre Macht wie ihr Ansehen fast vollständig verloren; die Zahl der selbständigen Bisthümer hatte sich immer mehr verringert, seitdem die Kapitel es gestatteten, daß deutsche Reichsfürsten zugleich Regenten einer oft nicht unbeträchtlichen Anzahl von Bisthümern und Abteien waren. Die innern Verhältnisse trugen auch nichts zur Kräftigung der politischen Stellung dieser Kleinstaaten bei; das Kapitel, berechtigt zur Wahl des Bischofs, war eine aristokratische Corporation, welche, als Theilhaber der Regierungsgewalt, dem Landesherrn gegenüber ihre Vorrechte mit Entschiedenheit zur Geltung zu bringen wußte und, weil sie das Land für ihre eigenen Interessen ausnutzen wollte, auf der einen Seite die Unterthanen bedrückte, auf der andern zu häufigen Conflicten mit dem Landesherrn Veranlassung gab. Solche Verfassungskämpfe drehten sich nun nicht um große Principien; Selbstsucht stritt hier wie dort, denn auch die Bischöfe, welche dem Lande meist durch die Geburt fremd waren, hegten nicht höhere Regierungsansichten als die Kapitel.

Diese Uebelstände hatte Osnabrück mit allen übrigen geistlichen Staaten gemein; ja die Verhältnisse waren hier noch geeigneter zu Verwickelungen, weil die Bevölkerung gemischter Confession war und ein protestantischer Administrator mit einem katholischen Bischof wechseln mußte, das Domkapitel aber aus zweiundzwanzig katholischen und drei protestantischen Domherren bestand, während die Mitglieder der Ritterschaft zum größten Theil Protestanten waren.

So lag denn mannichfacher Zündstoff nebeneinander; daß er nicht
entbrannte, war einem Manne zu danken, welcher mit unge=
meinem Geschick und seltener Menschenkenntniß drohenden Con=
flicten vorzubeugen und die entgegengesetzten Parteien zu schlichten
und zu leiten wußte. Dies war Justus Möser — ein größerer
Diplomat als manche, welche in seinen Tagen an der Spitze
europäischer Großmächte standen, ausgezeichnet nicht nur durch
eminentes Geschick in der Verwaltung, sondern auch durch das
Streben, das Volk über Staatsverhältnisse und die Grundsätze
seiner eigenen amtlichen Wirksamkeit aufzuklären. Heute fällt es
niemand auf, wenn ein Minister selbst die Feder ergreift, um
im Volke bestimmte Ansichten zu erzeugen; in der zweiten Hälfte
des vorigen Jahrhunderts war der Staatsbeamte eine seltsame
Erscheinung, welcher sich gedrungen fühlte über seine Thätigkeit
nicht blos seinen Vorgesetzten, sondern auch den Unterthanen
Rechenschaft abzulegen, und der die Presse benutzte, um einen
moralischen Druck bei besonders wichtigen Fragen auf die Re=
gierung auszuüben.

Justus Möser's Leben verlief ohne große Wandelungen des
Glücks; er sagt selbst, daß ein Mann, von dem man immer
sagt, er sitzt und schreibt, wenig erlebe. Aus der Bahn, welche
er sich von Jugend an vorgezeichnet, ist er nie gedrängt worden;
seine Vermögensverhältnisse haben ihn jeder Sorge um das täg=
liche Brot enthoben, und bis zu seinem Tode ist ihm ein wenn
auch nicht glänzendes, so doch auf sicherer Grundlage beruhendes
Glück treu geblieben. Seine Familie stammte aus der Kurmark;
sein Großvater war als Prediger nach Osnabrück gekommen, und
sein Vater, Johann Zacharias Möser (geboren den 21. April 1690,
gestorben den 15. April 1758), bekleidete in derselben Stadt die
Stelle eines Kanzleidirectors und Consistorialrathes. Letzterer
hatte sich 1716 mit Regina Gertrud Elverfeld verehelicht; und
von den neun Kindern dieser Ehe war Justus (geboren den 14. De=
cember 1720) das zweitgeborene und der erstgeborene Sohn.
Die väterliche Erziehung war streng, aber nach festen Grundsätzen
geregelt: an Entsagung und Selbstbeherrschung wurden die Kin=
der früh gewöhnt, und ihnen nur selten baares Geld zu selbstän=
diger Verwendung in die Hände gegeben. Die Mutter war
mildern Sinnes und tiefern Gemüths als der Vater; eine

vortreffliche Hausfrau und dabei mit der franzöſiſchen Literatur
wohl vertraut. Nicht ohne Einfluß auf Möſer's Stil war es,
daß er früh die franzöſiſche Sprache erlernt und, wie er an
Nicolai ſchrieb, ſeine erſten Schulübungen nach Marivaux gemacht
und damals ſeinen „St.-Evremont" mehr als zehnmal durch=
geleſen habe. Einen übermüthigen Jugendſtreich erzählt uns
Möſer in einem Bruchſtück einer Selbſtbiographie: „Einſt hätte er
aus ſeines Vaters Geldſchranke eine Kleinigkeit entwendet, und
als ſein Informator ſolches gemerkt und ſeinem Vater hinter=
bracht, die Flucht genommen, zum Thore hinausgemacht und in
Geſellſchaft einiger preußiſchen Ausreißer, auf die er von ungefähr
geſtoßen, die Stadt Münſter erreicht. Hier wäre er, weil er kein
Geld bei ſich gehabt, einen ganzen Tag die Gaſſen auf= und
niedergegangen; hundertmal hätte er ſich gegen eine Thür gewandt
und um ein Almoſen bitten wollen; allein wenn er den Mund auf=
gethan, wäre ihm die Stimme vergangen, bis ihn endlich der
Hunger überwältigt und gezwungen hätte, eine Bitte zu wagen,
worauf ihm ein Mann 6 Pfennige gegeben hätte. Damit wäre
er in voller Freude zum Bäcker und mit dem Brote zum Thore,
durch das er hereingekommen, hinausgelaufen, wo er ſich, ohne
zu wiſſen was er thun wollen, auf einen Stein niedergeſetzt und
ſein Brot verzehrt hätte."

„So weit ging ſeine Erzählung — fährt er fort, immer von
ſich als einer dritten Perſon ſprechend —, dem ich jedoch nach
dem Berichte von andern hinzuſetzen muß, daß er zwar flüchtig,
ſchalthaft und wild, jedoch alles mit guter Art, und bei einem
jeden beliebt geweſen, auch nach der Schule und von ſeinen
Lehrern als ein feuriger Kopf und beſonders als ein trefflicher
Redner bewundert, der Stoff genug zu finden gewußt um eine
Declamation von zwei Stunden zu halten; hierin hätte er alle
von ſeinem Alter übertroffen. In ſeinem zwölften Jahre hatten
er und ſeine beiden Freunde, der nachherige helmſtädtiſche Pro=
feſſor Lodtmann und der Superintendent Bertling, mit andern
eine gelehrte Geſellſchaft errichtet, worin ſie ſich einer eigenen
von ihnen erfundenen Sprache bedient. Sie hätten zu dieſer
Sprache ihre beſondere Grammatik gemacht. Bertling hätte das
Wörterbuch geſchrieben, er aber die gelehrte Zeitung in dieſer
Sprache und die Kalender gefertigt und das Siegel der Geſell=

ſchaft geſtochen.   Sie hätten ſich zuſammen dieſer Thorheit ſo
ſehr überlaſſen, daß die Lehrer ſie mit allen Schlägen nicht davon zurückbringen konnten."

Vorbereitet auf dem ſtädtiſchen Gymnaſium, ſtudirte Möſer
in den Jahren **1740** und **1741** in Jena, **1742** in Göttingen
Jurisprudenz.   Die trockene, ſchwülſtige Katheberweisheit behagte
ihm aber wenig; ſein Geiſt fühlte ſich beengt durch die Formeln
des römiſchen Rechts und wandte ſich bald mit Vorliebe der
deutſchen Rechtsgeſchichte zu.   In ſeine Heimat zurückgekehrt,
ſuchte er als Advocat ſeine geſammelten Kenntniſſe zu verwerthen
und verheirathete ſich 1746 mit Regina Juliana Eliſabeth Brou-
ning, deren Vater Geheimſchreiber des Biſchofs war, — eine
Ehe die, weniger aus gegenſeitiger Liebe als aus Gründen der
Vernunft geſchloſſen, dennoch bis zum Tode der Gattin eine un-
getrübt glückliche war.   Sein Weib, vier Jahre älter als er,
brachte ihm neben einer vielſeitigen Bildung ein Vermögen mit,
welches ihm geſtattete ein offenes Haus zu führen.   Der Dom-
herr von Bar, ein geiſtreicher Mann welcher nicht ohne Glück
in franzöſiſcher Sprache zu ſchriftſtellern verſuchte, und von dem
Buſſche, der von ausgedehnten Reiſen reiche Kenntniſſe heimge-
bracht hatte, waren gern geſehene Gäſte und regten ihn zu
eingehenden Studien in den neuern Sprachen und ihren Schrift-
werken an.   Infolge dieſes Verkehrs erwarb er ſich jene Beleſenheit in der franzöſiſchen und engliſchen Literatur, welche er an
einzelnen Stellen ſeiner „Patriotiſchen Phantaſien" nicht ohne
Stolz zur Schau trägt.

Trotz ſeiner Jugend ward Möſer durch das Vertrauen ſeiner
Mitbürger und der Regierung ſchnell zu höhern Aemtern befördert.
Als Advocatus patriae mußte der kaum ſiebenundzwanzigjährige
Mann die Rechtshändel der Regierung führen und ſie den Ständen gegenüber vertreten.   Später ward er Secretär und Syndicus
der Ritterſchaft und erhielt 1768 die Ernennung zum Geheimen
Referendar.   Seine Umſicht, Menſchenkenntniß und Milde ver-
hinderten manches Zerwürfniß; da er für die Gründe jeder Anſicht
zugänglich war, ſo hatte ſein Urtheil bei allen Parteien großes
Gewicht.   Indem er die Gegner von der Nützlichkeit deſſen über-
zeugte, was er für gut hielt, wußte er ebenſo wol für die pro-
teſtantiſche Kirche als auch, wie wir ſpäter ſehen werden, für

den Bauernstand erfolgreich zu wirken. So war er, wie er selbst
sagt, „mit Leidenschaft Advocat", während er von Jugend auf
gegen ein richterliches Amt Abneigung fühlte und aus diesem
Grunde auch die ihm angetragene Stelle eines Oberappellations-
raths in Celle ausschlug.

Die Besetzung Hannovers durch die Franzosen führte Möser
im Jahre 1757 und später mehrmals als Unterhändler in das
feindliche Lager; daß dem Lande viel erspart ward, ist seiner
Umsicht zu danken und der eigenthümlichen Art, wie er die
Menschen zu behandeln wußte. Wir müssen sein seines diplo-
matisches Auftreten bewundern, wenn wir in einem Briefe an
Abbt (1761) lesen: „Mit der traurigen Physiognomie eines
Landesdeputirten durfte ich nirgends erscheinen. Mit einer
lustigen Maske hingegen war ich überall willkommen, und oft
habe ich mit thränenden Augen und blutendem Herzen den Herzog (Ferdinand) gebeten, doch nur einmal zu lachen. Zur Beruhigung meines Gewissens ließ er mir nach und nach eine halbe
Million nach."

Der Tod des Bischofs und Kurfürsten Clemens August
machte 1761 eine Neuwahl nothwendig; nach den Bestimmungen
des Westfälischen Friedens mußte ein protestantischer Prinz aus
dem Hause Braunschweig-Lüneburg folgen, bis zur Wahl aber
das Domkapitel die Regierung des Landes führen. Die politischen
Verhältnisse bedingten eine Verschiebung der Wahl, und als endlich das Domkapitel, da der Bruder des Königs von England
schon bejahrt war, dessen noch minderjährigen zweiten Sohn
wählen wollte, kam es wiederum zu weitläufigen Verhandlungen,
da das Kapitel auf die Forderung des englischen Hofes, daß,
wenn der Prinz minorenn stürbe, die Neuwahl sich auf die Glieder des Hauses Braunschweig-Lüneburg beschränken sollte, glaubte
nicht eingehen zu dürfen. Besonders sträubte sich dagegen die
vom kaiserlichen Hofe beeinflußte katholische Partei. Theils um
diese Unterhandlungen zu führen, theils wegen der Liquidation
der Landesforderungen beim englischen Kriegscommissariat, ward
Möser, welcher unterdeß Justitiar am Criminalgericht geworden
war, nach London geschickt. Sein achtmonatlicher Aufenthalt in
der Hauptstadt Englands ließ ihn einen tiefen Einblick in die
englischen Verhältnisse gewinnen, welche ja denen seiner sächsischen

Heimat in ſehr vielen Beziehungen verwandt waren. Am Abend
erholte er ſich oft im Theater und wanderte auf den Straßen
umher, um das Volksleben kennen zu lernen; er verſchmähte es
ſelbſt nicht, in Begleitung des berühmten Komikers Shutter einem
Gelage beizuwohnen, welches die Bettler des Kirchſpiels St.-Giles
in einer Kellerwirthſchaft abhielten. Nach der Heimat brachte
Möſer eine anhaltende Begeiſterung für England mit, das Land,
„wo man die wahre Natur liebt und ihr in jedem Stande Gerechtigkeit widerfahren läßt“, und immer ließ er es ſich angelegen
ſein, den an franzöſiſchen Moden und Sitten hängenden Deutſchen die ſtammverwandten Engländer als Muſter hinzuſtellen.
Er rühmt das engliſche Weib, welches nach dem dreißigſten Jahre
die Moden nicht mehr ändert, und ſpricht mit Anerkennung von
der Innigkeit des engliſchen Familienlebens. Aus den engen
und kleinlichen Verhältniſſen ſeines Heimatlandes in einen Staat
verſetzt, der auch dem Volke an dem Regiment Antheil zu nehmen
geſtattet, erkennt er den ſittlichen Einfluß, welchen die Freiheit
auf den Bürger auszuüben vermag, und rühmt enthuſiaſtiſch jenes
Land, „wo immer eine außerordentliche Menge von Seelenkraft
in Bewegung iſt, und Redner, Dichter und Schriftſteller nicht
blos mit flüchtiger Hand für den Unterricht und das Vergnügen
arbeiten, ſondern mit ihrer Begeiſterung dem Staate zu Hülfe
kommen und, durch große Bewegungsgründe erhitzt, jede nützliche
Wahrheit in ihr höchſtes Licht ſetzen. Hier mache auch der ge-
ringſte Mann das allgemeine Wohl zu ſeiner Privatangelegen-
heit.“ Möſer's praktiſchem Sinne entgingen die Urſachen nicht,
welche dem engliſchen Adel vor dem deutſchen den Vorzug einer
größern Selbſtändigkeit verliehen haben: dem Adel ſchade die
Vermehrung, er dürfe nicht zu zahlreich und zu gemein werden;
dies ſei in Deutſchland dadurch eingetreten, daß hier ein Herzog
zwölf Herzöge, ein Graf zwölf Grafen, ein Freiherr zwölf Frei-
herren zeugen könne; in England würde aber der Adel, welcher
ein Kronlehen oder eine Kronehre ſei, nur dem älteſten Sohne
zutheil, während die übrigen nicht berechtigt ſeien das Adels-
wappen zu führen, ſondern dem Bürgerſtande zugezählt würden.
Daß auch die engliſchen Rechtsverhältniſſe für Möſer viel An-
ziehendes hatte und in ihm den Wunſch nach einer Umgeſtaltung

des deutschen Gerichtsverfahrens rege machten, werden wir später mehr beleuchten.

Das **Ergebniß** der Verhandlungen zwischen dem **englischen Hofe** und dem **Domkapitel** war, daß **am 27. Februar 1764** Prinz Friedrich zum Bischof von Osnabrück erwählt ward. Ueber die Vormundschaft konnten sich vorläufig **beide Parteien** noch nicht einigen. Der König Georg III. forderte, **daß** während der Minderjährigkeit **des erst** sechs Monate alten Bischofs er selbst die Regierung des Hochstifts übernehme; wogegen das Domkapitel, **welches** das Regiment allein **für sich in Anspruch nahm**, protestirte und eine Beschwerde **bei** dem Reichstage zu Regensburg anbrachte. Trotzdem wurde **den beiden** königlichen Commissaren, von Lenthe und von dem Bussche, **von** den Vertretern der Ritterschaft und der Städte gehuldigt. Einen hervorragenden Platz unter den diesen und den ihnen folgenden Räthen untergeordneten Beamten nahm bald auch Justus Möser ein, und er, dessen Rath bei allen Parteien gleich großes Gewicht hatte, scheint nicht wenig dazu beigetragen **zu** haben, daß **das** Domkapitel endlich auf die Forderungen Georg's III. einging und dieser dann zugestand, daß **die** Stimme des Bisthums auf **dem** Reichstage bis zur Volljährigkeit des Bischofs **ruhe**. Es **kann nicht unsere Aufgabe** sein, **den** Einfluß Möser's **auf die** Verwaltung näher zu beleuchten; **hier** nur so viel, **daß** er weniger **nach** abstracten Theorien als nach praktischen Gesichtspunkten seine Entscheidungen traf und darauf hinarbeitete, daß auch die Unterthanen von der Zweckmäßigkeit der obrigkeitlichen Erlasse überzeugt würden. Die Interessen des Landmanns lagen ihm hierbei mehr am Herzen, als die Wünsche der Städter, und die von ihm durchgeführten **und** vorbereiteten Reformen auf socialem Gebiete hatten zum größten Theile den Zweck, die geistige und materielle Lage des Bauernstandes zu heben. Radicalen Umänderungen war Möser abgeneigt; er achtete **das** Bestehende, weil es bestand, und wollte einen bessern Zustand nur aus einer Reihe von Compromissen sich langsam entwickeln **lassen**. Dieser Grundsatz hat ihn vor Conflicten **bewahrt**, denen **ein** weniger rücksichtsvoller Charakter in seiner eigenthümlichen Stellung nicht entgangen wäre; und so konnte er bei Gelegenheit seines festlich begangenen funfzig**jährigen** Amtsjubiläums an Nicolai schreiben: „Ich kann mit

Wahrheit ſagen, daß mich in den funfzig Jahren vieles erfreut,
wenig betrübt und nichts gekränkt hat, ungeachtet ich in ſehr
beſondern Verhältniſſen ſtehe, indem ich Herren und Ständen zugleich diene, für dieſe die Beſchwerden, für jene die darauf zu
ertheilenden Reſolutionen angebe, et sic vice versa.‟ Dieſes
Vertrauen und ſein Einfluß auf die Regierung genügte ihm; nach
Titeln trug er kein Verlangen, und eine Gehaltserhöhung nahm
er faſt unwillig auf.   Obgleich er den hannöverſchen Miniſter
gebeten hatte, „ihn ja mit Titeln und Hörnern zu verſchonen‟,
ſo nahm er doch auf wiederholtes Verlangen der Regierung bei
dem 1783 erfolgten Regierungsantritte des Fürſtbiſchofs den
Titel eines Geheimen Juſtizraths an.

Möſer's Familienleben war ein äußerſt glückliches; nur ein
harter Schickſalsſchlag traf ihn — der Tod eines zwanzigjährigen
Sohnes, welcher 1773 als Student in Göttingen an den Maſern
ſtarb. Nach dem Tode ſeiner Gattin (1787) widmeten ſich ſeine
Tochter und ſein Schwiegerſohn, der Kanzleirath von Bar, ſeiner
Pflege.   Sein Haus war ein Mittelpunkt des geiſtigen Lebens
Osnabrücks; und jene Inſchrift, welche ein Geiſtlicher des
16. Jahrhunderts über der Thür deſſelben hatte anbringen laſſen:
Pusilla domus, at quantulacunque est, amicis dies noctes-
que patet (dies Häuslein, ſo klein es immer iſt, ſteht doch den
Freunden Tag und Nacht offen), ward zu ſeinen Tagen wieder
zur Wahrheit.   Seine Gäſte bewegten ſich vollſtändig frei und
ungezwungen; er ſelbſt erzählt, er habe ſeine Einrichtungen ſo
getroffen, daß ſeine Freunde bei ihm wie in einem Wirthshaus
wären und ſich Beſuche geben und annehmen könnten.   In ſol-
chem Verkehr empfing und gab Möſer vielfache Anregung; dem
jüngern Geſchlechte beſonders war er ein treuer Berather.   So
iſt der Umgang mit Möſer und deſſen Familie auf Thomas Abbt
von entſcheidendem Einfluß geweſen; er beſuchte das gaſtfreund-
liche Haus oft, hatte in demſelben ein eigenes Zimmer und
ward als Glied der Familie betrachtet.   Auch außerhalb des
Hauſes mochte Möſer gern in fröhlicher Geſellſchaft weilen. „Ich
genieße was ich bezahlen und vertragen kann‟ — dies war die
Norm ſeiner Lebensgenüſſe.   Die Stunden des Vormittags waren
der Arbeit beſtimmt, dem Mittagsmahle folgte ein Spaziergang,
und den Abend liebte er entweder zu Hauſe im Kreiſe ſeiner

Familie und ſeiner Freunde oder in einer Weinſtube bei Karten-
ſpiel zuzubringen. Seine Geſtalt war hoch und kräftig; ſein
Vater traute ſich deshalb nicht, ihn vor dem Tode König Friedrich
Wilhelm's außer Landes auf eine Univerſität zu ſchicken, aus
Furcht, ſein Sohn möchte die Aufmerkſamkeit preußiſcher Werber
auf ſich ziehen. Dennoch begann ſchon in ſeinem dreißigſten
Jahre ſeine Geſundheit zu ſchwanken; ſeine Nerven litten, und
vergebens ſuchte er durch vieles Weintrinken, kalte Bäder und
ruhiges Liegen das Uebel zu heben. Sein Geiſt blieb aber heiter
und friſch; er arbeitete rüſtig wie vordem und entwarf während
einzelner Monate mehr als funfzig Reſolutionen. Dieſe ange-
ſtrengte Berufsthätigkeit, zu der noch mannichfache ſchriftſtelleriſche
Arbeiten und ein ausgebreiteter Briefwechſel kamen, griffen
ſeinen Körper aber ſo an, daß der Arzt ihm dringend anempfahl
ſich wenigſtens während der heißen Sommermonate Muße zu
gönnen. Möſer beſuchte auch in den ſpätern Jahren regelmäßig
Pyrmont, zwar weniger um Brunnen und Bäder zu gebrauchen,
als um ſich zu zerſtreuen. Seine Studien und literariſchen
Arbeiten aufzugeben, war er jedoch außer Stande. „Mich
dünkt", ſchrieb er, „das Schreiben iſt eine Krankheit, die mit
den Jahren zunimmt und nicht eher nachläßt als bis man ſtirbt."
Dieſe Krankheit ließ aber bei ihm eher nach; ſchon 1780 ſtellte
ſich infolge von Nervenleiden eine hypochondriſche Stimmung
ein, die zeitweiſe ſeine Geiſteskraft lähmte. Sein Leiden ſteigerte
ſich, Krämpfe traten ein, und am 8. Januar 1794 ſtarb Möſer
nach kurzem Krankenlager. Eine ſtarke Erkältung hatte ſeinen
Tod beſchleunigt.

Möſer's Werke umfaſſen nicht viele Bände; er war kein
Vielſchreiber, dem die Sätze leicht und ſchnell aus der Feder
floſſen, ſondern ein Schriftſteller, der es ebenſo ernſt mit der
Form wie mit dem Inhalte nahm. Er concipirte auch die kleinſte
Abhandlung ſorgſam, ſchrieb nicht nach den erſten Gefühlen,
ſondern, wie er ſelbſt ſagt, erſt nach reiflicher Ueberlegung, in
der Stunde des Berufes, und ließ dem Drucke ſtets mehrmalige
Ueberarbeitungen vorausgehen.

Die Verhältniſſe ſeiner Heimat boten ihm den Stoff zu
ſeinen literariſchen Arbeiten: er forſchte nach der Art ihrer Ent-
ſtehung, theils um die Berechtigung ihres Beſtandes zu beweiſen,

theils um die Mittel einer naturgemäßen Reform zu finden. An den eigenthümlichen Rechtsverhältniſſen ſeiner Heimat hing Möſer mit Begeiſterung; ihr Studium führte ihn auf Unterſuchungen der Geſchichte ſeines Vaterlandes, und um ſo eifriger ſetzte er dieſe hiſtoriſchen Studien fort, als er ſah wie viele ſociale Verhältniſſe ſich ohne weſentliche Veränderung von den Zeiten des Tacitus bis auf ſeine Tage erhalten hatten.

Möſer's ſtark ausgeprägter Sinn für das Individuelle machte ihn auf der einen Seite zum Gegner alles Formelweſens, welches an Stelle des natürlich Gewordenen allgemeine Theorien zu ſtellen und nivellirend alle Eigenthümlichkeiten zu vernichten ſtrebe, auf der andern Seite zum Vertheidiger der Kleinſtaaterei, deren Gegner er auf die griechiſchen Republiken verweiſt. Ihre Größe, ſagt er, ſei eine Folge ihrer Sonderſtellung und ihres geringen Umfanges geweſen. Große Staaten vernichteten durch allgemeine Verordnungen die Eigenthümlichkeiten der einzelnen Kreiſe und Stände; dadurch würde aber das ganze menſchliche Geſchlecht immer einförmiger gemacht, ihm ſeine wahre Stärke geraubt, und in den Werken der Natur wie in den Werken der Kunſt manches Genie erſtickt.

Liebe zur vaterländiſchen Geſchichte hatte Möſer ſchon als Knabe aus dem Verkehr mit dem Verfaſſer der „Monumenta Osnabrugensia", Profeſſor Lodmann, gewonnen. Nach deſſen Tode faßte er den Plan, die von ihm in Handſchrift hinterlaſſene Geſchichte Osnabrücks zu veröffentlichen und fortzuſetzen; als er aber bei dem Studium der Geſchichte der letzten Jahrhunderte, weil das Verſtändniß der Continuität der Entwickelung es verlangte, in die älteſten Zeiten zurückging, kam er zu Ergebniſſen, welche ſo von denen Lodmann's abwichen, daß er die Veröffentlichung eines ſelbſtändigen Werkes über die Geſchichte ſeiner Vaterſtadt beſchloß. Nach eingehenden Vorarbeiten begann er in der bewegten Zeit des Siebenjährigen Kriegs, gedrängt von wichtigen Berufsgeſchäften, die Niederſchrift. Einzelne freie Stunden auf Reiſen wurden dazu verwendet, mancher Paragraph im Wagen überdacht und auf der nächſten Station dann niedergeſchrieben. Im Jahre 1768 erſchien der erſte, 1780 der zweite Band, und in letzterm Jahre auch eine zweite Auflage. Am 21. October 1780 ſchreibt Möſer an Nicolai: „Meine «Osnabrückiſche Geſchichte» zieht mich zu sehr an sich; ich flicke noch immer an ihrer Fortsetzung, und die Zeit allein kann es entscheiden, ob ich so weit damit kommen werde, daß noch ein Band voll wird." Er kam nicht so weit, sondern hinterließ das Werk unvollendet, nur bis zum Jahre 1192 fortgeführt. Aus seinem Nachlasse hat Stüve 1828 einen dritten Band herausgegeben, welcher die Geschichte bis 1250 fortsetzt und außerdem die Regierung des Bischofs Johann II. (1349—66) schildert.

Der Stoff, welchen Justus Möser in seiner „Osnabrückischen Geschichte" verarbeitet, interessirt weit weniger als die Art der Behandlung. In seinen Ansichten über das Wesen der Geschichte und der Geschichtschreibung erhob er sich hoch über die Mehrzahl der gleichzeitigen Historiker, deren Wissenschaft nur in der Kennt= niß der äußerlichen Thatsachen bestand, und die über den unbe= deutendsten Staatshändeln die wichtigsten Veränderungen im Leben des Volks übersahen. „Die Geschichte von Deutschland", so schreibt Möser in der Vorrede, „hat meines Ermessens eine ganz neue Wendung zu hoffen, wenn wir die gemeinen Landeigen= thümer als die wahren Bestandtheile der Nation durch alle ihre Veränderungen verfolgen, aus ihnen die Körper bilden, und die großen und kleinen Bediente dieser Nation als böse oder gute Zufälle des Körpers betrachten." Er fordert von der Geschicht= schreibung der Zukunft nicht blos Schilderung von Regententhaten, sondern Berücksichtigung des Handels und Geldes, des Städte= wesens, der Sprachen und Ansichten, der Kriege und Bündnisse. „Die Wendungen, welche die gesetzgebende Macht und die Staats= einrichtungen überhaupt von Zeit zu Zeit genommen, die Art wie sich Menschen, Rechte und Begriffe allmählich danach gebildet; die wundersamen Engen und Krümmungen, wodurch der mensch= liche Hang die Territorialhoheit emporgehoben, und die glückliche Mäßigung, welche das Christenthum, das deutsche Herz und eine der Freiheit günstige Sittenlehre gewirkt hat" — dies alles soll der Geschichtschreiber in den Kreis seiner Behandlung ziehen. Auch meint er, „daß die Geschichte der Religion, der Rechts= gelehrsamkeit, der Philosophie, der Künste und schönen Wissen= schaften von der Staatsgeschichte unzertrennlich sei", und daß es nur einer Meisterhand bedürfe, um ein solches Bild der Gesammt= cultur eines Volkes zu entwerfen. Möser verlangt also, daß die

Geschichte mehr Zustände als Personen schildere, daß sie aus
einer Staatsgeschichte eine Volksgeschichte werde. Mit genialem
Blicke erkannte er das Ziel der Geschichtschreibung, und mit red=
lichem Willen und ausdauerndem Fleiße strebte er diesem Ziele
nach. Daß er es nicht erreichte, hat darin seinen Grund, daß
ihm als Juristen die Erforschung der Rechtsverhältnisse seiner
Heimat am nächsten lag, und daß ihm dabei das Grundeigen=
thum als die Stütze des Staates galt. Hinter dem Bauer tritt
der Bürger zurück. In der Schilderung der altsächsischen Ver=
hältnisse ist Möser ebenso weit entfernt von der trockenen Auf=
zählung äußerlicher Thatsachen, welche die Werke seiner Zeit=
genossen Pütter, Häberlin u. a. nur für den Kreis der Gelehrten
interessant macht, als von dem ästhetisirenden Stile eines Herder,
welcher mehr für vorgefaßte philosophische Meinungen Beweise in
der Geschichte suchte und an die Stelle nüchterner Kritik dichterische
Phantasie setzte. Möser steht würdig neben Spittler und
Schlözer — sein Ausdruck ist kunstlos, das Wesentliche erfassend
und die Thatsachen leidenschaftslos beurtheilend. Der skeptische
Witz Schlözer's mangelte ihm, dafür hatte er mit diesem die
Lauterkeit der Gesinnung und Ruhe in der Würdigung der Quellen
gemein, vor ihm aber einen gewissen staatsmännischen Blick und
größere plastische Gestaltungsgabe voraus. Es würde uns eine
eingehende Kritik von Möser's Schriften zur osnabrückischen
Geschichte zu weit führen; wenn er auch insbesondere darin
geirrt hat, daß er die altsächsische Verfassung auch den übrigen
deutschen Stämmen zuzuschreiben geneigt ist, wenn auch der
Mangel an literarischen Hülfsmitteln ihn zu Hypothesen verleitet hat,
welche durch spätere Forschung als unhaltbar erwiesen worden sind,
so werden doch immer Ludwid Wachler's Worte wahr bleiben:
„Es sollte die deutsche Kleinkreisigkeit zur Verbreitung verständiger
und der Gesammtheit des deutschen Volks Segen verheißender
Vorstellungen benutzt werden; hätten nur zehn Zeitgenossen und
nach ihm zehn wackere Männer in jedem Menschenalter ebenso
guten Willen gehabt und es ebenso richtig anzufassen gewußt,
das Werk wäre gelungen, und unser Volk würde weiter vorgerückt
sein zu der Reise der Bildung, deren es bedarf und empfänglich
ist. Möser's Schriften haben auf eine Stelle auch in der kleinsten
deutschen Büchersammlung den vollgültigsten Anspruch."

Engbegrenzt war das Feld, das Möser als Historiker bebaute; in seinen Briefen und übrigen Aufsätzen finden sich aber viele Stellen, welche beweisen, daß ihm für die Entwickelung anderer Völker als des sächsischen weder Sinn noch Verständniß fehlte. Mit Scharfsinn erfaßte er das Wesen der römischen Verfassung, und wie Niebuhr entnahm er den heimischen Verhältnissen den Maßstab für die Beurtheilung der ältesten Geschichte Roms. Als Thomas Abbt mit dem Plane umging eine römische Geschichte zu schreiben, rieth er ihm, „Rom erst aufmerksam als ein Dorf zu betrachten, und die Hypothese anzunehmen daß aus Landbauern Bürger geworden wären". Wenn auch aus Möser's etymologischen Studien, denen er sich mit Vorliebe hingab, oft falsche Resultate hervorgingen, so möge doch nicht vergessen werden, daß er es gewesen, welcher darauf hingewiesen hat daß nur die Sprachforschung Licht über die ältesten Zustände der Völker zu verbreiten im Stande sei.

Möser's Ideal einer Staatsverfassung sind die einfachen altsächsischen Rechtsverhältnisse, deren verblaßtes Abbild er in den Zuständen seiner Heimat noch erblicken konnte — freie Grundbesitzer, geringe Bevölkerung selbständiger Leute, jeder auf seinem Eigen, und in Recht und Verwaltung das ausgedehnteste Selbstbestimmungsrecht aller Grundeigenthümer. Dem Individuum will er weitgehende Freiheiten gewahrt wissen, vorausgesetzt daß dasselbe selbständig, d. h. Grundeigenthümer ist. Bei seiner particularistischen Ansicht: „einzig und allein durch die individuelle Mannichfaltigkeit und Vollkommenheit könne eine Nation groß werden" — hat Möser das Gesammtvaterland nicht aus den Augen verloren. Ueber die Grenzen des Bisthums Osnabrück hinaus reicht sein patriotischer Sinn; für die Zeiten der Macht und Größe des deutschen Kaiserreichs ist sein Herz begeistert, und mit Stolz spricht er von den Anlagen und Tugenden der deutschen Nation. Den Schwächezuständen seiner Zeit stellt er die Zeiten der Hansa gegenüber und weist darauf hin, daß der Niedergang der Macht und des Ansehens des deutschen Reichs zugleich den Verfall der Kunst bedingt habe. In seiner Bewunderung des gothischen Baustils bedauert er, daß nur noch England im Anschluß an die Kunst des Mittelalters Tüchtiges hervorbringe, während die deutsche Arbeit zu seinen Zeiten etwas

Unvollendetes habe, und die deutsche Kunst charakterlos geworden sei. Bei dem Verlust aller politischen Größe des Vaterlandes scheint es ihm fast, als ob eine „deutsche Flotte ein frommer Wunsch und ein süßer Traum sei". Und dann klagt er: „Deutschland macht kein recht vereinigtes Ganze aus wie andere Reiche. Es hat keine Hauptstadt wie Frankreich und England, und folglich stehen diejenigen Personen, welche dem Staate und gemeinem Wesen dienen oder auch sonst in, stiller Größe leben, nicht auf der Höhe und in dem Lichte, worin sie sich in jenen Reichen befinden." Liegt in diesen Worten nicht neben der Sehnsucht nach deutscher Einigkeit auch das bittere Gefühl, daß seine eigenen staatsmännischen Anlagen, sein tiefes Wissen und seine praktische Tüchtigkeit in den engen Verhältnissen des Minimalstaates Osnabrück nicht das ihnen gebührende weite Feld gefunden haben, daß sie anstatt dem großen Ganzen zu nützen in kleinlicher Umgebung ungekannt und unverwendet geblieben sein? Möser's Geist mußte sich in den osnabrückischen Verhältnissen unbefriedigt fühlen, da er für einen großen Staat zugeschnitten war. Kein Wunder, daß er mit Gefühlen des Unmuths und der Erbitterung über die Ursachen der Zersplitterung des deutschen Reiches klagt, und schon darin ein Zeichen des Mangels an Gemeinsinn und Nationalstolz sehen zu müssen glaubt, daß das deutsche Volk nicht einmal „einen rechten Nationalfluch" besitze. In solcher Stimmung versteigt sich Möser sogar zu der Behauptung, daß „unsere Nation in den Zeiten des Faustrechts das größte Gefühl der Ehre, die meiste körperliche Tugend und eine eigene Nationalgröße gezeigt habe". „Wo finden wir die Nation?" fragt Möser in einem Aufsatze, in welchem er das Buch seines geistesverwandten Zeitgenossen Fr. K. von Moser, „Von dem deutschen Nationalgeiste", mit großer Anerkennung beurtheilte. „An den Höfen? Das wird niemand behaupten. In den Städten sind verfehlte und verdorbene Copien; in der Armee abgerichtete Maschinen; auf dem Lande unterdrückte Bauern. Die Zeit, wo jeder Franke oder Sachse paterna rura (das ist sein allodialfreies, von keinem Lehns- oder Gutsherrn abhängendes Erbgut) baute und in eigener Person vertheidigte, wo er von seinem Hofe zur gemeinen Landesversammlung kam, und der Mensch, der keinen solchen Hof besaß, wenn er auch der reichste Krämer gewesen

wäre, zur Klasse der Armen und ungeehrten Leute gehörte: diese
Zeit war im Stande uns eine Nation zu zeigen. Allein die
gegenwärtige ist es nicht."

Die Rückwirkung dieses Mangels an nationalem Sinn auf
die deutsche Literatur war Justus Möser nicht entgangen. Keine
Poesie, meint er, könne ohne große Empfindungen gedeihen; diese
fehlten aber den Deutschen, da ihr Staat „unter der Wucht
stehender Heere seinen maschinenmäßigen Gang gehe, und das
Volk selbst seine Ehre fast nur im Dienst und in der Gelehrsamkeit und nicht in der Erreichung des höchsten Zweckes von beiden
suche". Mit Begeisterung vertheidigt er die Meisterwerke deutscher Dichtkunst gegen die Verunglimpfung eines Friedrich II.,
indem er gegen dessen „Lettre de la littérature allemande"
1781 ein „Schreiben an einen Freund: Ueber die deutsche Sprache
und Literatur" richtet. Darin stellt er nun als erste Forderung
auf, daß unser von fremden Elementen durchdrungenes, von den
Einflüssen des Auslandes abhängiges Schriftthum einen national-
deutschen Charakter annehme. Nicht von den Fremden sollen wir
borgen, was wir selbst daheim haben. Denn darin liege der
Grund des Verfalles unserer Sprache und Literatur, daß wir
uns zu sehr an die Fremde anlehnen, in der Art der Franzosen
und Italiener zu schreiben uns abmühen, und während wir von
jenen Völkern keinen Dank ernten, den Sinn unseres Volkes
verderben. Die deutsche Literatur muß auf dem Grunde fortge-
baut werden, den Klopstock, Goethe und Bürger gelegt haben;
sie muß originell sein und die Kunst der Fremden „höchstens nur
insoweit nutzen, als sie zur Verbesserung unserer eigenthümlichen
Güter und ihrer Cultur dient". Wol ist unsere Sprache noch
nicht fähig alle Begriffe, alle Nuancen der Gefühle mit einem
entsprechenden Worte zu bezeichnen; man nehme aber nur, wie
es Lessing und Goethe gethan, Wendungen und Worte, wo es
erforderlich ist, aus den Dialekten. „Ich glaube nicht zu viel
zu wagen, wenn ich behaupte, daß der König selbst, da wo er
sich als Deutscher zeigt, wo Kopf und Herz zu großen Zwecken
mächtig und dauerhaft arbeiten, größer ist, als wo er mit Aus-
ländern um den Preis in ihren Künsten ringt."

Wie Möser der Erforschung der mittelalterlichen Rechtsverhältnisse des deutschen Volkes mit bewundernswerthem Eifer

oblag, so widmete er auch reges Interesse der deutschen Literatur, vorzüglich der Lyrik des Mittelalters, sammelte mit Eifer Hand= schriften und faßte sogar den Plan, eine Ausgabe der bis dahin bekannten Ueberreste der mittelhochdeutschen Poesie zu veranstalten. „Es ist wirklich eine Schande für uns Deutsche", schreibt er an Gleim (24. Juli 1756), „daß nicht diese sämmtlichen Ueber= bleibsel der wahren, unverfälschten und gleichwol zierlichen alten deutschen Sprache auf eine anständige und prächtige Art in Druck erscheinen." Möser selbst hat das Verdienst, eine Anzahl von Fragmenten lyrischer Dichtungen, welche er auf einzelnen Blättern, pergamentenen Büchereinbänden u. s. w. entdeckte, durch Ver= öffentlichung vor dem Untergange gerettet zu haben. Auch ließ er es sich angelegen sein, für den von seinem Freunde Nicolai herausgegeben Almanach von Volksliedern solche aus Osnabrücks Umgegend zu sammeln.

Während Möser durch die „Geschichte Osnabrücks" und eine nicht unbedeutende Anzahl kleinerer, die deutsche Geschichte be= treffenden Abhandlungen im Volke Vaterlandsliebe zu erwecken und zu erhalten strebte und Verständniß der Verfassungsver= änderungen und der Entwickelung der Rechte und Sitten zu ver= breiten suchte, wollte er in den meisten der unter dem Titel „Patriotische Phantasien" gesammelten Aufsätze die be= stehenden Staatsverhältnisse der Einsicht seiner Landsleute nahe bringen, ihnen einen Einblick gewähren in das Getriebe des Staatslebens und ihr Urtheil über die Angelegenheiten ihres eigenen Landes lenken, klären und schärfen. Seit dem Jahre 1768 hatte er an den „Osnabrückischen Intelligenzblättern" mitgearbeitet; seine Tochter, Frau von Voigt, fing 1774 an diese Artikel zu einem Buche zusammenzustellen, welches den Titel „Patriotische Phantasien" erhielt. Der erste bis dritte Band erschien 1778 bei Fr. Nicolai in Berlin, der vierte 1786. Möser's Absicht war, „durch den Kanal dieser Beiträge die Landtagsverhandlungen und andere öffentliche Staatssachen dem Publikum mitzutheilen", dem Bürger gleichsam Rechenschaft zu geben von den Unternehmungen des Staates, die Verordnungen und Erlasse der Regierung zu erläutern, das Volk über sociale Uebelstände aufzuklären und für individuelle wie nationale Ehre zu begeistern. Es war eine ungewöhnliche Erscheinung, daß ein

höherer Staatsbeamter zum Publicist ward, um in dem Volke
Rechtsbewußtsein und Verständniß für Staatsangelegenheiten zu
verbreiten. Möser steht in dieser Beziehung einzig in der deutschen
Literatur da; verglichen mit Friedrich Karl von Moser, welcher
ebenfalls aus der Kanzlei heraus für Menschlichkeit und Bürger=
tugend schrieb, behauptet Möser schon deshalb den Vorrang, weil
er nicht wie dieser seine Schriften in dem trockenen Tone des
Kanzleistils verfaßte, sondern sich bestrebte seine Lehren in einer
der großen Masse der Landbevölkerung verständlichen Sprache
vorzutragen, und weil er nicht durch gelehrte Bücher das Volk
erziehen wollte, sondern eine Zeitschrift benutzte, um für Ange=
legenheiten, die bisher nur Sache der Beamten gewesen, das
Interesse des Volkes zu wecken. So leicht und skizzenhaft manche
dieser Artikel erscheinen, so hat doch Möser nicht geringe Mühe
auf deren Ausarbeitung verwendet. „Aufsätze dieser Art", schreibt
er, „erfordern ihren eigenen Augenblick; fehlt dieser, so wird
alles steif und lahm, und man wird Pädagog ohne Beruf." Gern
kleidet der Verfasser seine Lehren in die Form von Erzählungen
und überläßt sich auch oft einer breiten Darstellung, ohne gerade
langweilig zu werden. Die Zustände der Gegenwart werden oft
bis zu ihrem Ursprung verfolgt und mit analogen Verhältnissen
der Vergangenheit verglichen, meist um dem Leser den in den
Wandlungen der Zeit eingetretenen Verfall vor die Augen zu
führen. Nicht immer wird uns der humoristische Ton der Dar=
stellung behagen, und die ironische Färbung mancher Aufsätze wird
dem einfachen Sinn des westfälischen Bauern unverständlich ge=
wesen sein. Nur an vereinzelten Stellen erhebt sich der Stil zu
poetischem Schwung; im ganzen herrscht der gesunde Menschen=
verstand und eine nüchterne Betrachtung und Beurtheilung der
gegebenen Verhältnisse vor. Theoretische Untersuchungen lagen
sowol dem Geiste des Verfassers als dem Zwecke der „Phan=
tasien" fern.

Vortrefflich ist die Charakteristik, welche Goethe von dem
Stile Möser's gibt: „Man müßte eben alles, was in der bür=
gerlichen und sittlichen Welt vorkommt, rubriciren, wenn man die
Gegenstände erschöpfen wollte, die er behandelt. Und diese Be=
handlung ist bewunderungswürdig. Ein vollkommener Geschäfts=
mann spricht zum Volke in Wochenblättern, um dasjenige, was

eine umſichtige Regierung ſich vornimmt oder ausführt, einem
jeden von der rechten Seite faßlich zu machen. Keineswegs aber
lehrhaft, ſondern in den mannichfaltigſten Formen, die man
poetiſch nennen könnte und die im beſten Sinne des Wortes für
rhetoriſch gelten müſſen.   Immer iſt er über ſeinen Gegenſtand
erhaben und weiß uns eine heitere Anſicht des Ernſteſten zu geben.
Bald hinter dieſer, bald hinter jener Maske verſteckt, bald in
eigener Perſon ſprechend, immer vollſtändig und erſchöpfend, dabei immer froh, mehr oder weniger ironiſch, durchaus tüchtig,
rechtſchaffen und wohlmeinend: und dies alles ſo abgemeſſen, daß
man zugleich den Geiſt, den Verſtand, die Leichtigkeit, Gewandt-
heit, den Geſchmack und den Charakter des Schriftſtellers bewundern muß. In Abſicht auf Wahl gemeinnütziger Gegenſtände,
auf tiefe Einſicht, freie Ueberſicht, gründliche Behandlung, ſo
gründlichen als frohen Humor wüßte ich ihm niemanden als
Franklin zu vergleichen.“

Nicht alle dieſer Aufſätze konnten jedoch der großen Maſſe
verſtändlich ſein, denn in manchen und nicht gerade den gelun-
genſten ſprach Möſer als Gelehrter zu Gelehrten und gefiel ſich
in der Entwickelung beſonders hiſtoriſcher und ſtaatsrechtlicher
Fragen, welche außerhalb des geiſtigen Horizontes der weſtfäliſchen
Bauern lagen. Dieſe Abhandlungen, obgleich von durchdringen-
dem Verſtande und großer Beleſenheit zeugend, haben aber ſeinen
Ruhm als erſten deutſchen Publiciſten nicht begründet.   Seine
ſchriftſtelleriſche Stärke lag in jenen anſcheinend flüchtig hinge-
worfenen Artikeln, durch welche er, ähnlich wie es der auch von
Möſer als ſein Vorbild bezeichnete engliſche „Zuſchauer“ gethan
hatte, politiſchen Sinn im Volke erwecken, die Schranken des
Polizeiſtaates entfernen und die Regierung zu heilſamen Reformen bewegen wollte.   Möſer ahnte die Macht der Preſſe;
ſeine Oppoſition war aber — entſprechend ſeinem milden, to-
leranten Charakter — weder einſchneidend noch rückſichtslos.
Reformen und Neuerungen ſollten ſich langſam, immer mit
Schonung des Beſtehenden vollziehen, und das Alte trotz ſeiner
offenen Schäden nie mit Neuem von noch unerprobtem Werthe
vertauſcht werden.   Seine Stellung als Beamter forderte Rück-
ſichten, denen er ſich, wenn auch mit Widerſtreben, unterwerfen
mußte, und er hatte es ſich deßhalb zum Grundſatz gemacht,

nur dann die Wahrheit zu sagen, wenn er fest überzeugt war dadurch praktisch zu nützen, und zu schweigen, wenn er befürchten mußte Anstoß zu erregen. Mehr diplomatische Vorsicht und Klugheit als Muth und Ueberzeugungstreue verrathen seine Worte in der Vorrede zum dritten Bande seiner „Phantasien": „Da mir die Liebe und das Vertrauen meiner Mitbürger ebenso wichtig waren als das Recht und die Wahrheit, so habe ich, um jenes nicht zu verlieren und dieser nichts zu vergeben, manche Wendung nehmen müssen, die mir, wenn ich für ein großes Publikum geschrieben hätte, vielleicht zu klein geschienen haben würde." Besonders in der Frage über Leibeigenschaft ist diese Unentschiedenheit, dieser Mangel an Muth, die Ueberzeugung voll und ganz zum Ausdruck gelangen zu lassen, auffallend. Da waren es „gute Localgründe" und „die Liebe des Adels", „das Vertrauen der Landschaft und des Ministeriums", welche Möser bewogen um die Sache herumzureden, ohne, wie er es hätte thun müssen und eigentlich auch hatte thun wollen, „dem Leib= eigenthum einen offenen Krieg anzukündigen". Selbst bei der Veröffentlichung von Urkunden des Mittelalters ließ sich Möser von Rücksichten auf scheinbar höhergestellte Personen leiten. „Hätte ich den Codicem diplomaticum" (zu seiner „Osnabrückischen Geschichte"), schreibt er 1774 an Nicolai, „nur erst abgedruckt, so würde es geschwinder mit der Fortsetzung meiner Geschichte geben. Ich darf aber mit diesem, um einige katholische Dom= herren, die mir unter der Hand gedient haben, nicht bloßzustellen, noch nicht ans Licht treten."

Der Stil der „Patriotischen Phantasien" ist nicht gleich= mäßig, manchmal von jener Breite, welche alten Juristen eigen ist, oft aber von großer Schönheit und Kraft. Der Stoff brachte eine Menge von Provinzialismen mit sich, welche Möser seinen Verleger Nicolai vor dem Drucke zu tilgen bat: „Da ich in meinem Leben lauter juristisches Zeug geschrieben, nie ein Com= pendium der schönen Wissenschaften gelesen habe und in denselben nur ein bischen naturalisire, wie die ausgelernten Fechter sprechen, so besorge ich immer, von dieser Seite den Rechtschreibern an= stößig zu sein." Allem Anscheine nach hat Nicolai nur sehr wenig verbessert.

Den Einfluß der „Patriotischen Phantasien" auf die gleich=
zeitige deutsche Literatur und Journalistik darf man nicht hoch
anschlagen. Ein guter Theil des in denselben behandelten Stoffes
hatte nur locales Interesse und entzog sich dem Verständniß der
Nicht=Osnabrücker. Auch ist wol kaum anzunehmen, daß Möser
mit seinen in den „Osnabrückischen Intelligenzblättern" erschienenen
Leitartikeln die politische Stimmung außerhalb der Grenzen seines
engern Vaterlandes habe beeinflussen wollen. Dennoch muß be=
dauert werden, daß Form und Sprache der „Phantasien" unter
Möser's Zeitgenossen so wenig Nachahmung gefunden hat, und
daß dem Inhalte vom deutschen Volke erst in unsern Zeiten die
verdiente Anerkennung gezollt worden ist.

Möser's politische Ansichten sind ein Product seiner For=
schungen auf dem Gebiete der westfälischen Geschichte; als be=
geisterter Freund der Volkssitten und Volksrechte möchte er alles
Fremde, insbesondere alles Romanische aus dem deutschen Rechts=
und Staatsleben entfernt wissen und eine Rückkehr anbahnen zu
den einfachen Verhältnissen der niedersächsischen Verfassung des
Mittelalters. Er liebt die Freiheit und vertheidigt das Recht
der Selbstbestimmung des Volkes; indem er aber alle Rechte be=
schränkt auf den Bürger, nähert er sich der Anschauungsweise
der Römer, welche über dem Bürger den Menschen vergessen
haben. Der Staat ist ihm kein ethischer Organismus, sondern
eine Actiengesellschaft, deren Mitglied jeder ist, welcher eine Actie
hat, d. h. Grundbesitzer ist. Nach seiner Ansicht müssen sich
die staatsbürgerlichen Pflichten und Rechte eines jeden nach seinem
Grundeigenthum regeln.

Grundbesitz und Recht ist für Möser gleichbedeutend; alle
die, welche nicht hofgesessene Bauern sind, erscheinen ihm nur
als „aufgenommene und geduldete Fremde", welche außerhalb
alles Rechtes stehen und von jeder Gemeinde, ohne daß ihnen
Verbrechen oder unsittliches Leben nachgewiesen zu werden brauchen,
willkürlich aus dem Gemeindeverbande ausgeschlossen werden
können. Mit den Worten voll Haß und Verachtung, in denen
er von dem Landproletariat seiner Heimat, den Heuerleuten und
Hollandsgängern, spricht, steht der Schwung seiner Rede, in der
er die Rechte des Bauernstandes gegenüber der Bevormundung
der Bureaukratie vertheidigt, in seltsamem Widerspruch. Wie

nimmt er die, welche arbeitend ihr Brot verdienen, in Schutz
gegen die „Pflastertreter, welche in langen Mänteln zu Rathe
geben", gegen die „Tyrannei, welche darin steckt, wenn Vornehme
sich alles erlauben und den Geringern alles versagen wollen"!
Den Verächtern des Bauernstandes ruft er zu: „In Spanien ist
Pflügen so schimpflich wie in Deutschland das Abdecken. Sollten
wir es etwa auch dahin bringen? Die Hummeln ehren und die
Bienen beschimpfen?" Und den Machthabern gibt er zu bedenken,
daß „der Zwang beschimpft und aus muthigen, fleißigen und
lebhaften Bürgern eine träge, verzagte und kriechende Heerde
macht".

Recht und Gericht soll, wie es einst geschehen, „als noch
nicht die römisch=gelehrten Richter den Geist der deutschen Ver=
fassung verloren hatten", von den grundbesitzenden Bürgern selbst
gepflegt und geübt, das Recht wiederum zum Volksrechte werden.
Für die Hauptstadt der Welt, sagt Möser, sei das römische Recht
passend; für geringe Leute eigne es sich schon deshalb nicht,
weil der Beweis zu viele Kosten verursache. Eine jede Gemeinde
soll das Recht behalten, das ihr schon Jahrhunderte hindurch eigen
gewesen, und noch jetzt müsse der Vorfahren Grundsatz Geltung
haben; „die Weisheit der Katze könne niemals einen gültigen
Spruch wider die Mäuse hervorbringen; die Mäuse müßten von
Mäusen, die Katzen von Katzen beurtheilt werden."

Indem Möser auf England hinweist, wo der alte deutsche
Gebrauch herrsche, nicht nach den abstracten Gesetzen sondern
nach Totaleindrücken zu urtheilen, empfiehlt er die Geschworenen=
gerichte deshalb aufs wärmste, weil durch dieselben das Rechts=
bewußtsein, das durch die Romanisten geschwächt und fast ver=
nichtet worden sei, im Volke aufs neue erweckt werden könne.
Der Jurist verliere durch seine Studien die Fühlung mit dem
Volke und vergesse, wenn er nach den „dürren Buchstaben der
Gesetze" sein Urtheil fälle, daß bei der Verurtheilung eines Ver=
brechers dessen Gemüths= und Lebensart und alle äußern Um=
stände, welche auf den Entschluß zur That eingewirkt haben, in
Betracht zu ziehen seien. Mit einem Muthe, welcher bei einem
höhern Staatsbeamten jener Zeit bewunderungswürdig erscheint,
sprach Möser seine aus dem Studium englischer Verhältnisse ge=
schöpfte Ueberzeugung aus, daß in den Schwurgerichten der beste

Schutz für Freiheit und Eigenthum der Bürger liege, und erklärte jede Abhängigkeit der Gerichte von der Regierung „als eine Auf⸗ hebung alles Rechtszustandes".

Nicht gering anzuschlagen sind Möſer's Verdienste um die Abschaffung der Tortur im Fürstenthum Osnabrück. Durch das römische Recht — ſo ſchloß er — iſt die Tortur eingeführt worden; dies konnte erst geschehen nach der Aufhebung des alt⸗ germaniſchen Rechtsgrundſatzes: Wo kein Kläger, da iſt kein Richter; in England besteht dieser Grundſatz noch, deshalb hat „das großbritanniſche Reich der Folter ohne alle Verletzung der Sicher⸗ heit entbehrt", deshalb kann Deutschland „nur durch Rückkehr zum altſächſiſchen Geſchworenenproceß jenes unmenſchliche Zwangs⸗ mittel los werden". Auf ſeine Anregung und auf Grund ſeiner Berichte und Gutachten ward durch landesherrliches Reſcript vom 9. Januar 1788 die Tortur im Hochſtifte gänzlich und für im⸗ mer abgeschafft. Möſer ging aber noch weiter in ſeinen For⸗ derungen: der Staatsbürger ſolle geſichert ſein gegen willkürliche und lange Verhaftungen; er dürfe nicht mit Leib und Leben, ſondern nur mit ſeinem Recht und Gut haften.

Dieſe Freiheitsgrundſätze verleugnet Möſer aber ſogleich, wenn er im Hinblick auf die von der franzöſiſchen Philoſophie geforderten Menſchenrechte ſich über die „neumodiſche Menſchen⸗ liebe" und die allgemeinen Verordnungen leidenſchaftlich aufregt. Dann findet er in dem Blenden, Radlaufen und Brandmarken „eine herrliche Praxis der Vorfahren" und verwirft die Zucht⸗ häuſer als ein Zeichen einer „allmählich eingeſchlichenen Empfind⸗ ſamkeit". Ihm, dem Verfechter der Vorrechte, welche der grund⸗ beſitzende Theil der Bevölkerung gegenüber den Ungeanſeſſenen beſaß, waren die nivellirenden Grundſätze der franzöſiſchen Phi⸗ loſophie ein Gegenſtand des Haſſes und der Verachtung; mit Zorn und Ironie bekämpft er die Mode gewordene „Menſchenliebe, welche ſich auf Koſten der Bürgerliebe erhebt," und ruft „die chriſtlichen Polizeigeſetze" an gegen jene ſpeculirende und raiſon⸗ nirende Philoſophie, „welche faſt alles entweiht, der das Haus, worin die Gemeinde ſich zum öffentlichen Gottesdienſt verſammelt, nicht heiliger iſt als der Berg, worauf der Nomade anbetet, der die Kirchhöfe gemeine Aecker ſind, worauf man die Todten ver⸗ ſcharrt, welche es ungroßmüthig findet, dieſe letzte Ruheſtätte

einem armen hingefallenen Pilgrim zu versagen, und lehrt, daß
was Gott im Himmel aufnehme, wir armen kurzsichtigen Geschöpfe
in der Gruft nicht trennen sollen".

Indem Möser das förmliche Recht den Theorien moderner
Staatsrechtslehrer entgegenstellt und meint, daß mit der Ver-
nichtung der historischen Rechte die festen Grundlagen jedes
Staatswesens zusammenbrechen müssen, so sieht er sich gezwungen
auch die französische Staatsumwälzung zu verurtheilen, weil sie
die Entwickelung der Verfassung mit einem Schlage unterbrochen
und ein neues Staatsgebäude weniger auf die urkundlich ver-
brieften Rechte der einzelnen Stände und Corporationen, als
auf allgemeine von der Vernunft dictirte Rechtsgrundsätze zu
gründen versucht habe.   Die Beantwortung der Frage: Wann
und wie mag eine Nation ihre Constitution ändern? läuft auf
den Satz hinaus, daß, da nicht alle Glieder des Staats gleichberechtigt sein könnten, weil der unbewegliche Besitz, die Ursache
der weitern oder beschränktern Rechte, bei jedem Einzelnen verschieden sei, diese ungleich Berechtigten nimmermehr als Gesammtheit nach Stimmenmehrheit die Aufhebung oder Veränderung einer
Verfassung beschließen könnten. Trotz seiner Abneigung gegen „die
unpolitischen Gesichtspunkte" der französischen Philosophen nähert
sich Möser einzelnen Anschauungen derselben, ohne es zu wissen
oder zuzugeben.   An mehrern Stellen seiner Schriften tritt in
verwandten Aeußerungen der Einfluß zu Tage, den Rousseau's
Lehre vom Contrat social auf ihn ausgeübt hat, und bei
aller Verschiedenheit der Folgerungen sind die Grundlagen ihrer
beiderseitigen staatsrechtlichen Ansichten sehr ähnlich. So sehr sich
auch Möser sträubt, die Anerkennung kann er doch der gewaltigen
Bewegung, welche im französischen Volke sich vollzog, nicht versagen, daß sie zur Erkenntniß einer großen Menge von sittlichen
Uebeln geführt habe.   „Es wäre eine große Frage", schreibt er,
„ob nicht alle hundert Jahre eine Generalrevolution in den
Köpfen der Menschen zu befördern wäre, um eine Gärung in der
sittlichen Masse des menschlichen Geschlechts und mit Hülfe derselben
bessere Erscheinungen, als wir sie jetzt haben, hervorzubringen."

Einen geistigen Fortschritt wünscht also Möser, er sieht
die Stagnation auf geistigem Gebiete als einen Rückschritt an;
und dennoch erklärt er, daß an diesem Kampfe der Geister, an

dieſer Revolution in den Köpfen nimmermehr der Theil der
Menſchheit, welcher ſeinen Idealſtaat bildet, die grundbeſitzende
Landbevölkerung, Antheil nehmen ſolle. Der Bauer ſoll in dem
Gedankenkreiſe, in welchem er aufgewachſen, auch ſterben; und
wie er von den Dörfern die Hauſirer mit Polizeigewalt fern=
gehalten haben möchte, weil ſie mit ihren neuen Waaren das
Landvolk nicht nur betrügen ſondern auch ſeine alte Einfachheit
vernichten, ſo möchte er auch um die Mark eines jeden Dorfes
einen geiſtigen Cordon gezogen haben, damit ja keine Idee mo=
derner Staatsphilosophie eingeſchmuggelt werde. Während er in
frühern Jahren Rouſſeau's Schriften einen bedeutenden Einfluß
auf ſeine Anſchauungsweiſe und ſeinen Stil geſtattet hatte, trat
er ſpäter deſſen pädagogiſchen Theorien mit großer Schärfe ent=
gegen. Ihm, der bei der Erziehung der Kinder ein bei weitem
größeres Gewicht auf die Pflege des Gemüths als auf die Ent=
wickelung des Verſtandes legte, widerſtand die rationaliſtiſche
Methode der Pädagogik, weil ſie dem Geiſte alle Friſche raube
und ebenſo Phantaſie wie Gemüth verkümmere.

Möſer hatte einſt Baſedow's Lehranſtalt ſelbſt durch Geld=
beiträge unterſtützt, ſpäter aber ſich nicht ſowol gegen den Leiter
als gegen die von ihm vertretenen Principien ausgeſprochen.
Eingenommen ebenſo ſehr gegen jede Dreſſur wie jede „Friſur"
des Geiſtes, hält er allgemeine Bildung für nutzlos und gefähr=
lich und befürwortet die ſpeciellſte Berufs= und Fachbildung. Die
Erziehung ſoll keine theoretiſche, ſondern eine praktiſche ſein, denn
„der praktiſch erzogene Menſch iſt dem wiſſenſchaftlich erzogenen
vorzuziehen, da der Weg wiſſenſchaftlichen Unterrichts viel zu
langſam iſt und uns dasjenige nur ſtückweis genießen läßt, was
wir im praktiſchen auf einmal und im ganzen Zuſammenhange
faſſen" — ein Satz, welcher umgekehrt der Wahrheit viel näher
kommen würde. Die Theorie, abſtrahirt aus einer möglichſt
großen Menge von Einzelvorſtellungen, gibt das Allgemeine,
während die Praxis eben nur einzelne Erfahrungen bieten kann,
aus denen nach Ausſcheidung des Unweſentlichen die allgemeinen
Geſetze abgeleitet werden müſſen. Für höherſtrebende Knaben
empfiehlt Möſer die Errichtung von Realſchulen nach dem Muſter
der berliner; der Landmann aber brauche keine Bildung, „ja
man müſſe ſich der beſondern Aufklärung des Landmanns wider=

fetzen". In feinem Aerger über die unpraktifchen Gelehrten und
die neuen Erziehungsgrundfätze fpricht er fogar das große Wort
aus, daß für den Bauer Lefen und Schreiben nur „eine Tän=
delei fei, die kein Brot gebe", und daß der großen Maffe aus
diefen Elementen aller Bildung mehr Gefahr als Nutzen er=
wachfe. Immerhin erfreulich ift es, daß Möfer feiner eigenen
Anficht durch Wort und That widerfpricht. Nicht nur wurden
auf feinen Vorfchlag die Einkünfte des aufgehobenen Klofters
Berßenbrück zur Aufbefferung der Gehalte der Volksfchullehrer
verwendet, fondern er felbft regte an, daß von feiten der Obrig=
keit ein Büchlein, etwa unter dem Titel „Praktika für das Land=
volk", herausgegeben werde, in welchem diefes nicht nur über Ge=
fundheitspflege und die Fortfchritte der Landwirthfchaft, fondern auch
über die Landesgefetze und Verordnungen belehrt werden follte. Durch
eine folche Schrift würde nach feiner Meinung derfelbe Zweck er=
reicht werden, den er felbft in feinen „Patriotifchen Phantafien"
verfolgte: Hebung des Rechtsbewußtfeins im Volke und Be=
wahrung deffelben vor Uebertretung der Gefetze aus Unkenntniß
und vor zu theuer erkauftem Rathe fachverftändiger Juriften.

Die diplomatifche Objectivität, welche Möfer im praktifchen
Leben nie verleugnete, und die ihn fähig machte in einem Rechts=
handel beide Parteien zu vertreten, zeigt fich auch in der Beur=
theilung der religiöfen Bewegung feiner Zeit. Wenn er auch
als Freund Nicolai's im großen und ganzen jener freiern Richtung
des Proteftantismus, welche Semler, Teller und befonders Leffing
angebahnt hatten, huldigte, fo hielt er fich doch weit entfernt von
der negirenden Philofophie der Franzofen und dem frivolen
Spotte eines Voltaire. Er geftand, daß der blendende Stil
diefes Schriftftellers auch auf ihn einft Anziehungskraft ausgeübt
habe, und über deffen Witz fpricht er offen feine Anerkennung
aus; entfchieden erklärt er fich aber gegen die Gefinnung, welche
fich in den Schriften des Philofophen von Ferney kundgibt, und
zwar fchon in einer Jugendarbeit, der 1750 abgefaßten „Lettre
à Monfieur Voltaire contenant un effai fur le caractère du
Dr. M. Luther et fa réformation". Indem er Urtheile von
Zeitgenoffen, ja fogar von Gegnern Luther's anführt, fucht er
Voltaire's Behauptung zu widerlegen, daß Luther nur durch das
Zufammenwirken günftiger äußerer Umftände zum Reformator

geworden, im übrigen aber ein geistloser Schriftsteller geblieben sei. Diese Apologie des deutschen Reformators athmet die volle frische Jugendbegeisterung für eine große historische Erscheinung, und die feine Ironie des Stils beweist, daß Möser es verstand der angreifenden Partei mit ihren eigenen Waffen zu begegnen.

Wie Möser sich hier mit Voltaire auf historischem Gebiete auseinandersetzte, so trat er Rousseau in dem „Schreiben an den Herrn Vicar in Savoyen, abzugeben bei Herrn Johann Jakob Rousseau", auf religiös=moralischem Gebiete entgegen. Die Gründe, die er für den Bestand der Kirche und den Werth der Dogmen anführt, sind nur Gründe der Zweckmäßigkeit. Die Lehren der positiven Religion gegen deren Anfechter zu vertheidigen, unter= nimmt er nie, und er bekämpft Voltaire's und Rousseau's An= sichten nicht weil er die Wahrheit gegen die Lüge zu vertheidigen meint, sondern weil er eine positive Religion für nothwendig hält, „eine bürgerliche Gesellschaft einzurichten, zu binden und zu führen". Der König erkenne dann eine über ihm stehende Macht an, der Unglückliche tröste sich, der Glückliche werde zu= rückgehalten, der Stolze gedemüthigt — dies seien die Segnungen einer positiven Religion. Sei nun eine positive Religion noth= wendig, so müsse dieselbe auch, um zu bestehen, „behaupten daß außer ihr kein Heil sei". Dogmatisches und confessionelles Gebiet berührt Möser hierbei nicht; es scheint fast als ob er zu freisinnig gewesen, um die Vertheidigung der Grundlehren des Christenthums übernehmen zu wollen, und als ob dann wiederum seine öffentliche Stellung ihn gehindert habe für den Rationalismus seinerzeit offen in die Schranken zu treten. Sehr fein und vor= sichtig bemerkt er deshalb am Schlusse seines „Schreibens": „Nunmehr erwarten Sie vielleicht, daß ich die Vertheidigung der Wahrheit unserer christlichen Religion übernehme; allein hier muß ich Ihnen aufrichtig gestehen, daß ich kein Theologe sondern ein Rechtsgelehrter bin. Ich habe meine Betrachtungen blos so ent= worfen, wie ich glaube daß ein unparteiischer Mann, der von unserer Religion nur etwas versteht, sie entwerfen könnte." Für Möser entscheidet nur das Staatsinteresse über die Zulässig= keit eines Bekenntnisses. Offen spricht er in seinen herrlichen „Briefen aus Virginien: Ueber die allgemeine Toleranz" den Grundsatz aus, daß jede Religion oder Confession in einem

Staate zu dulden ſei, wenn ſie keine den Beſtand des Staates gefährdende Lehren enthalte. Mit großem Intereſſe mußte Möſer einer Bewegung folgen, welche, in einzelnen Flugſchriften ſich kundgebend, auf eine Vereinigung der beiden großen Kirchen Deutſchlands hinzielte; an der Möglichkeit einer Union zweifelte er aber nicht ſowol aus „religiöſen als aus politiſchen Gründen", es würden zwiſchen dem kirchlichen Oberhaupte und dem Landes= herrn ſchwer auszugleichende Conflicte entſtehen, da letzterer zu Gunſten der Kirche nichts von ſeinen Rechten aufzugeben geneigt ſein würde. Am ſchärfſten ſpricht Möſer ſeinen Utilitätsſtand= punkt und ſeinen Indifferentismus gegen alles Confeſſionelle in einem Auffaße über den Cölibat aus. Indem er denſelben nur von der „politiſchen" Seite betrachtet, „findet er darin eine große Feinheit; denn ſolange derſelbe beſteht, kann ein weltlicher Fürſt nie zu dem Biſchofthum in ſeinem Lande gelangen, auch ſelbſt in der Noth ohne beſondere Erlaubniß nicht; und doch kann ein Biſchof immer die ganze weltliche Landeshoheit beſitzen". Weil er aber fühlt, daß er mit dieſer Anſchauung dem Pro= teſtantismus den Rücken kehrt, hält er es zu ſeiner Entſchuldigung für nöthig die Bitte hinzuzufügen, „ihn nicht der Irreligion zu beſchuldigen, wenn er die religiöſen Meinungen blos von der Seite des Vortheils betrachte, den ſie dem Staate leiſten; einer Seite, die ihm ſehr wichtig ſcheine, da Gott auch das Wohl der Staaten durch die Religion zu fördern ſuche und uns nicht zu ſeinem ſondern zu unſerm Glücke eine Offenbarung gegeben habe". Trotz der Vorſicht, mit welcher Möſer über Religion und Confeſſionen ſpricht, ſchimmern doch durch ſeine Worte deiſtiſche Anſichten durch, welche wir auf engliſche Einflüſſe glauben zurück= führen zu können. Er vertheidigt zwar das Chriſtenthum und die Dogmen der Kirche gegen die Angriffe der franzöſiſchen Encyklo= pädiſten, weil er die Religion für nützlich hält, ſich ſelbſt ſcheint er aber nicht zu denen zu zählen, welche der Religion bedürfen.

Während Möſer der religiöſen Bewegung ſeiner Zeit gegen= über ſich paſſiv verhielt und ſich mehr von ihr tragen ließ, als ſelbſtthätig eingriff, hat er auf ſocialem Gebiete Ideen verbreitet, welche weit über die engen Grenzen ſeines Vaterlandes hinaus Anregung zu bedeutſamen Reformen boten. Es würde zu weit führen, wollten wir eine Kritik der national=ökonomiſchen Anſichten

versuchen, welche er in den „Patriotischen Phantasien" ent=
wickelt hat. Vieles steht im Widerspruche zu den Ergebnissen, zu
denen die Wissenschaft jetzt gelangt ist; ein Ueberblick über seine
volkswirthschaftlichen Theorien und seine Vorschläge zur Hebung
des Volkswohlstandes wird aber zeigen, wie sorgsam er be=
strebt war die Lehren englischer und französischer National=
ökonomen, soweit sie ihm auf die heimischen Verhältnisse passend
erschienen, den Lesern der „Intelligenzblätter" vorzuführen, wobei
er aber ebenso wol die Irrungen des Mercantilsystems als die
des Physiokratismus zu vermeiden wußte.

Möser faßt den Begriff „Reichthum" weiter als es gewöhn=
lich geschieht, wenn er unter demselben nicht blos eine verhält=
nißmäßig große Summe von Verkehrsgütern, die sich im Besitz
einer Person befindet, sondern auch die Fähigkeit und den
Willen zu arbeiten versteht. „Der Reichthum besteht nicht im
Gelde, sondern in Stärke, Geschicklichkeit und Fleiße." Deshalb
„muß Armuth verächtlich sein", denn der mittellose Mensch,
welcher fleißig arbeitet, ist nicht arm. Der Staat habe, meint
Möser sehr richtig, nur die zu unterstützen, welche durch Un=
glücksfälle oder Gebrechlichkeit arbeitsunfähig geworden; alle an=
dern Armen sollten in einem öffentlichen Werkhaus zur Arbeit
angehalten werden. Mit wahrer Begeisterung spricht Möser an
vielen Stellen von der Ehre der Arbeit und dem Werthe der
Zeit; es kann aber nicht geleugnet werden, daß er hierbei die
geistige Arbeit allzu gering anschlägt und geneigt ist, die Städter
als Menschen des Genusses den Landleuten nachzustellen.

Auf den Grundbesitz ist der Staat gegründet; er macht ein
Volk reich und unabhängig. Die Geldwirthschaft hat für Möser
mehr Schatten= als Lichtseiten, die Naturalwirthschaft einen höhern
sittlichen Werth. Mit dem Gelde sei, klagt er, die Wohlthätigkeit
geschwunden, die Stände schärfer geschieden, und die Freiheit ver=
ringert worden; vor allem habe der Grundbesitz an Einfluß ver=
loren. Da nun dieser das Fundament des Staates sei, so habe
der Staat auch ein Interesse, denselben zu schützen und zu heben.
Besonders muß verhütet werden, daß der einzelne einen Theil
seiner Landactie zu veräußern gezwungen sei. Für den Leib=
eigenen und freien Erbpachter solle der Gläubiger, nach Möser's
Vorschlag, sich nur aus dem Ueberschuß der Güter bezahlt machen,

der Schuldner aber **nach Verlauf von** acht Jahren seiner Verpflichtungen **ledig sein**. **Wie aber** „die Gläubiger dahin sehen
können, daß **die** achtjährige Verwaltung der Stätte **mit mög-**
lichster Ersparung **der** Kosten geschehe" — wird **nicht** auseinandergesetzt. Auf ähnlichem Principe **beruht** der sogenannte
„Todbau", bei welchem **der Landmann seinen** Gläubigern ein
Grundstück **so lange** zum Nießbrauch überläßt, **bis** durch dessen
Ertrag Kapital mit Zinsen bezahlt ist. **Möser ist nun der An-**
sicht, daß auf diese Weise der Grundbesitz **am leichtesten von den**
auf ihm lastenden Schulden befreit werden **könne, und** schlägt
ein Gesetz **vor**, daß keine **andern** Verschreibungen **oder Ver-**
sprechungen der schätzbaren Landleute gültig sein sollten, als **die-**
jenigen welche zugleich **auf eine** allmähliche Tödtung des Kapitals
gerichtet würden. **Weil er** nun außerdem erkennt, daß **der Land-**
wirth bei der geringen Circulationsfähigkeit der Güter durch die
Freiheit des Gläubigers, **die** Schuld zu jeder beliebigen Zeit zu
tündigen, arg geschädigt und der Grundbesitz selbst in die Hände
der Geldleute übergehen würde, so glaubt er, daß durch den
„Rentekauf", d. h. durch die Belastung des im Besitz des Schuld-
ners bleibenden Grundstückes **mit** einem **dinglichen** Zinse an den
Gläubiger einer drohenden Uebermacht **des** Geldes **über den**
Grundbesitz vorgebeugt **werden** könne; dabei sollten **die Renten-**
verschreibungen **in Circulation** gesetzt werden.

Das Grundeigenthum, der Besitz einer Landactie, macht den
Bürger. Ursprünglich hat es nur zwei Stände **gegeben**: Eroberer
und Bezwungene. Erstere besaßen den Grund und Boden und
hatten die Verpflichtung der Landesvertheidigung; letztere waren
zur Zahlung eines Schutzgeldes contractlich verpflichtet, bis ihnen,
weil sie bei der Landesvertheidigung „mittbaten" mußten, von
dem ersten Stande das Recht eingeräumt wurde auch „mitzu-
rathen". Dieser erste Stand, bestehend aus freien, schöffenbaren
Leuten, umfaßte den ersten und ältesten deutschen Adel; der hohe
Adel entstand „aus den zuerst erwählten Obersten **oder** Haupt-
leuten, nachdem diese Wahlwürden, **wie** bei Landeigenthümern
mit der Zeit fast allemal geschehen wird, bei einer Hufe und
deren Eigenthümer lange Zeit gelassen und endlich erblich wurden".
Unterschieden von diesem Grundbesitzadel wird von Möser der

Dienstadel, diejenigen in sich begreifend, welche dem Fürsten beständige Kriegsdienste als Reiter oder Ritter leisteten, und der Briefadel, vom Kaiser und den dazu Bevollmächtigten verdienten Männern ertheilt. Bei der Betrachtung der Möser'schen Ansichten über die Stellung des Adels im Staate ist auf seine Auffassung des Ursprungs und der Entwickelung dieses Standes nur insoweit Gewicht zu legen, als daraus hervorgeht daß Möser nur den für einen wahren Edelmann hält, welcher eine durch bedeutenden Grundbesitz oder hervorragende Verdienste um den Staat ausgezeichnete und unabhängige Stellung einnimmt, und hingegen alle diejenigen, welche nur durch fürstliche Gnade Adelsdiplom, Stellung und Einkommen erhalten haben, für nicht viel mehr als ein Adelsproletariat ansieht. Besonders hoch schätzt Möser den englischen Adel, weil dadurch, daß die jüngern Söhne in den Bürgerstand übertreten, nicht nur die Kluft zwischen Bürgerthum und Adel ausgefüllt, sondern auch der Entstehung eines vornehmen Proletariats vorgebeugt worden ist. Der Adel soll wieder zu einer Reichswürde erhoben werden, der älteste Sohn in den Besitz dieser Würde kommen, die übrigen Söhne aber — nicht adelich sondern nur edelgeboren — blos die Fähigkeit zu Kronehren besitzen. Diese Fähigkeit kann jedoch keineswegs dadurch verloren werden, daß man suche sich auf ehrliche Weise sein Brot zu erwerben.

Auch der Adel soll unbeschadet der Ehre seines Standes bürgerlichen Beschäftigungen sich hingeben, wenn er nicht von seinen Renten leben kann, denn kein Stand ist moralisch schlechter als der andere, und die Ehre nicht ausschließliches Eigenthum einer bestimmten Menschenklasse. Möser liebt es, die socialen Verhältnisse, welche er in England kennen gelernt hat, den Deutschen als Muster vorzuführen: dort seien die Handwerker stolz darauf Mitglieder einer Zunft zu sein, und nicht wenige hätten die Mittel in Palästen zu wohnen. Zur Blütezeit des Hansabundes habe der deutsche Handwerkerstand eine ähnliche Stellung eingenommen; um nun denselben wiederum zu heben, müsse man ihm gute Elemente zuführen und von ihm schlechte fernhalten, Bildung und Kapital ihm wieder zuwenden. Wenn auch reicher Leute Kinder ein Handwerk lernen würden, dann würde das

Handwerk auch zu **neuer** Ehre gelangen, und seine Erzeugnisse wieder mit denen des Auslandes concurriren können. Möser erkannte, **daß die** Waare um so schlechter wird, je **verachteter** der Arbeiterstand behandelt und belohnt wird, war **aber** der Meinung, daß die Zünfte nur dann **wieder** zu dem frühern Ansehen und ihrer alten „Ehre" gelangen **würden**, wenn sie mit aller Strenge darauf hielten, **daß nur die** Kinder „ehrlicher" Leute als Lehrlinge aufgenommen **würden**. Die Gründe der **Erscheinung, daß** das Handwerk in den **Dörfern** und kleinern **Städten** nothwendigerweise sinken müsse, erblickt Möser vorzüglich darin, daß in den größern Städten ein **weiteres** Absatzfeld neben billigerm Einkauf der Rohproducte bestehe, der Geschmack infolge der Concurrenz **sich** gehoben **habe**, und den Gewerben **mehr** Arbeitskräfte und Kapital zur Verfügung stehen. Der Vorschlag, daß nur in den großen Städten und Seehäfen, wo für den auswärtigen Markt gearbeitet würde, den Meistern eine unbegrenzte Anzahl von Gesellen zu halten erlaubt, in den kleinen Städten aber jedem Meister die Zahl seiner Gesellen bestimmt sein solle, würde jedoch **das** Uebergewicht **der** Kapitalmacht eher vergrößern als vermindern. Obgleich Möser den Segen **der** Arbeitstheilung in der dadurch erzielten größern Kunstfertigkeit der Arbeiter, in der Ersparung von Zeit und Kraft und in einer vortheilhaftern Verwerthung der Rohproducte in dem Lande selbst, welches sie hervorbringt, erkennt und sich bewußt ist, **daß der** ganze Handel nur auf einer internationalen Arbeitstheilung beruht, so glaubt er doch, daß den Gewerben auf dem Lande mit einem Gesetze gedient sei, welches den reichern und geschicktern Handwerker zu Gunsten seiner ärmern und ungeschicktern Zunftgenossen hindere **an dem** Gebrauch seiner Kräfte.

Wie Möser fordert, daß jede Gemeinde ihr eigenes Recht haben solle, und die Eigenthümlichkeiten der Stämme und Stände gegen fremden Einfluß vertheidigt, wie **er** im Gegensatze zu den nivellirenden Bestrebungen der französischen Philosophie strenge Standesunterschiede aufrecht erhalten haben will, so hält er es auch für ein Gebot **der** Klugheit und **der** Moral, daß jeder Osnabrücker nur osnabrückische Waaren kaufe. Schwer ist hiermit sein an anderer Stelle ausgesprochener Wunsch zu vereinigen,

daß jede Fabrikthätigkeit im Volke wurzeln, und wenn bestimmte
Industriezweige dem Charakter des Landes und der Lebensweise
und den Kräften der Bevölkerung entsprächen, diese von Jugend
auf für dieselben herangebildet werden solle. Denn kaum konnte
er sich dem Wahne hingeben, daß das osnabrückische Land und
Volk zur Betreibung allér Industriezweige geeignet wäre, und
von selbst mußte dann die Erkenntniß der Nothwendigkeit folgen,
daß Waaren eingeführt würden, die in jenen Gegenden nicht
oder doch minder gut ·als an andern Orten erzeugt werden
könnten. Man begreift diese eigenthümlichen volkswirthschaftlichen
Ansichten, wenn man erwägt, wie sehr Möser neben der Ent=
wickelung der heimischen Industrie die Erhaltung der einfachen
Sitten der Landbewohner am Herzen lag.

Deshalb erschien ihm eine Beschränkung des Hausirhandels
auf einheimische Waaren für vortheilhaft; die Wochenmärkte ver=
warf er, weil sie das Volk zu rohen Genüssen und zu Putzsucht
verführten, und bei jeder Gelegenheit empfahl er den einheimischen
Roggenkaffee an Stelle des echten, welcher die Nerven zerrütten
und die Menschheit schwächen würde. Möser's Grundsatz, das
Geld im Lande und sich selbst möglichst unabhängig vom Aus=
lande zu erhalten, erlitt aber durch die Theuerung der Jahre
1771 und 1772 einen empfindlichen Stoß. Da kam er zur
Einsicht, daß freie Aus= und Einfuhr den Getreidepreis natur=
gemäß regeln würde. „Man lasse", sagt er, „die Preise steigen
wie sie wollen, und gönne dem Handel seinen Lauf, ohne sich
von obrigkeitlichen Amts wegen im geringsten darum zu bekümmern
oder Ausfuhr und Branntweinbrennen zu verbieten." Für die
Producte der Landwirthschaft verlangt er zwar die Segnungen des
Freihandels; um die einheimische Industrie zu heben, glaubt er
jedoch, daß der Staat an Einfuhrverboten und hohen Zöllen
festhalten müsse. Es scheint fast als ob er dem Staate nur
deshalb eine freisinnige Handelspolitik anempfahl, weil er sich
nicht der Einsicht verschließen konnte, daß der Ackerbau vom
Handel abhängiger als dieser von jenem sei. Seine erste Für=
sorge galt dem Ackerbau, der Hauptbeschäftigung der Bewohner
Osnabrücks; Vorschläge zur Verbesserung der dortigen eigenthüm=
lichen Agrarverhältnisse, zur Hebung des geistigen und materiellen

Wohlz der Landleute findet man in den „Patriotiſchen Phantaſien" geſammelt, und Unterſuchungen über Weſen und Entwickelung der bäuerlichen Rechte und Laſten ſeiner Heimat bilden
einen Hauptbeſtandtheil ſeiner „Osnabrückiſchen Geſchichte". Mag
auch Möſer mit Oſtentation jeden Einfluß der franzöſiſchen Rechts-
philoſophie auf ſeine Anſichten verneinen, ſo kann doch kaum
angenommen werden, daß er ohne Kenntniß der ſocialen Reformen, welche, hervorgerufen durch die Forderungen der liberalen
Partei, in Frankreich ſich vorbereiteten, zu dem Entſchluſſe gelangt ſei, im Osnabrückiſchen die Aufhebung der Leibeigenſchaft
anzubahnen. „Dem Leibeigenthum einen offenbaren Krieg anzukündigen", verhinderte, wie er ſelbſt geſteht, der Umſtand, daß
„das Miniſterium und die ganze Landſchaft aus lauter Gutsherren
beſtand"; er ſprach, um nicht zu verletzen, beſchönigend über Verhältniſſe, deren nachtheilige Seiten in die Augen fielen, und
ſuchte zu vermitteln, wo zu verurtheilen Pflicht geweſen wäre.
Da konnte er denn ſpäter leichten Herzens ausrufen: „Gott ſei
Dank, ich habe mir mit meinem Vortrage nie einen Feind gemacht!" Wie vorſichtig behandelt er die Frage nach dem Ur-
ſprunge der Leibeigenſchaft! Sie iſt ihm nicht etwa aus der
mittelalterlichen Hörigkeit hervorgegangen, ſondern aus einem
„natürlichen Bedürfniß der Leute, welche nichts hatten, und froh
ſein mußten daß man ihnen Credit auf ihren Leib gab". Nicht
Krieg und Verſchuldung und Zwang machte aus freier Bevölkerung eine leibeigene, ſondern ein freiwilliger Contract, durch
welchen ein Menſch, der ſich ſelbſt zu ſchützen unfähig geweſen,
ſich in den Schutz eines mächtigern Herrn begab. Die Dienſte
des Leibeigenen ſah Möſer als Belohnung für des Herrn „Auf-
ſicht, Mühe und Schutz" an, ohne erkannt zu haben, daß bei
weitem mehr Leibeigene in dieſem Schutze Freiheit und Eigenthum
verloren, als für dieſen Schutz hingegeben haben. Während
er in dem Leibeigenthum eine nothwendige und auf lange
Zeit nützliche Erſcheinung erblickte und daſſelbe gegen die vertheidigte, welche es nur aus dem Verhältniſſe der Beſiegten zu
den Eroberern ableiten wollten, verkannte er doch auch nicht die
außerordentlichen Schäden, welche dem Individuum wie dem
Staate aus demſelben erwachſen. Zwar habe, ſagt er, in

Staaten, in welchen nur wenig Steuern zu zahlen und wenig Rekruten zu stellen seien, das Leibeigenthum immer noch Berechtigung; im allgemeinen aber „muß dem Staate mehr an der Erhaltung und dem Wohlstande vieler geringer Unterthanen als an dem Vortheile großer Gutsherren gelegen sein" — ein Satz von solcher Tragweite, daß er mehr verdient hätte an die Spitze einer eingehenden Abhandlung gestellt, als in eine leicht zu übersehende Anmerkung versteckt zu werden. Von der Verwandlung der Erbesbesetzung mit Leibeigenen in freie Erbpacht hofft Möser nicht nur für die ehemaligen Leibeigenen sondern auch für die Gutsherren moralischen und materiellen Nutzen: die Landwirthschaft würde sich heben durch eine Bevölkerung, welche wisse daß der Ertrag der Arbeit ihr selbst zukomme, und unter dem niedern Volke würde ein „richtiges Ehrgefühl" herrschen, erzeugt durch das Bewußtsein der Selbständigkeit und des eigenen Besitzes. Da nun dieses Ehrgefühl nicht aufkommen könne, solange es noch unbestimmte Leistungen gebe und der Gutsherr richterliche Gewalt über seine Hinterfassen habe, so sei vor allem in diesen Beziehungen alle Willkür abzuschneiden. In dem „Schreiben einer Hausfrau über die Freilassung ihrer Leibeigenen" entwickelt Möser dann die Bedingungen, unter denen er die Lösung des „Vertrags" zwischen Gutsherren und Leibeigenen für möglich hält. Radicalen Reformen widerstand sein historischer Sinn; er wollte mit der Vergangenheit nicht vollständig brechen, sondern langsam in neue Verhältnisse überleiten. Deshalb schlägt er die Bestimmungen vor, daß der Erbpächter an dem Hofe kein anderes Recht haben solle als der frühere Leibeigene, und daß er, wenn er die jährlichen Abgaben nicht bezahle, als Leibeigener zu behandeln und zu beerben sei. Um die Rechte der Gutsherren möglichst zu schonen, und auf der andern Seite die Freiheit zu einer Belohnung sittlicher und wirthschaftlicher Tüchtigkeit zu machen, empfiehlt Möser also nur eine bedingte Aufhebung der Leibeigenschaft. Dennoch war er sich bewußt, daß im 18. Jahrhundert nur wenig geschehen würde für eine Verbesserung der Lage des Bauernstandes; er ahnte aber auch zugleich, daß die Zukunft über seine Reformschläge hinausgehen und Forderungen stellen würde, wo er nur gewünscht hatte. Die Genugthuung wurde ihm noch zutheil, daß die österreichische Regierung, welche eifrig bestrebt war die eigenthumslosen Leibeigenen des Reiches in grundbesitzende umzuwandeln, seine darauf bezüglichen Abhandlungen nicht unbeachtet ließ. Dies mußte für ihn um so erfreulicher sein, als er selbst wol kaum die Absicht gehabt hatte, mit seinen für die Osnabrückischen Intelligenzblätter geschriebenen Aufsätzen über die Grenzen des Bisthums hinaus zu wirken.

Dies ist denn auch der Grund, weshalb die „Patriotischen Phantasien" nur bei einzelnen von des Verfassers Zeitgenossen wahres Verständniß gefunden haben; das Lob der großen Masse blieb aus, in vollem Maße ersetzt ward es aber durch die Bewunderung, welche Goethe den literarischen Leistungen Möser's zollte. Als Goethe durch Herder zuerst auf die Artikel literarhistorischen und staatswissenschaftlichen Inhalts, welche die Osnabrückischen Intelligenzblätter aus Möser's Feder gebracht hatten, aufmerksam gemacht worden war und später von dessen Tochter, Frau von Voigts, den Aufsatz erhalten hatte, in welchem Möser „Götz von Berlichingen" gegen das wegwerfende Urtheil Friedrich's des Großen vertheidigte, widmete er nach der Rückkehr von Wetzlar auch den übrigen Schriften Möser's ein eingehendes Studium. Mit großer Verehrung sprach er stets von „diesem unvergleichlichen Manne, der ihm außerordentlich imponirt und den größten Einfluß auf eine Jugend gehabt habe, die auch etwas Tüchtiges wollte und im Begriff war es zu erfassen"; und an Frau von Voigts schrieb er: „Ich trage die «Patriotischen Phantasien» mit mir herum; wann und wo ich sie aufschlage, wird mir's ganz wohl, und hunderterlei Wünsche, Hoffnungen, Entwürfe entfalten sich in meiner Seele." Es war ein nicht unwichtiger Zufall, daß Goethe, als er dem Erbprinzen von Weimar vorgestellt wurde, die „Patriotischen Phantasien" auf dem Tische fand, und daß sich bei dieser Gelegenheit ein Gespräch über Staatsverwaltung entspann, in welchem Goethe die Ansicht Möser's vertreten zu haben scheint, „daß die Menge der kleinen deutschen Staaten als höchst erwünscht zur Ausbreitung der Cultur seien". Die Vermuthung liegt nahe, daß seine Berufung nach Weimar zum Theil eine Folge dieses Gesprächs gewesen sei.

Nie haben sich die beiden großen Männer gesehen, nie in directem Briefwechsel miteinander gestanden; Frau von Voigts vermittelte den Verkehr. Das Interesse für Möser's Schriften blieb in Goethe bis in sein Alter rege; immer erfreute er sich an den Schätzen „des reichen Mannes, der jemand auf ein Butterbrot einlädt und ihm dazu einen Tisch auserlesener Gerichte vorstellt".

Reinhard Zöllner.

Inhalt.

---

1. Haus und Familie.

Seite

II. Dorf und Stadt.

III. Handel und Gewerbe.

Patriotische Phantasien.

Erster Theil

I.

Haus und Familie.

Die Häuser des Landmanns im Osnabrückischen sind in ihrem Plan die besten.

Die Frage, ob die hiesigen Hausleute ihre Wohnungen nicht bequemer einrichten könnten, ist oft aufgeworfen worden. Diejenigen, welche solche zu entscheiden haben, mögen nachfolgende Vortheile der hiesigen Bauart nicht aus der Acht lassen.

Der Herd ist fast in der Mitte des Hauses und so angelegt, daß die Frau, welche bei demselben sitzt, zu gleicher Zeit alles übersehen kann. Ein so großer und bequemer Gesichtspunkt ist in keiner andern Art von Gebäuden. Ohne von ihrem Stuhle aufzustehen, übersieht die Wirthin zu gleicher Zeit drei Thüren, dankt denen, die herein kommen, heißt solche bei sich niedersetzen, behält ihre Kinder und Gesinde, ihre Pferde und Kühe im Auge, hütet Keller, Boden und Kammer, spinnt immerfort und kocht dabei. Ihre Schlafstelle ist hinter diesem Feuer, und sie behält aus derselben ebendiese große Aussicht, sieht ihr Gesinde zur Arbeit aufstehen und sich niederlegen, das Feuer anbrennen und verlöschen, und alle Thüren auf- und zugehen, hört ihr Vieh fressen, die Weberin schlagen, und beobachtet wiederum Keller, Boden und Kammer. Wenn sie im Kindbette liegt, kann sie noch einen Theil dieser häuslichen Pflichten aus dieser ihrer Schlafstelle wahrnehmen. Jede zufällige Arbeit bleibt ebenfalls in der Kette der übrigen. Sowie das Vieh gefüttert und die Drösche gewandt ist, kann sie hinter ihrem Spinnrade ausruhen, anstatt daß in andern Orten, wo die Leute in Stuben sitzen, so oft die Hausthür aufgeht, jemand aus der Stube dem Fremden entgegengehen, ihn wieder aus dem Hause führen, und seine Arbeit so lange versäumen muß. Der

Platz bei dem Herde ist der schönste unter allen. Und wer den Herd der Feuersgefahr halber von der Aussicht auf die Deele absondert, beraubt sich unendlicher Vortheile. Er kann sodann nicht sehen, was der Knecht schneidet und die Magd füttert. Er hört die Stimme seines Viehes nicht mehr, die Einfahrt wird ein Schleichloch des Gesindes, seine ganze Aussicht vom Stuhle hinterm Rade am Feuer geht verloren; und wer vollends seine Pferde in einem besondern Stalle, seine Kühe in einem andern, und seine Schweine im dritten hat, und in einem eigenen Gebäude drischt, der hat zehnmal so viel Wände und Dächer zu unterhalten und muß den ganzen Tag mit Besichtigen und Aufsichthaben zubringen.

Ein ringsumher niedriges Strohdach schützt hier die allezeit schwachen Wände, hält den Lehm trocken, wärmt Haus und Vieh, und wird mit leichter Mühe von dem Wirthe selbst gebessert. Ein großes Vordach schützt das Haus nach Westen und deckt zugleich die Schweinekoben; und um endlich nichts zu verlieren, liegt der Mistpfuhl vor der Ausfahrt, wo angespannt wird. Kein Vitruv ist im Stande mehr Vortheile zu vereinigen.

Bei der Frage, ob es nicht gut, sei dem Landmanne zu rathen, sparsamer mit dem Bauholze umzugehen, kommen folgende Gründe in Betracht:

Erstlich hat jeder Mensch seinen Ehrgeiz, welchen er auf eine oder die andere Art befriedigen will, und es ist überaus bedenklich, ihn von einiger Verschwendung in einheimischen Producten auf auswärtige zu führen. Die ganze Kunst des Gesetzgebers besteht darin, den Ehrgeiz des Menschen wohl zu lenken.

Zweitens ist es besser, daß das Bauholz theuer als wohlfeil ist. Das Geld dafür geht nicht aus dem Lande. Ein theurer Holzpreis muntert die Leute auf, fleißig zu pflanzen; und diejenigen Gegenden sind nicht glücklicher, wo man das Holz gar nicht verkaufen kann, sondern zu Potasche und Glashütten verschwenden muß.

Drittens ist es besser, daß die Leute zu viel als zu wenig Holz nehmen, weil sie keine Baumeister bei sich haben und durch die Stärke des Holzes ihre Fehler im Bauen ersetzen müssen.

Viertens ist in den hiesigen Häusern die allergrößte Sparsamkeit bereits darin beobachtet, daß die Balken nicht durchlaufen, sondern nur den sogenannten Stuhl bedecken. Dadurch sind bei jedem großen Hause nach dem jetzigen Holzpreise 200 Thaler erspart. Die Verschwendung geschieht also nur in Ständer- und Riegelholz, welches noch genug vorhanden ist, da es nur an Balken mangelt.

Fünftens findet man keine Verschwendung in den Gegenden, wo das Holz rar ist.

Die Spinnstube.

Eine osnabrückische Geschichte.

Selinde — wir wollen sie nur so nennen, ihr Taufname war sonst Gertraud — war die älteste Tochter redlicher Eltern und von Jugend auf dazu gewöhnt worden, das Nöthige und Nützliche allein schön und angenehm zu finden. Man erlaubte ihr jedoch, so viel möglich, alles Nothwendige in seiner größten Vollkommenheit zu haben. Ihr Vater, ein Mann von vieler Erfahrung, hatte sie in Ansehung der Bücher auf ähnliche Grundsätze eingeschränkt. Die Wissenschaften, sagte er oft, gehören zum Ueppigen der Seele; und in Haushaltungen oder Staaten, wo man noch mit dem Noth= wendigen genug zu thun hat, muß man die Kräfte der Seelen besser nützen. Selinde selbst schien von der Natur nach gleichen Regeln gebaut zu sein und alles Nothwendige in der größten Voll= kommenheit zu besitzen.

Die ganze Haushaltung bestand ebenso. Wo die Mutter von einer bessern Art Kühe oder Hühner hörte, da ruhte sie nicht eher als bis sie darankam.

Man fand das schönste Gartengewächs nur bei Selinden. Ihre Rüben gingen den märkischen weit vor, und der Bischof hatte keine andere Butter auf seiner Tafel, als die von ihrer Hand gemacht war. Was man von ihrer Kleidung sehen konnte, war klares oder dichtes Linnen, ungestickt und unbesetzt, jedoch so nett von ihr ge= säumt, daß man in jedem Stiche eine Grazie versteckt zu sein glaubte. Das einzige, was man an ihr Ueberflüssiges bemerkte, war ein Heideblümchen in den lichtbraunen Locken. Sie pflegte aber diesen Staat damit zu entschuldigen, daß es der einzige wäre, welchen sie jemals zu machen gedächte, und man konnte denselben um soviel mehr gelten lassen, weil sie die Kunst verstand, diese Blumen so zu trocknen, daß sie im Winter nichts von ihrer Schön= heit verloren.

In ihrem Hause war Eingangs zur rechten Hand ein Saal oder eine Stube, welches man so genau nicht unterscheiden konnte. Vermuthlich war es ehedem ein Saal gewesen. Jetzt ward es zur Spinnstube gebraucht, nachdem Selinde ein helles, geräumiges und reinliches Zimmer mit zu den ersten Bedürfnissen ihres Lebens rechnete. Aus derselben ging ein Fenster auf den Hühnerplatz, ein anderes auf den Platz vor der Thüre, und ein drittes in die Küche, der Kellerthür gerade gegenüber. Hier hatte Selinde manchen Tag ihres Lebens arbeitsam und vergnügt zugebracht, indem sie auf einem dreibeinigen Stuhle (denn einen solchen zog sie dem vier= beinigen vor, weil sie sich auf demselben ohne aufzustehen und ohne

alles Geräusch auf das geschwindeste herumdrehen konnte) mit dem
einen Fuße das Spinnrad und mit dem andern die Wiege in Bewegung erhalten, mit einer Hand den Faden, und mit der andern
ihr Buch regiert, und die Augen bald in der Küche und vor der
Kellerthür, bald aber auf dem Hühnerplatze oder vor der Hausthür
gehabt hatte. Oft hatte sie auch zugleich auf ihre Mutter im Kindbette Acht gehabt und die spielenden Geschwister mit einem freudigen
Liede ermuntert. Denn das Kindbette ward zu der Zeit noch in einem
Durtich (dortoir) gehalten, wovon die Staatsseite in die Spinnstube
ging und mit schönem Holzwerk, welches Pannel hieß, nun aber
minder glücklich Boiserie genannt wird, geziert war. Desgleichen
hatten die Eltern ihre Kinder noch mit sich in der Wohnstube, um
selbst ein wachsames Auge auf sie zu haben. Ueber dem Durtich
war der Hauptschrank, worin die Briefschaften, die Becher und
andre Erbschaftsstücke verwahret waren; und auch diesen hatte Selinde zugleich vor Dieben bewahrt.

Wenn die langen Winterabende herankamen, ließ sie die Haus-
mägde, welche sich daher ebenfalls überaus reinlich halten mußten,
mit ihren Rädern in die Spinnstube kommen. Man sprach sodann
von allem, was den Tag über im Hause geschehen war, wie es
im Stall und im Felde stünde, und was des andern Tages vorzunehmen sein würde. Die Mutter erzählte ihnen auch wol eine
lehrreiche und lustige Geschichte, wenn sie haspelte. Die kleinen
Kinder liefen von einem Schofe zum andern, und der Vater genoß des Vergnügens, welches Ordnung und Arbeit gewähren,
mittlerweile er seine Hände bei einem Fisch- oder Vogelgarn be-
schäftigte und seine Kinder durch Fragen und Räthsel unterrichtete.
Bisweilen ward auch gesungen, und die Räder vertraten die Stelle
des Basses. Um alles mit wenigem zu sagen, so waren alle nothwendigen Verrichtungen in dieser Haushaltung so verknüpft, daß
sie mit dem mindesten Zeitverlust, mit der möglichsten Ersparung
überflüssiger Hände und mit der größten Ordnung geschehen konnten;
und die Spinnstube war in ihrer Anlage so vollkommen, daß man
durch dieselbe auf einmal so viele Absichten erreichte, als möglicher-
weise erreicht werden konnten.

Nicht weit von dieser glücklichen Familie lebte Arist, der einzige
Sohn seiner Aeltern und der frühe Erbe eines ziemlichen Vermögens.
Als ein Knabe und hübscher Junge war er oft zu Selinden in die
Spinnstube gekommen und hatte manche schöne Birn darin gegessen, welche sie ihm geschält hatte. Nach seiner Aeltern Tode
aber war er auf Reisen gegangen und hatte die große Welt in
ihrer ganzen Pracht betrachtet. Er verstand die Baukunst, hatte
Geschmack und einen natürlichen Hang zum Ueberflüssigen, welchen
er in seiner ersten Jugend nicht verbergen konnte, da er schon nicht

anders als **mit einem Federhute** in die Kirche gehen wollte. Man
wird daher **leicht schließen, daß** er bei seiner Wiederkunft jene ein=
geschränkte **Wirthschaft nicht** von ihrer **besten** Seite betrachtet und
die Spinnstube **seiner Mutter** in einen Vorsaal verändert habe.
Jedoch war er **nichts** weniger als **verderbt.** Er war ein billiger
und **vernünftiger Mann** geworden, und sein einziger Fehler schien
zu sein, daß **er die** edle Einfalt **als etwas** Niedriges betrachtete
und sich eines **braunen** Tuchs schämte, **wenn andre in** goldgesticktem
Scharlach über **ihn** triumphirten.

Seine Aeltern hatten seine frühe Neigung **zu Selinden** gerne
gesehen, und **die** ihrigen wünschten ebenfalls eine **Verbindung,** welche
allen Theilen eine vollkommene Zufriedenheit versprach. Seinen
Wünschen setzte sich also nichts entgegen; **und** so viele Schönheiten
als er auch auswärts gesehen hatte, so war ihm doch nichts **vor=**
gekommen, welches ihre Reizungen übertroffen hätte. Er widerstand
daher nicht lange ihrem mächtigen Eindruck, und der Tag zur Hoch=
zeit ward von den Aeltern mit derjenigen Zufriedenheit angesetzt,
welche eine ausgesuchte Ehe unter wohlgerathenen Kindern insge=
mein zu machen pflegt. Allein so oft Arist seine Braut besuchte,
fand er sie in der Spinnstube, **und er** mußte manchen Abend die
Freude, seine Geliebte zu sehen, **mit dem Verdruß,** zwischen Rädern
und Kindern zu sitzen, erkaufen.

Er konnte sich endlich nicht enthalten, **einige satirische** Züge
gegen diese altväterische Gewohnheit auszulassen. „Ist es möglich",
sagte er einmal gegen den Vater, „daß Sie unter diesem Gesumse,
unter dem Geplauder der Mägde **und unter dem Lärm der Kinder**
so manchen schönen Abend hinbringen können? In der ganzen
übrigen Welt ist man von der alten deutschen Gewohnheit, mit
seinem Gesinde in Einem Raume zu leben, zurückgekommen, und die
Kinder können unmöglich edle Gesinnungen bekommen, wenn sie
sich **mit den Mägden** herumzerren. Ihre Denkungsart muß noth=
wendig schlecht und ihre Aufführung nicht besser gerathen. Ueberall
wo ich in der Welt gewesen, haben die Bedienten ihre eigene Stube;
die Mägde haben die ihrige besonders; die Kammerjungfer sitzt
allein; die Töchter sind bei der Französin, die Knaben bei dem
Hofmeister; der Herr vom Hause wohnt in einem, und die Frau im
andern Flügel. Blos der Eßsaal nebst einigen Vorzimmern dienen
zu gewissen Zeiten des Tages um sich darin zu sehen und zu ver=
sammeln. Und wenn ich meine Haushaltung anfange, so soll die
Spinnstube gewiß nicht im Corps de logis wieder angelegt werden."

„Mein lieber Arist", war des Vaters Antwort, „ich habe auch
die Welt gesehen und nach **einer** langen Erfahrung gefunden, daß
Langeweile unser größter **Feind** und eine nützliche Arbeit unsre
dauerhafteste Freundin sei. Da ich auf das Land zurückkam, über=

legte ich lange, wie ich mit meiner Familie meine Zeit für mich
ruhig und vergnügt hinbringen wollte. Die Sommertage machten
mich nicht verlegen. Allein die Winterabende fielen mir desto
länger. Ich fing an zu lesen, und meine Frau nähte. Im Anfang ging alles gut. Bald aber wollten unsere Augen diese Anstrengung nicht aushalten, und wir kamen oft zu dem Schlusse,
daß das Spinnen die einzige Arbeit sei, welche ein Mensch bis ins
höchste Alter ohne Nachtheil seiner Gesundheit aushalten könnte.
Meine Frau entschloß sich also dazu, und nach und nach kamen
wir zu dem Plan, welcher Ihnen so sehr mißfällt. Dies ist die
natürliche Geschichte unsers Verfahrens. Nun lassen Sie uns auch
Ihre Einwürfe als Philosophen betrachten.

„In meiner Jugend diente ich unter dem General Montecuculi.
Wie oft habe ich diesen Helden in regnichten Nächten auf den Vor-
posten sich an ein schlechtes Wachtfeuer niedersetzen, aus einer ver-
sauerten Flasche mit den Soldaten trinken, und ein Stück Commiß-
brod essen sehen. Wie gern unterredete er sich mit jedem Gemeinen;
wie aufmerksam hörte er oft von ihnen Wahrheiten, welche ihm
von keinem Adjutanten hinterbracht wurden; und wie groß dünkte
er sich nicht, wenn er in der Brust eines jeden Gemeinen Muth,
Geduld und Vertrauen erweckt hatte! Was dort der Feldherr that,
das thue ich in meiner Haushaltung. Im Kriege sind einige
Augenblicke groß, in der Haushaltung alle und es muß keiner verloren werden. Sollte nun aber wol dasjenige, was den Helden
größer macht, den Landbauer beschimpfen können? Ist der Ackerbau
minder edel als das Kriegshandwerk? Und sollte es vornehmer
sein, sein Leben zu vermiethen, als sein eigener Herr zu sein und
dem Staate ohne Sold zu dienen? Warum sollte ich also nicht mit
meinem Gesinde wie Montecuculi mit seinen Soldaten umgehen?

„Ein gesunder und reinlicher Mensch hat von der Natur ein
Recht, ein starkes Recht, uns zu gefallen. Der Ehrgeizige braucht
ihn, die Wollust sucht ihn, und der Geiz verspricht sich alles von
seinen Kräften. Ich habe allzeit gesundes und reinliches Gesinde,
und bei der Ordnung, welche wir in allen Stücken halten, fällt es
uns nicht schwer, es wohl zu ernähren und gut zu kleiden. Das
Kleid macht nicht blos den Staatsmann, es macht auch eine gute
Hausmagd; und es kann Ihnen, mein lieber Arist, nicht unbemerkt
geblieben sein, daß der Zuschnitt ihrer Mützen und Wämser ihnen
eine vorzügliche Leichtigkeit, Munterkeit und Achtsamkeit gebe. Ich
erniedrige mich nicht zu ihnen, ich erhebe sie zu mir. Durch die
Achtung, welche ich ihnen bezeige, gebe ich ihnen eine Würde, welche
sie auch im verborgenen zur Rechtschaffenheit leitet. Und diese
Würde, dieses Gefühl der Ehre dient mir besser, als andern die
Furcht vor dem Zuchthause. Wenn sie des Abends zu uns in die

Stube gelassen werden, haben sie Gelegenheit, manche gute Lehren im Vertrauen zu hören, welche sich nicht so gut in ihr Herz prägen würden, wenn ich sie ihnen als Herr im Vorübergehen mit einer ernsthaften Miene sagte. Durch unser Betragen gegen sie sind sie versichert, daß wir es wohl mit ihnen meinen, und sie müßten sehr unempfindliche Geschöpfe sein, wenn sie sich nicht danach besserten. Ich habe zugleich Gelegenheit, ohne von meiner Arbeit aufzustehen und meine Zeit zu verlieren, von ihnen Rechenschaft wegen ihrer Tagesarbeit zu fordern und ihnen Vorschriften auf den künftigen Morgen zu geben. Meine Kinder hören zugleich, wie der Haushalt geführt und jedes Ding in demselben angegriffen werden muß. Sie lernen gute Herren und Frauen werden; sie gewöhnen sich zu der nothwendigen Achtsamkeit auf Kleinigkeiten, und ihr Herz erweitert sich bei zeiten zu den christlichen Pflichten im niedrigen Leben, wozu sich andere sonst mehr aus Stolz als aus Religion herablassen. Ordentlicherweise aber lasse ich meine Kinder mit dem Gesinde nicht allein. Wenn es aber von ungefähr geschieht, so habe ich weniger zu fürchten als andere, deren Kinder mit einem verachteten Gesinde verstohlene Zusammenkünfte halten. Ich muß aber dabei bemerken, daß ich meine Kinder hauptsächlich zur Landwirthschaft und zu derjenigen Vernunft erziehe, welche die Erfahrung mit sich bringt. Von gelehrten Hofmeistern lernen Tausende die Kunst, nach einem Modell zu denken und zu handeln; Aufmerksamkeit und Erfahrung aber bringen nützliche Originale oder doch brauchbare Copien hervor."

Arist schien mit einiger Ungeduld das Ende dieser langen Rede zu erwarten, und vielleicht hätte er Selindens Vater in manchen Stellen unterbrochen, wenn der Ernst, womit diese ihrem Vater zuhörte, ihn nicht behutsam gemacht hätte. „Es ist einem jeden nicht gegeben", fiel er jedoch hier ein, „sich mit seinem Gesinde so gemein zu machen, und ich glaube, man thut allezeit am besten, wenn man sie in gehöriger Ehrfurcht und Entfernung hält. Alle Menschen sind zwar von Natur einander gleich; allein unsre Umstände wollen doch einigen Unterschied haben, und es ist nicht übel, solchen durch gewisse äußerliche Zeichen in der Einbildung der Menschen zu unterhalten. Mit eben den Gründen, womit Sie mir die Spinnstube anpreisen, könnte ich Ihnen die Dorfschenke rühmen. Und vielleicht bewiese ich Ihnen aus der Geschichte des vorigen Jahrhunderts, daß verschiedene Kaiser und Könige, wenn ihnen die allezeit in einerlei Gemüthsuniform erscheinenden Hofleute Langeweile verursacht, sich oft in einem Bauernhause gelabt und ihren getreuesten Unterthanen unerkannterweise zugetrunken haben."

„Und Sie wollten dieses verwerfen?" versetzte Selindens Vater mit einem edeln Unmuthe. „Sie wollten eine Handlung lächerlich

machen, welche ich für die gnädigste des Königs halte? Kommen
Sie", fuhr er fort, „ich habe hier noch ein Buch, welches ich oft lese.
Dieses ist Homer. Hier, hören Sie — und in dem Augenblick las
er die erste Stelle, so ihm in die Hand fiel —: Der alte Nestor
zitterte ein wenig, aber Hektor kehrte sich an nichts.
Welch eine natürliche Schilderung!" rief er aus. „Wie sanft, wie
lieblich, wie fließend ist diese Schattirung in Vergleichung solcher
Gemälde, worauf der Held in einem einfarbigen Purpur steht, den
Himmel über sich einstürzen sieht und den Kopf an einer poetischen
Stange unerschrocken in die Höhe hält! Wodurch war aber Homer
ein solcher Maler geworden? Wahrlich nicht dadurch, daß er alles
in einen prächtigen aber einförmigen Modeton gestimmt und sich
in eine einzige Art von Nasen verliebt! Nein, er hatte zu seiner
Zeit die Natur überall wo er sie angetroffen studirt. Er war
auch unterweilen in die Dorfschenke gegangen, und der schönste Ton
seines ganzen Werks ist dieser, daß er die Mannichfaltigkeit der
Natur in ihrer wirklichen und wahren Größe schildert und nicht
durch übertriebene Vergrößerungen oder Verschönerungen sich in Gefahr setzt, statt hundert Helden nur einen zu behalten. Er ließ der
Helena ihre stumpfe Nase, ohne ihr den schönen Hügel daraufzusetzen; und Penelopen ließ er in der Spinnstube die Aufwartung
ihrer Liebhaber empfangen."

Arist wollte eben von dem Durtich sprechen, welcher beim
Homer wie ein Vogelbauer in die Höhe gezogen wird, damit die
darin schlafenden Prinzen nicht von den Ratzen oder andern gif-
tigen Thieren angegriffen würden. Allein der Alte ließ ihn nicht
zum Worte kommen und sagte nur noch: „Ich weiß wohl, die ver-
edelten, verschönerten, erhabenen und verwöhnten Köpfe unserer
heutigen Welt lachen über dergleichen Gemälde. Allein mein Trost
ist: Homer wird in England, wo man die wahre Natur liebt und
ihr in jedem Stande Gerechtigkeit widerfahren läßt, mehr gelesen
und bewundert als in dem ganzen übrigen Theile von Europa;
und es gereicht uns nicht zur Ehre, wenn wir mit dem niedrigsten
Stande nicht umgehen können ohne unsre Würde zu verlieren.
Es gibt Herren, welche in einer Dorfschenke am Feuer mit vernünftigen Landleuten, die das Ihrige nicht aus der Encyklopädie,
sondern aus Erfahrung wissen und aus eigenem Verstande wie aus
offnem Herzen reden, allezeit größer sein werden als orientalische
Prinzen, die um nicht klein zu scheinen sich einschließen müssen.
Wenn wir dächten, wie wir denken sollten, so müßte uns der Umgang mit ländlichen, unverdorbenen und unverstellten Originalen
ein weit angenehmer Schauspiel geben als die Bühne, worauf
einige abgerichtete Personen ein auswendig gelerntes Stück in einem
geborgten Affecte daherschwatzen."

Wie Selinde merkte, daß ihr Vater eine Wahrheit, welche er zu stark fühlte, nicht mehr mit der ihm sonst eigenen Gelassenheit ausdrückte, unterbrach sie ihn damit, daß sie sagte, sie würde sich's von Aristen als die erste Gefälligkeit ausbitten, daß er seiner Mutter Spinnstube wieder in den vorigen Stand setzen ließe. Und sie begleitete diese ihre Bitte mit einem so sanften Blick, daß er auf einmal die Satire vergaß und ihr unter einer einzigen Bedingung den vollkommensten Gehorsam versprach. Selinde wollte zwar anfangs keine Bedingung gelten lassen. Doch sagte sie endlich: „Die Bedingungen eines geliebten Freundes können nichts Widriges haben, und ich weiß es zum voraus, daß sie zu unserm gemein= schaftlichen Vergnügen sein werden." Arist erklärte sich also, und es ward von allen Seiten gut gefunden, daß Selinde ein Jahr nach ihres Mannes Phantasie leben, und alsdann dasjenige ge= schehen sollte, was sie beiderseits wünschen würden. Jeder Theil hoffte in dieser Zeit den andern auf seine Seite zu ziehen.

Der Hochzeittag ging fröhlich vorüber, und wenngleich Arist sich an demselben in seiner schönsten Größe zeigte, so bemerkte man doch auf der andern Seite nichts, was man Ueberfluß nennen konnte. Selindens Vater kleidete alle Armen im Dorfe neu, nur sich selbst nicht, weil sein Rock noch völlig gut war. Er gab nicht mehr als drei Speisen und gutes Bier, welches im Hause gemacht war. Denn der Wein war damals noch keine allgemeine Mode, und es hatte sich kein Leibarzt beifallen lassen, der Braunahrung zum Nachtheil das Wasser gesunder zu finden. Die Braut trug ihr Heideblümchen, und die liebenswürdige Sittsamkeit war das durchscheinende Gewand vieler edeln und mächtigen Reizungen. Sie war weiß und nett ohne Pracht. Des andern Morgens aber erschien sie nach der Abrede in unaussprechlichen Kleidungen. Denn die Zeit hat die Modenamen aller Kopfzeuge, Hüllen und Phan= tasien, welche zu der Zeit zum Putz eines Frauenzimmers gehörten, längst in Vergessenheit kommen lassen. Und wenn sie solche auch erhalten hätte, so würde man sie doch ebenso wenig verstehen als dasjenige, was man in der Limburger Chronik von gemützerten, geflützerten, verschnittenen und verzattelten, von Kleinspalt, Kogeln, Sorkett und Disselsett liest.

Selinde, die alles, was sie war, jederzeit aus Ueberlegung war, spielte ihre neue Rolle wirklich schöner, als wenn sie solche gelernt hätte. Sie stand spät auf, saß bis um neun Uhr am Kaffeetische, putzte sich bis um zwei, aß bis um vier, spielte bis acht, setzte sich wieder zu Tische bis zehn, zog sich aus bis um zwölf und schlief wieder bis acht; und in diesem einförmigen Cirkel verfloß der erste Winter in einer benachbarten Stadt, wohin sie sich, nach der Mode, begeben hatten.

Wie der folgende Winter sich näherte, fing Arist allmählich an Ueberlegungen zu machen. Sein ganzes Hausgesinde hatte sich nach seinem Muster gebildet. In der Haushaltung war vieles verloren, vieles nicht gewonnen, und in der Stadt ein ansehnliches mehr als sonst verzehrt. Er mußte sich also entschließen, auf dem Lande zu bleiben, wofern er seine Wirthschaft in Ordnung halten wollte. Selinde hatte ihm bis dahin noch nichts gesagt. Denn auch dieses hatte er sich bedungen. Allein nunmehr, da das Probe= jahr zu Ende ging, schien sie allmählich mit einem Blicke zu fragen, wiewol mit aller Bescheidenheit und nur so, daß man schon etwas auf dem Herzen haben mußte, um diesen Blick zu verstehen.

Zur Zeit wie Arist in Paris gewesen war, hatte man eben die Spinnräder erfunden, welche die Damen mit sich in Gesellschaft trugen, auf den Schos setzten und mit einem stählernen Haken an eben der Stelle befestigten, wo jetzt die Uhr zu hängen pflegt. Man drehte das Rad mit einem schönen kleinen Finger, und tän= delte oder spann mit einem andern. Von dieser Art hatte er heim= lich eins für Selinden kommen lassen, und für sich ein Gestell zu Knötchen. Denn die Mannspersonen fingen eher an zu knötchen als zu trenseln. Ehe sich's Selinde versah, rückte Arist mit diesen allerliebsten Kleinigkeiten hervor und gedachte damit eine Wendung gegen sein feierliches Versprechen zu machen. Vielleicht wäre es ihm auch eine Zeit lang geglückt, wenn nicht das charmante Räd= chen mit einer unendlichen Menge Verloquen wäre geziert gewesen. Sie wußte zwar die Geschichte ihres Ursprungs, und zu welchem Ende der Gott der Liebe diese kleinen Siegeszeichen erfunden hatte, nicht. Allein sie sah doch ganz wohl ein, daß dieser überflüssige Zierath ein kleiner Spott über ihre ehemaligen Grundsätze sein sollte. Indessen schwieg sie und spann. Arist aber machte Knötchen.

Kaum aber war ein Monat und mit diesem die Neuigkeit vor= über, so fühlte Arist selbst die ganze Schwere dieser langweiligen Tändelei. Längst hatte er eingesehen, daß nichts als nützliche Arbeit die Zeit verkürzen und ein dauerhaftes Vergnügen erwecken könnte. Allein diese seine Erkenntniß war unter dem Geräusch jugendlicher Lustbarkeiten verschwunden. Jetzt verwandelte sie sich aber in eine lebhafte Ueberzeugung, da die Noth sich bei ihm als ein ernsthafter Sittenlehrer einstellte. Er fing also an Selinden offenherzig und zärtlich zu gestehen, wie es wol schiene, daß sie recht behalten würde . . . . . .

Die Scene, welche hierauf erfolgte, ist zu rührend, um sie zu beschreiben. Es ist genug, zu wissen daß Selinde den Sieg und eine ganz neue Spinnstube erhielt, woraus sie, wie zuvor, ihre ganze Haushaltung regieren konnte. Nur wollte Arist nicht, daß sie Eingangs zur Linken liegen sollte, weil er hier seinen Saal be=

halten und die Damen, so ihn besuchten, wie im Menuet, von der
Rechten zur Linken führen wollte. Dies ward leicht eingeräumt;
und jedermann weiß, daß sie beide unter Rädern und Kindern ein
sehr hohes und vergnügtes Alter erreicht haben. Man sagt dabei,
daß die damalige Landesfürstin ihnen die Ehre erwiesen, sie in der
Spinnstube zu besuchen, und daß sie zum Andenken derselben eine
dergleichen auf dem Schlosse zu Iburg angelegt habe, welche bis
auf den heutigen Tag die Spinnstube genannt wird.

Wie viel braucht man, um zu leben?

Was braucht man, um zu leben? — ist zwar eine alte, aber
auch noch nie völlig beantwortete Frage. Ein Thorschreiber, dem
der Fürst jährlich hundert Thaler gab, stellte einmal unterthänigst
vor:

Es sei unmöglich, bei den gegenwärtigen theuren und verschwenderischen Zeiten von hundert Thalern zu leben; er habe eine
Frau und sechs Kinder. Wenn er auf jede Person auch nur
jährlich zwanzig Thaler rechne — und so viel bewilligte man doch
wol zum Unterhalte eines Findlings —, so wäre es offenbar, daß
er damit nicht auslangen könnte. Er müsse also nothwendig ein
Betrüger werden, oder als ein ehrlicher Mann verhungern. . . .

Der Fürst ließ sich endlich bewegen, demselben jährlich dreihundert Thaler zu geben, ohnerachtet die Accise an dem Thore, wo
der Thorschreiber stand, nicht völlig tausend Thaler des Jahrs ein-
brachte und der Schreiber solchergestalt über dreißig Procent von
der Einnahme erhielt. Wer war froher als der Thorschreiber!
Seine Frau, welche bisher nur Kontuschen getragen, legte sich eine
Adrienne zu, die Töchter wurden Mademoiselles geheißen, und die
Söhne mußten, als Kinder eines großen fürstlichen Bedienten, zum
Studiren angehalten werden. Kaum aber hatte diese Veränderung
einige Jahre bestanden, so war der Thorschreiber in Schulden
und stellte abermals vor:

Es sei schlechterdings unmöglich, daß er mit dem ihm gnädigst
bewilligten Gehalt auskommen könnte. Höchstdieselben würden
gnädigst erwägen, daß wenn er nur einigermaßen standesmäßig leben sollte, auch der sparsamste Bediente von seinem
Stande damit nicht ausreichen könnte. Der Unterricht seiner
Kinder, welche doch nach ihrem Stande studiren müßten,
nehme wenigstens den dritten Theil seines Gehalts weg; und da
der älteste bald auf die Universität müßte, so würde dieser allein
den Ueberrest seines Gehalts ver... ren . . . .

Der Fürst legte hierauf seinen Ministern die Frage vor: ob er keinem seiner Bedienten eine Zulage geben könnte, ohne zugleich eine Standeserhöhung zu veranlassen? Die Minister antworteten: Es wäre natürlich, daß ein Mann, der viertausend Thaler jähr- licher Besoldung hätte, mehr verzehren müßte als ein andrer, der nur zweitausend erhielte, und daß derjenige, der vierhundert Thaler erhielte, sich höher achtete [als ein andrer, der nur die Hälfte bekäme. Die Folge hiervon wäre, daß diejenigen, so große Besoldungen hätten, ebenso wenig leben könnten als die andern, so geringere hätten; und wenn Ihro Fürstl. Durchlaucht Dero eigenen Kammeretat nachsehen zu lassen geruhen wollten, so würde sich finden, daß Höchstdieselben ebenwohl nicht standes- mäßig leben könnten.   Es wären in dem Fürstlichen Hause so viele Prinzen und Prinzessinnen, so viele Apanagen, so viele hohe und niedrige Bediente . . .

Der Thorschreiber wurde nun zwar hierauf in Gnaden be- schieden, daß wenn er von dem Dienste nicht leben könnte, es ihm frei stehen sollte einen bessern zu suchen.   Allein der Fürst war dadurch doch nicht beruhigt und glaubte immer noch, daß seine Minister der Frage kein Genüge gethan, wenigstens die Quelle des Uebels nicht recht aufgedeckt hätten.   Er wandte sich also an seinen alten längst aus dem Dienste getretenen Kanzler, der vorhin seines Großvaters einziger Geheimer Rath, Kammerpräsident und Secretarius gewesen war, und bat denselben, ihm seine Mei- nung hierüber zu entdecken.   Dieser versetzte mit wenigen Worten: „Euer Fürstl. Durchlaucht Herr Großvater hielten wenige und gute Bediente; sie forderten von denselben Arbeit und Treue und verließen sich auf beides. Ihr Herr Vater liebte eine andere Ord- nung: es wurden so manche Departements gemacht als Sachen waren; dazu kam ein Oberdepartement, um alle die andern De- partements zu beachten; zu jedem wurden ein paar Räthe, ein paar Secretarien und verschiedene Unterbediente nothwendig er- fordert; diese Departements forderten sodann besondere Zimmer, Archive, Acten, Rechnungen und Berichte; die Mitglieder der- selben beeiferten sich um die Wette, um die Sachen in die schönste Ordnung zu bringen; sie erfanden die deutlichsten Formulare, Rubriken, Tabellen und hundert andre Dinge, wozu immer mehr und mehr Hände, immer mehr und mehr Papier, immer mehr und mehr geschickte Leute erfordert wurden.   Der Thorschreiber- dienst wurde zu einer Wissenschaft, und der Untervogt mußte einen zierlichen Bericht zu erstatten im Stande sein. Eure Fürstl. Durch- laucht waren zu dieser Ordnung erzogen; Sie verbesserten dieselbe noch in vielen wesentlichen Stücken, und ich ging als ein alter Mann mit dem vergnügten, aber auch traurigen Anblick aus Dero

Diensten, daß meine Arbeit unter funfzig Personen vertheilt wurde. Indessen habe ich mir neulich den Generaletat von der jetzigen Einnahme vorzeigen lassen und gefunden, daß Höchstdieselben jetzt jährlich zehntausend Thaler mehr wie der Herr Großvater einzunehmen, aber auch funfzigtausend Thaler mehr für die Dienerschaft auszugeben haben, als wie ich Kanzler mit einer Besoldung von fünfhundert Thalern war und einen Schreiber hatte, dem hundert Thaler in Gnaden gereicht wurden...."

„Aber", sagte der Fürst, „es ist doch nicht möglich, daß ich etwas von dem allen einschränken kann. Ein Militärdepartement ist unentbehrlich, weil es mit Leuten besetzt sein muß, welche das Militaire aus dem Grunde verstehen. Das Kammerdepartement erfordert anstreitig seine eigenen Leute, und diejenigen, so dabei stehen, haben alle Hände voll zu thun. Ohne ein Justizdepartement kann kein Land bestehen; wie vielen Ungerechtigkeiten würden sonst meine armen Unterthanen nicht ausgesetzt sein! Das geistliche Departement läßt sich mit dem weltlichen gar nicht vereinigen, und die Regierungssachen erfordern wahrlich auch geschickte Männer, damit alles in der Ordnung und der Friede mit den Nachbarn erhalten werde. Das Hofdepartement ist in allen Ländern von den übrigen getrennt; der Stall, die Küche, der Keller, die Kapelle, das Theater, die Jagd, die Hofgebäude, die Gärten, die Lustbarkeiten — wollen durchaus besondere Leute und ein Marschallamt. Der geringste Edelmann in meinem Lande hat ja seinen Secretär, Oberverwalter, Unterverwalter oder Kornschreiber, seinen Haushofmeister, seinen Kammerdiener, seinen besondern Braten-, Pasteten- und Suppenkoch, seinen Haushaltungsgegenschreiber, seinen Kutscher, Postillon und Vorreiter, seine Jäger, Bediente, Läufer ... wie will ich dann mein Ansehen unter diesen behaupten, wenn ich mich wie mein Großvater mit einem Kanzler begnügte und die Departements dagegen eingehen ließe?"

„Dieses ist auch meine Meinung nicht", versetzte der Kanzler; „ich habe weiter nichts sagen wollen, als daß ein Fürst wider die schöne Ordnung und wider das viele Simplificiren, welches sich unter der Dienerschaft immer mehr und mehr ausbreitet, auf seiner Hut sein müsse. Eine große Bibliothek kann und muß nach den Wissenschaften geordnet werden; man wählt billig für jede Klasse ein besondres Repositorium und in dem Bücherverzeichniß eine besondre Rubrik. Wenn man aber dieses bei einer kleinen Bibliothek thun will, so kömmt unter jeder Rubrik und in jedes Repositorium oft nur ein einziges Werk, und es wird auf diese Art viel Papier, viel Holz und Raum verschwendet. Ebenso geht es mit den Departements, mit den vielen besondern Rechnungen, Etats und Berichten; diese vermehren die Arbeit, aber nicht die Einnahme. Und

ein Fürst, der alles selbst sehen, lesen und wissen will, ist in
meinen Augen ein Mann, der, um einen Fuchs zu fangen, mit
zehntausend Unterthanen ein Treibjagen anstellt. Ich dächte, man
ließe dem Fuchs ein Huhn und stellte das Treibjagen ein."

„Stille, mein lieber Kanzler", schloß der Fürst; „die Ordnung,
die Ordnung ist eine so schöne, so nothwendige, so wichtige
Sache . . . und ein Fuchs ist für die armen Hühner ein so schädliches Thier. Doch um auf unsre vorige Frage zu kommen und
von der Sache recht aus dem Grunde unterrichtet zu sein, wollen
wir durch unser Intelligenzblatt einen Preis von 50 Ducaten für
die beste Ausführung über die Aufgabe bekannt machen lassen:
Wie viel braucht man, um zu leben?"

––––––––

Schreiben einer Frau an ihren Mann im Zuchthause.

Ja, ich bin es noch, es ist die Hand Deiner zärtlichen und
unglücklichen Frau, geliebter und armer Mann, von der Du diese
Zeilen erhältst. Sieh sie nur recht an, es sind noch die Züge,
worin sich Dir ehedem das beste, das empfindlichste Herz ausdrückte,
worin ich Dich zum ersten mal versicherte, daß ich Dich über alles
liebte. Wie glänzend war damals alles! und wie glücklich glaubte
ich zu werden! Ich stellte mir da noch nicht vor, daß ich einst nach
Brot seufzen und solches nicht erhalten würde, daß ich die erste
Frucht unsrer Liebe mit andern als Freudenthränen benetzen, und
daß Dein Erstgeborner, o Geliebter, an meiner Brust verhungern
würde. Ich war jung und unerfahren und lebte nur für Dein
Vergnügen. Jedes Geschenk, das Du mir so schmeichelhaft mach-
test, nahm ich freudig an, um mich damit zu schmücken und Dir so
viel mehr zu gefallen; Dir traute ich Ueberlegung, und mir nichts
als Folgsamkeit zu. Warum überlegtest Du denn nicht, wie Deine
Ausgaben unsre Einnahme nicht übersteigen dürften? Warum
muntertest Du mich selbst auf und nöthigtest mich, fast jeder Mode
zu folgen und in einem Tage das zu verschwenden, was ein ganzes
Jahr zu unserm ehrlichen Unterhalt hingereicht haben würde? Und
warum mußte ich mehr der Liebling Deiner Eitelkeit als Deiner
Vernunft sein? Dir kam es zu, mir zu sagen, wie viel ich ausgeben und was ersparen sollte. Von Deiner Liebe konnte ich diesen
Rath erwarten; und wie süß würde mir in Deiner Gesellschaft auch
das Brot gewesen sein, was ich hätte mit Spinnen erwerben

ter, wir konnten glücklich sein.   Unsre wahren
nicht groß, wir hätten sie mit einiger Arbeit
eiße von den Einkünften, die wir hatten, be=
nd wenn ich dann nach einem mühsamen Tage
en Blick von Dir erhalten hätte, wie glücklich
Deinen Armen geruht haben!   Ich war jung
t übel erzogen; ein Wort von Dir würde einen
idruck in meinem Gemüthe hinterlassen haben.
Beständniß von Deinen Schulden würde mich
Bestürzung gesetzt haben; aber da es gleich an
gewesen wäre Dich zu retten, wie lebhaft
iser geworden sein, dieses Verdienst mit Dir zu
ichtigkeit, liebster unglücklichster Mann, würde
be bewiesen haben, ich würde mich durch dieses
Augen recht groß gedünkt haben. Und dann,
meine Liebe, ein Mitarbeiter an Deiner Ret=
n! Jeder kleine Schritt, wodurch wir uns dieser
und welchen wir dann nach jedem fortgearbei=
ben Abendstunde miteinander überrechnet hätten,
unsre Kost, und, o Geliebter, auch unsern
Die stolzeste Frau in der Stadt wäre ich ge=
mir sodann gerühmt hätte, daß ich um Deinet=
bsagte, alle Pracht vermiede und ein Gericht
d mich selbst kochte; wenn man von mir gesagt
gutes, Dein redliches, Dein vernünftiges Weib
mich zu einer ganz andern Größe erhoben
flatternden und kostbaren Kleinigkeiten, womit
— ach, wie tief gefallenen! — kleinen Engel,
lschaften führtest.   Mit was für einem edeln
r einem Bewußtsein Deiner und meiner Würde
und Flanell auf alle die thörichten Weiber
die dem vergänglichen Glanze eines Tages
aufopfern und ein bischen neidische Bewun=
es Lebens, dem Wohlstande ihrer Kinder und
r Rechtschaffenen vorziehen.   Ach Mann! Mann!
r verloren! Nicht blos das Vermögen, uns zu
Deine Freiheit, nein, was größer als beides
chtung aller Rechtschaffenen; und vielleicht —
t der Verzweiflung sehr nahe! — auch das,
ntsetzen gedenke. Konntest Du, mein Geliebter,
worein Dich Deine Schulden stürzten, der
erstehen, auf unsichere Hoffnungen fremde Dir
anzugreifen: wie werde ich Dein Kind ver=
nnen, ohne mir zuvor selbst das Leben zu

nehmen? Du warst redlich, ich bin's auch. Aber Gott wende die
Versuchung!

Man hat mir alles gepfändet; von allen Deinen kostbaren Ge-
schenken, von allen meinen schönen Kleidern habe ich nichts behalten. Unser Bette ist fort. Nur mein Kind ist mir geblieben,
und damit sitze ich nun schon in den dritten Tag in meinem binnen
vierundzwanzig Stunden zu verlassenden Putzzimmer, weil ich das
Herz nicht habe, vor die Thür zu gehen und mich dem hämischen
oder stolzen Mitleide meiner Nachbarinnen bloßzustellen. Was
für eine Ueberwindung wird es mir noch kosten, sie um ein Stück
Brot zu bitten! Und wie verdienstlos bleibt diese Ueberwindung in
Vergleichung mit derjenigen, womit ich alle Verschwendungen vermieden und Dich bei Ehren erhalten haben könnte! Was soll jetzt
aus mir werden? In meinem 19ten Jahre schon so unglücklich!
und vielleicht auf ewig von Dir getrennt! mit einem Kinde, das
nur die Zähren, so meine Brust herabrollen, einsaugt und mir in
einem sehnlichen Blicke das ehemals zärtliche Verlangen seines unglücklichen Vaters zeigt!

Vergib mir, o Geliebter, den Ausbruch meines Schmerzes!
Ich sollte Dich schonen, denn Du bist unglücklich genug, und 'es
könnte Dich trösten, mich ruhiger zu wissen. Allein Du mußt
daraus die Hoffnung schöpfen, Dein Kind und mich bald zu verlieren. Und was hast Du in Deinem Unglück mehr zu wünschen,
als bald allein zu leiden und die Beruhigung zu erhalten, diejenigen, so jetzt Dein Elend mit Dir theilen, nicht mehr in der
Welt zu wissen! Die Kräfte fehlen mir, ein mehreres zu schreiben.
Doch unterzeichne ich mich noch

Deine
ewig getreue und unglückliche Frau
Filette Marly.

―――――――

Die gute selige Frau.

Ich habe meine Frau im vierzigsten Jahre verloren, und
meine Umstände erfordern, daß ich mich wieder verheirathe. Allein
so viele Mühe ich mir auch dieserhalb bereits gegeben, so kann ich
doch keine finden, die mir ansteht und der lieben Seligen einigermaßen gleich ist. Ich höre von keiner, oder man sagt mir sogleich:
diese Person hat sehr vielen Verstand, eine schöne Lektüre und ein
überaus zärtliches Herz. Sie spricht französisch, auch wol englisch

und italienisch, spielt, singt und tanzt vortrefflich und ist die artigste Person von der Welt.

Zu meinem Unglück ist mir aber mit allen diesen Vollkommenheiten gar nichts gedient. Ich wünsche eine rechtschaffene christliche Frau, von gutem Herzen, gesunder Vernunft, einem bequemen häuslichen Umgange und lebhaftem, doch eingezogenem Wesen, eine fleißige und emsige Haushälterin, eine reinliche verständige Köchin, und eine aufmerksame Gärtnerin. Und diese ist es, welche ich jetzt nirgends mehr finde.

Der Himmel weiß, daß ich es nie verlangt habe; allein meine Selige stand alle Morgen um fünf Uhr auf, und ehe es sechs schlug, war das ganze Haus aufgeräumt, jedes Kind angezogen und bei der Arbeit, das Gesinde in seinem Beruf, und des Winters an manchem Morgen oft schon mehr Garn gesponnen, als jetzt in manchen Haushaltungen binnen einem ganzen Jahr gewonnen wird. Das Frühstück ward nur beiläufig eingenommen; jedes nahm das seinige in die Hand und arbeitete seinen Gang fort. Mein Tisch war zu rechter Zeit gedeckt und mit zween guten Gerichten, welche sie selbst mit Wahl und Reinlichkeit simpel aber gut zubereitet hatte, besetzt.

Käse und Butter, Aepfel, Birn und Pflaumen, frisch oder trocken, waren von ihrer Zubereitung. Kam ein guter Freund zu uns, so wurden einige Gläser mit Eingemachtem aufgesetzt, und sie verstand alle Künste, so dazu gehörten, ohne es eben mit einer Menge von Zucker verschwenderisch zu zwingen; was nicht davon genossen wurde, blieb in dem sorgfältig bewahrten Glase. Ihre Pickles übertrafen alles, was ich jemals gegessen habe; und ich weiß nicht, wie sie den Essig so unvergleichlich machen konnte. Sie machte alle Jahr ein Bitteres für den Magen, wogegen Dr. Hill's und Stoughton's Tropfen nichts sind. Ihren Holundersaft kochte sie selbst; und in keinem Nonnenkloster fand man besseres Krauseminzenwasser als das ihrige. In unserm ganzen Ehestande hat keins aus dem Hause dem Apotheker einen Groschen gebracht, und wenn sie etwas Lächerliches nennen wollte, so war es ein Kräuterthee aus der Apoteke. Auf jedes Stück Holz, das ins Feuer kam, hatte sie Acht. Nie ward ein großes Feuer gemacht, ohne mehrere Absichten auf einmal zu erfüllen. Sie wußte, wie viel Stunden das Gesinde von einem Pfund Thran brennen mußte. Ihre Lichte zog sie selbst und wußte des Morgens an den Enden genau, ob jedes sich zu rechter Zeit des Abends niedergelegt hatte. Das Bier ward im Hause gebraut, das Malz selbst gemacht, und der Hopfen daheim besser gezogen, als er von Braunschweig eingeführt wird. Der Schlüssel zum Keller kam nicht aus ihrer Tasche. Sie wußte genau, wie lange ein Faß laufen, und wie viel

ein Brot wiegen mußte. Butter und Speck gab sie selbst aus, und
ohne geizig zu sein, bemerkte sie das Gesinde so genau, daß nichts
davon verbracht werden konnte. Ebenso machte sie es mit der
Milch. Sie kannte jedes Huhn, das legte, und fütterte nach der
Jahreszeit so, daß kein Korn zu viel oder zu wenig gegeben wurde.
Das Holz kaufte sie zu rechter Jahreszeit und ließ die Mägde des
Winters alle Tage zwei Stunden sägen, um sie bei einer heilsamen
Bewegung zu bewahren. Im Sommer ward des Abends nie warm
gegessen. Die warmen Suppen schienen ihr eine lächerliche Erfin=
dung der Franzosen; und bei dem kalten Essen konnte das Geschirr
auch mit kaltem Wasser gewaschen werden. Man brauchte alsdann
kein Feuer, und bei Winterabenden ward bei dem letzten Feuer im
Ofen gekocht. Was in der Dämmerung geschehen konnte, geschah
nicht bei Licht, und die Arbeit war danach abgepaßt. Ihre
schmutzige Wäsche untersuchte sie alle Sonnabende und hing solche des
Winters einige Tage auf Linien, damit sie nicht zu feucht weggelegt
und stockicht werden möchte. Wenn die Betttücher in der Mitte zu
sehr abgenutzt schienen, schnitt sie solche los und kehrte die Außen=
seite gegen die Mitte. Auch die Hemden mußte sie auf ähnliche
Art umzukehren und die Strümpfe zwei= bis dreimal anzuknütten.
Alles, was sie und ihre Kinder trugen, ward im Hause gemacht;
und sie verstand sich auch sehr gut auf einen Mannsschlafrock,
sie konnte ihn in einem Tage mit eigener Hand fertig machen.
Im Stopfen ging ihr keine Frau vor. Alle Jahre wurden einige
Stücken Linnen in der Haushaltung gemacht und einige greis zu=
gekauft, welche sie hernach zusammen bleichen ließ. Sie bückte
solches selbst und bewahrte es soviel möglich vor der gewaltsamen
Behandlung des Bleichers. Das Garn zu einem Stücke mußte von
Einer Hand und von Einer Art Flachs gesponnen sein. Von dem
besten ward gezwirnt; und keine Nadel oder Nähnadel konnte ver=
loren gehen, weil nicht ausgefegt werden durfte, ohne daß sie zu=
gegen war.

Ihr Garten war zu rechter Zeit und mit selbstgezogenem
Samen bestellt. Im Frühjahr erholte sie sich in demselben von der
langen Winterarbeit, indem sie säte und jätete. Die Früchte
lachten dem Auge entgegen, ob sie gleich kaum den halben Dünger
gebrauchte, den ihre Nachbarn ohne Verstand untergruben. Da sie
allem Unkraut zeitig widerstand, so hatte sie nicht die halbe Arbeit.
Alles, was sie pflanzte, gerieth recht wunderbarlich, und ihr Vieh
gab bei kluger Fütterung bessere und mehr Milch, als andre mit
doppeltem Futter erhalten konnten. Keine Feder wurde verloren,
und kein Brocken fiel auf die Erde.

Das Bewußtsein ihrer guten Eigenschaften gab ihr einen ganz
vortrefflichen Anstand. Alles, was bei Tische mit Appetit gegessen

wurde, war die schmeichelhafteste Lobrede für sie. Das **Tischzeug** **konnte** nicht bewundert werden, ohne daß nicht der Ruhm davon auf sie fiel. Ihre emsigen, reinlichen und muntern Kinder verkün= digten der Mutter Lob vor allen Augen; und die Ordnung im Hause, die Fertigkeit, womit alles von statten ging, und die Zu= friedenheit, womit sie **vieles** ohne Beschwerde geben konnte, er= heiterten ihre Blicke dergestalt, daß alle Gäste davon entzückt wur= den. Keiner Frau ist mehr geschmeichelt, **und keiner** weniger Schmeichelhaftes gesagt worden. Ihr Blick breitete **Lust** und Zu= friedenheit über alles aus, und ich kann es nicht **genug** sagen, wie artig sie jede Gesellschaft mit in **den Plan** ihrer **Arbeiten** ziehen konnte. In der Dämmerung schälten wir Aepfel mit ihr, **oder** pflückten Hopfen; und wer sein·ihm zugetheiltes Werk zuerst **fertig** hatte, bekam von **ihr** einen Kuß. Man glaube es oder nicht, **der** eine hielt den Zwirn, **der** andre wickelte ihn auf, der dritte las Erbsen oder andere Samen **aus**, **der** vierte machte Dochte zu Lich= tern, und ich glaube, wir hätten ihr zu Gefallen gern mit gespon= nen, wenn wir es verstanden hätten. Spinnen, sagte sie uns oft, gibt allezeit warme Füße und würde sehr gut gegen die Hypo= chondrie sein. Wenn wir unsre Arbeit gut gemacht hatten, setzten wir uns, nach dem die Jahreszeit war, **an** das Darrenfeuer und tranken ein Glas Septemberbier, welches **damals** noch nicht so schwach gebraut wurde, daß es in dem ersten **Monat** sauer werden mußte; oder wir thaten uns sonst mit Plaudern **etwas zugute**.

Nach ihrem Tode — ach ich kann ohne Thränen **nicht** daran gedenken! — fand ich **die** Brautwagen für unsere **vier** Töchter fertig; und wie ich alles, **was** sie während unserm 16jährigen Ehestande in der Haushaltung gezeugt hatte, überschlug, belief es sich höher als das Geld, was sie in aller Zeit **von** mir empfangen hatte. So vieles hatte sie durch Fleiß, Ordnung und Haushaltung **gewonnen**.

Jetzt **will** ich Ihnen sagen, **wie es** mir dermalen mit meiner allerliebsten **Braut** geht.

Die allerliebste Braut.

Wir haben zwar in unserm Letztern versprochen, die Abbildung der allerliebsten Braut, welche dem Witwer von allen Menschen empfohlen worden, von seiner Hand zu geben. Allein er ist so unerfahren in der feinen Sprache und der zarten Manier, worin dergleichen Abbildungen gezeichnet werden müssen, er hat so wenig

Empfindung und Kenntniß von dem jetzt üblichen Schönen, und die
Art, womit er das Ding angreift, ist so unbehülfsam, daß wir
Bedenken tragen, unsre Leser mit seiner extracuriösen Relation zu
unterhalten. Die jetzigen Schönheiten sind ohnehin so fein, so zart
und so geistig, sie verfliegen so leicht und sind so changeant, daß
man es fast nicht wagen kann, mit dem Pinsel oder der Feder
daranzukommen, ohne etwas davon zu zerstören.

Was dem guten Manne am seltsamsten vorgekommen ist, ist dieses,
daß er keine einzige gesund angetroffen hat. Alle haben sich über
eine Schwäche der Nerven, und einige über Migräne und Wallungen
beklagt. Zwei haben ihre Sinnen dergestalt verfeinert gehabt, daß
die eine von dem Schnurren eines Rades, und die andre von dem
Geruch eines kurzen Kohls in Ohnmacht gefallen ist. Die mehrsten
haben französisch und immer die Worte tant pis und tant mieux
überaus zierlich gesprochen. Alles ist Empfindung an ihnen ge=
wesen; weswegen auch keine das Herz gehabt, sich zum Säen und
Pflanzen in die Märzen= und Aprilenluft zu wagen. Einmal ist
ihm eingefallen, mit ihnen von Kartoffeln mit Senf zu reden; er
hat sich aber dadurch dergestalt lächerlich gemacht, daß man mit
ihm eine geschlagene Stunde von nichts als dem „Belisaire" des
Marmontel gesprochen. Die Farbe der Nachtmütze, womit Vol=
taire zu Fernev bisweilen aufs Theater springt, wenn der Kutscher
den Orosman nicht recht spielt, ist keiner unbekannt gewesen.
Allein kaum eine hat einen Tissot auch nur dem Namen nach ge=
kannt, oder ihm zu sagen gewußt, wie lange ein Rockenbrei kochen
müßte, ehe er gar würde. Seine Beschreibung von ihrem Anzuge
ist vollends eine außerordentliche Caricatur. Die Worte haben ihm
hier schlechterdings gefehlt, und seine Absicht ist, sie zur Warnung
aller Freier mit Anmerkungen in Kupfer stechen zu lassen. Am
Ende sagt er blos, daß eine Kammerjungfer mit einem Cacadou
en colère auf dem Kopfe ihm die Thür gewiesen habe, nachdem
er sich bei ihr erkundigt, ob ihre Jungfer im vorigen Sommer
auch Kohlsamen aufgenommen habe.

Die Vollkommenheit in der französischen Sprache muß ihm be=
sonders anstößig gewesen sein, denn er thut auf dieselbe einen recht
ernsthaften Ausfall. Ist — sagt er, wenn es uns erlaubt ist, seine
Gründe recht zu verdeutschen — der allermindeste Gebrauch in der
Haushaltung, in Küchen und Kellern davon zu machen? Ist irgendein
Nutzen anzugeben, welcher unsre Kinder für den Zeitverlust schad=
los hält, den sie in ihrem lehrbegierigen Alter darauf verwenden
müssen? Zugegeben, daß sie ihre Erkenntnisse dadurch erweitern,
die Sphäre ihrer Zeitkürzungen dadurch ausdehnen und in allen
Gesellschaften erscheinen können: sind darum diese Erkenntnisse
nützlich? Haben wir bei einer guten Haushaltung nöthig, unsre

Zeitkürzungen aus französischen Romanen zu betteln? Und ist die
Kunst, in allen Gesellschaften erscheinen zu können, nicht die ab=
scheulichste Verrätherin ihrer Besitzer? Wer erscheint in Gesell=
schaften anständiger: der redliche, fleißige, bescheidene Mann, der
seinen Beruf würdig erfüllt und sein Gutes in der Welt mit Freu=
den thut; oder der Unbesonnene, der nicht einsieht, daß ihm seine
glänzendsten Vorzüge zum größten Verbrechen angerechnet werden?
Der Mann, der dem Kaiser einen Guten Tag wünscht, spricht
freier und anständiger mit ihm als alle unterthänigste Bücklinge.

Und wie groß sind denn die Wahrheiten, womit sie durch
Hülfe der französischen Sprache ihre Erkenntniß erweitern? Ich
habe eins der gelehrtesten Mädchen, das ich sonst wohl leiden
mochte, befragt: wie viel Pfund Mehl aus einem Scheffel Rocken
kämen; wie viel Garn auf ein Stück Linnen von 60 Ellen zu
Schierung und Einschlag gehörte; und welches die beste Art sei
einen Monat lang das Gesinde gut und wohlfeil zu unterhalten.
Allein so wahr ich ehrlich bin, sie hat mir nichts als dreimal
comment? geantwortet und mich spottweise gefragt, ob ich wol
eine sauce de diable zum wilden Schweinskopf verstünde, und
wüßte wie man die Citronen am feinsten dazu schälen könnte.

Vermehrung unsers Vergnügens . . . Das müßte erschrecklich
sein, wenn sich meine Mädchen nicht mehr in einer Komödie er=
götzen sollten, als alle die sich daran müde und krank gelesen
hätten. Dieser Lust genießen sie sehr leicht und wohlfeil und
brauchen darum das „Magazin" der Frau Beaumont nicht zu lesen.
Sie genießen ihrer besser als diejenigen, die in der Komödie nicht
lachen dürfen als wenn ihnen von dem bel esprit du jour die
Erlaubniß dazu ertheilt wird.

Die ganze sogenannte schöne Erziehung ist höchstens die Frisur
der gesunden Vernunft, und es ist eine lächerliche Thorheit, eher
an die Frisur als an das Linnen zum Hemde zu gedenken. Wenn
der Luxus den Ueberfluß zum Grunde hat, so ist er anständig;
und er kann auch dem Staate nützlich sein. Allein da, wo er auf
Kosten des Nothwendigen gesucht wird, wo die Seele noch Mangel
an den nothdürftigsten Wahrheiten leidet und sich dennoch mit einem
ohnmächtigen Schwunge zur Tafel der höhern Weisheit erheben
will, wo unsre Töchter französisch und englisch plaudern sollen, ohne
die geringste Theorie oder Praxis von der Haushaltung zu haben:
da ist dieser Luxus der Seelen nichts als ein prächtiges Elend,
und die Folge davon ist für die Seele eben so erschrecklich, als die
übermäßige Wollust für den Körper ist. Sie verzärtelt, schwächt
und verwöhnt den Geist von den alten ehrlichen Tugenden, womit
unsre Mütter, wie in einer sammtnen Mütze, umgingen; sie
bringt der Empfindung einen Ekel gegen die alltäglichen häuslichen

Pflichten bei; sie verführt die Einbildung gutherziger und leicht=
gläubiger Kinder zu Hoffnungen, die kaum der Romanschreiber mit
aller seiner Zauberei kunstmäßig erfüllen kann; und so wie der
durch den Genuß der Wollust geschwächte Gaumen mit der Zeit
Liqueurs und übertriebene Speise zu seiner Kitzelung haben muß,
ebenso muß die Seele zuletzt sich an allerhand moralisches Toll=
kraut, an schwärmerische und beißende Schriften halten, um sich
des Ekels und der tödtenden Langenweile zu erwehren. Und der
Himmel sei demjenigen gnädig, der alsdann nicht ohne Schwindel
lesen und ohne Migräne denken oder verdauen kann; ja, der Him=
mel erbarme sich des Mädchens, das sich aus Büchern und philo=
sophischen Gründen beruhigen soll! Die Philosophie ist eine abge=
feimte Kupplerin, und die beste Sittenlehre eine barmherzige
Schwester; zur Zeit der Trübsale und Anfechtung hilft nichts besser
als ein Rad für die Schiene und ein: Wer nur den lieben
Gott läßt walten.

Die schönen Wissenschaften, schließt unser Witwer weiter, ver=
treten beim Frauenzimmer jetzt höchstens die Stelle der Leberreime.
Sie dienen ihnen blos zur Zeitkürzung; und in diesem Falle sei
es besser, das Nützliche dem Unnützlichen vorzuziehen. Bei den
erstern komme nichts heraus. Ein Französin werde mit Hülfe des
Rollin und der Frau Beaumont keine Genies aus ihren Unter=
gebenen ziehen. Sie sei nur eine Putzmacherin für den Geist, und
alles, was sie die Mädchen lehre, sei ein bischen gelehrte Entoilage;
und höchstens laufe alles auf einen kleinen Schleichhandel der
Eigenliebe beiderlei Geschlechter hinaus, indem die weiblichen Thoren
so viel lernten, als sie gebrauchten um sich von den männlichen
Narren bewundern zu lassen, und umgekehrt. Beide hätten sich
ganz unbesonnen verglichen, alle Tage von einem Dutzend Kerls,
von Shakespeare, Young, Voltaire, Lessing und andern, zu
sprechen. Man wäre vor funfzig Jahren, ehe Talander und Me=
nantes auf den Nachttischen erschienen, glücklicher und vergnügter
gewesen. Das menschliche Herz habe sich bei allen guten Büchern
eher verschlimmert als verbessert, und die Treuherzigkeit, womit
seine gute selige Frau ihre Knipptasche den Armen geöffnet, wäre
eine ganz andre Tugend gewesen als das zärtliche Mitleid, womit
man jetzt die Noth der Unglückseligen empfände. Er sieht es als
einen Rest der ehemaligen Galanterie des französischen Hofes unter
Ludwig XIV. an, der sich aus der Garderobe auf den Trödel=
markt geschlichen hätte, daß ein Frauenzimmer viele Bücher gelesen
haben müßte; gerade als ob sie nicht zehnmal so viel Vernunft,
Geschicklichkeit, Würde und Anstand aus eigener Erfahrung und
von guten Leuten lernen könnte.

Endlich kommt er in das Haus, wo er seine jetzige Braut

findet. Die Mutter sitzt bei ihrer Arbeit und sagt ihm, ohne aufzustehen, er möge sich setzen, wenn er wolle. Dieser Empfang
reizt ihn gleich, verführt ihn aber auch zu einer abermaligen bittern
Ausschweifung über die Verneigungen und Complimente. Was ist
erschrecklicher, will er ungefähr sagen, als die lächerliche Nachahmung des französischen Verneigens! Wie edel ist der Stolz einer
Frau, die, fest im Knie, ihren Gast mit einem freundlichen Blicke
bewillkommt, gegen die beschämte Verlegenheit einer knicksenden
Aeffin! Erstere ist in ihrer Art vollkommen; sie ist Original, sie
ist dreist mit Anstand, sie behauptet ihre Würde gegen eine Fürstin
und sagt ihr einen Großen Dank, wenn ihr diese einen Guten Tag
bietet. Man sieht, daß sie sich fühlt; und glücklich ist das Land,
wo das Mädchen, das das beste Garn gesponnen hat, auf ihr
Werk so stolz ist als Voltaire auf sein Marquisat. Es war eine
Zeit, wo die Hofdame sich räuchern ließ, wenn sie mit einer Hand-
werksfrau gesprochen hatte. Allein diese Zeit ist nicht mehr. Jetzt
verachtet man nur, und verachtet mit Recht, die Thörinnen, die
ihren eigenen Stand verachten, und ehrt die Frau, die, ihren
Sitten und ihrem Stande getreu, dasjenige rechtschaffen ist, was
sie sein muß. Der Minister besucht den Handwerker, aber nicht
den lächerlichen Stutzer; und die ganze Welt erkennt, daß eine
unüberlegte Geringschätzung der niedrigen aber ehrlichen, arbeitsamen und bescheidenen Stände uns beinahe in die Gefahr gesetzt
habe, anstatt einer guten tüchtigen Hausehre hundert Modeprin-
zessinnen zu erhalten. In England verändert die größte Frau nach
dem dreißigsten Jahre ihre Moden nicht mehr, sie geht damit stolz
dem ganzen Hof unter Augen; bei uns hingegen will man auch
noch im Sarge kokettiren und die Würmer in einem frisirten
Todtenhemde empfangen. Bei uns soll jedes Knie, wenn es auch
mit Ruhm und Ehre steif geworden ist, einen Knicks machen, und
die falsche Schamhaftigkeit bettelt um Verzeihung für den ungelenken Rückgrad, da sie kühn ihre beiden runden Arme in die Seite
setzen und ungebeugt den Muth ausdrücken könnte, womit Arbeit
und Redlichkeit ihre Freunde erfüllen. Hat der Mensch denn keine
Würde mehr als insofern er ein Affe des Hofes ist? Ist da Freiheit und Eigenthum, wo das väterliche Erbe der Mode verpfändet,
der Geist ein sklavischer Nachahmer, und unser edles Selbst eine
entlehnte Rolle ist?

Jedoch wir dürfen unserm Witwer in seiner altdeutschen Laune
nicht zu weit folgen. Zu seiner Entschuldigung muß ich aber doch
sagen, daß er den vornehmen Damen einiges Klapperwerk erlaubt,
um einigen vornehmern Kindern die Langeweile zu vertreiben. Er
bedauert sie aber von Herzen und bemerkt nicht unrecht, daß sehr
viele unter ihnen heimlich seufzten und arbeiteten und nichts mit

den Affen gemein hätten, die ihre Manieren copirten, ohne sich an ihre Werke wagen zu dürfen.

Endlich kommt er auf seine Braut. Wir wollen ihn hier selbst reden lassen. — Meine gute Katharine, sagte er, saß hinterm Webestuhl und webte den Drell zu ihrem Brautbette. Der Webestuhl war hübsch und vielleicht ebenso schön als derjenige, welchen die Fürstin von Ithaka in ihrem Visitenzimmer hatte. Ich fragte sie, ob es nicht vortheilhafter wäre, außer Hauses weben zu lassen. — Ich glaube wol, war ihre Antwort; allein wenn wir auch nichts dabei gewinnen, so sind wir doch sicher, daß unser gutes Garn vom Leinweber nicht vertauscht, nicht halb unterschlagen und nicht verdorben wird. — Ich habe, fügte die Mutter hinzu, allen meinen Töchtern das Weben gelehrt. Es dient zu ihrer Veränderung; sie lernen eine gute Arbeit kennen und wissen bis auf einen Faden, was der Leinweber gebraucht. Vordem war in jedem Hause, und unser Pastor sagt, es wäre bei den Hebräern, Griechen und Römern auch so gewesen, ein Webestuhl; und das Weben ist leichter gelernt als das Klavierspielen. Wenn man es recht kann, so ist es auch wirklich angenehmer, und unsre Nachbarinnen können sich nicht so sehr an einem Concert ergötzen als meine Töchter an einem neuen Muster. Was ihre Augen sehen, können ihre Hände machen, und der Nutzen davon ist merklich größer als der verschwindende Schall des schönsten Concerts. Meiner Meinung nach ist es gut, daß die Kinder allerhand Arbeit lernen. Die meinigen knütten alle ihre Strümpfe selbst; sie machen ihre Kanten, ihr Linnen und weben sich bunte Zeuge von Baumwolle und allerlei Garn.

Sie zeigte mir ein Bett, wozu der Umhang wie die Schnüre von ihrer Arbeit waren. Ich bewunderte die schöne Zeichnung an verschiedenen Stücken und hörte mit Vergnügen, daß alle Mädchen auch zeichnen und malen könnten. Die Mutter machte hier wieder eine Anmerkung, die nicht uneben war. Wenn man, sagte sie, in meiner Jugend, wie das Frauenzimmer noch keine Bücher las, auf ein fürstliches, gräfliches oder adliches Schloß kam, so wurden einem in jedem Zimmer Tapeten, Stühle, Bettgestelle und andere hübsche Möbeln gezeigt und dabei erzählt, daß dieses Stück von der Großmutter, jenes von der Großtante, und ein anderes von der Ururtante höchsteigenhändig wäre gemacht worden. Man erstaunte dann über die schöne Stickerei, über den großen Fleiß, über die artigen Erfindungen und über den Witz, womit jedes Läppchen Zeuges, was hundert andre weggeworfen hätten, genutzt und angebracht war, und ging mit dem heimlichen Wunsche nach Hause, daß man doch auch so geschickt sein möchte. Die lieben Ehemänner, welche nichts als die Jagd verstanden, waren entzückt über die vorzügliche Geschicklichkeit ihrer Weiber und Töchter und bliesen sich

von dem Lobe auf, welches diese erhielten und verdienten. Diese
Umstände bewogen mich, da ich noch klein war, meine Aeltern zu
bitten, mich doch auch so etwas lernen zu lassen; und in einigen
Jahren brachte ich es so weit, daß ich mein Brot auf zehnerlei
Art hätte verdienen wollen. Und so habe ich auch meine Mädchen
erzogen. Sollte ihnen Gott ein Unglück zuschicken, so sind sie gewiß im Stande sich mit ihrer Hände Arbeit zu ernähren. Wenn
ich ihnen das Werkzeug dazu gäbe, so sollten sie mir Uhren machen.
So kunstmäßig ist ihr Gefühl durch eine beständige Uebung in
allerlei Arbeiten geworden.

Ich bewunderte die alte Frau, die, ob sie gleich den Kopf
nicht gerade und den Leib nicht so einwärts hielt, wie es der französische Tanzmeister den guten Deutschen ohne Unterschied besiehlt,
meine ganze Hochachtung erhie.. und ich versprach mir von ihrer
Tochter, die während dieser Re? immer fortwebte, daß sie eine
ebenso gute Mutter für meine Kinder sein würde. Die Mutter
befahl ihr aufzustehen und mir das letzte Stück Damast zu zeigen,
was sie von ihrem eigenen Garn gewirkt hätte. Flugs war sie bei
der Hand und brachte es ihrer Mutter mit einer Zuversicht, die
meines Beifalls gewiß war. Erstere zeigte mir zugleich die Spitze,
die ihre Tochter vor der Mütze hatte, mit dem Beifügen, daß
Muster und Arbeit von ihr wären. Allein, fügte sie hinzu, dergleichen Arbeit erlaube ich ihnen nur zu ihrer Veränderung in den
Feierstunden. Durch die Größe der Ordnung, durch ihre Fertigkeit
und durch die Aufmerksamkeit, womit sie jedes kleine Uebel in der
Geburt ersticken, gewinnen sie sich Zeit genug. Sie dürfen mir
kein Wurmloch ins Holz kommen lassen, oder ich schmäle und erlaube ihnen den ganzen Tag keine Feierstunde zu ihrer eigenen
Arbeit. Ebenso halte ich es, wenn sie einen Schlüssel verlegt
haben, oder ich ein Stück von ihnen auf der unrechten Stelle finde.
Diejenige, welche des Tages das Hauswesen und die Küche zu besorgen hat, darf mir in den Zwischenzeiten nichts thun als spinnen, weil dieses eine Arbeit ist, wobei man ab- und zugehen kann
und keinen Augenblick verliert. Mit Ordnung und Fleiß kann
Einer mehr beschicken als zehn andre, und es ist unglaublich, wie
reichlich sich beides belohnt. Ich erstaune oft über die künstlichen
Sachen, welche wir aus der Türkei erhalten, und gleichwol soll
dort alles von Frauensleuten im Hause gezeugt werden . . .

Wir können das übrige aus der Erzählung unsers Witwers
weglassen, weil er mit seiner Katharine keinen Roman spielt und
an ihr eine würdige Tochter ihrer Mutter findet.

„Wie das Mädchen tanzt! wie ihr die Schultern stehen! Him‐
mel, und der Nacken! Von dem übrigen will ich nichts sagen,
ich glaube der Cul de Paris ist wieder Mode geworden. Aber ist
es nicht eine Schande, ein junges Mädchen so erziehen zu lassen?
Wenn es meine Tochter wäre, sie sollte mir anders tanzen lernen,
oder sogleich zur Viehmagd verdammt werden. Ich weiß nicht, wie
gewisse Aeltern so blind sein können, daß sie nicht sehen, was
ihren Kindern fehlt, und ihnen beizeiten die Knochen ein wenig
zurechtebiegen.“ — Die Frau Oberamtmännin würde in ihrem
wohlgemeinten Eifer noch weiter fortgefahren sein, wenn nicht der
Herr Rittmeister, der eben zu ihr trat, sie plötzlich unterbrochen
hätte. „Was für eine Grazie!“ rief er aus, indem er auf ihre eigene
Tochter wies; „ich glaube, ihr ganzer Körper ist nichts wie Har‐
monie, jede Bewegung zeigt neue Reize. Nie habe ich ein feineres
Contour gesehen; sie scheint nicht zu gehen, sondern zu schweben;
sie muß alle ihre Nerven unter den unmittelbaren Befehlen ihres
Geistes haben, sonst wäre es nicht möglich, so viele Entzückung zu
verbreiten. Mich däucht, ich sehe ihre Mutter, wie sie als Braut
den Ball eröffnete und mit einem triumphirenden Schritte die be‐
zauberten Zuschauer zu ihren Füßen riß.“ —„Stille, stille!“ versetzte
die Frau Oberamtmännin, „diese Zeiten sind vorbei; und wenn
mein Mädchen gut tanzt, so hat sie mir vielleicht etwas zu danken,
aber doch bin ich mit ihr noch nicht so recht zufrieden: ihr Auge
ist noch etwas zu starr, und überhaupt zeigt ihre unschuldige Miene,
daß der Körper mehr als die Seele tanze.“

Die Unterredungen auf den Bällen sind kurz. Der Rittmeister ward
zum Tanz gefordert; und währendderzeit die tanzende Gesellschaft
das Auge durch ihre gleichförmigen Schweifungen ergötzte, wollte
die Frau Oberamtmännin, durch das Urtheil des Herrn Rittmeisters
bestärkt, ihre vorhin abgebrochene Rede gegen ihre Nachbarin, die
eine wohlhabende Pächterin war, fortsetzen. Allein diese, welche
sich inmittelst etwas gefaßt hatte, ließ ihr nicht die Zeit dazu.

„Hören Sie, meine liebe Frau Oberamtmännin“, war ihre
Rede, „diese Person, deren Stellung Ihnen so sehr mißfällt, tanzt
freilich nicht zum besten, ob es mir gleich gut genug vorkömmt.
Allein ich muß Ihnen sagen, sie führt jetzt den ganzen Haushalt
meines Oheims, der, nachdem er seine Frau früh verloren und
seine Kinder verheirathet hat, mit ihrer Hülfe seine ganze weit‐
läuftige Pachtung glücklich behauptet. Ehe sie zu ihm kam, mußte
er alle Jahr für hundert Thaler holsteinische Butter zukaufen; und
es mochte so viel eingeschlachtet werden als nur immer konnte, so

waren, ehe ein halbes Jahr zu Ende ging, alle Vorrathskammern
leer. Der Flachs, der des Jahrs gemacht war, schien zu verschwinden, so wenig kam davon zugute, und das Linnengeräthe
war dermaßen in der Haushaltung aufgegangen, daß mein Oheim,
wie er seine Töchter aussteuerte, fast alles, was sie nöthig hatten,
kaufen mußte. Nachdem die letzte Cousine verheirathet war, erhielt
er noch eine Rechnung für berliner Schuhe, die sich auf 80 Thaler
belief, und die sie in den beiden letzten Jahren verbraucht hatte.
Solange diese, die insbesondere eine sehr geschickte Tänzerin war,
die Haushaltung führte, fehlte es oft, wenn unvermuthete Gäste
kamen, an einem Stück Fleisch; und ich erinnere mich, an einem
Mittage bei meinem Oheim eine Taubensuppe, eine Taubenpastete
und gebratene Tauben gegessen zu haben. Dagegen hätten Sie
den Vorrath von gangbarem und verdorbenem Putzwerke sehen
sollen. Kaum war aber die Person, wovon wir erst redeten, ein
Jahr bei ihm gewesen, so lieferte sie ihm aus dem Molkenwerke
von einem Jahre 180 Thaler; und die Haushaltung war dabei
ohne fremde Butter geführt worden. Sie hatte ein Drittel weniger, als in den vorigen Jahren geschehen, einschlachten lassen
und hatte noch einen hübschen Vorrath vom alten, wie es wieder
zum neuen Einschlachten ging. Es waren 270 Himten Brotkorn
weniger verfressen oder verschleppt; und aus dem Flachse, da sie
solchen in ihrem Haushalt nicht mit Vortheil hatte verspinnen
lassen können, war das Geld zu einigen Stücken Drell gewonnen.
Mein Oheim hatte dabei keine Rechnungen bei dem Weißbäcker und
Schlächter in der Stadt; sondern ersterer war mit Korn und letzterer
mit Schlachtvieh aus der eignen Zucht bezahlt. Anfänglich sahen
die verheiratheten Kinder diese Person, die gleichwol eine nahe
Verwandtin von ihnen ist, mit bösen Augen an und wünschten sie
über alle Berge. Allein es waren nicht zwei Jahre verflossen, so
verehrten sie dieselbe als ihre Mutter. Die jüngste Tochter verlor
ihren Mann und blieb mit zwei Kindern in der größten Dürftigkeit
sitzen, weil der Verstorbene eine weitläuftige und glänzende Pachtung, aber auch heimliche Schulden gehabt hatte. Sie nahm daher
wieder zum älterlichen Hause ihre Zuflucht; und, sollten Sie es
wol glauben? eben diese Person hat aus der jungen Witwe eine
aufmerksame Hauswirthin gemacht. Keine Hochachtung kann größer
sein als die, so sie der ungelenken Tänzerin bezeigt, der freilich
die Schulterknochen nicht so abgerundet sind als andern, da sie
einen Kessel von zwei Eimern rasch aufs Feuer bringt und alles
mit angreift, was in der Haushaltung vorkommt, die aber doch
durch ihr gutes und gefälliges Wesen einen jeden einzunehmen
weiß. Wenn eine solche Person mit ebender Feinheit tanzen sollte,
womit Ihre Madam Tochter tanzt, so würde dieses in Wahrheit zu

viel gefordert sein.   Für sie ist es ein Ruhm, schlecht zu tanzen
und gut hauszuhalten; für andre aber, die es nicht nöthig
haben sich um Küche und Keller zu bekümmern, und die wegen
ihrer Geburt das elende Privilegium haben, müßig zu gehen, ist
es umgekehrt.   Sie hat jetzt viele Prätendenten, und unter diesen
ist der Herr Oberamtmann zu . . . . ."

    „Was", rief die Frau Oberamtmännin, „dieser sollte ein Auge
auf sie haben? Das kann ich unmöglich glauben.   Er hat bisher
meiner Tochter die Aufwartung gemacht, und ich will doch nimmer
hoffen, daß er sie nur zum besten habe."

    In dem Augenblick hatte der Herr Rittmeister seinen Tanz ge-
endigt und unterbrach die Unterredung von neuem. Ich kann also
auch nichts weiter davon erzählen.   Doch habe ich nachher gehört,
daß die Heirath mit der ungeschickten Tänzerin glücklich zu Stande
gekommen, und ihr Mann, der Herr Oberamtmann, mehrmalen gesagt habe, ihm wäre mehr mit einer guten Wirthin als mit einer
kostbaren Zierpuppe gedient.   Die Witwe ist jetzt die glückliche Haushälterin ihres Vaters und hat das Herz, in schwarzen Schuhen zu
tanzen.

Schreiben an meinen Herrn Schwiegervater.

    Endlich ist es mir, gottlob! gelungen; meine Frau hat ihre
Puppen fortgeschickt, und diese Veränderung macht ihrer Erziehung
noch die meiste Ehre.   Das Kammermädchen hat die Gelegenheit
dazu gegeben.   Sie und meine Frau waren des Nachmittags spazieren, oder, wie sie es nennen, philosophiren gewesen, und erstere
war bei ihrer Wiederkunft mit einem Absatze ein klein wenig in
die Mistpfütze gerathen. Ich stand eben vor der Thür, aber ohne
bemerkt zu werden; und da ging es nun an ein Erzählen, an ein
Lachen und an ein Leben, das fast eine Stunde währte; alles
über die kleine Geschichte von dem Fuße und der Mistgrube. Meine
Frau ergötzte sich mit, und es war nicht anders als wenn die
Kinder einen Vogel gefangen hätten. Ich trat endlich heran und
sagte: Es thut mir leid, aber, Luise, die Kuh blökt so sehr: will
Sie nicht einmal zusehen, was ihr fehlt? — Das wäre eine artige
Commission, sagte das schnippische Mädchen und fragte mich, ob
ich wol jemals eine Dame mit einer Capriole und einer Saloppe
im Kuhstalle gesehen hätte.   Ich schwieg und dachte, es ist noch
nicht Zeit.   Wie aber das Kammermädchen eine eigene Tafel verlangte, und die kleine Magd, welche ihr zur Aufwartung ist, nicht

mit der Viehmagd essen wollte, so nahm ich endlich Gelegenheit
mit meiner jungen Frau darüber im Ernst zu philosophiren. Die
heutige Erziehung der Töchter, bemerkte ich, ist zwar wirklich sehr
gut, man gibt ihnen feinere Sitten, Geschmack und Verstand;
allein es ist auch eine nothwendige Folge davon, daß die Haut
auf der Zunge feiner, die Hände weicher und alle Sinnen schwächer
werden, als sich jene Fähigkeiten vermehren. Es ist eine sehr
wahrscheinliche Folge, daß der Verstand, welcher die Wissenschaft
kennt und liebt, sich ungern mit Erfahrungen in der Küche abgeben werde; und endlich muß diejenige Tochter schon einen sehr
großen Grad von Vernunft besitzen, welche bei einem feinen Geschmack und einer vorzüglichen Einsicht ihre edlern und zärtlichern
Glieder nicht in alle die krausen, gebackten, gezierten, frisirten und
namenlosen Hüllen kleiden soll, wodurch jetzt so viele zu einer ordentlichen Hausarbeit ungeschickt werden. Wenn eine Person von
vornehmem Stande sich dergleichen erlaubt, so denkt man endlich,
sie sei zum Müßiggange privilegirt, und die vornehmen Haushaltungen würden schon so lange mit Unordnung geführt, daß
man es geschehen lassen müsse. Bei Menschengedenken hat man
wenigstens kein Exempel, daß in einer adlichen Haushaltung etwas
Beträchtliches erübrigt worden. Allein wenn der zweite Rang dem
ersten, der dritte dem zweiten, und der vierte dem dritten in dieser
komischen Rolle folgt, so muß die davon abhangende Haushaltung
zuletzt jene Wendung auch nehmen, und wir werden in einem
frisirten Hemde unsere Pacht verlaufen müssen. Jetzt, mein liebes
Weib, kannst du noch die Ehre haben, ein Original zu werden;
du kannst dich freiwillig herablassen und alle die Entoilage, alle
diese grosse-beauté und diesen verdammten Marly, welcher dem
gemeinen Besten jetzt hunderttausend Hände stiehlt, mit einer
schicklichern Kleidung vertauschen, ohne darüber roth werden zu
dürfen. Gott hat uns Mittel gegeben; daher können wir es mit
Anstand thun. Wir können keinen glücklichern Gebrauch von unserm
Vermögen machen, als wenn wir die schwachen Töchter, welchen
nichts als ein großes Exempel fehlt, vor der Versuchung bewahren,
in gleiche Ausschweifung zu fallen. Die Mütter werden dich preisen,
und die Väter mit Vergnügen auf ihre Kinder sehen, wenn sie
solche nicht mehr als kostbare Zierpuppen betrachten dürfen; und
wie zärtlich, wie aufrichtig wird dir das minder beglückte aber
auch ehrgeizige Mädchen danken, welches sich jetzt, da es ihm an
dem Vermögen zu so vielen überflüssigen Nothwendigkeiten fehlt,
entweder versteckt, oder für eine neue Frisur ihre Unschuld aufopfert! Alle unsere jetzigen Moden haben blos das Verdienst des
Wunderbaren, des Ausschweifenden und des Kostbaren. Sie tragen
nichts zur Erhöhung deiner Reizungen bei. Diese werden vielmehr

nur versteckt, beladen und auf eine recht gothische Art verziert.
Neuigkeit und Einbildung haben zwar ihre Rechte, und ich verlange
nicht, daß du diese verleugnen mögest. Allein hebe dich einmal
aus dem Schwarm so vieler verdienstlosen Affen, erweitere deine
Einbildung, und erwäge, ob nicht eine heroische Verachtung aller
Modesklaven setwas ebenso Neues und ebenso Reizendes für deine
Einbildung sein werde, als alles, was dein Kammermädchen mit
einem diebischen Blicke der Hofdame entwenden kann. Es ist jetzt
die Mode, à la grecque zu sein; und diese sollte in der edelsten
Ausbildung des menschlichen Körpers bestehen . . . . .

Ich weiß nicht, wie mir dieses alles in einem Odem vom
Herzen fiel, und woher meine kleine Frau die Geduld nahm, diesen
lehrenden Ton zu ertragen. Inzwischen muß ich ihr zum Ruhm
bekennen, daß sie mir in allem Beifall gab; und kaum waren acht
Tage verflossen, so kam sie auf einmal mit den Worten in die
Stube getreten: Nun sieh mich à la grecque! Nie hatte ich sie so
reizend gesehen. Eine allerliebste Bauernmütze bedeckte ihr schönes
Haar, das ohne Kunst aufgemacht war und sich nur so weit sehen
ließ, als man es gerne sieht. Durch ein Kamisol mit kurzen
Schößen drückte sich der schönste Wuchs und noch etwas mehrers
aus. Die Aermel an demselben gingen nicht weiter als bis an
den Elnbogen und waren frei von dem dreifachen Geschleppe, wodurch sie vordem immer gehindert wurde, einem hungerigen Manne
einen guten Bissen mit eigener Hand vorzulegen. Ein netter und
hübscher Rock schien mit einigem Unwillen den feinsten Fuß zu
verrathen, den ein weißer Strumpf und ein schwarzer Schuh weit
gelenker zeigte als vorhin, da er mit Stoff und Band beschwert
und an ein großes Geschleppe gefesselt war. Kaum hatte sie meinen
Beifall aus meinen entzückten Blicken gelesen, so führte sie mich
in die Küche, wo die frische Butter bereit stand, welche sie jetzt
mit eigener Hand wusch, währendderzeit ihr junger schlanker
Körper in jeder Bewegung eine neue Reizung zeigte. Ihr ganzes
Gesicht schien sich verändert zu haben. Denn anstatt daß sie vorhin zu ihrer Dormeuse à la Tching-Tchang-fy eine Haut wie Esels-
milch und ein Paar unreifer Augen gebrauchte, so war sie jetzt
nichts denn Feuer und Leben; und wie wir auf dem Acker gingen,
konnte sie Beine und Hände gebrauchen, da vorher jede Furche
für sie ein fürchterlicher Graben und jeder Steig ein Riesenge-
birge war.

Seitdem haben wir nun unsern neuen Plan noch mit mehrerer
Ueberlegung ausgearbeitet. Das Kammernegligé, welches sonst
von 8 bis 10 Uhr des Morgens währte, ist völlig abgeschafft;
und sowie sie aufsteht, ist sie in ihrer kurzen Kleidung geputzt.
Das große Negligé, womit sie sonst bei Tische erschien, wird im

Hause gar nicht mehr getragen und also auch des Nachmittags nicht zum dritten mal verändert, wie sonst geschah, wenn etwa ein Besuch vermuthet wurde. Des Abends aber fällt der Nachttisch von selbst weg, indem keine tausend Nadeln auszuziehen und keine hundert kostbare Kleinigkeiten wegzukramen sind. Durch diese Anstalten gewinnt sie täglich ein Plus von acht Stunden in ihrem wirklichen Leben, welche, da sie nun zum Besten unsrer Haushaltung angewandt werden, mich nicht allein vor Schaden bewahren, sondern auch durch Gottes Segen in den Stand setzen werden ein ehrlicher Mann zu bleiben. Das Kammermädchen haben wir in ihrem größten Staat, in unsrer besten Kutsche, nach der Stadt zurückgeschickt, und meine Frau und ich haben die Dame zu Pferde begleitet. Denn sie reitet nun auch, und dies ist ein nützliches Vergnügen, das den Körper stärkt und den Muth des Geistes unterhält, welchen eine Landhaushaltung erfordert.

Wenn wir einen Besuch erhalten, so empfängt ihn meine Frau in ihrer jetzt gewöhnlichen Kleidung mit einem so heroischen Anstande, daß ein jeder ihre großmüthige Verleugnung bewundert. Da ihrem Anzuge an Reinlichkeit und edler Schönheit nichts fehlt, so kann sie sich darin zeigen ohne den Wohlstand zu verletzen; und unsre Denkungsart ist so bekannt, daß wir keine üble Auslegung befürchten dürfen. Im übrigen aber können Sie versichert sein, daß die Gesellschaft gern bei uns ist, indem Munterkeit und Gefälligkeit sich über alles verbreiten, und das, was wir unsern Freunden vorsetzen, durch die Aufmerksamkeit meiner Frau merklich verschönert wird.

Versuchen Sie es und kommen zu uns. Die Schnurre, welche Sie Wissenschaft heißen und dem schönen Geschlecht ehedem anpriesen, ist bei uns ordentlich zum Gelächter geworden. Die Arbeit, dieser Fluch, womit Gott das menschliche Geschlecht segnete, gibt uns wahres und dauerhaftes Vergnügen, und wir lesen außer in der letzten Abendstunde nicht leicht ein Buch, indem wir einmal überzeugt sind, daß der Mensch nicht zum Schreiben und Lesen, sondern zum Säen und Pflanzen geboren sei, und daß derjenige, welcher sich beständig damit beschäftigt, entweder keine gesunde Seele oder sehr viele Langeweile haben müsse. Die Quelle alles wahren Vergnügens ist die Arbeit. Aus dieser kommt Hunger, Durst und Verlangen nach Ruhe. Und wer diese drei Bedürfnisse recht empfindet, kennt Wollust.

Leben Sie wohl, und besuchen uns bald.

Schreiben einer Hofdame
an ihre Freundin auf dem Lande.

Das heißt einmal auf dem Lande gewesen, und nun auch in
meinem Leben nicht wieder. Bin ich doch beinahe erstickt von dem
Dufte Ihrer groben Schüsseln! Welcher Mensch setzt einem denn
noch Schinken und Kalbsbraten vor? Hatten Sie nicht auch noch
einen Rinderbraten oder Markpudding? Es war ein Glück für
mich, daß die Fenster offen waren, sonst wäre ich nicht lebendig
aus dem Speisezimmer gekommen: so kräftig, so sättigend war
alles bei Ihnen angerichtet. Ich glaube, Sie kennen bei Ihnen
den Hunger wie der geringste Taglöhner. Gottlob! ich habe in
zehn Jahren nicht gewußt was Hunger sei, und setze mich nicht
zu Tische um zu essen, sondern blos um die unnütze Zeit zwischen
dem Nachttische bis zur Cour zu vertreiben. Allein Sie . . . . .
mit Augen voller Lust sehen Sie die Schüsseln. Und die Lichter?
Himmel, waren doch in jedem so starke Dochte wie unsre Groß=
mütter machten! Und sahen die Bediente nicht aus als wenn sie
die Wohlfahrt des Hauses einem jeden unter die Nase reiben
sollten? In meinem Leben habe ich solche Physiognomien nicht ge=
sehen. Die Leute müssen, däucht mich, in ihrem Leben nichts ge=
than haben als essen. Ich mußte Ihrem Kammermädchen drei
Schritte aus dem Wege geben, um nicht in ihrer Atmosphäre die
Lust zu verlieren.

Gestehen Sie es nur aufrichtig, es ist eine besondre Dumm=
heit, welche Ihnen und den Landleuten überhaupt allezeit eigen
bleibt, daß sie es nicht zu derjenigen feinen Vollkommenheit brin=
gen, welche wir am Hofe haben. Wenn sie einen Garten recht
schön machen wollen, so suchen sie die besten Früchte darin zu
ziehen. Wollen sie sich gut kleiden, so nehmen sie vom besten
Zeuge. Und zur Speise? Nun, das versteht sich: friesisches Rind=
fleisch, holländisches Kalbfleisch, Karpfen von dreißig Pfunden, und
welsche Hahnen, so groß wie sie für eine Bürgerhochzeit gemästet
werden können oder der Lord Anson sie auf der Insel Tinian fand.
Je nun, von solcher Atzung kann auch wol eben kein feiner Geist
in die Dickköpfe kommen. Und es ist kein Wunder, wenn sie sich
immer wie die Kugeln zum Ziele werfen lassen.

für   Wie allerliebst sieht es dagegen nicht bei uns aus! Gärten
birgben wir da, ich will nur allein derer von Porzellan gedenken,
-rin alle Bäume und Blumen von einer schöpferischen Hand auf
Uetis ähnlichste nachgeahmt und alle Jahreszeiten zu unserm Befehle
vonid. Fordert man Frühling, so ist alles in der Blüte, und
und f Blüte hat sogar den ihr eigenen Geruch. Will man Sommer,
Das gafft der Gärtner, daß alle Bäume mit den schönsten Früchten

prangen, die nun freilich **nicht** zu essen, aber eben **deswegen um** so viel schöner sind, weil **sie** der gemeine Mann nicht **sogleich** herunterschlucken kann.

Unsre Tafeln geben **den** schönsten Gärten in der Pracht des Anblicks gewiß nichts nach, und auf den Anblick kommt doch alles an, weil **man** bei **einer** hohen Tafel mehr für **ein** göttliches Auge als für **einen** gemeinen niederträchtigen Magen sorgt. Jeder Tag, ja selbst **jeder Gang hat** seine eigene Farbe. **Zur** maigrünen Suppe sind **die** Nebengerichte ganz anders als zum himmelblauen Hecht schattirt; und ich wollte keinem Koch rathen, eine Brühe couleur de **procureur general** zu einer grünen mit Silber incrustirten Pastete **zu geben,** oder mosaïque auf dem Schinken aus andern Farben zusammenzusetzen, als wovon die Frisur an der Hammelkeule oder der Email andrer Crusten gemacht ist. Ich wollte keinem rathen, im Frühlinge, wo die Natur und die Tafel mit Blumen besetzt sein muß, einfarbige oder wol gar rothe und gelbe Gallerte **zu** geben und die Tafel **mit** modernen Dormans zu gruppiren, wenn der ganze Aufsatz à la Romaine ist. Der Kaiser, der sich durch die Erfindung der Farcen einen unsterblichen Namen gemacht und zuerst Fische von Schweinefleisch und Schinken von Käse erfunden hat, würde gegen unsre heutigen Köche eine schlechte Figur machen, und seine Tafel, worauf er oft zur Pracht alle Speisen in petit point oder künstlich gestickter Arbeit nachahmen ließ, gegen die unsrigen, wenn sie mit Gerichten von Porzellan **oder** Email besetzt sind, sehr verlieren. Unsre Köche **sind** in **der** Mythologie, der Geschichte, der Dichtkunst, der Malerei, **der** Heraldik und überhaupt in allen nur möglichen Künsten und Wissenschaften weit erfahrener als mancher Hofmeister, **der** doch sonst **auch** alles wissen muß, und es müßte schade **sein,** wenn sie nicht eine Belagerung besser ausbacken könnten als **der** größte Feldmarschall.

Urtheilen Sie also, was ich bei Ihnen auf dem Lande gelitten habe, wo Ihre Krebse nichts als Krebs und Ihre großen Karpfen nichts als Karpfen waren. Wie ist es aber möglich, daß Sie Ihre Zeit **so** abgeschmackt zubringen **und Ihren** Verstand so wenig üben können? Noch ist es Zeit, sich zu bekehren. Sie haben erst zwanzig Jahre und eine Figur, die wenigstens etwas verspricht. Kommen Sie also zu uns. Ich will Ihnen die Manier und den Weg zur Bewunderung in einem Monate zeigen, und so können Sie vielleicht noch eine kleine Rolle am Hofe mitspielen . . . . .

Klagen eines Meiers über den Putz seiner Frau.

O mein Herr, Sie sollten uns arme Männer klagen lassen! Hier im Kirchspiel wo ich wohne tragen unsere ehelichen Wirthin= nen zwar noch keinen Merlin oder Andullage und verlangen auch noch nicht, daß unsere Köpfe nach ihren goldenen Uhren gerichtet sein sollen; nein, sie sind mit der Zeit zufrieden wie sie der Küster eintheilt, ob wir gleich nichts davon hören und uns nach unserm Magen richten müssen. Allein sehen Sie nur einmal folgende Rechnung von einem einzigen Sonntagsputze an, welchen meine selige Frau getragen und mein gnädiger Gutsherr nun zum Sterb= fall gezogen hat, und den ich jetzt an einen Kaufmann noch be= zahlen muß, wenn ich nicht will daß meine selige Frau mich in der Ruhe mit meiner zukünftigen stören soll. Hier ist sie:

1) Für eine sammtene Obermütze mit goldenen Blumen gestickt	5	Thlr.
2) Für Gold darauf	4	„
3) Für 2 Ellen Spitzen zur Untermütze à 5 Thlr. .	10	„
4) Für eine Halsschnur von silbernen Perlen mit drei goldenen Schlössern und einer goldenen Schleife	50	„
5) Für 2 Ellen Spitzen zur Tour de Gorge . . .	10	„
6) Für 1½ Ellen Kammertuch zum Halstuch . . .	3	„
7) Für 6 Ellen Spitzen darum	30	„
8) Für 1½ Ellen bunten Kammertuch zu Manschetten	3	„
9) Für 3 Ellen Spitzen darum	15	„
10) Für ein Paar sammtene Winterhandschuh mit massiv silbernen Knöpfen	3½	„
11) Für 5 Ellen Damast zum Kamisol à 2½ Thlr. .	12½	„
12) Für das Schnürleib	5	„
13) Für 4 Ellen besten Zitz zur Schürze à 2½ Thlr.	10	„
14) Für 8 Ellen Tuch zum Oberrock à 2½ Thlr. . .	20	„
15) Für den zweiten Rock von Serge	4	„
16) Für den kleinen Fischbeinrock	2½	„
17) Für Schuhschnallen	5	„
18) Für ein Paar camuslederne Schuh	1	„
19) Für ein Gesangbuch mit Silber	10	„

Summa 203 Thlr. 18 Mgr.

Rechnen Sie dabei, daß die gute selige Frau diesen ihren Putz neunmal verändern konnte, und daß im Sterbefall noch eine goldene Halskette, drei Paar seidene Handschuh und sechs gestickte Tücher sich befanden, welche mit 15 Thalern das Stück bezahlt waren; erwägen Sie, daß an den hohen Festtagen schwarz, und Kamisol

und Schürze von Damast getragen wurde; und bedenken Sie endlich, daß die Selige, um mich und ihre Verwandten zu betrauern,
ihr Trauerzeug so vollständig hatte, daß sie das andere Jahr — denn
hier im Kirchspiel wird zwei Jahre getrauert — mit Abwechselungen
erscheinen konnte: so werden Sie gewiß finden, daß es mir als
einem armen Leibeigenen schwer gefallen sei, mich sofort zu einer
andern Heirath zu entschließen. Doch habe ich mich jetzt besser
vorgesehen als mein Nachbar, der zwar einen freien Kotten er-
heirathet, aber vierzehn Tage nach der Hochzeit erfahren hat, daß
seine Hausehre für Galanteriewaaren an Krämer und Packenträger
300 Thaler schuldig wäre. Sie muß zwar dafür redlich büßen
und kommt nicht anders als braun und blau zu Bette, so bunt sie
auch zur Kirche geht; allein was ist einem ehrlichen Manne damit
gedient, daß er seine beste Zeit, die er ruhig im Kruge vertrinken
könnte, mit Prügeln zubringen muß? Meine Zukünftige soll, wie
ich hoffe, mir wenigstens einige Mühe in diesem Stück ersparen.
Denn ich sehe, sie sieht mehr auf das Wesentliche und hat ihre
Betttücher von seinem Drell machen lassen. Wie glücklich sind
gegen uns die Kirchspiele auf der Heide, wo der ganze Staat einer
Hausfrau mit dreißig Thalern bezahlt ist! Allein ich höre auch,
da lieben die Frauen Kaffee und Muskatwein, und die Männer
trinken fleißig mit. Das thun wir hier nun nicht. Wir halten
uns an gutes Bier und redliche Kost. Allein der Putz unserer
Weiber ist die Zuchtruthe des Himmels, womit wir weidlich gestäupt werden. Wenn man sie entbehren könnte, welch ein schöner
Viehstapel könnte nicht dafür angelegt werden! Allein kaum ist die
eine todt, so nimmt man schon eine andere wieder. Es ist ein
wunderliches Ding!

Schreiben einer Mutter über den Putz der Kinder.

Mein Herr!

Ich bin eine Mutter von acht Kindern, wovon das älteste
13 Jahr alt ist, und mein Stand erfordert, daß ich solche miteinander auf eine gewisse Art kleiden lasse, welche demselben gemäß
ist. Ich kann versichern, daß ich Tag und Nacht darauf denke,
alles so mäßig einzurichten wie es mir immer möglich ist, und
selbst seit meinem Hochzeittage kein einziges neues Kleid mir habe
machen lassen, auch vieles bereits von meinem jugendlichen Staat
für meine Kinder zerschnitten habe. Gleichwol bin ich nicht vermögend, so vieles anzuschaffen, als die heutige Welt bei Kindern

3 *

aufs mindeste erfordert. Ich mag Ihnen die Rechnung von dem=
jenigen, was mir meine fünf Mädchen, seitdem sie die Windeln
verlassen, kosten, nicht vorlegen. Sie würden darüber erstaunen.
Und das geht alle Tage so fort. Wenn ich mit der einen fertig
zu sein vermeine, so muß ich mit der andern wieder anfangen;
und eine Mutter, die redlich durch die Welt will, hat vom Morgen
bis in den Abend nichts zu thun, als ihre Kinder nur so zu putzen,
daß sie sich sehen lassen dürfen. Vor einigen Tagen mußte ich die
älteste in eine feierliche Gesellschaft schicken; sogleich mußten 18 Ellen
Blonden, 12 Ellen Band, 6 Ellen Grosse-beauté zu Manschetten 2c.
geholt werden. Da sollten schottische Ohrringe, italienische Blumen,
englische Hänschen, Fächtel à la Peruvienne und Schönpflästerchen à
la Condamine sein. Der Friseur rief um Eeau de Pourceaugnac
und um Puder von St. Malo. Das Mädchen schimpfte auf die
Nadeln, die Porteurs auf das lange Zaudern, und der Lakai auf
das unendliche Laufen. Kurz, die ganze Haushaltung war in
Aufruhr, und meine arme Tasche war dergestalt à la grecque frisirt,
daß wir die ganze Woche Wassersuppen essen mußten.

Und gleichwol waren die damaligen Ausgaben noch nichts in
Vergleichung derjenigen, welche ich auf ihr besetztes Kleid, auf eine
neue berlinische Schnürbrust, auf eine petite Saloppe und andre
wesentliche Kleidungsstücke hatte wenden müssen.

Ach! währendderzeit mir eine ungesehene Thräne entwischte,
hatte das Mädchen die unschuldige Leichtigkeit, mir zu sagen: sie
müßte nun auch bald eine goldene Uhr haben, weil ihre Ge=
spielinnen bereits dergleichen hätten.

O, dachte ich in meinem Sinn, möchte doch ein Landesgesetz
vorhanden sein, woburch es allen Aeltern verboten würde, ihren
Töchtern vor dem funfzehnten Jahre Silber oder Gold, Spitzen
oder Blonden, Seiden oder Agrements zu geben! Oder möchten sich
patriotische Aeltern zu einem so heilsamen Vorsatze freiwillig ver=
einigen! Mit welchem Vergnügen würde sodann manche bekümmerte
Mutter auf ihre zahlreichen Töchter herabschauen! Die Ungleichheit
der Stände dürfte hier den Gesetzgeber nicht aufhalten. Kinder
sind alle gleich, und wenn die Aeltern mit einer solchen Einschrän=
kung zufrieden wären, so würde ihre kleine Empfindlichkeit nicht in
Betrachtung kommen. Wie groß würde die Freude der Mädchen
sein, wenn sie sich nun in ihrem funfzehnten Jahre zum ersten mal
der aufmerksamen Neugierde in einem seidenen Kleide zeigen dürften!
Und würde nicht diese Oekonomie mit ihrem Vergnügen ihnen bei
ihrem Eintritt in die junge Welt tausend kleine Zierathen in so
viel reizende Neuigkeiten verwandeln, wenn solche nicht in ihren
dummen Jahren bei ihnen schon veraltet wären! Wir erschöpfen
das Vergnügen ihrer bessern Jahre durch unsre unüberlegte Ver=

schwendung. Eine Uhr war sonst für ein Mädchen so viel wie ein Mann. Jetzt gibt man sie ihnen fast im Flügelkleide.

Ein englischer Lord schickt seinen Sohn bis ins zwanzigste Jahr ins Collegium, wo er mit abgeschnittenen Haaren, ungepudert und ungeschoren, in einem schlechten Kleide, bei Hammelfleisch und Erdäpfeln groß gemacht wird. In Italien läßt man die Töchter in der Kindheit einen Ordenshabit tragen. Die Römer, wie mein Mann sagt, hatten aus einer gleichen Klugheit eine besondere Kleidung für die Jugend, und es war ein großes Fest, wenn der Sohn zum ersten mal ein Kleid mit Rabatten anlegte. Könnten wir diesen großen Exempeln nicht nachfolgen?

Ueberlegen Sie es doch einmal. Die Vereinigung des Adels wegen der Trauer hat mich zu diesen Gedanken bewogen. Ich bin ꝛc.

Schreiben einer Mutter
an einen philosophischen Kinderlehrer.

Mit einem Worte, ich mag Ihr ganzes Geschwätz von der Erziehung meiner Kinder nicht mehr hören. Die Gründe für die Tugend sind gut, und meine Mädchen sollen sie auch fassen. Aber die Erfahrung lehrt mich, nicht alles auf Gründe und Erkenntniß der Pflichten ankommen zu lassen. Die Natur hat uns Empfindungen und Leidenschaften gegeben, welche sowol bei kleinen als großen Kindern zu nutzen sind; und ich sehe gar nicht ein, warum ich meine Mädchen nicht ebenso gut durch ein: „Was werden die Leute davon sagen!“, als durch eine Vorhaltung ihrer Pflichten zum Guten leiten soll. Wenn wir aufrichtig reden wollen, so müssen wir gestehen, daß bei jedem Menschen die Empfindung der Ehre am stärksten unter allen wirke, und daß die Ehre, eine ehrliche Frau zu sein und dafür gehalten zu werden, mehr Gutes thue, als die Pflicht, es zu sein.

Wenn mein ältestes Mädchen, das jetzt 16 Jahr alt ist, einen zärtlichen, obgleich noch sehr unschuldigen Blick auf einen jungen Menschen schießen läßt, so renne ich ihr, sobald ich sie allein fassen kann, mit einigen Sarkasmen zu Leibe. Da ist sie „eine verliebte Thörin“, der junge Mensch „ein Laffe, der noch kaum der Ruthe entronnen ist“; da frage ich sie, was diese und jene, so ihren zärtlichen Blick wahrgenommen, wol von ihr gedacht habe, und in welchen Ruf sie sich setzen werde, wenn sie schon so früh geschmeidig werde. Auf diese Weise suche ich ihre ganze Ehrbegierde zu reizen; und wenn es dann noch Zeit ist, so halte ich ihr ihre

Pflichten vor. Ich verlasse mich aber in der That mehr auf meine
Sarkasmen und auf ihre Empfindungen von Ehre als auf die
Wirkung der übrigen Sittenlehren. Jede ehrliche Hausmutter wird
Ihnen hiebei sagen, daß ich auf diese Art mehr ausrichte und das
zarte Alter meiner Kinder glücklicher zum wahren Alter der Ueberlegung durchführe als alle die Hofmeister und Hofmeisterinnen,
welche die fürstlichen Prinzen und Prinzessinnen mit kalten Vorstellungen aus der Religion und Sittenlehre unterhalten und in
diesem Jahrhundert eben nicht viel Ehre eingelegt haben.

Die große Mühe, den Kindern von allem deutliche Begriffe
zu geben, kann ich noch weniger billigen, so strenge auch
unsere Neuern in dieser ihrer Forderung sind. Ein deutlicher Begriff kommt mir gerade so vor wie eine Habersuppe, worin man
Wasser und Grütze, Butter und Salz völlig von einander unterscheiden kann. Aber ein dunkler Begriff ist wie ein Pudding von
Miß Samsoe, worin die Masse vortrefflich schmeckt, ohnerachtet
man nur eine kleine Vermuthung von allen einzelnen Ingredienzen
bekommt. Jene wirkt Ekel, und dieser gleitet oft mit so vieler
Wollust herunter, daß die Vorstellungen des Leibarztes nichts dagegen vermögen. Die ganze philosophische Moral scheint mir eine
solche Habersuppe zu sein; und es nimmt mich gar nicht wunder,
daß Menschen, die blos durch deutliche Begriffe geführt werden,
bei jedem Pudding gegen ihre Ueberzeugung handeln.

Einer unserer großen Philosophen hat das Uebergewicht der
dunkeln Begriffe über die deutlichen auf einen solchen Pudding gegründet; und da es unwidersprechlich ist, daß eine größere Summe
von Ingredienzen mächtiger wirkt als wenigere, und daß jene nothwendig minder deutlich geschmeckt werden können als diese, so
sehe ich gar nicht ein, warum man bei Erziehung der Kinder blos
die Habermoral gebrauchen solle.

Deutliche Begriffe helfen überdem allemal die Entschuldigungen
erleichtern. Wenn ich mein Mädchen vor einem übeln Rufe zittern
mache und ihre ganze Ehrbegierde dadurch in Flammen setze, so
stürmt eine Menge von Begriffen und Folgen auf ihre Seele,
welche sie mächtig dahinreißen. Erkläre ich ihr aber die Bestandtheile des übeln Rufes, sage ihr, woraus das Publikum, was den
bösen Ruf gibt, bestehe, aus wie vielen alten Weibern dasselbe
zusammengesetzt sei, wo die Grenze zwischen dem Wahren und
Falschen liege, und was wir für einen Werth auf das Urtheil des
gemeinen Haufens zu legen haben, so wird sie meine Warnung
zerlegen, stückweise auseinandersetzen, und mir zeigen daß ich
offenbar unrecht habe, besonders wo ich blos eine unschuldige
Handlung an ihr getadelt habe; und das ist durchaus der gewöhnlichste Fall, worin sich eine Mutter befindet. Die unschuldige

Handlung, welche die **nächste** Stufe oder Gelegenheit zu einer bösen ist, muß schon mit einer übeln Vermuthung verfolgt und bestraft werden, um die Kinder vorsichtig zu machen. Ein junges Mädchen, **das** mit einer Mannsperson einsam und allein geht, kann sich mit ihm von Tugend und Religion unterhalten. Eine Mutter geht aber allemal sicherer, **wenn** sie ihnen eine schlimmere Materie unterschiebt **und** ihre Tochter mit keiner Entschuldigung hört.

Man solle dem Kinde, sagen Sie **weiter, gar keine Unwahr**heit, **gar** keine falschen Gründe sagen. **Dagegen habe ich nichts.** Ist es **aber** nicht auch **eine Unwahrheit, wenn man bittere** Arzneien in Süßigkeiten verbirgt und einem Kinde **die Pillen** vergoldet? Ist **es** nicht allemal **eine Unwahrheit, wenn ich dem Kinde die Gefahr** zu fallen **oder zu** ersaufen lebhafter und größer **vormale wie** sie wirklich ist, oder ihm das Zahnausreißen zum Vergnügen mache? Meine Mutter sagte mir hundertmal: Kind, laß die junge Katze gehen; es ist ein falsches Thier, sie beißt oder kratzt dich. Ich antwortete allemal: Ach nein, Mama, es ist ein sanftes, possirliches und allerliebstes Thier; sie beißt mich nicht, sie streichelt mich nur. Wenn aber meine Tante mit einem erschrockenen und vielbedeutenden Gesichte rief: Mädchen, laß die Katze gehen; ihre Haare sind giftig —, flugs jagte ich sie weg, besah meine Hände, und wenn nur das geringste rothe Fleckchen daran war, so glaubte ich schon vergiftet zu sein. Meine Tante sagte eine Unwahrheit; aber diese rettete mir vielleicht ein Auge, welches eine böse Katze einer kleinen Verwandtin **von mir** auskratzte. Dieses heißt: **jedem** Alter seine Gründe, die es fassen kann, anpassen und das **moralische** Spielzeug oder die Wiegenmärchen **da** gebrauchen, wo es vergeblich sein würde, von Pflichten, deren Verbindlichkeit ein **Kind** nie mit der gehörigen Stärke fühlt, zu **reden.**

Alles, was Sie mir von dem Unterricht des Verstandes und der Besserung des Willens sagen, verwerfe ich nicht; nur müssen Sie den letzten nicht blos vom ersten abhangen lassen. Besuchen Sie alle Hausmütter auf dem Lande und bemerken die Art, wie **sie** ihre Kinder erziehen. Keine einzige unter ihnen wird sich geradezu darum bemühen, ihren Kindern einen Begriff von der Moralität freier Handlungen zu geben. Jede wird, nach einem **prak**tischen Gefühl, die Hauptleidenschaft ihres Kindes zu seiner Besserung gebrauchen und ihm blos den unmittelbaren Schaden vormalen, den es von einer bösen Handlung hat. Diesen Weg hat sie die treue Erfahrung gelehrt; **der** unmittelbare Schaden, sollte er auch in einer guten Züchtigung bestehen, wirkt näher und schärfer als der entfernte, **der** durch Schlüsse herbeigeholt wird. In allen unsern Handlungen liegt zwar ein Schluß zum Grunde; aber es ist falsch, daß wir ihn allemal selbst machen. Der glückliche Mensch wird

leichter und schneller geführt als durch kalte Ueberlegungen. Die
Leidenschaft, diese edle Gabe Gottes, führt ihn sicherer als die
aufgeklärteste Vernunft, und Leidenschaften geben Fertigkeiten, welche
zur Zeit der Versuchung treuer aushalten als das Urtheil, das
nach Gründen gefällt werden soll.

Vielleicht übertreibe ich die Sache auf der einen Seite; aber
Sie übertreiben sie gewiß auch auf der andern. Doch ich habe
Ihnen heute genug gesagt, daher will ich das übrige ein andermal
nachholen.

Ueber die Erziehung der Kinder auf dem Lande.

Ich weiß nicht, was unserm Herrn Cantor in den Kopf kommt.
Alle Jungen und Mädchen sollen lesen und schreiben lernen; dabei
predigt er ihnen einen Katechismus, der ist so dick wie mein Gesangbuch; und wenn er von der Kinderzucht spricht, so sagt er
weiter nichts, als wie glücklich die Kinder sind, die nicht wie die
Heiden aufwachsen, sondern lesen und schreiben und auf alle Fragen
antworten können.

Nun soll mich zwar der Himmel wol davor bewahren, daß
ich unsern Herrn Cantor meistern sollte. Allein ich fühle doch, daß
die Kinder mehr zur Handarbeit angeführt und dazu von Jugend
auf gewöhnt werden müßten; ich fühle, daß das viele Buchstabiren
und Schulgehen unsere Jugend vom Spinnrocken zieht, und daß
jetzt kein einziger Junge mehr im Kirchspiel sei, der täglich drei
Strümpfe knütten kann, da sie es in meiner Jugend doch alle
konnten. Ich habe nun mein achtzigstes Jahr erreicht und kann
sagen, daß ich die Welt von hinten und von vorn gesehen habe.
Allein unter allen, die mit mir aufgewachsen sind, war kein einziger, der schreiben lernte. Man sah dies als eine Art von bürgerlicher Beschäftigung an, die blos in den Städten und von Leuten,
die keinen Ackerbau und keine Viehzucht hätten, getrieben werden
müßte. Das Lesen, wie mir mein Vater sagte, wäre erst in seiner
Jugend unter den Landleuten Mode geworden; und dieser hätte es
noch wol von seinem Vater gehört, daß in seiner Kindheit das
ganze Jahr hindurch nur drei Gesänge in der Kirche wären gesungen worden, welche ein jeder aus dem Kopfe gewußt hätte.
Darauf wäre erst ein kleines Gesangbuch gekommen; dem sei ein
etwas dickeres gefolgt, bis es endlich zu seiner Zeit zu einer ganzen
Dicke angeschwollen sei. Was ist aber von allem die Folge gewesen? Unsere Kinder haben mindre Lust, Fertigkeit und Dauer

zur Handarbeit erhalten; sie haben geglaubt, wenn sie schreiben, lesen und auf alle Fragen antworten könnten, so wären sie besser, als diejenigen wären, die drei Strümpfe im Tage knütteten....

In der That aber sehe ich doch eigentlich nicht, **was das Schreiben** einem Ackermann sonderlich **nütze.** Wenn er **weiß**, wie viel Glas Branntwein, **oder** wie viel **Krüge Bier durch** einen Strich an der Tafel bezeichnet werden, **wenn er die** große Erfindung des Kerbstocks, **wovon** unser Meier letzthin geschrieben **hat,** kennt, und **wenn er endlich drei** Kreuze zum Wahrzeichen **malen kann,** so hat er **meines Ermessens alles, was er von dieser Seite** gebraucht. Mir sind wenigstens ganze Jahre vorbeigegangen, ohne **daß ich einmal** Tinte im Hause gehabt habe. Wenn ich etwas **an meinen** Procurator zu schreiben hatte, so **sagte ich es** dem Cantor; **und** im übrigen konnte ich mich **mit einem Stückchen** Kreide und **einem** Kerbstock behelfen. Das Lesen **kommt mir bloß** in der Kirche **zu** statten, und würde überflüssig sein **wenn wir** das ganze Jahr hindurch einerlei Gesänge hätten. Wozu **nützt** es also, daß man unsern Kindern statt **des** Flegels die Feder **in die Hand** gibt und sie bis ins sechzehnte **oder** achtzehnte Jahr **mit** solchen Tändeleien, die kein Brot geben, herumführt? Ihre Knochen bekommen keine Härte, und ihre Nerven keine Stärke; und **wie** manchen versucht nicht eben sein Lesen und Schreiben, nach Amsterdam **oder** nach Ostindien zu gehen und dort **eine** Gelegenheit zu suchen, **um** seinen väterlichen Acker zu meiden! — — Was **die** Mädchen betrifft — o ich möchte keins heirathen, **das** lesen und **schreiben** kann. Wissen sie das, so wissen sie auch ....

Die Erziehung mag wohl sklavisch sein!

Es ist wunderbar, wie weit uns oft eine glänzende Theorie verführen kann. Wenn einer das Laufen lernen soll, so läßt man ihn in schweren Schuben und im gepflügten Lande laufen; dagegen aber sollen Kinder, woraus man große Männer ziehen will, alles spielend fassen. Es **wird** ihnen alles so süß und so leicht gemacht, sie durchfliegen **den** Kreis aller Wissenschaften, oder die so beliebt gewordenen Encyklopädien, so früh und so kühn, man bewundert die Wissenschaften, welche die Kinder auf ihren Rollwagen führen, so ausnehmend, **daß** man denken sollte, der römische Redner, welcher seine Brust erst lange Jahre unter einer bleiernen Platte arbeiten ließ, um sie hernach mit desto mehrerer Macht heben zu

können, sei ein großer Narr gewesen und hätte besser gethan, die
Wissenschaft in einem Kalender zu studiren. Was kömmt aber bei
diesem unserm spielenden Lernen heraus? Süßes Gewäsche, leichte
Phantasien, und ein leerer Dunst. Der Geist bleibt schwach, der
Kopf hat weder Macht noch Dauer, und alles sieht so hungerig
aus wie die heiße Liebe eines verlebten Greises. Der junge
Mensch, der sich nun als ein großer Mann zeigen soll, gleicht
einem Kaufmann, welcher eine Handlung durch die ganze Welt
anfangen will, ohne irgendein Kapital oder auch nur einmal einen
mäßigen Vorrath von Producten zu haben.

Ganz anders verhält es sich mit dem Knaben, der, soviel es
ohne Nachtheil seiner Leibes- und Seelenkräfte geschehen können,
von Jugend auf zu einem eisernen Fleiße und zur Einsammlung
nützlicher Wahrheiten angestrengt worden. In dem Augenblick, da
er anfängt sich zu zeigen, hat er einen ganzen Vorrath von nützlichen Wahrheiten in seiner Macht, und die Gewohnheit hat ihm
eine zweite Natur zur Arbeit gegeben. Eine Wahrheit zeugt die
andere, und die Masse derselben wuchert in seiner Seele mit fort-
gehendem Glücke. Die schönen Wissenschaften machen bei ihm ihr
Glück, wie Maler und Bildhauer bei einem reichen Bauherrn, der
alles, was zu dem prächtigsten Gebäude erfordert wird, selbst besitzt und reichlich bezahlen kann; anstatt daß diese verschönerten
Künste jenen jungen Herren weiter zu nichts dienen als Puppen zu
schnitzen.

Einen solchen Reichthum von Wahrheiten und Kenntnissen wird
man aber nie spielend und auf die Art erlangen, wie viele Kinder
jetzt erzogen werden. Die Vorsicht hat den Menschen nichts ohne
große Arbeit zugedacht; und wenn das Kind auch hundertmal
weint und mit Strafen zum Lernen und zu Fertigkeiten gezwungen
werden muß, so sind dieses wohlthätige Strafen, und die Thränen
wird es seinen Lehrern einst verdanken.

Woher kommt aber eigentlich dieses Verderben? Von dem
Ton unserer Zeiten, nach welchem der Lehrer sich entweder einen
groben Pedanten schelten, oder mit dem Kinde säuberlich verfahren
muß. Da ist kein großer Herr, keine zärtliche Mutter, welche
nicht diesen Ton führt; und der Lehrer, der endlich auch die Kunst
zu schmeicheln lernt, führt seinen Untergebenen spielend zu der
Geschicklichkeit, von allen Dingen witzig zu sprechen und kein einziges aus dem Grunde zu verstehen; er läßt ihn auf einem ge-
wächsten Boden tanzen und bekümmert sich nicht darum, ob er dereinst auf einem tiefen Steinpflaster den Hals brechen werde!

———

Also sollte jeder Gelehrte ein Handwerk lernen.

Die Italiener sprechen mit solchem Geschmack und mit einer so bedächtlichen Miene von der großen Kunst, nichts zu thun, und wie nöthig solche besonders jedem mit ganzer Seele arbeitenden Menschen sei, daß ich meine wenige Uebung in derselben mehrmals beklagt habe. Wahrscheinlich ist es, wo nicht richtig, daß eine beständige Anstrengung der Seele, und zwar eine beständige An=strengung derselben nach einer gewissen, jedem Menschen eigenen Lieblingsseite, zuletzt eine Art von übelm Hange nach sich ziehen müsse; und es ist vielleicht ein Hauptzug in dem Nationalcharakter der deutschen Gelehrten, daß sie durch ihre große Unerfahrenheit in der Kunst, nichts zu thun, und durch die immer gleiche Spannung ihrer Seele nach einer bestimmten Seite zuletzt ganz einseitig oder, welches einerlei ist, Pedanten werden. Man sieht es ihnen ebenso gut an, daß sie Gelehrte sind, wie man es einem Handwerker ansieht, daß er lange mit untergeschlagenen Beinen auf dem Tische gesessen habe. Sie zeigen sich links oder rechts, nachdem der Hang ihrer Seele auf diese oder jene Seite gewöhnt ist. Gleichwol sollte die wahre Gesundheit der Seele und des Körpers darin bestehen, daß ihre beiderseitigen Kräfte ein gewisses Ebenmaß und zu allen in den ordentlichen Beruf eines jeden Menschen einschlagenden Ge=schäften eine gleich vollkommene Fähigkeit behielten.

Ein Philosoph, mit welchem ich mich einstmals hierüber unter=redete, wandte mir zwar ein, daß eben dieser dem Anschein nach fehlerhafte Hang nothwendig zu einem großen Manne erfordert würde, und daß derselbe, wenn er stark und lebhaft würde, den glücklichen Namen des Enthusiasmus verdiente; er sagte ferner, daß von hundert Menschen immer einer ein Märtyrer seiner Kunst werden müßte, um die übrigen so viel mehr aufzuklären, und daß die Italiener ebenso gut Pedanten in der Musik und Malerei hätten, wie wir Deutschen in andern Wissenschaften; nur wären wir, nach dem Unterschiede unserer Gegenstände, traurige und ernsthafte, die Italiener aber lustige Pedanten.

Allein wenn ich ihm gleich hierin nicht völlig unrecht geben konnte, so schien mir doch immer die Kunst, nichts zu thun und die Seele dann und wann von ihrem starken Hange auf die ent=gegengesetzte Seite zu wenden, eine beneidenswerthe Kunst. Ruhe und Schlaf thun zwar zu dieser Absicht etwas, aber sie reichen nicht hin; und der Schlummer eines Gelehrten ist so erquickend nicht wie der Schlaf eines Tagelöhners. Ruht er mit dem Körper, ohne zu schlafen, so verfolgen ihn seine Gedanken, und diese greifen ihn oft stärker an als Lesen und Schreiben. Für ihn ist also keine solche Ruhe wie für andere, die mit ihrem Körper arbeiten und, wenn sie sich auf einen weichen Polster oder auch nur auf einen Stein setzen, einer nöthigen Erholung genießen.

Ich hörte einmal, daß eine Braut ihren Geliebten einen verliebten Pedanten nannte, weil er von nichts als Liebe sprach und außer ihr nichts sah und nichts hörte. — Aber wie fange ich es an, antwortete er, um nur einen Augenblick nicht zu lieben? — Dieses schien mir mit der Frage eines Gelehrten: wie fange ich es an, um nichts zu thun? so sehr übereinzukommen, daß ich recht aufmerksam darauf wurde, was sie ihm auf seine Frage erwidern würde. Allein die Schöne zog sich mit einer Wendung heraus und lenkte auf den Vorwurf ein, wie die Zeit bald kommen dürfte, worin er mehr als Eine Antwort auf seine Frage finden würde. Diese Zeit kommt aber bei den Gelehrten nicht; ihr Hang nimmt vielmehr mit der Gewohnheit und dem Alter zu, und ihre Ungeschicktheit, sich auf andere Art zu vergnügen, macht ihnen ihre Fehler zum Bedürfniß.

Die Kunst, nichts zu thun, mag indessen auf zweierlei Art ausgeübt werden: als einmal auf diese, daß man wirklich die Seele völlig ruhen läßt und sich in dem Launewinkel (boudoir) einschließt; und dann auch auf diese, daß man sich entweder in Gesellschaften oder auch durch eine körperliche Bewegung zerstreut, wobei die Seele feiern kann. Die erste Art ist, meiner Meinung nach, die schwerste, denn der Mathematiker wird auch im Launewinkel das Rechnen nicht lassen; und die andere hat die Erfahrung nicht für sich, indem die mehrsten jedes Vergnügen, was ihrer Hauptneigung keine Nahrung bietet, ungeschmackt finden. Wie manchen Gelehrten sieht man in Gesellschaften vor Langeweile erblassen, und wenn er solche verläßt, gleich einem befreiten Sklaven seinen Büchern zufliegen!

Indessen erkennt man es doch immer für theoretisch richtig, daß es ein Glück für die Gesundheit der würdigsten Männer sein würde, wenn sie einige Stunden des Tags mit nichts zubringen könnten. Dieses Nichts ist aber nur relativ; und für einen Gelehrten ist Holzsägen Nichtsthun, sowie umgekehrt für einen Holzhacker das Denken eine Erholung ist. Ein solches Glück könnte man ihm verschaffen, wenn wir die Erziehung junger Gelehrten dahin einrichteten, daß jedem zugleich die Fähigkeit zu einer körperlichen Beschäftigung, und mit dieser auch die Neigung dazu beigebracht würde. Eine jede Kunst, worin man es zu einiger Geschicklichkeit gebracht hat, hat ihre Reizung, und eine solche Reizung allein ist vermögend den einseitigen Menschen auf die andere Seite zurückzuziehen.

Der allgemeine Grund der immer mehr und mehr überhand=
nehmenden Hypochondrie liegt wahrscheinlich darin, daß wir nicht
in dem Schweiße unseres Angesichts unser **Brot** erwerben. Wenn
man sieht, wie viel ein Tagelöhner Schweiß vergießt und wie
wenig Nahrhaftes er dagegen genießt, so fällt einem leicht die
Frage ein, wie **ein** stillsitzender Mann **bei** wenigem Schweiße und
stärkerer **Nahrung** gesund sein könne. Die Einrichtung unsers
Körpers beweist, daß der Geist aller Nahrung **in die Höhe,** und
die Hefen **nach unten** gehen sollen; es ist offenbar, **daß der Nah=**
rungsgeist im **Steigen** immer **mehr und** mehr geläutert und blos
das Lauterste **oder** das rectificatissimum dem Gehirn zu **statten**
kommen soll. Diese stufenweise Läuterung erfolgt aber blos durch
eine angemessene körperliche Arbeit. Und wie kann da, **wo man**
immer auf dem Stuhle verdaut und durch eine starke Anstrengung
der Seele die rohen Säfte nach dem Gehirn zieht, diese Läuterung
gehörig geschehen!

Zu gehen um zu gehen, zu reiten um zu reiten, ist kein
Mittel, was einen einseitigen Mann zurechtbringt. Die Noth
wird ihm jenes zwar eine Zeit lang empfehlen, der üble Hang zu
einer gewohnten und zum Bedürfniß gewordenen Arbeit ihn aber
bald wieder zurückziehen. Hat er aber irgendeine körperliche
Arbeit liebgewonnen — und dieses wird allemal der Fall sein
wenn er es darin zu einiger Vollkommenheit gebracht hat —, so
bewegt er sich nicht blos um sich zu bewegen, sondern um zu
arbeiten, und zwar an einer angenehmen Sache, die ihre Reizungen
dem übeln Hange mächtig entgegensetzt und ihn dauerhaft an sich
zieht. Die Gelehrten des vorigen Jahrhunderts hatten noch Acker=
bau; aber in diesem hat die Schreiberei so überhandgenommen,
daß sie von dem Morgen bis **in** den Abend wie angeschmiedet auf
einer Stelle sitzen und mit der Feder rudern müssen.

Was kann also für die künftige Nachkommenschaft heilsamer
und nöthiger sein, als alle Kinder, die wir zum Studiren ver=
dammen, zugleich eine Kunst, welche eine körperliche Uebung er=
fordert, **lernen** zu lassen und ihnen dadurch früh eine Neigung zu
dem einzigen Mittel, ihre Gesundheit zu erhalten, beizubringen!

Reicher Leute Kinder sollen ein Handwerk lernen.

Der Hauptfehler unserer mehrsten deutschen Handwerker ist der
Mangel an Geld. Das Söhnchen einer bemittelten Mutter schämt
sich die Hand an eine Zange **oder** Feile zu legen. Ein Kaufmann

muß er werden. Sollte er auch nur mit Schwefelhölzern handeln,
so erhält er doch den Rang über dem Künstler, der den Lauf einer
Flotte nach seiner Uhr regiert, dem Könige Kronen, dem Helden
Schwerter und dem edeln Landmann Sensen gibt, über dem Künstler,
der mit seiner Nähnadel den Mann macht und den Gelehrten durch
seine Presse Bewunderung und Ewigkeit verschafft! Es hält schwer,
sich aus diesem Cirkel zu heben:

> Wenn ein Handwerk einmal verachtet wird, so treiben es nur
> arme und geringe Leute; und was arme und geringe Leute
> treiben, das will selten Geschmack, Ansehen, Güte und Vortreff=
> lichkeit gewinnen.

Schrecklicher Cirkel, der uns an der Wiederaufnahme der mehrsten
deutschen Landstädte zweifeln läßt! Indessen verdient die Wichtigkeit
der Sache doch, daß man einmal diesen Knoten auflöse und das=
jenige Ende ergreife, was Natur und Vernunft am ersten hervor=
stoßen. Der Klügste muß überall den Anfang machen; der soll für
diesmal der Reiche sein, weil er es am ersten sein kann. Der
Reiche soll also gemeine Vorurtheile mit Füßen treten, seine Kinder
ein Handwerk lernen lassen und ihnen seinen mächtigen Beutel
geben, damit der böse Cirkel zerstört werde.

Nichts gibt der Stadt London ein prächtigers Ansehen als die
Buden ihrer Handwerker. Der Schuster hat ein Magazin von
Schuhen, woraus sogleich eine Armee versorgt werden kann. Beim
Tischler findet man einen Vorrath von Sachen, welche hinreichen
ein königliches Schloß zu möbliren. Bei den Goldschmieden ist
mehr Silberwerk, als alle Fürsten in Deutschland auf ihren Tafeln
haben; und durch den Stadtschmied leben hundert Dorfschmiede, die
ihm in die Hand arbeiten und ihm die Menge von Waaren liefern,
welchen er die letzte Feile und seinen Namen gibt.

Solche Handwerker dürfen es wagen, dem königlichen Prinzen
ihr Gilderecht mitzutheilen. Solche Handwerker sind es, woraus
der Lordmayor erwählt wird und Parlamentsglieder genommen
werden. Ein solcher war Tailor, der als Generalzahlmeister im
letzten Kriege sich als Meister zu dem Silberservice bekannte, woraus
er die Generalität bewirthete. Was ist der Krämer dagegen, der
mit Kaffee und Zucker höckert oder mit Mausefallen, Puppen und
Schwärmern hausirt?

Zur Zeit des Hanseatischen Bundes hatte das deutsche Hand=
werk ebendie Ehre, die es noch in England hat. Noch in dem
vorigen Jahrhundert ließen es sich die Vornehmsten einer Stadt
gefallen, das Gilderecht anzunehmen, und Gelehrte machten sich
sowol eine Ehre als eine Pflicht daraus, Gildebrüder zu werden.
Die fürstlichen Räthe waren Zunftgenossen; und man hielt es für
keinen Widerspruch, wie jetzt, zugleich ein guter Bürger und ein

guter Kanzler zu sein. Es ist ein falscher Grundsatz gewesen, der hier eine Trennung gemacht hat. Sehr viele Streitigkeiten und unnöthige Befreiungen würden ein Ende haben, wenn sie nie erfolgt wäre. Jedes Amt, das ein Bürger übernimmt, würdigt ihn in seinem Maße und ertheilt ihm einige demselben angemessene persönliche Freiheiten. Es hindert ihn aber nicht, in allen übrigen der bürgerlichen Lasten und Vortheile theilhaftig zu bleiben.

Der Verfall der deutschen Handlung zog den Verfall des Handwerks nach sich. Der berühmte Reichsabschied, welcher die Handwerksmißbräuche heben sollte, in der That aber den Gilden einen Theil ihrer bis dahin gehabten Ehre raubte, kam hinzu. Und der Kaiser, der die Vereinigungen der Domkapitel und Ritterschaften wegen der Ahnenprobe bestätigte, fand es ungerecht, daß die Gilden nicht alle Söhne von Mutterleibe geboren in ihre Zunft aufnehmen wollten; gerade als ob es nicht die erste und feinste Regel der Staatsklugheit wäre, unterschiedene Klassen von Menschen zu haben, um jeden in seiner Art mit einem nothdürftigen Antheil von Ehre aufmuntern zu können. In despotischen Staaten ist der Herr alles, und der Rest Pöbel. Die glücklichste Verfassung geht vom Throne in sanften Stufen herunter, und jede Stufe hat einen Grad von Ehre, der ihr eigen bleibt; und die siebente hat so wohl ein Recht zu ihrer Erhaltung wie die zweite. Diese Grundsätze hatte man bei dem Reichsabschiede ziemlich aus den Augen gesetzt; und die Wissenschaften, welche sich damals immer mehr und mehr ausbreiteten, erhoben den Mann, der von den Schuhen der Griechen und Römer schreiben konnte, über den Mann, der mit eigener Hand weit bessere machte.

Den letzten Stoß empfingen die Handwerker von den Fabriken. Die Franzosen, welche ihr Vaterland verlassen mußten, adelten diesen Namen. Fürsten und Grafen durften die Aufsicht über ihre Fabrikleute, welche für ihre Rechnung arbeiteten, haben; aber wer ihnen deswegen den Titel eines Amtsmeisters hätte geben wollen, würde ihrer Ungnade nicht entgangen sein. Der Minister eines gewissen Herrn war ein Lederfabrikant, aber kein Lohgerber. Nach dem Plan der Neuern ist es besser, daß alle Bürger Gesellen, und die Kammerräthe Meister seien. Und die weitere Verachtung des Handwerks führt geradeswegs zu dieser türkischen Einrichtung.

Diesem Uebel kann nicht vorgebeugt werden oder reiche Leute müssen Handwerker werden. Da der Gold- und Silberfabrikant, der Hut- und Strumpffabriker an vielen Orten in Palästen wohnt und alle der Vorzüge genießt, welche Erfahrung, Klugheit, Aufführung und Reichthum gewähren können: warum sollte ein Meister Hutmacher und ein Meister Strumpfwirker, wenn er es so hoch als jene bringt, nicht ebendas Ansehen erlangen können? Die

Meisterschaft ist gewiß keine Unehre. Der Czar Peter der Große diente als Junge und Geselle und ward Schiffszimmermeister. Der Krieg ward ehedem zunftmäßig erlernt. Einer mußte als Junge und Knappe gedient haben, ehe er Ritter oder Meister werden konnte. Die zunftgerechten Krieger haben sich zuerst von dem gemeinen Landkrieger unterschieden, und das ist der erste Ursprung des Dienstadels gewesen. Noch jetzt ist im Militärstande ein Schatten dieser Verfassung übrig. Einer muß erst als Gemeiner gedient haben, ehe er von Rechts wegen zum Grade eines Offiziers gelangen kann. Unter den Gemeinen finden sich oft sehr schlechte Leute, und man ist in neuern Zeiten, wo jeder gesunde Kerl willkommen ist, minder aufmerksam auf die Ehre der Rekruten. Allein es ist darum kein Schimpf, als Gemeiner gedient zu haben, ob man gleich wegen des letztern Umstandes schon anfängt den Rekruten aus fürstlichem Geblüte höher andienen zu lassen, und überhaupt einen bedenklichen Eingang macht, jenes große Gesetz, dem sich nur Peter der Große unterwarf, allmählich in Vergessenheit zu bringen und damit die Ehre der Gemeinen, wovon doch der Geist des Regiments abhängt, zu vermindern.

Wenn es also an sich eine Ehre ist zunftgerecht sein, und wenn sich sogleich ein Handwerk hebt sobald es nur Leute treiben, die demselben den äußerlichen Glanz geben können: was hindert es denn, daß reiche Leute ihre Kinder ein Handwerk lernen lassen? Man denke nicht, die Ehre sei blos eine nothwendige Triebfeder des Militärstandes. Der geringste Bediente, der geringste Handwerker ohne Ehrgeiz ist insgemein ein schlechter Mensch.

Um aber dem Handwerke seine Ehre wiederzugeben, sollte man jede Zunft zum wenigsten doppelt eintheilen. In England wie in Frankreich steht der handelnde Handwerker mit dem tagwerkenden (journeyman) nicht in Einer Gilde, und überall werden Kaufleute von Krämern unterschieden.

Die Kaufleute machen billig die erste Klasse der Bürgerschaft aus. Niemand aber sollte zu dieser Klasse gehören, der nicht am Schluß des Jahres bescheinigen könnte, daß er eine nach den Umständen jedes Orts abgemessene Quantität einheimischer Producte und im Lande verfertigter Waaren auswärts verkauft habe. Nächst diesen könnten diejenigen, welche mit fremden Waaren ins Große handeln, ihren Rang behalten.

Auf die Kaufleute aber sollten alle Handwerker in ihrer Ordnung folgen, welche ein bestimmtes Lager von ihrer Arbeit halten. Diesen möchten die Handwerker, welche auf Bestellung arbeiten oder Tagwerk machen und gar keinen Verlag haben, folgen. Die Krämerei aber sollte die unterste Klasse von allen sein, oder jedem Bürger offenstehen und folglich gar kein Gilderecht haben.

Denn was ist doch in aller Welt mancher Krämer? Ein Mann, der Tag und Nacht darauf denkt, neue Moden, neue Kleidungs- arten und neue Reizungen für den Geschmack einzuführen; ein Mann, der in der ganzen Welt herumlauscht, ob nicht irgendwo eine ärmere Nation sei, welche ein Stück Arbeit um etliche Pfen- nige wohlfeiler macht, und dann seinen Mitbürger, der unter mehrern Lasten und bei theurern Arbeitspreisen die seinige nicht gleich ebenso wohlfeil geben kann, ums Brot bringt; ein Mann, der jedem Handwerke mit klugem Fleiße nachstellt und, sobald es einigen Fortgang hat, sofort auf Mittel und Wege denkt, etwas ähnliches oder etwas anderes einzuführen, wodurch die einheimische Arbeit entbehrt, gestürzt, und der Vortheil in seine Hände gebracht werden kann.

Der allezeit fertige Einwurf, dessen sich Käufer und Verkäufer bedienen: „es wird auswärts wohlfeiler gemacht", sollte nicht leicht von einem jeden nach seinem Vorurtheil gebraucht, sondern vom Polizeiamte beurtheilt werden. Die holländischen Fabrikstoffe sind alle wohlfeiler als die französischen, und diese oft glänzender und verführerischer als die englischen. Allein Frankreich hält da- für, und jeder kluge Mensch wird dafür halten, daß der Staat weniger leide, wenn fünf Thaler an einen Einheimischen, als drei an einen Fremden bezahlt werden. Die Ausflucht, daß die hollän- dischen Stoffe wohlfeiler seien, berechtigt den französischen Unterthan nicht, diese aus Holland kommen zu lassen; und der Engländer muß seine Butter mit 8, 12 bis 18 Mgr. das Pfund bezahlen, wenn er sie gleich aus Irland unter der Hälfte frei in sein Haus geliefert erhalten könnte. Was würde auch sonst aus einem ver- schuldeten Staate werden, wenn die Auflagen in demselben alles theurer und es dem Einheimischen unmöglich machten, gegen den Fremden zu gleichem Preise zu arbeiten? Unserm ehemaligen zärt- lichen Landesvater, Ernst August dem Andern, kam jedes Loth Silber, das auf dem Hügel hierselbst gegraben wurde, auf vier Gulden zu stehen; und er gewann seiner Großmuth nach mehr dabei, als wenn er es für einen Gulden hätte aus Amsterdam kommen lassen. Denn was konnte er mehr gewinnen als den Vortheil, armen Unterthanen Brot zu geben?

Die Alten hatten zwei Wege, dem Eigensinn und der Ueber- theurung der Handwerker zu wehren. Dieses war ein jährlicher freier Markt, und die Freimeisterei. Das Große, das Ueberlegte, das Feine und das Nützliche, was in diesem ihrem Plane steckt, ver- dient die Bewunderung aller Kenner und beschämt alle Wendungen der Neuern. Durch tausend Freimeister, welche in Hamburg auf einer ihnen angewiesenen Freiheit wohnen, entgeht dem Staate kein Pfennig; und zunftmäßige Handwerker werden durch sie in der

Billigkeit erhalten. Allein hundert Krämer, welche mit Ehren und
Vorzügen dafür belohnt werden, daß sie fremde Fabriken zum
Schaden der einheimischen Handwerker emporbringen, alles Geld
aus dem Lande schicken und Kinder und Thoren täglich in neue
Versuchungen führen, hätten unsere Vorfahren nie geduldet. Ein
Jahrmarkt dünkte ihnen genug zu sein, den Fremden auch etwas
zuzuwenden und sowol die zünftige als freie Meisterschaft in Schranken
zu halten.

Und was soll man von der geringen Art Krämer sagen?
Sollte es wol der Mühe werth sein, ihnen Zunftrecht zu vergönnen?
Sie müssen, sagen sie, sechs Jahre diese Handlung mühsam lernen
und sich lange quälen, ehe sie zu der nöthigen Wissenschaft ge=
langen. Allein diese Lehrjahre sind eigentlich bei der Kaufmann=
schaft und nicht bei der Krämerei ursprünglich hergebracht. Und
was ist es nöthig, den jungen Burschen dasjenige mühsam lernen
zu lassen, was jede Krämerin, wenn sie einen Monat in der Bude
gewesen, insgemein besser als der ausgelernte Eheherr weiß? Ich
sage wohlbedächtlich insgemein; denn es gibt auch große Krämer,
welche ebenso viel Einsicht, Erfahrung und Handlungswissenschaft
als der große Kaufmann gebrauchen. Dergleichen privilegirte
Seelen rechne ich nie mit, wenn ich von dem großen Haufen spreche.
Von jenem sage ich nur, daß er die öffentliche Aufmunterung nicht
verdiene, und daß die mit der Krämerei bis dahin verknüpft ge=
wesene falsche Ehre die Anzahl der Krämer in vielen Städten un=
endlich vermehrt, verschiedene Handwerker völlig verdrängt, andere
blos zum Pfuschen und alle übrigen um zwei Drittheile herunter=
gebracht habe. Der schlechte Krämer sorgt nicht dafür, auch nur
einen einheimischen Bürstenbinder emporzubringen, und läßt sogar
die weiße Stärke, welche jede Hausmagd zu machen im Stande ist,
und worauf gerade hundert von hundert zu gewinnen sind, aus
Bremen kommen; so groß ist seine Wissenschaft und sein Patriotis=
mus. Wie glücklich werden unsere Nachbarn, die Preußen, sein,
wenn die mit einer weisen Hinsicht auf die Verdienste solcher
Krämer gemachten Einrichtungen die Wirkung haben, daß alle Hand=
werker sich wieder zu ihrem alten Flor erheben und alle solche
Krämer zu Grabe begleiten!

Der handelnde Handwerker in England besitzt ganz andere
Eigenschaften. Er lernt erst das Handwerk, und dann den Handel.
Die Gesellen eines handelnden Tischlers müssen fast ebenso voll=
kommene Buchhalter als manche Kaufleute sein. Der Meister greift
keinen Hobel mehr an. Er sieht seine vierzig Gesellen den Tag
über arbeiten, beurtheilt dasjenige, was sie machen, verbessert ihre
Fehler, zeigt ihnen Vortheile und Handgriffe, erfindet neue Werk=
zeuge, beobachtet den Gang der Moden, besucht Leute von Ge=

schmad, oder geht zu Künstlern, deren Einsicht ihm dienen kann, und kommt in seine Werkstatt zurück, wenn er im Parlament das Wohl von Ost= und Westindien mit entschieden oder auf der Börse seine Geschäfte verrichtet hat.

Wie unterschieden ist dieses Gemälde von unsern mehrsten deutschen Fabriken! Da nimmt ein großer Herr Leute an, welche sich ihm darbieten und ein hübsches Project ausgedacht haben. Der vornehme Stümper, der durch einen glücklichen Zufall ein gutes und patriotisches Herz empfangen hat, sieht es mit beiden Augen an, verliebt sich in die Hoffnung, seinem Vaterlande auf= zuhelfen, überläßt sich dem schlauen Projectmacher, der nur nach seinem Beutel trachtet, und findet die erste Probe unverbesserlich. Sein Auge entdeckt ihm nichts an dem Stoffe, der ihm vorgelegt wird; er weiß nicht, ob zu viel oder zu wenig Wolle, Zeit und Arbeit daran verwendet ist; er kennt keine Arbeit, hat kein Maß der Zeit, keine Hand zum Gefühl, und keinen einzigen durch Er= fahrung und Einsicht gestärkten Sinn, um eine Sache richtig und schnell zu beurtheilen; und doch will er eine Fabrik regieren. Allein was kommt am Ende heraus? Er freut sich noch, und ist längst betrogen — zur Strafe, daß er das Handwerk nicht ordentlich ge= lernt hat.

Doch ich habe mich aus meinem Wege entfernt. Die Ein= theilung der Handwerker in handelnde und Tagwerker und die Erhebung der erstern zu dem Range wahrer Kaufleute sollte dienen, dem Reichen, der seinen Sohn ein Handwerk lernen lassen will, einen Prospect zu geben, daß er sich keineswegs erniedrige, wenn er diesen Schritt thut. Sein Sohn kann als handelnder Hand= werker mit Recht zu ebender Ehre gelangen, wozu es der vor= nehmste Bankier (das Wort klingt), wenn er glücklich ist, bringen kann. Es ist nicht nöthig, daß er ein Tagwerker bleibe; und verwünscht sei der faule Junge, wenn er reich und dumm ist und höchstens auf dem Faulbette aller Müßiggänger, der betretenen Mittelstraße, liegen bleibt.

Die Ehre, wozu es reicher Leute Kinder im Handwerke bringen können, ist gezeigt. Sollte es nöthig sein, auch den Vortheil zu be= weisen? Ich denke, er müsse einem jeden selbst einleuchten. Doch ein Exempel wird allemal noch gern angehört. Nicht leicht ist ein Ort zur Lohgerberei besser gelegen als die hiesige Stadt; und wenn wir wollen, so müssen alle Häute aus Ostfriesland sich zu uns ziehen. Das hiesige Lohgerberamt hat Proben seiner Erfahrung und Geschicklichkeit gegeben. Es ist stark und reich gewesen und noch jetzt in ziemlichem Ansehen, wiewol es nach und nach immer mehr abnimmt, weil unsere Krämer sich ein Geschäft daraus machen, allerlei fremdes Leder einzuführen. Worin steckt aber die wahre

4*

Ursache des Verfalls? Darin, daß nicht jeder Lohgerber einige tausend Thaler im Vermögen hat.

Von dem englischen Leder sagt man, daß sechs Jahre darüber hingehen ehe eine rohe Haut gar und zeitig werde. Vielleicht ist hier etwas übertrieben. Aber wahrscheinlich ist es, daß alle Häute, wenn sie drei Jahre zu ihrer Gare und Reife haben, unendlich schöner, dauerhafter und edler werden, als sie im ersten und andern Jahre sind. Wenn nun unsere Lohgerber ein solches Kapital hätten, um alle Häute, welche jährlich in Ostfriesland und hiesigen Gegenden fallen, anzukaufen und solche die gehörige Zeit von Jahren über reifen lassen zu können, würde sodann nicht die hiesige Zubereitung der englischen und brabantischen gleich, und der Vortheil um so viel größer sein? Ein Lohgerber, der seine Felle unter zwölf Monaten losschlagen muß, gewinnt vielleicht kaum 4 Procent, und wer sie drei Jahre liegen lassen kann, nicht unter 30. Von denen, die ihm den größten Vortheil geben, wird er gesegnet, von dem Taglöhner hingegen, dem seine Schuhe von halbgarem Leder im ersten Regen zerfließen, ohne Vortheil verdammt.

Ich betrachte die Sache jetzt nicht von ihrer edelsten Seite, sondern nur von derjenigen, welche auch dem gemeinsten Auge aufstößt. Sonst hat Rousseau bereits die Gründe gezeigt, warum ein jeder Mensch ein Handwerk lernen solle, damit er nicht nöthig habe fremdes Brot zu essen, wenn er eigenes haben könnte. Man sah diese wichtige Wahrheit ehedem nicht deutlicher ein als in der Türkei, wo der gefangene ungarische Magnat, weil er nichts gelernt hatte, vor dem Karren ging, und der Handwerker seine Sklaverei so leidlich als möglich hatte. Wie viel Bedienungen und Stände sind nicht in der Welt, welche zwar einen Mann, aber nicht den sechsten Theil seines Tages erfordern. Was macht er mit den übrigen Fünfsechsteln? Er schläft, und ißt, und trinkt, und spielt, und gähnt, und weiß nicht was er mit seiner Zeit anfangen soll. Wie mancher Gelehrte wünschte sich, etwas arbeiten zu können, wobei er seinen Kopf und seine Augen minder anstrengen und ein Stück Brot im Schweiße seines Angesichts essen könnte, wofür jetzt seiner verstopften Galle oder seinem versäuerten Magen ekelt. In einem Lande, worin sich hunderttausend Menschen befinden, haben zehntausend gewiß, um nur wenig zu sagen, den halben Tag nichts zu thun. Man setze diesen halben Tag zu sechs Stunden, so werden alle Jahre an die zweiundzwanzig Millionen Stunden, und wenn man jede nur auf 1 Pfennig anschlägt, an die hunderttausend Thaler verloren. Würde aber, wenn ein jeder ein Handwerk könnte, ihn seine Geschicklichkeit und der dem Menschen gegebene natürliche Trieb zur Arbeit nicht reizen, etwas mit seinen Händen zu schaffen? **Jedoch,** diese Betrachtungen gehören eigentlich **nicht zur** Sache.

Eine sehr wichtige aber ist es, **daß** Ihro Königliche Hoheit, unser gnädigster Herr, dermaleinst aus dem Lande zu uns kommen werden, wo alle Handwerke zur größten Vollkommenheit gediehen sind. Es ist kein Zweifel oder Höchstdieselbe werden wünschen, alles **bei** Dero geliebten Unterthanen zu finden, **und** nichts in der Fremde suchen zu müssen. Die ersten Eindrücke, welche Höchstdieselbe von **Ihren** zärtlichen und rechtschaffenen Aeltern (der Glanz des Thrones darf niemand hindern, diese Privattugenden **an des Königs** und **der** Königin Majestäten zu bewundern) erhalten, **sind die** geheiligten Pflichten, welche ein Landesherr gegen sein **Volk** zu beobachten hat; und unter diese rechnet man nunmehr **auch,** daß **ein** Landesherr als Vater seinen Kindern das Brot nicht entziehe und es den Fremden gebe. Seine Königliche Hoheit werden diese **geheiligte** Wahrheit gewiß früh hören und gern ausüben. Wie aber, wenn unsere Handwerker alsdann nichts liefern können, was einen **Herrn,** der von seiner ersten Jugend an alles besser und vollkommener gesehen hat, mit Billigkeit befriedigen kann? wenn der Schlosser ein Grobschmied, der Bildhauer ein Holzschuhmacher, und der Maler ein Michel angelo della scopa ist? wenn wir bei dem dankbarsten Herzen uns mit unsern dummen Fingern hinter die Ohren kratzen müssen? oder dastehen wie der Junge des Hogarth, welchem die Pastete in den Fäusten bricht und die Brühe durch die Hosen fließt? Werden wir dann nicht mit Wahrscheinlichkeit sehen und mit Recht erleiden müssen, daß der Herr dasjenige, was er gebraucht, daher kommen lasse, wo die Aeltern ihre Kinder das Handwerk besser lernen lassen? Wird nicht der ganze Hof dem Exempel des Herrn folgen? Und wird nicht das Exempel des Hofes alle Affen du bon ton mit Recht dahinreißen? Dann werden wir klagen und, wie alle diejenigen, die ihre Schuld fühlen, ungerecht genug sein, über diejenigen zu murren, die uns mit Recht verachten. Wir werden den besten Herrn nicht so lieben, wie er es verdient, **und** aus Scham zuletzt undankbar werden.

Ihre königliche Hoheit, Ernst August der Andere, hatten **die** Gnade, Handwerker reisen zu lassen. Man weiß, wie der Erfolg davon gewesen, und wie weit der Schlosser, welcher sich diese Gnade recht zu Nutze machte, alles übertraf, was wir in der Art jemals gesehen hatten. Seine Geschicklichkeit hat andere gebildet, die ihn zwar nicht erreicht, sich aber merklich gebessert haben. Ihre königliche Majestät von Großbritannien fordern die hiesigen Gilden auf und bieten den jungen Leuten, welche ein Handwerk gelernt haben **und** Genie zeigen, **die** Reisekosten und alle mögliche Beförderung **an.** Was können wir in der Welt mehr erwarten! und **ist** es nicht eine außerordentliche Vorsorge auf die künftigen Zeiten, daß diejenigen Knaben, welche sich jetzt zum Handwerk begeben, gerade zu der Zeit, wenn die Minderjährigkeit unsers hoffnungs= vollen Landesherrn ein Ende nimmt und unsere getreusten Wünsche Ihn zu uns führen werden, nicht blos ausgelernte, sondern auch große Meister sein können? Machen wir uns nicht vorsätzlich alles des Unwillens, des Murrens und der Undankbarkeit schuldig, welche uns dereinst, wenn wir als zunftmäßige Stümper den Fremden nachgesetzt werden, gewiß dahinreißen wird, im Fall wir uns nicht mit dankbarem Eifer bestreben, diese Gelegenheit mit beiden Händen zu ergreifen?

Was können also vernünftige und bemittelte Aeltern besser thun, als ihre Kinder ein Handwerk lernen lassen? Mit der Krä= merei wird es in zwanzig Jahren sehr betrübt aussehen, da sich alles in Krämerei verwandelt, und zuletzt einer den andern zu Grunde richten muß. Es ist zu viel gefordert, daß einer blos von der Krämerei leben will. Die Modenkrämer in der ganzen Welt wissen ihre Coiffuren, ihre Broderien und alle Arten Galanterien selbst zu machen. Die Tiroler arbeiten auf der Reise und machen in jeder müßigen Stunde die Ohrringe, die Halsgeschmeide, die Zitternadeln, die Bouquets, die Alongen und unzählige andere Dinge selbst, die sie verkaufen. Die Italiener machen überall Mausefallen, Barometer und Diaboli Cartesiani. Die Franzosen reiben wenigstens Taback, um bei einem kleinen Handel die übrigen Stunden nützlich anzuwenden. Das geschieht, weil sie eine Kunst oder ein Handwerk zum Grunde ihrer Handlung gelegt haben. Bei uns hingegen . . . . . O Scaron, Scaron, wo bleibt deine Perrüke und was darunter saß!

Zur Urkunde der Wahrheit dessen, was oben angeführt, setzen wir folgendes Rescript hierher:

„Wir Georg der Dritte von Gottes Gnaden König und Kurfürst.

„Uns ist aus euerm Berichte vom 11. Februar unterthänigst vorgetragen worden, wasmaßen in der Stadt Osnabrück eben wie in andern Städten des Hochstifts die zur Aufnahme derselben vor= züglich dienenden Handwerke nach und nach in Abnahme und Verfall gerathen sind.

„Da Wir nun aus besonderer Gnade für die dortige Bürger= schaft Uns gnädigst entschlossen haben, die nöthigsten und dienlichsten derselben bestens wiederherzustellen, insbesondere aber einige junge Leute, welche denselben sich zu widmen gedenken und dazu eine vorzügliche Fähigkeit zeigen, nachdem sie sattsam vorbereitet und tüchtig befunden sein werden, auf ihren Reisen zu unterstützen und bei ihrer Wiederkunft auf alle thunliche Weise zu befördern:

„So habet ihr dem dortigen Magistrat von dieser Unserer Ab=
sicht Eröffnung zu thun und von demselben weitere Vorschläge ein=
zuziehen, auf was Art hierunter das vorgesetzte Ziel am besten
erreichet werden könne. Wir ꝛc.
St. James, den 22. März 1766.“

———

Der Rath einer guten Tante an ihre junge Niece.

Ihr Entschluß ist gefährlich, meine liebe Niece, bei so jungen
Jahren allen Frivolitäten abzusagen. Das einzige, was Sie da=
durch gewinnen werden, ist dieses, daß Sie die ganze Gesellschaft
in Erstaunen setzen; und, im Vertrauen gesagt, die Erstaunten er=
holen sich bald von dem ersten heftigen Anfall und lassen es her=
nach insgemein diejenige entgelten, die ihnen diesen Paroxysmus
verursacht hat. Es ist auch für ein junges Mädchen nicht gut, gar
zu sehr in dem Rufe der Weisheit und Tugend zu stehen. Die
Welt glaubt doch, sie spiele nur eine Rolle; und das Rollenspielen,
wenn es zu früh geschieht, erweckt Nachdenken. Man übertreibt sie
insgemein, und nur eine Italienerin von 14 Jahren ist im Stande,
unter der Maske der kindischen Unschuld ihre von der schlauen
Mutter erlernte Kunst auf eine glückliche Art in Uebung zu setzen.
Die beste Manier für ein junges westfälisches Mädchen ist, sich in
dem Rufe eines guten Kindes zu erhalten, sich der Wirthschaft
zu befleißigen und der Mode zu folgen, so wie sie der Rangordnung
nach an sie kommt. Diejenige, so hierin zu viel oder zu wenig
thut, verfehlt das allgemeine Ziel und erlischt, ehe sie brennt.

Wenn ich Ihnen also als eine gute Tante rathen soll, so er=
niedrigen Sie Ihren Kopfputz vorerst nur um einen Zoll, und be=
fleißigen sich der Wirthschaft, ohne jemals davon zu sprechen.
Zeigen Sie Ihren Freunden ein offenes Herz, vermeiden Sie allen
Hang zu besondern Tugenden und lassen die Weisheit denen, die
solche besser verwahren können, als es ein junges Mädchen thun
kann. Dies waren die Regeln meines seligen Vaters, wodurch ich
eine glückliche Frau geworden bin, anstatt daß verschiedene meiner
alten Gespielinnen, die, wie ich versichert bin, mehrern Witz,
höhere Tugenden und einen feinern Geschmack hatten und dabei
immer sich nach der neuesten Mode kleideten, oft bewundert und
nie geliebt wurden.

Ihre wahre natürliche Stärke, mein liebes Kind, ist ein gutes
empfindliches Herz; keine Rolle gelingt besser als diejenige, wozu
man von Natur aufgelegt ist. Wollen Sie also ja in Ihren Jahren

durch einen besondern Vorzug glänzen, so setzen Sie Ihre ganze
Kunst darein, daß Sie dieses gute empfindliche Herz einem jeden
auf die vortheilhafteste Art zeigen. Sein Sie aufrichtig, und
spielen die Aufrichtigkeit; diese Komödie gelingt und gefällt leicht,
anstatt daß Ihnen ein offenbarer Krieg mit allen Modethorheiten
oder eine andere strenge Tugend in Ihren Jahren nur Spott zuziehen wird. Vielleicht denken Sie, daran sei nichts gelegen, und
es sei rühmlich, der Tugend ein solches Opfer zu bringen. Allein
glauben Sie mir nur, mein gutes Kind, es ist eine Thorheit, der
Tugend Spötter zuzuziehen, wenn man ihr durch eine geringe
Wendung in der Manier Verehrer erwerben kann.

Dieses sage ich Ihnen am ersten Tage des Jahres, und Sie
können daraus alle meine Wünsche errathen.

Amaliens Schreiben über die Lustbarkeiten.

Ich zanke mich oft mit meinem Manne — nun das versteht
sich, werden Sie sagen — und vielleicht hat er wol gar recht —
dies versteht sich sonst nicht — wenn es auf die Frage ankommt:
was eigentlich Lustbarkeiten seien. Heute, spreche ich zu ihm,
will ich mich recht divertiren: wir haben Komödie, Ball, und wenn
dieser zu Ende, ein Jagdfrühstück; ich werde mich einmal recht satt
tanzen. Mit Lächeln wünscht er mir Glück zu meinem großen Vor-
satz; und dann, wann die Lust nun vorüber und ich den ersten
Taumel ausgeschlafen habe, so sieht er mich an als wollte er
fragen, wie ich mich denn nun divertirt hätte. Heimlich beschämt,
aber großsprecherisch erzähle ich ihm dann mit den lebhaftesten und
übertriebensten Ausdrücken, was ich alles genossen, empfunden und
ausgeführt hätte. Er aber, der mich kennt und mir ins Herz sieht,
läßt sich durch keine Blendungen täuschen. Hier bei dieser Hand,
sagt er, indem er diejenige faßt, welche ich ihm ehemals zum ersten
Zeichen meiner Liebe reichte, beschwöre ich Sie, mir aufrichtig zu
gestehen, ob Sie sich wirklich so sehr erlustigt haben, wie Sie vor-
geben. Nun bin ich arme Here gefangen; ich kämpfe nur noch auf
der Flucht, und mehr um meine eigene Schwachheit zu verhehlen,
als den Sieg davonzutragen. Wenn Sie es durchaus wissen
wollen, antwortete ich ihm ganz leise ins Ohr, so will ich Ihnen
wol gestehen, daß ich beständig beide Flügel geschlagen habe, um
zu fliegen, aber nicht einen Daumen breit von der Erde gekommen
bin. Wir jagten alle nach der Lust, und keiner erhaschte sie. Bei
der Tafel schien einer den andern zu fragen, wo sie bleibe. Man

verfuchte den Ton der Freude; **er** wollte sich aber nicht finden. Die Trinker ließen die Gläfer erklingen, währendderzeit ihr Geift Langeweile hatte; und beim Tanzen waren nur die Verliebten recht munter, die übrigen folgten dem Reihen weil fie einmal da waren; und wie es Zeit war aufzuhören, gingen **die** mehrften gern zu Bette. Kurz, es fehlte, ich weiß nicht was; und keiner fchien die= jenigen Bedürfniffe **zu** fühlen, welche **zum wahren** Genuß der Freude gehören.

Wer ift zufriedener als mein Mann, **wenn ich feinem** kleinen philofophifchen Stolze diefes Opfer gebracht habe! **Sollte er** aber in der That recht haben, liebfte Freundin? und follte **die Eitelkeit** und das Vergnügen, vergnügt zu fcheinen, nicht mit zur Rechnung gebracht werden dürfen? Sollte die mächtige Begierde zu glänzen, zu verfchwenden und in aller Welt Augen als die glücklichfte Perfon **zu** erfcheinen, nicht auch ihre Rechte haben? Und hat mein Mann nicht unrecht, wenn er im Effen und Trinken weiter nichts als eine Befriedigung der erften Bedürfniffe fucht und ohne Durft keine Luft am Trinken findet? Die Forderungen meines Magens find **fehr** geringe; aber demungeachtet fehe ich gern achtzig Schüffeln **auf** der Tafel. Was ift die dunkle Gemüthsruhe und die fogenannte innerliche Zufriedenheit gegen die Befriedigung einer angenehmen Leidenfchaft! Wer nichts wie jene fucht, der kann auch mit Roggen= brei zufrieden fein; und die Vorfehung hat es weislich geordnet, daß man wohlfeil und koftbar vergnügt fein kann, damit ein jeder nach Standesgebühr glücklich fein könne. Aber unfereine, die die unendlichen und mannichfaltigen Bedürfniffe der Eitelkeit fühlt, unfereine, **fage** ich, geht zu allen öffentlichen Luftbarkeiten und genießt dabei ein edleres Vergnügen als alle, fo nichts wie einen philofophifchen Geift und einen dummen Magen zu befriedigen haben. Ich denke wenigftens fo; und Sie können mir keinen größern Gefallen erzeigen, als wenn Sie mir Ihren Beifall geben. Thun Sie es aber bald; ich erwarte ihn noch heute, und bin 2c.

Ueber die Sittlichkeit der Vergnügungen.

Höre Freund, ich geb's dir zu, es ift unnöthig, von den Dächern zu fingen wie füß die Liebe und wie lieblich der Wein fei; denn die Natur wird's dem Jungen fchon fagen, und es ift beffer, daß diefe es thue, als daß eine Kupplerin die Rofe vor der Zeit breche. Aber daß ich nun auch auf der andern Seite im Genuffe aller Menfchenfreuden fo fparfam und piniich fein foll,

damit bleib mir vom Leibe; ich genieße, was ich vertragen und be=
zahlen kann; das ist mein Maß und das Maß eines jeden red=
lichen Mannes unter der Sonnen.

Du selbst hast mir zugestanden, daß es keine Sünde sei, ein
Fürst, Graf oder Edelmann zu sein; unser Pfarrer hat es mehr=
mals öffentlich gepredigt, man könne hunderttausend Thaler besitzen
und doch selig werden, ob's gleich ein bischen hart herginge. Wenn
ich also von der Ehre und vom Gelde so viel nehmen darf, wie
ich vertragen und mit Recht erhalten kann, warum nicht auch von
der Lust? Wir sind nicht in Amerika, wo man sich mit der Ehre
der bloßen Menschheit begnügen muß und, so lange es dauert, so
wenig ein Edelmann als ein Graf sein darf; wir sind auch keine
Wiedertäufer, daß wir alle Freuden wie alle Güter gemein haben
müssen; und wenn dieses nicht ist, wenn einer Feldmarschall sein
darf, obgleich hunderttausend als Gemeine dienen müssen, wenn
einer eine Million Pistolen besitzen mag, obgleich eine Million
Menschen nicht so viel Heller zählt, so denke ich auch, ich dürfte
satt Pasteten essen, wenngleich alle meine Nachbarn nur grob Brot
zu essen kriegen.

Du nennst das hart? . . . . Gut.   Mitleidiger Mann, ich
will allen was mitgeben, es soll niemand bei mir darben; ich will
großmüthiger sein als der König, der seine ganze Ehre für sich allein
behält, und billiger als der Reiche, der immer noch mehr sammelt.
Wir Meister in der Kunst sich zu vergnügen haben einen edlern
Hang als beide; wir lassen keinen darben, und wir sind nicht
glücklicher als wenn die ganze Welt mit uns glücklich ist; wir
theilen Opern, Redouten, Komödien, Pasteten und was wir haben
von Herzen gern mit, und böse Leute allein sind es, die uns nach=
reden, daß wir unsern Wein allein trinken.   Unser größtes Ver=
gnügen ist, recht viel vergnügte Leute zu machen.   Sind nicht eben
die Redouten und Komödien gerade so eingerichtet, daß ein jeder
für ein Billiges daran theilnehmen kann? und lachen wir wol je=
mals herzlicher, als wenn die ganze Versammlung mitlacht?
Also . . . .

Aber das geht nicht: wir müssen arbeiten, wir haben Pflichten
gegen uns, gegen andere, gegen Gott . . .

Richtig, vollkommen richtig! Jedoch gesetzt wir wohnten auf
Otaheiti, wo die Brotfrucht auf den Bäumen wuchs und jeder
nur den Mund aufthun durfte, um satt zu werden, wo die Ein=
wohner den ganzen Tag in der Sonne lagen und nicht anders
aufstunden als um Komödie zu spielen oder zu tanzen, wo Jun=
gen und Mädchen sich beständig im Grase wälzten, und die Königin
mit ihren Hofdamen den Engländern immerfort in die Arme lief,
wo Essen und Trinken und Schlafen die einzige Berufsarbeit war,

wo es keine Arme und keine Almosen gab, weil der Schöpfer für
jedes menschliche Geschöpf mit gleicher Freigebigkeit gesorgt hatte,
wo man anstatt zu beten alles nur mit Empfindung, die man
kaum Dankbarkeit nennen konnte, genoß. sollten hier die Leute sich
auch Pflichten machen? Sollten sie die Brotbäume abhauen, um
Korn im Schweiße ihres Angesichts aus der Erde zu ziehen? oder
sich in die spanischen Bergwerke schleppen lassen, um Ursache zu
haben, Gott stündlich für ihre Errettung anflehen zu können? He!...

Du lachst, und meinst, Westfalen sei nicht Otaheiti. Je nun,
so kommen wir auf dem rechten Fleck zusammen, so ist die Frage
nicht, ob Redouten und Komödien erlaubt sind; nein, alles kommt
dann darauf an, ob sie dem Orte, worin sie gehalten werden,
angemessen sind, und ob die Person, welche sie besucht, ihre
Pflichten dabei verletzt. Aber wozu denn die allgemeinen Urtheile
über ihre Sittlichkeit und Unsittlichkeit in Ansehung unbestimmter
Oerter und Personen?

Man gewinnt doch noch immer etwas damit; man hält doch
noch manchen zurück, der sich sonst diesem Vergnügen zu sehr überlassen würde, sprichst du. O Freund, Freund, was soll der gemeine Mann denken, wenn die Sittenlehrer mit aller Macht der
Beredsamkeit Opern, Komödien und Redouten verdammen, und
gleichwol sieht, daß die großen Fürsten und Fürstinnen, deren
Weisheit und Tugend ebendiese Sittenlehrer nicht genug zu erheben
wissen, ihrer Lehre geradezu entgegenhandeln? Wenn eben diejenigen, welche eine Sache zu prüfen und zu schätzen wissen, sich
an diesen Vergnügungen gar nichts abziehen lassen? Muß er hier
nicht ganz irre werden? muß er nicht zuletzt glauben, alle Sittenlehre sei bloßes Gewäsche, und, indem er ein Gebot verachtet sieht,
alle für gleich verächtlich halten? Und thäten wir nicht vernünftiger,
wenn wir aufrichtig sagten: seidene Kleider sind gut, aber nicht für
jedermann, als wenn wir, um die Unvermögenden abzuhalten sich
nicht auch darein zu kleiden, sie für sündlich erklärten und uns
gleichwol selbst darin brüsteten? Auch hier kommt alles auf die
Grenzlinie an; und so schwer auch diese anzuweisen sein mag, so
ist sie doch vorhanden und, wie manche andere Sache, leichter im
Griffe als im Ausdrucke.

Hierüber sage mir was du weißt, und dann will ich dich
gern hören. Ziehe die Grenzlinie streng, sie soll mir nicht leicht
zu streng sein; oder wenn du ja ins allgemeine gehen willst, so
sage mir erst, wenn du die nothwendige Ungleichheit der Stände
und Güter in der Welt als erwiesen annimmst, warum du die Ungleichheit der Vergnügungen minder gerecht findest.

Die arme Tante Lore!

Nun will ich die weisen Lehren von meines seligen Bruders
Tochter und die hämischen Anmerkungen aller meiner aufgeschossenen
Vettern über meine zusammengestoppelte Figur, wie es ihnen zu
sagen beliebt, mit christlicher Geduld ertragen, da ich endlich höre,
daß in Berlin auch für uns arme Mädchen, die keine glückliche
Witwen werden können, gesorgt wird. Dank sei es dem Großen
Könige, dessen väterlicher Aufmerksamkeit auch das Geringste nicht
entwischt, und der unser Herz, das die Liebe nur gar zu leer ge=
lassen hat, ganz mit Dankbarkeit ausfüllt. Wie fest wird er nicht
die Wohlfahrt seines Reichs gründen, wenn das Glück unser aller
von dessen Erhaltung abhängt! Und wie vollkommen muß diejenige
Staatsmaschine sein, wo wir, als die geringsten Springfedern der=
selben, eine so schmeichelhafte Aufmerksamkeit verdient haben! Nota:
ich meine die Springfedern in allen Ehren.

Aber nun — es ist doch leider immer ein Aber in der Welt
— nun will niemand die Stelle eines Mannes bei mir vertreten.
Mein Bruder ist todt; und alle, die ich darum anspreche, sehen
hoch auf, als ob sie fragen wollten: Wie, hoffst du schon, daß
ich vor dir sterben soll? Unser alter Pachter sagte mir sogar
ins Angesicht, als ich ihn um diese Gefälligkeit ansprach: Ach,
Mademoiselle, Sie würden mich zu Tode seufzen. Und meine
spitzigen Vettern, die mich immer die eiserne Tante nennen,
weil ich von ihnen als ein Inventarienstück auf dem Amthause an=
gesehen werde, drohten, sie wollten nach Berlin schreiben, daß
man mich nicht aufnehmen möchte, weil ich gewiß hundert Jahr
alt werden würde, da sie mich, aller ihrer Mühe ungeachtet, nicht
hätten zu Tode ärgern können. Der Anbeter meiner Nichte, der
Frau Oberamtmännin, rieth mir recht spaßhaft, ich möchte es machen
wie die Polly in der Bettlersoper und mir einen Straßenräuber
zum Manne wählen, der bald an den Galgen kommen würde.

Unser Pastor, ein würdiger Geistlicher, mit dem ich die Sache
mehrmals überlegte, glaubt, ich würde täglich in die Versuchung
gerathen, mich zu versündigen, und bei jedem Verdrusse, den ich
litte, den Tod des Mannes wünschen, wodurch ich in glücklichere
Umstände gerathen könnte. Eine Ehefrau, fügte er hinzu, hätte
an ihrem Manne ihre Krone und ihr Auskommen durch ihn; sie
könnte durch seinen Tod nie glücklicher werden als sie wäre, wo=
fern der Mann nicht so unvorsichtig gewesen wäre, ihr eine glück=
lichere Aussicht in die Zukunft zu versichern, als sie gegenwärtig
bei ihm genösse; wenn Kinder vorhanden wären, so würde die
Mutter die Erhaltung des Vaters noch eifriger von Gott erflehen

und ihr Gebet mit dem Gebete ihrer Kinder vereinigen. Mithin sei es ganz etwas anderes, wenn ein Mann für seine Frau, als wenn jemand für eine ledige Person in die Witwenkasse setzte . . . .

Sehr richtig, antwortete ich ihm; aber wie gelange ich nun zu einer baldigen Witwenpension? Dieses ist die Frage. Hier zuckte er die Achseln und hustete aus voller Brust, damit ich seinen Husten, den er bereits eine Zeit lang gehabt, nicht für schwind= süchtig halten und ihn um sein christliches Mitleiden ansprechen möchte. Das fühlte ich so stark, daß ich mich der Thränen nicht erwehren konnte. Ich armes Kind! Sonst dachte ich, der Witwen= stand sei so betrübt: so steht wenigstens in funfzig Trauerbriefen, die ich gesammelt habe — und doch hält es so schwer, auch nur dem bloßen Namen nach in diesen unerwünschten Stand zu kommen.

So viel sehe ich endlich wol ein, daß der glücklichste und ruhigste Weg, um zu einer Witwenpension zu gelangen, für eine ledige Frauensperson dieser sei, sich einen Mann zu wählen, der ihr im Leben so viel Gutes thut, daß sie durch seinen Tod nicht glücklicher werden kann; und dieses ist auch der Grund, worauf die königliche Verordnung am stärksten gebaut hat, da sie einen Vater, einen Oheim und einen Bruder zuerst nennt. Vielleicht würden auch diese zu mehrerer Wohlthätigkeit verpflichtet, und würde überhaupt das Band der Liebe unter Verwandten fester ge= knüpft, wenn sie durch ihr Wohlthun im Leben der Hoffnung auf ihren Tod zu begegnen hätten . . . . . Aber ich habe keinen Vater, keinen Oheim, keinen Bruder, und es ist auch kein großer Herr in der Welt, der mir bei seinem Leben eine Pension von zweihundert Thalern geben will, damit ich ihn zu meinem Manne in der Wit= wenkasse benennen und mich so von der Versuchung wie von dem Verdachte befreien könne, daß mir hundert Thaler nach seinem Tode lieber sein würden, als zweihundert Thaler bei seinem Leben.

Schreckliche Verlegenheit! woraus ich mir nicht anders zu helfen weiß, als daß ich hiermit öffentlich bekannt mache: wie ich einen Mann suche, wodurch ich höchstens in zehn Jahren (ich bin jetzt sechzig) Witwe werden und so nur die letzten Tage meines kum= mervollen lieblosen Lebens außerhalb der Kinderstube meiner Ver= wandtinnen zubringen könne. Ein Greis von siebzig oder achtzig Jahren — unter diesen findet sich ja noch wol einer, der sein Leben nicht länger als auf zehn Jahr rechnet — soll mir der will= kommenste sein; und da ihm mit meiner Liebe nichts gedient sein kann, so will ich den Himmel alle Morgen und alle Abende bitten, daß er ihn dagegen vor allen Anfällen der Gicht, der Schlaflosig= keit und der Lebsucht in Gnaden bewahren wolle. Meine Adresse ist: An Tante Lore, abzugeben im Intelligenz=Comptoir.

Schließlich bitte ich alle meine Leser, die Vater, Oheim und Bruder heißen, die Gelegenheit, den Ihrigen gleichsam einen Stiftungsplatz zu verschaffen, doch nicht zu versäumen. Sie werden sich dadurch eine Krone auf ihr Grab erwerben und noch gute Werke nach ihrem Tode thun. Auch bitte ich alle unverheirathete Töchter, Schwestern und Nichten, ihren vermuthlichen Wohlthätern also zu begegnen, daß sie nicht nöthig haben sich dereinst im Publikum so auszubieten, wie ich leider jetzt thun muß. Ach wenn sie wüßten . . . Aber sie können es nicht wissen; sie müßten erst so wie ich bis ins sechzigste Jahr die Gnade ihrer Blutsverwandten als Kinderwärterinnen genossen haben — sie würden gewiß keinen Augenblick versäumen, sich die Gelegenheit, die ihnen nun geboten, mir aber versagt wird, geschwind zu Nutze zu machen.

Johann, seid doch so gut!

„Johann! — Nun wo bleibt der Kerl? — Sofort lauft mir zu dem verfluchten Schuster und sagt ihm, wo er mir die Stiefeln nicht in Zeit von zwei Stunden ins Haus lieferte, so sollte er funfzig Stockprügel haben; und du ebenso viel, wenn du nicht läufst was du kannst . . .“

„Ja, Herr Hauptmann“, sagte Johann und ging, ohne eine Nerve mehr als gewöhnlich anzustrengen. Allein indem er noch so ging, rief der Hauptmann: „Johann! bringt mir doch etwas Tabad mit.“ „Recht gern“, versetzte dieser und ging etwas eilfertiger zu seinem Hute. In dem Augenblick, da er aus dem Hause gehen wollte, kam ihm der Herr nach und sagte mit einem sehr freundschaftlichen Tone: „Johann, Ihr könntet mir wol einen rechten Gefallen thun, wenn Ihr zu meiner Frau (diese war auf einem nahegelegenen Landgute) hinausliefet und ihr sagtet, daß ich diesen Mittag einige gute Freunde mitbringen würde; Ihr müßt aber, wie Ihr wißt, in der Stunde wiederum hier sein.“

Wer lief freudiger als Johann? In weniger als einer Stunde waren alle Aufträge verrichtet, ohnerachtet das Landgut beinahe eine Stunde von der Stadt lag; und der Hauptmann sah mit Verwunderung seinen Diener noch eher als er ihn erwartet hatte zurückkommen, ihn seinen Bericht mit Freuden abstatten, nach einer kleinen Lobeserhebung von seinem Herrn verschiedene Bedürfnisse, welche die Frau Hauptmännin verlangt hatte, wiederum hinaustragen, den Mittag unverdrossen aufwarten, den Nachmittag seine Geschäfte thun, und in der Nacht zu Fuße neben seines Herrn

Pferde nach der Stadt traben; anstatt daß er sonst gerade nur
dasjenige that, was er thun mußte, so oft ihm sein Herr ohne
Vorrede: „Johann, thue das!" sagte.

Der Oberst, welcher mit von der Gesellschaft gewesen war
und die Unverdrossenheit des jungen Menschen bewunderte, bat den
Hauptmann inständig, ihm diesen Bedienten zu überlassen; lange
hätte er gewünscht einen solchen Kerl zu haben; alles Gesinde, was
er hätte, wäre träge und faul, und man müßte den Leuten alles,
was sie thun sollten, ins Maul stopfen, ohnerachtet er doch meinte,
daß sie es besser bei ihm hätten als sonst irgendwo in der ganzen
Stadt, und daß er ihnen den Lohn noch kürzlich verbessert hätte ..

„Von Herzen gern", sagte der Hauptmann; „allein der Herr
Oberst müssen mir einen von den Ihrigen wieder überlassen, weil
ich sogleich keinen andern habe . . ."

Gut, der Wechsel wurde vollzogen: Johann kam zu dem Herrn
Obersten, und Peter, ein stockischer Maulaffe, zu dem Hauptmann.
Kaum waren acht Tage vorüber, so führte der Oberst seine vorige
Klage, und Johann, dem er doch seinen Lohn verbessert hatte, war
nicht besser als die übrigen.   Peter hingegen wollte sich für den
Hauptmann, der, ob er gleich bisweilen mit Stockprügeln drohte,
allemal zu rechter Zeit ein gutes Wort gab, zu Tode laufen.

„Ich weiß nicht, wie Sie es in aller Welt anfangen", sagte
der Oberst zu ihm, „daß Ihre Leute Ihnen so gut dienen; ich
gebe den meinigen einen bessern Lohn, sie haben mehrere Freiheit
und weniger Arbeit als bei Ihnen, sie erhalten überdem so viel
Spielgelder, und doch . . ."

„O", erwiderte der Hauptmann, „daran liegt es alles nicht.
Der Mensch ist ein wunderliches Thier; sein Körper steht unter
unserer Fuchtel, aber seine Seele nicht.   Wir können diese zwar
auch nach unserm Gefallen regieren, aber dann wird sie immer
enger und kleiner, und man kann einem nicht befehlen, Witz und
Verstand zu haben.   Dieses sind Eigenschaften, welche wir in andern auf mancherlei Art erwecken, nähren und unterhalten müssen.
Wenn ich zu meinem Koch sage: Schaffe mir eine Pastete! so schafft
er mir eine, dergleichen ich ihm alle Jahre eine mit allen Unge-
wittern wieder in die Küche schicke.   Sage ich aber: Mein guter Koch,
macht mir doch einmal eine Pastete, so wie sie die Frau Oberstin gern
ißt, und so daß wir beide Ehre davon haben! so können Sie
glauben, der König hat sie nicht besser.   Meiner Frau geht es mit
ihrem Kammermädchen ebenso.   Ist die Herr übler Laune, so sitzt
meiner Frau das Zeug ordentlich und steif, aber nicht ein bischen
gefällig; sie sieht aus wie eine Schuldigkeit in puris naturalibus.
Meine Frau, die dieses weiß, versäumt es daher nie, ihr, so oft
sie ein wenig glänzen will, schon früh morgens ein gutes Gesicht

zu machen, sie ihre liebe Lisette zu nennen und ihr alles bittweise
zu befehlen. Und dann lacht gewiß aus jeder Schleife, die sie ihr
anlegt, eine Grazie.   Dieses hindert aber nicht, daß sie nicht bisweilen, wenn meine Frau im Nachtzeuge bleiben will, das dumme
Thier zum Henker schickt und ihr sogleich das Haus zu räumen
befiehlt, wenn sie es nicht besser verdient. Nein, dieses muß auch
sein, man muß zu rechter Zeit das Böse mit dem Guten abwechseln
lassen, wenn jedes die gehörige Empfindung erregen soll."

   „Ei zum Henker", versetzte der Oberst, „wer kann mit den
Menschen solche Capriolen machen? Ich befehle meinen Leuten
trocken und gut was sie thun sollen, bezahle sie richtig, gebe ihnen
was sich gebührt, auch noch wol zu zeiten ein mehreres, und mehr
kann ich nicht thun; ich habe andere Sachen zu bedenken, als mich
mit dergleichen Kleinigkeiten abzugeben, und . . ."

   „Aber, Herr Oberst, wie macht es unser König? Dem einen
schreibt er: Mein Herr General, dem andern: Mein lieber Herr
General, dem dritten: Mein lieber Freund; den einen versichert er
beim Schlusse seiner Gnade, den andern umarmt er, den dritten
umarmt er von ganzem Herzen; bisweilen befiehlt er trocken, bisweilen gnädig, bisweilen gar freundschaftlich und zärtlich. Alles
dieses thut er, um seinen Generalen neuen Eifer; schärfere Einsichten, muthigere Unternehmungen und gleichsam eine besondere
Seele einzuflößen.   Jeder ist schuldig ihm zu dienen, jeder hat
seinen Sold richtig, auch noch wol eine gute Verbesserung. Allein
um Verstand, Zutrauen und Liebe im höchsten Grade zu erwecken,
um alle Kräfte in Bewegung zu bringen, macht er es wie eine
schlaue Kokette, die ihres Liebhabers Beutel rein ausfegen will.
Die hitzigen Liebhaber opfern Gut und Blut auf; und so will die
Welt, so mein Koch regiert sein . . ."

   Der Oberst schüttelte den Kopf.   Johann ging seinen steifen
Gang und that seine Pflicht; Peter ließ seinen Hut nach der
neuesten Mode fassen und that was er immer konnte. Dabei aber
aß der Hauptmann allezeit gute Pasteten, und die Frau Hauptmännin war ganz allerliebst gekleidet.

Johann konnte nicht leben.
Eine alltägliche Geschichte.

„Hast du es dem Thorschreiber gesagt, Johann, daß er künftig seine schläfrigen Augen besser aufsperren und die Lügen unter Gottes Geleit, ich meine die Frachtbriefe der Kaufleute, nicht so blindlings für Wahrheiten halten solle?"

„Ja, Herr Kriegsrath; aber die Leute müssen auch leben, und nach dem bekannten Sprichwort . . ."

„Kein aber, mein guter Kerl, das bitte ich mir aus; und noch weniger Sprichwörter, wenn sie auch aus deinem gestempelten A=b=c=Buche sein sollten. Sie sind mir verhaßter als die Rechts= regeln, und du weißt schon aus der Erfahrung, daß dergleichen im Kammeretat nicht gut gethan werden."

„Je nun, ich sage ja weiter nichts, als der Mann kann von den hundert Thalern, die er des Jahrs hat, nicht leben, und wenn er die Augen zu weit aufthut, so thun die Kaufleute den Beutel zu."

„Schon wieder eine Sentenz. Aber weißt du auch wol, Johann, was Leben sei? Leben ist, ja Leben ist, daß man lebt. Aber wie — das ist die Sache. Der Fürst klagt daß er nicht leben kann, der Feldmarschall kann nicht leben, der Kriegsrath kann nicht leben, der Thorschreiber kann nicht leben, und vielleicht kannst du auch von den zehn Thalern, die ich dir des Jahrs gebe, nicht leben. Das ist mir ein Leben, wovon der Schluß allezeit ist: wir müssen Betrüger werden. Wenn ich dich zum Thorschreiber be= förderte, und dies ist doch dein größter Wunsch, so würdest du ja auch nicht leben können."

„Freilich nicht, Herr Kriegsrath; aber ich hätte dann doch bessere Gelegenheit, als jetzt bei Ihnen, meine fünf Sinne zu ge= brauchen. Wenn ich alsdann nur meine Augen des Tages einmal zuthue, so stehe ich weit besser, als wenn ich sie bei Ihnen Nacht und Tag aufsperre."

„Und dennoch, du magst es mir nur auf mein Wort glauben, wirst du nicht leben können. Der König hörte einmal, daß ein Gartenjunge sich beschwerte, er könnte nicht leben. Er machte ihn darauf zu seinem Hofgärtner; allein er konnte wieder nicht leben. Er kam als Secretär an die Gartenkanzlei; noch konnte er nicht leben Er wurde endlich Oberintendant aller Gärten und Lust= schlösser; und nun glaubte der Fürst, er würde gewiß leben können. Aber nein; Bob, so hieß er, hielt jetzt Kutschen und Pferde, er hatte Bediente, hielt Tafel und spielte, als wenn er große Lie= ferungen gehabt hätte; und wie ihn sein Herr fragte, ob er nun leben könnte, so gab er ihm zur Antwort: «Ach, gnädigster Herr, der Staat erfordert heutigestages so viel; es gehört so vieler Ueberfluß zum Nothwendigen; man wird so wenig geachtet, wenn man nicht seinem Range gemäß lebt; die Frauen sind solche kostbare Puppen; und die Kinder, wenn ich sie standesmäßig erziehen soll, erfordern so viel, daß es unmöglich, ja unmöglich ist, als Intendant des Jahrs mit zweitausend Thalern auszukommen...» Ich wette, Johann, du würdest auch Bob oder wol gar Herr von Bob werden, wenn du erst ein paar Jahre Thorschreiber gewesen wärest."

„Das käme auf die Probe an, Herr Kriegsrath. Indessen ist es doch so gut als eine gestempelte Wahrheit, daß, wenn die Frau Visitatorin eine schwarze Saloppe trägt, meine künftige Liebste als Thorschreiberin doch wenigstens eine von Grosse-Beauté haben müsse."

„Just so philosophirte Bob auch. Weißt du aber auch wol, was er sagte, als er im Zuchthause von seiner Hände Arbeit leben mußte? «Bin ich nicht ein erzdummer Narr gewesen», sagte er, «daß ich mir gerade die größten Narren zu Mustern gewählt habe!» Ich dächte also, mein lieber Johann, wenn die Frau Visitatorin tollerte, so müßte die Frau Thorschreiberin dermaleinst Verstand genug besitzen, sich nach ihrer Decke zu strecken. Du thust aber wol am besten, daß du das Heirathen noch eine Zeit lang aufschiebst. Denn wirklich, die Weiber sind es jetzt, welche die Männer ins Zuchthaus bringen; und du könntest ohnedas leicht dahinkommen, wenn du die Augen so oft verschlössest."

„Ach, Herr Kriegsrath, das hat gute Wege. Wem der König ein Amt gibt; dem gibt er auch zu leben; dies erfordert die Billigkeit, die Gerechtigkeit und, was das Vornehmste ist, sein eigenes Interesse. Denn wer nicht gut lohnt, wird auch nicht gut bedient."

„Nun kein Wort mehr; ich mag das Gewäsche gar nicht mehr hören. Dein Bruder ist Küster und zieht dreimal in der Woche an die Glocke. Er hat also ein Amt; und nun soll ihn das Amt auch ernähren? Das wäre eine erschreckliche Sache. Wenn Bediente, die alle Stunden des Tages und noch manche des Nachts ihrem Herrn aufopfern müssen, von ihrem Herrn fordern, daß er ihnen nach dem Stande, worein er sie setzt, zu leben gebe, so ist ihre Forderung gerecht. Allein daß der Mann, der ihm alle Monat ein Paar Schuhe macht, sogleich von diesen zwölf Paar Schuhen leben will, das ist unerträglich."

„Hören Sie, Herr Kriegsrath, mein voriger Herr, ein Bürgermeister, sprach ebenso. «Wovon», sagte er zu dem vorigen Präsidenten, «muß ich, müssen so viele Rathsherren leben? Wir sind nicht, gleich so vielen besoldeten Dienern, dem gemeinen Wesen in die Fütterung gegeben. Nein, die Bürgerschaften haben von jeher ganz andere Grundsätze gehabt. Sie wählen bemittelte Leute zu Bürgermeistern, und fordern von dem Rathsherrn, daß er von seinem Fleiße leben solle. Sie belohnen sie mit Ehre, mit Achtung und mit Liebe. Dies ist ihre Besoldung, das eine Jahr wie das andere, und die beste Besoldung von jedem rechtschaffenen Manne. Die großen Herren haben übel gethan, daß sie zu allen gemeinen Verwaltungen lauter besoldete Diener angenommen haben, die alle klagen, daß sie nicht leben können, und nicht wissen, wie sie leben wollen. Eine Zeit lang haben ihnen diese Diener plus über plus gebracht; aber am Ende nehmen sie plus über plus wieder weg, und der Herr hat nicht mehr übrig, als er vorher übrig hatte. Es schadet ihnen aber nichts, indem sie oft die schlechtesten Leute zu ihren Dienern annehmen und dann ihre Diener über alle andere erheben, und diejenigen, welche keine andern Besoldungen als die Liebe und den Segen ihrer Mitbürger haben, unbillig herunter- setzen. In unserm Bürgerrath werden keine andere als angesessene und angesehene Leute zugelassen. Die Bedienungen der Stadt werden als Reihelasten betrachtet, die jeder nach seiner Ordnung mit übernehmen muß. Keiner wird besoldet. Besoldungen sind für die Unterbediente, die keinen Theil an unserer Ehre haben. Und die Unterbediente, insbesondere aber den Untervogt und den Visi- tator, besolden wir kärglich, damit diese Leute nicht zu viel Zeit zum Spinisiren haben, sondern beim Graben, Spinnen und Ar- beiten vergessen mögen, wie sehr sie die Bürger scheren können, wenn sie alles aufs schärfste suchen und Knötchen zu Knoten machen wollen. Wenn dergleichen Leute so viel Besoldung hätten, daß sie davon leben könnten, so würden sie müßige Spione abgeben und nicht fürs gemeine Beste, sondern blos für die Kasse sorgen.» So sprach mein voriger Herr, der Bürgermeister, zum seligen Präsi- denten. Und ich habe seitdem allezeit gewünscht, ein bemittelter Mann zu sein: das weiß der liebe Himmel."

„Ist deine Predigt aus, Johann? Nun so gehe hin und sage dem Thorschreiber, daß ihn der König seines Dienstes in Gnaden entlassen, und dich wieder an seine Stelle gesetzt habe . . . .‟

Wer war vergnügter als Johann? Er ward Thorschreiber, und konnte nicht leben. Er heirathete die Kammerjungfer der Frau Kriegsräthin, und konnte noch nicht leben. Er that alle Tage zweimal die Augen zu, und konnte doch alle die Saloppen von Grosse-Beauté, welche die junge Frau Thorschreiberin gebrauchte, nicht bezahlen. Sie machte ihn zum Hahnrei, und dem allen un- geachtet konnte auch sie nicht leben. Sie kamen beide ins Zucht- haus. Nun konnten sie leben.

Vorschlag zur Versorgung alter Bedienten.

Vom Handwerk sagt man, daß es einen güldenen Boden habe. Allein von dem Dienste kann man behaupten, daß er einen eisernen habe. Ein Mensch, der seine beste Lebenszeit mit Aufwarten zugebracht, ist am Ende seines Lebens insgemein sich und andern unnütz, und wenn er treu gedient, hat er von seinem Lohn kein Kapital gemacht. Er setzt daher oft einen gutherzigen Herrn in die Versuchung, ihn wider sein Gewissen mit einem Dienste zu versorgen, wozu er nicht geschickt ist. Wäre es also nicht billig, eine Invalidenkasse für bejahrte Bediente zu stiften? Nach meiner Rechnung könnte es füglich angehen, daß ein Bedienter, der 30 Jahre im Lande wohl gedient und jährlich 1 Thaler zu dieser Invalidenkasse contribuirt hätte, die übrige Zeit seines Lebens monatlich 2 Thaler, und wenn er jährlich 2 Thaler contribuirt, monatlich 4 Thaler und so ferner erhielte. Eben dieses könnte in Ansehung der weiblichen Dienstboten statthaben. Und wie manche Herrschaft würde diesen Vorschuß nicht für ihre Dienstboten jährlich gern thun, wenn diese sich dagegen des Kaffees und Thees freiwillig enthalten wollten! Wie glücklich wäre dieses Geld nicht angewandt! Und was kann eine Obrigkeit abhalten, eine solche Anstalt zu treffen? Käme ein Schaden dabei heraus, so müßte ihn das Publikum, das dagegen mit guten und treuen Dienstboten versorgt würde, übernehmen.

Der alte Rath.

„Da liege, so lange bis ich dich wieder aufsetze!" sagte Sidney zu seiner Brille und warf sie unmuthig vor sich auf den Tisch, da sie seinen verdunkelten Augen nicht mehr die Dienste leisten wollte, die er vielleicht mit Unrecht von ihr forderte. In dem Augenblick trat sein Bedienter herein und meldete ihm eine Dame, deren Name nicht viel zur Sache thut, wenn sie auch Gertrud geheißen hätte. „Ich wollte, daß das Ungewitter alle Quälerinnen zum Henker führte! Sagt ihr, ich sei nicht zu Hause", war die Antwort, womit er den Bedienten fortschickte. Gelassen nahm er darauf seine Brille wieder auf und machte das Urtheil fertig, warum die Dame bitten wollte und woran er vorher gearbeitet hatte. Kaum hatte er sich in seinen Lehnstuhl zurückgelehnt, um eine Arbeit zu überdenken, die ihm sein Fürst aufgetragen hatte, so kam ein Hoflakai und for-

verte ihn nach Hofe. „Der Fürst denkt doch, ein ehrlicher Kerl
habe nichts zu thun als hin und her zu laufen", murmelte er vor
sich, und eilte mit einem solchen Eifer, seinem Herrn aufzuwarten,
daß er seine Brille darüber in Stücke warf. Der Fürst sprach ihn
über die Sache, welche dieser bereits überdacht und wozu er den
Plan schon völlig angelegt hatte; er konnte aber weiter nichts aus
ihm bringen als: „Ihro Durchlaucht müssen Geduld haben." Bei
seiner Zurückkunft begegnete ihm ein alter unglücklicher Mann, den
er vorher in bessern Umständen gekannt hatte, und der sich ihm
furchtsam näherte. Mit einem wohlthätigen Eifer gab er ihm in
der Geschwindigkeit alles Geld, was er bei sich hatte und das
nicht unbeträchtlich war, begleitete es aber mit dem rauhen Segen:
„Nun geht in Gottes Namen!" Zu Hause fand er jetzt seine Brille
auf der Erde, schalt auf die ewigen Zeitverderber und vollendete
die Arbeit seines Fürsten, obgleich die Brille vor dem einen Auge
geborsten war. Es ward indessen Abend, und seine liebenswürdige
Nichte glaubte den Augenblick zu finden, ihn wegen ihrer Heirath,
worein er schon längst gewilligt hatte, zu sprechen. Wie sie in sein
Zimmer trat, erzählte er ihr die Geschichte von seiner Brille, und
das mit einem solchen Eifer, daß das arme Mädchen das Herz
nicht hatte, ihres Anliegens zu gedenken. Als sie endlich traurig
weggehen wollte, rief er ihr nach: „Apropos, Cousine, Eure Hoch=
zeit wird bald sein; hier habt Ihr was ich Euch vorerst mitzugeben
gedenke; aber nun laßt mich mit allen Anstalten ungeschoren.
Macht alles so gut wie ihr könnt und wollt; ich will es bezahlen,
aber nun nichts mehr davon hören. Versteht Ihr mich?" Die
arme Here ging furchtsam weg, sah, daß ihr der gute Onkel zehn=
tausend Thaler zum Brautschatz geschenkt hatte, und durfte es doch
nicht wagen, ihm dafür zu danken. Beim Abendessen faßte sie seine
Hand und benetzte solche mit einer dankbaren Thräne. Zum Unglück
für sie war er eben in einem wichtigen Project vertieft; er fuhr
also auf, und wie er ihre Rührung sah, sagte er ihr weiter nichts
als: „Mach' ich es denn immer unrecht?" In der Eilfertigkeit,
womit sie sich zurückzog, warf sie ein Glas Wein um, das vor ihr
auf dem Tische stand. Hier forschte er mit der größten Sorgfalt
nach, ob sie sich auch erschroken oder Schaden gethan hätte, be=
ruhigte sie mit den freundschaftlichsten Worten und erzählte ihr,
um sie zu trösten, wie es ihm heute ebenso mit der Brille gegangen
wäre . . . . . Der alte gute Rath!

Der junge Rath.

Die feine Welt hat eine gewisse allgemeine Sprache, worin sie sich bei jeder Gelegenheit etwas Angenehmes und Gefälliges sagt. Der Einfältige spricht sie so gut wie der Witzige, und man umarmt einen Feind wie einen Freund mit einer gewissen zärtlichen Manier, über deren Werth man sich völlig versteht. Es gibt aber in dieser feinen Welt noch Leute, welche diese Sprache und diese Manier besonders studirt haben, jeden Ausdruck ihrer Augen, jeden Ton ihrer Stimme, jeden Druck ihrer Hand und, was noch mehr ist, selbst einen guten Theil ihres Verstandes und ihrer Tugenden in dieses Geschäft übertragen und eine besondere Wissenschaft daraus machen. Man kann dergleichen Leute nicht hassen, solange ihr Betragen nicht aus Falschheit herrührt; man muß sie auch dulden, wenn es nicht ins Abgeschmackte fällt. Bei dem allen aber ist es doch das Zeichen eines kleinen Genies, so vieles auf den bloßen Ausdruck zu geben und, anstatt sich Wahrheiten und Tugenden zu erwerben, nur immer den Grazien der Figur nachzustreben.

Selimor gehörte völlig in diese Klasse. Außer jener allgemeinen Sprache und den geläufigen Freundschaftsbezeigungen gegen alle seine Mitbürger in der feinen Welt hatte er die Kunst gefällig zu sein aufs höchste gebracht. Dorinde mochte vorlegen oder reden, so bezeugte ihr sein aufmerksames Auge, daß er alle ihre Gedanken und Bewegungen dankbar fühlte. Aus allen seinen Wendungen lächelte ihr eine sanfte Schmeichelei entgegen; und wenn der Fürst in den Hofsaal trat, so sprach die feinste Ehrfurcht aus jedem sanften Tritte, womit er den Boden des Zimmers berührte. Seine Stellung war der schönste Ausdruck einer liebenswürdigen Bescheidenheit; und alle Tugenden dienten seiner Begierde, der angenehmste Mann zu sein. Ohne Liebe und Freundschaft zu fühlen, wußte er die Spröde zu gewinnen und der Zärtlichen einen Seufzer abzulocken. Die Flatterhafte sah sich flüchtig nach ihm um, und die Ernsthafte verweilte sich gern bei ihm. Kurz, in der ganzen feinen Welt war kein Auge, das ihn durchschaute; er herrschte durch die Größe seiner Kunst über alle verfeinerten Geschöpfe und entzog ihnen durch die Macht seiner Bescheidenheit den ganzen Umfang seiner Herrschaft. Wäre das menschliche Leben nur ein Rosenmonat gewesen, so würde Selimor als der vollkommenste Mann gestorben sein.

Aber nun stellten sich auch rauhe Winter ein. Der Fürst war in Schulden gerathen und überwarf sich mit seinem Kammerpräsidenten, einem würdigen und geschickten, aber trockenen Manne. Das Wohl des Herrn und des Staats erforderte durchaus, diesen

Mann beizubehalten, und Selimor wurde an ihn abgeschickt, eine
Versöhnung zu stiften. Anstatt aber solche zu befördern, verdarb
er die Sache, weil er die trockene Begegnung des Präsidenten für
Grobheit aufnahm und das Herz des Fürsten immer tiefer verwun=
dete. Selimor übernahm endlich auf Begehren des Fürsten die
Kammersachen. Kaum hatte er solche ein halbes Jahr versehen, so
war alles in Verwirrung, weil weder Arbeit noch Dauer in ihm
war, und die bloße Manier außer der Sphäre der feinen Welt den
Mangel wahrer Verdienste nicht ersetzte. Die redlichen und natür=
lichen Beamten verloren die Hochachtung wie den guten Willen für
den Mann, der weder Erfahrung noch Wissenschaft hatte. Einer
von den geringern Bedienten, dem der alte Präsident für seine
zahlreiche Familie jährlich hundert Thaler aus seiner Tasche gegeben
hatte, und den Selimor nur mit einem freundschaftlichen Lobe zu
seinen betrübten Kindern schickte, hieß ihn einen Hofschranzen, weil
dieser den Werth der Geschöpfe aus der feinen Welt nicht besser
einsah. Der Militärstand, der in dreien Monaten keine Zahlung
gesehen hatte und seine Ungeschicklichkeit in Geschäften bemerkte,
schalt ihn einen süßen Herrn. Die Hofdamen, welche das ihrige
auch nicht erhielten, fanden ihn nun sehr fade; und wie er einer
von ihnen einen kleinen Dienst mit aller der feinen Anständigkeit
leistete, die er in seiner Gewalt hatte, zog diese ihm den Mann
vor, der ihr rundweg ohne viele Frisur diente, und fand es abge=
schmackt, daß sie für jede Kleinigkeit ein zugeschnittenes Compliment
machen sollte. Eine Witwe, welche die gerechteste Forderung an
die Kammer hatte und sich bei ihm melden ließ, ward nicht vor=
gelassen, weil er hörte, daß sie keinen guten Ton im Vortrag hätte;
und der Fürst, der zuletzt von allem was vorging auf das ge=
naueste unterrichtet wurde, bezeigte ihm eine völlige Verachtung.

Selimor, der so vielen Unglücksfällen nicht widerstehen konnte,
entzog sich endlich der feinen Welt, und starb, weil er niemand
mehr gefallen konnte. Der einzige Hofbildhauer erbarmte sich seiner
und setzte ihm ein Denkmal, woran jeder die Draperie bewunderte
und die Figur, welche weder Größe noch Charakter und Erfindung
zeigte, mit Gleichgültigkeit ansah.

II.

Dorf und Stadt.

Kurze Geschichte der Bauerhöfe.

Da unlängst die Frage aufgeworfen ist: ob es nicht gut sein würde, die ungewissen Eigenthumsgefälle auf ein gewisses Jahrgeld zu setzen, so wird es zu einiger Vorbereitung sowie zur bessern Bestimmung verschiedener Begriffe dienen, wenn wir die Natur der Bauerhöfe und ihrer Pflichten etwas genauer untersuchen und in ihr wahres Licht setzen. Es wird solches aber nicht besser als durch folgende kurze Geschichte geschehen können.

In Ostfriesland, nicht weit von der Jade, wo man die Thürme versunkener Städte noch in der Tiefe des Meeres erblickt, lagen vor undenklichen Jahren tausend Baue oder Höfe, welche, ehe und bevor die See einbrach und das Meer die Küsten bestürmte, tausend unabhängigen Eigenthümern zugehörten, die davon keinem sterblichen Menschen den geringsten Zins entrichteten. Wie aber die See einbrach und fast alle ihre Nachbarn in den Abgrund spülte, sahen sie sich gezwungen, einen Deich oder Damm gegen das Meer anzulegen und ein Gesetz zu machen:

daß ein jeder von ihnen täglich mit der Spade in der Hand auf dem Deiche erscheinen, oder aber, wenn er nicht mehr könnte, sein Eigenthum verlassen und seinen Hof einem andern übergeben sollte.

Dies war eine Pflicht, welche ihnen die Noth auflegte; und die sonderbare aber unvermeidliche Folge davon war, daß sofort das Meer Guts- oder Lehnsherr aller Höfe, und ein jeder Eigenthümer in einen bloßen Bauer (cultorem) verwandelt wurde. Denn von nun an durfte

1) keiner von ihnen sein Gut mit Schulden beschweren, versäumen oder versplittern, weil sonst die gemeine Nothdurft

nicht mehr davon erfolgen konnte. Man zwang sogar den gewesenen **Eigenthümer**, sein Spann= und Fuhrwerk in guter Ordnung zu erhalten, damit er jederzeit im Stande wäre Erde zum Deiche zu fahren. Ja, weil viele Eichenpfähle erfordert wurden, so wurde ihm vom Meere als Gutsherrn verboten, Eichenholz nach Belieben zu hauen;

2) zeigte ihnen die Erfahrung, daß wenn sie ihre Knechte an den Deich schickten, die Arbeit schlecht von statten ginge und nichts dauerhaft gemacht würde. Sie mußten also persönlich arbeiten und aus dem Spadendienst einen Ehrendienst machen, worauf niemand weiter einen Knecht zum gemeinen Werke schicken durfte;

3) sahen sie sich genöthigt, das Primogeniturrecht einzuführen, damit wenn einer von ihnen verstürbe, der Dienst am Deiche nicht auf die Großjährigkeit des jüngsten Sohnes ausgestellt* bliebe;

4) fanden sie es unumgänglich nöthig, dem nächsten männlichen Agnaten die Vormundschaft und die ganze Nutzung des Hofes während der Minderjährigkeit oder auf Mahljahre zu über= lassen, damit man gleich wisse, wer mit der Spade am Deiche erscheinen müsse, und dieser sich aus Mangel von Spaden, Spannung und Belohnung zu keiner Zeit entschuldigen könnte;

5) ward es einem jeden nothwendig untersagt, seinen Hof aus der gemeinen Reihe zu bringen, ihn an einen schlechten Menschen, der nicht zum Ehrendienste mit der Spade kom= men konnte, oder an einen Knecht und Heuersmann, der bei einbrechender Gefahr weniger als andere zu wagen oder zu vertheidigen hatte, zu überlassen, oder durch ein Testament die gesetzmäßige Primogenitur und Vormundschaft zu ver= ändern;

6) mußten sie unter sich einen Deichgrafen und zehn Deichvögte erwählen, welche die ihnen von dem Meere auferlegten Gesetze handhaben, die Bestellungen verrichteten, die Ausgebliebenen bestraften, die Unvermögenden oder Widerspenstigen vom Hofe setzten, und überhaupt die Stelle einer Obrigkeit ver= traten.

7) Starb einer von ihnen ohne Erben, so fiel sein Hof dem Deichgrafen zur Wiederbesetzung anheim, damit sich kein un= geehrter und unsicherer Mann eindringen konnte. Und so oft ein neuer Besitzer kam, mußte derselbe sich bei diesem melden, sich von ihm beschauen lassen, ob er den Spaden führen könne, und bei dieser Gelegenheit, da er in die Deich= rolle aufgenommen wurde, dem Deichgrafen eine Erkenntlich= keit entrichten;

8) kam derselbe auch, so oft einer verstarb, und besichtigte Spaden und Spannung oder was sonst zum Deichgeräthe gehörte, besorgte daß es dem künftigen Besitzer des Hofes richtig überliefert und der Hof bis zur Annahme des Vormundes oder des Erben wohl verwahrt wurde; wofür ihm denn das beste Stück aus der Erbschaft zur Belohnung gebührte. Den abgehenden Kindern durfte ohne seine Bewilligung nichts ausgelobt werden, damit die Höfe nicht durch gar zu große Versprechungen außer dienstfertigen Stand gerathen möchten.

9) Endlich durfte keiner abwesend sein oder sich in fremde Dienste begeben, weil er sonst nicht täglich mit der Spade am Deiche fertig werden konnte.

Unter dieser glücklichen und nothwendigen Einrichtung wurden endlich in hundert Jahren sämmtliche Deiche fertig. Indessen blieb die ganze Verfassung, weil man dem Meere nicht trauen konnte, bestehen. Man diente aber nicht täglich mit der Spade, sondern versammelte sich jährlich etlichemal, um sich in der Deicharbeit zu üben. Den Deichgrafen und Vögten war ein Gewisses von jedem Hofe an Korn und Hafer zugelegt. Dieses blieb ihnen; ingleichen die Gerichtsbarkeit und was ihnen von jedem neuen Besitzer oder aus dem Sterbehause zugebilligt war.

Das Meer war über hundert Jahre still. Dadurch wurden die Höfner sicher und verlernten die Deicharbeit. Plötzlich aber zeigte sich eine neue Gefahr, und der Deichgraf ward gezwungen, ausgelernte Deichgräber kommen zu lassen, solchen von jedem Hofe zur Belohnung gewisse Kornpächte anzuweisen und die Höfe denselben gleichsam zu Afterlehen zu übergeben, deren Besitzer nunmehr blos den Acker zu bestellen, die Fuhren zu verrichten und ihre Vorarbeiter, welche Dienstleute genannt wurden, zu ernähren hatten.

Es währte aber nicht lange, so riß das Meer von neuem ein; und weil inmittelst eine neue Art zu deichen aufgekommen war, welcher die vorigen Dienstleute nicht gewachsen waren, und zugleich das Geld, so bisher unbekannt gewesen, bis zu ihnen gedrungen war, so fand man mehrere Bequemlichkeit darin, zur beständigen Deicharbeit eigene Söldner anzunehmen und einen Geldbeitrag von den Höfen zu fordern, ohne jedoch im Stande zu sein, die vorhin angenommenen Lehnarbeiter, welche sich einige hundert Jahre wohl verhalten hatten und bereit waren so viel zu thun, als ihre Kräfte vermochten, abzuschaffen.

Nunmehr ging es mit den Höfen über und über. Einige rissen sich 1) aus der gemeinen Reihe los; andere wurden 2) von den Deichgrafen und Vögten mit allerhand Arten von Knechten und unter allerhand beschwerlichen Bedingungen besetzt; die Amtsgefälle wurden 3) verkauft und zerstreut. Was den Dienstleuten an Korn= pächten zugestanden war, hatte gleiches Schicksal; und der neue Oberdeichgraf, der das Geld für die besoldeten Deichgräber zu er= heben hatte, bekümmerte sich gar nicht mehr um den Besitzer des Hofes, wenn ihm nur der darauf gelegte Sold zu rechter Zeit be= zahlt wurde.

Wenn man für jene Anwohner des Meeres unsere schätzbaren Unterthanen, welche Voll= und halbe oder viertel Erbe besitzen, für das Meer den Krieg oder die gemeine Noth, für den Deich= grafen den Carolingischen Grafen, und für die Deichvögte die Reichsvögte setzt, so hat man die Geschichte unserer Bauerhöfe, und mit derselben zugleich die Art und Weise, wie freie Eigenthümer ganz natürlicherweise zu leibeigenen und hofhörigen Pächtern her= untersinken können.

Man kann diesem noch hinzuthun, daß unter dem Amtsschutz sich gar kein vollkommenes Eigenthum erhalten könne; indem das Amt oder diejenige Obrigkeit, welche die Direction der gemeinen Angelegenheit hat, eine gewisse Aufopferung des Eigenthums noth= wendig machen und schlechterdings fordern kann, daß die unter ihm stehenden Erbe mit keinen Schulden und Pflichten beschwert, mit keinen Auslobungen erschöpft, nicht versplittert, nicht verhauen und nicht verwüstet, auch nicht unbesetzt gelassen werden sollen, weil das Unvermögen des einen zur Zeit der Noth den übrigen be= schwerlich wird, und was der eine nicht leisten kann, den andern nothwendig zuwächst.

Ja man kann behaupten, daß unter dem Amte aller Unter= schied zwischen Leibeigenen und Freien mit der Zeit verdunkelt werden müsse. Insgemein schließt man jetzt, daß alle und jede, welche ihre Kinder am Amte ausloben lassen, Bewilligungen über ihre Schulden nehmen, wenn sie einen Baum hauen wollen, die Erlaubniß dazu nachsuchen, und bei der Einfahrt und Ausfahrt ge= wisse Urkunden entrichten müssen, durchaus als Leibeigene anzusehen sind. Allein jene Anwohner des Meeres, welche nie einem sterb= lichen Menschen pflichtig gewesen waren, mußten sich ebendiesen Gesetzen unterwerfen, und wir denken es nur nicht so deutlich als wir es fühlen, daß das Eigenthum seinen Anfang mit Eremtion vom Amte nehme, und nur derjenige ein wahrer Eigenthümer sei, der ein eremtes oder adeliches Gut besitzt. Es ist auch ganz natür= lich, daß, sobald ein Gut nicht zur Besserung des Deiches kommt, keinen Spaden schickt und keine Pfähle liefert, dessen Verwüstung, Versplitterung und Beschwerung zu einer für den Staat ganz gleich= gültigen Sache werde, folglich auch dessen Besitzer von seinem ur= sprünglichen Eigenthum nichts aufgeopfert habe.

Noch mehr: die Anstalten, welche ein Edelmann zur Erhaltung seiner Güter und Familie trifft, beweisen jene Wahrheit, nämlich den nothwendigen Verlust des Eigenthums unter jeder Amtsverfassung. Um seinen Stamm und seine Güter zu erhalten, um ihre Verwüstung, Versplitterung und Beschwerung zu verhindern, hat er zuerst angefangen Testamente zu machen, deren diejenigen, wofür das Amt sorgte, gar nicht nöthig hatten. Er hat Stammgüter erfunden, Fideicommisse, Majorate oder Minorate verordnet, die Brautschätze seiner Töchter bestimmt, Vormünder angesetzt u. dgl. m., und solchergestalt seinen Nachkommen das Eigenthum und die Freiheit entzogen, welche das Amt seinen Untersassen entzogen hat. Der Unterschied zwischen beiden ist, daß dieses durch ein allgemeines, jenes durch ein besonderes Familiengesetz geschieht, daß dieses von den versammelten Eigenthümern auf ewig bewilligt, jenes von einem einzelnen Manne für seine Nachkommen am Gute gesetzt wurde, daß der Staat dieses nothwendig erfordert, jenes aber der freien Willkür des Stifters überläßt. Die aus beiden Anstalten fließende Wahrheit ist aber diese, daß der Mann, der durch ein öffentliches Gesetz das Recht verloren hat, sein Gut zu versplittern, zu verschulden, zu verhauen oder mit Auslobungen zu erschöpfen, der dieserhalb die Bewilligung vom Amte nachsuchen und für die Beschauung seines Deich- oder Heergeräthes das beste Pfand liefern und, wenn er sein Erbe beziehen will, sich als tüchtig darstellen und die Einweisung erwarten, auch eine billige Gebühr dafür entrichten muß, noch nicht sogleich für einen leibeigenen Knecht gehalten werden könne.

Aber hier im Stifte, wird man sagen, schadet das Amt dem Eigenthume nichts. Der Inhaber eines Erbes, Halberbes oder Kottens, der sich freigekauft hat, verschuldet sein Erbe nach Gefallen, verbaut und verwüstet es wie er will. — — Allein dies ist ein Fehler unserer Verfassung, der sich erst seit zweihundert Jahren eingeschlichen hat. Er findet sich in andern Ländern nicht, und in diesen Ländern sind die größten Rechtsgelehrten noch über die Kennzeichen uneinig, woran der amtsässige Freie von dem Leibeigenen zu unterscheiden sei, weil dem einen wie dem andern alle Auslobung, Beschwerung, Verhauung und Versplitterung verboten, beide die Einfahrt dingen, und beide den Sterbfall von der Landesobrigkeit lösen müssen; eben wie der Pastor bei seiner Einfahrt auf die Wehdum die jura investiturae bezahlen und seine Eruvien lösen muß. Dies hat das hiesige Amt ebenfalls von allen amtsässigen Unterthanen, welche keinen Gutsherrn haben, fordern können, ehe die Zeit es verdunkelt hat. Indessen sieht man noch an den sogenannten Freien eine Spur davon. Wer kann diese von den Leibeigenen unterscheiden? Wie viele Verordnungen, wie viele

Zeugnisse sind nicht vorhanden, welche allen Unterschied unter ihnen aufheben! Und wie viele Mühe hat man nicht oft, einen Rothfreien von einem Wahlfreien zu unterscheiden! Das einzige Kennzeichen der erstern ist der Gewinn (laudemium), wofür letztere nur Einschreibegebühren bezahlen. Wie aber, wenn eine Zeit gewesen wäre, worin man sowol den Gewinn als die Einschreibungsgebühren mit dem Namen von Ein- oder Auffahrtsgeldern belegt hätte? Würden sodann nicht schon beide verwechselt und der Unterschied gar nicht mehr anzugeben sein?

Jedoch es lassen sich diese Dinge nicht hinlänglich einsehen, ohne von der alten Hörigkeit der Personen zu handeln. Das Land, worauf wir wohnen, gehört dem Staate. Aber der Staat kann auch ein Recht auf die Personen haben. Auch diese können angehörig werden. Die Deichanwohner konnten durch die Größe der Noth und den Mangel der Hände gezwungen werden, ein Gesetz zu machen, daß alle ihre Kinder dem Meere eigen bleiben sollten. Sie konnten verordnen, daß keins davon seinen Abschied (Freibrief) haben sollte, ohne einen andern in seine Stelle zu verschaffen. Jedes Kind ist ein Schuldner des Staats, der zur Rettung seines väterlichen Erbes von der Ueberschwemmung den Vorschuß gemeinschaftlicher Kräfte gethan hat . . . . . Doch hiervon ein andermal.

Schreiben eines westfälischen Schulmeisters über die Bevölkerung seines Vaterlandes.

Eure Intelligenzien erlauben mir großgünstig, daß ich mir durch den Kanal Ihrer Blätter von Sr. Wohlweisheiten dem Herrn Publico etwas Erläuterung über einen Punkt ausbitte, den ich in meinem einfältigen Kopfe nicht recht begreifen kann. Ich höre und lese nämlich oft, daß unser dunkles Westfalen unter allen Ländern am schlechtesten bevölkert und angebaut sei; und man will daher schließen, daß wir faule, ungeschickte und ungezähmte Leute wären, die sich aller guten Polizei schlechterdings widersetzten und lieber auf Abenteuer in die weite Welt gingen, als zu Hause den ihnen von Gott verliehenen Acker bauten. Nun will ich nicht leugnen, daß unsere Kinder sehr häufig in die Fremde ziehen, und manches ehrlichen Mannes Sohn in den benachbarten Handelsorten hängen bleibe, auch wol auf der See sein junges Leben einbüße. Allein s kommt mir doch immer so vor, als wenn wir auch etwas meh-

reres verlieren könnten als andere Länder, und daß der undank-
bare Boden, worauf uns die Vorsehung so hingeworfen, wol so
gut besetzt sei als die reichen und gesegneten Fluren, welche glücklichere Nationen zu ihrem Erbtheil erhalten haben.   Ich kann
solches Eurer Intelligenzien nicht besser bedeuten, als wenn ich
Ihnen den Streit vorlege, welchen ich mit meinem Sohne, den ich,
ohne Ruhm zu melden, selbst im Rechnen und Schreiben unter-
wiesen habe, bei Feierabend mehrmalen gehabt habe.

Gedachter mein Sohn, der mit einem Herrn aus unserm Lande
nur als Bedienter gereist ist, aber doch auf alles gut Acht gegeben
hat, erzählte mir, daß die Franzosen, diese volkreiche Nation, ihr
Land auf 10000 geographische Quadratmeilen rechneten, und daß
auf diesem großen Boden zur Zeit Ludwig's XIV. zwanzig, nachwärts unter der Minderjährigkeit Ludwig's XV. achtzehn, und im
Jahre 1764 sechzehn Millionen gezählt und gerechnet worden. Gut,
dachte ich, nun wollen wir bald sehen, wer der beste sei.   Unser
Stift hält nach der von dem Herrn Oberstlieutenant von dem Busssche
verfertigten Karte 28 Quadratmeilen, und folglich beträgt unser
Land den 350. Theil von Frankreich. Wie viel Einwohner müßten
wir also haben, wenn unser Land ebenso volkreich als Frankreich
sein sollte? Die Antwort war leicht: höchstens 50000.   Wie viel
haben wir aber wirklich? An gezählten Köpfen 116664.

Das ist nicht möglich, sagte mein Sohn; in Frankreich sind
so viele Hauptstädte, so viele Seehäfen, und allein über achtmal-
hunderttausend Bediente; denkt nur einmal, an 12000 Equi-
pagen in Paris! — Das kann alles wol sein, war meine Antwort, und ich freue mich, daß wir nicht den 350. Theil von Bedienten und Kutschen haben.   Allein es ist klar, daß unser Land
mehr als doppelt so stark bevölkert sei als Frankreich und, aller
ihrer Hauptstädte und Seehäfen ungeachtet, den Vorzug behalte.
Doch wir wollen der Sache näher treten.   Wie viel Feuerstätten
haben die Franzosen im Lande?

Man rechnete sie ehedem, sagte er, auf vier Millionen;
andere sagen nur von 3½ Millionen oder 3,713563. Noch andere
setzen sie auf 2½, und zu meiner Zeit (1764) nahm man sie zu
zwei Millionen an. — Gut, erwiderte ich, wir wollen ihnen die
4 Millionen lassen, es kommt hier auf ein paar Millionen nichts
an; und so müßten in unserm Stifte nur etwa 11000 Wohnungen
sein. Es sind ihrer aber, wie du weißt, vom Herzog Ferdinand
18000 gezählt worden; und man kann wol annehmen, daß man
diesem großen bösen General zweitausend weniger gesagt habe, als
wirklich vorhanden sind. Du siehst also, daß nach dem angenommenen Verhältnisse in unserm Lande doppelt so viel Feuerstätten
als in Frankreich sind.

Es sei darum wie es wolle, versetzte er, so hat Frankreich 38000 Kirchspiele, und hier im Stifte sind deren nicht viel über funfzig. In Frankreich wird das Säeland auf 150 Millionen, und das Wiesen=, Garten= und Weinbergsland auf 50 Millionen Arpens, den Arpent zu 150 Quadratruthen gerechnet, angeschlagen. So viel wird von unsern Heiden und Mooren doch jährlich nicht genutzt. Und wie schön ist dort nicht der Acker gebaut, seitdem man eigene Akademien dafür errichtet! Wie herrlich ist nicht ihre Viehzucht! Und wie fleißig sind nicht alle Menschen!

Höre einmal, sagte ich zu ihm, ein westfälisches Kirchspiel, worunter einige 1500 bis 2000 Feuerstätten haben, ist gewiß drei= mal so stark als ein französisches. Ich habe in meiner Schule 373 Kirchspielskinder, diejenigen, so in die katholische Schule und in die vorhandene Nebenschule geben, ungerechnet. So viel wirst du schwerlich in einer französischen Dorfschule gefunden haben. Und was den Acker betrifft, so besitzen wir an Heiden, Mooren und Gebirgen 948672 Morgen, jeden zu 120 calenberger Ruthen gerechnet; hierauf leben 116664 Menschen; und nach diesem Verhält= niß müssen in Frankreich über 40 Millionen Menschen sein, ohne daß wir einmal untersuchen wollen, ob unter den 200 Millionen Arpens lauter urbares, oder auch Heide= und Moorland mit begriffen sei. Ueberdem glaube ich dir, lieber Fritz,

erstens dieses, daß so viel gebautes Land in Frankreich sei, auf dein Wort noch gerade nicht. Denn der Landschatz in Frank= reich beträgt nur, wie du wol eher gesagt hast, 75 Millionen Livres; und wenn ich den vierten Theil deiner 200,000000 Arpens für die Geistlichkeit und den Adel abrechne, als welche zum Land= schatze nichts beitragen, so müßte jeder Arpent nur zu ½ Livre angeschlagen sein, folglich in Frankreich von jeden funfzig Quadrat= ruthen nur 1 Gr. an Schatzung jährlich bezahlt werden. Das glaube ich nicht. Denn du hast mir von einem französischen Pachter gesagt, der von 550 Arpens oder von 1500 Scheffelsaat 1800 Livres im Landschatze bezahlt hätte.

Fürs andere machen sie in Frankreich ein Geschrei über die 400 Millionen Livres, die jährlich aufzubringen sind, als wenn Himmel und Erde vergehen sollte. Dies wäre nicht möglich, wenn die Bevölkerung und der Ackerbau mit den westfälischen Landen in Vergleichung stünde. Denn im Verhältniß mit ihnen müßten wir 800000 Livres, oder 200000 Thaler jährlich aufzubringen haben; und diese werden wir mehrentheils, mit Einschluß der Domänen, aufbringen, ohne daß wir alle die Auflagen kennen, die in Frank= reich ein eigenes Wörterbuch erfordern, ohne einen Pfennig von allem, was wir essen, trinken, rauchen, schnupfen und am Leibe tragen, zu bezahlen, ohne von Stempel=, Accise=, Licent= und Kopf= geld etwas zu wissen.

Fürs dritte hast du mir gesagt, daß dein Herr sich bei einem Edelmann zu Brie aufgehalten hätte, der von 550 Arpens, oder 1500 hiesigen Scheffelsaat, des besten Landes jährlich 4800 Livres oder 1200 Rthlr. an Pachtgeld erhalten hätte. Daneben hätte der Pachter 450 Thaler Landschatz und 150 Thaler Kopfschatz jährlich entrichten müssen. Die 1500 Scheffelsaat haben also überhaupt zur Heuer gethan 1800 Thaler. Hier im Stifte hätten solche über 3000 Thaler zur Heuer oder Pacht thun müssen, ohnerachtet zu Brie das Land weit besser ist als hier. Du siehst also, daß wir unsere Heiden und Moore eben wohl nutzen.

Fürs vierte mußt du wissen, daß man in Frankreich Brache, und in Westfalen keine habe, weil wir die Heideplaggen anstatt der Brache gebrauchen. Es baut also Frankreich jährlich ein Drittel Land weniger als du angegeben hast; wohingegen wir solches jähr= lich nutzen und im Ackerbau den Franzosen gleich sein würden, wenn wir von unsern 28 Quadratmeilen ein Drittel schlechterdings ungenutzt, und noch ein Drittel des genutzten anstatt der Brache in der Heide liegen hätten.

Fürs fünfte zähltest du zu Brie bei dem Pachter 40 Stück Hornvieh auf 1500 Scheffelsaat genütztes Land; wenn du aber die westfälische Wirthschaft ansiehst und aus diesen 1500 Scheffelsaat 12½ Bauerhöfe, jeden von 10 Maltersaat, machst, so kommen auf jeden Hof etwa 3 Stück Hornvieh; und ich glaube doch, daß Höfe von 10 Maltersaat nicht unter 8, viele aber wol 16 haben werden, besonders wenn ich das Vieh der Heuerleute mit einrechne.

Fürs sechste hatte der Pachter zu Brie 48 Leute an Knechten und Mägden im Dienste; welches mit ihm, seiner Frau und 4 Kin= dern 56 Personen auf 1500 Scheffelsaat ausmachte. Wenn du aber hier dafür 12½ Bauerhöfe nimmst, auf jeden Hof die Leib= zucht und nur einen einzigen Kotten rechnest, deren doch jeder ins= gemein 2 oder 4 hat, so kommen 37½ Häuser heraus, und diese enthalten, auf jedes Haus 5 Menschen gerechnet, 187 Menschen.

Du magst mir also sagen was du willst, mein Sohn, so sehe ich noch nicht, daß die Franzosen Ursache haben, unser Land la vide Westphalie zu nennen. Denn was von unserm Stifte gilt, das gilt, höchstens mit einem Fünftel Absatz, von ganz Westfalen. —

Eure Intelligenzien dürfen aber nicht denken, daß ich unsere Moore und Heiden allein mit dem galanten französischen Boden verglichen habe. Nein, ich habe auch meine beiden Augen, womit ich noch zurzeit ohne Brille sehe, auf andere Länder gewandt. So hält zum Exempel England 2916 geographische Quadratmeilen und 5,340000 Einwohner. Dies macht auf jede Quadratmeile

1831 Einwohner, wovon man noch ein Fünftel abrechnen sollte, weil London nicht mit zum Anschlag bei der gegenwärtigen Vergleichung kommen kann. Dagegen aber hält unser Stift 28 dergleichen Quadratmeilen und hat folglich, bei der sicher als richtig angenommenen Zahl von 116664 Einwohnern, über 4000 Köpfe auf jede Quadratmeile, und lauter Köpfe, die lesen und schreiben lernen.

Dies übertrifft auch noch die schlesischen Lande, als welche nach Herrn Büsching's Angabe (wenn der Multiplicator gehörig verbessert wird) 2552 Seelen auf jede Quadratmeile haben, und die königlich preußischen Lande überhaupt, worin im Jahre 1756 4,512528 auf 2940 Quadratmeilen, folglich auf jede derselben nur 1534 gerechnet wurden.

Nach gedachten Herrn Büsching's Rechnung hat auch Deutschland im Durchschnitt nur 2135 Menschen auf jeder Quadratmeile. Das Elsaß, das für ziemlich bevölkert gehalten wird und wo gewiß alle Lebensmittel im Ueberfluß und wohlfeil sind, ernährt nach Süßmilch nur 1835 auf einer dergleichen; und um wieder auf Frankreich zu kommen, so zählt solches nach Süßmilch 1900, nach Büsching 2000, und nach dem Schmeichler d'Erpilly 2201 Menschen auf einer Quadratmeile. Aus welchem allen denn meiner unterdienstlichen Meinung nach zur Genüge erscheint, daß ich recht, die ganze übrige Welt aber unrecht habe.

Dieselben werden mir zwar vermuthlich erwidern, daß man in Westfalen an der Heerstraße kaum ein Haus, und noch seltener ein Dorf sehe; wohingegen man in den blühenden Gegenden Deutschlands oft 70 bis 80 Dörfer aus einem nur einigermaßen erhobenen Fenster erblicken kann. Allein ich kann Ihnen hierauf weiter nichts antworten, als daß eins von den obgedachten Dörfern insgemein 80 bis 100 Ziegeldächer halte, deren sich eine Menge in einem ebenen Feld leicht übersehen läßt; wohingegen sich schwerlich ein Standort finden lassen wird, woraus man die in einem westfälischen Kirchspiel auseinandergestreuten 1000 bis 2000 Wohnungen übersehen kann, weil das Land uneben und mehrentheils jedes Haus mit Bäumen umgeben ist. Daneben findet man, daß sich alles von der Heerstraße entfernt, in Winkel versteckt und die Aussicht, wo es die bloße Heide nicht verhindert, so viel immer möglich unterbrochen habe: eine Politik, die im Kriege nicht ohne Nutzen und vermuthlich eine Folge desselben ist. Soll ich Ihnen aber auch meine Meinung von der vorzüglichen Bevölkerung der westfälischen Länder sagen? Don Geronimo de Ustariz — erschrecken Sie nicht, es ist ein Spanier — hat bemerkt, daß die spanischen Provinzen, welche die mehrsten Leute nach Indien schicken, die volkreichsten sind; und man kann — verzeihen Sie mir das Gleichniß — das menschliche

Geschlecht mit einer Waare vergleichen, die, wenn sie stark abgeht, auch stark verarbeitet wird.

Vollständige Berechnung der Menschen im Stifte Osnabrück, wie solche im Jahre 1771 gezählt wurden.

Hausväter	21308
Hausmütter	24481
Söhne über 14 Jahr	5197
„ unter 14 Jahr	19668
Töchter über 14 Jahr	5228
„ unter 14 Jahr	19647
Männliche Angehörige bei ihren Verwandten im Hause .	1552
Weibliche	1949
Gesellen und Bursche	549
Knechte	5062
Mägde	5910
Ohne Unterschied der Jahre und des Geschlechts angegebene	6113
	Summa 116664

Schreiben eines reisenden Gasconiers

an den Herrn Schulmeister.

Eure Wohlehrwürden mögen mir noch so viel zum Lobe Ihres Vaterlandes sagen, so kann ich es Ihnen doch nicht verhehlen, daß ich noch zur Zeit, ohnerachtet ich zu Lande und zur See gereist bin, kein Land angetroffen habe, worin es weniger Originalnarren gibt als in dem Ihrigen. Ich bin meines Handwerks ein Komödienschreiber und in der Absicht zu Ihnen gereist, um einige besondere lächerliche Charaktere für meine Bühne bei Ihnen aufzusuchen, so wie mancher in die Fremde reist, um Löwen und Meerkatzen oder andere seltene Thiere zu erhandeln. Allein es ist mir in Dero Heimat kein Narr vorgekommen, wovon ich es der Mühe werth geachtet hätte eine Schilderung mitzunehmen. Dies beweist denn doch wol unstreitig, daß Sie auch keine große Genies unter sich haben.

Ich will Ihnen den Ruhm von guten, ehrlichen und fleißigen Leuten nicht absprechen. Allein dergleichen findet man überall; und wenn man einen gesehen hat, so hat man sie alle gesehen. Es liegt mir auch nichts daran, wieviel Menschengesichter sich in Ihrem Lande befinden, wenn sie alle die Nasen auf einer Stelle haben. Die Hauptsache ist jetzt, Wunder der Natur zu sehen; und bei mir kommt hinzu, sie für Geld sehen zu lassen.

Anfangs glaubte ich, der Fehler dieser Einförmigkeit wäre blos den gemeinen Leuten in Ihrem Lande eigen, und ich hoffte noch immer unter den Vornehmen, oder doch wenigstens unter den Damen etwas zu finden, was sich in meine Sammlung von seltenen Thieren schicken würde. Allein auch hier schlug meine Vermuthung fehl. Ich traf einen vornehmen Edelmann an, der mit seinen Leibeigenen als mit vernünftigen Menschen umging, der ihre Bedürfnisse fühlte, ihnen mit Rath an die Hand ging, ihnen in der Noth Vorschuß that und sich um ihr ganzes Hauswesen mit einer väterlichen Sorgfalt bekümmerte. Die Frau vom Hause verließ mich mitten in einer interessanten Erzählung, um mit einer armen Frau zu sprechen. Und, was ich beinahe für etwas Originales gehalten hätte, so ging das gnädige Fräulein aus dem Zimmer in den Keller um den Wein auszulangen, ohnerachtet ich ihr eben eine neumodische Caricaturhaube vorzeichnete. In dem Zimmer fand sich nichts als Ordnung und Reinlichkeit; und wie wir nach Tische in den Garten gingen, fanden sich — erzittern Sie doch! — keine Orangeriebäume mehr. Der Herr vom Hause erzählte mir dabei, daß zu seines Großvaters Zeiten kein Edelmann ohne eine Orangerie gewesen wäre, und jeder sein bestes Gehölze dazu verbraucht hätte, um diese fremden Puppen zu unterhalten. Jetzt aber hielte man mehr auf eine Eiche als auf einen Lorberbaum. Der gute Mann, daß er seine Orangerie nicht behalten hat! Wer vordem zu ihm kam, erzählte ihm allemal, wo er dieselbe besser gesehen; und das mußte er für ein Compliment aufnehmen. Jetzt wird man ihn fragen müssen, ob es dieses Jahr auch Mast geben werde? Und dann wird die Rede wol gar auf die Schweine fallen. Was für eine Erniedrigung!

Ich dachte endlich: auf dem Lande ist es schlecht; aber in den Städten wird es doch Merkwürdigkeiten für mich geben. Aber nein, auch hier fand ich, einige verunglückte Copien, wovon ich die Originale unendlich schöner gesehen hatte, ausgenommen, nichts als gesunde Leute, die emsig und zufrieden vor sich hin arbeiteten und mir nichts zu malen gaben; nicht Eine menschliche Figur, welche werth gewesen wäre in einem Kunstsaale aufbehalten zu werden. Eine Dame, der ich meine Verwunderung hierüber bezeigte, versprach mir jedoch eine Seltenheit zu zeigen, welche ich in andern Ländern nicht gesehn haben würde; und hierauf führte sie mich in ihre Kinderstube, wo der Mann sich die Mühe gab, seinen Kindern die Gründe des Christenthums beizubringen, wo er dem Hofmeister Lehren gab und sich, nachdem die ersten Höflichkeiten vorüber waren, in meiner Gegenwart nicht scheute in seiner Arbeit fortzufahren. Die Dame setzte sich, wie ich glaube mir zum Possen, bei ihrer Tochter nieder und drückte ihr die Hand, wenn sie dem Vater

wohl antwortete; und das Mädchen war entzückter über diesen Bei=
fall als über mich, ohnerachtet ich doch glaube kein alltäglicher
Kerl zu sein.

Himmel, dachte ich bei mir, wie willst du aus dieser ver=
wünschten Kinderstube kommen! Ich sah es dem Herrn an, daß er
es nach Dero Landesart für eine Grobheit aufgenommen haben
würde, wenn ich ihm nicht mit Aufmerksamkeit zugehört hätte; und
die Frau vom Hause, ohnerachtet sie mich anfangs auf eine lose
Art dahin geführt hatte, schien nunmehr ebenfalls bei dem Ver=
gnügen ihre Kinder zu sehen auf meine Ungeduld keine Acht zu
haben.   Zum Glück für mich nahm die zu dieser Arbeit bestimmte
Zeit von selbst ein Ende; und ich hatte wahrlich kein Verlangen,
mehrere Originalien in einem Hause aufzusuchen, wo man nichts
als die Erfüllung solcher Pflichten sah, die jeder Pfarrer seiner
Gemeinde alle Sonntage ohne Unterlaß vorpredigt.   Ich glaube
gar, daß die Leute mit dem gemeinsten Mann zur Kirche gehen
und sich nicht einmal davon träumen lassen, daß die Zehn Gebote
mehr als hundert Jahr aus der Mode sind.

Bei einer solchen Lebensart, und in einem Lande, worin, wie
ich vermuthe, Mann und Frau noch in Einem Bette schlafen, ist es
wol kein Wunder, daß aus Langerweile des Jahres viele Kinder
erzeugt werden.   Mich wundert nur, daß Eure Wohlehrwürden
nicht auf jeder Quadratmeile eine ganze Million gefunden haben.
Allein Ihre Kirchspielsschule mag sich so gut dabei stehen als sie
immer will, so danke ich für ein Land, worin man nichts als Ge=
sundheit und Arbeit kennt, und ohne Cedrat verdauen muß.   Ich
nehme aus demselben nichts als einen rohen Schinken und ein
Stück Pumpernickel mit, um es die Pariser für Geld sehen zu lassen.

Ich will Ihnen nächstens eine Rechnung schicken, wieviel
Thoren sich in andern Ländern auf jeder Quadratmeile finden; und
da sollen Sie sehen, wie sehr Sie die Bilanz gegen sich haben.
Bis dahin begnügen Sie sich, der einzige in Ihrem Kirchspiel zu
sein, den ich auf meiner Wunderreise einiger Aufmerksamkeit ge=
würdigt habe.

Geschrieben auf der Reise.

N. S.

Apropos, noch eins! In ganz Westfalen habe ich keine Obst=
bäume an der Heerstraße gefunden; und ich habe mich wirklich oft
danach umgesehen, weil ich hungrig war. Wie ist es aber möglich,
in einem so wesentlichen Stücke zu fehlen? Sollten Sie nicht
überall Datteln=, Pignolen=, Kapern=, Oliven= und Feigenbäume
stehen haben? Sollte jedes Dorf nicht angewiesen sein, einen Zu=
schlag für Melonen zu machen? Wahr ist es zwar, in manchen
niedersächsischen Gegenden sehen die Obstbäume an der Heerstraße

ziemlich verfroren, trübplicht und bemoost aus, und es hat das Ansehen als wenn der erste Nordwestwind dieser herrlichen Polizeianstalt bald ein Ende machen und den Cameralisten sagen werde, daß die Natur das für zweiunddreißig Winde offene Feld nicht eigentlich zum Obstbau bestimmt habe. Indessen ist es doch ein Beweis von dem Genie einer Nation, wenn sie den Kirchthurm mit zur Wind= mühle gebraucht. Sie kann sodann allemal deren Flügel nach dem Hahne stellen.

Das Glück der Bettler.

Neulich sah ich einen Handwerksmann mit seiner Frau bereits um vier Uhr des Morgens in seiner Werkstätte an der Arbeit. Der Mann schien mir munter und zufrieden zu sein, die Frau aber mit einer gewissen ängstlichen Eilfertigkeit zu spinnen. Auf eine kleine Warnung, sie würde sich auf diese Weise überarbeiten, antwortete sie mit Seufzen: „Ach, ich habe acht lebendige Kinder!" Und in dem Augenblick traten die vier ältesten schon munter herein, um zu beten und zu arbeiten. Der Anblick war überaus rührend, und der Mann erzählte mir mit einem anständigen Stolze, wie sauer er es sich werden ließe, als ein ehrlicher Mann mit den Seinigen durch die Welt zu kommen, und wie sichtbar Gott seinen Fleiß und Ordnung segnete. „Wir haben", setzte er hinzu, „im Anfang oft Wasser und Brot genossen, waren aber gesund und freudig da= bei, bis uns endlich Gott mit Kindern segnete und mein täglicher Verdienst mit ihnen zunahm. Sauer ist es mir geworden", schloß er, „blutsauer! aber ich habe Brot und bin vergnügt . . ."

Ich verglich hiermit eine Scene, die mir einmal zu London in einem Speisekeller im Kirchspiel St. Giles aufgestoßen ist. Herr Schuter, ein berühmter Acteur auf dem Schauplatze im Convent= garten, welcher damals eben die niedrigen Klassen der Menschen studirte, um sich in der komischen Malerei festzusetzen und eine völlige Kenntniß vom high life below stairs zu erhalten, führte mich dahin. Die Magd, welche uns empfing, setzte geschwind die Leiter an, worauf wir herunterstiegen, und zog solche sogleich wie= der herauf, damit wir ihr ohne Bezahlung nicht entlaufen möchten. Im Keller fanden wir zehn saubere Tische, woran Messer und Gabeln in langen Ketten hingen. Man setzte uns eine gute Rind= fleischsuppe, etwa vier Loth Rindfleisch mit Senf, einen Erbsen= pudding mit etwa sechs Loth Sped, zwei Stück gutes Brot und zwei Gläser Bier vor; und vor der Mahlzeit forderte die Wäscherin unser Hemd, um es während derselben zu waschen und zu trocknen, alles für 2½ Pence, oder 16 Pfennig unserer Münze, mit Einschluß der Wäsche. Doch diese Beschreibung im Vorübergehen. Am Sonntag wird kein Hemd gewaschen und dafür ½ Pfund gebratenes Rindfleisch mit Kartoffeln zur Mahlzeit vorgesetzt.

In diesem Keller fanden wir uns in Gesellschaft der Gassenbettler. Da wir uns vorher eine dazu schickliche Kleidung vom Trödelmarkt gemiethet hatten, so wurden wir bald mit ihnen vertraut, und man that uns leicht die Ehre an, zu glauben daß wir Diebe oder Bettler aus einem andern Kirchspiel wären. Allein wie sehr erstaunten wir nicht, als wir die angenehme und unbekümmerte Lebensart dieser Bettler erblickten!

Erstlich zählte ein jeder seinen Gewinst vom Tage; und besonders ließen sich die Blinden von zwei andern ihre Einnahme öffentlich und auf ihre Ehre zählen, damit sie von ihren Führerinnen nicht betrogen werden möchten. Es war keiner unter ihnen, der nicht doppelt und dreimal so viel erbettelt hatte, als der fleißigste Handwerksmann in einem Tage verdienen kann. Nachdem das Finanzwesen in Ordnung gebracht und die Mahlzeit vorüber war, ließ sich ein jeder nach Gewohnheit einen Humpen mit starkem Porterbier geben, welcher auf die Gesundheit aller wohlthätigen Seelen ausgeleert wurde. Hierauf spielten die Blinden zum Tanz; und es war ein Vergnügen, zu sehen wie geschickt Bettler und Bettlerinnen, auch sogar einige die des Tages über lahm gewesen waren, miteinander tanzten. Die kräftigsten Gassenlieder folgten auf diese Bewegung, bis endlich der erwartete Durst erfolgte. Dann ward von gewärmtem Porter und Rum ein starker Punsch gemacht, die Zeitung dabei gelesen, und der Abend bis drei Uhr des Morgens mit Trinken und politischen Urtheilen über das Ministerium auf das vergnügteste zugebracht.

Ueberhaupt aber hat der Bettelstand sehr viel Reizendes. Unser Vergnügen wird durch nichts besser befördert als durch die Menge von Bedürfnissen. Wer viel durstet, hungert und friert, hat unendlich mehr Vergnügen an Speise, Trank und Wärme als einer, der alles im Ueberfluß hat. Was ist ein König, der nie zum Hungern und Dursten kommt und oft zwanzig große und kleine Minister braucht, um eine einzige neue Kitzelung für ihn auszufinden, gegen einen solchen Bettler, der sechs Stunden des Tages Frost, Regen, Durst und Hunger ausgehalten und damit alle seine Bedürfnisse zum höchsten gereizt hat, jetzt aber sich bei einem guten Feuer niedersetzt, sein erbetteltes Geld überzählt, vom Stärksten und Besten genießt und das Vergnügen hat, seine Wollust verstohlenerweise zu sättigen! Er schläft ruhig und unbesorgt, bezahlt keine Auflagen, thut keine Dienste, lebt ungesucht, ungefragt, unbeneidet und unverfolgt, **erhält** und beantwortet keine Complimente, braucht täglich nur eine einzige Lüge, erröthet bei keinem Loch **im** Strumpfe, kratzt sich ungescheut wo es ihn juckt, nimmt sich ein Weib und scheidet sich **davon** unentgeldlich und ohne Prozeß, zeugt Kinder ohne ängstliche Rechnung wie **er** sie versorgen will, wohnt und reist sicher vor Dieben, findet jede **Herberge** bequem und überall Brot, leidet nichts **im** Kriege oder **von** betrügerischen Freunden, trotzt dem größten Herrn und ist der ganzen Welt **Bürger.** Alles was ihm **dem** Anschein nach fehlt, **ist** die Delicatesse, **oder** derjenige zärtliche **Ekel**, womit **wir** alles, was nicht gut aussieht, verschmähen. Allein **wer** ist **im** Grunde der Glücklichste, **der** Mann, **der** ein Stück **Brot**, wenn es gleich sandig ist, **vergnügt** hinunterschlucken kann, **oder** der Zärtling, der in allen Herbergen hungern **muß,** weil er seinen Mundkoch nicht **bei** sich hat? Und wie sehr **erweitert** derjenige nicht die Sphäre seines Vergnügens, der sich jenes **Brot** wohl schmecken läßt.

Wie beschwerlich ist dagegen **der** Zustand des fleißigen Arbeiters, der sich von dem Morgen **bis** zum Abend quält, sich und **seine** Familie **von** eigenem Schweiße zu ernähren! Alle öffentliche **Lasten** fallen auf ihn; bei jedem Ueberfall feindlicher Parteien muß **er** zittern; **um** sich in dem nöthigen Ansehen **und** Credit zu erhalten, muß **er** oft Wasser und Brot genießen, seine Nächte **mit** ängstlicher Sorge zubringen und eine heimliche Thräne nach **der** andern vergießen . . . . Wenn ich solchergestalt den ehrlichen fleißigen Arbeiter mit dem Bettler vergleiche, so muß ich gestehen, daß es eine überaus starke Versuchung sei, lieber zu betteln als zu arbeiten. Das einzige, was den Bettlern bisher gefehlt, ist dieses, daß ihre Nahrung unrühmlich gewesen; und diesem Fehler will ich nächstens abhelfen.

Etwas zur Verbesserung der Armenanstalten.

Wie, Sie wollen das Betteln rühmlich machen? In der That, das fehlt den faulen Müßiggängern noch! Allein herunter mit **dem** Schleier, herunter mit dem Regentuche, worin sich viele unserer Bettlerinnen verstecken, um ihre Ehre nicht zu verlieren. Verdient **eine** arme unglückliche Person so viel Schonung, so sorge man für sie daheim **und** setze dieselbe nicht der traurigen Nothwendigkeit aus, ihr Brot vor **den** Thüren zu suchen. Verdient sie es aber nicht, so verfolge Schimpf **und** Verachtung den verschuldeten Bettler. Er gebe, wenn **er** ja gehen soll, als ein Scheusal durch die Gassen und sei allen jetzt wankenden, jetzt auf die faule Seite nach und nach sinkenden, jetzt sorglos darauf los zehrenden Einwohnern ein so schreckliches Exempel, daß sie sich lieber das Blut aus den Fingern arbeiten und Wasser und Brot genießen, als auf künftige Almosen ihre Zeit und ihren Fleiß ungenutzt verschlafen oder verprassen. Eine Bettlerin im Regentuche ist eine Satire wider die Obrigkeit, die entweder die Unglückliche nicht versorgt, oder die Schuldige nicht straft. Nirgends gibt es mehr Bettler als wo eine unüberlegte Gütigkeit sich als christliches Mitleid zeigt und jeden Armen er= nährt; nirgends gibt es weniger als bei den Fabriken wo man den Bettler, der noch arbeiten kann, auf dem Misthaufen sterben läßt, um andere zum Fleiße zu zwingen.

Doch ich will die Sache gelassen betrachten. Von dem großen Gesetze, daß niemand im Staat sein Brot umsonst haben müsse, weil die Versuchung zur Faulheit sonst zu stark werden würde, und daß es besser sei, denjenigen, der nur noch einzig und allein ein gesundes Auge übrig hat, sein Brot durch eine ihm anvertraute Aufsicht verdienen zu lassen, als ihn auf dem Faulbette zu ernähren, will ich jetzt nichts erwähnen. Es ist bekannt genug. Der Satz, worauf ich bauen will, soll sein: Armuth muß verächtlich bleiben.

Nur muß man mich wohl verstehen. Ein gesunder fleißiger Mensch ist nie arm. Der Reichthum besteht nicht im Gelde, sondern in Stärke, Geschicklichkeit und Fleiß. Diese haben einen güldenen Boden und verlassen einen nie, das Geld aber sehr oft. In der letzten Ernte sah ich die Frau eines Heuermanns, deren Mann ein Hollandsgänger ist, welche selbst mähte und band und ihr viertel= jähriges Kind neben sich in der Furche liegen hatte, wo es so geruhig als in der besten Wiege schlief. Nach einer Weile warf sie muthig ihre Sense nieder, setzte sich auf eine Garbe, legte das Kind an die gesunde Brust und hing mit einem zufriedenen und mütter= lichen Blicke über dem saugenden Knaben. Wie groß, wie reich, dachte ich, ist nicht diese Frau! Zu mähen, binden, säugen und Frau zu sein gehören sonst vier Personen. Aber dieser ihre Ge= sundheit und Geschicklichkeit dient für viere. Die Natur zeigt hier eine homerische Allegorie für die Arbeitsamkeit, ohne Caylus und Windelmann.

Wenn ich es also als ein Gesetz annehme, daß Armuth schimp= pfen müsse, sobald sie nicht durch ein besonderes Unglück ehrlich gemacht wird, so verstehe ich darunter den Mangel, der aus Unge= schicklichkeit und Faulheit entspringt, und mache mit Fleiß dieses große Gesetz hart, weil wir von Natur ohnehin weichherzig genug sind, mit jedem Armen ohne Untersuchung Mitleid zu haben, und unser Herz insgemein den Verstand betrügt, wenn es aufs Wohl=

thun ankommt. Das Sprichwort: Armuth schimpft niemand, dient insgemein nur dem stolzen Armen, dessen Eitelkeit sich beleidigt fühlt Und wenn wir mit dem Armen ins Verhör gehen, so finden sich immer viele zweideutige Umstände zu seiner Entschuldigung. Daher mag die Armuth überhaupt immer etwas Verächtliches behalten, wenn wir nur dabei unsere Hochachtung gegen die Frau, die zugleich mäht, bindet und säugt, verdoppeln. Jene Verachtung und diese Hochachtung müssen zusammen bleiben und die Bewegungsgründe zum Fleiß verstärken.

Dieses Gesetz muß aber nicht in Uebung kommen, bevor wir nicht einige Veranstaltungen gemacht haben, wozu folgende, meines Ermessens, hinreichen werden.

Man theile alle Arme in drei Klassen.

In die erste Klasse sollen diejenigen kommen, welche durch Unglücksfälle oder Gebrechlichkeit arm sind und einige Schonung verdienen.

In die andere: alle, welche eben keine Schonung verdienen und sich nur damit entschuldigen, daß sie keine Gelegenheit zu arbeiten haben um ihr Brot zu gewinnen.

In die dritte: alle muthwillige Bettler, die durch ihr eigen Verschulden arm sind und gar nicht arbeiten wollen, ohnerachtet sie Gelegenheit, Geschicklichkeit und Kräfte dazu haben.

Die Einrichtung dieser Klassen werde mit Zuziehung der Pfarrer und mit der genauesten Untersuchung gemacht; sodann aber die erste Klasse durch öffentliche Vorsorge zu Hause versorgt, die andere mit Arbeit versehen, und die dritte in dem angelegten Werkhause dazu gezwungen.

Man sieht leicht ein, daß bei diesem Plan alles auf die Vorkehrungen für die zweite Klasse ankomme. Und wenn ich zeige, daß mit den Armengeldern, welche jetzt vertheilt werden, noch halb so viel mehr als sonst ausgerichtet werden könnte, so glaube ich wenigstens einen guten Rath dazu mitgetheilt zu haben. Ich will solchen auf einen ganz leichten Satz bauen:

Man nehme z. E. in seine Hand 2 Thaler und gebe einigen Armen davon 6 Mgr., so sind 12 Personen versorgt. Man lasse aber diese 12 Personen jede 2 Stücke Garn, welche zusammen 4 Mgr. werth sind, spinnen, und bezahle ihnen solche mit 8 Mgr., so ernährt man

a) mit eben diesen 2 Thalern 18 Personen; jede davon bekommt

b) 2 Mgr. mehr; es bleiben

c) die Armen durch die Arbeit gesund, sie genießen

d) ihr Brot nicht umsonst, locken also

e) andere nicht zum Unfleiße, und laufen

f) nicht herum.

Diese Sätze sind klar; nur wird man sagen: Die Armen werden entweder das Garn von andern aufkaufen; oder es werden
auch selbst fleißige Leute sich zu den Armen gesellen, um ihr Garn
zum doppelten Preise zu verkaufen.

Der Einwurf ist richtig. Allein hier muß man durch einigen
Schimpf vorbauen.

Man wähle folglich ein öffentliches Zimmer auf einem Armen-
hofe; dort seien Räder und Flachs; dieses sei des Winters gewärmt
und erleuchtet und von dem frühesten Morgen bis zum spätesten
Abend keinem Armen verschlossen. Und was in diesem Zimmer
gesponnen wird, das werde doppelt bezahlt. Der Schimpf, in
einem öffentlichen Zimmer zu spinnen und in der Zahl der Armen
bekannt zu sein, wird den fleißigen und empfindlichen Mann hinlänglich abhalten, seine Hand sinken zu lassen. Hingegen ist eben
dieser Schimpf nicht unschwer für diejenigen zu tragen, die sonst
auf den Gassen betteln und von Obrigkeits wegen in die zweite
Klasse gesetzt sind. Die Anstalt wird den Betrug verhüten; und
bei Einem Lichte und einer Wärme können mehrere Personen zu-
sammensitzen, mithin vieles ersparen. Dabei hat jeder Arme seine
Freiheit zu gehen und zu kommen und, wenn er des Tages eine
bessere Arbeit findet, solcher nachzugehen.

Sobald ist aber nicht die öffentliche Anstalt gemacht, so muß
keiner sich unterstehen zu betteln, oder er muß sich gefallen lassen,
in die dritte Klasse gesetzt, ins Werkhaus eingesperrt und zur Arbeit gezwungen zu werden. Denn nun ist die Entschuldigung, daß
er keine Gelegenheit habe sein Brot zu verdienen, gehoben, und
folglich die Obrigkeit berechtigt, das letzte Mittel zu gebrauchen.

Die Armengelder in hiesiger Stadt, welche von Obrigkeits
wegen gesammelt und vor den Thüren gegeben werden, belaufen
sich des Jahres zum allerwenigsten auf 12000 Thaler. Davon
sollen 40 Hausarme einen jährlichen Zuschuß von 50 Thaler empfangen, so bleiben noch 10000 Thaler übrig. Wenn diese auf
obige Art verwendet werden, so können 150 Arme der zweiten
Klasse jeder das Jahr 100 Thaler verdienen; und so viel Arme
finden sich hoffentlich nicht.

Man wird einwenden: die Anstalt sei ganz gut, wenn man
jährlich mit Gewißheit auf eine sichere Summe rechnen könnte.
Allein warum kann man das nicht? In der Stadt London sind
die Almosen von jedem Hause fixirt und zum Etat gebracht. In
Deutschland, oder doch wenigstens in einem großen Theil desselben,
hat man die unbeständigsten Gefälle zu fixiren gewußt. Warum
sollte dieses nicht auch mit den Almosen geschehen können? Wir
legen Schatzungen an, um Pulver zu kaufen und die besten Städte
damit in den Grund zu schießen. Sollte man denn nicht auch so

etwas thun können, um andere wiederum glücklich zu machen? Sind die Armen nicht ein ebenso wichtiger Gegenstand der öffentlichen Vorsorge als andere Dinge? Und würde sich nicht jeder Hauswirth jährlich gern zu einem gewissen Almosenbetrag selbst subscribiren, wenn er dagegen von allem andern Ueberlauf enthoben sein könnte? Würden diese Gelder nicht besser angewandt werden als diejenigen, die wir ohne genugsame Prüfung vor den Thüren oft an Unwürdige verschwenden? Und werden wir von unserm neuangelegten Werkhause, welches wir mit so großen Kosten aufgeführt haben, den wahren Vortheil haben, wofern wir nicht durch jene Klassifikation zuvor alle mögliche Ungerechtigkeit entfernen? Wie viele Vermächtnisse, Hospitäler und Stiftungen ließen sich nicht ohnehin mit jener Anstalt für die Armen vereinigen, so daß eins dem andern die Hand böte und den Fleiß gemeinschaftlich beförderte!

Die Frage: Ist es gut, daß die Unterthanen jährlich nach Holland gehen? wird bejaht.

Es liegt alles an dem Gesichtspunkte, woraus man eine Sache betrachtet; und Phidias lief Gefahr, von den Atheniensern gesteinigt zu werden, wie sie die von ihm mit aller Kunst verfertigte Statue der Minerva, welche für einen hohen Altar bestimmt war, in der Nähe und nicht in gehöriger ehrfurchtsvoller Entfernung knieend betrachteten.

Ebenso wahr ist es, daß große Rechnungen die Probe nicht leicht im kleinen halten. In einer großen Menge von Fällen kann jeder einzelne Fall für sich unrichtig, und doch der daraus gezogene Schluß auf das genaueste wahr sein. Man weiß z. E., wieviel Menschen von einer gewissen gegebenen Anzahl jährlich sterben; man weiß zu seiner großen Beruhigung, daß ungefähr Knaben und Mädchen in gleichem Verhältniß gegeneinander geboren werden. Nun mögen alle Hausmütter auftreten und auf ihr Gewissen bezeugen, Gott habe ihnen Töchter und Knaben in ungleicher Anzahl beschert; es mögen alle Todtengräber bezeugen, sie hätten mehr oder weniger Leute von der in ihren Dorfgemeinden befindlichen Anzahl begraben, als nach jener Regel hätten sterben sollen: so schadet dieses der Rechnung im großen nichts. Die große Regel bleibt wahr, wenn sie gleich in der Anwendung auf jeden einzelnen Fall nicht zutrifft.

Nach dieser kurzen Vorerinnerung will ich alles, was wider die Hollandsgänger aus diesem Stifte angeführt worden, zugestehen. Ich will aber zeigen, daß der Gesichtspunkt, woraus man die Sache betrachtet, zu nahe an der Statue genommen, und ein einzelner Fall von diesen oder jenen Kirchspielen nicht hinlänglich sei, um danach die Rechnung im großen zu machen. Jedoch noch eins zum voraus.

Es gehen jährlich über zwanzigtausend Franzosen nach Spanien, um den Spaniern in der Ernte zu helfen. Ebenso viel Brabänder gehen in gleicher Absicht nach Frankreich. Eine nicht geringere Menge Westfälinger geht den Holländern und Brabändern zu Hülfe; und mittlerweile kommen die Schwaben, Thüringer und Baiern nach Westfalen, um unsere Mauern zu verfertigen; die Italiener weißen unsere Kirchen und versorgen uns mit Mausefallen; die Tiroler reinigen unsere Teiche; die Schweizer gehen nach Paris, um den Franzosen die Thür zu hüten oder die Schuh zu putzen: und so wandert eine Nation zur andern, um bei ihr des Sommers ein Stück Brot zu verdienen, was sie des Winters zu Hause verzehrt. Nichts ist hier leichter als zu fragen, warum jede Nation nicht zu Hause bleibe, solange sie noch Bedürfnisse hat, welche sie durch fremde Hände bestellen lassen muß? warum nicht der Westfälinger seine Teiche selbst rein mache? warum er seine Kirchen nicht weiße und seine Häuser nicht selbst maure? und ob es nicht leichter und vortheilhafter sei, Wettergläser zu machen, als in Holland Torf zu stechen, oder in England Thran zu sieden? Allein nichts ist auch offenbarer, als daß Landeseinwohner, welche sich auf gewisse Dinge allein legen und ihre Kinder von Jugend auf dazu erziehen, es darin zu einer so vorzüglichen Fertigkeit und Geschicklichkeit bringen können, daß sie für halbes Geld mehr thun als andere für doppeltes. Nichts ist sichtbarer, als daß auch in groben Arbeiten ebendie Vortheile aus der Simplification entstehen, welche den feinern Künsten daraus zugewachsen sind, wenn nämlich ein anderer die Federn, ein anderer die Räder, und ein dritter die Zifferblätter verfertigt, sodann der Uhrmacher nur blos zusammensetzt. Nichts ist endlich gewisser, als daß sich oft in ganzen Gegenden eine Handarbeit von Vater auf Sohn und von Nachbar zu Nachbar auf das glücklichste ausbreite und sich gleichsam mit dem Nationalcharakter vermische.

Gesetzt nun, die Einwohner eines Landes bringen es durch das Exempel ihrer Vorfahren, durch die tägliche Uebung und andere Vortheile zu einer vorzüglichen Geschicklichkeit in einer groben Arbeit, so können sie nicht wie die feinern Handarbeiter an Einem Orte wohnen, sondern müssen herumziehen, weil eine Nation, die aus lauter Maurern besteht, keine Brücken zu Hause machen und

solche auf der Post verschicken kann. Sie müssen weiter doppelt
gewinnen und ihre Art zu arbeiten lieben, weil sie durch ihre Fertigkeit und Geschicklichkeit gar zu viel vor allen andern vorausbaben.
Und man könnte sich wirklich den Fall vorstellen, daß die Tiroler
in Westfalen Gräben ausbrächten, die Westfälinger hingegen in
Tirol Torf grüben, und beide mehrern Vortheil von ihren weiten
Reisen hätten, als wenn sie jedes Orts ihre Sachen zu Hause verrichteten. Denn die Nerven, der Rückgrat und alle Gliedmaßen
biegen sich zu einer von Jugend auf gelernten, täglich gesehenen
und geübten Arbeit auf das vollkommenste, und auch der kleinste
Vortheil wird zuletzt entdeckt und genutzt. Wer würde es nun aber
wagen, jede Nation hierin auf andere Gedanken zu bringen? Die
Alten von dreißig, vierzig und funfzig Jahren zu bekehren, ist fast
unmöglich und allezeit gefährlich. Um die Kinder aber in ihrer
Aeltern Hause, unter ihrer Aufsicht und Lehre völlig umzubilden,
dazu gehören solche Anstalten, welche nicht so leicht auszuführen
sein möchten. Und so ist es eine sehr bedenkliche Sache, einem
Volke seinen gewohnten Weg zu versperren, um ihn mit Unsicherheit
auf einen ungewohnten zu führen.

Wahr ist es, daß die Leute, welche nach Holland und England zur Arbeit gehen, früher alt und unvermögend werden als
andere, die bei ordentlicher Land- und Hausarbeit ihre Kräfte nicht
übernehmen; denn wenn sie etwas verdienen wollen, müssen sie
alle Augenblicke nutzen und keinen Odemzug ohne Arbeit thun.
Der Gewinst stärkt ihre Begierde, und die Begierde gibt eine
größere aber kurze Stärke. Allein es ist auch nicht weniger wahr,
daß die Fortpflanzung des menschlichen Geschlechts unter den
Heuerleuten um ein Drittel schneller gehe als unter den Landbesitzern. Hier muß insgemein der Anerbe warten, bis der Vater
stirbt oder abzieht; eher ist für eine junge Frau kein Platz im Hause
offen. Die Wahljahre von Stiefältern gehen insgemein so weit,
bis der Anerbe sein dreißigstes Jahr erreicht. Dreißig Jahre
machen also das gewöhnlichste Alter aus, worin Landbesitzer heirathen; und wenn Tacitus es der deutschen Enthaltsamkeit zu-
schreibt, daß sie vor dem fünfundzwanzigsten Jahre nicht heiratheten,
so bedachte er nicht, daß das frühere Heirathen nur bei Hantierun-
gen, wovon Bürger und Heuerleute leben, möglich sei, und die
deutsche Nation, welche er schilderte, nicht aus Bürgern und
Heuerleuten, sondern aus Landbesitzern bestand. Die hiesigen
Heuerleute heirathen mit zwanzig Jahren, und mithin zehn Jahre
früher als Anerben. Gesetzt also, sie wären mit funfzig Jahren
alt und kümmerlich, gesetzt, ein ganzes Kirchspiel sähe seine besten
Leute, und ein Mann alle seine Brüder und Verwandte sterben,
so wird derjenige, der nahe am Kirchhofe wohnt, oder den dieser

Verlust hauptsächlich trifft, das unglückliche Hollandsgehen leicht beklagen. Allein die große Staatsrechnung leidet darunter nichts. Es verhält sich hierin mit den hiesigen Hollandsgängern wie mit den Bergleuten. Diese erreichen kein hohes Alter und sind früh kümmerlich. Ihre Anzahl vermindert sich aber dadurch nicht. Sie werden sich doppelt vermehren, wenn hinlängliche Arbeit vorhanden.

Wahr ist es weiter, daß von den Leuten, welche solchergestalt in die Fremde gehen, jährlich zehn von hundert verloren gehen. Einige gehen auf den Herings- und Walfischfang; und die Reisen zur See verführen manchen nach Ost- und Westindien. Wie viel Einwohner in Curassao sind nicht aus hiesigem Stifte! Viele, die nach England in die Thransiedereien oder nach Holland auf allerhand Arbeit ausgehen, lassen sich, wenn sie zu Hause keine Weiber haben, leicht bereden gar auszubleiben. Allein es ist auch wiederum wahr, daß wir die große Menge von Heuerleuten nicht haben würden, wenn der Verdienst in der Fremde wegfallen sollte. Wir würden alsdann sicher nicht den zehnten Theil derjenigen haben, die jetzt im Lande sind; und so ist der gegenwärtige Verlust nichts gegen denjenigen, welchen wir im Gegentheil leiden würden. Ein Baum, wovon viele wurmstichige Aepfel fallen, ist insgemein fruchtbarer als ein anderer, worunter keiner liegt. Wer hier blos auf die Erde und nicht in die Höhe sieht, der wird leicht unrichtig urtheilen und nicht erkennen, daß jener mehr Früchte habe als dieser.

Es läßt sich sehr wahrscheinlich zeigen, daß in diesem Jahrhundert sich über viertausend Neubauer im hiesigen Stifte niedergelassen haben; und der unmäßige Preis unserer Ländereien, welcher höher ist als er irgendwo in Europa sein wird, bestärkt diese Vermuthung. Sechsundfunfzig Quadratruthen von unserm besten Feldlande — und wahrlich unser bestes kann in Vergleichung anderer Länder kaum für mittelmäßig gelten — ist in verschiedenen Gegenden über vier Thaler jährlichen Heuergeldes ausgebracht worden, und das Gartenland doppelt so hoch als das Feldland. Es ist kein einziger sogenannter großer Haushalt im ganzen Stifte mehr, weil kein Pachter das Land so hoch bezahlen, und kein Eigenthümer es so theuer nutzen kann, als es die Heuerleute bezahlen. Da diese in den öffentlichen Lasten weislich geschont, von aller Werbung befreit, und an manchen Orten mit der Feuerung und Weide leicht versorgt werden, so verheuert der Eigenthümer der Ländereien nicht blos sein Land, sondern auch die freie edle Luft unter einer milden Regierung und alle die Vortheile, die ein Land ohne Truppen, ohne Accise und ohne Cameralisten gewähren kann, die Vortheile, welche Heiden und Moore darbieten, und den öffentlichen Credit, worin unsere glückliche Verfassung sowol die heilsame Gerechtigkeit **als** die landesherrliche Macht erhalten hat. Alle diese Vortheile würden ungenutzt sein, wenn wir die Menge von Heuerleuten nicht hätten, und diese wieder wegfallen, wenn sie ihr Brot aus dem Heide-, Sand- **oder** Moorlande ziehen sollten.

Viele Edelleute machen sich mit Recht **ein Gewissen** daraus, ihre Länder **an** den Meistbietenden zu vermiethen. **Die** geringen Nebenwohner, da sie einmal da sind und in benachbarten Ländern nicht gleiche Vortheile finden, können es nicht entbehren; und die Prediger in manchen Kirchspielen eifern gegen das Verheuern an den Meistbietenden auf den Kanzeln als gegen eine Sünde. Wo ist aber ein Land, **da** man diese Art von Sünde kennt? Der **vornehme** Verfasser des „Hausvaters", der gewiß den Haushalt **von** allen möglichen Seiten betrachtet hat, der Herr Landdrost **von** Münchhausen, gesteht, daß wenn er seine Güter in unserm Stifte **hätte,** sie ihm doppelt so viel als jetzt einbringen würden. Dies würden sie thun, ohne daß er nöthig hätte sich des Jahrs mehr als einmal, wenn der Zahlungstag der Heuergelder ist, danach umzusehen. Die Ursache, so derselbe hiervon angibt, besteht in der vorzüglichen Bevölkerung durch jene Heuerleute.

Wahr ist es, daß diese Bevölkerung den Landbesitzern auf sichere Weise zur Last falle: und die unzähligen Beschwerden, welche die Landstände ehedem über die Zunahme der Neubauer geführt haben, sind damals nicht ohne Grund gewesen. Wir haben landesherrliche Verordnungen von dem Bischof Philipp Sigismund, worin die Ansetzung eines neuen Hauses bei einer Strafe von **10** Goldgulden verboten ist; und der Landtagsabschied vom Jahre 1608 enthält buchstäblich, daß auf den ganzen und halben Erben, wo vorhin zwei Feuerstätten gewesen, nur die Sahlstätte und Leibzucht gestattet, auf den Kotten, wo vorhin keine gewesen, keine neue errichtet, und auf jeder Feuerstätte nur eine Partei geduldet werden sollte. Allein seitdem sich unter der Territorialhoheit die Grundsätze in diesem Stücke verändert haben, und die Bevölkerung in einen andern Gesichtspunkt gekommen ist; seitdem der Landbesitzer sich nicht mehr mit seinem eigenen Vieh und Korne fertig machen kann, sondern auch Geld nöthig hat; seitdem die Landesherren ihre Naturalgefälle in Geld verwandelt haben, und der Edelmann diesem Exempel gefolgt ist; seitdem endlich tausend vorhin entbehrte Reizungen der Wollust und Bequemlichkeit den Fremden baar bezahlt werden müssen: haben sich die Grundsätze in diesem Stücke so geändert, daß man jene Verordnung lächerlich findet. Jetzt wohnen nicht eine, sondern **vier** Parteien in Nebenhäusern, welche in die Quer durchgesetzt sind, **und** wovon jede Partei eine Seite hat. Man mag immerhin sagen: die Heuerleute beschweren nur die ge-

meinen Weiden, bestehlen die Holzungen und zeugen Bettler oder
Diebe.   Solange die Theurung der Landpreise im ganzen ein
Vortheil für Zeiten ist, worin alles auf Geld ankommt, so sind
jene Zufälle nur Flecken, die von der prächtigen Höhe kaum ge=
sehen werden müssen und durch gute Verordnungen gehoben wer=
den können.

Jedoch die wichtigste Betrachtung verdient Garn und Linnen.
Schwerlich kann ein Mensch sich mit Spinnen ernähren.   Spinnen
ist die armseligste Beschäftigung und kann nur insoweit vortheil=
haft sein, als es zur Ausfüllung der in einem Haushalt über=
schießenden Stunden gebraucht wird.   Hätten wir nun keine Leute,
die im Sommer nach Holland gingen, so würden diese auch den
Winter nicht spinnen können.   Wir würden auch ihre Weiber und
Kinder nicht beim Rade haben.   Es würde also vielleicht nicht die
Hälfte des Linnens im Stifte gemacht werden, was aus demselben
jetzt verführt wird.

Der scheinbarste Einwurf unter allen, welcher gegen das Hol=
landsgehen gemacht wird, ist die Theurung des Gesindes.   Ich
will diesen Einwurf mit den Worten vortragen, womit er in der
Landtagsproposition vom Jahre 1608 vorgetragen ist, um dabei
zu erinnern, daß unsere Vorfahren sich mit uns aus einerlei Ton
beklagt, und die Zeiten sich also in 160 Jahren nicht verschlimmert
haben.   Der Bischof Philipp Sigismund erklärt sich aber folgen
dergestalt:

Ueberdies zum Vierten wären J. F. G. nun eine zeither
fast aus allen Aemtern vielfältige Klage und Ueppigkeit, Muth=
wille und Frevel des gemeinen Dienstvolkes, Knechten und Mäg=
den und Jungen, auch gemeinen Arbeitsleuten und Tagelöhnern
vorgekommen; indem weil Gott allmählich etliche Jahre her
wohlfeile Zeit am Getreide und andern verliehen, daß fast alles
Gesinde daher widerspenstig würde, sich hin und wieder auf dem
Lande in den Dörfern, Flecken und Städten, in Backhäusern,
Spiekern, Kotten, Gaden und sonsten niederließe und selbst er=
hielte, und niemand zu dienen begehrte, und darüber die erbge=
sessenen Bauern, Bürger und andere, so ihrer Arbeit gebrauchen
müßten und nöthig hätten, zum äußersten aussögen, sonsten
auch das ledige Volk seines Gefallens wiederum davonstreiche,
anderer Orten sich verhielte, auch wol bei andern in Dienst sich
wieder einstellete und aufgenommen würde, auch wol ganz an
andere Orte nacher Friesland und sonst außerhalb Stifts davon=
streiche, da es etwa auf eine geringe Zeit ein mehrers verdienen
könnte, hernacher seines Gefallens wieder hereinkäme, und das
ganze Jahr hernach im Stifte unterhalten werden müßte, wie
denn ebenmäßig bei den Arbeitsleuten und Tagelöhnern die

Bezahlung übermäßig wäre; und zweifelten J. F. G. nicht, die Anwesende von den Ständen sämmtlich würden davon gute Zeugniß geben können; stünde derowegen zu reiflichen Bedenken, ob man sich nicht mit einer beständigen Polizeiordnung, wie es damit auf alle Fälle gehalten werden solle, dem gemeinen Nutzen zum Besten sich hierüber zu vergleichen ꝛc.

Damals hielt man es also dem Lande sogar nachtheilig, daß die Leute, welche nach Friesland (worunter das jetzige Westfriesland und Holland verstanden ist) gingen, des Winters zurückkamen und das Korn, über dessen Wohlfeiligkeit doch geklagt wird, für ihr erworbenes Geld verzehren halfen. Man suchte durch Erschwerung der Heirathen, durch Verminderung der Anbauer und durch Einschränkung des Erwerbs wohlfeiles Gesinde zu erhalten. Jetzt aber wünscht man viele Mitesser zum Korn, um gute Preise, viele Heuerleute, um theures Land, und viele Menschen, um desto leichter Gesinde zu haben. Schade für beide Grundsätze, daß das Land kein Sack ist, worin man die unangesessenen Heuerleute nach seinem Gefallen schütteln kann. Wie weiland Ihre Kurfürstl. Durchl. Ernst August der Erste das Hollandsgehen zum Vortheil der Werbung einschränkten, beschwerten sich unterm 19. Februar 1671 die Stiftsstände:

daß wegen der Hollandsgänger, so vor diesem viel Geld ins Stift geholt, itzt dem Lande viele tausend abgingen, indem selbige sich erst bei den Amtshäusern melden müßten, weil die Leute bei vorgehendem Zwang zur Werbung sich befürchteten, daß sie beim Kopf genommen würden.

Hier war der Sack zugeknüpft, und man war auch nicht zufrieden. Die Klage in den alten Zeiten war indeß noch gegründeter als jetzt. Damals ging es dem Landeigenthümer wie jetzt dem Menschen überhaupt. Dieser glaubt, alle Sterne und Thiere seien blos um seinetwillen erschaffen; und der Landeigenthümer behauptete, vielleicht gar nicht mit Unrecht, er sei der Mann, um dessentwillen ein Regent und Staat zuerst errichtet worden. Jetzt sind alle Menschen um des Regenten willen in der Welt, und wann diesem die Menge von Köpfen zu seiner Größe dienlich ist, so ist es besser, daß zehntausend geringe als tausend wohllebende Familien im Lande sind. Vordem war es umgekehrt.

Jedoch um auf den Einwurf zurückzukommen, so ist es überhaupt noch eine große Frage, ob es besser sei, daß der Handlohn hoch, oder niedrig stehe. Zur Bequemlichkeit der Großen ist vielleicht ein niedriger Lohn das beste; die kleine Menge aber, die den Gesetzgeber ernährt und daher auch seine vorzügliche Aufmerksamkeit verdient, dürfte wol eine andere Sprache führen. So viel aber ist allezeit gewiß, daß ein Land, wo die Handarbeit wohlfeil ist, die wenigsten, und wo sie theuer ist, die mehrsten Einwohner habe. Dieser Satz gründet sich in der Erfahrung und Vernunft. Es ist weiter gewiß, daß das Handlohn, welches hier verdient wird, dem Staate nicht entgehe. Der Verpachter kann mehr Geld von seinem Pachter ziehen, wenn dieser seinen Acker mit lauter wohlfeilen Händen bestellen kann; allein was jener mehr zieht, geht vielleicht für Wein aus dem Lande, und was dieser mehr verdient, wird zu Hause für Korn ausgegeben. Endlich ist es offenbar, daß der Handlohn nicht niedrig sein könne, ohne daß das Korn und mithin auch Länderei im Preise falle. Diejenigen also, die einen Knecht für den niedrigsten Lohn, und zugleich für ihr Land den höchsten Preis haben wollen, fordern etwas Widersprechendes. Wie kann der Heuermann seinen Sohn dem Landeigenthümer des Jahrs für 8 oder 10 Thaler Lohn vermiethen, wenn er dasjenige Land, welches er geheuert hat, so übermäßig bezahlen muß? Er würde sich nie gesetzt, nie geheirathet, oder doch, wie die Vornehmen in Italien und Frankreich zur Erhaltung der Stammgüter thun, nur Einen Sohn gezeugt haben, wenn er für sich und seine ungezählten Kinder keine andere Aussicht als ein so geringes Dienstlohn gehabt hätte. Der Gutsherr würde seine Pächte alle in Natur empfangen und sie für die Hälfte des jetzigen Preises verkaufen müssen, wenn der Hände so wenig, oder die Erwerbungsmittel so gering wären, daß man einen Knecht für 5 Thaler des Jahrs haben könnte. Ich könnte Exempel von Ländern beibringen, wo sich die Umstände wirklich so verhalten, wo niemand nach Holland geht, das hiesige Malter Roggen im vorigen Jahre halb so viel als hier gegolten, und dennoch der Mangel des Gesindes Klagen veranlaßt hat.

Aber wie, wenn ein reiches und ein armes Land nebeneinanderlägen, wovon das erstere die Handarbeit immer doppelt bezahlte, würde dann nicht endlich das letztere von Leuten völlig erschöpft werden? Dem ersten Anblick nach, ja; allein in der That, nicht. Ich berühre die großen Gründe nicht, nach welchen Hume dieses politische Problema zum Vortheil der Bejahenden entschieden hat, glaube aber, daß wenn jährlich noch zehntausend Leute mehr nach Holland gingen als jetzt, die Vermehrung in dem Lande, worin diese Leute Freiheit und Brot finden, in gleichem Verhältniß steigen werde. Ich glaube, daß das arme Land seine in reiche Länder reisenden Heuerleute eher in ihre Heimat zurückziehe als das reiche; weil jeder doch gern in seinem Dorfe und vor seinen Nachbarn glänzen und sein erworbenes Geld da am liebsten ausgeben will, wo es am mehrsten gilt. Ich schließe endlich, daß Leute von der Art, wie wir sie annehmen, nie so viel erwerben, um in dem reichen Lande bleiben zu können, und daher immer wieder zurückkehren müssen. Und alles dies ist der Erfahrung gemäß. Westfalen müßte längst

von den Holländern verschlungen, und diejenige Provinz, woraus
gar keine Leute noch Holland gehen, die volkreichste sein, wenn
obiger Satz seine Richtigkeit hätte. Es zeigt sich aber von beidem
das Gegentheil.

Insgemein klagt man auch darüber, daß die Hollandsgänger
den Landbauer in die Tasche steckten, ihm leichtfertiger- und unnöthigerweise Geld vorstreckten, seine besten Ländereien dafür unter-
nähmen, zu den öffentlichen Lasten fast nichts entrichteten und zur
Zeit der Anfechtung den Landbauer in der Beschwerde stecken ließen.
Diese Klage hat nun zwar einigen Grund, insofern man sich beklagen darf, daß die Braut zu schön sei. Allein seitdem man in
den neuern Zeiten sich keine Mühe verdrießen lassen, den Landbauer um allen Credit zu bringen, indem man den Leibeigenen, ja
sogar den Freien, wie doch ohne gehörige Untersuchung und Bewilligung der Gläubiger nie geschehen sollte, einen Stillestand fast
nach Willkür gegeben und sonst dafür gesorgt hat, den leichtfertigen
Gläubigern Ziel zu setzen: so ist zu glauben, daß diese Klage in
den nächsten funfzig Jahren nicht gemacht, und in solcher Zeit ein
Gutsherr nicht den vierten Theil an außerordentlichen Gefällen erhalten werde, die er vorhin erhalten hat, als der Leibeigene noch
tapfer borgen und die Heuerleute in dieses schöne Spiel ziehen
konnte. Wer borgt jetzt noch einem Leibeigenen? Um zehn Thaler
willen muß er sich pfänden und zum Concurs bringen lassen. Und
wenn es mit Verheuerung der Stätten nur erst recht zur Ordnung
ist, und die Abäußerungsursachen völlig bestimmt sind, so sind hundert gegen eins zu wetten, daß jene Klage nie wieder vorkommen
werde. Denn die Welt wird immer besser und klüger.

Die Ursache, warum man die Heuerleute in den öffentlichen
Lasten so sehr schont, ist aber gewiß der feinsten Politik gemäß.
Wir haben keine bessere Rekruten für den Leibeigenthum als die
Heuerleute; diese allein sind im Stande, ihren Kindern etwas Erhebliches mitzugeben oder ein erledigtes Erbe mit voller Hand zu
beweinkaufen; und so schimpflich es ehedem der leibeigene Landbauer
hielt, seine Kinder unter ihrem Stande unangesessenen freien Leuten
zu geben, so anständig ist es doch in den neuern Zeiten geworden;
und wenn die Gutsherren, so wie der Eingang gemacht ist, fort-
fahren den Stand des Leibeigenthums immer mehr einzuschränken,
zu erniedrigen und zu beschimpfen, so dürfte sich bald der freie
Heuersmann zu vornehm halten, sich oder sein Kind auf ein Erbe
zu bringen. Was ist aber der erste Grund des Vermögens der
Heuerleute? Sicher das Hollandsgehen, als wodurch sie zur Einsicht,
Unternehmung und Handlung gelangen. Wie manches Vermögen,
wie manche Erbschaft ist nicht überdem aus Holland und Ostindien
in hiesiges Stift gekommen! Und wie mancher, der sich in Holland

7*

glücklich niedergelassen, hat von dorther seine armen Verwandten
unterstützt oder ihnen Mittel und Wege zum Erwerbe geöffnet!

Daß in hiesigem Stifte überhaupt der Ackerbau vernachläßigt
werde, glaube ich nicht, und daß das Hollandsgehen daran schuld
sei, noch weniger. Fremde geben den hiesigen Einwohnern, welche
gute Wirthe sind, das Zeugniß einer guten Ackerbestellung; und da
die Länderei im höchsten Preise steht, so darf man eine beßere Vermuthung faßen. Ich habe 56 Quadratruthen, worauf noch erst
einige Fuder Plaggen gebracht werden mußten ehe sie urbar gemacht werden konnten, und welche die Marktgenoßen nicht an den
Meistbietenden, sondern an die unter ihnen wohnenden geringen
Kötter aus der Gemeinheit überließen, mit hundert Thaler freudig
bezahlen sehen und faße daher gute Gedanken von ihrem Fleiße,
ohne mich durch die schlechte Wirthschaft einiger der Faulheit und
der Ueppigkeit ergebenen andern irren zu laßen. Wenn der Landbauer selbst nach Holland ginge, so würde es zum Schaden des
Ackerbaues gereichen. Dies aber geschieht hier im Stifte nicht,
außer wenn der Landbauer, um sich aus seinen Schulden zu retten,
sein Erbe meistbietend verheuert und inmittelst eine Handarbeit in
der Fremde sucht, um nicht eben bei seinen Nachbarn zu dienen.
Die Klage über den Mangel und die Theuerung des Gesindes kann
auch wol einen Neid der Landbauer gegen die mit freudigem Ge-
sange nach Holland tanzenden und auf lustige Abenteuer irrenden
Heuerleute zum Grunde haben, die bei ihrer Wiederkunft ein petit
air étranger zeigen und sich vom Besten einschenken laßen.
Wenigstens finde ich die Klage über die Theuerung des Gesindes,
wenn ich scharf nachfrage, nicht so gegründet, als es uns der
Mund mancher Redner bereden will, und ich habe die Klagen anderer Länder über diese Theuerung, woraus niemand nach Holland
geht, noch bitterer als die unserigen gefunden.

Einer Treulosigkeit gegen ihr Vaterland kann man die Hollandsgänger mit Billigkeit nicht beschuldigen. Die Freiheit, nach ihrem
Gefallen zu reisen, ist die erste Bedingung gewesen, worunter sie
sich bei uns niedergelassen und worauf sie geheirathet haben. Diese
Freiheit macht sie eben so getreu, daß sie wiederkommen; und sie
zu zwingen, auf einem Boden zu bleiben, der ihnen nicht zum
Erbtheil übergeben, sondern für baar Geld verheuert ist, würde so
schädlich als unbillig sein. In den strengsten Ländern geht der
Zwang nicht weiter, als den treulosen Unterthanen ihr Erbtheil zu
entziehen. Eigentlich sollte diese Entziehung sich nur auf das Erbtheil an liegenden Gründen erstrecken, welches der Besitzer unter der
Bedingung empfangen hat, es zu vertheidigen oder zu verlaßen.
Dergleichen Erbtheil aber hat das Vaterland jenen Flüchtlingen
nicht angewiesen.

Der Einwurf, daß die Hollandsgänger nichts als Gras oder elendes Korn von ihren geheuerten Ländereien ernten sollten, kommt mit der hohen Landmiethe nicht überein. Wenn er seine Richtigkeit hätte, so würden diese Leute lieber das Korn kaufen, als Land zum Bau miethen; und überhaupt bleibt allemal der Schluß wahrscheinlich, daß keiner auf die Dauer etwas unternehme, wovon er keinen Vortheil hat. Es verdient übrigens bemerkt zu werden, daß vom Lande daher kein Korn zur Stadt oder zu Markte gebracht wird. Die Ursache davon ist, daß jeder sein Korn aus dem Hause los werden kann: eine Bequemlichkeit, welche der Landbauer sicher denjenigen zu verdanken hat, die den Sommer über in Holland liegen und des Winters ihr Brot zu Hause kaufen. Wie gern würden unsere Nachbarn an der Weser, die von zehn Meilen her uns ihr Korn zuführen, sich die weite Reise ersparen, wenn einige tausend Hollandsgänger bei ihnen überwintern wollten! Sie würden sie als ehrliche, und nicht als treulose Zugvögel behandeln.

Die Rechnung von demjenigen, was die Hollandsgänger mitnehmen, verreißen und versäumen sollen, scheint mir übertrieben zu sein und wenigstens noch eine nähere Untersuchung zu erfordern, wozu ich einen erfahrenen Landwirth hiermit aufgefordert haben will. Im voraus aber glaube ich, daß die Familie, wovon der Vater den Schinken, den Speck, das Garn, die Wolle und das Linnen in Holland verzehrt und verreißt, den besten Markt habe und ihre Waare am theuersten ausbringe. Meiner Meinung nach wäre es gut, wenn all unser Linnen so glücklich verrissen würde. Das Schwein der Heuerleute würde nicht gemästet und das Garn nicht gesponnen sein, wenn der Weg nach Holland nicht die Ursache gewesen, daß diese Leute sich unter uns gesetzt hätten. In andern Ländern wohnen die Heuerleute, welche Taglohn verdienen, in Baracken und werden nie so reich, eine eigene Kuh oder ein Schwein unterhalten zu können. Ihre Weiber und Kinder tragen keine modefarbige Kleider und keine breite Schuhschnallen. Versäuerte Schafmilch ist ihr Futter, und ihre Gesichtsfarbe nicht röther als die unserige. Wenn dort der Wirth seinem Knechte nicht den Lohn geben will, den er fordert, so wird er Soldat; und hier geht er nach Holland.

Uebrigens bleibt es allemal eine ewige Wahrheit, daß es besser sein würde, wenn alle Landeseinwohner zu Hause blieben und dort ebenso viel oder doch nicht viel weniger verdienten. Bis dahin aber den Leuten diese Mittel zum Erwerb verschafft werden, ist es am sichersten, sie nicht zu stören. Kein einziger wird so unvernünftig sein, in Holland auf der Heusime unterm blauen Himmel zu schlafen und sein schwarzes Brot mit Waddicke zu essen, wenn er zu Hause nur Dach und Stroh und Brot und Milch

haben und ebenso viel als in Holland verdienen kann. Wie stark
müssen die Bewegungsgründe dieser Leute sein, wenn sie bei solchem
Ungemach Gesundheit und Leben wagen! Und darf der Gesetzgeber
hoffen, sie auf andere Art als durch ein besseres Auskommen davon
zurückzubringen?

Klage wider die Packenträger.

Die Packenträger sind der Verderb des ganzen Landes. Wie
mancher Viehmagd kroch ehedem ihr braunes Haar unter einer mit
Schraubschnur eingefaßten Mütze hervor, die der Packenträger erst
zu Lioner=Golde, darauf zu Kanten, und zuletzt wol gar zu Spitzen
verführt hat! Nur stolz, wenn ihre Kühe nach einem harten und
langen Winter dick und glatt waren, dachte sie noch nicht an sich
selbst und wünschte blos durch die Zierde ihrer Kühe sich als eine
gute Haushälterin dem Großknechte zu empfehlen. Sie schämte sich
nicht, in Holzschuhen, diesem den Bewohnern nasser Gegenden von
der Vorsehung angewiesenen Fußwerk, zu Dorfe und barfuß zur
Kirche, deren Boden noch nicht mit Teppichen belegt war, zu kom=
men. Ihr Hals zeigte seine wohlerworbene Farbe; und der einzige
Staat war eine runde silberne Schnalle, womit sie ihr selbstge=
zeugtes Hemd befestigte, und zwei Röcke, wovon sich nur einer sehen
lassen durfte. Der Knecht hatte die Hälfte seines Garns, welches
er bei Feierabend gesponnen, in einer Grube mit Eichenlaub gefärbt,
und die Webemagd ihm ein buntes Zeug zum Wamms daraus
gemacht, zur Belohnung, daß er ihr Flachs in die Röthe und wie=
der herausgebracht hatte. Sie wußten miteinander nichts von
fremdem Putze und bewunderten den Staat der Frau Pastorin als
etwas Fürstliches, ohne sich den Wunsch beifallen zu lassen, so
etwas nachahmen zu dürfen.

Wer hat aber diese guten Sitten verderbt? Gewiß niemand
mehr als der Packenträger, der mit seinen Galanteriewaaren nicht
auf den Heerstraßen, sondern auf allen Bauerwegen wandelt, die
kleinsten Hütten besucht, mit seinem Geschwätz Mutter und Tochter
horchen macht, ihnen vorlügt, was diese und jene Nachbarin bereits
gekauft, ihnen den Staat, welche diese am nächsten Christfeste da=
mit machen werde, mit verführerischen Farben malt, der entzückten
Tochter ein Stück Zitz auf die Schulter hängt, ihr eine sanfte Röthe
über ihren künftigen Staat ablockt, und der gefälligen Mutter selbst

eine neue Spitze aufschwatzt, damit sie sich vor ihrer Tochter im
zitzenen Camisol beim nächsten Kirchgange nicht schämen dürfe.
Dem Knechte gefallen die schönen seidenen Halstücher, die großen
silbernen Schnallen, der hübsch beschlagene Pfeifenkopf und andere
entbehrliche Kleinigkeiten, welche ihm die Wirthin aus Höflichkeit
gegen den Packenträger anpreist; und dieser, der gern eine Zeit
lang borgt, wenn er nur die Hälfte, als den wahren Werth, bezahlt erhält, geht freudig weiter, um eine andere Frau Nachbarin
zur Nachfolge zu ermuntern. Er hat von allem, was sich für jeden
Stand paßt, und weiß einer jeden gerade das anzupreisen, was
sich am besten für sie schickt. Das Vermögen aller Familien ist
ihm bekannt; er weiß, wie die Frau mit dem Manne steht, und
nimmt die Zeit wahr, jene heimlich zu bereden, wenn der gräm-
liche Wirth nicht zu Hause ist. Kurz, der Packenträger ist der
Modekrämer der Landwirthinnen und verführt sie zu Dingen, woran
sie ohne ihn niemals gedacht haben würden.

Solche gefährliche Leute sollten in einem Staate um so viel
weniger geduldet werden, da es mehrentheils Ausländer sind, die
unsere Thorheiten in Contribution setzen, und keine funfzig Jahre
hingeben werden, daß nicht die Franzosen, welche seit dem letzten
Kriege die offene Handelsfreiheit der Stifter bemerkt haben, in dem
Besitze dieses ganzen Handels sein werden. Wir sehen schon, wie
sie sich täglich vermehren, und wie Leute, die im Jahre 1763 noch
mit einigen Stücken Kammertuch aus Champagne und dem Lüttich-
schen herunterschlichen, jetzt mit pariser Nippes auf den Posten
reisen und ganze Ballen nachkommen lassen. Knaben, die zuerst
mit Chansons handelten, sind große Libraires ambulans geworden
und versorgen uns mit den Fabrikromans, die vorhin nach Canada
zu gehen pflegten. Wie häufig kommen nicht die Mützenprin-
zessinnen! Und wie leicht ist es möglich, daß sie auch mit der Zeit
einige allerliebste Bauernmützen mitbringen und die Dörfer bereisen!
Man darf an nichts mehr zweifeln, und es ist nicht unmöglich,
daß wir in funfzig Jahren eine Bande von französischen Komö-
dianten auf jedem Dorfe haben werden. Es ist ein leichter und
lustiger Erwerb, und ich sehe es als etwas sehr Wahrscheinliches
an, daß, währendderzeit die Westfälinger in Holland Torf stechen,
die Franzosen ihren Weibern ein Ballet vortanzen und eine Opera
im Kasten zeigen.

Die Alten duldeten keinen Krämer auf dem platten Lande, sie
waren sparsam in Ertheilung der Marktfreiheiten, sie verbannten
die Juden aus unserm Stifte. Und warum diese Strenge? Sicher
aus der Ursache, damit der Landmann nicht täglich gereizt, versucht, verführt und betrogen werden sollte. Sie bauten auf die

praktische Regel: Was man nicht sieht, das verführt einen auch nicht.

Der Packenträger ist ein wichtiger Mann für solche Fabriken, denen es an einem großen Verleger mangelt. Da er zu Fuße geht, sein Essen von der guten Mutter, die sich etwas von seiner Waare aufschwatzen läßt, in Kauf erhält und des Nachts bei frommen Leuten zu Gaste schläft, so verzehrt er nichts, nimmt auch mit einem kleinen Gewinst vorlieb, und dient den Fabriken, welche keinen Hafer für Pferde abwerfen, statt des Packesels. Die bielefeldischen Linnenhändler würden ohne solche Packenträger längst den wichtigsten Theil ihres Handels verloren haben. So groß aber diese Wohlthat ist, solange sie uns mit nützlichen und unentbehrlichen Dingen versorgen, so gereicht es zu unserm und der einheimischen Manufacturen Nachtheil, wenn durch den wohlfeilen Preis reizender Kleinigkeiten und sofort durch den geringsten Vortheil, welchen eine fremde Manufactur über die einheimische gibt, das baare Geld aus dem Lande und dessen kleinsten Quellen gezogen und der einheimische Fleiß gestürzt wird.

Von Markt zu Markt mag er reisen; das ist nothwendig, um die einheimischen Krämer und Fabrikanten vom Uebertheuern abzuhalten. Auf den Märkten ist er auch so gefährlich nicht, weil der Mann seine Frau dahin begleitet und, wenn sie dort etwas kauft, seinen unmaßgeblichen Rath dazu ertheilt. Allein außer dieser Zeit und von Hütte zu Hütte sollte er nicht geduldet werden. Vordem, da aller Handel in den Städten war, mußte sich ein solcher Packenträger nothwendig an diese wenden, und hier erhielt er, nach vorgängiger Untersuchung der Frage ob seine Waare den Einwohnern nützlich und nöthig sei, die Erlaubniß zu hausiren. Seitdem sich aber die Handelsfreiheit aufs Land ausgebreitet hat, und es fast schwer ist, Handlungspolizeigesetze außerhalb einer Ringmauer beobachten zu lassen, hat sich dieser Theil der obrigkeitlichen Vorsorge nothwendig verlieren müssen . . . .

Schutzrede der Packenträger.

Da die Polizei fast in allen benachbarten Ländern gegen die sogenannten Bund- oder Packenträger aufwacht und selbige entweder gänzlich verbannt oder doch sehr einschränkt, so verdient es allerdings eine Untersuchung, inwiefern diese Bemühung zum Besten eines Staats gereiche oder nicht.

Wenn man die handelnden Parteien eines jeden Landes fragt, so haben dieselben insgesammt nur Eine Stimme gegen diese armen Leute. Die kleinen Städte sehen sie als ihre geschworenen Feinde an; die Cameralisten sagen, daß sie das Geld aus dem Lande schleppten; die Moralisten rufen mit lauter Stimme, daß sie Ueppigkeit und Eitelkeit in die kleinsten Hütten verbreiten; und die Männer schreien, daß sie ihre Weiber und Töchter zu allerhand Thorheiten verführen.

Was sagen aber die armen Packenträger dazu? Bis dato nichts, so oft wir sie auch dazu aufgefordert haben. Vielleicht ist ihnen die in diesen Blättern wider sie eingeführte Klage nicht einmal zu Gesicht gekommen. Vielleicht verlassen sie sich auch auf ihre gute Sache. Es sei aber diese oder eine andere Ursache ihres Stillschweigens, so ist es unsere Pflicht, sie nicht ungehört zu verdammen. Wir müssen sie, da sich kein Advocat für sie gefunden, selbst reden lassen; damit sie aber nicht zu weitläufig werden, sollen sie blos zu uns reden. Denn jeder Staat hat in diesem Stücke sein eignes Interesse, und wir bekümmern uns billig zuerst um das unserige.

„Was bewegt euch", könnten sie zu uns Osnabrückern sagen, „uns das freie Hausiren zu verbieten? Ihr wohnt in einem Lande, wo die Auflagen gering sind, wo ihr gar keine Rekruten zu stellen, keine Cavalerie zu ernähren und keine Accise zu entrichten habt; in einem Lande, wo die Zinsen gering, Hände genug und die Lebensmittel in einem billigen Preise sind. Wenn ihr wollt, so müßt ihr alles, was ihr macht, ebenso wohlfeil geben können, als wir es euch auf unsern Rücken zutragen; und wenn ihr dieses thut, so müssen wir von selbst zu Hause bleiben. Daß in solchen Ländern, wo die Landesschulden hoch und die Auflagen stark, der Hände aber, aus Furcht vor der Werbung, wenig sind, der Landesherr alles Gewerbe und alle Handlung im Lande zu erhalten sucht, damit dessen Einwohner für so viele Beschwerden einigen Vortheil haben und demselben gewachsen bleiben mögen, das lassen wir gelten. Allein bei euch ist dieses glücklicherweise nicht nöthig; und man würde nur eure Faulheit oder die Gewinnsucht eurer Krämer zum Schaden des Ganzen unterhalten, wenn man uns verbannen und diesen die Willkür lassen wollte, euch nach Gefallen zu behandeln. Ihr seht es ja an euern Bäckern und Brauern, wie reich diese Leute werden, da niemand mit Bier und Brot hausiren darf. Daß wir umsonst bei euch schlafen und essen, wo wir für Geld leben müssen, nichts als Wasser trinken und unsern Weg zu Fuße machen, ist euer Vortheil. Ihr habt die Waare, die wir euch zu bringen, dagegen so viel wohlfeiler. Machen es doch eure Kaufleute in vielen Stücken auch so, die ihre Waare aus ebender

Hand nehmen, woraus sie der Hamburger, Bremer und Holländer nimmt, und solche hernach wohlfeiler geben als diese, welche aus ihrer Handlungskasse Kutschen und Pferde, Lustgärten und Maitressen unterhalten. Unserer geringen Meinung nach sind in euerm Lande hundert Ackersleute gegen Einen Krämer; wenn nun jene ein Schermesser für zwei Groschen von uns erhalten, so steht sich unfehlbar der größere und wichtigere Theil des Landes besser, als wenn er euerm Krämer dafür einen halben Gulden bezahlt, den sie hernach nur in Wein vertrinken oder auf andere leichtfertige Art verspielen. Ueberdem müssen wir euch sagen, daß ihr mit vielen Sachen gar nicht handeln könnt, womit ein Hausirer handelt. Dieser besucht des Jahrs fünfhundert Dörfer, und wenn er in deren zehn jährlich von gewissen Waaren nur ein Stück absetzt, so kann er schon ein Lager von hundert Stücken darauf halten und euch eine jedem Käufer angenehme Wahl verschaffen, wohingegen ein Kaufmann, der diese zehn Dörfer versorgen will, deren jedesmal nur ein oder zwei vorräthig haben kann, weil ihm der Absatz von mehrern mangelt. Hätte er mehr auf dem Lager, so müßten die Zinsen des Kapitals, welches darin steckt, auf das eine Stück geschlagen und dieses um so viel theurer verkauft werden, wo der Mann nicht zu Grunde gehen will. Wir hingegen, die wir immer von einem Lande ins andere reisen und täglich Markt haben, verkaufen immer und können um so viel wohlfeiler verkaufen, je geschwinder wir unser Kapital umsetzen. Wenn wir 1 Procent verdienen und unser Kapital alle Monat von neuem anlegen, so gewinnen wir mehr als ein Kaufmann, der 10 Procent hat und sein Kapital kaum alle Jahre umsetzt. Denkt aber nicht, daß es damit genug sei wenn ihr uns blos den freien Markt laßt. Ja, wenn eure alten Kreisstände so klug gewesen wären, daß sie alle Jahrmärkte in geographischer Ordnung angelegt hätten, sodaß wir um Lichtmessen von einem Punkt aus in einer Kette immer von einem Jahrmarkt auf den andern ziehen und sodann gegen Martini zu Hause sein könnten, so ließe sich das noch hören. So aber gehen die Jahrmärkte zickzack, zehn Meilen hin, zehn Meilen her, und bald müssen wir vierzehn Tage, bald acht in der Schenke liegen und unser Geld verzehren, wenn wir in der Zwischenzeit nichts verdienen oder von jedem Jahrmarkte nach Hause und sodann wieder auf einen andern reisen sollten. Und würden wir diese Unkosten nicht auf die Waare legen und folglich euch zur Last bringen müssen?

„Was ihr nun von euern Weibern und Töchtern sagt, daß diese sich so leicht von uns beschwatzen ließen, ist eure Schuld. Warum haltet ihr sie nicht in besserer Zucht? Und gesetzt wir sagten ihnen bisweilen ein Wort mehr als sie von andern hören, sind wir denn allein Diebe unserer Nahrung? Werdet ihr euch nicht in Ewigkeit Ader lassen und den Bart scheren lassen müssen, solange ihr Barbiere im Lande duldet? Sind eure Weinschenken auf den Dörfern nicht ärger als die falschen Spieler? Ihr duldet sie aber doch, damit der Reisende und der Kranke sich bei ihnen erquicke. Je nun, so duldet auch von uns um des größern Vortheils willen ein geringeres Uebel, und werft es euern Weibern und Töchtern nicht so hämisch vor, wenn wir ihnen bisweilen ein paar Nähnadeln in Kauf dafür geben, daß wir bei ihnen oder bei euch zu Gaste schlafen. Was will endlich daraus werden, wenn jeder kleine Reichsstand seinen kleinen Bezirk so zuschließen will? Ihr habt in eurem Lande gewiß fünfhundert Packenträger, welche die benachbarten Länder beziehen. Warum wollt ihr uns denn nicht die Freiheit gönnen, die ihr selbst nöthig habt? Sind nicht unter uns viele, die ihre Waare von euern eigenen Kaufleuten nehmen? Und würden wir nicht noch gern ein mehreres von euern Fabriken nehmen, wenn diese uns ihre Waaren nur ebenso wohlfeil gäben, als wir sie anderwärts haben können? Verbietet uns allenfalls den Handel mit solchen Sachen, die ihr im Lande selbst zieht oder macht; aber laßt es nicht zu, daß eure Kaufleute den Kohlsamen mit schweren Kosten von der braunschweiger Messe holen, den wir euch aus unsern Kohlgärten ohne alle Unkosten zutragen.

„Wie wir das letzte mal in Leipzig waren, fragte uns der Kaufmann, woher wir die gestickten Tücher und andern hübschen Sachen für eure jungen Weiber nähmen, wohin wir alle diese Waaren brächten, und wie es möglich wäre, daß wir zehntausend Stück dergleichen Tücher im Jahre absetzen könnten; und auf unsere Antwort, daß wir solche mehrentheils in den westfälischen Stiftern vertrieben, und die Menschen aus allen vier Welttheilen und mit allerlei Waaren daselbst freien Aus- und Eingang hätten, wollte er sich zu Tode wundern. Mein Gott, rief er aus, was muß da für eine Polizei sein! Das arme Land muß ja bis auf den Grund ausgesogen werden. Es hat ja keine Fabriken und nichts. Die Leute müssen ja ärmer sein als die Wilden; und man hat mir dabei gesagt, sie hätten keine Justiz, und ein Proceß käme nie zu Ende. Da möchte der Henker Kaufmann sein und borgen!

„Wißt ihr, was einer von uns darauf antwortete? Ich kann Ihnen, sagte er, von der dortigen Polizei und Justiz nichts sagen; ich habe wenigstens nie von einem Gesetzbuche, von Hypothekenbuche, von Proceßordnung dort gehört. Aber das weiß ich, daß die Zinsen dort vor dem Kriege nicht höher als zu drei Procent gewesen und jetzt zum Theil zu vieren gestiegen sind, daß man dort hundertmal mehr auf eine Privathandschrift oder auf ein Wort borge als anderwärts auf gerichtliche Briefe, daß die liegenden

Gründe dort höher im Preise sind als sonst irgendwo, daß man seine Bezahlung dort richtig erhalte und der Richter gegen die Schuldner nicht säumig sei, daß die Leute dort zufriedener sind als bei euch, und daß ohne Polizei= und Justizverordnungen ein jeder so ziemlich weiß was er zu thun hat. Dagegen hören wir in den Ländern, worin von nichts als Justiz und Polizei gesprochen wird, daß die Zinsen ohne Handel allemal um ein bis zwei Procent höher gewesen, daß man dort adeliche und freie Güter um ein Drittheil, wo nicht um die Hälfte wohlfeiler verkaufe, und daß man alle Mühe in der Welt habe auf große prächtige und kostbare Ver= schreibungen eintausend Thaler zu borgen. Es muß also doch, wenn der Erfahrung zu trauen, dort so übel nicht sein als ihr meint; und es muß eine wunderliche Beschaffenheit mit der Klug= heit aller Polizeianstalten haben, daß sie das Geld seltener, den Credit schwächer, und die liegenden Gründe wohlfeiler machen.

„Der Kaufmann gab uns seine Waare und schüttelte den Kopf. Was wir aber damals zu ihm sagten, das sagen wir jetzt zu euch. Wenn es nach allen politischen Rechnungen ginge, so müßtet ihr längst keinen baaren Schilling mehr im Lande haben; und gleichwol ist es in diesem Stücke bei euch jetzt nicht schlimmer als in den so gepriesenen wohleingerichteten Staaten, und ihr habt das Ver= gnügen zu sehen, daß sogar die komischen Packenträger, welche eine Oper im Kopfe und kein Geld in der Tasche haben, aus der Mitte von Frankreich, der Quelle aller Polizei, zu euch kommen. Ihr habt miteinander Menschenverstand, und wenn ihr euern Beutel selbst nicht flicken könnt, so werden ihn wahrlich alle Polizeianstalten nicht vor Löchern bewahren. Fegen können sie ihn, das ist gewiß. Sie können euch auch so arm machen, daß ihr nichts von uns kaufen könnt. Allein dasjenige, was ihr darin habt, wird nie nach Verordnung, sondern allezeit nach euerm freien Willen ge= braucht werden. Das glaubt mir gewiß; wir kriegen jahraus jahr= ein viele Menschen und viele Städte zu sehen, wir kennen sie, und der Große Mogul selbst wird dieses nicht ändern.

„Was ihr übrigens davon sagt, daß sich unter uns Packenträgern viele Diebe und Spitzbuben fänden, ist ein falscher Gedanke. Habt ihr je gehört, daß ein Mausefallen= oder Barometerkrämer zu einer Diebesbande gehört habe? Und warum dieses nicht? Sind die Italiener weniger diebisch als die Deutschen? Nein. Die Ursache ist, daß ein einzelner Mensch, der weder Freunde noch Verwandte hat, sich in einem fremden Lande doppelt in Acht nehmen muß. Kein Franzose wird daher leicht in Deutschland, und kein Deutscher in Frankreich stehlen. Ist diese Ursache wahr, so werdet ihr auch bekennen müssen, daß wir Packenträger nach einer ganz richtigen Politik minder diebisch sind als andere Menschen. Demjenigen

unter uns, der sich damit abgäbe, würde es gewiß an aller Für-
sprache mangeln.   Seinen Packen behielte man erst, und ihn fütterte man gewiß so lange in Ketten, bis man es müde würde."

Urtheil über die Packenträger.

Die Packenträger lassen sich überhaupt in zwei Klassen theilen,
wovon die eine mit Waaren, welche in ihrer Heimat fallen oder
gemacht werden, handelt, die andere aber eine Art von zweiter
Hand ist, welche die Waare, so sie führt, auf den Messen oder von
Großhändlern nimmt und zum Verkauf umherträgt.

Die erste von diesen Klassen verdient eine ganz andere Aufnahme
als die zweite, und ich glaube nicht zu fehlen, wenn ich mit ihnen
nach dem großen Grundsatze verfahre, welchen die englische Nation
in der weltberühmten Act of Navigation vom 23. September 1660
in Ansehung der Seehandlung festsetzte. In derselben heißt es:
daß jedes Land seine eigenen Producte und seine eigenen
Fabriken mit eigenen Schiffen nach England bringen könnte.
Und die Absicht dabei ist, auf einer Seite zu verhindern, daß
die Holländer, welche aller Welt Waaren führen, oder die Schweden,
welche aller Welt Fuhrleute abgeben, oder andere Nationen, die
eine gute und bequeme Ladung nach England bringen könnten,
keine Verkäufer abgeben und ihnen fremde Waaren zubringen sollen;
auf der andern Seite aber ihren eigenen Kaufleuten, welche solchergestalt den Einkauf fremder Waaren, die aus der Quelle nicht her-
geführt werden, allein haben und die englischen Waaren wieder
in die Länder verführen, woher sie fremde holen, diesen Vortheil
mit Ausschluß aller andern zuzuwenden.

Nach diesem von der ganzen handelnden Welt bewunderten
Grundsatze müssen wir es zum ersten Hauptgesetze machen,
daß jeder Fremde mit den Waaren, die in seiner Heimat fallen
oder gemacht werden, zu uns kommen und hausiren könne; das
Recht aber, mit andern Waaren zu handeln und zu hausiren,
keinen als einheimischen, im Lande wohnenden Unterthanen verstattet werden solle.

Auf diese Art bliebe den Franzosen der Handel mit Kammertuch, Nesseltuch und andern dergleichen in Frankreich fallenden
Waaren, den Leuten von den Glas- und Eisenhütten der Handel
mit Gläsern, Schneidemessern, Sensen, Nägeln und dergleichen

Eisenwaaren, den Sieb= und Korbmachern der Handel mit Sieben
und Körben, den Ravensbergern der Handel mit klarem und feinem
Linnen, verschiedenen Nachbarn der Handel mit Drellen, Kanefassen,
wollenen Decken, wollenen und leinenen Strümpfen, mit Mause=
fallen und Barometern ungehindert; und da dieser Sachen, welche
aus der Quelle von Leuten, so an derselben wohnen, hergebracht
werden, so gar viel nicht sind, so ließe sich dieses bei weiterer
Ueberlegung leicht auf das genaueste bestimmen, indem doch über=
haupt keinem das Hausiren im Lande, ohne vorherige Untersuchung
und Vergeleitung, gestattet wird.　Dagegen wäre es aber blos
Einheimischen erlaubt, mit andern Waaren, als Messern, Scheren,
metallenen Knöpfen, Schnallen, Spiegeln, Bohrern, Pfeifenköpfen,
Handschuhen, baumwollenen Mützen und Strümpfen 2c., zu hausiren.

Gleichwie aber jene Act of Navigation die den fremden Nationen
erlaubte Einfuhr eigener Waaren nur insofern zuläßt, als diese
Waaren nicht Contrebande sind, also muß ein zweites Hauptgesetz
sein, ein gleiches auch dahier zu beobachten und sowol den fremden
als einheimischen Packenträgern das Hausiren mit sichern Waaren
gänzlich zu untersagen, als nämlich mit allen Spitzen, allen ge=
stickten Sachen, allen Seidenwaaren, allen Zitzen oder Kattunen,
allen wollenen Stoffen und dergleichen Sachen, als welche ent=
weder in den Städten oder auf Jahrmärkten gekauft werden können.

Ich rede hier blos von dem Hausiren außerhalb Jahrmarkts.
Denn dieser muß vor wie nach frei bleiben; und ist es meine Mei=
nung jetzt nicht, solchen gleichfalls auf jene Grundsätze einzuschränken.
Damit aber diejenigen, welche zu Markte kommen, diese ihnen zu=
gestandene Freiheit nicht mißbrauchen und unterwegs auspacken
mögen, so ist drittens nöthig, die Heerstraßen zu bezeichnen und
das Urtheil dahin zu fassen,

> daß, wer sich mit den blos auf Jahrmärkten zugelassenen Waaren
> außerhalb der Heerstraße betreten lassen wird, sofort aller seiner
> bei sich führenden Waare verlustig sein solle.

Die Lage der westfälischen Länder begünstigt diese Anstalt ungemein.
In andern Gegenden gehen die Heerwege von Dorf zu Dorf, und
die Landleute wohnen alle im Dorfe.　In Westfalen hingegen
wohnt in den Dörfern und an der Heerstraße fast kein einziger
Landmann, sondern blos Wirthe, Krämer und Handwerker, und
diese sind nur schlechte Kunden für die Packenträger.　Der wahre
Bauer liegt in Hölzern zerstreut, und man kann nicht zu ihm kom=
men ohne die Heerstraße zu verlassen.　Es wäre also sowol in
dieser als in mancher andern Absicht nöthig, die Heerstraßen zu
bezeichnen, als wodurch zugleich die nach der Lage anderer Länder
nöthige und beschwerliche Versiegelung der Packen völlig hinweg=
fallen würde.

Ich denke nicht, daß durch dieses Urtheil über die Packenträger sich jemand mit Recht beschwert erachten könne; denn daß man darin

1) diejenigen begünstigt, die uns ihre eigenen Waaren, welche wir nöthig haben, mit der ersten Hand zubringen, hat insofern seinen guten Grund, als wir sonst der zweiten und dritten Hand unnöthig zinsbar werden würden; daß man

2) den Vortheil der zweiten Hand, wenn eine Waare aus der ersten nicht zu haben ist, selbst zu gewinnen und solchen einheimischen Unterthanen zuzuwenden sucht, ist der Klugheit gemäß; daß man

3) alles Hausiren mit Spitzen, gestickten Sachen ꝛc., wobei die einfältigen Unterthanen überlistet und übervortheilt werden, verbiete, ist um so nothwendiger, weil der Werth dieser Sachen nicht so gut als der Werth eines Schneidemessers beurtheilt werden kann, und das Geld, was für wahre Bedürfnisse aus dem Lande geht, nicht den zehnten Theil von demjenigen ausmacht, was auf Thorheiten verwandt wird. Endlich und

4) wird ein mäßiger Ueberschlag zeigen, daß von hundert fremden Packenträgern, welche das Land belaufen, neunzig, die nichts als fremde zusammengekaufte Waaren führen, zu Hause bleiben müssen. Die Leute, so von einer Quelle kommen, führen insgemein nur einerlei Waare, und es ist gar nicht schwer, sie zu unterscheiden und dem Befinden nach mit einem beständigen Geleitsbriefe zu versehen.

Man will indessen doch die Gründe derjenigen, welche gegen dieses Urtheil etwas einzuwenden haben, gern vernehmen und ihnen in der fernern Appellations-Instanz nicht allein Gehör, sondern auch Gerechtigkeit widerfahren lassen.

—

Vorschlag zu einer Praktika für das Landvolk.

Ich habe mich mehrmals darüber gewundert, warum nicht jede Landesobrigkeit für jede Provinz, insofern dieselbe besondere Gewohnheiten und Gesetze hat, einen kurzen und deutlichen Unterricht für das Landvolk schreiben und drucken läßt, worin die ihm vorkommenden Rechtsfälle nach seinen Begriffen erörtert, und zugleich gute Räthe und Mittel sich zu helfen vorgeschrieben würden, auf dem Fuß, wie Tissot es in Absicht auf die Erhaltung der Gesundheit gethan hat. Ein solches Werk, wenn es von alten er-

fahrenen Männern geschrieben und obrigkeitlich bestätigt würde,
müßte unstreitig von großem Nutzen sein und manchen Laien der
Rechtsgelehrsamkeit von unnützen Processen abhalten oder doch davor verwahren können.   Die gegenwärtigen Zeiten haben vieles in
andern Stücken zum Unterricht des Landvolks hervorgebracht. Sie
haben ihm die Mittel eröffnet, sich in Nothfällen, wo es keinen
Arzt haben kann, selbst zu helfen; sie haben ihm den Bau verschiedener Futterkräuter, die Cultur der Maulbeerbäume, die Bienen-
zucht, das Branntweinbrennen und viele andere ökonomische Vortheile in besondern kleinen Schriften deutlich und begreiflich gemacht.
Warum sollten sie denn nicht endlich auch ein Gleiches in Absicht
auf die ihn betreffenden Rechtsfälle thun? Warum soll dieser Theil
des menschlichen Unterrichts, der doch für die gemeine Wohlfahrt
so wichtig ist, allein ein Geheimniß der Geschwornen sein? Und
was kann man für Gründe anführen, die wenige Sorge, welche
man hierin für das Landvolk in den mehrsten Provinzen Deutschlands bisher gehegt hat, zu entschuldigen? Die Kenntniß der
Landesgesetze und Ordnungen ist jedem, der danach handeln und
beurtheilt werden soll, gewiß äußerst nöthig, sie ist edel und erhebt
den Geist, sie ist dem Staate vortheilhaft, weil sich in tausend
Fällen der Landmann selbst bescheiden könnte und nicht nöthig
hätte, jeden guten und schlimmen Rath theuer zu erkaufen. Wie
mancher fällt in die Strafe, die er vermeiden könnte, wenn er seinen
„Kurzen Unterricht" für sich hätte! Wie mancher leiht sein Geld
aus ohne die dabei nöthige Vorsicht zu kennen! Wie mancher
klagt eine Schuldforderung ein ohne die Schwierigkeiten zu arg-
wohnen, die ihm gemacht werden können! — welches alles nicht geschehen würde, wenn er besser unterrichtet wäre.

Ein solcher „Unterricht" kann aber nicht allgemein für mehrere
Länder sein, dergleichen wir sonst verschiedene haben. Er muß auf
die eigene Gerichtsverfassung eines jeden Landes eingerichtet, er
muß ein Auszug aller geltenden Landesordnungen und Gewohnheiten, er muß ein kurzer Inbegriff des gemeinen Rechts sein, insofern es in den Handlungen des Landvolks seinen öftern Einfluß
hat, und auf alle diese Fälle die nöthigen Klugheitsregeln und
Hülfsmittel enthalten, wodurch man entweder einen Proceß vermeiden oder einen unvermeidlichen mit Wahrscheinlichkeit beurtheilen
kann. Die Forderungen machen nun zwar ein solches Werk schwer
und schrecken sowol einen Verfasser als Verleger ab. Aber eben
deswegen sollte es ein Gegenstand der öffentlichen Vorsorge sein,
von Obrigkeits wegen verordnet, befördert und veranstaltet werden.
Ich will jetzt nur einige Exempel geben, um den Nutzen desselben
zu zeigen.

Gewiß sind hundert **Fälle in** diesem Jahre vorgekommen, worin die Frauen, wenn **ihre Männer** Schulden halber **gepfändet** werden sollen, **sich** der Hülfsvollstreckung widersetzt haben, **weil die** Sachen, so man pfänden wollte, ihnen gehörten. Sie sind darüber bestraft und **in** weitläufige Processe **verwickelt** worden. Wäre es aber nun **nicht** gut, **wenn die Frauen** wüßten, **wie** sie sich in solchen Fällen zu verhalten **hätten?** Wäre es nicht gut, **wenn** sie wüßten, auf was Art sie **das** Eigenthum **ihrer** Sachen **zu** bescheinigen hätten, **und wie sie** solche gleich beim ersten Termin zurückerhalten könnten, wenn sie **in** demselben mit **ihrem** Beweise gefaßt erschienen, und **falls** sie solchen nicht hätten, **lieber** ihr Unglück ertrügen?

Die Wohlthat des stillschweigenden Pfandrechts, welches **die römischen** Rechte demjenigen, **der** Haus oder Land verheuert, **auf das** eingebrachte Hausgeräthe **und** auf das Korn, was **auf** dem verheuerten Lande wächst, verliehen haben, ist von unendlichem Werth. Ohne sie würden tausend geringe Heuerleute, welche keine andere Bürgschaft haben, weder Wohnung noch Ländereien erhalten können, und die ganze Bevölkerung des Staats darunter leiden. Wie oft sucht aber nicht dennoch ein anderer Gläubiger **oder die** Frau unter **dem** Vorwande, daß das eingebrachte Hausgeräthe ihr zustehe, **dem Haus-** und Landherrn sein Vorzugsrecht streitig zu machen! **Und würde es** nicht für alle Theile ersprießlich sein, wenn ein solcher von **der** Obrigkeit bestätigter „Kurzer Unterricht" das sichere Recht in solchen Fällen nachwiese?

Eine Menge **von** Supplikanten, **welche wegen** entwendeten Holzes aus den gemeinen Holzungen bestraft sind, **meldet** sich jährlich um Nachlaß der Strafe und gründet sich **auf eine** bescheinigte Armuth. Könnte man diesen nicht ein für **allemal** sagen, daß, wenn die Obrigkeit auch noch so viel Mitleid mit ihnen hegte, es **doch** wider alle Vernunft sei, in diesem Stücke die Entschuldigung der Armuth gelten **zu** lassen, weil sonst gar keine gemeine Holzungen erhalten werden könnten, und es eben die Armuth sei, die man **am** mehrsten zu bestrafen hätte, weil Reiche und Vermögende **kein Holz** stehlen würden?

Wie viele Beschwerden liest man nicht in andern Rügesachen, womit **sich** die Parteien vergebliche Mühe und Kosten machen, und die sie vermeiden könnten wenn in einem solchen „Unterricht" alle Rügefälle deutlich ausgedrückt, die Ursachen derselben begreiflich angezeigt und zugleich die Räthe ertheilt wären, wie sich die Beschwerten allenfalls zu verhalten hätten! Wie mancher würde eine geringe Strafe, sofern sie keinen Einfluß auf seine Gerechtsame hätte, bezahlen und verschmerzen, wenn ihm in dem „Unterricht" deutlich gewiesen wäre, **wie** hoch sich die Kosten beliefen, die er **auf** eine mißliche Beschwerde verwenden müßte! Wie mancher

würde mit einer weitläufigen Vorstellung zurückbleiben, oder doch
wenigstens sofort Gegenbescheinigungen beibringen, wenn er einmal
wüßte, daß der Oberrichter allemal die Rechtsvermuthung für den
Unterrichter fassen müßte und sich darin durch keine bloße Er=
zählungen stören lassen dürfte!

Die vornehmsten Wahrheiten der Dorf=, Marken= und anderer
Polizeiordnungen, die Fälle und Maßen der Pfandungen, so zu
Erhaltung eines Rechts geschehen, ein kleines Register, wie bei
entstehenden Concursen die Gläubiger geordnet werden, eine deut=
liche Anzeige der Fälle, worin man mit einem Leibeigenen nicht
contrahiren könne, ein kurzer Auszug der Taxordnung, was man
in den gemeinsten Fällen an Richter, Advocaten und Procuratoren
zu bezahlen habe, eine Vergleichung der Maßen im Stifte, ein
Unterricht, was und wieviel ein Notariat=Zeugenverhör beweise,
wann ein Arrest stattfinde, wann auf die erste und wann auf die
andere Ladung Pfändung erfolge, wie es mit der Pfändung und
dem Verkauf der Pfänder gehalten werde ꝛc., müßten unstreitig von
unendlichem Nutzen für das Landvolk sein, wenn solche demselben
in kurzen und deutlichen Sätzen vorgetragen würden.

Sollte man nicht jedem Städtchen seine besondere politische Verfassung geben?

Den schädlichen Einfluß unserer einförmigen philosophischen
Theorien auf die heutige Gesetzgebung haben wir zu einer andern
Zeit gesehen. Ihnen und der Bequemlichkeit der Herren beim
Generaldepartement haben wir es allein zu danken, daß wir so
viele allgemeine Verordnungen haben, die entweder gar nicht, oder
doch nur so in Bausch und Bogen befolgt werden. Daß sie aber
auch das ganze menschliche Geschlecht immer einförmiger machen,
ihm seine wahre Stärke rauben, und in den Werken der Natur
wie in den Werken der Kunst manches Genie ersticken, solches ist,
so wahr es auch ist, noch von wenigen beherzigt worden. Und
doch hätten diejenigen, welche den Menschen in seine erste Wildheit
zurückwünschen um ihn in seiner Originalstärke zu sehen, mehr als
eine Gelegenheit gehabt, dieses zu bemerken.

Der Mensch ist zur Gesellschaft bestimmt; und es fruchtet
wenig, ihn in seinem einzelnen Zustande zu betrachten. Der rohe
Einsiedler mag, mit der Keule in der Hand und mit einer Löwen=
haut bedeckt, noch so stark, glücklich und groß sein, so bleibt er

doch immer ein armseliges Geschöpf in Vergleichung der großen
Gesellschaften, die sich **überall** wider ihn verbunden haben **und** ewig
wider ihn verbinden werden. Das Recht, nach seiner eigenen
Theorie zu leben, dient ihm also zu nichts. Allein ob es nicht
eine größere Mannichfaltigkeit in den menschlichen Tugenden und
eine stärkere Entwickelung der Seelenkräfte wirken **würde**, wenn jede
große oder kleine bürgerliche Gesellschaft mehr **ihre eigene** Geſetz-
geberin wäre und sich minder nach einem allgemeinen Plan for-
mirte, das ist eine Frage, die **noch** immer **eine Unterſuchung**
verdient.

Wenn wir auf den großen Ruhm der vielen kleinen **griechiſchen**
Republiken zurückgehen und nach der Urſache forschen, warum ſo
manches kleine Städtchen, was in der heutigen Welt nicht einmal
genannt werden würde, ein ſo großes Aufſehen gemacht, ſo ist **es**
dieſe, daß jedes ſich ſeine eigene religiöſe und politiſche Verfaſſung
erschaffen und mit Hülfe derſelben ſeine Kräfte zu einer außerordentlichen Größe gebracht habe. Man ſieht, daß ſie in ihrem Plan
alles, was ihnen die Natur gegeben, auf das schärfſte genutzt und
aus jeder Menſchenſehne ein Ankerſeil gemacht haben. Dieſes
thaten ſie, ehe ſie philoſophiſche Theorien hatten, und indem ſie,
blos von ihren Bedürfniſſen geleitet, nach der Richtung arbeiteten,
welche zu ihrem Ziele führte.

Der Eifer, womit jedes Volk in der Neuigkeit **ſeinen** eigenen
Erfindungen fröhnt, erhielt die ersten Stifter in ihrer patriotiſchen
Schwärmerei; eine dazu eingerichtete Erziehung pflanzte ſolche auf
die Nachkommenſchaft fort, und jede Tugend erhielt ihren Werth
nach dem Maße des Nutzens, welchen ſie dem gemeinen Weſen
ſchaffte. Die Größe aller andern berühmten Nationen ſcheint
die Folge einer ähnlichen Art zu handeln geweſen zu ſein, ehe allgemeine Religionen, Sittenlehren und Syſteme dieſe eigenen Falten
jeder beſondern Völkerſchaft ausgeglichen und die Art der Menschen
zu denken und zu handeln einförmiger gemacht haben. So wie die
allgemeine Menſchenliebe faſt alle Bürgerliebe, und die große
Nationalehre die beſondere Ehre jedes Städtchens verſchlungen hat,
ebenſo ſcheinen die allgemeinen Natur- und Völkerrechte die ſtarken
Bande, welche aus jenen beſondern Verfaſſungen entſprungen, verdrängt zu haben; daher ſie auch weniger wirken und einen wenn
man ſie anwenden will nicht ſelten verlaſſen.

Mit leichter Mühe geriethen die Griechen auf den Schluß, daß
man die jungen Menschen wie die jungen Thiere abrichten müſſe;
und die Abrichtung ihrer Kinder war ihre erste Sorge. Die
gemeinen Bedürfniſſe beſtimmten die Art derſelben; und alle ihre
Kinder würden wie die Hänflinge ein Lied gepfiffen, oder wie
die Hunde den Ball geholt haben, wenn das gemeine Wohl dieſes

8 *

erfordert hätte. Aber sie wollten und bildeten Krieger, tapfere und dauerhafte Seelen, wie Harrison's Uhren, womit man die Welt umfahren kann ohne daß sie einen Augenblick fehlen, und Bürger, die ihr Vaterland über alles liebten.

Nach unserer jetzigen Verfassung brauchen wir dergleichen Kriegerseelen nicht, so nöthig es auch sein möchte, daß die minder mächtigen Völker die Zucht ihrer Jugend verstärkten und ein neues Geschlecht bildeten, das man nicht durch Tractate zu Sklaven machen könnte. Wir wollen jetzt lauter geschickte, arbeitsame und mäßige Leute, die viel gewinnen und wenig verzehren müssen. Diese suchen wir zu erzielen; und auch dahin könnte sich die Ab= richtung erstrecken, wenn jedes Städtchen seine Polizei danach an= legte und solche auf seinen eigenen Zweck richtete.

In allen unsern jetzigen Verfassungen liegt der Fehler, daß ein Nachbar sich um die Aufführung des andern nicht weiter be= kümmert, als es die Neugierde erfordert. Was geht es mich an? was geht es dich an? heißt es, wenn einer den andern auf lieder= lichen Wegen antrifft. Man fürchtet nur den Fiscus; und was dieser nicht sieht, das wird auch nicht gerügt. Keiner will An= bringer sein, und die Strafen werden als ein Zoll betrachtet, den man öffentlich verfahren kann ohne von seinen Nachbarn verrathen zu werden. Mit einer solchen Denkungsart werden wir nie arbeit= same, fleißige und mäßige Bürger ziehen.

Ich erinnere mich einer kleinen Colonie in Pennsylvanien, die sich vom Spinnen und Weben ernährte. Alle ihre Kinder gingen mit bloßen Köpfen und Füßen, mit einem kurzen Ueberzuge ge= kleidet. Im siebenten Jahre erhielten sie eine bessere Art von Klei= dung, wenn sie bei einer angestellten öffentlichen Prüfung die ihnen vorgeschriebenen Stücken Garn spinnen konnten. Diejenigen, so dieses nicht konnten, durften ihren Ueberzug nicht ablegen und mußten ihn so lange tragen, bis sie diese Geschicklichkeit erlangt hatten. Wer zugleich in diesem Jahre fertig lesen konnte, wurde zu gewissen für die Jugend eingesetzten Spielen zugelassen. Das Recht Strümpfe zu tragen erwarb man sich, sobald man solche selbst knütten konnte, und zur Heirath wurden keine zugelassen als diejenigen so den Preis im Weben davongetragen hatten. Im ganzen Städtchen wurde auf Einen Glockenschlag und nur einerlei schlechte Kost gegessen. Diese war auf jeden Tag vorge= schrieben; ebenso auch die Kleidung. Der Krämer durfte nichts anderes feil haben und verkaufen, als was zu genießen oder zu tragen erlaubt war; und die Aufsicht hierauf war sehr scharf.

Um aber so viele Strenge zu versüßen, mußte jeden Sonn= abend auf den Glockenschlag zwölf alle Arbeit aufhören, und nun versammelte man sich zu einem öffentlichen Feste. Hier ward

Wein und Kaffee und Braten nach **Gefallen** genossen; doch hatte man wenig Beispiele, **daß** jemand **diese** Erlaubniß **unter den** Augen des Publikums gemisbraucht **hätte.** Die Jugend **hatte** ihre Tänze und Spiele, und die Alten spielten auch **oder** ge= nossen ihre vorigen Zeiten in dem frohen Anblick ihrer gesunden und raschen Kinder. Die ganze Woche freute sich ein jeder auf diesen Tag und aß seinen schwarzen Roggenbrei **mit** Vergnügen, weil er schon den Sonnabendsbraten **im Kopfe** hatte. Die Ver= suchung, heimlich Kaffee zu trinken, **verführte die Weiber** nicht, weil sie ihr Gelüstchen alle Woche **einmal völlig stillen** konnten; **und** wo sie es dennoch thaten, **oder** wo **der Mann zu Hause etwas** Verbotenes genossen hatte, **da** hieß es am **Sonnabend: Der oder** die ist „**krank**". Denn den Kranken war nichts vorgeschrieben; nur durften diejenigen, so an einem Tage in der Woche sich **des** Privilegiums **der** Kranken bedient hatten, am Sonnabend nicht ge= sund sein und bei **den** Lustbarkeiten erscheinen.

In allen Verbrechen dieser Art hatte ein jeder auf das heiligste gelobt des andern Anbringer zu sein. Der Mann konnte seine Frau mit lachendem Muthe angeben und sagen, sie wäre krank; so ein Freund **den** andern, und das ohne Beweis solange er nicht kam und ihn forderte. Insgemein schämte sich aber der Kranke und blieb traurig zu Hause. Wer aber ein ganzes Jahr krank war, wurde für unheilbar erklärt und als ein Aussätziger gemieden. Bei höhern Verbrechen aber, als z. E. wenn jemand ein Stück Garn verkauft hatte, wurde mehrere Form beobachtet und der überwiesene Thäter **vor** dem Versammlungshause mit einem Stück Garn um **den** Hals eine Stunde **lang zur** schimpflichen Schau gestellt.

Diese Art zu denken und zu handeln war mit Hülfe der Erziehung zu einer solchen Stärke gediehen, daß sie ihre völlige Wirkung that; und es ist unglaublich, wie sehr die zugelassene öffentliche Lustbarkeit **die** heimliche Schwelgerei verhinderte und **das** Strenge milderte, was in der täglichen schlechten Kost **und der** regelmäßigen Kleidung herrschte. Die Einwohner genossen un= endlich mehr Freuden als diejenigen, **die** sich solche durch täg= lichen Genuß unschmackhaft machen, **und** die Linnenweberlieder klangen heller als alle unsre Opernarien.

Dergleichen kleine Einrichtungen lassen sich im großen gar nicht machen. Sie sind blos das glückliche Spiel kleiner Städte oder Coterien; und so sollte eine Landesobrigkeit diesen Geist zu erwecken und durch dienliche Begünstigungen oder Belohnungen zu befördern suchen. Vielleicht hätten wir dann auch unsre So= lonen und Lykurgen. Wir sehen täglich, was für große Dinge Innungen, Gesellschaften, Brüderschaften und dergleichen Verbin=

dungen schaffen können.   Was kann uns also abhalten, die Men=
schen mit diesem Faden zu ihrem Besten zu leiten? Wie ange=
nehm würde es nicht für Reisende sein, auf jeder Station gleich=
sam eine besondere Art von Menschen zu sehen und in jedem
Hafen ein neues Otaheiti zu finden! Wie viele Philosophen wür=
den nicht reisen, um das mannichfaltige Kunstwerk, den Menschen,
zu sehen!

III.

Handel und Gewerbe.

Beantwortung der Frage: Was muß die erste Sorge zur Bereicherung eines Landes sein: die Verbesserung der Landwirthschaft, oder die Bevölkerung des Landes, oder die Ausbreitung der Handlung? Womit muß der Anfang **gemacht** werden?

Sie sollten jetzt nach C. kommen; wie hat sich der Ort verändert! Vor dreißig Jahren war es das armseligste Landstädtchen, das man nur sehen konnte, von Misthaufen und Hütten zusammengesetzt. Der Morgen Landes konnte damals des Jahrs mit 6 Mgr. zur Heuer thun, und Ochse, Einwohner und Pferd kröpelten das ganze Jahr auf der umherliegenden großen Heide herum, um die dürre Narbe davon ab- und in die Viehställe zu fahren. Man konnte in einiger Entfernung ganze Felder beinahe umsonst haben, wenigstens lag ein großer Theil verlassen und verwildert.

Was das Schlimmste dabei war, so zogen die Einwohner ihre Kinder nur für Fremde auf. Sobald ein Mädchen nur eben dienen konnte, floh es zur Hauptstadt, und die Söhne gingen in alle Welt, sodaß in vierzig Jahren gar keine neue Wohnstätte angelegt, verschiedene alte aber eingegangen waren. Das Korn, das dort wuchs, mußte, wenn die Einwohner etwas zum Absatze übrig hatten, weit zu Markte gefahren werden, und dazu war das Heidefuhrwerk zu schwach; folglich bauten sie selten mehr als sie selbst nöthig hatten; und was allenfalls übrig war, wurde unnöthigerweise verfüttert oder zu Branntwein verkocht. So war dieses Städtchen beschaffen, wie ich vor dreißig Jahren durchreiste und, weil ich etwas an meinem Wagen zerbrochen hatte, mich einen ganzen langen Tag dort verweilen mußte.

Wie groß war aber nicht meine Verwunderung, als ich vor einem halben Jahre wieder dahin kam, und in der Stadt eine Menge

der schönsten Häuser, ringsherum aber eine blühende Flur ent=
deckte! „Wie", sagte ich zu meinem Freunde, den ich jetzt dort be=
suchte, „ist hier ein großer Herr eingezogen, der die Phantasie ge=
habt hat einige hunderttausend Thaler in der Heide zu verschwenden?
Oder hat der Commissarius loci Neubauer angesetzt und denselben
die große Heide ausgetheilt? Oder ist ein Philosoph hier erschienen,
der den Einwohnern die Verbesserung des Ackerbaues gewiesen hat?
Oder hat gar der Graf von ***, dessen Viehmägde aus dem Stalle
auf die Opernbühne treten und so geschickt spielen als melken kön=
nen, seine Zauberkraft hier bewiesen?"

„Ach", antwortete er mir, „der großen Herren, welche auf
diese Art ihr Geld verwenden, gibt es in Deutschland nicht viel;
und wenn auch einer von ihnen jedem Wirthe in unserm Städtchen
ein neues Ackergespann, einen Stall voll Vieh, eine Schiffsladung
Korn und einen Berg von Kartoffeln geschenkt hätte, so würde doch
nach Verlauf von zehn Jahren alles wieder in dem vorigen Zu=
stande, die Pferde elend, der Stall schwach, das Korn verzehrt,
die Kartoffeln verschlungen und unsere Heide nach wie vor wüste
gewesen sein.   Mit dergleichen plötzlichen Wohlthaten richtet man
bei Menschen von einer gewissen Gewohnheit und einem gewissen
Alter selten was aus. Fleiß und Geschicklichkeit müssen dem Men=
schen von den ersten Jahren angewöhnt und zum unumgänglichen
Bedürfniß gemacht werden. Die Neubauer des Herrn Commissarius
würden gelacht haben, wenn er ihnen ein Stück Heide zur Urbar=
machung angewiesen hätte; und die Philosophen thun genug wenn
sie die Buchdruckerfabriken in Aufnahme bringen, den Fleiß werden
sie nie erwecken, solange sie nicht selbst Hand anlegen und durch
glückliche Erfolge bereden. Von Ihrem Grafen sage ich nichts, als
daß er der einzige Mann in seiner Art ist.

„Die ganze glückliche Veränderung ist einzig und allein eine
Folge des Gewerbes und der Handlung, die zuerst mein Vater
hierhergezogen, ernährt und zu ihrer jetzigen Höhe gebracht hat.
Dieser Mann, der eine eigene Religion erfunden zu haben glaubte
und eine besondere Gemeinde zu errichten gedachte, ließ sich zuerst
in der Absicht hier nieder, um seine Profession als Camelotwirker
in der Stille zu treiben und Gott nach seinem Wahne ungestört
zu dienen. Den Anlaß dazu gab der Prediger des Orts, der in
dem Rufe einer besondern Heiligkeit stand und in der That ein
Mann war, an welchem mein Vater in aller Absicht einen getreuen
Gehülfen fand. Er baute sich zuerst nur ein kleines Haus, welches
aber doch in seiner Einrichtung so etwas Besonderes und Gefälliges
hatte, daß sich alle Einwohner ein gleiches wünschten. In diesem
schlug er seinen Weberstuhl auf, und der Prediger verschaffte ihm
noch einige Kinder aus dem Orte, die für ihn spannen und

arbeiteten. Diesen wußte er eine solche Liebe gegen sich beizubringen, daß fast alles, was in dem Städtchen geboren wurde, sich zu ihm drängte. Der Prediger kam täglich und unterrichtete sie bei der Arbeit; mein Vater sorgte dafür, daß sie alle reinlich und auf eine vorzügliche Art in Camelot gekleidet wurden; und die Aeltern, welche das Wahre vom Falschen nicht unterscheiden konnten, freuten sich ihre Kinder so gut aufgehoben zu sehen. Manche Väter ließen sich bewegen auf die eine oder andere Art bei der Fabrik zu dienen, und viele Mütter hielten es für ein Zeichen der Andacht, sich ebenso wie ihre Kinder zu kleiden; sodaß in Zeit von zwölf Jahren Kleidung, Physiognomien und Menschen eine ganz neue Gestalt, und ich mag wol sagen, einen ganz neuen Geist erhielten.

„Die Einmüthigkeit herrschte vollkommen in der neuen Secte, und die Menschen gefielen sich mehr und mehr in demjenigen, was den Reiz der Neuheit hatte und das Werk ihrer Erfindung zu sein schien. Sie arbeiteten und beteten und ergötzten sich auch bisweilen untereinander, und der Ruf dieser glücklichen Brüderschaft zog eine Menge von arbeitsamen Schwärmern herbei, die gern für andere arbeiten, aber für sich denken wollten.

„Dabei hatten sie eine so sichere und lebhafte Ueberzeugung von dem Grundsatze, daß alles was betete und arbeitete sein Brot haben könnte, daß nach Verlauf von zwanzig Jahren jeder junge Einwohner mit einer Zuversicht heirathete, dergleichen andere nicht bei großen Einkünften haben. Voll von dem Gedanken, daß ihre Redlichkeit und Geschicklichkeit ihnen bei ihren Mitbrüdern so viel Credit verschaffen würde, als sie zur Ausführung ihrer Unternehmungen immer nur gebrauchen, fiel es ihnen nicht einmal ein an dem Fortgange derselben zu zweifeln. Ihre Meinung in Glaubenssachen war also gleichsam eine Art von Vermögen, welche dem Landeigenthum oder einer andern Hypothek gleichgesetzt werden konnte, und schwerlich hat je eine Gemeinde auf ihre Besitzungen so vielen Credit gehabt, als hier die Seele auf ihre Denkungsart erhielt.

„Nun brauche ich Ihnen nichts mehr zu sagen. Sie werden es aber leicht von selbst einsehen, wie auf diese Weise nach und nach die Menge von schönen Häusern gebaut, vieles Feldland in Gartenland verwandelt, ein guter Theil der Heide zu Kornfeldern und Wiesen gemacht, das Korn zu einem billigen Preis gehoben, der Ackermann aufgemuntert, das Spannwerk verbessert und der Viehstapel vermehrt worden. Alles dieses folgte unvermerkt von selbst, und der Morgen Landes, der vor dreißig Jahren 15 Thaler galt, wird jetzt zu 150 verkauft. Die Stadt hat also den Werth ihrer Gründe zehnmal vermehrt und solche gewiß fünfmal vergrößert, sodaß sie jetzt funfzigmal so viel besitzt als vor dreißig

Jahren. Vor Zeiten konnte man die Milch nicht verkaufen, und man hielt deswegen nicht mehr Kühe, als man um des Mistes willen zur äußersten Noth gebrauchte. Jetzt lebt mancher geringe Mensch blos von einigen Kühen und ihrer Milch: so sehr hat sich alles durch die Handlung verbessert.

„Das ist aber doch noch das geringste. Gesetzt, das eigene Vermögen sämmtlicher Einwohner laufe auf eine Million Thaler, so ist ihr Credit auf zehn Millionen und, weil fünf Thaler Credit ebenso gut sind als fünf Thaler baar Geld, das Verhältniß ihres ersten Zustandes zu dem gegenwärtigen wie 1 zu 500.”

Mein Freund, der in seiner politischen Rechnung fertiger als ich war und mit Hülfe eines Credits von 10 Millionen, nach der Methode des berühmten Pinto, seiner guten Vaterstadt leicht einen neuen Credit von hundert Millionen verschafft, folglich ihren Werth ins Unendliche erhoben haben würde, war im Begriff weiter fortzufahren, als ich ihm die Frage vorlegte: ob der jetzige Credit der Stadt mit oder ohne die besondere Glaubenslehre seines Vaters bestünde.

„Ja”, sagte er, „er besteht nicht allein vollkommen ohne dieselbe, sondern würde auch ohne Zweifel so entstanden sein, wenn wir als rechtschaffene Christen uns zu löblichen Endzwecken vereinigten, und Geringe und Niedrige in der Gemeinde sich das allgemeine Beste mit Eifer zu Herzen nähmen. Der wahre Grund unserer Aufnahme liegt darin: daß ein Mann, der noch zurzeit nichts als seine Redlichkeit und Geschicklichkeit besitzt, auf diese beiden Hypotheken so viel Credit findet als er gebraucht.

„Es finden sich unzählige Leute im Staate, die Redlichkeit und Geschicklichkeit besitzen; beide Tugenden liegen aber, wie unsere Heiden, brach und ungenutzt, weil ihre Besitzer nicht das Vermögen haben sie urbar zu machen. Blos die Religion oder eine moralische Vereinigung der menschlichen Gemüther kann hier aushelfen. Der Reiche muß dem Armen so nahe kommen, daß er ihm völlig ins Herz, und dort seine Sicherheit sehen kann; alle Grundsätze der Religion und der Sittenlehre, welche dem Credit zu statten kommen, müssen auf das lebhafteste gefühlt und in dauerhafter Uebung sein. Die Geistlichen, welchen wirklich die Vorsorge für einen größern Theil unserer zeitlichen Glückseligkeit obliegen sollte als man ihnen insgemein gönnt, müssen die einzelnen Glieder ihrer Gemeinde beständig in einem solchen Lichte erhalten, daß einer dem andern sein Vermögen ohne Handschrift vertrauen kann, wie solches unter den großen Kaufleuten beständig geschieht. Auf solche Art können alle Mitglieder des Staats, ohne eigene Gelder zu haben, nützliche Unternehmungen anfangen und zu jeder Zeit Hülfe finden. Gesundheit, Fleiß und Redlichkeit machen das größte Kapital des menschlichen Geschlechts aus; alles Gold und Silber in der Welt reicht so wenig daran, als das baare Geld an den gesammten Credit reicht; und jedes Mitglied des Staats, das in den Stand gesetzt wird jenes Kapital zu nutzen, ist ein größerer Gewinst für denselben als ein bemittelter Verschwender, der durch Titel und Bedienungen ins Land gezogen wird. Allein unter den strobernen Banden, welche die menschliche Gesellschaft in den mehrsten Ländern verknüpfen, bleibt diese ergiebige Mine ungenützt, und man hat die Tugenden als den Grund des Credits und des Handels zu wenig betrachtet. Die Eifersucht des weltlichen Standes gegen den geistlichen geht zu weit, und man schätzt ein Volk freier, das durch Karrenschieben und Prügel zu seiner Pflicht geführt wird, als das fromme Häuflein, das durch geistliche Bewegungsgründe zum glück= lichen Sklaven seiner Wohlfahrt gemacht worden."

Hier mußte ich meinen Freund unterbrechen, weil ich besorgte, er möchte in eine patriotische Schwärmerei verfallen. Indessen fühlt man doch hieraus den Grund, warum es viele Sekten, welche nach diesem Plane gearbeitet haben, in verschiedenen Arten des Handels und der Fabriken, ja selbst im Ackerbau wenn man auf die Mäh= rischen Brüder, welche doppelte Landbauern bezahlen konnten, zurück= geht, so vorzüglich weit gebracht haben. Die Hauptfrage aber, worüber sich die Anhänger der Colberts und Mirabeaux streiten: ob nämlich der Handel oder der Ackerbau die erste Aufmerksamkeit des Staats verdiene, wäre nun noch zu entscheiden; und wenn ich nach obigem Exempel schließen wollte, würde das Urtheil für den Handel ausfallen, mithin ein glücklicher Ackerbau nur alsdann zu hoffen sein, wenn der Handel sämmtlichen Producten denjenigen Werth verschaffen kann, welcher dem Ackersmanne seine Mühe ge= nugsam belohnt.

Vielleicht wendet man aber ein, es sei hier ein Unterschied zwischen einem reichen und armen Boden zu machen und ein güt= licher Vergleich dahin zu vermitteln, daß auf erstern der Ackerbau, auf letztern aber der Handel die erste Aufmerksamkeit verdiene. Allein auch der reichste Boden wird immer noch mehr tragen als er thut, wenn die Handlung die Verzehrung und den Werth der Früchte hebt und den Landmann in den Stand setzt, da Ananas zu bauen, wo er jetzt Kartoffeln zieht. Man weiß, daß die Einwohner zu Montreuil durch ihre Pfirschen einen einzigen Morgen Landes jährlich auf 6000 Livres nutzen, und daß in Polen, wo der Ackerbau ohne Handel getrieben wird, 6000 Morgen nicht so viel reinen Gewinst bringen.

Indessen ist freilich nicht zu leugnen, daß auf einem armen Boden Handlung und Gewerbe zur Verbesserung des Ackerbaues

nöthiger seien als auf einem ergiebigen. Der Anbauer des letztern
macht sich immer selbst fertig und lebt gut, während die Gärtnerei
auf einem unfruchtbaren Sande nur da gelingt, wo ihr eine mäch=
tige Hauptstadt zu statten kommt; und so wäre freilich ein gütlicher
Vergleich nicht zu verwerfen. Der sicherste Weg bei dem allen aber
ist, beides, Ackerbau und Handel, zugleich zu befördern und einem
durch den andern zu helfen. Der Handel kann zur Noth ohne
Ackerbau bestehen, aber dieser nicht leicht ohne jenen. Ein hoher
Preis der ersten Bedürfnisse, und selbst die Auflagen auf das
Brot, die in Holland den ganzen Werth desselben übersteigen, schaden
den dortigen Fabriken so sonderlich nicht; aber die Wohlfeilheit
dieser Bedürfnisse, welche ohne Handlung leicht entsteht, drückt den
Ackersmann zu Boden.

Doch Gewerbe und Handlung sind flüchtige Güter, die
von einer Nation zur andern ziehen. Wie sehr ist die Größe der
Holländer nicht gesunken! Ihre Flüsse sind untief geworden; ihren
Herings=, Kabeljau= und Walfischfang haben sie mit andern Nationen
theilen müssen; ihr Gewürzhandel ist in gleicher Gefahr; ihre
Zuckersiedereien sind von den Hamburgern, Bremern und andern
gestürzt und nicht ein Viertel von dem vorigen mehr; ihre Ver=
schiffung, womit sie vorhin der ganzen Welt dienten, ist nur noch
ein Schatten, da alle Völker ihre Waaren selbst holen; ihre schweren
Fabriken sind durch die Franzosen, Schweizer, Preußen und Sachsen
unnütz gemacht worden: und so werden sie bald, wenn einmal die
Abnahme zu einem gewissen Grade geht, durch ihre Imposten zu
Grunde gehen. Wie viel dauerhafter ist dagegen ein Staat, dessen
Wohl sich auf den Ackerbau gründet, der allezeit seine Nothdurft
und, wenn er etwas übrig hat, auch leicht Absatz findet und
Deutschland zum mächtigsten Volke machen würde, wenn es nur auf
Mittel dächte, seine Ausfuhr zu vermehren, und durch Vermehrung
der Ausfuhr seine ungenutzten Heiden anzubauen gereizt würde.
Denn ohne Ausfuhr im großen wird der Kornbau kein Land be=
reichern. Aller Miswachs und alle glückliche Ernten schränken sich
immer auf 60, 80 oder 100 Meilen in der Breite ein. Auf diese
Weise sind diejenigen, so blos das Korn auf ihren eigenen Markt
bringen, immer geschoren. Hat Einer etwas, so haben sie es alle;
und wenn sie alle darben, so hat Einer auch nichts. Dieses ist
aber bei der großen Ausfuhr nie zu besorgen. Italien hat zwei
Jahre Mangel gehabt, währendderzeit Deutschland Ueberfluß hatte;
und nun es uns fehlt, ist die Ernte in Italien glücklich gewesen...
Allein es ist unnöthig auf diese Declamation zu antworten.
Der Handel wird allemal die erste Aufmerksamkeit des Gesetzgebers
verdienen, weil selbst in England, wo man glauben sollte daß der
Ackerbau sich selbst heben könnte, die Ausfuhr durch besondere Prä=

...en begünstigt werden muß, um einen ziemlichen Preis **und** durch denselben den Flor eines bessern Ackerbaues zu erhalten. Diese Prämien sind eine milde Gabe der Handlung, welche der Ackerbau denen zu danken hat, die jene auf den Thron gesetzt. In einigen Gegenden von Amerika tödtet man die Büffel um der Häute willen und läßt **das** Fleisch in den Wäldern liegen: dies ist Wirthschaft ohne Gewerbe und Handlung.

Schreiben **über die Cultur der Industrie.**

Sie wollen **eine** Fabrik anlegen, und dieses unter den Augen einer neugierigen und vorwitzigen Menge! O sparen Sie doch Ihr Geld und Ihre Gesundheit! Wer in dergleichen Unternehmungen glücklich sein will, muß keine Aufmerksamkeit, keinen Vorwitz erwecken. Er muß lange in dunkler Stille arbeiten, viele vergebliche Versuche, viele falsche Unkosten und manchen heimlichen Verdruß ausdauern, ehe er die Blendungen fortreißen und sein neues Gebäude öffentlich zeigen darf. Thut er dieses nicht, so wird er ein Märtyrer seiner Empfindlichkeit; die Eitelkeit, dieses allgemeine Ingredienz unserer Handlungen, führt ihn von dem mühsamen Wege auf den geschwindern, von dem richtigen auf **den** glänzenden, und kurz, er ahmt denjenigen fabricirenden Fürsten oder ihren jungen Kammerräthen nach, die das geschwinde und laute Lob der leichtfertigen und schmeichelnden Menge dem stillen Segen **der** Nachwelt vorziehen, die eine Fabrik zur Zeit der Frühlingssaat anlegen und in vierzehn Wochen die Gerste aus dem Sacke **und** wieder darin haben wollen.

Ich erinnere mich immer mit Vergnügen der Frau, die ein Soldat **aus** Brabant mit sich brachte. Sie machte die schönsten Spitzen, und hatte zwei kleine Kinder, die sie nichts anderes und auch nichts besseres zu lehren wußte. Die Nachbarstöchter in dem deutschen Dorfe, wo sie sich niederließ, sahen es anfänglich mit Verwunderung an und wünschten ihren Gespielinnen gleichzukommen. Ihre Mütter schickten sie endlich zu ihr in die Schule, und in Zeit von dreißig Jahren waren alle Mütter des Dorfes schon wieder Klöpplerinnen, die ihre Kinder zu gleicher Arbeit gewöhnten. Jetzt werden daselbst die schönsten brabantischen Spitzen gemacht: und dieses ist meiner Meinung nach die wahre Art, den Geist der Fabrik zu verpflanzen. Wo ist aber der große Herr, der die Geduld hat, so lange auf den Erfolg seiner Anstalten zu warten!

Glauben Sie aber nicht, daß ich dergleichen fürstliche Unternehmungen tadle. Nein, ich lobe sie, weil von den Trümmern
ihrer Anstalten insgemein noch etwas zurückbleibt, was nach langen
Jahren wiederum zu einem neuen Gebäude versammelt wird; allein
ein Privatmann kann auf diese Art nicht verfahren. Jener kann
auf eine rühmliche Art bei solchen Unternehmungen verlieren, ja er
sollte billig allezeit verlieren, weil es seine Sache nicht ist, durch
Fabriken zu gewinnen. Allein dieser schadet sich und schreckt andere von ähnlichen Unternehmungen ab, wenn er Sachen mit dem
Scheine des besten Eifers anfängt und dennoch dabei zu Grunde
geht. Hat dieser es nicht zu Stande gebracht, sagt die unerfahrene
Menge, wer wird es dann wagen dürfen?

Ueberhaupt aber muß ich Ihnen sagen, ist es ein wunderliches
Ding mit Verpflanzung der Fabriken. Unsere alten Linnenhändler
sagen, sie wollen es jedem Stücke Linnen ansehen, in welchem
Dorfe es gemacht ist; ja ich habe einen Garnhändler gekannt, der
einige hunderttausend Stück Garn des Jahrs versandte und die
Hand der Familie, welche es gesponnen hatte, ebenso gut zu unterscheiden wußte, als man die Schrift eines Menschen von der des andern
unterscheiden kann. Der Aufseher über eine Galerie von Gemälden,
der die Werke von hundert Meistern zu unterscheiden weiß, war ein
Kind gegen den Garnhändler. Jeder Ort hat also ebenso etwas
Eigenthümliches in seinen Arbeiten als in seinem Biere, welches
von andern nicht leicht nachgeahmt und nachgemacht werden kann.
Vielleicht hat die göttliche Vorsehung auch hierin ihre Weisheit
zeigen und nicht zugeben wollen, daß ein Land sich allein alle
Künste zueignen solle. Dem sei aber wie ihm wolle, es möge das
Original von andern Ländern nachgeahmt, oder aber durch die
Nachahmung eine neue Art von Originalien hervorgebracht werden
können: so glaube ich doch, daß eine lange und mühsame Vorbereitung dazu erfordert werde, um eine neue Fabrik mit Vortheil
anzulegen, ja daß die Erziehung der Kinder, sowol dem Geiste als
dem Körper nach, dazu eingerichtet sein, und Gewohnheit, Sittenlehre, Vorurtheile, Exempel und viele andere Umstände zu dem
glücklichen und dauerhaften Fortgange derselben mitwirken müssen.
Was für Mühe wandte Nicolini nicht an, um Kinder zur Panto-
mime zu bilden! Was ist dieselbe aber in Vergleichung des starken
Exempels, des beständigen Anführens und der unaufhörlichen Versuche, wodurch Kinder in den Nähnadelfabriken zu der ihnen eigenen
Fertigkeit gebracht werden! Jene fällt freilich mehr in die Augen;
aber diese ist unbemerkt unendlich. Wie viel heimlicher Einfluß
muß auf die Kinder wirken, welche zu Gütersloh von ihrer zartesten
Jugend an das Garn zu den brabantischen Spitzen spinnen! Wie
viel eigenthümliche Handgriffe muß das Dorf Brockhagen im Ravens-

bergischen haben, welches **den** Flachs dazu bereitet, da es ihm kein **ander** Dorf hierin gleichthun kann! Was für eine eigenthümliche Beschaffenheit muß der Boden um dieses Dorf haben, da auch **der** Hanfsamen, welcher dort fällt und hier **von** Kennern um ein Drittel höher als **der** zwollische bezahlt wird, **einen** Hanf liefert, der unendlich feiner und seidenhafter verarbeitet **werden** kann als aller übriger! Was **für ein** früher und starker Eindruck **gehört** dazu, um den Wollenspinnern **jeden** Unterschleif mit **der Wolle als die** größte Sünde einzubilden! Wie früh wird das Ohr des künftigen Virtuosen gewöhnt! Welch **eine** Reihe von Jahren arbeitet **er, um** seine Finger, **seinen** Arm und sein ganzes Gefühl zu bilden! **Wie** anhaltend sind **seine** Bemühungen! Und wenn solche frühe, **starke** und **große** Studien **dazu** erfordert werden, um geschickte Leute **in** jeder **Kunst** zu bilden; wenn der Einfluß so vieler Exempel, wenn eine beständige Gewohnheit, wenn eine ordentlich darauf eingerichtete Sittenlehre nöthig ist, **um** diese Nation mit Lust auf die See, und jene singend in die Bergwerke zu führen; ja, wenn man dem Volke, was zu einer besondern Art von Arbeiten auf zeitlebens gewidmet bleiben soll, mit Hülfe der Erziehung gleichsam alle andern Sinnen nehmen und ihm nur den einzigen, den es gebraucht, lassen muß, **um es** zu einem beständigen Sklaven seines einzigen Berufs zu machen, um ihm die Geschicklichkeit, die Lust und **die** Kräfte zu benehmen, jemals ein ander Handwerk ergreifen zu können, und um es solchergestalt zu zwingen, ewig in seinen Fesseln zu bleiben: wie darf man dann von neuen Fabriken an Orten, **wo** solche gar nicht zu Hause sind, **wo** noch keiner durch Erziehung, Gewohnheit und Noth gezwungen ist, Arbeit bei der Fabrik zu betteln, wo die ganze Denkungsart der Einwohner noch nicht dazu gewöhnt ist, alles auf den großen Punkt zu leiten, wie darf man hier, sage ich, das erwarten, das leisten und das unternehmen, was an andern Orten, wo alle obige Vortheile den Fabrikanten zu statten kommen, **schon** längst vorbereitet ist und **nur** auf die Hand eines Verlegers wartet?

Glauben Sie aber nicht, mein Werthester, daß ich Sie dadurch von Ihrer Unternehmung abschrecken wolle. Meine Absicht geht blos dahin, Sie vor dem Fehler unserer heutigen Fabrikanten zu warnen, die insgemein mit einem prächtigen Gebäude den Anfang machen und ehe es fertig schon halb ermüdet sind, die alles sogleich mit fremden Händen und vollem Lohne zwingen wollen und die Jahre nicht erwarten können, worin der ausgestreute Same an ihrem Orte keimen, aufgehen und zur Reife gelangen kann. Nur alsdann erst, wenn einheimische Kinder unter der Anführung von Fremden gebildet sind und diese Kinder erst wiederum ihre eigenen Kinder erzogen haben, wenn das neue Geschlecht nichts anderes gesehen

und gelernt, und sich nothdürftig vermehrt hat, wenn dasselbe den
Verleger als seinen Vater betrachtet und sich um die Wette beeifert
besser und wohlfeiler zu arbeiten, wenn bei ihnen die Arbeit zum
Bedürfniß, der Fleiß zur Ergötzung, die Noth zum Zuchtmeister
geworden ist, wenn die Ernährung der Faullenzer nicht mehr Barm=
herzigkeit heißt, und keiner als einer der bei der Fabrik unver=
mögend geworden ist Anspruch auf Mitleid und Unterstützung hat,
wenn die erlernte Kunst sich mit der einheimischen Art hauszuhalten
erst völlig vereinigt hat, wenn die Weiber und Kinder alle Zwi=
schenräume der Haushaltung mit einschließen, wenn die Kinder bei
ihren frühen Beschäftigungen das ewige Fressen vergessen und den
Bauch nicht immer zum Schaden des Kopfes hervortreiben: dann
steht ein Verleger auf seiner Höhe, regiert sein Volk und bezwingt
die reichsten Staaten mit fleißiger Armuth.   Dann kann er eine
Fabrik auf die andere impfen, vom Leichtern zum Schweren über=
geben und die rohe Waare, welche in Einer Art von Fabrik immer
noch mit einigem Schaden genutzt wird, in mehreren mit allen mög=
lichen Vortheilen gebrauchen.

Uebereilen Sie sich also nicht in der ersten Anlage; legen Sie
den Grund dauerhaft und langsam; fahren Sie stille und unbe=
merkt fort und erwarten Sie den Erfolg Ihrer Bemühungen nicht
eher, als bis er sich nach dem ordentlichen Laufe der Sachen darbietet.

Der nothwendige Unterschied zwischen dem Kaufmann und Krämer.

Billig sollten die Kaufleute überall von den Krämern unter=
schieden, für sie der erste Rang, für die Krämer aber der unterste
nach den Handwerkern sein. Billig sollte jede Stadt zwischen beiden
die genaueste Grenzlinie ziehen und keinen der Ehre eines Kauf=
manns genießen lassen, der nicht für eine bestimmte Summe ein=
heimischer Producte jährlich außerhalb Landes absetzte, oder für
eine gleichfalls bestimmte Summe einheimische Fabrikanten mit rohen
Materialien verlegte, oder auch sonst einen großen Handel von
außen nach außen triebe.   Jede Stadt könnte hierin ihr eigenes
Maß halten; ein Landstädtchen könnte denjenigen als einen Kauf=
mann verehren, der jährlich nur tausend Thaler auf solche Art
umsetzte, und größere Städte könnten auf zehn=, zwanzig=, hundert=
und mehrere hunderttausend Thaler steigen, um die Summe zu
bestimmen, durch deren Verkehr einer das Recht zu dem Namen
und den Vorzügen eines Kaufmanns erlangen sollte.   Mit der

Kaufmannschaft wäre sodann **auch die** höchste Ehre und Würde ver=
knüpft; so wie im Gegentheil der Krämer von allen höhern Ehren=
stellen **in** der Bürgerschaft völlig ausgeschlossen sein müßte. In
den mehrsten großen Städten ist dieser Unterschied vor zeiten ein=
geführt gewesen, und **in der** Welt könnte **die** Ehre nicht nützlicher
als auf diese Weise angelegt werden. **Im Gegentheil** kann man
nicht unpolitischer verfahren, als daß man diejenigen, welche allen
einheimischen Fleiß unterdrücken und **auf nichts anderes denken**, als
an ausländischen Sachen zu gewinnen, **mit jenen vermischt und**
beide **in eine Klasse** setzt.

Die Ehre und der Rang, welchen sich die Krämer **mit den**
Kaufleuten **und über** die Handwerker erworben haben, ist unstreitig
die offenbarste Erschleichung, welche jemals die gesunde Vernunft
erlitten hat. Denn es gehört gewiß sehr wenig Kunst dazu, um
hundert Pfund Zucker, Kaffee oder Rosinen in Empfang zu nehmen
und bei kleinern Theilen wieder auszuwiegen. Die ganze Buch=
haltung besteht hier **im Anschreiben und Auslöschen**, und die ganze
Rechenkunst in der **armen Regel de tri**. Hundert **Leute** haben sich
auf dem Lande niedergelassen **und die** Krämerei ergriffen, ohne sie
jemals gelernt zu haben, **und hundert** Frauen sind in die Butiken
gekommen, welche niemals vorher **in der** Handlung unterrichtet
worden. Aber unter Millionen Menschen wird kein einziger auf
einem so leichten Wege ein geschickter Schneider oder Schuster; und
unter hundert, die das Handwerk gelernt haben, findet man **oft**
nur einen, der es in einem vorzüglichen Grade versteht. Zum
Handwerke wird also offenbar weit mehr Kunst und Geschicklichkeit
erfordert als zur Krämerei; und es ist ein wichtiger Staatsfehler,
die Kunst unter jene herabzusetzen.

Ueberhaupt wäre es gar nicht nöthig, eine eigene Klasse von
Krämern oder eine sogenannte Krämergilde zu haben. Die ganze
Krämerei sollte eine Ergötzung für die Handwerker und ihre Frauen
sein. In den mehrsten großen Handelsstädten hat der Handwerker
seine Werkstätte hinten im Hause, und gleich beim Eintritt glänzt
die wohlaussehende Frau in ihrem Kramladen. Mit dieser Ein=
richtung sind unzählige Vortheile verknüpft. Die Frau des Schnei=
ders handelt mit Mützen, Saloppen und andern dergleichen
Waaren, **die der Mann** entweder selbst machen oder doch ebenso
leicht als **ein** Krämer anschaffen kann. Der Mann bekommt, wenn
letzteres geschieht, alle neue Moden in die Hände, er ändert da=
nach seine eigene Arbeit, bessert an den empfangenen, lernt nach=
ahmen, nutzt **alle** Kleinigkeiten und bedient sich aller Vortheile
seines Amts. Auf gleiche Weise verfahren alle andern Handwerker.
Ihre Frauen handeln **mit** solchen Waaren, worunter der Mann
immer noch etwas von **seiner** eigenen Arbeit mit verkaufen, oder

woran er durch Aendern, Bessern oder Zusetzen etwas gewinnen
kann. Alles, was an den Waaren zerbrochen oder verdorben ist,
versteht er durch seine Kunst zu ersetzen; er bedarf keiner fremden
Hand, wie der Krämer, und versteht die gute Erhaltung und Bewahrung der in sein Handwerk schlagenden Waaren besser als wie
dieser, der oft nicht weiß, ob eine Waare sich in trockener oder
feuchter Luft, in Holz oder Glas, auf dem Boden oder im Keller
am besten erhalten will. Der Handwerker, der bei dieser Gelegenheit die fremden Preise kennen lernt und findet, daß sie geringer
sind als er sie in seiner eignen Arbeit geben kann, sinnt den
Kunstgriffen nach, die der Fremde gebraucht, entdeckt das Ver-
fälschte oder Unvollkommene mit einem halben Auge, und erfindet
durch seine kunstmäßige Einsicht sogleich einen Vortheil, wodurch er
den Fremden wieder überholt.

Und wer kann ein größerer Kenner von Waaren sein als der
Handwerker, der solche täglich selbst verfertigt? wer kennt die Farben
besser als ein Färber oder Maler? wer Rauch- und Lederwerk,
wer Wolle und Filz, wer Metall und Eisenwaaren besser als diejenigen, so darin arbeiten? und wer kann geschickter und fähiger
sein, die Krämerei mit den dahin gehörigen Sachen zu treiben, als
eben diese? Warum wird nicht den Handwerkern oder deren Frauen
eine eingeschränkte Art von Handel damit gestattet? und was braucht
man eigene Krämer, deren Vortheil immer gerade dem Vortheil
der Handwerker entgegensteht, die selbst keine Waaren kennen und
blos nach dem Scheine urtheilen, selbst betrogen werden und andere wieder betrügen?

Gleichwol ist es ein Verbrechen der beleidigten Bürgerschaft,
so oft ein Schneider mit Nähnadeln, oder ein Maler mit Farben
handelt, oder ein Schmied fremde eiserne Waare, die auf Hütten
und großen Fabriken wohlfeiler gemacht werden, mit durchsetzt oder
daran eine Politur und Verbesserung gewinnt. Unsere Vorfahren
haben zwar den Grundsatz gehabt, die Zweige der bürgerlichen
Nahrung so viel thunlich zu trennen, um die Zahl der bürgerlichen
Familien zu vermehren und zu verhindern, daß nicht eine mächtige
Hand alles an sich ziehen und, anstatt den Staat mit seßhaften
Bürgern zu vermehren, mit einer Menge flüchtiger Gesellen arbeiten
möchte. Diese Grundsätze waren gut und bleiben allezeit richtig,
wenn auch ein Reichsabschied die unendliche Anzahl von Gesellen
der Vermehrung bürgerlicher Familien vorzieht. Allein unsere Vorfahren haben es nie geargwohnt, daß eine Zeit kommen würde,
worin die Krämer alle Ehre und Geld an sich ziehen und mit Hülfe
von beiden ihre Mitbürger, die Handwerker, verdunkeln und ersticken würden. Bei diesem offenbaren Verfall würden sie nicht
ihren Plan geändert, aber sicher eine Wendung in ihrer Polizei

gemacht, den Kaufmann erhoben, den Krämer heruntergesetzt und
den Handwerker durch **neue** Privilegien begünstigt haben. Dieses
hätten sie nach ihrer **großen** Einsicht gewiß gethan, und ich **sehe**
keinen Grund ein, warum nicht eben diejenigen, die den Krämern
unter andern Umständen Vorzüge eingeräumt haben, solche auch,
nachdem es **die** gemeine Wohlfahrt erfordert, **wieder** mindern
sollten.

Das **Recht, mit** Thee, Kaffee, Zucker, **Wein** und dergleichen
zu handeln, **könnte** den eigentlichen Kaufleuten verbleiben. Jeder,
der vor dem vertrauten Ausschusse **darlegte,** daß **er** z. E. für
zehntausend Thaler jährlich einheimische **Linnen-** oder Wollenwaaren
verschickte, könnte dabei füglich das Recht haben, mit jenen Waaren
allein zu handeln. So würde **die** Krämerei eine Nebensache des
Kaufmanns, und nur der Patriot, **der mit der** einen Hand seine
Mitbürger höbe, hätte die Befugniß, sich **mit** der andern durch
solche Waaren, welche sich nicht füglich für Handwerker schicken, zu
bereichern. Dieses wäre eine gerechte Vergeltung; und weil die
Krämerei dadurch zugleich zu einem bloßen Nebenzweige gemacht
würde, so dürfte man auch so leicht nicht fürchten, daß einer sich
zu sehr darauf legen würde. Der Kaufmann, der einheimische Producte im großen verschickt, **hat** eine edlere Seele; **er** denkt größer
und hebt seinen Mitbürger, um seinen vorzüglichsten Handel durch
ihn zu befördern. Dieses ist eine natürliche Folge der menschlichen
Denkungsart, und die Ehre, ein Kaufmann zu sein und **durch**
diesen Namen sich den Weg zu den höchsten bürgerlichen Würden
zu bahnen, würde ihn scharfsinnig machen, neue Erwerbungsmittel
für seine Mitbürger auszusinnen, um auf diese Weise durch neue
Zweige seinen Handel und seine Ehre zu erhalten.

Bisdahin diese guten Wünsche erfüllt sein, muß man es als
eine Glückseligkeit unserer Zeiten ansehen, daß allmählich große
Krämer entstehen, **deren** jeder zwanzig kleinere verschlingt. Die
kleinen Raubvögel, die unsere guten Handwerker zuerst verzehrt
haben, werden solchergestalt ein Raub der größern; und da es nicht
eines jeden Sache ist, sogleich ein großer Krämer zu werden, so
muß man hoffen, daß unter diesen Aspecten sich wenige der kleinen
Krämerei widmen werden. Man muß hoffen, daß dadurch mancher
sich bewegen lassen werde, sich wieder zum Handwerk **zu** wenden,
und daß endlich die Handwerker, wenn es zuletzt **nur** noch auf
einige wenige Feinde ankömmt, diese überwältigen und durch eine
neue und verbesserte Einrichtung sich Ehre und Recht verschaffen
werden.

Gedanken

über den Verfall der Handlung in den Landstädten.

..... Wir müssen uns schämen, wenn wir an unsere Vorfahren in der Deutschen Compagnie (die Hanse) gedenken. Alles
was wir jetzt in den Landstädten thun, ist dieses, daß wir unsere
Manufacturen einem Bremer oder Hamburger vertrauen und uns
durch dieselben herumführen lassen. Mancher ist gar so feige oder
geldbedürftig, daß er gleich in Bremen und Hamburg verkauft und
sich dem Preise unterwirft, welchen die auf der Börse daselbst versammelten Aufkäufer seiner Verlegenheit [oder seiner kurzen Einsicht
bestimmen. Die Laune eines Seestädters, eine Zaghaftigkeit, welche
ihm seine größere Verwickelung in mehrern Arten des Handels auf
einen Posttag zuzieht, eine zufällige Veränderung des Wechsels,
eine vortheilhaftere Fracht, die Zeit welche er noch abwarten kann,
die Noth des Verkäufers und andere Zufälle entscheiden den Vortheil des Mannes, der den ganzen Verdienst haben sollte; und der
Kuppler entführt ihm die Braut. Kaum wissen unsere Landstädter
die Zeit, wann ihre Waaren am besten gehen. Sie verkaufen ihr
Korn nach der Ernte, ihr Linnen um Pfingsten, und bekümmern
sich nicht darum, wann die Flotten aus England und Spanien
nach Osten und Westen abgehen, und der Factorist an der Stelle
den verlogenen Schiffspatron züchtigt oder doch an der Waare,
wobei die erste Hand sich kaum das Leben gefristet, noch dreißig
vom Hundert gewinnt. Alles, alles wird dem Seestädter gelassen,
der mit runzelnder Stirne und hangenden Lippen die Ungeduld
des Landstädters, der ihm seinen Segen feilbietet oder auf den Hals
schickt und Geld und Waare darauf nimmt, hämisch demüthigt.

Wie erweitert, wie stark, wie glücklich waren dagegen die Einsichten unserer Verfahren in der Deutschen Compagnie! Sie bedienten sich zwar des Schiffbodens der Seestädter; allein sie ver-
kauften ihre Waaren nicht auf dem bremischen Markte, sie über-
lieferten sich nicht mit Leib und Seele der Aufrichtigkeit eines
Hamburgers. Für eigene Rechnung wurde ihre Waare eingeladen.
An dem Orte ihrer Bestimmung, zu Bergen, London, Nowgord,
Brügge und anderwärts, hielten sie ihre eigene Bediente, ihre
eigene Packhäuser und ihren eigenen Markt. Ihre Bediente, welche
solchergestalt an allen Enden der Welt waren, gaben ihnen getreue
Berichte. Sie sahen nicht durch die Brillen der seestädtischen Unterhändler. Sie ließen sich nicht von einigen Nebenbuhlern unter-
bohren, sondern wußten gleich, wann und warum eine Waare nicht
mehr zog, wie sich Geschmack und Nothdurft änderten, wer bessere
Preise gab, wodurch demselben der Rang abzugewinnen, was für

Farben und Streifen den Vorzug hatten, welche Moden am liebsten, und in welchem Stücke es auf die Güte der Sache, oder nur auf den Glanz ankam, wo sich neue Quellen eröffneten, und welche Handlungsmaxime der fremde Staat faßte. Jede Veränderung wurde ihnen zeitig, gründlich und von getreuer Hand bekannt, jede Theuerung oder Thorheit unmittelbar und schnell genutzt, jede Aussicht schleunig eröffnet und jede Unternehmung derselben angemessen. Alle Zahlungen gingen ohne Umschweife, und die Seestädte mußten ihren Wechsel aus den Landstädten in der Hanse kaufen.

Jetzt ist es einem Seestädter leicht, den Handel eines ganzen Landes zu verderben. Ungestraft macht er die Wappen und Zeichen anderer Länder nach, drückt solche auf schlechte Waare und verleumdet damit die Redlichkeit des Mannes und des Orts, der mit aller Treue seinem Zeichen und Wappen Ehre zu machen suchte. Er verändert das Gewicht, verkürzt die Elle und verkauft polnisch für preußisch, bis endlich die Empfänger, der schlechten Waare überdrüssig, auf eine neue Spur geleitet und durch andere Länder oder Waaren besser versorgt werden. Wo ist jetzt der Landstädter, der sich rühmen kann, einige Nachricht aus dem wahren Sitz der Handlung zu empfangen, die Ursache eines steigenden oder fallenden Wechsels zeitig zu bemerken, seinen Plan auf sichere Gründe zu bauen, die Bedürfnisse jeder Colonie, jedes Reiches zu kennen und sofort seine Maßregeln danach zu nehmen? Kaum kann er noch eine geringe Zahlung durch eigene Wechsel verrichten. Moses und Abraham rechne ich aber nicht mit. Diese können freilich Wechsel in Menge schreiben; aber darf man fragen wie? und können wir ohne Erröthen daran gedenken? Sie lassen die Wechsel in Bremen, Hamburg oder Amsterdam aufkaufen, schicken solche zur Erhebung an ihre Freunde in Spanien oder England, und verkaufen uns dann ihre Anweisungen auf das erhobene Geld. Der Hamburger, Bremer oder Holländer gewinnt also daran ein Halbes vom Hundert, der Engländer und Spanier ebenso viel, und Moses und Abraham sicher ein Ganzes. Und woher rühren diese Gelder? Sind es nicht Zahlungen, die wir aus Spanien und England zu fordern hatten? Geschehen sie nicht für Waaren, die man aus dem Lande nach den Seestädten geschickt hatte? Und verkauft man uns nicht unser eigen Geld? Erst schnellen uns die Seestädter um die Waare, und nun plündern sie unsern Beutel. Kann man sich etwas Schimpflicheres vorstellen? und würde nicht ein Kind aus der alten Hanse sagen, wir hätten allen Verstand verloren?

Dies ist aber die Sache nur noch von einer Seite, von der Seite wie wir unsere eigenen Producte und Manufacturen durch die Hände der Seestädter los werden, betrachtet. Nimmt man nun auch vollends die andere, wie wir unsere Bedürfnisse und den

sogenannten nothwendigen Ueberfluß aus fremden Ländern erhalten,
hinzu, so vermehrt sich der Schade der Landstädter nach dem Maße,
als die Einfuhr die Ausfuhr jetzt überwiegt. Unsere Vorfahren im
Hansischen Bunde, da sie an den Enden der Welt ihre Factoreien
hatten, erhielten nothwendig alles ohne Mittel und aus der ersten
Hand. Sie kauften ihre Heringe nicht von den Holländern; ihr
Factor zu Bergen ließ sie selbst fangen. Sie kauften den Leinsamen
nicht um Ostern zu Bremen, sondern im Herbst von dem Landmanne
an dem Orte wo er wächst, oder doch wenigstens auf dem Markte
zu Riga oder in Libau. Jeder Kaufmann, der in einer Hansestadt
wohnte, ließ den Thran bei seiner Factorei in Bergen sieden, seine
Fische daselbst salzen oder trocknen, und die Kaufleute der Stadt
Soest hatten so vieles für eigene Rechnung auf der See, daß es
ihnen der Mühe verlohnte, besondere Freiheitsbriefe von dem dä=
nischen Monarchen zu nehmen. Wo aber ist jetzt der Geist einer
gleichen Unternehmung? Wie viele sind in der Hauptstadt, die
nur einmal den Reis aus England ziehen? Und gleichwol schickt
ihn der Engländer ohne Zahlung nach Bremen und wartet gern
ein Jahr auf sein Geld. Wer kauft nicht seinen Taback bei fünf
oder sechs Fässern in Bremen und läßt sich nicht oft dasjenige,
was bei der Stürzung in England als schadhaft von dem Gewichte
der Tonne abgezogen wird, für gute Waare verkaufen? Wer achtet
auf die Schiffe, welche in England aus den maryländischen Colo=
nien damit ankommen? Wer hat im voraus einige Nachricht, wie
der Jahrwachs daselbst gerathen? Wer unterscheidet die guten glas=
gowischen und liverpoolschen Preise von den londonschen? Wer weiß
die Rechte eines jeden Hafens und den Einfluß, welchen solche auf
eine Waare haben? Dies überläßt man der Aufmerksamkeit des
Hamburgers und Bremers; und dieser allein zieht den Vortheil,
ohne Arbeit. Bei dem letzten Verkauf der Ostindischen Compagnie
in Amsterdam sah man italienische und französische Gewürzhändler,
aber keinen einzigen deutschen in Person. Gleichwol hatte man
eine neue Art von Versteigerung durch Uebergebot eingeführt, welche
die Gewürze merklich theurer, und die Ausrichtung durch die
Mäkler für die Zukunft weit bedenklicher machen wird. Alles was
man von deutscher Aufmerksamkeit dabei bemerkte, war dieses, daß
der feine Canel für Italien, der mittlere für Frankreich, und die
schlechteste Borke für Deutschland erhandelt wurde.

Wie weit sind diese Grundsätze von den Grundsätzen der ehe=
maligen Hanse entfernt! Diese betrachtete die Seestädte als bloße
Niederlagen. Sie behauptete zum Vortheile der Seestädte, daß jede
Bundstadt nur ihre eigenen Waaren ausführen sollte, und zum Vor=
theile der Landstädte, daß jede Manufactur an dem Orte, wo sie
fiele, zur Vollkommenheit gebracht werden müßte. Diesem großen

Gesetze zufolge durfte der Seestädter sich nicht unterstehen, das
Färberlohn an einem Stücke Tuch zu gewinnen, oder ein Stück
Linnen zu glandern, welches nicht dort gemacht war. Man sah
ein, daß es dem Seestädter an wohlfeilen Händen mangelte, um
die Spinnerei zu bestreiten, und daß es ihm im Gegentheile leichter
fiele, einem rohen Stücke Tuch Farbe und Glanz zu geben. Man
sah ein, daß, wenn ihnen dieses gestattet würde, die Landstädte
nur für die Seestädte arbeiten, und diese zuletzt sich der Handlung
und des wahren Vortheils bemeistern würden.

Was würden die Männer von solchen Einsichten denken, wenn
sie hörten, daß jene zwei große Gesetze in ihrem ganzen Umfange
kaum noch begriffen würden, wenn sie hörten, daß jetzt in den
Seestädten alle Arten von Fabriken bestehen, und von dort her
Hüte und Strümpfe in die Landstädte geschickt werden können! Sie
würden glauben, die Welt hätte sich umgekehrt, und die Handarbeit
sei wohlfeiler in der Seestadt als in der Landstadt. Unsere Gelehrten beschreiben uns die hansischen Kriege, aber nicht den Geist
der damaligen Handlung. Leben und Thaten eines lübeckischen
Bürgermeisters sind ihnen so wichtige Gegenstände, daß sie die
Thorheit einer handelnden Compagnie, die in das Eroberungssystem
verfällt, nicht einmal ahnden. Auch damals haben die Seestädter
die deutsche Landhandlung einem Schwindelgeiste aufgeopfert. Ist
denn aber den Landstädten der Weg nach andern Gegenden ver-
sperrt? Sind ihnen die schottischen Fabriken und Häfen unentdeckt?
Ist ihnen Oporto und Bourdeaux mehr als den Seestädtern ver-
schlossen? Können sie nicht ebenso gut als diese ihre Factoren in
Lissabon und Cadir haben? Können sie nicht ebenso gut als ein
Engländer und Holländer nach allen spanischen und portugiesischen
Colonien handeln, wenn sie ein Packhaus in Lissabon und den
Namen eines Spaniers oder Portugiesen miethen? Verleiht ein
Bürger in London seinen Namen einzig und allein an einen deut-
schen Seestädter? Oder ist es unmöglich, an jedem Orte einen
Freund zu finden, der gegen einigen Genuß des Vortheils auf aller
Welt Bedürfnisse Acht gibt, neue Aussichten eröffnet, und blos die
Stelle eines getreuen Spediteurs vertritt? Und könnten unsere
müßigen Residenten nicht in mancher Absicht dem Staate dienen?

Man wird einwenden, daß man auf solche Art sein Gut dem
Meere und unbekannten Personen anvertrauen, drei Jahre auf den
Umschlag warten, aus dem spanischen und portugiesischen Indien
Waare zurücknehmen, und für letztere einen großen Markt haben
müsse. Eine Ladung Oel, Citronen, Rosinen, Weine, Wolle, Do-
mingo, Indigo und dergleichen Waaren, welche Spanien zurück-
gäbe, würde eine Landstadt nicht mit Vortheil verschlingen können,
und letzteres sei der wahre Vorzug der Seestädte, wodurch sie sich

der Handlung bisher allein bemeistert hätten. Allein Unsicherheit
ist die Seele des Handels; und je länger man auf sein Geld warten
muß, je größer ist auch der Vortheil, weil Krämer und Schleicher,
die ihrer wenigen Pfennige gleich wiederum bedürfen, sich nicht
daran wagen und den Handel verderben können. Blos die letzte
Schwierigkeit würde erheblich sein, wenn der bremer und hamburger
Bürger den Markt für sich allein, und Auswärtige nicht die Freiheit hätten, auf diesem Markt im großen zu verkaufen. Ein
Landstädter kann alle seine spanische Rückfrachten dort ablegen,
verkaufen, und an alle Enden der Welt gehen lassen. Er darf nur
Kunden auf dem Lande haben; und wenn er dann bessere Preise
als der Bremer geben kann, so wird dieser keinen Vorzug vor ihm
gewinnen. Bessere Preise aber kann er geben, wenn er die Waare,
als zum Erempel das Linnen, welches der Bremer in Bezahlung
nach Spanien, oder unter eines Spaniers Namen nach den Indien
geschickt und aus den Landstädten gekauft hat, unmittelbar dahin
versendet. Sollte Hamburg und Bremen nicht wollen, so ist Har-
burg und Emden offen, und beiden fehlt nichts als Rückfracht in
die Fremde.

Man denke nicht, daß der Neid zu stark dagegen arbeiten
würde. Der deutsche Seestädter ist verlegener als man glaubt.
Er wünscht, und der Holländer wünscht es mit ihm, daß aus
Deutschland jährlich zehn tausend Schiffsladungen ohne seine Gefahr
abgehen und ihm weiter nichts als die Packhausheuer, die Be-
sorgungsgebühr und die Schiffsfracht einbringen möchten. Er verlangt nicht für eigene Rechnung zu handeln und erkennt gern, daß
Lübeck und Hamburg zur Zeit der Hanse größer durch die Waarenlager von Deutschland als durch eigenen Handel geworden. Zu
diesem Preise wird er seinen Lieblingshandel mit französischen Weinen gern den Landstädten selbst überlassen und noch etwas mehr
als Tonnenstäbe nach Frankreich zurückführen können. Es fehlt ihm
oft an Rückfrachten, und er muß gleich den Schweden in Ermangelung einiger Waaren bei dem Fremden ein Fuhrlohn verdienen.
Allein der Landstädter muß die Entwürfe machen und den Seestädter
leiten. Er muß wissen, was für Waaren aus Curassao oder
St.-Eustache am besten verschleift, was in der Levante erfordert
und im Norden gebraucht wird. Der Seestädter, solange er blos
seine Gebühren für die Besorgung zieht, wird ihm keinen Facter
in Smyrna halten und nicht für den Verkauf der Waaren an den
Orten der Abladung einstehen. Dies muß der Landstädter selbst
wissen, und diese Idee hat er jetzt völlig verloren. Wenn ihm eine
Pflanzung in Surinam angeboten würde, wenn er seinen Kaffee
dort selbst bauen lassen sollte, er würde glauben in einer ganz
neuen Welt zu sein. Und gleichwol ist er so nahe dazu als ein

anderer und durch die Umstände zu weiter nichts verbunden, als
seine Ernte in Holland auszuladen.

Die ganze Levante steht ihm offen; der Holländer hat den
Handel, theils weil er der kleinen Vortheile satt war, theils weil
er aus Deutschland mit keinen Waaren versorgt wurde, eine ganze
Zeit über vernachläßigt. Der aufmerksame Engländer hat ihn ver-
drängt, und die leydener Tuchfabrik, welche in der Türkei noch be-
rühmter als in Deutschland war, ist darüber versunken. Allein in
Deutschland hat niemand darauf gedacht, einige Producte nach der
Levante zu schaffen.

Keiner gedenkt sich in Alexandrien einen Markt zu machen,
oder aus Cairo etwas zu erhalten; man läßt den Engländer und
den Franzosen dort seinen Tüchern den Preis setzen, und das ärmste
Städtchen in Deutschland wagt es nicht, die seinigen dort wohlfeiler auszubieten. Was die amerikanischen Colonien den Engländern, und was England der Stadt London ist, das sollte Deutschland den Holländern und übrigen Seestädten sein können. Oder
sollte eine Schiffsladung von Schuben aus London wohlfeiler abgeben können als aus Bremen? Und sollten selbige, wenn sie
rechtschaffen gemacht werden, nicht ebenso viel Käufer in dem spanischen Indien finden als andere, die unter dem Namen eines
spanischen Einwohners dahingeben? Jetzt ist es freilich die Zeit
nicht mehr, auf die Schube zu gedenken, nachdem die amerikanischen
Colonien das Leder so wohlfeil liefern, daß Deutschland bald seine
Schube aus England erhalten wird. Indessen findet ein aufmerksamer Geist allemal noch neue Wege. Es geben noch ganze La-
dungen von geflickten Schuben aus Sachsen nach Rußland; und
der Franzose brachte die Federmüsse wieder in Mode, nachdem er
das Rauchwerk aus Canada verloren hatte. Einer fleißigen Hand
ist nichts unmöglich.

Ueberhaupt aber ist der deutsche Handel nicht allein in dem
äußersten Verfall, sondern wir stehen auch in Gefahr, unser Brot
mit der Zeit wohlfeiler aus Amerika zu erhalten, als es bei uns
gebacken wird. England, das von uns nichts zurücknimmt und
Gottes Wort für Contrebande erklärt, wenn es auswärts gebunden
ist, wird unsere offenen Häfen mit aller Leibesnothdurst und Nahrung
versorgen; und die Seestädter, welche entweder bei der wenigen
Ausfuhr aus Deutschland die Hände in den Schos legen, oder alle
fremde Handlung begünstigen müssen, werden uns noch mehr Butter,
Talg, Wachs, Honig, Hanf und Korn zuführen, uns mit Burton-
oder Dorchester-Bier tränken und, wenn es ihnen an bessern Frachten
fehlt, aus Noth mit Eis aus Grönland handeln. Nach England
darf ohne besondere Erlaubniß des Königs keine irländische Butter
kommen. Allein in Deutschland findet sie überall ihren Markt und,

was noch schlimmer ist, Käufer welche sie aus Mangel einheimischer
nehmen müssen. Woher rührt denn dieses? Und warum befinden
wir uns in diesem Bedürfnisse? Das einzige, was wir jetzt noch
ausführen oder den Namen einer Ausfuhr verdient, ist Linnen.
Auf selbigem liegen in England 40 vom Hundert, wovon auf dasjenige, was nach Amerika, 35, und auf dasjenige, was über
Lissabon und Cadix nach Indien geht, fast alles zurückgegeben wird.

Gesetzt nun, es käme dahin, wie es bei der vorigen Parlaments-
sitzung beinahe gekommen wäre, wenn sich nicht einige besondere
Nebenursachen ins Mittel gelegt hätten, daß die 35 vom Hundert
auf dasjenige, was nach Amerika geht, nicht weiter zurückgegeben
würden, so ist nicht der geringste Zweifel, daß nicht die schott-
ländischen Fabriken alles schlesische, und die irländischen alles osnabrückische, ravensbergische, lippische und Weser-Linnen verdrängt
haben würden. Womit wollte aber dann Deutschland noch weiter
bezahlen? Und woran hängt es, daß jener große Entwurf, nach
welchem die amerikanischen Colonien entweder schottländisch und
irisch Linnen nehmen, oder aber dem Staate die 35 Procent davon
bezahlen sollten, nicht zu Stande gekommen? An einer Furcht
vor dem Amerikaner, an einem Haß gegen Schottland, an einem
Neide der londonschen Kaufleute, die, solange das Linnen über
Bremen kommt, mehr Meister von der Quelle sind, und an einiger
Rücksicht auf die spanische Handlung, wohin das deutsche Linnen
den Weg mehr über Holland wie vordem genommen haben möchte.
Wie leicht mögen aber diese Bedenklichkeiten nicht verschwinden,
wenn die Seestädte ohne Ueberlegung und ohne Gewicht nur immer und aus Noth von den Auswärtigen abhangen, Weine von
Bordeaur holen, aber nichts als Holz wieder zurückbringen dürfen!

Ich erwähne mit Fleiß nichts von der Menge des Kaffees,
Thees, Zuckers und Weines, welche nunmehro zu den Bedürfnissen
eines Bettlers gehören und Deutschland auf das sichtbarste erschöpfen. Dergleichen Dinge sind zu klar und zu abgenützt, als
daß ich ihrer erwähnen sollte. Und die Gefahr kann nicht größer
sein als sie ist, wenn man die äußersten Bedürfnisse wohlfeiler aus
der Fremde zieht als daheim baut, gleichwol aber mit seinen
Händen wenig oder nichts schafft, um das Gleichgewicht dagegen
zu halten, keinen Blick in die Welt thut, welche dem Fußgänger
wie dem Reiter offen steht.

Es ist fast unglaublich, wie sehr wir seit einigen Jahren die
Bilanz der Handlung verloren haben. Wie lange ist es, daß
100 Albertsthaler 120 Thaler unserer Münze galten? Und wie
lange stehen sie nun an und über 135? Wer denkt die Zeit, daß
der englische Wechsel so lange und so anhaltend um und über
600 geschwebt? Und welcher Mensch in der Welt hätte es sich vor-

stellen sollen, daß England in wenigen Jahren an die zehn Millionen Pfund Sterling hätte nach Deutschland übermachen können, ohne dort schuldig zu werden und den Wechsel gegen sich zu haben? Flüsse und Häfen könnten uns dienen. Allein zufüllen und versenken sollten wir sie beinahe, da sie ihrem Vaterlande ungetreu und Fremden dienstbar werden.

Jedes Seestädtchen handelt blos nach seiner eigenen Politik, und die Wohlfahrt des Reichs, welche leider mit jedem einzelnen Theile desselben contrastirt, ist kaum noch dem Namen nach bekannt. Aber auch in keinem Friedensschlusse wird für die Befestigung der Handlung gesorgt. Man hat sich von Rußland, Frankreich, England und Holland nie etwas Fruchtbares dafür bedungen und ist stolz, einen Rangstreit ausgemacht, oder eine neue Messe angelegt zu haben.

Man glaube aber nicht, daß die Seestädter ihren Vortheil zuerst von dem Vortheile des Reichs getrennt haben. Den ersten Fehler ausgenommen, welchen sie jetzt mit der englischen Ostindischen Compagnie gemein haben, daß sie Kriege mit den Reichen anfingen, mit deßen Einwohnern sie handeln wollten, so sind es die Landstädte, welche sich ihnen zuerst entzogen und sie dadurch in die Nothwendigkeit gesetzt haben, alles für eigene Rechnung zu thun und, in Ermangelung deutscher Waaren, uns so viel mehr fremde zuzuführen. Es liegt an uns, daß wir nicht unsern Vortheil mit dem ihrigen wieder vereinigen und Leute aus ihnen aufmuntern, welche zum Vortheile Deutschlands reisen, neue Oeffnungen für den Handel suchen, neue Quellen entdecken, die Bedürfnisse eines jeden Landes ausfinden, den Mitteln, wodurch es jetzt von andern Nationen ausgeholfen wird, nachspüren, die Möglichkeit, ihm besser und wohlfeiler zu dienen, überlegen und uns dann die Vorschriften geben, wonach wir in den Landstädten arbeiten müssen, um ihre Erfahrungen zu nutzen. Dieses ist wenigstens, da wir selbst dergleichen Reisen nicht unternehmen und nur mit fremden Augen sehen wollen, das Erträglichste; und vielleicht brächten alle unsere Landstädte mehr als dreihundert Fragen zusammen, welche solchen Reisenden mitgegeben werden könnten.

Es geht kein Jahr vorbei, daß nicht wenigstens zehn Engländer der Handlung wegen Deutschland bereisen und sich Kunden erwerben. Zwar sind es mehrentheils Londoner, welche blos Bestellungen suchen und eben so viel nicht schaden, weil Leute von Einsicht, welche ihre Waaren aus den innern Häfen und aus den Landstädten Großbritanniens selbst ziehen, ihnen eben das, was sie anzubieten haben, wohlfeiler in Deutschland geben können, als es ein Londoner, der seine Gebühren auf der Waare und der Zahlung sucht, verschaffen kann. Wie mancher Landstädter glaubt aber nicht,

alles gefangen zu haben, wenn er seine Waaren nur aus der beschwerten Themse erhält! Und wie sehr beweisen die Reisen die
Aufmerksamkeit des Briten! Es war eine Zeit, wo ganz Nieder-
deutschland mit den sogenannten englischen Adventurers (mercato-
ribus adventuratoribus) überschwemmt war. Sie hatten ihre Stapel
in allen hansischen Städten, und diese mußten ihnen ebendas Recht
gestatten, was sie selbst in ihrer Guildhall, der hansischen Nieder-
lage in London, genossen. Nun haben zwar die Engländer den
Hansischen so viele Schwierigkeiten gemacht, daß sie den Platz
räumen müssen, und die Adventurers sind diesseits aus ihren Nestern
gestoßen. Allein letzteres ist in der That nur dem Namen nach
geschehen; die Seestädter dienen ihnen mit geringern Unkosten als
Factoren, und die Engländer würden ein Gleiches für uns thun,
wenn wir nur etwas hätten, was ihnen zu gebrauchen beliebte.
Letzteres aber ist sehr wenig. Wir tragen alles, was sie machen;
sie aber nehmen nur von uns, was sie selbst nicht hervorbringen
können. Sie haben sogar im vorigen Jahre, nachdem die große
Gesellschaft zu Beförderung der Künste einen Preis von hundert
Pfund Sterling demjenigen versprochen hatte, welcher eine gewisse
Menge osnabrücksches Linnen auf gleiche Art und zu gleichem Preise,
als hier geschieht, liefern würde, das Garn aus Westfalen kommen
lassen und sich erst durch wiederholte Versuche von der Unmöglichkeit überzeugen lassen. Anfangs wunderten sie sich, wie wir so einfältig sein und ihnen das Garn zukommen lassen könnten, ohne
das Weberlohn daran zu verdienen. Wie sie aber das Garn fast
theurer fanden als das Linnen, was davon gemacht werden konnte,
so schienen sie uns dennoch etwas mehr als Klugheit zuzutrauen.
Der Brite ist in der That so gefährlich nicht als wir glauben. Es
gibt nahe bei London so schöne Heiden als in Deutschland; und die
Engländer rechnen sehr mäßig, wenn sie auf vierhundert Millionen
Quadratruthen wüster Gegenden blos in England rechnen. Nil
desperandum! Wenn wir uns nur angreifen wollen! Allein wir
kennen die Welt von der Seite der Handlung nicht, und der Seestädter treibt die Handlung als die Alchemie. Sonst müßten wir,
die wir unter einer Last von Pfennigen seufzen, wo der Engländer
Pfunde zu entrichten hat, längst weiter sein als wir sind. Alles,
was wir zu unserer Entschuldigung sagen können, ist, daß uns der
Markt fehle. Woran liegt es aber, daß wir ihn uns nicht verschaffen? Und warum muß ein Deutscher zu Birmingham uns die
lacirten Tische auf die Messe schicken? Warum müssen wir eine
Sache wie die Fußdecken, wovon die Mode in funfzig Jahren so
allgemein als in England sein wird, von Wilton haben? Sollte
die Stahlarbeit nicht ebenso gut auf dem Harze als in Schweden
und England gerathen?

Ein Grund unsers Verderbens liegt in der Schwächung der Handwerker und **in der** Ermunterung unserer Krämer. Man lasse sich **die Rollen von unsern** Handwerkern nur seit hundert Jahren zeigen. Die Krämer **haben** sich gerade dreifach vermehrt, und die Handwerker **unter der** Hälfte verloren. Der Eisenkram hat den Kleinschmied, der Bureau= und Stuhlkram **den** Tischler, der Tuch= handel den Tuchmacher, **der** Goldkram den Bortenwirker, **der goldene, bärene, gelbe und** weiße Knopf den **Knopfmacher und** Gelbgießer verdorben. Und kann man sich eine Sache gedenken, womit **der** Krämer jetzt nicht heimlich oder öffentlich handelt? Lauert er nicht auf **alle** Gelegenheiten und Thorheiten, **um etwas Neues, Wunder=bares und** Fremdes einzuführen? Und kann man ein Exempel **aufweisen,** daß **ein** einziger Krämer **auch** nur einem einzigen Hand= **werker** unter seinen Mitbürgern durch seine Anleitung und Einsicht aufgeholfen habe? Die Rechtsböse, welche die Krämerei für die Handlung ansehen und dasjenige, **was** von der Handelsfreiheit **mit** Recht gilt, der Krämerei zugute kommen lassen, würden sich einer Kezerei schuldig zu machen glauben, wenn **sie** eine Handwerks= gilde gegen die Krämer schützten, **ohne daß** erstere nicht ein Privi= legium aufzuweisen hätte. Und wer **ist** denn der Handwerker? Es ist der Mann, der die Landesproducte veredelt, an fremden **und** roben die Früchte des Fleißes gewinnt **und** dem Staate jährlich unsägliche Summen erspart. Was **aber** ist der Krämer? Ein Mann, der blos Fremde, sie seien Freunde oder Feinde, bereichert, die Wollust nährt, einen jeden durch neue Arten **von** Versuchungen reizt, den Handwerker und seinen Markt durch jede neue Mode, ehe er es sich versieht, altfränkisch, durch seinen Stolz **die Hand=** arbeit verächtlich, und den Jüngling von Genie zum neuen Krä= mer macht.

Sind die Handwerker jetzt schlecht, sind sie eigensinnig und theuer, **so** ist dies nur eine Folge des erstern. Bei der betrübten Aussicht **in** die vielen Krambuden kann kein Handwerker Muth fassen; **er kann** nichts wagen, er kann nicht im großen und mit vielen Händen arbeiten; es verlohnt sich nicht mehr der Mühe Ge= schicklichkeit zu haben. Wer Geld hat, wird kein Handwerker; **und,** wenn alle Krämer dermaleinst mit Schuhen handeln werden, so be= darf **ein** Schuster zuletzt nichts mehr, als das Altflicken zu lernen. Der prächtigste Anblick von London zeigt sich im Gegentheil in den Buden der Handwerker, jeder Meister handelt mit seiner Waare; in unsern Landstädten hingegen arbeitet der Meister auf Bestellung, und man scheut sich zu bestellen, weil man oft etwas Schlechtes theuer bezahlen, oder grobe Worte hören muß. Man lasse sich aber durch diesen Cirkelfehler nicht blenden, schränke die Krämer ein, **und** befördere tüchtige Handwerker in genugsamer Menge: so wird der Staat nur weniger roher Materialien bedürfen, den Fremden nicht bereichern, und wenigstens durch Ersparen gewinnen. Man lasse nur jährlich von Obrigkeits wegen die neuesten französischen und englischen Modellbücher kommen und den Handwerksgilden gegen Erstattung der Auslagen austheilen. Die Geschicklichkeit wird sich bald finden, und eine genugsame Menge der Handwerker die Preise mehr erniedrigen als alle Krämerei. . .

Darf ich es sagen, daß auch sogar das System unserer Fabriken ungleich schlechter sei als das alte? Vordem war die Eintheilung so, daß alle Fabriken zum Handwerk gehörten, und der Kaufmann blos der Verleger und der Beförderer des Handwerks blieb. Jetzt hingegen ist der fabricirende Kaufmann gleichsam der Meister, und wer für ihn arbeitet nur ein Gesell; und dieser Gesell arbeitet für Tagelohn. In einem solchen Plan, wenn er nicht von vielem Glücke begleitet wird, liegen weit mehr Fehler als in dem alten. Der Taglöhner nimmt die Sache nicht so zu Herzen, er stiehlt manche Stunde, erfordert viele Aufsicht und eine Reihe von Bedienten, um den richtigen Uebergang der Manufactur aus einer Hand in die andere zu bewahren, zu berechnen und zu balanciren. Der Hand= werksmeister hingegen, der sich von jenem wie der Pachter von dem Verwalter unterscheidet, könnte dem Kaufmann weit vortheil= hafter dienen, und der Staat erhält Bürger statt flüchtiger Gesellen. Dies war die Maxime der Städte in jenen Zeiten, welche wir die barbarischen nennen. Dies war die wahre Quelle ihrer Größe, ehe der Kaufmann den Handwerker verlassen und sich dafür auf die Krämerei gelegt hat. Durch diese heben sich noch die Städte in der Lausitz und im Voigtlande wieder empor. Alle Fabrik ist dort Handwerk, und der Kaufmann ihr Verleger. . .

Also sollen die deutschen Städte sich mit Genehmigung ihrer Landesherren wiederum zur Handlung vereinigen?

Deutschland hat seine Häfen wie andere Reiche, und es ist zur Handlung so gut gelegen als das beste. Allein solange seine gegen= wärtige Regierungsverfassung dauert, wird es nie zu der Größe in der Handlung gelangen, wozu es nach seinen Kräften gelangen könnte.

Schon in der Taufe, wie unsere Vorfahren aus dem Heiden= thum bekehrt wurden, mußten sie nicht blos dem Teufel, sondern auch den Teufelsgilden, das ist allen den großen Verbindungen entsagen, welche sie in Ermangelung einer vollkommenen Oberherr=

schaft nach dem Exempel aller freien Völker unter dem Schutze einer
irdischen Gottheit zu ihrer Vertheidigung und Aufnahme errichtet
hatten. Die besorgte Eifersucht Karl's des Großen verstattete ihnen
kaum, ihre Schiff= und Brandassecurationsgesellschaften beizubehalten.
Alle übrigen Verbindungen wurden aufgehoben.

Auf dem Reichstage zu Worms von **1231 ward die Frage**
aufgeworfen: ob eine Stadt oder Gemeinheit mit andern Verbin=
dungen **oder** Gesellschaften aufrichten könnte? Und der gute Kaiser
Heinrich erkannte **mit Rath der Reichsfürsten,** daß ihnen der=
gleichen nicht erlaubt sein könnte.

Jn der neuesten Wahlcapitulation heißt es endlich noch, **wiewol**
leider zu einem sehr großen Ueberflusse:

Jhro Kaiserliche Majestät wollen die Commercia des Reichs zu
Wasser und zu Lande nach Möglichkeit befördern; — dagegen
aber die großen Gesellschaften, Kaufgewerbsleute und andere, so
bisher mit ihrem Gelde regiert, gar abthun.

Und so hat zu allen Zeiten, **von** dem ersten Augenblick an, da der
deutsche Nationalgeist sich einigermaßen erheben wollen, bis auf
die heutige Stunde, ein feindseliges Genie gegen uns gestritten.
Man denke aber nicht, daß unsere Gesetzgeber zu schwache Augen
gehabt haben. Nein, die Territorialhoheit stritt gegen die Hand=
lung. Eine von beiden mußte erliegen; und der Untergang der
letztern bezeichnet in der Geschichte den Aufgang **der** erstern. Wäre
das Los umgekehrt gefallen, so hätten wir jetzt **zu** Regensburg ein
unbedeutendes Oberhaus, und die verbundenen Städte und **Ge=**
meinden würden in einem vereinigten Körper die Gesetze handhaben,
welche ihre Vorfahren, mitten in dem heftigsten Kriege gegen die
Territorialhoheit, der übrigen Welt auferlegt hatten. Nicht Lord
Clive, sondern ein Rathsherr von Hamburg würde **am** Ganges
Befehle ertheilen.

Noch sind **es keine** vierhundert Jahre, daß der hanseatische
Bund den Sund und die Handlung auf Dänemark, Schweden,
Polen und Rußland mit Ausschluß aller übrigen Nationen behauptete,
Philipp IV von Frankreich nöthigte, den Briten alle Handlung
auf den französischen Küsten zu verbieten, und endlich mit einer
Flotte von hundert Schiffen Lissabon eroberte, um auch diesen
großen Stapel zur Handlung für alle entdeckte und zu entdeckende
Welttheile zu seinem Winke zu haben; eine Unternehmung, welche
mehr Genie zeigt als die Erfindung des Pulvers, deren die Reichs=
geschichte noch wohl gedenkt, wenn sie jenen großen Entwurf auf
Lissabon mit Stillschweigen übergeht.

Kaum sind dreihundert Jahre verflossen (1475), daß ebendieser
Bund England nöthigte, **den** Frieden von ihm mit 10000 Pf. St.
zu erkaufen, Dänemark feilbot, Livland erobern half und den Aus=

schlag in allen Kriegen mit ebendem Uebergewichte gab, womit es
England seit einigen Jahren gethan hat. Keine Krone weigerte
sich, die Ambassadores dieser deutschen Kaufleute (sie hießen mer-
catores Romani Imperii) zu empfangen und dergleichen an sie ab-
zuschicken. Noch im 16. Jahrhundert behauptete er die alleinige
Handlung in der Ostsee mit einer Flotte von 24 Kriegsschiffen
gegen die Holländer. Und dieser große Geist der Nation ist es,
welchen Ihro Kaiserliche Majestät allergnädigst abzuthun geschworen
haben. Dieser Geist, welcher sich gewiß von beiden Indien Meister
gemacht und den Kaiser zum Universalmonarchen erhoben haben
würde, ist es, welchen die Reichsfürsten nicht ohne Ursache verfolgt,
aber allezeit übereilt erstickt haben. Was muß ein Deutscher nicht
empfinden, wenn er die Nachkommen solcher Männer gleichsam in
der Karre schieben, oder Austern fangen, Citronen aus Spanien
holen und Bier aus England einführen sieht!

Fünfundachtzig verbundene Städte in der untern Hälfte von
Deutschland waren es indessen, welche diese Wunder verrichteten
und in der Handlung die Mittel fanden, so große Kosten zu bestreiten; währenddderzeit in der obern Hälfte von Deutschland eine
Südseecompagnie mit ihrer Handlung die Levante beherrschte und
die Schätze aus Asien und Afrika nach Deutschland zurückbrachte.
Beide Compagnien, sowol die hanseatische, oder die nördliche und
westliche, als die südliche, verstanden ihr gemeinschaftliches Interesse;
und man kann es nicht ohne Erstaunen betrachten, daß Englands
Handlung damals durch deutschen Fleiß nach der Levante getrieben
wurde. Die Größe der Venetianer und die Flotten, womit die unglücklichen Kreuzzüge unterstützt und die wichtigen Unternehmungen
auf Afrika und Asien ausgeführt wurden, sind aus dem Handel
erwachsen, welchen die verbundenen Städte in Oberdeutschland aus
den italienischen Häfen trieben.

Jedoch diese güldnen Zeiten der deutschen Handlung kommen
wol niemals wieder. Sie werden kaum mehr geglaubt: so sehr
haben wir uns von ihnen entfernt. Das Besonderste dabei ist, daß
alle Handwerker zugleich ausgeartet und der fliehenden Handlung
nachgefolgt sind. Man sehe nur auf die alten Arbeiten an Altären,
Einfassungen der Reliquien, Monstranzen, Kelchen, Bechern und
dergleichen, auf die Kästlein von Ebenholz, auf die Kunstwerke von
Elfenbein und auf verschiedene andere getriebene, geschnitzte, ein-
gelegte und durchgearbeitete Stücke, welche sich noch hie und da in
Cabineten finden; man betrachte nur einige Denkmäler der Malerei,
Bildhauerkunst und Baukunst, so uns aus dem 14., 15. und
16. Jahrhundert noch übrig sind; man gedenke an das Dauerhafte,
Kühne und Prächtige der gothischen Stücke, welche um deswillen,
daß sie nach einem besondern Zeitgeschmack gearbeitet sind, ihren

Kunstwerth nicht verloren haben: so wird man sehen, daß zur Zeit der hanseatischen Handlung eine Periode in Deutschland gewesen, worin es die größten Meister in jedem Handwerk gegeben habe. Und man kann dreist behaupten, daß die Deutschen die Handlung und den damaligen gothischen Stil der Kunst zu gleicher Zeit aufs höchste gebracht hatten. Man würde jetzt Mühe haben, einen einzigen solchen Meister in Ebenholz, Elfenbein und Silber wieder aufzubringen, dergleichen vor dreihundert Jahren in allen Städten angetroffen wurden. Fast alle deutsche Arbeit hat zu unserer Zeit etwas Unvollendetes, dergleichen wir an keinem alten Kunststück, und gegenwärtig an keinem rechten engländischen Stücke, antreffen. So sehr ist das Handwerk zugleich mit der Handlung gesunken. Die einzige Aufmunterung der Handwerke kommt jetzt noch von Höfen; und was sollen einige wenige mit Besoldungen angelockte Hofarbeiter gegen Handwerker, die während des hanseatischen Bundes für die ganze Welt in die Wette arbeiteten?

Das Exempel der Städte in Frankreich, wovon die vornehmsten im vorigen Kriege dem Könige ein Schiff bauten, der ähnliche Entschluß des Theaters zu Paris, und der große Anschein daß jede große Stadt und Herrschaft in Deutschland, wenn der Landesherr wollte, ein Schiff zur See haben könnte, möchte zwar manchen auf den Einfall bringen, daß man endlich auch wol eine deutsche Flotte in See setzen und sich damit ebendie Vortheile wieder erwerben könnte, welche unsere Vorfahren besaßen und andere Seemächte besitzen, die ihre Commerzientractate mit der Kriegsmacht unterstützen. Man könnte wenigstens hoffen, die Handlung damit offen und die Seemächte abzuhalten, sich in jedem Reiche Monopolien zu bedingen. Denn was sind die heutigen Commerzientractate anders als Monopolien? Und ermächtigt sich nicht beinahe jeder Herr, die Handlung seines Reichs den meistbietenden Seemächten zu verpachten? Allein dergleichen süße Träume, ohne deren Erfüllung Deutschland gleichwol niemals einen einzigen Commerzientractat mit den nordischen Reichen zu Stande bringen wird, verbietet uns die Reichsverfassung, und auf sichere Weise selbst die kaiserliche Capitulation. Beim Anfang des Dreißigjährigen Krieges legten es die Schweden dem Kaiser sogar zum Uebermuth aus, daß er an eine Reichsflotte in der Ostsee, welche doch, wenn man sich nur über den Namen versteht, nichts Ungewöhnliches war, gedacht hatte. Wir müssen uns also durch andere Wege helfen.

Fast alle Reiche haben sich auf sichere Weise gegen uns geschlossen, seitdem die Flotten der Gewerksleute, welche mit ihrem Gelde regierten, wie die Capitulation es zur Ehre der Nation noch ausdrückt, allerunterthänigst abgeschafft werden müssen. Den Lübeckern, Bremern und Hamburgern, welche einzeln zu

schwach waren, den Unterhandlungen der Seemächte sich mit Nach=
druck entgegenzusetzen, ist nichts weiter übriggeblieben, als das=
jenige aus der Fremde abzuholen, was man daselbst gern los sein
will, und etwas wieder dahin zu bringen, was man von den See=
mächten noch zurzeit nicht erhalten kann. Man läßt ihnen blos die
Almosen, welche jene verachten. Die einzige Handlung in der Le=
vante ist noch frei, so lange bis es der Seemacht, welche gegenwärtig
darüber aus ist, solche durch einen Commerzientractat zu pachten,
gelingt auch diesen Ausfluß zu sperren.

Wie ist aber die levantische Handlung beschaffen? Gerade so
wie wir solche gebrauchen. Die dortigen Türken, Griechen, Mohren
und Juden sind wie unsere westfälischen Packenträger, oder wie die
italienischen Hechel= und Barometerkrämer, welche so viel Waare
borgen als sie tragen können, damit tief ins Land hausiren gehen
und, wenn sie solche verkauft haben, das Geborgte bezahlen und
ihren Packen von neuem füllen. Dies ist die ganze Handlung; und
man trifft fast keinen großen türkischen Kaufmann an, welcher ein
Waarenlager für solche Hausirer hielte. Dieses überlassen sie den
Fremden.

Bei solchen Umständen sollte man denken, es würden einige
hundert bremer oder hamburger Kaufleute dort ihr Waarenlager
haben und für die Hausirer alles, was in Niedersachsen und
Westfalen nur verfertigt werden könnte, in Bereitschaft halten; be=
sonders da die dortigen Sensali oder Mäkler die Hausirer genau
kennen und gegen eine billige Provision den ganzen Handel führen.
Allein die genaueste Erkundigung zeigt, daß kein bremisches oder
hamburgisches Comptoir in der ganzen Levante sei. Man läßt
diese Vortheile den Franzosen, Engländern und Holländern über,
die natürlicherweise dasjenige zu Hause verfertigen lassen, was sie
dort abzusetzen gedenken. Wie wichtig ist aber nicht dieser Handel!
Und zu welchem Reichthume erhob sich nicht damit der Herr Fremaux
in Smyrna, der in einer Theuerung für hunderttausend Gulden
Korn unentgeltlich austheilen und dennoch Millionen nach Amster=
dam zurückbringen konnte!

Sollte es denn aber nicht möglich sein, daß einige Landstädte
nur ein oder anderes gemeinschaftliches Packhaus in den levantischen
Häfen errichteten und dort einen gemeinschaftlichen Bedienten hielten,
welchem sie ihre Waaren in Commission zuschiden könnten? Sollten
alle Kämmereien der westfälischen Städte, wenn die Unternehmung
für einen einzelnen Kaufmann im Anfange zu groß ist, nicht im
Stande sein eine so leichte Sache zum Vortheil ihrer Bürger und
Handwerker auszuführen? Sie brauchen dazu weder Schiffe noch
Flotten. Der Holländer ist alle Stunden bereit, unsere Producte
dahin zu führen. Er bittet darum und fragt nur, an wen die

Ablieferung geschehen solle. Und dieses An wen? ist es, was wir nicht beantworten können, solange wir in den Landstädten so einfältig sind zu glauben, daß die Seestädte auf ihre Gefahr und Rechnung unsere Waaren dort absetzen, ausborgen und verhandeln werden. Wir haben die glücklichste Lage zur Handlung. Tausend und abermals tausend Schiffsböden sind in Holland für uns bereit. Wir sind der Lage nach den Holländern das, was die Engländer im Lande ihren Seehäfen sind. Aber in England sind die im Lande fleißige Handwerker und schaffen den Seefahrern Stoff zum Absatz. Wir hingegen versorgen die Holländer mit wenigem oder nichts. Diese verlieren darüber an allen Ecken den Markt; und sie sind noch zu groß, um zugleich unsere Höker und Mäkler zu werden. Dafür müssen wir sorgen, wir müssen Comptoirs und Waarenlager in der Fremde halten; und die Kämmereien in der Städten könnten durch eine Vereinigung diesen Endzweck befördern. Unsere Kaufmannssöhne spazieren nach Bremen und Hamburg. Nach Cadix, nach Lissabon, nach Smyrna, nach Aleppo, nach Cairo sollten sie gehen, sich um dasjenige bekümmern, was dort mit Vortheil abgesetzt werden kann, sich dort Bekannte und Associirte erwerben, und dann handeln.

Es sind bisher ostindische, es sind levantische Compagnien errichtet worden. Man hat das dazu erforderliche Kapital in Actien vertheilt und nicht den Inhaber jeder einzelnen Actie, sondern nur denjenigen, welcher zehn oder zwanzig zusammen gehabt, als ein stimmbares Mitglied betrachtet. Dieser Plan ist gut für Compagnien in großen Hauptstädten, aber schlecht für eine Compagnie, deren Actionärs weit auseinander zerstreut wohnen. Wer will daselbst eine Actie nehmen, sich blindlings der Führung einiger wenigen stimmbaren, vielleicht durch besondere Absichten geleiteten Mitglieder überlassen und um einer Actie willen einen großen Briefwechsel unterhalten? Der Besitzer einer solchen einzelnen Actie kann mit Billigkeit nicht fordern, daß ihm die Directeurs von allem Nachricht geben sollen; und so denken viele, es ist besser sein Geld zu behalten, als solches an Orte und Leute auf guten Glauben hinzuschicken, die man nicht kennt und von welchen man keine Nachricht erwarten kann.

Eine ganz andere Gestalt bekommt aber die Sache, wenn eine Stadt zehn, zwanzig oder hundert Actien zusammen nimmt, mithin eine oder mehrere Stimmen zur Haupthandlung erhält. Für diese ist es der Mühe werth, einen besondern Correspondenten darauf zu halten, und diese kann fordern, daß ihr die Directeurs von allen Vorfällen, Absichten und Unternehmungen ordentliche Nachricht geben sollen. So hielt es die deutsche Hanse. Die Kaufleute einer Stadt machten Eins, mehrere Städte zusammen ein Quartier, und alle

Quartiere den Bund aus; und auf diese Weise konnte eine Correspondenz bequem geführt, die Handlung wohl dirigirt und alles
zeitig beobachtet werden, anstatt daß tausend einzelne Actionärs
entweder die Direction verwirren, oder sich wie Schafe führen lassen
müssen.

Die Uebernehmung einer stimmbaren oder zusammengesetzten
Actie ist für eine Stadt leicht, und wenn es auch unglücklich geht,
der Schade so empfindlich nicht, wozu viele beitragen. Es ist aber
auch nicht nöthig daß eben die Kämmerei einer Stadt die große
Actie auf ihre Gefahr nehme. Sobald die Sache nur so eingerichtet
wird, daß jeder Ort eine ganze, und damit auch eine Stimme
zur Direction erhält, finden sich leicht so viel Theilnehmer, die
zusammentreten und ihre Stimme durch einen gemeinschaftlichen
Bevollmächtigten führen lassen. Sie sind alsdann sicher, von allem,
was unternommen wird, zeitige und gehörige Nachricht zu empfangen. Sie erhalten ihren Antheil an dem Einflusse; und es
würde eine ganz neue Scene für die deutsche Handlung sein, wenn
die Consuls aller niedersächsischen und westfälischen Städte zu Hamburg, Bremen oder Emden ihre eigene Versammlung hätten und
das Handlungsinteresse jeder Landstadt in der Seestadt wahrnähmen.

Von dem Verfall des Handwerks in kleinen Städten.

Die Handwerker in kleinen und mäßigen Städten nehmen
immer mehr und mehr ab, ihre Aussicht wird täglich trauriger,
und die natürliche Folge davon ist, daß sie sich zuletzt in lauter
Pfuscher verwandeln müssen. Die Ursache hievon ist zwar so
schwer nicht zu finden, indessen wenn man die Mittel angeben
will, wie einem Uebel abzuhelfen, so ist doch allemal gut, sie noch
einmal aufzusuchen und mit Aufmerksamkeit zu betrachten. Erst
müssen wir aber sehen, wodurch die großen Städte den kleinen so
vieles abgewonnen haben und noch abgewinnen. Der erste Meister,
der es in einer großen Stadt so hoch brachte, daß er dreißig, vierzig
und mehr Gesellen halten konnte, verfiel ganz natürlicherweise auf
den Gedanken, jedem Jungen oder Gesellen sein eigenes Fach anzuweisen und denselben dazu ganz allein zu gebrauchen. So unterrichtete ein Uhrmacher zuerst einen Gesellen blos in der Kunst die
Uhrfedern zu machen, ein anderer durfte nichts als Stifte, und ein
anderer nichts als Räder arbeiten, dieser verfertigte Zifferblätter,
jener emaillirte sie, und ein anderer machte Gehäuse dazu, die

wiederum ein anderer gravirte **oder** durch getriebene Arbeit ver=
schönerte. Wie alle diese Gesellen ausgelernt hatten, verstand **keiner**
eine ganze Uhr **zu** machen. Sie blieben also, wie sie sich besonders
setzten und beiratheten, von dem Hauptuhrmacher abhängig **und**
gezwungen, sich unter ihm an dem großen **Orte** aufzuhalten, wo
er seinen Markt aufschlug. Ebenso machte es **der** Tischler. Er
hatte funfzig und mehr Gesellen; der eine **lernte nichts** als Stuhl=
beine schneiden, **der andere** lernte sie **ausarbeiten, und der** dritte
poliren. **Nach** einer nothwendigen Folge **behielt** er diese seine Ge=
sellen, **wie sie** alle Haarklauber in ihrer **Art und Meister** für sich
waren, **als** Taglöhner neben **sich, oder wo** sie sich verändern
wollten, mußten **sie** an einen ebenso großen **Ort gehen, wo** sie
andern Hauptmeistern in die Hand arbeiten **konnten.**

Dies ist die kurze Geschichte **von** dem Ursprung der sogenannten
Simplification, die noch jetzt **der** Gebrauch **in** London wie in
Paris. Die großen Meister genießen, außer **der** Hülfe ihrer Ge=
sellen, den Vortheil, einige Hundert solcher **in** einzelnen Stücken
vorzüglich geschickter und **ums** Taglohn arbeitender Meister in ihrer
Abhängigkeit zu haben; und es gelingt nur reichen Gesellen, die
etwas zuzusetzen haben, daß der Hauptmeister sie zu allen Arten
von Arbeiten des Handwerks anführt. Sonst braucht **er** sie **nur**
in einzelnen Verrichtungen, **und** wenige Gesellen verlangen **es**
besser, weil sie nicht Mittel genug haben selbst Hauptmeister zu
werden, und **wenn** sie alle Theile des Handwerks **lernen** wollten,
damit, sobald **sie** nicht Hauptmeister sind, nichts anfangen könnten.
Denn wozu sollte **es** ihnen nutzen, **alle** Theile **einer** Uhr verfertigen
zu können, da gar **keine** Uhr auf **die** alte Art oder von Einer Hand
mehr verfertigt werden kann **ohne** höher im Preise **zu** kommen,
und sie die Mittel nicht haben als Hauptmeister sich **die** Arbeit
von hundert Untermeistern zu Nutze zu machen?

Es konnte also **erstlich** nicht fehlen, oder in großen Städten
mußte besser und wohlfeiler gearbeitet werden können als in kleinen.

Ein Maler, Modelleur, Vergolder, Bildhauer, Vernisseur und
Graveur gehören unstreitig mit dazu, um allen Arten von Hand=
werkern ihre wahre Vollkommenheit zu geben; der Tischler braucht
sie wie der Schmied, und der Zeugmacher wie der Goldarbeiter.
Allein ein kleiner Ort ist keine Schaubühne für so große Acteurs,
und schwerlich wird ein mäßiges Städtchen vortreffliche Maler,
Bildhauer und andere Künstler unterhalten können.

Die Folge ist hiervon **zweitens**, daß in großen Städten der
Handwerker die größten Künstler zu seiner Führung und Hülfe
haben kann und, da er sich derselben nur beiläufig bedient, dafür
nicht mehr als den wahren Werth bezahlt.

In einer großen Stadt ist insgemein der Geschmack, oder wenigstens die Mode welche dessen Stelle vertritt, neuer, glänzender und verführerischer als in einer Landstadt. Die Werke, so daselbst gemacht werden, zeichnen sich dadurch vorzüglich aus; und so muß drittens der beste Meister in einer Landstadt in einigen Jahren seinen Markt verlieren, weil ihm der Meister der großen Stadt solchen mit Hülfe des Geschmacks und der Mode, ehe er es noch einmal merkt, abgewonnen hat.

Ein Meister in der großen Stadt hält dreißig, vierzig und mehr Gesellen, wenn der in einer kleinen deren nur zwei oder drei hat. Dort wird also dasjenige in Einer Haushaltung gemacht, was hier in zwanzigen verfertigt wird; und weil zwanzig Haushaltungen mehr Beschwerden und Abgiften haben als eine, so arbeitet viertens die eine mit vierzig Gesellen wohlfeiler als die zwanzig Haushaltungen mit zweien.

In großen Städten sind insgemein Niederlagen von rohen Materialien, die der große Materialist für eine Menge von Abnehmern hält. In der kleinen Stadt hingegen fehlt es entweder an solchen Niederlagen, oder der Handwerker muß sich solche selbst anschaffen, oder aber sie sind nicht so gut als in den großen Niederlagen, wo die Menge des Absatzes immer frischen Vorrath, häufigere Umschläge und bessere Preise aus der ersten Hand zu Wege bringt. Der Handwerker hat dort nicht nöthig, ein Kapital in die rohen Materialien zu stecken, weil ihm ein anderer das Magazin hält; und so hat fünftens das Handwerk in großen Städten auch hierin vieles zum voraus.

Sechstens sind insgemein an großen Orten bereits einige Fabriken vorhanden, wobei sich Presser, Tuchscherer, Schönfärber und andere Professionisten befinden. Nun hält es schwerer, an einem Orte, wo gar keine Fabrik vorhanden, eine einzige, als an andern, wo bereits fünf vorhanden, noch zehn zu errichten. Hier ist der Esprit de fabrique bereits zu Hause. Der geringe Tuchmacher, der einen Webestuhl zu Wege bringt, findet sogleich Gelegenheit, dasjenige, was er gemacht hat, walken, scheren, färben und pressen zu lassen, ohne daß es mehr kostet als er tragen kann. In einer kleinen Stadt hingegen können zehn Tuchmacher nichts anfangen. Sie sind nicht im Stande die Kosten einer eigenen Walkmühle, einer Schönfärberei und andere Erfordernisse zu übertragen; sie können folglich ihre Arbeit zu keiner Vollkommenheit bringen. Und wenn sie ja so glücklich sind einmal einen Färber zu erhaschen, so ist es ein Pfuscher, der ihre Sachen noch dazu verdirbt; und wenn sie solche zur Appretur in große Städte tragen, werden sie leicht übernommen, angeführt und in falsche Unkosten gestürzt.

Endlich und siebentens sind große Fabriken im Stande kostbare Erfindungen und Maschinen und Wind und Wasser zu nutzen. Sie können auf deren Entdeckung und Anlegung vieles verwenden, sie können eigene Leute zum Absatze und zur Entdeckung fremder Nationen Geheimnisse reisen lassen und eine Fabrik durch die andere unterstützen. Alles dieses fehlt in kleinen Städten. Hier kommt alles auf die kostbare Hand an; der Verdienst ist zu schwach, um die Anschaffung großer Maschinen und die Anlegung von Wasserwerken zu nutzen, und so ist alles hier theurer als an großen Orten.

Wenn man dieses überdenkt, so wird man leicht einsehen, daß das Handwerk in kleinen Städten, wo die Simplification nicht statthat, sondern der Handwerker ein Tausendkünstler sein muß, wo ihm die Hülfe des Geschmacks, der Moden und der schönen Künste fehlt, wo ihm keine Niederlagen, Maschinen und große Erfindungen helfen, und wo insgemein der Esprit de fabrique mangelt, nothwendig versinken müsse. Man wird leicht einsehen, daß die Krämer, welche bessere und wohlfeilere Waare aus jenen großen Orten anschaffen können, sich in der Geschwindigkeit vermehren und den Handarbeiter platt niederdrücken müssen. Man wird endlich bemerken, daß ein Ort, der einmal auf diese Art zu sinken anfängt, seine edelsten Bürger verlieren und, da für jede zehn Thaler, die der Krämer gewinnt, hundert zum Lande hinausgeben, seinen sichern Untergang befürchten müsse, wofern er nicht einen übermäßigen Reichthum von rohen Materialien zur Ausfuhr besitzt.

Von dem großen Vortheil, welchen die Handwerker in großen Städten dadurch erlangen, daß sie gleichsam eine tägliche Messe vor der Thür haben, will ich nichts erwähnen, weil er eigentlich nur den Virtuosen und Marktschreiern zu statten kommt. Indessen ist er doch zum Vortheil neuer Erfindungen von ungemeinem Werthe. Churchil konnte zu London binnen acht Tagen leicht funfzigtausend Stück von seinen „Satiren" absetzen, d'Eon de Beaumont mit seinen „Briefen" alle seine Schulden bezahlen und noch ein ziemliches erübrigen. Ein Mann, der die Mondfinsterniß vom 1. April 1764 in Kupfer stechen ließ und solche nebst einem kleinen Glase verkaufte, fand gewiß gleich hunderttausend Käufer. Einer der lederne Tinteflaschen von besonderer Art, ein anderer der einen neuen Korkzieher, welcher den Kork heraushebt indem man ihn einschraubt, und noch ein anderer der ein Federmesser, das auf einer Seite rund geschliffen war, erfand, verdiente in der Geschwindigkeit mehr, als alle Handwerker in einer kleinen Stadt das Jahr durch zusammen verdienen. Und wem sind die Lectures on heads, oder die Vorlesungen über 91 Stück von Pappe verfertigte Köpfe unbekannt, womit der Erfinder, Herr Steevens in London, in den

298 malen, daß er seine Vorlesungen darüber vor einer zahl=
reichen Gesellschaft wiederholte, sich mehr erwarb als alle Ko=
mödianten und Operisten in ganz Deutschland? Ich schweige von
den Kaffee= und Theeconversations des Herrn Foote. Dergleichen
Unternehmungen werden dem besten Genie in einer mäßigen Stadt
kaum Beifall, vielweniger einen Thaler einbringen. Er eilt also
heraus in den großen Ort, wo er sich für besser Geld zeigen kann,
wenn er anders Lunge genug hat, den großen Markt zu über=
schreien. Und so verliert die kleine Stadt ein Genie nach dem
andern, weil sie demselben nicht alle Tage einige tausend Zuschauer,
Bewunderer und Käufer verschaffen kann.

Doch es ist hohe Zeit, daß wir die kleinen Städte auch einmal
ohne Hinsicht auf die großen betrachten, und die Urkunden, warum
in ihnen das Handwerk immer mehr und mehr abnimmt, in ihrem
eigenen Archive aufsuchen.

Es finden sich hier wichtige Stücke; nur schade, daß man sie
nicht recht beurtheilen kann, ohne die ganze städtische Anlage und
Verfassung zu kennen. Und diese ist bei manchen so verdunkelt,
man hat die wahren Begriffe davon dergestalt vernachlässigt und
verloren, daß es Mühe hat, sich einem jeden, dessen Sache es eben
nicht ist sogleich einige Folianten nachzuschlagen, verständlich zu
machen. Doch ich weiß noch einen Rath, und den wollen wir be=
folgen, bis man mir einen bessern angibt.

Wir wollen hier, um die Anlage und Verfassung der Städte
mit hinlänglicher Deutlichkeit zu übersehen, eine nagelneue Stadt
auf dem Papier anlegen. Hier sei das Dorf, und dort der Landes=
herr, der ihm in einem gnädigen Briefe bekannt macht, daß es,
nach reiflicher Ueberlegung, in eine Stadt verwandelt und mit Wall
und Mauern umgeben werden solle. Was werden die Eingesessenen
dieses Dorfs dagegen vorstellen?

„Ach, gnädigster Herr!" werden sie unterthänigst sagen, „ver=
schonen Sie uns doch mit dieser Gnade. Unserer sind fünfhundert
geringe Marktkötter, die nichts als eine Hausstätte und ein kleines
Gärtchen dabei besitzen. Wir haben bis hiezu, als arme geringe
Leute die keinen Acker bauen und keine Pferde halten, unsere
Fuß= und Handdienste, so oft wir zur gemeinen Vertheidigung auf=
geboten worden, schuldigst verrichtet, unsere Wachen am Amthause
alle sechs Wochen willig gethan, unsern Rauchschatz bezahlt und
unser Pfund Wachs dem Kirchspielsheiligen reichlich abgeführt.
Womit haben wir es denn in aller Welt verbrochen, daß wir jetzt
Wall und Graben anlegen, Thore bauen und unsere Mistgrube vor
der Hausthür, wo unser einziger bester Raum ist, kostbarlich zu=
füllen und mit Steinen bepflastern sollen? Womit haben wir es
verbrochen, daß wir unsere geringe Marktkotten, wobei wir kaum

eine Austrift für unser Vieh haben, ewig mit der Last, **alle** diese kostbaren Anlagen zu unterhalten, beschweren sollen? Es gehen fünf Wege durch unsern kleinen Ort; wir werden also auch fünf Thore und fünf Brücken **anlegen** und **um den** dritten Tag auf die Wache ziehen müssen, **um solche zu bewachen.** Wir werden uns Kanonen **und** Doppelhaken und Gott **weiß, was** alles **zur Ver-**theidigung dieser Wälle anschaffen, **mit unsern Söhnen** und Knechten auf dem Musterplatze liegen und, wenn ein **großer Herr** durch unsere Mauern zieht, ihm zu Ehren mehr Pulver **verschießen** müssen, als **wir** mit demjenigen, was wir in einem Monat **erübrigen**, be-zahlen können. Kommt ein Feind, dem wir nicht widerstehen **können, so** wird er sich in unsern Mauern festsetzen und Geld, Quartier, Essen und Trinken satt fordern. Kommen Sie uns, gnädigster Herr, **mit** Ihrer Mannschaft **zu Hülfe,** so werden Sie solche in unsere **Häuser** legen und von uns fordern, **daß wir** ihnen unser einziges **Bette** und unsere beste Kammer einräumen sollen. Und was werden uns nicht unsere eigenen Vorsteher, unsere Bürgerkapitäns, unsere Bürger-obersten und unzählige andere Bediente, die zu einer solchen Anstalt nothwendig erfordert werden, kosten? Jetzt bringen wir unsern Rauchschatz an den Vogt **und** haben außer einem Bauerrichter **keinen** Vorsteher zu besolden. Dann aber werden wir deren we-nigstens funfzig, und Rathhäuser, und Arsenale, und Pulverthürme, und mehr Steinpflaster zu unterhalten haben, als sich im ganzen Lande befindet. Wie kann man aber uns geringen Leuten dieses der Billigkeit nach aufbürden? Von unserm Acker kann man dieses nicht fordern, denn wir haben keinen. Auf unsere Köpfe kann man es nicht legen, da jedermann in hiesigem Lande seinen Kopf frei hat; und da sonst niemand eine Vermögensteuer bezahlt, so wird man das wenige, was wir mit unserer Hand erwerben, solange Recht noch Recht bleibt, auch nicht damit belegen können."

Dieses werden ihre Gründe sein, dem sich noch hundert andere von gleichem Gewicht hinzufügen lassen. Was wird aber der Lan-desherr auf diese Beschwerden versetzen?

„Lieben Leute", wird er sagen, „es ist wahr, ihr seid nicht schuldig diese Last für das ganze Land zu übernehmen. Allein es ist kaiserlicher Befehl, und die Reichs- sowie die gemeine Landes-noth erfordert es, daß euer Dorf in eine Stadt verwandelt werde. Wir haben sonst in Kriegszeiten keine Zuflucht, **und** ein streifender Feind kann sonst alles auf einmal ausplündern, wenn wir nicht unsere besten Sachen hinter euere Mauern flüchten können. Damit es euch aber nicht zu hart falle, so soll das ganze Land zur Er-richtung der Wälle und Gräben helfen. Wir wollen solche auf gemeinsame Kosten in guten Stand setzen und euch eine kleine Accise von allem, was durch euern Ort geht, erlauben, damit ihr solche

unterhalten könnt. Ihr sollt den bisherigen Rauchschatz dazu ein=
behalten und von den Wachen an den Amthäusern befreit sein.
Die Bruchfälle, so in euerm Orte vorfallen, sollen zum Unterhalt
euerer Bürgerkapitäns dienen.   Sie sollen die Fischerei in den
Gräben zu ihrer Ergötzlichkeit und für die Räumung behalten. Ihr
sollt, da ihr keinen Acker habt und alle diese Lasten einzig und
allein von euerer Handarbeit bestreiten müßt, nach Vorschrift der
vom Kaiser ausgegangenen Befehle, das Handwerk und den Handel
durchs ganze Land allein treiben dürfen und dabei von allen Zöllen
befreit sein.   Es soll kein Jude oder anderer reisender Krämer
gegen euch geduldet werden.   Und wir wollen ohne die höchste
Noth keinen Krieg anfangen ohne euch zu Rathe zu ziehen, damit
wir euch nicht zu oft mit den Kosten einer außerordentlichen Ver=
theidigung überladen."

So sieht der Originalcontract zwischen dem Lande und seinen
Städten durch ganz Deutschland aus; und man wird leicht von
selbst einsehen, daß derselbe nicht anders angenommen werden
könne. Er ist auch wirklich dem Plane vieler orientalischen Städte
vorzuziehen, worin man oft tausend Ackerhöfe zusammengezogen hat,
weil man sich nicht getraute eine solche schwere Anlage blos dem
Fleiße, oder dem Handel und Handwerke, allein aufzubürden.

Ehe wir aber die Folgen, so wir hieraus zu unserer Absicht
gebrauchen, ziehen wollen, wird es nöthig sein einige scheinbare
Einwürfe zu heben, welche man jetzt einer solchen, ehedem unter
obigen Bedingungen angelegten Stadt machen könnte. Man kann
sagen, es sei erstlich dieser Originalcontract von den Markköttern
selbst gebrochen, da sie anfänglich ihre Bannkreuze zunächst an ihrem
Mehlgarten gehabt, jetzt aber eine weitläufige Feldmark und Aecker
in Menge hätten. Allein man kann dreist annehmen, daß kein
Weichbild einen Morgen Landes erhalten habe, ohne von jedem
jährlich einen Scheffel Korn zu übernehmen, womit insgemein ein
Mann belieben wurde, der dafür die auf diesen Aeckern haftende
gemeine Reichs= und Landesvertheidigung ausrichtete. Wo sie nun
dieses Korn nicht mehr entrichten, da haben sie solches mit baarem
Gelde ausgekauft; und sie genießen dieses ihres Kaufs mit Recht.
Hiernächst sind nach geschlossenem Originalcontract für jede Stadt
weitläufige Landwehren und Wahrthürme hinzugekommen, deren
Unterhaltung und Besatzung die Stelle derjenigen gemeinen Ver=
theidigung vertritt, welche aus der Feldmark, ehe sie der Stadt
zugestanden wurde, erfolgte. Allenfalls aber muß man ihr den
Acker nehmen und sie auf ihre ursprüngliche Verfassung von neuem
einschränken.

Man wird zweitens sagen: die Städte könnten jetzt Wälle und
Mauern, Landwehren und Wahrthürme eingehen lassen, auch ihre

Wachen abschaffen, da man jetzt das eine so wenig als das andere zur gemeinen Vertheidigung weiter gebrauche; und so wäre es nicht unbillig, wenn die alten Marktkötter wieder zu den Amtswachten, zum Rauchschatze und zu andern gemeinen Auflagen gezogen, oder aber die ihnen zugestandenen Accisegelder zur gemeinen Landesvertheidigung verwendet würden. Allein, nicht zu gedenken daß das letztere in vielen Ländern, wiewol nicht durch einen philosophischen Schluß, wirklich geschehen, und daß man mit diesem Einwurfe alle Lehngüter, da die Lehnleute auch nicht mehr dienen, aufheben und viele andere geistliche und weltliche Privilegien, die unter andern Umständen und Bedingungen gegeben sind, wieder einziehen könnte, so stehen die den Städten von Reichs wegen obliegenden Quartier- und Winterquartierslasten sowie die von ihnen für das Land übernommenen Einquartierungen und viele andere mit ihrer Verfassung verknüpften Lasten noch immer mit ihren Gründen in keinem Verhältniß; und solange der Landmann so wenig seinen Kopf als sein Vermögen zur gemeinen Vertheidigung versteuert, muß auch der Einwohner einer Stadt beides frei haben.   Wenn sie also nicht Handwerk und Handel zum voraus behalten, wofür soll denn der Kötter zwischen den Mauern mehr tragen, als derjenige so außer den Mauern wohnt? Warum soll ein Bürger, der vom Staate nichts Steuerbares als sein Haus und sein Gärtchen besitzt, einem Soldaten Quartier geben, da der Besitzer eines Hauses und Gärtchens auf dem Lande Himmel und Erde bewegen würde, wenn man ihn damit belegen wollte? Warum sollen die Kötter hinter den Mauern zur gemeinen Vertheidigung Accisegelder entrichten, solange im ganzen Lande keine Accise eingeführt ist? Man setze sie wieder in ihren alten Zustand, so bezahlen sie hier von ihren Häusern Rauchschatz und von ihrem Handel einen trafikanten Thaler, weiter aber in solchen Ländern nichts, wo keine andere gemeine Auflagen insgemein bewilligt sind.

Man wird endlich und drittens richtig bemerken, daß das Land, welchem zum Besten das Dorf in eine Stadt verwandelt worden, nicht die ganze Provinz gewesen sei.   Ganz gut; man nehme das Land kleiner an, man setze nach dem Sinn der Reichsgesetze, daß das Land, mit welchem der Originalcontract geschlossen worden, vier Meilen lang und vier breit gewesen: so wird man der Stadt doch auf allen Seiten zwei Bannmeilen geben müssen, binnen welchen ihr der Handel und das Handwerk ganz allein zusteht, wofern anders jener Originalcontract nicht gebrochen werden soll.

Jetzt zur Sache.   Die erste Ursache des Verfalls der kleinen und mäßigen Städte ist der Bruch dieses Originalcontracts, da man demselben zuwider Handel und Handwerker binnen den Bann meilen (banlieues) dieser Orte geduldet hat. Ich weiß wol, diese Bannmeile ist nicht überall von gleicher Länge gewesen, indem ein Ort, der viele Gräben, Wälle, Bollwerke, Thore und Brücken zu unterhalten hat, ganz andere Bannmeilen bekommen hat, als ein Weichbild das höchstens eine steinerne Mauer und zwei Thore zur Landesvertheidigung unterhält, oder etwa mit einer Compagnie belegt wird, wenn in dem größern Orte viele Regimenter liegen. Allein das hindert nicht, daß nicht eine Bannmeile, sie sei nun so groß oder so klein wie sie wolle, sollte sie auch für ein kleines Flecken nicht über eine halbe Stunde betragen, aus der ursprünglichen Anlage hervorgehe und durch keine Verjährung geschmälert werden könne, weil diese Verjährung das Städtchen mit der Zeit von selbst aufheben und in einen Aderhof verwandeln würde.

In Sachsen, wo die Städte noch in ziemlichem Flor sind, wird auf die Bannmeile ganz genau gesehen und auf den Dörfern kein Handel und kein Handwerk gestattet. Man findet auf denselben zwar wol einige Höker, die mit Theer, Thran, Wagenstricken und Schwefelhölzern handeln, auch wol einen Hufschmied und Rademacher, und endlich von den Handwerkern einen Altflicker; allein außer diesen wird kein Gewerbe außerhalb den Städten und Weichbildern geduldet. In den mehrsten westfälischen Provinzen hingegen, und besonders in unserm Stifte, ist seit hundert Jahren sowol der Handel als das Handwerk aus den Städten auf das Land gezogen. In allen Dörfern sind Apotheken, Weinschenken und Krämer in Menge, und es ist noch nicht gar lange, daß sich aus einem einzigen Kirchspiele dreißig Schneider meldeten und Gilderecht verlangten. Wir wollen nun annehmen, daß sich hier tausend Krämer und Handwerker auf dem platten Lande befinden und ernähren, so ist dieses ein Abgang von tausend Bürgern für die Städte, die sich ehedem daselbst ernährten, nun aber auf dem Lande frei sitzen und ihre zurückgebliebenen Mitbürger unter der Last der beständigen Wachen, Einquartierungen und Auflagen zur Unterhaltung von Wällen, Thoren und Mauern seufzen lassen. Diese Last dauert unvermindert fort, die Zahl der Bürger hingegen nimmt ab; und wenn es so weit gediehen, daß sie bis auf zwei- oder dreihundert zusammenschmelzen, so muß die Stadt ganz eingehen, weil in diesem Falle die Last für jeden bis auf hundert Thaler des Jahrs steigen muß, wogegen derjenige, so außer den Mauern sitzt, höchstens einen Thaler bezahlt.

Diesem gänzlichen Verfalle vorzukommen, ist kein ander Mittel, als daß ein Landesherr mit seinen Ständen sowol den Handel als das Handwerk von dem Lande wieder in die Städte ziehe und da, wo diese zu entlegen sind, das Dorf, was dazu am bequemsten liegt, zum Weichbilde erhebe.

Die zweite Ursache des Verfalls der Landstädte ist der Mangel einer genauen Bilanz zwischen dem Ackerbau und dem Fleiße. Sobald der Handel und das Handwerk den Städten vorabgelassen und ihnen gleichsam ein Monopolium im Lande eingeräumt wird, so müssen die Bürger in gleichem Verhältnisse mit dem Landmann die öffentlichen Lasten tragen. Dies ist der erste Grund ihrer Verfassung gewesen. Ihnen ist die Unterhaltung von Thoren, Wällen, Gräben, Pulverthürmen und Zeughäusern nebst deren Vertheidigung als ihr Antheil der gemeinen Landesvertheidigung auferlegt worden; währendderzeit der Landmann entweder selbst fürs Vaterland focht, oder einen Lehnmann unterhielt, oder eine Steuer zu Bezahlung der Söldner entrichtete. Wollten nun die Städte den Handel und das Handwerk vorabbehalten und gleichwol sich auf keine Bilanz mit dem umliegenden Lande einlassen, so werden sie leicht zu viel oder zu wenig beitragen. Hiernächst und da jede Landschaft insgemein aus dreien Ständen besteht, wovon zwei mehr Antheil an der Wohlfahrt des platten Landes als der Städte haben, so würde in der Beurtheilung und Bewilligung der gemeinen Vertheidigung ein verschiedenes und den Städten schädliches Interesse herrschen. Daher ist es billig und nothwendig, daß eine Bilanz gemacht und dazu ein Satz von der Art, wie er sich vieler Orten findet, angenommen werde, nämlich:

Wenn einer Stadt zwei Bannmeilen zugestanden sind, und diese zwei Bannmeilen zehntausend Thaler aufzubringen haben, sollen neun Theile vom Acker und der zehnte von dem städtischen Fleiße entrichtet werden.

Durch diesen Satz vereinigt sich das Interesse der Stände, und die schädliche Vermuthung fällt weg, daß ein Stand dem andern die Lasten zuzuwälzen gedenke.

Ein solcher Satz, welcher blos nach den Bannmeilen abgemessen wird, drückt den Großhandel der Städte nicht. Dieser wird, weil er sonst nicht bestehen kann, nicht dadurch beschwert, sondern denselben zur mehrern Ermunterung des Fleißes und des daher in die Wohlfahrt des ganzen Landes fließenden Vortheils billig freigelassen. Ein solcher Satz würde auch zugleich dazu dienen, die Last, welche die Städte jetzt noch durch die Einquartierung vor dem Lande vorausbaben, in richtige Abrechnung zu bringen. Denn gesetzt daß eine Stadt sodann mit tausend Mann belegt würde, so wäre nichts Billigeres und Leichteres, als ihr für jeden Mann ein Sicheres an ihrem Beitrage abziehen zu lassen, oder aber derselben dasjenige zu vergüten, was sie über ihren Antheil an den öffentlichen Lasten solchergestalt tragen müßte.

Zur dritten Ursache rechne ich den Abfall der gemeinen Ehre. Zur Zeit wie der Krieg noch mit Lehnleuten geführt wurde, verhielten sich die Bürger zu den Lehnleuten wie ein Garnisonbataillon zum Feldbataillon, und mancher treffliche Lehnmann trug gar kein Bedenken eine Compagnie unter dem Garnisonbataillon anzunehmen. Aber durch die große Veränderung im Militärwesen hat der Bürger als Bürger sehr vieles von seiner alten Ehre verloren. Dies verursacht, daß die besten Genies und die bemitteltsten Leute unter ihnen Glück und Ehre im Herrendienste der gemeinen bürgerlichen Ehre vorziehen. Und da der Herrendienst sich nicht wie der alte Bürgerdienst mit dem Handel und dem Handwerke vertragen will, so macht dieses einen entsetzlichen Ausfall aus der Zahl der Bürger. Der römische Soldat ging lange Zeit vom Pfluge zu Felde, und vom Siege zum Pfluge. Dies erhob und erhielt die gemeine Ehre. Sobald aber Schwert und Pflug getrennt wurden, so wurde dieser schimpflich und verlassen, jenes aber geehrt und gesucht.

Hiergegen ist kein ander Mittel, als den Bürger in Uniform zu setzen und ihn auf eine vernünftige Weise zu seiner vormaligen Ehre wieder zu erheben. In der That ist auch gar kein hinlänglicher Grund anzugeben, warum der Bürger und Landwirth zwischen zwanzig und funfzig Jahren nicht so wohl einen rothen oder blauen als einen braunen Rock tragen könne; warum unsere Kinder auf Schulen und Universitäten nicht ebenso gut das Exerciren als Reiten, Tanzen und Fechten lernen sollen; warum Uebung und Mannszucht nicht eben das aus ihnen sollte machen können, was aus ihren Söhnen gemacht wird; und warum ein Doctor der Rechte nicht ebenso gut mit dem Degen als mit der Feder fechten sollte. Es liegt einzig und allein an dem Grade der Ehre, welcher damit verknüpft wird. Ein Fürst sei nur so unvorsichtig und gebe einem Land- oder Garnisonbataillon nicht den gehörigen und zärtlichen Grad der Ehre, der ihm zukommt: sogleich wird es seine besten Leute und seinen ganzen Ton verlieren. Er beehre seine Bürger, sobald sie in Uniform gesetzt und gleich andern geübt sind, mit seinem Beifalle und mit der nöthigen Achtung: sogleich werden sich die reichsten und bemitteltsten Leute um die Wette bestreben, einen Platz darunter zu erhalten. So war die alte Verfassung. Durch diese kluge Vertheilung der Ehre erhielt man alle Stände in ihrer glücklichen Gradation, und man brauchte nicht nach dem Exempel des jetzigen Königs von Frankreich jährlich zwei Kaufleute zu adeln (ein Ausweg, der allein die Schwäche unserer neuern Politik zeigt), um den Handel emporzubringen.

Der Gedanke, daß alle Bürger in Uniform gesetzt werden sollen, wird manchen seltsam vorkommen. Ich behaupte aber, daß dieses der erste und vornehmste Schritt zur Wiederherstellung der städtischen Wohlfahrt sein werde. Wenn der Soldat ein Handwerk treibt, so sieht der Offizier dieses gern. Er betrachtet ihn als einen tüchtigen, guten und sichern Mann; und wenn er heirathen will, so ist das Handwerk die beste Empfehlung bei seiner Braut. Sie sieht darauf als auf seine sicherste Pension im Alter. Wenn hingegen ein bürgerlicher Handwerker den Degen ergreift, so lacht man darüber. So närrisch ist unsere Einbildung. Der Grund ist und bleibt aber unstreitig, daß die nordischen Völker, und besonders die Deutschen, die Ehre hauptsächlich mit den Waffen verknüpfen und diejenigen auf die Dauer verachten, die solche zu tragen und zu brauchen nicht berechtigt sind. Und so ist kein ander Mittel, als den Degen mit dem Handwerke wieder zu verbinden, um diesem Stande die nöthige Ehre zu verschaffen. Die hartnäckigsten Belagerungen, wovon wir in der Geschichte lesen, sind von Bürgern ausgehalten worden, die für ihren Herd, für Weiber und Kinder gefochten. Man liest, daß diese mit zu Walle gegangen und ihren Männern geholfen, sie verbunden und begraben haben. Warum sollte ihnen denn nicht nach den Feldregimentern die Ehre von Garnisonregimentern eingeräumt werden können? Warum sollte ein kluger Fürst solche Leute, die ihre Pflicht ohne Sold thun, die ihre Uniform selbst bezahlen, ihre Pension selbst erwerben, ihre Offiziere, Feldprediger, Feldärzte und Commissarien selbst unterhalten, Pulver, Blei und Waffen selbst anschaffen und ihre ganze Bezahlung allein in der nöthigen Ehre finden würden — warum, sage ich, sollte ein kluger Fürst diese nicht wieder zu ihrem alten Range, und durch denselben dahin bringen können, daß sie ihr Handwerk mit Eifer, Muth und Freude fortsetzten und solches allezeit in Verbindung mit der Ehre betrachteten? Ich will nichts davon erwähnen, daß die Uniform zugleich ein Mittel sein würde der Kleiderpracht abzuhelfen und dem Staate unendliche Summen zu ersparen; nichts davon, wie sehr der Wetteifer dadurch angeflammt werden könnte, wenn keinem Taglöhner, keinem Beiwohner und keinem andern als wirklichen Bürgern und Meistern die Ehre der Uniform und andere Ehrenzeichen zugestanden würden; und endlich nichts davon, wie reich und mannichfaltig die Quelle der bürgerlichen Belohnungen werden würde, welche man jetzt aus Noth, aber zum Verderben des Staats, in Adelsbriefen und Titeln suchen muß. Es ist genug, daß vor dreihundert Jahren die bürgerliche Verfassung so gewesen, daß sie damals in großem Flor war, und daß in London die Bürger den Titel Livreemen als ihren eigentlichen Ehrennamen betrachteten, wodurch sie sich von Beiwohnern und Einliegern, die nicht zur Fahne und Farbe gehören, unterschieden.

Mancher wird zwar denken, es sei gefährlich, so vielen Leuten das Recht der Waffen zu erlauben und selbige den regulären Truppen gleich zu üben; allein dies ist die Politik der Despoten, die ihren freien Unterthanen das Recht zu klagen, nicht aber das Recht ihren Worten Nachdruck zu geben verstatten wollen. Fürsten, welche anders denken, tragen kein Bedenken eine wohlgeübte Nationalmiliz zu unterhalten; und nichts ist gewisser, als daß nach der Wendung, welche die Sachen nehmen, in hundert Jahren die Nationalmiliz überall das Hauptwesen ausmachen und Freiheit und Eigenthum, welche sonst bei der Fortdauer unserer jetzigen Verfassung zu Grunde gehen müssen, von neuem befestigen werde.

Die vierte Ursache des städtischen Verfalls ist, daß das Beschwerliche der alten Einrichtungen beibehalten und das Nützliche davon verloren ist. Das Regiment ist durch den Verlust seiner Ehre auseinandergejagt, und die Offiziers sind geblieben. Eine Stadt hat ehedem leicht dreitausend wehrhafte Bürger gehabt; jetzt sind deren an manchen Orten keine fünfhundert vorhanden, und doch sollen diese den Generalstab oder den Magistrat nach dem ersten Plan unterhalten. Dies ist nicht möglich: und so verläßt ein Bürger nach dem andern das Regiment und setzt sich in Freiheit aufs Land.

Es muß daher entweder die alte Verfassung durch Mittheilung der nöthigen Ehre wiederhergestellt, oder aber auch dasjenige, was davon zurückgeblieben, völlig aufgehoben und für den ganzen Generalstab ein einziger Amtmann mit einem tüchtigen Schreiber eingesetzt werden, wofern anders die noch übrigen Bürger unter der Last nicht erliegen sollen. Alsdann aber sind die Bürger, wofern man sie nicht willkürlich behandeln will, keiner andern Steuer als den allgemeinen Landsteuern unterworfen, und das ganze Land ist schuldig ihnen für jeden einquartierten Soldaten die Miethe, für jede Wache, so sie außer der gemeinen Reihe thun, den Lohn, und für jedes Bollwerk die Unterhaltungskosten zu bezahlen. Geschieht dieses nicht, so zieht sich jeder aus einem so beschwerlichen Käfig heraus, und die Stadt hört allmählich auf Stadt zu sein.

Eine andere Frage ist es jedoch, ob eine Stadt unter einem Amtmann solchergestalt bestehen könne. Hiervon findet sich kein Exempel in der Geschichte; und es ist auch gar nicht glaublich oder wahrscheinlich, daß irgendeine beträchtliche Anzahl von geschickten, fleißigen und unternehmenden Handwerkern oder Kaufleuten sich jemals auf andere Art vereinigen könne und werde, als eine bürgerliche Obrigkeit ihres Mittels zu haben. Eben deswegen aber ist es um so viel nöthiger, auf die Wiederherstellung der gemeinen Ehre zu denken. Die Mittel, Städte in Flor zu bringen, jedem Bürger Patriotismus einzuflößen und ihn zu großen Unternehmungen zu begeistern, waren in den alten Zeiten Ehre, Ruhm, Freiheit und Privilegien. In den neuern Zeiten glaubt man sich zu versündigen, wenn man ihnen einen Ehrentitel mehr gibt, als sie vor drei-

hundert Jahren gehabt. Treffliche Politik, deren Ungrund nicht
deutlicher als aus dem elenden Anblicke der Städte selbst erhellt.
Der Abfall jener Ehre hat aber nicht allein die besten und be=
mittelsten Leute in den Herrendienst gejagt, ihre Söhne zu Titeln
und ihre Töchter zu unbürgerlichen Ehen verführt, sondern auch
auf die niedrigste Klasse der Einwohner gewirkt. Sie ist an man=
chen Orten schuld daran, daß der Taglöhner dem Bürger gleich
auf die Wache ziehen und solchergestalt den vierten Pfennig von
seinem Erwerb steuern muß. Denn da er des Jahrs gewiß funfzig
Wachen thun muß und — nach der von den französischen General=
pächtern jetzt gemachten Rechnung, welche jedoch das Parlament
noch viel zu stark findet — nur zweihundert Arbeitstage im Jahr,
sonst aber kein Vermögen hat, so steuert der Taglöhner, der funfzig=
mal des Jahrs auf die Wache zieht, den Vierten von allem was
er hat. Dies ist eine übermäßige Steuer, die ihm nie würde auf=
gebürdet sein, wenn der wahre Bürger die alte Ehre eines Garnison=
soldaten behalten und man es für einen Schimpf geachtet hätte,
diese Ehre mit einem Taglöhner zu theilen. Die sicherste Folge
davon ist, daß Taglöhner, Beiwohner und alle Arten geringer
Leute, welche doch zum Flor der Manufacturen und zur wohlfeilen
Hand so unentbehrlich sind, schlechterdings unter der Bürgerschaft
nicht bestehen und entweder auf befreiten Plätzen oder auf dem
Lande wohnen, mithin solchergestalt dem städtischen Wesen nicht
zum Vortheil kommen können. Die bürgerliche Ehre erwächst aus
dem Vermögen viele Beschwerden freudig überstehen zu können.
Und will ein Taglöhner diese Ehre haben, so muß er Bürger
werden und seinen Antheil der Beschwerde übernehmen. Allein es
muß erst wieder eine Ehre werden, das Bürgerrecht zu haben; und
das kann allein durch eine allgemeine Vereinigung der Reichsfürsten
geschehen, wodurch sie dem Bürger wieder zu seiner ehemaligen
kriegerischen Ehre verhelfen.

Die Menge von kleinen Territorien und ihr beständiger heim=
licher Krieg gegeneinander mag füglich zur fünften Ursache ihres
Verfalls gezählt werden, besonders da sowenig an Reichs= als
Kreistagen die gemeine deutsche Wohlfahrt in Handel und Wandel
in einige Betrachtung gezogen wird.

Man muß erschrecken und lachen, wenn man an manche Kreis=
tagsgeschäfte gedenkt. Vor Zeiten, wie erfahrene Kanzler und Burge=
meister und Syndici aus den Städten als Gesandte auf den allge=
meinen Reichstag geschickt wurden, so las man in den Reichsab=
schieden noch wol, daß kein ungefärbter Ingwer verkauft, kein
ungenetzt und ungeschorenes Tuch ausgeschnitten, keins mit Teufels=
farbe gefärbt, keine Häute ungesalzen verführt, keine Wolle außer=
halb Reichs gebracht, und keinem Wandschneider ein dunkles Vordach

verstattet werden solle.   Seitdem aber solche Herren, denen man es eben nicht zum Schimpf anrechnen kann wenn sie von Wollen= und Lederarbeiten nichts verstehen, zum Reichstage abge= schickt worden, hat man zwar von vielen wichtigen Dingen, aber nichts von solchen gehört, welche auf den Handel der Nationen und eine gute allgemeine Polizei die geringste Beziehung hätten. Aber desto fleißiger und reiflicher sollten dergleichen Sachen auf den Kreistagen, und besonders auf denen Kreistagen, welche von einer Menge kleiner Reichsstände beschickt werden und dazu in der Reichspolizeiordnung eigentlich angewiesen sind, überlegt werden. Die Landstädte sollten hier, ohne Nachtheil ihrer Mittelbarkeit, ihre eigenen Handelstage, ihre Kreisbörse und ihre Vereinigungen haben. Sie sollten die Handels= und Handwerkspolizeisachen für sich abthun mögen und von ihrem Landesherrn mit dem Vertrauen beehrt werden, daß sie solche besser als seine Kriegs= und Kammerräthe beurtheilen und einrichten würden.

Die heutige Politik der einander nacheifernden Nationen be= steht darin, daß die eine vor der andern schönere, bessere und wohlfeilere Waaren zu verfertigen und damit den auswärtigen Markt zu gewinnen und zu erhalten sich bemüht.   Die Politik der Kreisstädte und der kleinen Staaten hingegen geht einzig und allein dahin, sich einander durch schlechte, betrügliche und wohlfeilere Waaren den Vortheil abzujagen.   Wenn die Stadt Köln es wagt, zwölflöthig Silber zu verarbeiten, um den Augsburgern den Preis abzugewinnen, so wagt es . . ., elflöthig Silber zu verarbeiten; und kaum hat diese damit den Anfang gemacht, so macht die Stadt . . . ihre Probe zehnlöthig; und damit diese nicht zu viel gewinne, so ist die Probe der Stadt . . . achtlöthig; und der Jude hat seine Hausirwaare aus sechslöthigem verfertigen lassen.   Der arme Unter= than, der von allem diesen nichts versteht und das neue Silber immer glänzend genug findet, wird indeß betrogen und denkt, der Markt, worauf er ein Loth Silber für 12 Mgr. kaufen kann, sei ungleich schöner als ein anderer, der es zu 24 Mgr. ausbietet. Sollte aber einem solchen Unwesen nicht durch Kreisschlüsse abge= holfen, einerlei Silberprobe eingeführt, und der Preis desselben auf dem Kreistage so gesetzt werden, wie es die auswärtige Corre= spondenz mit sich brächte?

Der westfälische Kreis muß sich schämen, wenn er an die Art und Weise gedenkt, wie er sich von einigen frankfurter Kaufleuten mit dem Zinn behandeln läßt.   Die Wilden in Amerika werden nicht so arg mit gläsernen Korallen, Spiegeln und Puppenzeug als wir mit dem Zinne um unser gutes Geld betrogen.   Die Italiener, Tiroler, Baiern, Schwaben und Franken, welche unsere Gegenden mit allerhand ungeprobten Waaren belaufen, versorgen sich alle in

Frankfurt, und dort arbeitet man für das platte Land im west=
fälischen Kreise wie für die Hottentotten. Das Pfund Zinn, was
die Tiroler den Landleuten aufhängen, hält über dreiviertel Blei;
und da ist es kein Wunder, daß die Zinngießer in den Städten,
die Gewissen und Ehre haben, gegen eine solche Waare keinen
Markt halten können. Der Engländer ist noch großmüthig mit uns
umgegangen, da er uns die englische Zinnarbeit entzogen. Er hat
das rohe feine Zinn fast so hoch im Preise als das verarbeitete
gehalten und uns dadurch außer Stand gesetzt, es so wohlfeil zu
verarbeiten, als er es uns durch die allzeit fertigen Bremer zu=
schickt. Allein die Frankfurter — — Doch warum sind wir so
sorglos, oder vielmehr so uneinig im westfälischen Kreise, daß wir
uns dergleichen Handlungen nicht gemeinschaftlich widersetzen?

Wie schwach sind unsere Maßregeln, die wir gegen solche Mis=
bräuche ergreifen! Wir sehen mit den einheimischen Handwerkern
durch die Finger und erlauben ihnen erst ein bischen, und dann
wieder ein bischen, und noch ein bischen von der alten wahren
reichsgesetzmäßigen Silber= oder Zinnprobe herunterzugehen, damit
sie gegen die Betrüger doch noch einigermaßen den Markt halten
können. Wir werfen ein Auge auf die angrenzenden Länder und
haben auf jeder Grenze eine besondere Probe, sinken immer nach
dem Maße als unser Nachbar sinkt, und bringen es durch diesen
landverderblichen Wetteifer dahin, daß zuletzt alle Handwerker
Betrüger, und allerseits Unterthanen betrogen werden müssen. Dieses
würde nicht geschehen, wenn die gesammten Städte im Kreise sich
vereinigten, die fremden Hausirer ausschafften, und ihre Landes=
herren dahin vermöchten die Schlüsse der Kreisstädte mit ihrer
Macht zu unterstützen.

Die Vereinigung aller westfälischen Städte, eine Kreishandlungs=
versammlung, und ein gutes Einverständniß zwischen dieser Ver=
sammlung und einer gleichen im niedersächsischen Kreise würde
überdem gewiß für die Wiederaufnahme der Städte von unendlichem
Vortheil sein. Es ist eine ganz irrige Meinung, wenn man glaubt
daß die Verschiedenheit der Länder und ihrer Landesherren solches
gar nicht zulasse. Wir haben zu Bremen und Emden alle Freiheit
zur Handlung, die wir nöthig haben. Wir haben sogar einen
Vergleich mit England, daß die Bremer nicht blos ihre eigenen
Producte, sondern auch die nachbarlichen mit bremischen Schiffen
ins großbritannische Reich fahren dürfen. Es ist an beiden Orten
kein Landesherr, der sich der Aufnahme des Handels widersetzt.
Wir können uns vielmehr von ihnen alle nur mögliche Begünstigung
versprechen. Warum sollten sie also nicht gemeinschaftlich eine
Schiffsfracht von ihren Producten und verfertigten Waaren zu=
sammenbringen und einen offenen Hafen besuchen, gemeinschaftlich

sich der Einfuhr dieser oder jener fremden Producte widersetzen und eine einförmige Handelsordnung behaupten können? Der Schiffer liegt auf der Rhede, läuft ganze Monate um einige Fracht zu erhalten, und segelt endlich mit halber Fracht ab; da doch, wenn eine richtige Correspondenz unter den Kreisstädten vorwaltete, wenn man zeitige Nachricht von den Producten und Waaren hätte, welche auswärts abzusetzen sind, und überhaupt die auswärtige Handlung hinlänglich kennte, eine der andern die Hand bieten, die Absegelung der Schiffe sicher und zeitig wissen, sich danach einrichten und solchergestalt mit Nachdruck und Vortheil handeln könnte.

Eine solche Versammlung müßte sich leicht selbst erhalten können. Von einzelnen Kreisständen können die fremden Waaren, die der Aufnahme unserer einheimischen Fabriken entgegen sind, mit keinem Impost belegt werden. Was man in Bremen damit beschweren würde, das würde über Emden frei kommen; und was man auch hier mit neuem Impost belegen wollte, das würde man über Holland kommen lassen. Allein wenn alle Kreisstände eins sind, so kann die Speculation höher gehen und die schönste Bilanz erhalten werden. Man kann aus einigen zum Besten des Kreises gereichenden Imposten eine eigene Kreiskasse errichten, Leute daraus besolden, und auf neue Unternehmungen in der Handlung denken, deren Möglichkeit wir jetzt zwar einsehen, aber gewiß einzeln nie zu Stande bringen werden. Es steht sodann bei uns, Frankreich zu nöthigen uns billige Vortheile in der Handlung einzuräumen, oder uns nicht zu verdenken, wenn wir, wie die Engländer, für alle französischen Weine und Branntweine rheinische, portugiesische und italienische trinken. Es steht bei uns, mit allen nordischen Reichen Handlungsverbindungen zu errichten, uns Vortheile zu bedingen und doch einige Figur in der Welt zu machen, anstatt daß wir jetzt annehmen was jede Nation uns zuschickt, und uns auf die schimpflichste Art von allen Vortheilen verdrängen lassen müssen. In der ganzen Welt ist kein Reich von der Größe und Lage, als der niedersächsische und westfälische Kreis ist, das eine erbärmlichere Figur in der Seehandlung mache als wir. Und warum? Weil jedes Dorf auf sein Privatinteresse sieht und kein großes Ganze vorhanden ist, das sich zur Handlung vereinigt.

Alle Bemühungen einzelner kleiner Kreisstände in Handlungs- und Polizeisachen bedeuten nichts, solange man das Werk nicht mit gesammter Hand angreift. Ja, es sind Handwerkssachen die selbst der Kreis nicht zwingen kann, und die durchaus von dem gesammten Reiche verbessert werden müssen; Sachen, die ihrer Nation und Eigenschaft nach ebenso gut als Reichs-, Lehn- und Adelssachen einzig und allein von dem allerhöchsten Reichsoberhaupt beurtheilt und verordnet werden können und müssen.

Zum Exempel wollen wir blos der Freimeisterei gedenken. Alle Rechtsgelehrte geben den Landesherren das Recht, wofern die Handwerker ausspürig werden, denselben einen oder mehrere Freimeister entgegensetzen zu dürfen. Allein sie bedenken nicht, daß dieses Recht beinahe von gar keinem Nutzen sei, weil sich kein Bursche bei dem Freimeister in die Lehre gibt, und, wo er ja einen erhält, solcher hernach in Deutschland nicht reisen kann und so vieler Vortheile beraubt ist, daß es fast kein einziger wagen mag seinen Sohn einem Freimeister zu übergeben. Was hilft also dem angenommenen Freimeister das landesherrliche Privilegium, wenn er den Vortheil, Lehrbursche zu haben, entbehren und, wofern er einen Gesellen haben will, solchen kostbarlich aus fremden, außerhalb Reichs gelegenen Orten kommen lassen muß?

Wie aber, wenn Ihro Kaiserliche Majestät, nach dem Beispiele des jetzigen Königs von Frankreich, in allen großen deutschen Städten vier Freimeister in jeder Kunst privilegirten, die miteinander eben wie die zünftigen Meister correspondirten, ihre Lehrbursche zu Freigesellen machten, ihre Logen oder Krüge zu deren Aufnahme hielten und in allem ebenso aneinander hingen als die geschlossenen Zünfte? Wie, wenn es Ihro Kaiserliche Majestät gefiele, sich mit England, Frankreich und Holland darüber zu vereinigen, daß die Hauptfreimeisterlogen in jedem Reiche eine gemeine Kundschaft zusammen errichteten und die Freigesellen wechselsweise voneinander annähmen? Sollte alsdann nicht das Recht eines jeden Landesherrn, nach Gefallen einen Freimeister anzuordnen, von ganz anderer Wirkung sein? Jetzt ist es ein Schatten; alsdann aber würde es das allerkräftigste Mittel werden, auf einmal den größten Wetteifer in ganz Deutschland zu erregen.

In den alten Zeiten waren viele Gesellschaften, und besonders die von der sogenannten runden Tafel, worin niemand zugelassen wurde, als der gewisse Ahnen beweisen konnte. Diese Gesellschaften hießen Massoneien, welches mit dem holländischen Maetschapy und dem deutschen Maskopei übereinkommt. Gegen diese Gesellschaften wurden freie Massoneien errichtet, worin jeder ehrliche Mann, ohne Rücksicht auf seine Geburt, aufgenommen wurde. Ihre Mitglieder nannten sich freie Massons, welches lächerlich genug durch Freimäurer übersetzt ist und in der That nur einen Freigesellen bedeutet, wie denn Mate im Holländischen und Masson im alten Englischen noch einen Gesellen bezeichnet. Sowie nun diese Freigesellen sich gegen jene adelichen Zünfte emporgebracht haben, ebenso sollte sich auch die Freimeisterei in allen Künsten gegen die Zünfte ausbreiten. Frankreich hat uns in diesem Stücke vor zwei Jahren ein Exempel gegeben. Woran liegt's also, daß wir ihm nicht nachfolgen? An dem Willen der Landesfürsten? Nein, diese sind dazu längst bereit, aber nicht im Stande ein solches Werk auszuführen. Es gehört vor den Kaiser, und die Reichsstände müssen es gemeinschaftlich befördern. Ein solches Werk würde das größte sein, was in diesem Jahrhundert am Reichstage vorgenommen worden, und die Einrichtung der Freimäurer könnte in allen Stücken dabei zum Muster dienen. Doch wir wollen hier schließen.

Trostgründe bei dem zunehmenden Mangel des Geldes.

Geld — entsetzliche Erfindung! du bist das wahre Uebel in der Welt. Ohne deine Zauberei wär' kein Räuber oder Held vermögend das Mark zahlreicher Provinzen in eine Hauptstadt zusammenzuziehen und unzählbare Heere zum Fluch seiner Nachbarn zu erhalten. Du warst es, wodurch er zuerst die Heerden seiner getreuen Nachbarn, ihre Ernten und ihre Kinder sich eigen machte und, zum Unglück einer künftigen Welt, den Schweiß von Millionen armer Unterthanen in tiefen Gewölben bewachen ließ. Ehe du erfunden wurdest, waren keine Schatzungen und keine stehenden Heere. Der Hirte gab ein Böcklein von seiner Heerde, der Weinbauer von seinem Stocke einen Eimer Weins, und der Ackersmann den Zehnten gern von allem was er baute; denn er hatte genug für sich und genoß des Opfers mit, welches er von seinem Ueberflusse brachte. Der Herr war froh, seinen Acker zu verleihen und so viel Korn dafür zu empfangen als er für sich und seine Freunde gebrauchte. Er würde erstaunt sein, wenn ihm sein Knecht durch die Zauberkraft des Geldes die ganze Ernte von funfzig Jahren zum Antrittsgelde oder zum Weinkaufe hätte opfern wollen.

Welch ein grausames und lächerliches Geschöpf würde ein Geizhals zu der Zeit gewesen sein, da man deine Zauberei, die Kunst das Vermögen von hundert Mitbürgern in einer papiernen Verschreibung zu besitzen, noch nicht kannte! Berge von Korn, unzählbare Heerden hätten seinen Schatz ausmachen müssen. Zwischen diesen Reichthümern hätte er verhungern, hätte er dem Armen nichts mitgeben, hätte er die Bedürfnisse des Staats dem Geringern zuwälzen sollen? Auf seinem Kornhaufen würde man den Bösewicht verbrannt haben; und wer hätte seinen Vorrath vor Würmern, seine Heerden vor Seuchen und ihn selbst wider die Rache seiner Nachbarn sicherstellen wollen?

Ehe du kamst, war die Wohlthätigkeit die gemeinste Tugend; wenn man es eine Tugend nennen kann, was die natürliche Folge verderblicher Güter war. „Komm zu mir“, sprach der Reiche zum Armen, „und labe dich an meinem Biere und iß von meinem Brote: Es verdirbt ja doch, und die Ernte ist wieder vor der Thür. Soll ich für die Würmer sparen und dich darben lassen?“ So sprach der Deutsche, wie er noch dem römischen Gelde fluchte; und in der Wohlthätigkeit besaß er alle Tugenden.

Ehe du kamst, war der Unterschied der Stände, und die Begierde sich zu erheben, nicht groß unter den Menschen. Jetzt hat der Himmel oft Mühe, ohne Wunder einen Reichen arm zu machen, da er seine Früchte in hartes Metall verwandelt und bei unzähligen Schuldnern verwahrt. Damals aber lebte er mit seiner Heerde und mit seinen Scheunen unter der unmittelbaren Furcht vor jedem Wetterstrahle; und dankbar und gefühlvoll betete er die göttliche Vorsehung bei jeder Landplage, gleich den Geringsten unter seinen Flurgenossen, an.

Ehe du kamst, war noch Freiheit in der Welt. Keine Macht konnte unbemerkt und sicher den Schwächern zu Haupte steigen, kein Richter konnte heimlich bestochen werden und brauchte sich bestechen zu lassen, kein Zanksüchtiger konnte eine Rechtssache weiter bringen als seine Futterung reichte, kein Thor mit einem Fuder Korn nach dem Kammergericht reisen, und kein Kluger in die Versuchung gerathen, mehr Processe für andere zu führen als er zu seiner täglichen Nothdurft und Nahrung gebrauchte. Größere Feindschaften währten nicht länger als bis der Kriegsvorrath verzehrt war, und der Hunger war ein sicherer Friedensbote.

Ehe du kamst, wußte man nichts von fremden Thorheiten und Lastern. Deutschland konnte weder in Frankreich verzehrt, noch die Ernten aus Westfalen für Wein und Kaffee versandt werden. Wer satt hatte, konnte nichts mehr verlangen; und satt hatten alle Länder, denen der Himmel Vieh und Futter gab. Jeder liebte seinen eigenen Acker und sein Vaterland, weil er nicht anders reisen konnte als ein Bettler, auf die Rechnung der allgemeinen Gastfreiheit, und, wo er mit einer stolzen Begleitung reisen wollte, als ein Feind zurückgewiesen wurde.

Ehe du kamst, war der Landbesitzer allein ein Mitglied der Nation. Man kannte eines jeden Vermögen, und die Anwendung der Strafgesetze geschah nach einem sichtbaren Verhältniß. Die Gerechtigkeit konnte einem jeden das Seinige mit dem Maßstabe in der Hand zumessen, die Gleichheit der Menschen durch eine sichere Anweisung der Aeckerzahl bestimmen, und ewig verhindern daß keiner zwei Erbtheile zusammenbrachte. Man kannte keine geldreiche Leute, diese Verräther der menschlichen Freiheit; das Mittel,

Schulden zu machen und tausend Schuldner zu heimlichen Sklaven zu haben, war den Menschen unerhört. Die Kinder konnten den väterlichen Acker nicht schätzen lassen und von dem gesetzmäßigen Erben nicht fordern, daß er ihnen den Werth desselben zu gleichen Theilen herausgeben sollte. Er gab ihnen Pferde und Rinder; der Richter oder Gutsherr beurtheilte die Billigkeit in diesem Stücke leicht, weil sie auf sichtbaren Gründen beruhte, und der Staat duldete es nicht, daß der Acker mit jährlichen Abgiften zum Vortheil der abgehenden Kinder beschwert wurde.

Ehe du kamst, entschieden Klugheit und Stärke, diese wahren Vorzüge der Thiere und Menschen, das Schicksal der Völker. Die Krämer herrschten nicht mit ihrem Gelde über die Tapfersten, und der Zugang zu den geheimsten Staatsräthen konnte für eine Tonne Pökelfleisch nicht so leise als für eine Tonne Goldes in Wechseln eröffnet werden.

Glückselige Zeiten! denen wir uns nunmehr wieder nähern können, da die mächtige Zauberin zusehends verschwindet. Wie mäßig, wie ruhig, wie sicher werden wir leben, wenn wir ohne Geld alles mit Korn wieder bezahlen können, wenn der Steuereinnehmer, der Gutsherr, der Richter und der Gläubiger nicht mehr nehmen mögen als sie mit Gewalt verzehren und vor Würmern bewahren können, wenn der Bettler mit seinem täglichen Brote zufrieden sein muß, und keine Pfänder mehr verkauft werden können!

Bedauert demnach, edle Mitbürger, den Mangel des Geldes nicht. Bemühet euch vielmehr den Rest dieses Uebels vollends los zu werden! Werft euere Reichthümer ins Meer, oder schickt sie den bösen Nationen zur Strafe zu, die euch mit Wein, Kaffee und neuen Moden versorgen. Hungert die Einwohner der Städte, die ohne Ackerbau, blos von einer Thorheit leben, völlig aus, und zwingt sie euch bei euerer Mäßigkeit zu lassen. Ihr braucht alsdann nichts wie Mausefallen, um euch vor der gefährlichsten Art von Feinden und Dieben sicherzustellen.

Johann Jakob . . .

N. S.

Ich hoffe, meine geneigten Leser werden dem Sophisten zu Gefallen, wenn sie auch dessen Gründe nicht beantworten können, keinen Kreuzer wegwerfen. Ich wünsche aber auch, daß sie die Declamationes der Freigeister unserer Zeiten gegen die Grundwahrheiten der Religion und Moral mit einer gleichen Wirkung lesen mögen.

Vorschlag,
wie der Theuerung des Korns am besten auszuweichen.

Das beste Mittel, einer Theuerung des Korns vorzubeugen oder sich bei einer anscheinenden theuern Zeit zu helfen, scheint mir dieses zu sein, daß man die Preise steigen lasse wie sie wollen, und dem Handel seinen völlig freien Lauf gönne, ohne sich von obrigkeitlichen Amts wegen im geringsten darum zu bekümmern oder Ausfuhr und Branntweinbrennen zu verbieten. So seltsam auch diese Meinung, die übrigens in dem großen Handel zwischen Nationen und Nationen genugsam untersucht ist, manchem scheinen möchte, da zu gegenwärtiger Zeit so leicht kein Staat in Deutschland sein wird, worin nicht das Gegentheil und zwar plötzlich geschehen, indem fast alle Obrigkeiten die Ausfuhr des Korns und das Branntweinbrennen verboten, viele die Kornspeicher ihrer Unterthanen oder ihre auf gemeine Kosten unterhaltenen Magazine eröffnet und auf diese Weise die Theuerung zu hemmen und die sogenannten Kornjuden zur Billigkeit zu bringen gesucht haben: so glaube ich doch, daß jene Meinung allemal solche Gründe für sich habe, welche überlegt zu werden verdienen. Ich will sie also kürzlich anführen und das Urtheil andern überlassen.

Jeder Mensch, welcher einen Handel unternimmt, macht seine Rechnung zufolge der natürlichen Ungewißheit, welche der Lauf der Handlung mit sich bringt; und ich glaube es als einen gewissen Satz annehmen zu können, daß niemand da leicht mit Korn handeln werde, wo es ein Mächtiger, so oft es ihm beliebt, mit Schaden verkaufen kann. Es geschieht zwar oft, daß ein Kaufmann der zu Grunde geht seine Waaren wohlfeil und mit Schaden losschlägt, mithin dadurch andern ehrlichen Leuten den Markt verdirbt; diese wissen aber schon zum voraus, und haben es als eine in den gemeinen Lauf gehörige Unsicherheit berechnet, daß jener es nicht lange aushalten könne. Allein wo ein Staat, der es lange aushalten kann, indem er den Schaden wiederum auf alle Einwohner vertheilt, so handeln will, wo dieser unter dem zufälligen Preis verkauft, wo dieser beständig mit der Eröffnung seiner auf gemeine Unkosten angelegten Magazine oder der Kornspeicher seiner Einwohner droht, wo dieser den Abgang der Waare selbst durch ein Verbot der Ausfuhr oder des Gebrauchs nach Willkür entbehrlich machen kann, wo dieser sogar den Kaufmann zwingen will seinen gemachten Vorrath zu einem ihm vorgeschriebenen Preise zu verkaufen: da müssen nothwendig alle Kaufleute ablassen, da kann niemand sich in Vorrath setzen, da muß der Staat, der etwas thun will, auch alles thun und ganz und gar nicht auf einigen fernern Zufluß dieser Waare durch den Weg der Handlung rechnen.

Ein jeder Gesetzgeber, jeder Landstand, jeder Vornehme, der oft so leicht darauffällt die Kornböden den Geringern eröffnen und den überflüssigen Vorrath daraus zu einem sogenannten billigen Preise verkaufen zu lassen, greife hier in sein eigenes Gewissen und frage sich, ob er sich jemals in Vorrath zum Verkauf setzen werde, wenn er dergleichen Eingriffe in sein Eigenthum zu fürchten hat; ob er nicht vielmehr bei der geringsten Furcht, ja bei der Möglichkeit, daß ihm der freie Verkauf durch einen Machtspruch verhindert werden könne, sein Korn losschlagen und den ersten den besten Preis nehmen werde, ehe er sich auf eine so willkürliche Art behandeln lassen will. Schlägt aber ein jeder Mächtige seinen Kornvorrath zur Unzeit los, wagt er es nicht, denselben solange zu halten als er es nach dem natürlichen Laufe des Kornpreises rathsam findet, so leidet keiner mehr darunter als der Staat, der entweder alle Jahre in den letzten Monaten vor der Ernte einige aus dem ordentlichen Laufe der Handlung nicht zu berechnende Theuerung dulden, oder sogleich bereit sein muß dem Unglücke mit seinem großen Schaden zu wehren. Nichts scheint sich einem Staate mehr zu empfehlen als ein öffentliches auf gemeine Kosten zu unterhaltendes Magazin, welches bei wohlfeilen Zeiten gefüllt und, wenn der Preis zum Exempel auf einen Thaler für den Himten steigt, eröffnet wird. Allein den Schaden ungerechnet, welcher dem Staat durch das darin angelegte Kapital, durch den Unterhalt der Gebäude, durch die Besoldung der Bedienten, durch die allezeit dabei einschleichende Betrügerei und durch andere Un=glücksfälle daher zuwächst, so kann man sicher darauf rechnen, daß in dem Lande, wo dieses Magazin liegt, das Korn immer höher im Preise als in andern Ländern, alle übrigen Umstände gleich ge=nommen, sein werde; und dieses aus der vernünftigen Ursache, weil der Kaufmann in dem Lande, worin er durch das Magazin auf ewig verhindert wird den höchsten Preis zu erhalten, es nicht wagen wird die Gefahr des niedrigsten zu bestehen. Der Korn=handel ist so beschaffen, daß neun Jahre Verlust durch ein Jahr Gewinst ersetzt werden müssen. Hat der Kaufmann nun die Hoff=nung nicht, sich durch den höchsten Preis des einen theuern Jahrs schadlos halten zu können, so wird er gewiß die Gefahr der neun wohlfeilen nicht übernehmen, folglich von diesem Handel ganz ab=lassen und, wenn die Theuerung einfällt, dem Staate die ganze Anstalt allein zuwälzen.

Es sollte daher ein ewiges, unveränderliches Gesetz in jedem Staate sein, daß der Kornpreis, die Umstände möchten kommen wie sie wollten, immer seinen freien Lauf behalten, nie die Ausfuhr verboten, nie die Kessel versiegelt, nie fremder Vorrath auf Unkosten des Staats angeschafft, nie der Speicher eines Privatmanns er=

öffnet, und überhaupt nie etwas vorgenommen werden sollte, wodurch
der ordentliche Lauf des Handels unterbrochen werden könnte. Wo
aber ein solches Gesetz noch nicht vorhanden, oder wo es zwar
vorhanden aber noch nicht genug befestigt und geheiligt ist, da
muß freilich die Obrigkeit zutreten und dem Mangel abzuhelfen
suchen.   Denn in einem solchen Lande haben die Einwohner natürlicherweise lange vor eingetretener Theuerung gesagt: „Unsere gnädigste Landesherrschaft hat uns mehrmalen schon aus der Noth geholfen und Korn zu einem wohlfeilen Preise verkaufen lassen.   Es
ist also nicht nöthig daß wir bis zur Ernte für uns selbst sorgen ;
ja wir können unsern Vorrath den minder glücklichen Nachbarn so
viel theurer verkaufen.   Unsere großen Meier haben auch noch
Vorrath; wird das Land geschlossen und der Branntweinkessel zu-
geschlagen, so muß der Preis wol heruntergehen.   Wir wollen
allenfalls den Beamten die Ohren so voll schreien, daß sie diese
Kornwürmer einmal heimsuchen und sie zwingen sollen zu verkaufen 2c.‟
Der Müller hat gedacht: „Warum soll ich Korn aufschütten? Die
Herrschaft wird etwas aus der Fremde kommen lassen und solches
wenigstens ohne Vortheil, wo nicht mit Schaden verkaufen. Dann
sitze ich da und mag die Würmer füttern.‟ Und der Kaufmann hat
schon in seinem Geiste den Beamten höhnisch vorgeworfen: „Das
lömmt von eueren guten Anstalten! Nicht zufrieden damit daß die
Branntweinkessel versiegelt und die Ausfuhr aus dem Lande verhindert worden, wollt ihr sogar die Aemter und Kirchspiele schließen;
ihr wollt die Fuhren um Korn aus der Fremde zu holen umsonst
gebrauchen; ihr wollt euer oder des Landes Geld ohne Zinsen dazu
verwenden; ihr wollt den Roggen ausborgen; ihr könnt Zollfreiheiten
erlangen.   Da wage es ein Kaufmann, sich in diese Kornhandlung zu mischen!‟ — Wo die Umstände so gelegen haben, wo der
Landmann seinen Vorrath aufs theuerste verkauft und seine geringen Nebenbewohner, in der Hoffnung die Landesherrschaft werde
sie schon versorgen, brotlos läßt, da ist es so natürlich als vernünftig, daß die Obrigkeit zutrete und die Erwartung der Armuth
so viel als möglich erfülle.

Aber ich sage, die Lage würde nie so kommen, wenn jenes
Gesetz inmitten, und jedermann vollkommen sicher wäre daß der
Kornhandel nie durch irgendeine mächtige Hand eingeschränkt werden könnte.   Wann eine Landesherrschaft noch Korn erhalten kann,
so kann es auch der Kaufmann bekommen; und da die sogenannten
Preiscouranten aus Hamburg, Bremen, Emden und Amsterdam
mit jedem Posttage zeigen, wie hoch der gemeine Preis sei, so ist
bei einer für alle Kaufleute und für jedermann offenliegenden
Speculation kein außerordentlicher Wucher zu besorgen. Denn jeder
wird sein Geld sodann wagen, und keiner den andern einen gar zu

großen Preis genießen laſſen, ſobald er nicht zu befürchten hat,
daß ihm durch eine mächtige Hand Einhalt geſchehe. In dieſem
Stück kann man ſich auf die Begierde zu gewinnen, welche allen
Menſchen eigen und ihnen nicht umſonſt gegeben iſt, völlig ver=
laſſen.

Geſetzt aber, ein ſolcher Entſchluß, daß man nämlich von
obrigkeitlichen Amts wegen niemals Korn anſchaffen und auch nie=
mals den Handel mit demſelben einſchränken oder ſchmälern wolle,
fände Bedenken, indem die Lage der Umſtände ſolchen nicht geſtattete,
ſo ſcheint es dennoch immer beſſer zu ſein, jedem Kirchſpiele die
Verſorgung ſeiner Einwohner und die dazu erforderlichen Anſtalten
zu überlaſſen und aufzulegen, als auf gemeinſame Amts = oder
Landesanſtalten hinauszugehen. Denn einestheils iſt oft ein Kirch=
ſpiel ſo ſorglos, oder deſſen Einwohner ſind ſo geldbegierig, daß
ſie alles, was ſie nur verkaufen können, auf den theuerſten Markt
bringen und für ihre Miteinwohner gar nicht ſorgen, anſtatt daß
ein anderer chriſtlicher und billiger denkt und allen ſeinen Neben=
wohnern beſtens mit aushilft; anderntheils weiß auch noch oft eins
den Seinigen aus ſeinem eigenen verſteckten Vorrathe zu rathen und
ſeine Anſtalten ganz wirthſchaftlich einzurichten. Wenn nun aber
bei allen Anſtalten im großen der Schuldige mit dem Unſchuldigen
vermiſcht wird, und dasjenige Kirchſpiel, was ſich allenfalls noch
wol ſelbſt helfen könnte, mit den übrigen einen gleichen Antheil
an den gemeinen Amts = und Landesbeſchwerden übernehmen muß,
ſo verdrießt dieſes das gute und haushälteriſche; es ſchwächt das
Mitleid, und dasjenige Kirchſpiel, was für die Seinigen gewiß ge=
ſorgt haben würde, ſchlägt auch zum theuerſten auf fremden Märkten
los, weil es am Ende einerlei iſt, ob es gut oder ſchlecht gehan=
delt hat, indem doch allen durch die gemeinſchaftliche Anſtalt in
gleicher Maße geholfen werden muß. Nicht zu gedenken daß bei
allen großen Anſtalten das wahre Bedürfniß und das Verdienſt
eines jeden Nothleidenden nicht ſo genau beurtheilt werden kann
als bei Anſtalten im kleinen, wo ein Nachbar den andern kennt
und denjenigen, der das Seinige verſchwendet oder theuer verkauft
oder ſich ſelbſt noch wol helfen kann, zurückſetzt, und wo ein jeder,
auch ſeines eigenen Vortheils wegen, darauf achtet daß kein Be=
trug vorgehe und keiner mehr erhalte, als er zur höchſten Noth=
durft gebraucht. Es gibt Meier, die ihre Heuerleute und Beiwohner
auf die gemeine Landesanſtalt ſchicken, währendderzeit ſie ihren
eigenen Vorrath theuer verkaufen; es gibt Leute, die es wol be=
zahlen könnten und ſich doch arm ſtellen, wenn die Landesherrſchaft,
der Armuth zum beſten, einen Vorrath wohlfeil losſchlagen läßt;
es gibt andere, die unter eigenem oder geliehenem Namen ſich
mehrmalen zudringen und hernach mit demjenigen, was ſie wohl=

feil erhalten, einen Handel treiben. Alles dieses ist der nothwendige Fehler großer Anstalten, wovon ein Kirchspiel, worin einer
den andern kennt, nichts zu fürchten hat. Und ich getraue mir zu
behaupten, daß 50 Kirchspiele, die zu einer gemeinschaftlichen Fürsorge verknüpft sind, 10000 Malter Korn fordern werden, welche
sich einzeln mit 4000 behelfen würden.

Es sollte also wenigstens ein Gesetz sein, **daß bei einer ein-**
tretenden Theuerung jedes Kirchspiel sich selbst **zu helfen hätte.**

Der Edelmann sorgt hier im Lande fast durchgehends **für** die
Seinigen, und man könnte die Namen solcher Großmüthigen nennen,
welche **ihren** Heuerleuten das Korn beständig zu dem Preise geben,
wozu **es in** guten Jahren steht. In dieser Fürsorge **ist aber der**
Edelmann unabhängig, weil er hernach zu keinen **gemeinen An-**
stalten weiter beiträgt. Der Landmann hingegen, **wenn er auch**
auf gleiche Weise für seine Heuerleute gesorgt hat, muß demungeachtet auch noch für seine faulen und schlechten Nachbarn, mit
denen er in Gemeinschaft der öffentlichen Lasten lebt, sorgen und
den Nachbarn gleich fahren und beitragen. Das setzt ihn in eine ungleich schlimmere Lage; und wie schlimm muß diese nicht noch werden, wenn **er** nicht blos zu den Anstalten für sein Kirchspiel, son-
dern auch zu denen, welche **für** das Ganze gemacht werden, bei-
tragen muß!

Wenn man noch genauer gehen wollte, so sollten billig diejenigen Landleute, welche für die Ihrigen gesorgt haben, von allem
fernern Beitrage zu den Kirchspielsanstalten frei sein. Nur äußert
sich dabei die Schwierigkeit, daß auf solche Art alle Dorfgesessene
und Markkötter, welche kenntlich keinen Ackerbau und keine Pferde
haben, zur Zeit der Noth verlassen sein würden. Allein hier wäre
auch noch wol Rath zu schaffen, wenn man vorläufig nur eine gewisse Einrichtung machte.

In den ältesten Zeiten, und lange vor Karl dem Großen, errichteten dergleichen Leute Gildonias, oder Gilden, und traten zu
ihrer gemeinsamen Vertheidigung, es sei zu Gerichte oder außer
Gerichte, unter ihren Beamten zusammen; anstatt daß sie jetzt
einzeln, ohne gleiche Gewohnheiten (coutumes), ohne Landrecht, ohne
Rechtsweisung dahinleben, in ihren Erbtheilungen, Ausbestattungen
und dergleichen unter dem römischen Rechte und seinen Auslegungen
stehen und, wenn eine Noth eintritt, ohne Einigkeit und ohne Haupt, sich
gar nicht zu helfen wissen. Daher sehen wir Kötter, die sich freikaufen
und wiederum in den Leibeigenthum laufen, weil sie sich rechtlos
dünken und nun nicht wissen, ob sie mit ihren Weibern in Gemeinschaft der Güter leben oder nicht, ob sie eine Leibzucht zu ge-
warten haben, und was sie ihren Kindern mitgeben sollen — welches
alles daher kommt, weil die Heyen oder Hoden, worin diese Leute

sich begeben, ihr Band wie ihre coutumes verloren haben, und
der Hodepfennig oder der Hodeschilling mit dem Verfall der Münze
zu sehr heruntergegangen ist, um es der Mühe werth zu achten,
für diese armen Leute ein eigenes Recht zu machen. Die Fürsten
selbst, welche Colonisten auf dem platten Lande anziehen, scheinen
den Vortheil der Hode, oder einer solchen Gilde, ohne welche sich
einzelne Leute schwerlich halten, ganz und gar zu mißkennen.

Gesetzt nun aber, man zöge diese Leute in jedem Kirchspiel
in eine besondere Gilde unter zweien von ihnen erwählten Vorstehern zusammen, und machte eine Vereinigung dahin, daß die
Landleute des Kirchspiels ihnen für einen sichern Preis die Korn-
fuhren geben, die Dorfgesessenen hingegen jedesmal gegen einen
sichern Preis die Naturaleinquartierungen, welche doch insgemein,
wenn es Infanterie ist, auf das Dorf fällt, tragen müßten, so
würde sich schon eine gewisse billige Proportion ausfinden lassen,
nach welcher jeder Landmann im Kirchspiel dieser Gilde helfen
müßte, so würde diese Gilde mit vereinten Kräften Geld oder Credit
und Bürgen finden und sich solchergestalt auch retten können. Es
sind viele Dinge, die eine Compagnie oder Gilde mit genugsamer
Macht unternimmt, ein einzelner Mann aber wol liegen lassen muß.
Das Schlimmste bei den Rettungsanstalten zur Zeit der Theurung
ist insgemein die erste Anstalt zum Ankauf des Korns und die erforderliche geschwinde und vorschüssige Bezahlung. Aber hier tritt
nun in guten Staaten die glückliche Vorsorge der Landesherrschaft
ein. Diese läßt das Korn auf dem nächsten und wohlfeilsten Orte
kaufen, thut den Vorschuß und borgt dem Kirchspiel oder der Gilde
unter ihren Vorstehern oder Bürgen. Diese dürfen also nur hin-
schicken, abholen, und es so vorsichtig vertheilen, daß sie das Geld
dafür zur gesetzten Zeit wiedereinliefern können. Diese Hülfe
kann keine Landesherrschaft e i n z e l n e n Menschen angedeihen lassen,
weil sie sich in unendliche Weitläufigkeit und mit großer Unsicherheit
einlassen würde. Allein einer Gilde unter Vorstehern und Bürgen
kann sie ohne diese Unbequemlichkeiten desto leichter helfen.

Die Erfahrung hat in diesem Jahre gewiesen, daß viele
Aemter und Kirchspiele, ohnerachtet sie Mangel zu haben schienen,
lieber ihren Miteinwohnern aus ihrem eigenen Vorrathe mittheilen
und sich so viel sparsamer behelfen, als die Fuhren zur Abholung
des fremden Korns leisten wollten. Andere, welche ins Wilde gefordert hatten, traten aus gleicher Ursache zurück, machten es wie
jene und begehrten nur etwas weniges. Andere, worin die Landleute genug hatten, wollten den Dorfgesessenen nicht aushelfen und
auch nicht für sie fahren. Mancher Landmann, der zwar nichts
übrig aber doch für sich genug hatte, behalf sich sparsamer und
vermischte seinen Roggen mit andern Körnern, um seinen Mit-

eingeseſſenen auszubelſen und ſich von der Fuhre zu befreien. Alle
dieſe Erfahrungen reden das Wort für die Kirchſpiels= und gegen
die Landesanſtalten; und was ſolchergeſtalt geſpart worden, iſt auch
gewonnen. Sie zeigen, daß bei Landesanſtalten mehrentheils nur
die ſchlechteſten Leute auf Koſten der beſſern Haushälter zehren, die
dreiſteſten Bettler den beſcheidenen Armen verdrängen, und weit
größere Summen ausgegeben werden, als geſchehen würde wenn
jedes Kirchſpiel ſich ſelbſt rathen müßte.

Anmerkungen.

S. 9, Z. 11 v. u.: „Limburger Chronik." — Die Worte davon lauten in fastis Limburg, S. 18, also: „Die Kleidung von den Leuten in deutschen Landen war also gethan. Die alten Leute mit Namen trugen lange und weite Kleider, und hatten nicht Knauff, sondern an den Armen hatten sie vier oder fünf Knäuff. Die Ermel waren bescheidentlich weit. Dieselben Röcke waren um die Brust oben gemützert und geflützert und waren vornen aufgeschlützt bis an den Gürtel. Die jungen Männer trugen kurze Kleider, die waren abgeschnitten auf den Lenden und gemützert und gefalten mit engen Armen. Die Kogeln waren groß. Darnach zu Hand trugen sie Röcke mit vier und zwanzig oder dreißig Geren, und lange Hoicken, die waren geknaufft vornen nieder bis auf die Füß. Und trugen stumpe Schuhe. Etliche trugen Kugeln, die hatten vornen einen Lappen und hinten einen Lappen, die waren verschnitten und gezattelt. Das manches Jahr gewähret. Herren, Ritter und Knechte, wann sie hoffahrten, so hatten sie lange Lappen an ihren Armen bis auf die Enden, gefüdert mit Kleinspalt oder mit Bund, als den Herren und Rittern zugehört, und die Knechte als ihnen zugehört. Die Frauen giengen gekleidet zu Hof und Danzen mit paar Kleidern, und den Unterrock mit engen Armen. Das oberste Kleid hieß ein Horkett, und war bei den Seiten neben unten aufgeschliffen und gefüdert, im Winter mit Bund oder im Sommer mit Zendel, das da ziemlich einem jeglichen Weib war. Auch trugen die Frauen der Burgersen in den Städten gar zierliche Hoicken, die nenute man Fyllen, und war das kleine Gespense von Disselsett krauß und eng beisammen gefalten mit einem Same beinahe einer Spannen breit, deren kostet einer neun oder zehn Gülden." Die Kugeln hingen vermuthlich auch an den Kappen; und rührt daher das heutige Sprichwort: Kappen und Kugeln verspielen. J. M.

S. 10, Z. 19 v. o.: „Knötchen." — Eine Art Handarbeit besonders des weiblichen Geschlechts, ähnlich der Filetstrickerei.

S. 10, Z. 20 v. o.: „Trenſeln." — Das Trenſeln, welches **vor** dreißig Jahren Mode **war**, bestand darin, daß man goldene und ſilberne Borten, auch ſeidene Zeuge in **ihre** Fäden auflöſte. Viele modiſche Leute kauften ſich neue Borten, **um** ihre Hände ſolchergeſtalt **zu** beſchäftigen.   J. M.

S. 20, Z. 21 v. o.: „Marmontel" (1723—99). Ein franzöſiſcher Schriftsteller **von** mittelmäßiger Begabung, welcher beſonders durch ſeine Erzählungen zu ſeiner Zeit berühmt **war**. Sentimentalität und Schlüpfrigkeit wechſeln in denſelben ab, ähnlich **wie** bei Wieland. Im „Beliſar", einem ſeiner Hauptwerke, eiferte er gegen **die** herrſchenden Einrichtungen des Staates und der Kirche **und** gab **in** der Schilderung der Verhältniſſe unter Kaiſer Juſtinian **ein** Bild **der** damaligen politiſchen Zuſtände Frankreichs.

S. 21, Z. **20** v. u.: „Magazin der Frau Beaumont." — Marie le Prince de Beaumont (1711—80), eine zu ihrer Zeit berühmte Verfaſſerin von moraliſchen Erzählungen und Jugendſchriften. In London, wo ſie nach der Trennung von ihrem Manne lebte, gab ſie ein „Magaſin des adolescentes" 1760 in **vier** Bänden heraus, das 1776 auch **in** deutſcher Sprache erſchien.

S. 24, Z. 21 v. u.: „Strümpfe knütten" = ſtricken.

S. 34, Z. 10 v. o.: „Sterbfall." — Das Recht der Hofgemeinde an **dem** Nachlaſſe der verſtorbenen Hofhörigen. Nach dem Tode des Leibeigenen muß der Sohn mit Vorzeigung **des** Feſtkleides das Abſterben des Vaters melden. Der Gutsherr nimmt die Hälfte der Mobiliarhinterlaſſenſchaft, wozu auch die Früchte gehören.

S. 35, Z. 8 v. o.: „freier Kotte." — Hier gleichbedeutend **mit** „Erb- und Marklötter", **der** Beſitzer eines kleinen Bauergutes.

S. 35, Z. 10 v. o.: „Packenträger" = Hauſirer.

S. 53, Z. 22 v. u.: „Hogarth" war auch ein Handwerker, **der** auf Beſtellung und zum Verkauf arbeitete. In ſeiner Stube, worin er die ihn täglich beſuchenden Fremden, im Nachtrock mit der Mütze **in** der Hand, ehrbar empfing, hatte **er** einen kleinen Schrank, **worin** alle ſeine Werke, die er öffentlich verkaufte, bereit lagen. Hier erklärte er denn wol ſelbſt ſeinen Käufern den Sinn verſchiedener Gruppen **und** verkaufte **davon** für etliche Schillinge. Allein zu welchem Ruhme **hat er** es nicht gebracht! und würde nicht **die** große Welt ſeinen Umgang mit Eifer geſucht haben, wenn er den beſondern Geiſt in ſeinen Reden gehabt hätte, welchen er in ſeinen Caricaturen zeigt?   J. M.

S. 54, Z. 18 v. u.: „Scarron." — Paul Scarron, geboren 1610 zu Grenoble, lebte den größten Theil seines Lebens von Krankheit geplagt in Paris, erhielt sich von einer Hofpension und starb 1660. Er schrieb Lustspiele und Satiren. (L'héritier ridicule; La Mararinade; Roman comique.)

S. 60, Z. 13 v. u.: „Bettlersoper." — The Beggar's opera. Sie führt diesen Namen vermuthlich um deswillen, weil die darin vorkommenden Arien auf erborgte und zusammengesuchte Melodien gemacht sind. So geht eine Arie auf die Melodie: Ma commerce quand je danse etc., und eine andere auf: Le printems appelle aux armes.   J. M.

S. 73, Z. 19 v. o.: „Mahljahre." — Ist der erbliche Besitzer eines Gutes gestorben, und der überlebende Ehegatte verheirathet sich wieder, dann tritt das neue Ehepaar interimistisch in den Genuß des Gutes, bis der Anerbe aus voriger Ehe großjährig ist oder höchstens bis zu dessen dreißigstem Jahre. Sind diese „Mahljahre" verflossen, so tritt der Anerbe das Gut an, und jene ziehen auf die Leibzucht.

S. 73, Z. 20 v. o.: „Spade" = Spaten.

S. 73, Z 19 v. u.: „Heuersmann", Heuerling. — Den Stamm der Bevölkerung einer Landgemeinde bildeten die Vollerben, welche die vollen Gemeindelasten trugen und volles Recht an der Mark hatten. Durch Theilung des Besitzes eines Vollerben entstanden Halberben, von denen zu Möser's Zeiten gewöhnlich drei auf zwei Vollerben gerechnet wurden; die Gemeindelasten und Markrechte wurden getheilt. Auf kleinen abgelösten Theilen des Erbes entstanden die Kotten, von denen vier die Gerechtsame eines Vollerben hatten. Doch wurden mit dem von der Wohnung abgeleiteten Namen „Kötter" auch die Heuerleute bezeichnet — das Landproletariat, welches zum größten Theile dadurch entstand, daß bei dem Majoratserbrecht die nicht erbenden Kinder der Hofbesitzer zur Miethe in Nebenhäusern zu wohnen gezwungen waren. Dazu kamen noch andere, denen Theile des Erbes verpachtet wurden, sodaß zu Möser's Zeiten die Hälfte der Bewohner des Hochstifts aus Heuerleuten bestand.

S. 74, Z. 8 v. o.: „Auslobung" = Abfindung des Erben mit den nicht erbenden Geschwistern.

S. 80, Z. 14 v. o.: „Heideplaggen." — Bei der im Verhältniß zur Ausdehnung des culturfähigen Landes geringen Anzahl von Vieh nimmt man von den Heiden große Rasenstücke von etwa 10 Zoll Breite und 1½ Zoll Stärke, schichtet sie auf, legt zwischen sie Thierdünger oder Stroh, und läßt diese Haufen gären. **Der dadurch gewonnene Plaggendünger wird besonders für sandigen Boden verwendet.**

S. 80, **Z. 14 v. u.:** „Leibzucht" ist **das Wohnhaus** (auch Leibzucht im engern Sinne genannt) mit Garten und **dem** sechsten Theile des Bodens, welches von dem Anerben **den ihm das Gut** überlassenden Aeltern eingeräumt wird. Ist **der Vater** gestorben und die Mutter bezieht die Leibzucht, so erhält sie **jedoch** nur die Hälfte; ebenso umgekehrt wenn **der** Vater Leibzüchter wird. Bei den Erbköttern bleibt wegen der **geringen** Ausdehnung des Besitzthums **der** Leibzüchter häufig im Hause wohnen, bezahlt **einen** Theil der Abgaben **und benutzt** dafür den Garten.

S. 88, **Z. 18 v. u.:** „Hollandsgänger." — Ein Theil **des** Landproletariats, welches in der Heimat nicht genügende Arbeit findet, begibt sich im Sommer nach Holland, um zu mähen oder Torf zu stechen. Als schon zu Möser's Zeiten durch industrielle Unternehmungen neue Erwerbszweige erschlossen wurden, nahm die Zahl der Hollandsgänger bedeutend ab; doch herrscht die Sitte noch heute besonders in den Holland benachbarten Theilen Westfalens.

S. 88, **Z. 9 v. u.:** „Caylus." — Anne **Claude Philippe** de Tubieres, Graf von Caylus, geboren 1692 und gestorben 1765 zu Paris, war bedeutend als Sammler von Antiquitäten, Archäolog und Kupferstecher. Seine historischen Untersuchungen hat er meist in den Memoiren der Akademie veröffentlicht; hervorzuheben ist: „Sur la peinture à l'encaustique et sur la peinture à la cire" (Paris 1755); „Numismata aurea imperatorum Romanorum" u. s. w.

S. 95, **Z. 16 v. u.:** „Sahlstätte." — **Eine** abgabenfreie Wohnstätte.

S. 96, **Z. 12 v. u.:** „Spieker." — Scheune.

S. 96, **Z. 12 v. u.:** „Gaden." — Ursprünglich Bezeichnung von Gemach, Stockwerk; abgeleitet Bezeichnung eines kleinern Wohnhauses — Kotte.

S. 101, **Z. 3 v. u.:** „Heusime." — Heuseime, Heuschober, die aus Splitterholz zusammengelegt und auf freiem Felde errichtet werden.

S. 101, **Z. 2 v. u.:** „Waddicke." — Geronnene Milch.

S. 102, Z. 15 v. o.: „Holzschuhe." — Die Holzschuhe sind
den nassen Weidegegenden und denjenigen, so darauf gehen oder arbeiten, unentbehrlich, weil die ledernen Sohlen theils schwammicht
werden, theils mit der Feuchtigkeit eine beständige Kälte bewahren.
In den Berggegenden werden sie wenig gebraucht. Wo ein schwerer
Acker und die Erde kleberig ist, kennt man sie gar nicht, weil man dort
nicht darin fortkommen könnte. Sie sind nichts weniger als ein Zeichen
der Armuth, indem wir Bauerfrauen sehen, die zwanzig Thaler auf
eine Mütze und zehn Thaler auf ein Halstuch wenden, aber doch aus
angeführten Ursachen bis zur Stadt in Holzschuhen kommen müssen.
                                                              J. M.

S. 102, Z. 2 v. u.: „Röthe." — „Man schreibt jetzt vielfältig: Rotten. Allein das französische rouir und rouissage lehrt, daß
es beim alten Röthen verbleiben müsse." J. M. Trotzdem ist rôten,
rotten das allein Richtige (angels. rotian); flas rôten = den Flachs
faulen lassen, den Kleber in demselben durch einen Gärungsproceß
zerstören, den Flachs rösten.

S. 109, Z. 4 v. o. „Urtheil über die Packenträger." —
Dieser und die vorhergehenden Aufsätze sind ein Beispiel für die Art
und Weise, wie Möser einerseits die Regierung zu einer bestimmten
Verordnung zu bewegen, andererseits die Bevölkerung auf dieselbe
vorzubereiten und ihr deren Vortheile auseinanderzusetzen gesucht hat.
Diesen in den Jahren 1767 und 1769 geschriebenen Artikeln über die
Packenträger folgte 1770 eine Verordnung, in welche die Regierung
zwar nicht alle jene Einschränkungen des Hausirhandels, welche Möser
für wünschenswerth hielt, aufnahm, in der Hauptsache jedoch, besonders was den Handel mit Luxuswaaren betraf, auf den Standpunkt
Möser's sich stellte. Vgl. Klöntrup, Rechte und Gewohnheiten Osnabrücks (Osnabrück 1798), II, 150.

S. 110, Z. 3 v. o.: „Canefassen." — Von dem französischen
aus dem Italienischen stammenden Worte canevas = rohe, unge-
bleichte, flächserne Leinwand. Manchmal bezeichnete man dadurch auch
ein baumwollenes Gewebe mit erhabenen Streifen.

S. 112, Z. 16 v. o.: „Das Landvolk in den mehrsten
Provinzen Deutschlands." — Der Laienspiegel von Ulrich
Henzlern (Straßburg 1536) ist in dieser großen Absicht geschrieben
und ist sicher berühmter gewesen als irgendein anderer avis au
peuple oder speculum populare. Wer sich davon überzeugen will,
vergleiche die innere Mühlenpolizei seines Ortes mit dem, was dieser
Spiegel von den Mühlen hat.   J. M.

S. 113, Z. 19 v. u.: „Gemeine Holzung." — Die zur
Mark gehörige Holzung. An der Nutzung desselben haben die Mark-

genossen nach einem bestimmten Verhältnisse Antheil. Schon zu Möser's Zeiten waren die meisten Markungen in Betreff der Holznutzung getheilt; doch durfte kein Markgenosse aus seinem Holztheile bei Nacht Holz holen. Die Bestrafung des Holzdiebes fiel dem Holzgrafen zu.

S. 116, Z. 2 v. o.: „Harrison's Uhren." — Als 1714 vom britischen Parlament ein Preis von 20000 Pfd. St. auf eine Uhr ausgesetzt worden war, welche nach sechs Wochen nicht mehr als zwei Zeitminuten fehlen würde, verfertigte John Harrison (1693—1776) eine solche Uhr, in welcher die Temperaturstörungen beseitigt waren. Sie zeigte nach der Hin- und Rückreise zwischen Portsmouth und Jamaika, nach Verlauf von 147 Tagen, nur eine Differenz von 5,1 Secunden.

S. 117, Z. 20 v. u.: „ein Stück Garn." — In der osnabrücker Bauerschaft Riefte haben die Eingesessenen sich ebenfalls vereinigt, daß keiner ein Stück Garn verkaufen will, um zu verhindern, daß liederliche Wirthe, Weiber und Gesinde nicht einzelne Stücke zum Krämer verschleifen und Branntwein, Kaffee und Zucker dafür holen können. J. M.

S. 119, Z. 5 v. o.: „kröpeln." — Wie ein Krüppel sich abmühen, um weniges zu erreichen.

S. 120, Z. 5 v. o.: „Neubauer", Brinkligger. — Aermere Anwohner, welche sich mit Bewilligung der Markgenossen auf den öden Theilen der Mark angesiedelt haben und nach einigen Freijahren an den Rechten und Pflichten der halben oder ganzen Markötter theilnehmen. Ihre Häuser gehören ihnen eigenthümlich zu.

S. 122, Z. 13 v. o.: „Pinto." — In seinem «Traité de la Circulation et du Credit» (Amsterdam 1771). J. M.

S. 123, Z. 22 v. u.: „die Anhänger der Colberts und Mirabeaus." — Colbert, Finanzminister unter Ludwig XIV., erwarb sich das Verdienst, nicht nur den Staatsschatz durch eine bessere Finanzwirthschaft gefüllt, sondern auch Handel und Industrie auf eine noch nie erreichte Höhe gehoben zu haben. Er sah in der Begünstigung des Handels, der Industrie und des Seewesens das beste Mittel, den Nationalreichthum zu vermehren. Im Gegensatze zu diesem Mercantilsystem veröffentlichte Victor Mirabeau, der Vater des bekannten Gabriel Honoré Mirabeau, unter dem Namen „Ami des hommes" eine große Anzahl von Schriften, welche, die Lehre der Physiokraten vertretend, den Ackerbau als die einzige producirende Arbeit darstellten

(„Philosophie rurale", 1763) und das Tableau économique der Physiokraten als gleich wichtige Entdeckung wie die Erfindung der Buchstabenschrift und des Geldes priesen. Indem er seine Theorien verwirklichend das Los seiner Bauern wesentlich milderte, erwarb er sich unbestreitbare Verdienste, größere als durch seine schriftstellerischen Leistungen.

S. 128, Z. 16 v. u.: „Der nothwendige Unterschied zwischen dem Kaufmann und Krämer." — Dieser Aufsatz erschien den 20. November 1773, und im August 1774 hat die Kaiserin-Königin in ihren Erblanden eine Verordnung erlassen, worin der Vorschlag wirklich ausgeführt ist.   J. M.

S. 136, Z. 21 v. u.: „Packhausheuer." — Miethe für die Niederlagsräume.

S. 138, Z. 13 v. o.: „Osnabrückisches Linnen." — Das einzige Handelsproduct, das im vorigen Jahrhundert in größern Massen aus dem Hochstifte ausgeführt wurde. Fast in jedem Hause stand ein Webstuhl. „Mann, Frau, Kinder und Gesinde wenden die Zwischenräume ihrer Arbeit zum Spinnen an. Der Stuhl beim Rade ist gleichsam die Ruhestätte von anderer Arbeit." Die Polizei prüfte die Güte der einzelnen Stücke. Im Jahre 1778 wurden in dem Hochstifte 27441 Stück gefertigt, jedes zu einem Werthe von 3—4 Pistolen. (Möser, Osnabrückische Geschichte, § 9.)

S. 141, Z. 18 v. o.: „Handwerksgilde." — Handwerkszunft.

S. 149, Z. 10 v. o.: „Haarklauber." — Ursprünglich Perrückenmacher; in abgeleitetem Sinne: peinlich gewissenhafte Menschen.

S. 151, Z. 14 v. u.: „Churchil." — Charles Churchil, geboren 1731 zu Westminster, Landprediger, Ciderverkäufer, wieder Landprediger und endlich Schriftsteller, starb 1764. Seine Satiren, unter andern die auf alle damals berühmten Schauspieler, machten Aufsehen und sollen der Sage nach Hogarth's Tod veranlaßt haben. Seine Werke erschienen gesammelt London 1774, 3 Bde.

S. 152, Z. 7 v. u.: „Rauchschatz." — Eine Steuer, welche für jedes Wohnhaus nicht von dem Eigenthümer, sondern den Bewohnern zu entrichten ist, von der aber die frei sind, welche auf dem Grunde eines Edelmanns wohnen, vorausgesetzt daß sie weder Handwerk noch Handel oder Gewerbe treiben.

S. 152, Z. 6 v. u.: „Wachszins." — Alle freien Einwohner, welche nicht im Stande waren in den Heerbann einzutreten, mußten sich in den Schutz eines Herrn begeben, der für eine bestimmte Zahl einen Mann stellte. Dieser Schutz ward „Hode, Heye" genannt. Churfreie waren die, welche freiwillig in die Hode gingen; Rothfreie, welche dies gezwungen thaten. Das Recht, solche „unwehrige Leute" zu schützen, hatte der Kaiser und diejenigen, denen er das Recht verlieh. Häufig schützten Klöster und Kirchen; der Patron der Kirche ward dann zum Vormunde gewählt; am Tage des Schutzheiligen erschienen diese „wachstinsige Lüde", um auf dem Altar entweder mehrere Pfund Wachs oder eine entsprechende Geldsumme niederzulegen.

S. 153, Z. 20 v. o.: „Bauerrichter." — Der Vorsteher der Bauernschaft, welcher die Eingesessenen zu den Leistungen und Abgaben aufbietet und in ihren Versammlungen (Bauersprache) den Vorsitz führt. Dies Amt wechselt unter den vollen und ganzen Erben ab.

S. 155, Z. 7 v. u.: „Bannmeile." — Der Umkreis, innerhalb dessen ein Ort oder ein Kloster Zwangs- und Strafrechte ausüben konnte (Bann-Gerichtsbezirk).

S. 161, Z. 7 v. u.: „Kanzler" (Cancellarius). — Derjenige, welcher landesfürstliche Erlasse von den Cancellis herab öffentlich zu verlesen hat.

S. 165, Z. 3 v. o.: „Freimeister." — Ein unzünftiger Meister, dem von der Obrigkeit die Würde eines Meisters zuerkannt worden.

S. 165, Z. 8 v. u.: „Freimäurer." — Die Erbauung der Paulskirche in London, welche die jetzt sogenannten Freimäurer durch Beischlüsse von Geld zu Stande brachten, hat zu jener Misdeutung und auch dazu Gelegenheit gegeben, daß jene Freigesellschaft die Maurerwerkzeuge als Ordenszeichen angenommen hat.   J. M.

S. 169, Z. 11 v. o.: „Zu gegenwärtiger Zeit." — 1771. Ich bemerke hier das Jahr, worin dieser Aufsatz abgedruckt worden, weil man im Jahr 1774 in Frankreich aus eben diesen Grundsätzen die Kornhandlung freigemacht hat.   J. M.

S. 171, Z. 12 v. o.: „Meier." — Vorsteher der Hausgenossen, d. h. jener Leute, welche zwar einen Gutsherrn anerkennen, jedoch „in allen Sachen, worüber ein freier Mann durch Ehepacten oder Testamente verordnen kann", selbständig entscheiden dürfen, dazu aber die Bestätigung des Hofherrn einholen müssen. (Möser, Osnabrückische

Geschichte, I, §§ 38, 39.) An bestimmten Tagen haben sie zur Erhaltung ihrer Rechte auf dem Hofe des Meiers Zusammenkünfte (Hofsprache).

S. 173, Z. 1 v. u.: „Heye oder Hode." — Vgl. Anmerkung zu „Wachszins". S. 152.

S. 174, Z. 6 v. o.: „Gilde." — Vereinigung, Gesellschaft.

Druck von F. A. Brockhaus in Leipzig.

Bibliothek

der

Deutschen Nationalliteratur

des

achtzehnten und neunzehnten Jahrhunderts.

Patriotische Phantasien.

Von

Justus Möser.

Mit Einleitung und Anmerkungen

herausgegeben

von

Reinhard Zöllner.

In zwei Theilen.

Zweiter Theil.

Leipzig:

F. A. Brockhaus.

1871.

9466
27/11/90

Inhalt.

Patriotische Phantasien.

Zweiter Theil.

IV.

Recht und Verfassung.

—

Der Staat mit einer Pyramide verglichen.
Eine erbauliche Betrachtung.

Ein Staat läßt sich am besten mit einer Pyramide vergleichen, die alsdann schön ist, wenn sie ihr gehöriges Verhältniß hat, unten auf einem guten Grunde ruht und nach der Spitze zu immer dergestalt abnimmt, daß das Unterste das Oberste völlig aber auch mit der mindesten Beschwerde trägt. Um solches recht deutlich zu machen, wollen wir jetzt miteinander betrachten· erstlich die Spitze, hernach die Mitte, und zuletzt den Grund.

Die Spitze ist besonders fehlerhaft, wenn sie oben zu dick ist, oder, um sogleich die Anwendung hiervon zu machen, wenn die landesherrliche Familie sich zu sehr vermehrt, wenn alle Prinzen beirathen und alle Prinzessinnen Aussteuern erfordern, und solchergestalt die Bevölkerung oben stärker geht als unten; sie ist fehlerhaft, wenn sich alle Kräfte nach dem Kopfe ziehen und den untern Theil machtlos lassen; sie ist endlich fehlerhaft, wenn der Kopf zittert, und die Kräfte, die sich hinaufziehen sollten, in der Mitte stocken.

Nach diesem Grundsatze sollte man meinen, daß ein geistlicher Staat, dessen Fürst nicht beirathen darf, allemal der beste sein müßte, weil hier der Kopf durch keine Aussteuern, Witwensitze und Apanagen zu sehr vergrößert werden kann. Allein da leider dergleichen Köpfe sehr oft mit gefährlichen Kröpfen heimgesucht werden, die sich bisweilen so sehr ausdehnen, daß sie die ganze Pyramide durch ihre Schwere umstürzen, so läßt sich solches nicht mit Gewißheit behaupten.

Wir wollen uns also nun zur Mitte wenden. Nach dem stärksten pyramidalischen Verhältniß folgt auf eins zwei, und so bekommt der Schaft eine Unförmlichkeit, wenn oben dieses Verhältniß überschritten wird und die hohe Dienerschaft sich oben am Halskragen zu sehr vermehrt; der Schaft bekommt einen Bauch, wenn zu viel neue Edelleute gemacht werden oder der unbegüterte Adel sich zu stark in die Bedienungen drängt, darauf heirathet und eine Menge Kinder zeugt, die niemals wieder zum Pfluge zurückkehren, sondern, wo sie nicht todt geschossen werden, lauter Auswüchse werden, die von der Wurzel leben, ohne dem Stamme wiederum einigen Saft mitzutheilen; sie bekommt zuletzt unten einen Bruch, und leider ist dieses jetzt das allgemeine Staatsübel, wenn der Wehrstand, er sei nun vom Leder oder von der Feder, besonders wo demselben das Heirathen erlaubt wird, mit Weibern und Kindern den Nährstand überwiegt, und eine Menge kleiner und mittelmäßiger Bediente sich wie das Ungeziefer anhängen.

Auch hierin, sollte man sagen, hätte der geistliche Staat einen Vorzug, wo der neue Adel verachtet, die jüngern Söhne und Töchter des alten mit Präbenden versorgt und vom Heirathen abgehalten, die höchsten Bedienungen mit Geistlichen besetzt, und alle Maßregeln genommen werden, daß der dem Pfluge entzogene Stand sich, wie billig, nicht zu sehr zur Last des Staats vermehre und jeder fürstliche Rath wiederum sechs andere Räthe und sechs künftige Räthinnen zeuge. Allein auch hier müssen wir mit jenem alten heidnischen Sittenlehrer ausrufen: Ubique naufragium! Ueberall zerbrochene Töpfe!

Von dem Grunde brauchen wir weiter nichts zu sagen, als daß solcher nicht leicht zu zahlreich, nicht zu stark und nicht leicht zu gut gefugt sein könne, und daß, wo es hieran ermangelt, wo sich hier eine Lücke bei der andern zeigt und der eine Stein geborsten, der andere verwittert und der dritte gestohlen ist, die ganze Pyramide nothwendig zusammenfallen müsse. Das Merkwürdigste bei dieser Vergleichung ist, daß die Natur gerade nach den Regeln arbeitet, welche diese pyramidalische Einrichtung erfordert. Denn man wird wahrnehmen, daß im großen Durchschnitt die menschliche Pyramide immer nach der Spitze zu am ersten abnehme und verdorre. Je höher hinauf, je mehr schwächliche Gesundheiten und Uebel: die fürstlichen Söhne verderben sich früh, damit ihre Kinder dem Staate nicht zur Last fallen; die jungen Edelleute folgen einem so großen Exempel, und man sagt überhaupt: große Männer erziehen schlechte Kinder. Mit Macht drängt sich Gesundheit, Fleiß und Stärke immer von unten auf gegen die Höhe; diese eisernen Tugenden des untern Theils der Pyramide schieben täglich eine Menge zum Schafte hinaus, welche dort absterben und wie verdorrte

Zweige herunterfallen; die Hauptstädte werden immer von dem dauerhaften Pflugstande bevölkert; in der Handlung zählt man immer mehr gewordene als erzeugte Reiche; und selbst von den Gelehrten will man angemerkt haben, daß die vom geringsten Herkommen in ihrer Jugend den mehrsten Fleiß, als Männer die wahre Dauer zur Arbeit und am seltensten den Fehler der Hypochondrie haben.

Diejenigen haben der Natur gemäß gearbeitet, die dem Menschen erlaubt haben dem Heirathen durch ein Gelübde zu entsagen; vorausgesetzt daß keiner zu diesem Gelübde gelassen werde, der zum Grunde der Pyramide gehört oder billig zu dessen Verstärkung gebraucht werden kann: und das ist auch mehrmalen heilsamlich verordnet worden. Man mag dagegen so vieles einwenden wie man will, so ist doch offenbar, daß, wenn die fürstlichen, gräflichen, adelichen und anderer guter Leute Kinder sich wie die Geringen vermehrten, die Pyramide oben so dick wie unten werden und der Schaft seinen Grund tief in die Erde drücken würde; oder wir müßten eine andere politische Einrichtung haben, nach welcher die jüngern Kinder Stand und Wappen ablegen und sich dem Gewerbe oder Ackerbau ergeben könnten.

Der Militärstand ist zwar freilich ein großer Abnehmer dieser Kinder. Allein da auch dieser immer mehr und mehr heirathet, und ein Offizier, wie billig, nur Offiziere zeugt, so wird die Aussicht immer schlimmer; und der unterste Theil der Pyramide, der jener weichen muß, wird gar ausgehen, wenn ihm der Soldat, der Weib und Kinder hat, heimlich oder öffentlich die Nahrung zu entziehen gezwungen wird. Dieser letzte Bruchschade ist unheilbar; und doch wird er so wenig erkannt, daß man sogar hier und da dem Soldaten ein Handwerk frei zu treiben erlaubt.

In den Morgenländern, wo man nur Verschnittene zu den höchsten Posten zieht, hat man ebenfalls gefühlt daß die Pyramide ihr Verhältniß verlieren und der Kopf oder Kropf zu groß werden würde, wofern man nicht der gar zu starken Vermehrung des unfruchtbaren oder unsteuerbaren Standes der Menschen vorbeugte. Man ist aber in der Wahl der Mittel unstreitig unglücklicher gewesen. Nur der Deutsche, der heute aus dem Bäcker einen Rathsherrn, und übers Jahr aus dem Rathsherrn wieder einen Bäcker macht, hat den vernünftigsten Weg erwählt, die vielen Auswüchse des Schafts zu verhindern und den Grund seiner Pyramide durch Ehre und Arbeit zu verstärken. . .

Der Bauerhof als eine Actie betrachtet.

Wir haben alle einigen Begriff von den großen Compagnien, welche nach Ost- und Westindien handeln: wir wissen, daß dieselben aus Leuten bestehen, wovon jeder ein sicheres Kapital hergeschossen hat; wir nennen dieses Kapital eine Actie, und denken es uns ganz deutlich, daß keiner zu dieser Compagnie gehöre, er besitze denn eine solche Actie, und daß nur diejenigen, welche eine solche Actie besitzen, Schaden und Vortheil zu theilen haben: das, sage ich, wissen wir deutlich, und zwar so deutlich, daß, wenn jemand fragen würde, ob nicht auch billig alle und jede Menschen, welche zur christlichen Kirche gehören, als Mitglieder der ostindischen Compagnie anzusehen wären, der Einfältigste darüber lachen würde. So einleuchtend diese Begriffe sind wenn wir sie uns unter einer so bekannten Gestalt gedenken, so dunkel scheinen sie manchem zu werden wenn man ihm jede bürgerliche Gesellschaft als eine solche Compagnie schildert, jeden Bürger als den Besitzer einer gewissen Actie vorstellt, und nun zu ebenden Folgerungen übergeht, welche wir vorhin gemacht haben: nämlich daß Menschenliebe und Religion keinen zum Mitgliede einer solchen Gesellschaft machen können, und daß wir in die offenbarsten Fehlschlüsse verfallen, sobald wir den Actionisten oder Bürger mit dem Menschen oder Christen verwechseln. Hier strauchelt oft der **größte Philosoph**, und unter allen, so viel ihrer die gesellschaftlichen **Pflichten** und **Rechte** der Menschen behandelt haben, ist mir keiner bekannt, der seine idealische Gesellschaft auf gewisse Actien errichtet und aus dieser nähern Bestimmung die Rechte und Pflichten eines jeden Mitglieds gefolgert habe. Gleichwol ist es natürlich und begreiflich, daß die Verschiedenheit der Actien auch ganz verschiedene Rechte hervorbringen, und der Mangel derselben eine völlige Ausschließung nach sich ziehen müsse.

Vielleicht findet mancher auch dieses schon undeutlich, oder fühlt es doch nicht kräftig genug was ich sagen will; ich will also gleich ein Beispiel zur Erläuterung geben. Viele Philosophen und Juristen sind verlegen, wenn sie einen fruchtbaren Begriff von der Knechtschaft geben sollen; sie schwanken, wenn sie uns den Ursprung derselben erklären wollen, und kommen mit aller ihrer Gelehrsamkeit in diesem Stücke nur selten zu genauen und bestimmten Folgerungen. Nimmt man aber nur erst an, daß der Knecht ein **Mensch im Staate ohne Actie** sei, so zeigt sich die Knechtschaft in einem ganz neuen Lichte; man sieht gleich, warum der Knecht so wenig die **Vortheile** als die **Lasten** eines Bürgers habe, warum er so wenig zur **Landesvertheidigung** dienen als zu Ehren gelangen könne, ob er gleich alle christlichen und moralischen Tugenden im höchsten Grad besitzt; man erkennt, daß die Knechtschaft ebenso wenig gegen die Religion sei, als es gegen die Religion ist kein Mitglied der Ostindischen Compagnie zu sein; man schließt, daß das Bürgerrecht so wenig als das Kirchenrecht die Befugnisse der Menschheit aufhebe, daß der Knecht ohne einen besondern Vertrag nichts weiter zu fordern habe, als was man ihm nach dem Rechte der Menschheit und, in den spätern Zeiten, nach der christlichen Liebe schuldig ist, und daß die große Linie, welche den Bürger von dem Menschen, oder den Actionisten von demjenigen der keine Actie im Staate besitzt, trennt, zu einer vollständigen und brauchbaren Theorie unumgänglich nothwendig sei.

Zu unsern Zeiten haben wir schon eine Dämmerung in der Rechtsgelehrsamkeit, welche uns bald einen bessern Tag verkündigt. Man fängt nämlich an das Sachenrecht eher als das Personenrecht vorzutragen. Allein es ist noch zurzeit blos ein dunkles Gefühl der Wahrheit. Denn noch keiner hat die Sache unter dem Begriff der Actie vorgestellt. Ich muß mich hier wieder durch ein Beispiel erklären. Ein Mann, der z. E. tausend Thaler besitzt und davon die Hälfte zu einer Compagniehandlung einschießt, besitzt nur fünfhundert Thaler als Actie, und die übrigen fünfhundert Thaler sind freies natürliches (Allodial=) Vermögen, womit er nach seinem Gefallen handeln kann. Wegen der erstern ist er ein Mitglied der Compagnie; und wer das Recht der Sachen in einem Compagnierecht abhandeln wollte, würde blos die Pflichten bestimmen, welche auf der Actie haften, sich aber durchaus nicht um das übrige Vermögen des Actionärs bekümmern. Gegen diesen offenbar richtigen Begriff stoßen noch alle diejenigen an, welche das bürgerliche Sachenrecht behandeln.

Man glaube nicht, daß dieses auf eine bloße Speculation hinauslaufe, und daß in unsern Zeiten, wo jeder Einwohner eines Staates mit seinem ganzen Vermögen für alle Ausgaben der bürgerlichen Compagnie zu haften scheint, jener Unterschied völlig unnütz sei. Wahr ist es zwar, daß wir eben dadurch, daß wir nach und nach, da wir Vermögen= und Personensteuern eingeführt haben, nicht allein unsere liegenden Gründe, sondern auch unsern Geldreichthum, und selbst unsere Leiber mit in die Compagnie gelegt, folglich alles, was wir haben, und uns selbst zu Staatsactien gemacht haben. Allein eben diese Art der Vorstellung leitet uns doch zu einer bessern Ordnung unserer Begriffe; sie zeigt in der natürlichen Geschichte der Staatsverfassung, wie zuerst blos das Land, was einer besessen und wovon allein gedient oder gesteuert wurde, die ursprüngliche Einlage zur Compagnie gewesen; wie zu dieser Zeit der Mann, der Waaren zu verkaufen oder

Schuhe zu machen gehabt, ohne Actie und folglich ein Knecht ge=
wesen; wie derselbe später, als die Landactie zur Bestreitung
der Compagnieauslagen nicht mehr zureichen wollen, und er eben=
falls etwas von seinem baaren Vermögen oder Verdienste zuschießen
müssen, das Recht eines Actionisten erhalten; wie solches, solange
die Auslagen der Compagnie in persönlichen Heerdiensten bestanden,
lange nicht füglich geschehen können, bis endlich der persönliche
Heerdienst von sichern ausgesonderten Männern übernommen wor=
den, deren Unterhalt und Ausrüstung mit Geld oder Anweisung
auf Früchte bestritten werden können; wie nachwärts, als auch
Verdienst= und Vermögensteuern nicht zugereicht, Personensteuern
aufgekommen, und dadurch zuletzt jeder Mensch ein Mitglied der
großen Staatscompagnie, oder wie wir jetzt sprechen, ein Terri=
torialunterthan geworden, mithin diejenige allgemeine Vermischung
von bürgerlichen und menschlichen Rechten entstanden, worin wir
mit unserer philosophischen Gesetzgebung dermalen ohne Steuer und
Ruder herumgeführt werden.   Diese und unzählige andere Folgen,
welche das wahre Pragmatische in der Geschichte ausmachen und
hier nicht auseinandergesetzt werden können, zeigt uns obige Art
der Vorstellung, und um ihrentwillen allein würde das Recht der
Sachen, in der Masse als Actien betrachtet, vor dem Personen=
rechte abzuhandeln sein; jedoch nicht unter Nationen, welche zu
Fuße ziehen — denn hier ist der Leib die Actie —, sondern unter
Völkern, welche Land besitzen und nach dem Verhältniß ihrer Län=
dereien dienen.   Unter Nationen, die zu Pferde ziehen, fängt die
Behandlung des bürgerlichen Rechts mit den Pferden und deren
Rüstung an; denn das Pferd ist ein großer Theil der Actie, und
wer kein Pferd hat, ist auch kein Mitglied dieser reitenden Völker=
compagnie.

Diese Art der Vorstellung wird aber noch weit wichtiger, wenn
wir in das besondere Staats= und Landrecht hineingehen.   Alle
unsere westfälischen und niedersächsischen sogenannten Eigenthums=
ordnungen oder Hofrechte fangen damit an, daß sie den Ursprung
des Leibeigenen, die Pflichten seiner Person und die Rechte, so aus
seiner persönlichen Verbindung folgen, zuerst vortragen und dann
zuletzt auf die Sachen kommen.   Solange wir diesen Plan ver=
folgen, werden wir nie zu irgendeiner guten Theorie gelangen,
es gibt lauter falsche Schlüsse und Sprünge; und obgleich das Re=
sultat, was wir zuletzt durch viele Umwege herausbringen, richtig
ist, so ist das System doch immer falsch, aus Trümmern zusammen=
gesetzt, und unzulänglich eine wahre und große Gesetzgebung zu
unterstützen.

Kein Wort kommt in den nordischen Urkunden häufiger vor
als das Wort Mansus, und noch hat es kein Gelehrter vermocht,

davon einen richtigen Begriff zu geben. Ich müßte mich aber sehr irren oder es hat eine Actie bedeutet, und zwar eine Landactie. Nach dieser Vermuthung kann ein Mansus, nach der Verschiedenheit der Staatsvereinigungen, aus 40, 80 oder 100 Morgen Landes bestanden haben, eben wie eine Actie aus großen und kleinen Summen bestehen kann. Das Wort Actie läßt sich nicht bequem übersetzen, das Wort Mansus auch nicht; aber wir kennen den ganzen Begriff davon: man kann den Mansus ein ganzes Wehrgut nennen, hierzulande heißt es ein Vollerbe; Halb= und Viertelerbe sind Coupons oder Theile des Loses, Erbes oder Mansus.

Vereinigte Landbesitzer machen eine Compagnie aus; und sie mögen nun durch einen besonders errichteten Socialcontract oder stillschweigend, es sei wie es wolle, vereinigt sein, so ist ein jeder nach dem Verhältniß seines Mansus zu gemeinem Vortheil und Schaden berechtigt und verpflichtet. Er ist ein ganzer, halber oder viertel Actionist, nachdem er viel oder wenig Land besitzt. Unsere nordischen Vorfahren ließen es bei dieser Eintheilung so lange bewenden, als die gemeinen Auslagen oder Beschwerden in persönlichen Heerdiensten bestanden; es war ihnen eine einfache und leichte Rechnung, daß jeder ganze Mansus ein Pferd oder einen Mann, und zwei halbe ebenso viel stellen mußten. Wie aber die Geldsteuern aufkamen und mit Hülfe des Geldes die Ausgleichung feiner und schärfer gemacht werden konnte, fing man an die Mansus auszumessen und die Geldsteuern nach einem neuen Verhältniß zu vertheilen. Demungeachtet aber blieb die Stellung der Pferde= und Mannzahl nach dem alten Socialcontract, weil die kleinen Brüche im Naturaldienste nicht füglich berechnet werden können.

Vermutblich waren auch diese Brüche schuld daran, daß man die Markkötter, Brinksitzer und andere geringere Leute, so keine Viertelactie und oft kaum ein Vierundzwanzigstel derselben besitzen, damals nicht in die Compagnie aufnahm, sondern ihnen ihren Rang in der Klasse von Knechten anwies, jedoch ihren Stand einigermaßen über andere Knechte erhöhte, wenn sie eine Urkunde, als z. E. ein Pfund Wachs an die Kirche der Compagnie, eine gemeine Brieftracht zum Dienst derselben, eine Flußräumung, eine Galgenerrichtung oder so etwas übernahmen oder auch sich gegen den Director der Compagnie zu andern Urkunden und Gefälligkeiten verpflichteten, welche dieser zur Vergütung seiner Mühe in den Angelegenheiten der Compagnie billig genießen mochte.

Es konnte aber bei jener Einrichtung keinen Unterschied machen, wie einer zum Besitz eines Mansus gelangt war, ob er ihn nämlich als erledigt von dem Director zum Geschenk empfangen, oder solchen zuerst bei sich besessen und sich mit demselben in die Compagnie begeben hatte. Es konnte insoweit nichts zur Sache thun, ob der

Mansus mit einem ursprünglich freien Mann, mit einem Meier, Erbpachter oder Leibeigenen besetzt wurde; denn die Verpflichtungen der Actie bleiben nach der Natur der Sache, oder nach den ursprünglichen und nothwendigen Ansprüchen der Gesellschaft, immer dieselben, es mag sie ein Jude oder Christ besitzen, sie mag verkauft, verschenkt, verliehen, verheuert oder verpachtet werden. Die Person des Besitzers hat bis dahin nicht den geringsten Einfluß; und so ist auch auf diese die letzte Rücksicht zu nehmen, wenn ein dauerhaftes und vollständiges Bürger-, Bauer- oder Landrecht entworfen werden soll.

Allein der wahre Bestand dieser Actie oder dieses Mansus erfordert eine desto genauere und umständlichere Betrachtung. Ihr wahres Maß, ihre Erhaltung, die Verhütung ihrer Versplitterung, ihre Wiederergänzung, wenn sie versplittert worden, ihr Bau und Gewehr, ihre Gerechtsame in der Mark, ihre Holzung, ihre Beschwerden, ihre Verbindlichkeit gegen den Staat, das Amt, das Kirchspiel und die Bauerschaft, alles dieses gehört zum Sachenrecht und muß bestimmt und beurtheilt werden ohne die geringste Einmischung der Person, welche die Actie besitzt. Wenn dieses in dem ersten Buche eines Landrechts nach den Localbedürfnissen und Absichten jeder Staatscompagnie gehörig auseinandergesetzt worden, so kann im zweiten Buche die Materie von Contracten abgehandelt werden, und dieses noch immer wiederum ohne alle Rücksicht auf die Person des Actionisten. Daß von der Actie nichts veräußert, nichts beschwert oder versetzt, und nichts zum Brautschatze mitgegeben werden dürfe; daß die Gebäude der Actie, die darauf erforderliche Viehzucht, und alles was zum Bestande derselben gehört, in gutem Stande sein müsse, damit die gemeine Last der Compagnie getragen werden könne, und der gute Actionist zur Zeit der Noth nicht für den schlechten bezahlen oder dienen müsse; daß zu mehrerer Sicherheit der Director dahin sehen müsse, daß die Holzung der Actie nicht verbauen oder verwüstet, und der Landbau mit dem gehörigen Fleiße getrieben werde; daß, wenn eine gemeine Noth oder ein besonderes Unglück einen Actionisten nöthigt etwas zu verpfänden oder zu veräußern, dieses mit Einwilligung des Directors und mit Vorbewußt der ganzen Compagnie, das ist vor gehegtem Gerichte, geschehe; daß hierunter ein gewisses gemein bestimmtes Maß beobachtet und jeder Actionist auf sichere Weise angehalten werde, seine Actie binnen einer gewissen Zeit von den gemachten Schulden und Lasten wiederum zu befreien: dieses folgt aus dem Wesen der Landactie; und der Besitzer derselben mag frei oder eigen sein, so bleiben demselben alle Contracte, wodurch dieses Wesen verändert werden will, durchaus verboten, und mag auch ein Leibeigener mit Einstimmung seines Gutsherrn dawider nichts unternehmen. Zwar

können Localumstände, und besonders wenn die zur Landactie gehörigen Gründe nicht in Einem Bezirk sondern im gemeinen Felde
mit andern vermischt liegen, gar wohl einige Ausnahmen, wobei
auf die Person mit gesehen werden muß, erfordern. So war es
z. E. bei den Römern mit der Präscription und Usucapion. Die
letztere Art der Verjährung galt lediglich unter Actionisten, sodaß
durch dieselbe der Theil einer Actie an einen andern Compagnon
übergehen konnte, wobingegen durch die Präscription der Theil der
Actie aus den Verbindungen der Compagnie an einen ganz Fremden überging: ein Unterschied, den die allgemeine Vermischung der
Menschen, da man nämlich den Bürger mit dem Einwohner
vermengt und alles, was auf dem Boden des Staats lebt, unter
dem Namen von Territorialunterthanen besaßt, nachwärts verbannt
hat, ob er gleich in Fällen, wo z. E. die zu einer Hofrolle oder
zu einem Freigericht gehörigen Gründe aus der Rolle fallen oder
schatzbare Gründe durch die Verjährung für frei erklärt werden
wollen, seinen feinen Nutzen haben würde. Hier muß natürlicherweise der Unterschied der Person, welche etwas durch Verjährung
erlangen will, in Betracht kommen. Aber dieses erfordert doch
immer nur noch einen Seitenblick auf dieselbe und noch keine Einmischung des Personenrechts.

Dieses Sachenrecht aber gehörig zu finden und zu bestimmen,
sind nur zwei allgemeine Grundsätze nöthig, als erstlich, daß die
Actie blos zu getreuer Hand gehalten werde, und zweitens, daß
die Geschäfte der Compagnie mit der mindesten Aufopferung
geführt werden müssen. In eine Handlungscompagnie legt man
ein gewisses Kapital, entweder baar oder in Credit, ein und erhält
eine Obligation zurück. Bei der Staatscompagnie geht es umgekehrt: hier legt der Actionist diese Obligation ein und behält das
Kapital im Besitz; diese Obligation sei nun ausdrücklich oder stillschweigend geschehen, sie fließt allemal aus der Natur der Sache.
Der Actionist im Staat besitzt also dasjenige, was die Actie ausmacht, unter einer gewissen Verpflichtung, oder zu getreuer Hand,
eben wie ein Soldat, dem ein Hof zur Löhnung angewiesen sein
würde; und es thut zur Sache nichts, ob es aufgetragenes oder
empfangenes Gut sei. Das Gesetz der mindesten Aufopferung,
nach welchem es unerlaubt ist einen Pfennig aus dem Vermögen
der Compagnie zu verwenden, wenn man mit einem Heller das
Erforderliche bestreiten kann, ist das ewige Gesetz des Staats wie
der Natur und bleibt allezeit die große idealische Scheidungslinie
zwischen dem Directorium und der Compagnie. Kein Actionist hat
sich je der Regel nach zu einem Mehrern verpflichtet als die gemeine
Noth des Staats erfordert. Hierauf beruht die große Vermuthung
für Freiheit und Eigenthum, und was davon abgeht, gehört zur

Ausnahme, die, soweit sie kann, auf Verträgen und Bewilligungen beruhen mag.

Ich will mich bei den Folgen nicht aufhalten, welche aus diesen beiden allgemeinen Grundsätzen fließen, aber doch leicht herausgezogen werden können. Der erste bietet einem jeden den ganzen Faden des Lehn- oder Beneficialrechts dar, und nirgends ist das Recht der Sachen so ordentlich und zusammenhängend vorgetragen als in diesem. Der andere hingegen führt zu den großen Grundsätzen, worauf bei der Collision der gemeinen Lasten und Pachtgefälle zurückgesehen werden muß. Alles, was das Directorium der Compagnie nach dem Gesetze der mindesten Aufopferung fordert, hat vor allem übrigen den Vorgang; hier muß der Altar nachstehen, und die Steine von der Kirche müssen das Loch ausfüllen, wenn das Meer einbricht und Land und Leute nicht anders zu retten sind.

Indessen will ich doch noch hier des Hauptcontracts, worunter die Landactie jetzt in den mehrsten Ländern steht, mit wenigem gedenken. Unsere größten Rechtslehrer nennen solchen einen Erbpacht; und es ist nicht zu leugnen, daß jener sehr viel ähnliches mit diesem habe. Wenn es aber doch auf die Frage ankommt:

Kann denn nun der Verpachter seinen Erbpachter so verbinden, wie es ihr beiderseitiger guter Wille zulassen will? —

eine Frage die ohnstreitig die wichtigste unter allen ist, so verläßt einen die ganze Lehre von der Erbpacht, nach welcher jene Frage sicher bejaht werden müßte, und man muß sich drehen und wenden, um den Schlüssen auszuweichen, welche diese Lehre darbietet.

Unsere Vorfahren sahen lange die Verpachtung der Actie als eine Ausnahme von der Regel an, und der Zeitpunkt läßt sich aus der Geschichte bestimmen, in dem diese Ausnahme zuerst durch schriftliche Contracte eingeführt worden. Vorher war alles Besetzung zu Landrechte, Besetzung zu Hofrechte, Besetzung zu Ritterrechte. Es war Leihe zu Landsiedelrechte, Behandung, Landsässigkeit, Erbesbesatzung, und was dergleichen Ausdrücke mehr sind, welche im Grunde soviel sagen wollten, daß der Hof-, Land- oder Gutsherr die ihm eröffneten Güter ohne die geringste Neuerung und Steigerung der alten Abgiften zu besetzen und zu verleihen schuldig sei. In mehrern Hofrechten heißt es:

item, da die Huisgenotten von den Gotherrn mit hoher Pacht und nyn Uplagen beschweret, aber dat se ureltlick gegeven, dem bedorven se nicht to gehorsamen;

und der Bauer hat durchgehends den ganz politischen und auf eine kundbare alte Gewohnheit gegründeten Aberglauben, daß derjenige ewig spüken gehe, der neue Pflichten auf seinen Hof nimmt. Dieses läßt sich nun mit der Erbpacht nicht wohl reimen, als welche es nothwendig dem freien Willen beider Parteien überläßt, so viel Pacht auf den Hof zu legen, als einer davon tragen kann und will.

Sobald man aber den Hof als eine Actie betrachtet, welche der Besitzer dem Staate oder der Compagnie zu getreuer Hand hält, so folgt der Schluß von selbst, daß solche in ihrem Verhältniß für die Ausgaben des Directoriums zulänglich sein und so wenig durch Schulden als durch einige Pächte dergestalt erschöpft werden müsse, daß die Compagnie bei ihm Gefahr laufe. Zwar kann hierauf auch bei der Erbpacht Rücksicht genommen werden, und der Erbpachter, der die gewissen Lasten mit übernimmt, steht seine Gefahr. Allein dieses gilt nur bei solchen Staatscompagnien, wo die gemeinen Ausgaben nach dem ganzen Verhältniß der Actie, nicht aber nach dem Verhältniß des freien Ueberschusses, welchen der Erbpachter behält, angelegt werden.

Um mich deutlicher zu erklären, will ich den Fall setzen daß zwei ganze Actionisten, wovon jeder von seiner Landactie jährlich hundert Thaler einzunehmen, der eine aber funfzig Thaler Pacht, der andere hingegen nichts abzugeben hat, zu einer gemeinen Ausgabe beitragen sollen. Wie soll hier die Anlage gemacht werden? Sollen sie beide gleich, oder soll der Freie doppelt so viel als der Schuldner beitragen? Im ersten Fall kann es der Compagnie zur Noth gleichgültig sein, ob der letztere viel oder wenig Pächte übernehme. Sie hält sich an die Actie und läßt die Pacht nicht folgen, wenn die gemeinen Beschwerden es nicht gestatten. Im andern Falle aber widersetzt sie sich der willkürlichen Verpachtung und findet den Willen des Pachters und Verpachters nicht hinlänglich, um der Compagnie den Werth der halben Actie oder doch wenigstens ihre einheimische Sicherheit zu entziehen.

Noch weiter: der Verpachter hat insgemein seinen Antheil an dem Directorium, der Erbpachter aber nicht. Gesetzt nun, jener könne seine Pacht rein wegziehen — und dieses geschieht, so oft die Pächte bei der Anlage der gemeinen Ausgaben vorabgezogen werden —, dieser aber müsse sich alles gefallen lassen was ein solches Directorium bewilligt: so ist die Erbpacht ein solcher Contract, wodurch sich der Pachter der Willkür des Verpachters unterwirft, und diesem fehlt es an einer gesetzmäßigen Verbindlichkeit; sie ist ein Contract, wo derjenige, der nichts zu verlieren hat, die Handlung treibt, und derjenige, der für alles stehen muß, gar nichts zu handeln hat; ein Contract, der den letzten Grund aller bürgerlichen Freiheit aufhebt und, wenn er gleich in der That nicht gefährlich sein sollte, dennoch immer ein theoretisches Ungeheuer, ein vielköpfiger Despotismus ist.

In einigen Staaten hat man dieses Ungeheuer erkannt, und daher zur Regel angenommen, daß die Pacht dem Pachtmanne nicht höher als auf die Hälfte seines Einkommens gesteigert werden solle; und man nennt dergleichen Leute halbe: die vorfallenden öffentlichen Lasten tragen Verpachter und Pachter zur Hälfte, und obgleich auch hier der letztere weder Sitz noch Stimme in der Direction hat, so ist er doch auf sichere Weise dabei repräsentirt, weil der Verpachter, um seine eigene Hälfte zu schonen, die andere nicht ohne die höchste Noth beschweren wird. Ein solcher Contract, sobald er zu einer allgemeinen Regel gemacht ist, hat nichts Bedenkliches, indem es allenfalls jeder Compagnie freisteht, die Actie auf 500 oder 1000 Thaler, und den Beitrag davon auf diese oder jene Art zu bestimmen. Allein wo er keine allgemeine Regel abgibt, wo der eine Verpachter um die Hälfte, der andere um die dritte, vierte oder zehnte Garbe mit seinem Pachter schließt, und dieses noch dazu ohne Vorwissen der Compagnie, da würde es eine höchst unbeständige Art der Handlung sein, die Pächte frei vorabgeben zu lassen und den gemeinen Beitrag nach dem Verhältniß des freien Ueberschusses auszuschreiben. Einer von beiden muß die Regel sein: entweder haftet die halbe Actie oder ein jeder anderer durch einen allgemeinen Schluß bestimmter Theil für die Ausgaben der Compagnie, und über die andere Hälfte mögen Pachter und Verpachter nach ihrem freien Willen contrahiren; oder die ganze Actie wird in das Compagniekataster eingetragen, und der Verpachter muß nachstehn, so oft die nothwendigen gemeinen Ausgaben so weit gehen, daß er seine Pacht nicht erhalten kann. Wo es anders gehalten wird, da wird der billigste Verpachter von dem unbilligen hintergangen. Jedoch wir müssen noch etwas von den Personen sagen, welche die Actie besitzen.

Die Abtheilung derselben hat viele Schwierigkeiten, weil es unserer Sprache an geschickten Ausdrücken mangelt und der Gebrauch so eigensinnig ist, daß er oft die widersinnigsten Dinge miteinander verknüpft; wie z. E. in dem Worte freiadelich, welches zwar mit Recht aufgebracht aber doch ganz widersinnig ist. Denn die Benennung adel soll den höchsten Grad einer ursprünglichen Freiheit erschöpfen; und man konnte nicht freiadelich sagen, als bis man die, welche sich zu Dienste verpflichtet und ihren Adel damit aufgegeben hatten, auch noch aus Gefälligkeit Edle nannte. Außerdem ist das Wort frei immer nur relativ und bedeutet eine Ausnahme, und Leute, die Leibeigene sind, können Freie und Hochfreie genannt werden, wenn sie durch Privilegien von gemeinen Lasten befreit sind. Dieses macht die Eintheilung sehr schwer.

Mir hat indessen allemal die Eintheilung in Wehren und Leute die beste zu sein geschienen. Erstere gehören für ihre Personen keinem Menschen **an**, letztere hingegen sind andern entweder von ihrer Geburt an oder durch Enrolement verpflichtet oder zugeboren. Nun theile ich erstlich die Wehren ab **in edle und gemeine**, nobiles et ingenuos; **und ob** sich gleich **beide in** Dienste begeben, folglich wirkliche Diener **sein** können, so sind es doch allemal edel= und frei=geborene Leute.

Aber auch die Leute theile ich in **edle und gemeine** ab. In **der** ersten Klasse befinden sich die Edeln, welche **den** Leuteid freiwillig abgelegt haben, sowie diejenigen, welche von diesen im Dienste geboren sind. Die Klasse der letztern ist, wie leicht **zu er**achten, sehr mannichfaltig und vermischt, nachdem einer minder oder mehr angehörig geworden oder geboren ist. Indessen haben doch die deutschen Rechte alle Arten gemeiner Leute auf **drei Haupt**stämme zurückgebracht, wovon

der erste diejenigen enthält, so **den** kleinen Sterbfall, als z. E. blos von dem vierfüßigen Gute, oder das beste Pfand geben;

der **zweite** diejenigen, so den großen Sterbfall, nämlich **von ihrer** ganzen Verlassenschaft, geben müssen; und

der **dritte** den Ueberrest befaßt, der in sogenannten Hyen und Hoden steckt und eine kleine Sterbfalls-urkunde entrichtet, es sei nun daß er sich diese Hode, um nicht von dem Landesherrn als biesterfrei gefangen und **dem** großen Sterbfall unterworfen **zu** werden, selbst erwählt hat, **oder** seiner unterhabenden Gründe halber zu wählen genöthigt worden, wovon die erstern Kurfreie, die letztern aber Rothfreie genannt werden.

Alles was dem Sterbfall nicht unterworfen ist, ist auch nicht angehörig oder leibeigen; und Auffahrten (laudemia), Auslobungen, Bewilligungen auf Schulden, Abäußerungen und andere Einschränkungen machen nicht die geringste Vermuthung gegen eines Mannes persönliche Freiheit, sowie hingegen auch die persönliche Freiheit keinen Menschen bei der Actie schützt, wenn er solche wider **den** Socialcontract verschuldet, verwüstet oder versplittert. Der Sterbfall allein ist durch die ganze nordische Welt die Urkunde der persönlichen Angehörigkeit, diese mag nun durch Landgesetze, Gewohnheit, Religion und Philosophie in dem einen Lande mehr oder weniger strenge sein als in dem andern.

Insgemein hat jede Leibeigenthumsordnung ein Kapitel von dem Ursprunge des Leibeigenthums an der Spitze, worin oft rührende Sachen von der Kriegsgefangenschaft, von den zu Sklaven gemachten Römern, ja wol gar alte Historien aus der Bibel, wo nicht noch andere herzbrechende Sachen vorkommen. Allein alle diese kleinen Unterlagen tragen das weite Gebäude der persönlichen Angehörigkeit, das sich durch die ganze alte Welt erstreckt und aus **der** Hand der Natur kommt, nicht. Der Grund der Angehörigkeit

liegt in einem wahren natürlichen Staatsbedürfniß, das sich aber
von der Zeit an verloren hat, wie der Begriff eines Territorial=
unterthanen bekannt geworden ist, früh bei den Römern und sehr
spät unter den nordischen Völkern. Die Ausführung hiervon dürfte
vielen dunkel sein, und der Kenner wird leicht den Gang der Natur
in der Angehörigkeit entdecken.

Also das Kapitel in dem Personenrecht überschlagen und
nur zu der Frage übergegangen: Wie ist die Person beschaf=
fen, welche die Actie besitzt? ist sie angehörig oder nicht?

Die Unangehörigen haben freie Macht, mit ihrem natür=
lichen Vermögen oder allem demjenigen, was sie nicht als Actie
besitzen, zu schalten und zu walten; die Compagnie hat darauf kein
Recht, solange sie nicht durch Noth und schwere Auflagen gezwungen
worden, Personen= und Vermögensteuern einzuführen und sonach
alles, was einer hat, mit zur Actie zu ziehen, welches der höchste
Grad des Drucks und der Grund ist, warum man sich gegen alle
Personen= und Vermögensteuern so lange als möglich wehrt.

Die Angehörigen hingegen haben außer ihrer gemeinen Ver=
pflichtung noch eine besondere, so wie Soldaten, die zugleich Wirthe
auf einem Erbe sind und nicht allein zu gemeinen Lasten steuern,
sondern auch nebenher ihrem Diensteide genugthun müssen. Ver=
möge der gemeinen Verpflichtung kann diesen obliegen, ihr Holz
nicht zu verhauen, vermöge der besondern, gar nichts ohne An=
weisung zu fällen, und was dergleichen Einschränkungen mehr sind.
Die besondere Verpflichtung gründet sich aber doch nicht auf den
willkürlichen Contract zwischen dem Kapitän und seinen Soldaten,
sondern auf das allgemeine Kriegsreglement oder das Landrecht.

Eine Hauptfrage könnte es nun sein: wie die Compagnie zu=
lassen können, daß dergleichen verpflichtete Personen zu dem
Besitze der Landactie gelangt, und besonders solche verpflichtete,
welche ihre Person völlig abhängig gemacht haben; denn die be=
sondere Verpflichtung kann doch manchen hindern im gemeinen
Dienste der Compagnie zu erscheinen. Aber man könnte auf gleiche
Weise fragen: wie kommt es, daß Soldaten als Wirthe auf dem
Hofe geduldet werden, da es sich doch ebenfalls zutragen kann
daß der Soldat im Feld sein muß, wenn der Wirth die Heerstraße
bessern sollte? Es sind dieses Fehler welche sich einschleichen, je
nachdem die Zeiten solche minder oder mehr begünstigen. In vielen
Ländern hat sich das Directorium der doppelten Verpflichtung wider=
setzt, und in diesen gibt es keine Vollpflichtige oder Leibeigene,
auch keine Soldaten als Wirthe.

Der Leibeigene war anfänglich ein Mensch ohne Actie; nach=
dem aber von der Actie nicht mehr persönlich gedient wurde und
die mehrsten Dienste in Geld verwandelt oder durch Vicarien ver=

richtet werden konnten, hat der Staat nachgegeben, doch also, daß
da, wo es das Gesetz der mindesten Aufopferung erfordert, die be=
sondern Verpflichtungen den gemeinen nachstehen müssen. Den
ersten Anlaß zu jener Nachgebung gab vermuthlich der Dienst im
Harnisch. Zwölf Actien mußten einen Mann im Harnisch stellen;
und nun konnte es die Compagnie zulassen, daß der geharnischte
Mann nach und nach die elf Actien, welche zu seiner Rüstung
steuerten, an sich brachte und nach seinem Gefallen oder nach
Ritterrecht besetzte. Dieses mußte unvermeidlich erfolgen, wenn
der Dienst im Harnisch zunftmäßig getrieben und keiner dazu
gelassen wurde, sein Vater hätte denn auch schon einen Harnisch
getragen. Hierdurch blieben die elf Actien auf ewig dem Besitzer
der zwölften verpflichtet, und die Compagnie wahrte blos den Ge=
harnischten, ohne sich um die elf übrigen weiter zu bekümmern.

Der Dienst im Harnisch hat aufgehört, und seitdem hat die
Compagnie immer daran gearbeitet, das Recht der zwölften Actie
zu schwächen und die elf wieder herzustellen, jene aber auch alles,
was in ihrem Vermögen gewesen, angewandt, um ihre einmal ver=
jährten Rechte zu behaupten. Wie der Ausgang endlich sein werde,
ließe sich zwar wol berechnen, jedoch nicht anders als mit Hülfe
mehrerer Formeln. So viel bleibt indessen gewiß, daß die zwölfte
Actie bei steigenden und die elf übrigen bei sinkenden Ausgaben
der Compagnie verlieren, und diese ihren Verlust glücklicher als die
erstere ertragen werden. Plura latent.

Die Abmeierung.

Eine Erzählung.

„Du erinnerst dich noch wol, wie wir zu Badbergen mitein=
ander in die Schule gingen; ich glaube es werden nun bald funfzig
Jahre sein. Meine Aeltern bauten damals Retmar's Erbe, welches
unsere Vorfahren, wer weiß wie lange und zuerst, als Eigenthümer
besessen hatten. Sie hatten jederzeit ihr nothdürftiges Auskommen
darauf gehabt, ihrem Gutsherrn das Seinige richtig bezahlt und
in guten Jahren noch wol einen Thaler für ihre Kinder erübrigt.
Allein mein Vater starb in seinen besten Jahren, nachdem er sich
in der Ernte zu sehr erhitzt haben mochte, und meine Mutter über=
lebte diesen Verlust nicht lange. Sie war noch nicht begraben, so
kam der gutsherrliche Verwalter, welcher ehedem ein Procurator ge=
wesen war, und schrieb alles auf was im Hause war. Ich durfte

mich diesem Beginnen nicht widersetzen, weil es leider die Rechte
so mit sich brachten, und ich mochte wollen oder nicht, so mußte
ich ihm die von meinen Aeltern hinterlassene Erbschaft, ohnerachtet
mein Vater und Großvater verschiedene Stücke davon schon mehrmals gelöst hatten, aufs theuerste bezahlen, wenn ich nicht alles
was im Hause war, Früchte, Vieh und Hausgeräthe, auf einmal
verlieren wollte.   Das baare Geld, was sich fand, nahm er gleich
zu sich; ich mußte also beim ersten Anfange borgen, und sogar die
Kosten zu meiner Mutter Begräbniß.   Dies setzte mich schon etwas
zurück; und wie ich mich durch eine Heirath erholen wollte, forderte
der Verwalter auch den Brautschatz meiner Frau zum Weinkaufe
für sie.   Was sollte ich thun, Heinrich?   Mein Gutsherr war un-
mündig, und der Verwalter von dem Richter bestellt, der die Leute
schalten und walten oder die Unterdrückten processen ließ.   Es war
kein Baum auf dem Erbe den meine Vorfahren nicht gepflanzt
hatten und den ich nicht als Vater und Bruder betrachten konnte;
Gebäude und Aecker waren von ihnen, und auch in gutem Stande,
und diese mit dem Rücken anzusehen war mir nicht möglich.   Ich
gab also alles hin was mir meine Braut zubrachte, und der Procurator nahm sogar zwei harte Thaler, die sie mir auf die Treue
gegeben hatte, für die Schreibgebühr zu sich.

„Nun dachte ich, würde ich doch arm und ruhig leben können.
Allein der grausame Mensch behauptete, ich hätte bei dem Sterbfall etwas verschwiegen, und forderte mich darüber zum Eide.   Diesen
wollte ich ungern ablegen, und es ging daher zum Proceß, den
ich mit allen Kosten verlor, weil sich noch ein Fohlen, so ich in
meines Vaters Hause angezogen hatte, in der Weide befand, das
ich wol gewußt aber anzugeben vergessen hatte.   Um die Kosten zu
bezahlen, mußte ich neue Schulden machen; und weil ich vielleicht
nicht mit dem Muthe und dem Eifer arbeitete, womit ich unter
glücklichern Umständen mein Brot gewiß erworben haben würde, so
schlugen mir einige Ernten nacheinander ab; ich verlor einige
Pferde; und weil selten ein Unglück allein kommt, so ward ich auch
zuletzt von der Viehseuche heimgesucht: sodaß ich endlich so wenig
die gutsherrlichen Gefälle als die schuldigen Zinsen gehörig bezahlen
konnte.   Meine Brüder, denen ich ihren Antheil aus dem Erbe
geben mußte, drangen zugleich auf das Ihrige.   Ich ward ver-
klagt, verdammt, gepfändet und nach einigen kummervollen Jahren
zuletzt mit meiner Frau und sechs Kindern des Erbes, das ich
dreißig Jahre im Schweiße meines Angesichts gebaut hatte, entsetzt.
Indessen brachte der Verkauf des Meinigen noch so viel auf, daß
meine Schulden insgesammt hätten bezahlt werden können, wenn
die Unkosten nicht zu viel davon weggenommen hätten; und ich

hatte wenigstens die Berubigung, **daß ich nicht** als ein unredlicher Mann gehandelt hatte.

„Ach, Heinrich, du **hätteft** unfern Abzug fehen follen! Er würde dir gewiß mitleidige Thränen abgepreßt haben. Meine Frau hatte ihr jüngftes Kind, das damals zehn Jahr **alt** war, **bei der Hand**, und zwei **andere** faßten ihren Rock **an**, um fie zu halten oder mit fortgezogen zu werden; zwei andere fchrien ihr nach **und** flehten, fie möchte fie doch **mitnehmen wohin** fie auch ginge. Ich eilte mit meinem älteften, **um nicht von den** Gerichtsbedienten **aus dem** Haufe gewiefen zu werden, durch die **Seitenthür** in den Garten und, ohne **mich umzufehen**, fort. Keiner **von uns** hatte einmal daran gedacht, **daß** letzte Brot, was **uns** noch übriggeblieben war, mitzunehmen. **Ich weiß nicht**, ob du dich noch unfers alten **Trü**-wart erinnerft? **Das arme Thier!** ich werde es zeitlebens **nicht** vergeffen. Vor Alter blind und entkräftet, konnte er uns kaum nachfolgen. Zitternd kroch er uns bis zu dem Stachelbeerbufche nach, der, wie **du weißt**, **bei der Thüre** nach der Wiefe ftand, und **wo** er fich fonft zu fonnen pflegte. **Hier legte** er fich nieder. Wir andern gingen fort; ich rief ihm, **er wedelte mit dem Schwanze ohne** aufzuftehen; ich lockte ihn und fchrie: Trüwart, Trüwart! Er **heulte** noch einmal **und** ftarb. Auch ich hätte mein Grab bei ihm **finden können**. Aber es gefiel Gott, mein Leben für meine Kinder zu friften.‟

Hier machte der Alte eine Paufe und fah feinem **Freunde** ins Auge, **das von** Thränen überfloß. **Für ihn** felbft war diefes eine Gefchichte, die **er** fchon fehr oft **überdacht** hatte. Eine einzige Thräne entfiel feinem Auge, und er fuhr **fort** . . .

Es kann diefes noch fortgefetzt werden. Der Stoff dazu liegt in „The man of feeling‟. Vorerft aber wollen wir hier abbrechen, nachdem der Held Trüwart geftorben. Ich meine, daß diefes der erfte Hund fei mit dem fich ein Trauerfpiel geendigt hat. Es ift **aber** auch ein ländliches Trauerfpiel.

Gedanken über den weftfälifchen Leibeigenthum.

Nicht wenige Gutsherren, und zwar folche denen es gewiß nicht an Einficht mangelt, gerathen allmählich auf die Gedanken, daß es weit beffer für fie fein würde, die Höfe ihrer Leibeigenen mit Vorbehalt ihres gutsherrlichen Rechts verkaufen, als folche, wie jetzt gefchieht, zum Beften der Gläubiger ausheuern zu laffen, wenn sich ihre Leibeigene mit Schulden beladen und dadurch außer Stand gesetzt haben, die ihnen anvertrauten Höfe in Reihe und Ordnung erhalten zu können.

„Bei den jetzigen Ausheuerungen", sagen sie, „bekommen wir doch so nichts mehr als unsere Pächte und Dienste. Denn wenn der von seinen Gläubigern ausgezogene Leibeigene stirbt, so findet sich nichts zu erben; und was soll man von Leuten, denen die Gläubiger außer der Haut wenig gelassen haben, und die insgemein aus Mißmuth und Gram oder wegen ihrer liederlichen Gemüthsart auf keinen grünen Zweig kommen, für Freibriefe fordern? Dabei gehen die Gerechtigkeiten unserer Höfe bei den Verheuerungen vielfältig verloren; jedermann sucht seinen Weg darüber; und währenddderzeit andere sich in der Mark ausdehnen und ihre Höfe verbessern, stehen die unserigen in Gefahr, sogar ihre alten Grenzen zu verlieren. Das Gehölz auf dem Hofe wird vollends ein Raub. Die Gebäude, da sie auf Rechnung gebessert werden, verzehren entweder die Heuergelder oder fallen in wenigen Jahren zusammen, und durch die vielen einzelnen Ausheuerungen werden unsere eigenen Gründe zuletzt selbst heruntersinken.

„Mit dem Adel ist es nun leider einmal so weit gekommen, daß er seine Ehre im Dienste suchen muß. Man will heutzutage keine Edelleute mehr, die ihren Haushalt führen und selbst auf den Acker gehen sollen. Es geht auch hier im Stifte gar nicht mehr an, nachdem wir unsere Gründe so hoch als möglich verheuert, unsern Staat danach eingerichtet und die Erbtheile unserer Brüder und Geschwister danach bestimmt haben. Wir würden diese und andere unsere hierauf gemachte Schulden nicht verzinsen können, wenn wir unsern Acker selbst unternehmen sollten. Denn dabei kommt für uns, die wir kein Auge, keine Hand und keinen Fuß mehr dazu haben, nichts heraus als Schaden. Wir müssen also durchaus darauf denken, die Heuer unserer Aecker und Wiesen nicht sinken zu lassen; und dies werden wir wahrlich nicht verhindern, wo man nicht endlich der Verheuerung unserer mit Leibeigenen besetzten Höfe ein vernünftiges Ziel setzen und wenigstens deren Verheuerung an einzelne schlechterdings verbieten wird.

„Dies kann aber nicht besser geschehen", schließen sie, „als wenn wir den Gläubigern des Leibeigenen erlauben, gegen ihren Schuldner ebenso als gegen einen freien Mann zu verfahren und seinen Hof an einen andern verkaufen zu lassen, sobald er nicht bezahlen kann. Wir können uns 10 Procent zum Weinkaufe von dem neuen Käufer bedingen; und dann mögen die Gläubiger unsere Höfe so oft subhastiren lassen als es ihnen gefällt, wenn wir unsere Pächte und Dienste erhalten. Verfährt man doch mit den Lehnen jetzt ebenso. Und was sind wir thöricht, daß wir mit den

Gläubigern darüber köstbarlich zanken, **ob ein Leibeigener** abgeäußert werden solle **oder nicht!** Wenn **einer von uns** nicht bezahlen
kann, so verkauft **man ihm** sein Gut **über dem Kopfe** und fragt
nicht danach, ob er gut **oder** schlecht gewirthschaftet habe. Genug
daß er nicht bezahlen **kann**; und ebendies **oder** doch wenigstens
der bloße Mangel des Hofgewehrs, und **das daraus** hervorgehende
Unvermögen einer Pachtung vorzustehen, sollte genug sein den
Leibeigenen vom Hofe zu setzen. Unsere Politik erfordert es, mit
den Gläubigern des Leibeigenen einerlei Interesse zu **haben.** Denn
diese sind es die den Leibeigenen unterstützen; und **wir** erlangen
einerlei Interesse mit ihnen, sobald **wir** den Verkauf gegen sichere
Procentgelder zulassen. Wir bekommen einen freudigen Pachter an
dem Käufer für den verarmten Quäler, und erhalten endlich, wenn
unsere Leibeigenen sehen daß sie nicht fester auf dem Hofe sitzen
als **freie** Eigenthümer, die oft geringer Schulden halber davon
springen müssen, ein sicheres Mittel, ihrer übeln Wirthschaft Ziel
zu setzen.

„Es ist eine große Frage, ob das Grundeigenthum nicht mehr
ein philosophischer Begriff als eine nützliche Wahrheit sei. In der
Welt kommt alles auf die Erbnutzung **an,** und die Gründe bleiben
da liegen wo sie seit der Schöpfung gelegen haben. Den Verkauf
freier Güter kann man ebenfalls eine Abäußerung nennen. Ein
Besitzer geht davon ab, und der andere wieder darauf Hier nützen
die Gläubiger das Geld, bei den Leibeigenen nützen sie den Grund;
und in der That kommen beide gleich weit. Die Sache bleibt nur
in unsern Begriffen unterschieden; und **wenn wir von** diesem philosophischen Begriffe des Grundeigenthums 10 oder **20** Procent so
oft erhielten, als eine zufällige Veränderung mit der Erbnutzung
vorgenommen würde, so, dünkt mich, könnten wir wol zufrieden
sein und wenigstens besser als jetzt stehen.“

Dies sind die Klagen der Gutsherren; und man kann wirklich
geradezu nicht in Abrede sein, daß selbige nicht vollkommen gegründet wären Dennoch aber ist die Sache so leicht nicht zu heben,
wie sie sich solches vorstellen; und es gehört eine mühsame Entwickelung
verschiedener Begriffe dazu, um auf den rechten Punkt zu kommen.
Unser Leibeigenthum ist aus lauter Widersprüchen zusammengesetzt.
Es ist **das** seltsamste Gemisch, das sich in der Rechtsgelehrsamkeit
findet, **und** wird durch neuere Begriffe noch immer mehr und mehr
verworren.

Der Gutsherr, sagt man, hatte ehedem das höchste Recht
über seinen Leibeigenen, er konnte ihn tödten wenn er wollte; der
Leibeigene stellte keine Person vor, er hatte nichts Eigenes, er war
keines Rechts, keines Besitzes, keiner Erbnutzung fähig. Die gutsherrliche Willkür war sein Gesetz. Heute mußte er diesen Acker

2 *

pflügen, morgen einen andern.   Hatte er Pferde, so mußte er so
weit damit fahren als der Gutsherr wollte, nicht wöchentlich son=
dern täglich, und so weit die Pferde ziehen wollten.   Wenn der
Gutsherr etwas schenkte, versprach oder bewilligte, so konnte er es
morgen widerrufen.   Der Leibeigene konnte gar nicht klagen.   Er
war echt= und rechtlos, und nichts als das öffentliche Mitleid oder
die Religion baute zuerst eine Säule, bei welcher der Leibeigene
gegen eine übertriebene Grausamkeit seines Herrn Schutz finden
konnte.   So war der Leibeigenthum bei den Römern; so soll er
noch im Mecklenburgischen und in Livland sein; und so muß er
überall nach rechtlichen Begriffen zuerst angenommen werden.

Aber nun kommt der Gegensatz.   Dieser Leibeigene saß oder
wohnte in Bezirken, so wie er noch jetzt im Mecklenburgischen
und Livländischen darin wohnt, nicht aber auf Höfen, die zur ge=
meinen Vertheidigung ohne Mittel gezogen werden, und deren
Besitzer dem Aufgebot der Landesöbrigkeit folgen müssen.   Der
Gutsherr ist dort selbst steuerbar, wo jene Art von Leibeigenthum
eingeführt ist.   Das ist er in Mähren und Böhmen, in der Lausitz
und in Livland, und das war er auch zu Rom.   Dem Bürger und
freien Mann lagen alle öffentlichen Lasten auf; und dem Staate
war es sehr gleichgültig, ob einer tausend Zugsklaven oder so viel
Stück Zugvieh hielt: eins war so gut als das andere.

Vermuthlich ist die Beschaffenheit des westfälischen Bodens,
der nur lauter Flecke von Land hat und mit Heide, Moor, Sand
und Gebirgen untermischt ist, schuld daran gewesen daß man
keine natürlichen Bezirke angelegt hat.   Es sei aber diese oder eine
andere Ursache, so wollen wir setzen, daß anstatt der viertausend
Höfe, woraus unser Stift zum Exempel bestehen mag, fünfhundert
adeliche Bezirke vorhanden wären: so ist nichts gewisser als

a) daß alle unsere Bauern, ebenso gut wie im Mecklenbur=
gischen und anderwärts, völlig leibeigen und von der Willkür des
Bezirksherrn abhängig sein würden;

b) daß gar keine Beamten, Gowgrafen, Vögte und gemeine
Bedienten vorhanden sein könnten; und

c) daß, wenn eine Steuer von hunderttausend Thalern oder
eine Kriegsfuhre von zehntausend Wagen erfordert würde, jene
fünfhundert Bezirksherren für Haupts zweihundert Thaler dazu be=
zahlen und zwanzig wohlbespannte Wagen schicken müßten.   Dies
geht aus der Anlage hervor und wird durch die Verfassung anderer
Länder unwidersprechlich bestätigt.

Im Stifte Osnabrück befinden wir uns nun aber gerade im
Gegensatze.   Anstatt jener Bezirke befinden sich hier lauter einzelne
Höfe; und wir können es sowol nach der Natur als nach der Geschichte

voraussetzen, daß jeder einzelne Hof ursprünglich mit einem freien Eigenthümer besetzt gewesen.

Es sei nun geschehen zu welcher **Zeit es** wolle, aus Noth, von einem erwählten Heerführer, oder **von** einem Ueberwinder, so sind einmal **je** zehn und zehn, oder hundert **und hundert** Bauerhöfe in eine Compagnie zusammengesetzt und einem Hauptmann untergeben worden. Dieser Hauptmann hat den Meierhof **zum** Eigenthum be= sessen **und** hat

d) alle **zu diesem Hofe** gehörigen **Leute** jährlich, **oder** so oft es **die** Noth **erfordert, auf** seinem Hofe versammelt. **Auf** diesem Meierhofe ist

e) die gemein**e** Burg gewesen, wohin alle Hofhörige sich mit dem Ihrigen zur Zeit eines feindlichen Ueberfalls begeben haben. Sie haben

f) diese Burg mit gemeiner Hand erbaut, die Steine dazu gefahren, das Dachstroh dazu geliefert, die Gräben umher geräumt und ausgeeist, und kurz alles, was wir jetzt Burgfeftendienfte nen= nen, als gemeine Dienfte dahin verrichtet. Da man noch nicht schreiben konnte, haben sie,

g) um ihr Recht zu dieser Burg und ihre Angehörigkeit zu beurkunden, dem Hauptmann jährlich ein Ei, ein Huhn oder eine andere Sache geliefert. Sie haben,

h) um ihn für seine Mühe und Auffischt **zu** belohnen, ihm zweimal im Jahre bei Grafe und bei Stroh einen Dienft gethan, ihm einen Schutzpfennig gegeben, und **es** zu ihrer Sicherheit auf seine Vorsorge ankommen laffen, welche Fremde **er** aufnehmen und geleiten, **oder** ausschaffen und wegweisen wollte. Er war zugleich

i) ihr **Richter** in allen kleinen Zänkereien, gab demjenigen, der an einen andern etwas zu fordern hatte, seinen Schulzen zur Pfän= dung mit und genoß für diese seine richterliche Mühe die Bruch= fälle, so sie ihm verwilligten. Da es ihr allgemeines Befte er= forderte, daß jeder Hof im guten Stande mit einem handfeften Wirth und gutem Spanne versehen war, weil sonft bei einem feindlichen Ueberfall oder **bei** einem gemeinen Rothwerke die Tüch= tigen für **den** Untüchtigen hätten dienen müffen, so war

k) **der** Hauptmann verpflichtet dafür zu sorgen, daß keiner unter ihnen seinen Hof verwüsten, sein Holz verbauen, sein Spann versäumen, oder sich mit Alter und Leibesschwachheit entschuldigen möchte. Nach einer natürlichen Folge setzte also

l) der Hauptmann, sobald einer verstorben und der Erbe minderjährig war, auf sichere Jahre einen Wirth auf den Hof und forderte von ihm gegen die ganze Nutzung auch die ganze Vertheidigung, untersuchte ob der Erbe, wenn er den Hof antreten wollte, handfest zum gemeinen Dienft sei, ging, wenn einer verstarb,

ins Sterbehaus und sah danach, daß das Heergeräthe nicht vertheilt und verbracht sondern bei dem Hofe gelassen wurde, und
zog dafür bei der Einführung des Erben eine Erkenntlichkeit, welches jetzt die Auffahrt oder der Weinkauf genannt wird, sowie bei
dem Sterbfall das beste Pfand oder eine andere Urkunde.

Dies war ungefähr die älteste Anlage, welche so lange dauerte,
als man den Heer-, oder wie wir jetzt sprechen, den Arrierbann
im Felde gebrauchte und es in Westfalen so gehalten wurde, wie
es unter den Kroaten und Panduren, die noch jetzt von ihren
Höfen zu Felde dienen, gehalten wird.

Der Heerbann wich dem Lehndienste, sowie der Lehnmann
dem heutigen Geworbenen weichen müssen. Jener bestand aus
Leuten, die nur zu gemeiner Noth dienten; der Lehnmann folgte
auch nicht jedem Wink: und so war es für große Herren besser,
Geworbene zu haben, die alle ihre Absichten bereitwillig erfüllen.
Die Folge der letzten Veränderung sehen wir noch. Sie ist diese,
daß der Lehnmann seine Güter verpachtet und Dienste nimmt.
Ebendas erfolgte bei der ersten Veränderung auch. Der Hauptmann verpachtete seine Landcompagnie, und die Eigenthümer gingen
vom Hofe und nahmen Lehn. Erster setzte einen Meier oder
Schulzen auf den Meierhof; und diese überließen ihren Pflug einem
Aftermann: beide mit Vorbehalt sicherer Dienste und Pächte. Die
Eigenthümer, so noch zurückblieben, wurden immer mehr geplagt,
gedrückt und verachtet, sodaß sie, wenn sie auf dem Hofe blieben
und Schutz und Beistand haben wollten, sich dem Bischof und andern mächtigen Herren auf gewisse Bedingungen übergeben oder
empfehlen und ihre Höfe von diesen zur Precarie oder zum Leib-
zuchtsgenuß wieder annehmen mußten.

Wie solchergestalt nach und nach alle Eigenthümer aus der
Landcompagnie traten und ihre Güter andern überließen, kam die
Frage natürlicherweise vor: ob sie solche verpachten oder gegen
einen Erbzins verleihen, Leibeigene oder Freie daraufsetzen, ein
Meierrecht oder Landsiedelrecht stiften, und überhaupt ob sie diesen
oder jenen Contract mit ihren Afterleuten errichten wollten. Dem
ersten Anschein nach standen ihnen alle diese Contracte frei. Allein
ebenso wie jetzt der spanische Oberfiscal Campomanes fordert, daß
alle schatztragende Gründe im Königreich nicht durch Gesinde, Heuerleute, Leibeigene und solche Menschen bestellt sein sollen, welche
zur Zeit der Werbung nicht frei und ohne Widerspruch eines Hals-
herrn aufgefordert werden können: ebenso forderte damals die gemeine Reichs- und Landeswohlfahrt, und fordert es noch jetzt, daß
die Höfe besetzt, nicht aber verheuert oder auf eine solche Art
ausgethan sein sollten wodurch der Staat einen echten Unterthanen
verliert. Wo Bezirke eingeführt sind, wendet sich der Staat an

den Bezirksherrn und fordert **von ihm** eine Rekrutenstellung. Wo aber keine Bezirke sind und der **Staat sich** an jeden Hof ohne Mittel hält, fordert er den Mann **vom** Hofe und duldet es nicht, daß ihm dieser durch Verbindung vorenthalten werde oder zur Zeit der Noth als ein flüchtiger Heuerling zum Lande hinausgeben könne.

Es ist ein zwar scheinbarer aber **doch im** Grunde unrichtiger Schluß, daß unsere heutigen Bauern anfänglich insgemein Heuer-leute oder Pächter gewesen, und ihre Heuern oder Pachtungen mit **der** Zeit erblich geworden seien. Von einem Heuermann hat nie gefordert werden können, daß er zur Vertheidigung des Staats sein Leben aufopfere; diese Aufopferung geht einzig und allein aus dem Eigenthum, welches einer im Staate besitzt, hervor. Blos die Noth kann es rechtfertigen, daß ein Heuermann mit Gewalt zum Rekruten ausgenommen werde. Denn da er alles, was **er** im Lande besitzt, baar bezahlt, so hat er kein Eigenthum zu ver-steuern oder mit seinem Leibe zu vertheidigen. Kein Bürger, kein Markkötter, und überhaupt niemand der nicht so viel als einen vollen Hof zum Eigenthum besitzt, braucht sein g a n z e s Leben dem Staate aufzuopfern. Zwei Halbhöfe, vier Viertelhöfe und acht Markkötter sind dem Staate im Verhältniß mit jenem nur e i n Leben oder einen Mann zum Heerbann zu stellen schuldig, und der Heuermann kann höchstens zum Sechzehntelmann angeschlagen werden. Die Folge, welche hieraus hervorgeht, **ist diese,** daß kein Heuermann oder Pachter der Regel nach jemals hat auf einen Hof gesetzt werden können.

Vielmehr ist jeder Hof **im** Staate eine mit dem Dienste der gemeinen Vertheidigung behaftete Pfründe, welche der Eigenthümer, als er davongezogen, einem Vicar auf Lebenszeit conferirt, und dieser mit der Zeit und aus ökonomischen Gründen auf sein Geblüt vererbt hat. Ein Gleiches würde sich mit allen geistlichen Pfründen zugetragen haben, wenn nicht zu der Zeit, als der geistliche Dienst mit einer Pfründe (officium cum beneficio) verknüpft wurde, die Kirche weislich zugetreten und dem Geistlichen nicht allein das Heirathen verboten, sondern auch die Kinder, welche er vorher ge-zeugt, von aller Folge an der Pfründe ausgeschlossen hätte.

Vielleicht, wird man sagen, hätte es solchergestalt doch dem Eigenthümer, als Patron, frei gestanden, seinen Hof einem Leib-eigenen zu conferiren und diesen dem Heerbannshauptmann an seine Stelle darzustellen. Ich antworte hierauf ja und n e i n, und will dieses sogleich näher erläutern.

Schon zu der Karolinger Zeit konnten zwölf Mansi damit frei kommen, daß sie, anstatt zwölf Mann ins Feld zu bringen, einen Gebarnischten stellten. Die Folge davon ist, daß ein Eigenthümer von zwölf Actien, oder zwölf Nägeln wie man im Bremischen spricht (wo der Besitzer von zwölf Nägeln eine Stimme in der Directionscompagnie hat oder zu Landtage geht), elf Mansos zur Todten Hand bringen, das ist, mit Leibeigenen besetzen und sie mit seinem Harnische in der Heerbannsreihe vertreten konnte. Solche elf Mansi fielen also aus der Liste des Reichshauptmanns ganz weg, es brauchte ihm davon keiner präsentirt zu werden; und da die Geharnischten ihre eigene Compagnie ausmachten, mithin dem Aufgebote des Hauptmanns entgingen, so hatte er sich um diese gar nicht mehr zu bekümmern. Die elf Mansi konnten also nach Gefallen besetzt werden; dies geschah vielfältig mit Leibeigenen, und daher entstand vermuthlich der noch jetzt so genannte Leib= eigenthum nach Ritterrechte.

Ganz anders verhält es sich mit denjenigen Höfen, die nicht durch Geharnischte außerhalb des Hauptmanns Compagnie vertreten oder verdient wurden. Diese blieben in der Rolle; und der Eigenthümer, wie er davonzog, mußte dem Hauptmann einen tüchtigen Mann präsentiren, der kein Leibeigener sein durfte, weil er im Heerbann mit ausziehen und folglich ein Eigenthum zu verfechten haben mußte. Dies gab in der Folge Gelegenheit zu unserm Eigen= thum nach Haves=, oder wie wir es zusammenziehen, Haus= genossenrechte; und wir finden hierin sofort den Grund, warum sich im Hausgenossenrechte ein Heergewedde, worunter Stiefel und Sporn, im Leibeigenthum nach Ritterrechte hingegen dergleichen nicht befindet. Denn das Heergewedde der letztern steckt in dem Har= nische, wodurch zwölf Mansi dispensirt waren ein eigenes Heer= gewedde zu haben. Unfehlbar liegt auch hierin der Grund, warum die Leibeigenen nach Ritterrechte kein Hofgewehr und alle unsere alten Landesordnungen niemals eines Hofgewehrs bei Leibeigenen gedacht haben, da es doch hingegen im Hausgenossenrechte und in allen Ländern bekannt ist, wo die Ackerhöfe nicht mit Leibeigenen besetzt sind. Denn das Hofgewehr ist diejenige geheiligte Rüstung, womit jeder Unterthan zum gemeinen Dienst allezeit in dienst= und marschfertigem Stande sein muß, und wovon kein Stück fehlen darf. Wo der Pflug fehlt, da kann der Acker nicht gebaut wer= den; wo der Acker nicht gebaut werden kann, da fehlen die Pferde; und wo diese fehlen, da muß, wenn es zum Dienste kommt, ein Nachbar des andern Last tragen. Es fordert also die Wohlfahrt aller Mitpflichtigen, oder der Staat, ein vollkommenes und wider alle Angriffe, selbst gegen die Beerbtheilung, gesichertes Hofgewehr. Dies konnte er aber da nicht fordern, wo mit dem Harnisch der ganze gemeine Dienst erfüllt wurde. Es hindert dagegen nicht, daß wir in den spätern Zeiten, nachdem sich die Art zu kriegen verändert, andere Grundsätze angenommen haben und man, ehe

funfzig Jahre vorübergehen, dem Leibeigenen von hoher Landesobrigkeit wegen ebenfalls ein Hofgewehr wird zulegen und heiligen
müssen. Ich rede jetzt nur von den ältern Zeiten, und diese werden genug gerechtfertigt, wenn die neuern nach fünfhundert Jahren
zu den alten Grundsätzen wieder zurückkehren müssen.

Mit Recht wird man aber hier einwerfen, daß diejenigen
Leute, welche die Eigenthümer solchergestalt an ihre Stelle setzten,
keine freien Leute gewesen oder bleiben können. Die Ehre, welche
nach dem alten Costüm das vollkommene Eigenthum an unserer
Person und unsern Gütern, und solchergestalt das Resultat des
Eigenthums selbst ist, jetzt aber in unserer niederträchtiger gewordenen Sprache Freiheit genannt wird, konnte damit gar nicht
bestehen; und schwerlich bequemte sich ein freier oder ehrenhafter
Mann, eines andern Zinsmann oder Pachter zu werden, oder
wenn er es that, so ward er nicht viel besser als ein Leibeigener.
Aber hier müssen wir erst die alte sächsische Verfassung näher betrachten.

Es ist unglaublich, aber ein aufmerksamer Leser der deutschen
Gesetze fühlt es, wie sehr der menschliche Verstand gearbeitet habe
diese Sache zu ordnen, ehe und bevor man Unterthanen im
heutigen Verstande oder eine Hoheit erfunden hat, die sich auf
den Boden des Landes und nicht mehr auf die Köpfe der Eingesessenen bezieht. Indessen haben es die Sachsen hierin allen
Nationen und selbst den Römern zuvorgethan, daß sie eine Art
von Menschen erfunden haben, die zwei Drittel leibeigen und ein
Drittel frei sein sollten. Sie hießen solche Litos und Litones, wovon die heutige Benennung von Leuten ihren Ursprung hat.
Man kann sich schwerlich eine feinere Theorie gedenken. Denn der
Mann, der ein Drittel Freiheit hat, ist doch nunmehr im Stande
einen Contract zu schließen, etwas Echt und Recht zu haben, für
ein Drittel Eigenthum zu besitzen und solchergestalt auch für ein
Drittel Mitglied des Staats zu sein. Er hat zugleich seinen
ganzen Leib gegen die Willkür seines Herrn gesichert, weil man
nicht auf zwei Drittel geschlagen werden kann ohne daß nicht das
dritte Drittel, worüber der Herr nichts zu sagen hat, mit darunter
leide. Auf der andern Seite aber konnte er auch seinem Herrn
nicht entlaufen, ihm seine Kinder ohne Freibrief nicht entziehen,
und sich sonst einer vollkommenen Freiheit bedienen, wohingegen
der Leibeigene, nach der Theorie, seinem Herrn mit Gut und Blut
unterworfen ist. Das peculium servorum, in Ansehung dessen die
römischen Knechte contrahiren konnten, ist lange so systematisch und
harmonisch nicht.

Diese Art von Knechtschaft, welche hernach auch in der Lehnsverfassung gebraucht wurde und, wie es scheint, auch noch diesen

feinen Vortheil hatte, daß sie Ehre und Freiheit nicht peremtorisch
aufhob, wie der Leibeigenthum thut, indem derjenige, der einmal
leibeigen geworden, durch die Freilassung nicht wieder zu seiner
vorigen Ehre gelangt, anstatt daß einer, der Leut ward, als Frei-
gelassener in sein voriges Recht trat, war es welche die Sachsen
bei Verleihung ihrer Höfe und Erbe vorzüglich in Betracht zogen;
und sie ist auch vielleicht die einzige, welche fast allen Absichten ein
Genüge thut, indem ein solcher Knecht einiges Eigenthum im Staate
zu vertheidigen hat und kein flüchtiger Heuermann ist, der zur Zeit
der Noth den Spaden in den Teich steckt und das Wasser einbrechen läßt.

Jedoch wir müssen nach allen diesen Ausschweifungen endlich
zur Erörterung der anfänglichen Frage, welche darin bestand: ob
nicht ein Gutsherr am besten thäte, seine Höfe mit Vorbehalt guts-
herrlicher Pächte und Dienste gegen sichere Procentgelder verkaufen
zu lassen, so oft deren Besitzer sich Schulden halber darauf nicht
mehr erhalten können, zurückkehren.

Den Rechten nach ist hierbei kein Zweifel, indem mit der
Gnade des Hauptmanns, des Schutzherrn und des Gutsherrn alle
dienstbare Gründe, sie seien nun mit Voll-, oder Halb-, oder Drittel-
freien, oder Leibeigenen besetzt, gar wohl verkauft werden können.
Man kann auch keinen Grund angeben, warum nicht das Erbrecht
des Bauers an dem Hofe ebenso gut als das Erbrecht einer Familie an einer Pfründe zum Verkauf gezogen werden kann, indem
solches allemal mit der Clausel, daß die Gründe in ihrer Verpflichtung und Verbindung bleiben und die Käufer fähig und willig
zu allen erforderlichen Diensten sein sollen, geschehen kann. Allein
die Hauptsache ist, daß der Gutsherr bei einer solchen Zulassung
die Auffahrts- oder Weinkaufsgelder sowie die Freibriefe auf ein
Sicheres würde setzen, und hiernächst auch den Sterbfall, wenigstens
nicht anders als nach Hofrechte, das ist, blos von sichern vorgeschriebenen Stücken, würde ziehen können, indem schwerlich ein
Käufer sich ohne alle Bedingung der Willkür eines Gutsherrn
übergeben werde.

Geschähe nun dieses, so erhielte der Gutsherr ein Sicheres,
und der Käufer ebenfalls ein Sicheres gleichsam zu seinem wohl-
erworbenen Eigenthume; und weil solchergestalt ein rechtsbeständiger
Contract zwischen dem Gutsherrn und seinem Leibeigenen entstünde,
so verwandelte sich der letzte wenigstens in jenen alten sächsischen
Zweidrittelknecht, und es entstünde ein ganz neues Amalgama von
Freiheit und Eigenthum, worauf auch ein ganz neues Recht würde
gewiesen werden müssen.

Jedoch dieses ist das wenigste. Die Repräsentation der Eigenthümer bei allen Steuerbewilligungen, welche der Geist der nordischen

Verfassung und das erste Gesetz der Vernunft ist, fiele ganz **über** den Haufen. Die Gutsherren hörten nicht allein auf Repräsentanten des Ganzen zu **sein**, sondern der Theil, oder dasjenige Sichere, was der Käufer erhielte, bliebe solchergestalt der einzige Gegenstand der Steuer, und das nicht **unter** ihrer eigenen sondern unter einer **fremden** Bewilligung.

Gegenwärtig muß der Gutsherr **bei jeder neuen** Steuerbewilligung, bei jedem neuen Brüchten denken, **daß alles**, was der schätzbare Leibeigene auf die eine oder andere Art entrichten muß, auf sichere Weise ihm selbst entgehe. Dies macht ihn **vorsichtig** in seinen Bewilligungen, aufmerksam auf die Brüchtensatzungen, **und** geneigt seinem Leibeigenen zu helfen, ihn zu schützen und **zu vertheidigen.**

Diejenigen Eigenthümer, welche zuerst unter einem Hauptmann zusammentraten, wußten von keinen Steuern, indem ihre Steuer im Heer- und Burgfestendienst und in dem feststehenden Unterhalt **des** Hauptmanns bestand. Die Bruchfälle bewilligten sie selbst, sie repräsentirten ihr Eigenthum zu Hause, und der Hauptmann repräsentirte sie in der Landesversammlung. Der Lito oder Zweidrittelknecht war ebenfalls genug gedeckt, **da** er sein bewilligtes Hofrecht und seine Hofversammlung hatte und **in** derselben von seinem Drittel Freiheit eine Person vorstellte **Er war** soweit von jenem nicht unterschieden; nur daß **er**, wie unser **heutiger** Soldat, für seinen Leib gebunden war. Beide waren also **nach** damaliger Art ihres Eigenthums halber gesichert **und** bei den damaligen gemeinen Anstalten genugsam repräsentirt. Allein **dies** würde der Leibeigene, mit dem der Gutsherr sich gleichsam völlig abfindet, nicht sein. Dieser würde das Seinige von ihm fordern und nehmen und ihn für das übrige ohne alle Repräsentation lassen.

Noch eine Hauptsache ist der Luxus, welchem sich der Leibeigene aus politischen Ursachen nicht überläßt, aus Besorgniß die Weinlaus- und andere Gelder möchten ihm nach der scheinbaren Größe, **die er** sich in Kleidungen und sonst geben würde, zugemessen werden. Er ist also wider die stärkste von allen Versuchungen, nämlich den Ehrgeiz, einigermaßen gedeckt; und auch diesem würde er ausgesetzt werden, wenn der Gutsherr nur ein Gewisses erhielte.

Mehr Gründe können wir hier nicht anführen. Vielleicht ließen sich auch noch sehr starke Gründe für die gegenseitige Meinung entdecken, wenn man von einer Materie alles sagen wollte, was davon gesagt werden könnte.

Schreiben einer Gutsfrau,
die Freilassung ihrer Eigenbehörigen betreffend.

Endlich hat mein Mann es doch gewagt und allen seinen Leibeigenen die Freiheit geschenkt. Ihr zu Ehren ist bereits das erste Fest gefeiert worden, und dieses soll jährlich mit dem Dankfeste, welches wir hier nach der Ernte feiern, wiederholt werden. Ich denke jetzt nur darauf, ob ich nicht auch so etwas vom Rosenmädchen dabei anbringen könne. Der Baum der Freiheit, wozu ich eine schlanke, glatte und wohlgekrönte junge Eiche erwählt habe, ist mit aller Feierlichkeit gepflanzt. Mein Mann hat sie gesetzt, und jeder von den vormaligen Eigenbehörigen zu ihrer Befestigung geholfen. Gott gebe daß sie ewig grüne! Amen. Bald hätte ich vergessen, Ihnen zu sagen, daß wir den von unsern Freien erwählten Obermann des Tages mit uns speisen lassen, und die jungen Mädchen einen Zaun von wilden Rosen um den Baum der Freiheit gemacht haben, damit ihm das Vieh nicht schaden möge. Unter diesem Baume sollen künftig alle Jahre die Freiheitsartikel in öffentlicher Versammlung abgelesen und die Ehrentänze gehalten werden.

Ehe mein Mann aber diesen von mir so lange gewünschten Schritt that, ließ er sich von unserm gnädigsten Landesherrn die Schutzgerechtigkeit über alle seine Freigelassenen, weil er über sie vorhin keine Gerichtsbarkeit gehabt, ertheilen und auch die Freiheitsartikel bestätigen, welche er für sie entworfen und mit ihnen verabredet hatte, weil er nicht glaubt daß einzelne Wohner, die in keinen Bezirken unter einer geschlossenen Gerichtsbarkeit leben, sich ohne Schutzverein und Innungsartikel bei dem wahren Genuß der Freiheit erhalten und vertheidigen mögen. Ich will Ihnen doch einige davon hersetzen.

Vorher muß ich Ihnen aber sagen, daß er sie nach ihrem wahren Verhältnisse in ganze, halbe und Viertelleute eingetheilt und überdem noch eine Klasse für geringere, auch, soviel immer möglich gewesen, die Pflichten jeder Klasse gleichförmig gemacht und zum Exempel den Halbmann zu der Hälfte desjenigen verbunden habe, was der ganze völlig zu entrichten schuldig ist. Hiernächst sind alle diese Pflichten in eine offene Rolle geschrieben worden, die sämmtlichen Freien unter der Eiche vorgelesen und von ihnen als richtig anerkannt ist. Von dieser Rolle sind zwei gleichlautende Exemplare auf Pergament geschrieben worden, wovon das eine, mit Glas bedeckt, zwischen zwei Säulen hinter dem Altar in der Kirche, das andere aber von meinem Manne bewahrt wird. Gegen diese Rolle gilt künftig weder Verjährung noch Besitz. Sie soll jährlich auf dem Freiheitstage von den drei Aeltesten aus der Kirche geholt und öffentlich unter der Eiche vorgelesen, sodann aber in Begleitung aller Freien wieder an

ihren Ort getragen **werden**. Auf dieſe Art **iſt** es nicht leicht möglich, daß einiger Streit **über** ihre Pflichten entſtehen könne; und
die Bitte, die mein Mann ſich in gewiſſen Nothfällen vorbehalten
hat, kann **zu** keiner Zeit **in** eine ordentliche **und** gewöhnliche Pflicht
übergehen, weil das **Bitten** ſelbſt redet, **und** der Nothfall ſo eingeſchränkt iſt, daß dieſe **Bitte nur** alsdann gewährt werden muß,
wenn der Schutzherr **ſein** Haus oder ſein vornehmſtes Oeconomie-
gebäude ganz neu baut. In dieſem Falle kommen ſie **ihm** mit
Bittfuhren und Dienſten zu Hülfe; aber außer demſelben entrichten
ſie nichts dafür. Jetzt zu den Artikeln.

Der erſte beſtimmt zu den Ablieferungen der Kornpächte einen
gewiſſen Tag, an welchem ſich alle Pflichtigen, inſofern ſie wegen
erlittener Unglücksfälle keinen Nachlaß zu rechter Zeit geſucht oder
erhalten haben, mit ihrem Pachtkorn zugleich einfinden müſſen.
Wer dieſen verſäumt, darf das Jahr **an** dem Feſte der Freiheit
nicht erſcheinen; ſtirbt er vor dem nächſten Freiheitstage, ohne ſich
binnen den erſten vierzehn Tagen **nach** verfloſſenem Termin mit
ſeinem Pacht eingeſtellt zu haben, ſo mag er als ein Leibeigener
beerbtheilt werden. Ueberdem mag ihn der Schutzherr, wenn dieſe
vierzehn Tage vorbei ſind, nach Gutsherrnrecht pfänden laſſen
und gegen ihn weiter zu Rechte verfahren. Erſcheint er aber das
nächſte Jahr ordentlich, **ſo** tritt er wieder in das vorige Freienrecht;
jedoch muß er den Freien eine halbe Tonne Bier geben, und der
Ehrentanz wie der Ehrenbecher kommt an ihn zuletzt.

Der zweite beſtimmt die ſchuldigen Dienſte. Mein Mann
war nicht der Meinung, daß **es** beſſer ſei, die Dienſte auf ewig
in Geld zu verwandeln. Er hielt vielmehr dafür, daß ſeine Freien
in hieſigen Gegenden manchen Tag und manche Stunde Zeit von
ihrer Arbeit übrighätten, worin ſie nichts mit dem Spanne und
der Hand verdienen könnten, und daß es eine doppelte Beſchwerde
für ſie ſein würde, wenn ſie dieſe müßigen Tage nicht allein für
ihre Rechnung behalten ſondern ſie noch überdem bezahlen ſollten.
Das Geld für 52 Dienſte am Ende des Pachtjahrs wolle ſchon
etwas ſagen, und man könne darauf wetten, daß der zehnte ſolches
noch **eine** gute Weile ſchuldig bleibt, mancher aber gar nicht bezahlen würde. Daher hat er den Naturaldienſt beibehalten, jedoch
darin eine Reihe eingeführt, daß einer vor dem andern damit nicht
beſchwert **werden** kann. Um indeſſen doch auch den Rath derjenigen,
welche wollten **daß** er ihnen die Dienſte zu Geld ſetzen ſollte, nicht
ganz zu verachten, hat **er** ihnen die Wahl gelaſſen, ob ſie ein ge-
wiſſes Dienſtgeld bezahlen, oder den Naturaldienſt leiſten wollten,
und, wie ihrer mehrere als er entrathen konnte das Geld wählten, ſie alle darum loſen laſſen: und nun gibt vorerſt die eine
Hälfte auf vier Jahre das Geld, und die andere dient; hernach

können sie wechseln wenn sie wollen, oder auch alle in Natur die=
nen. Wenn sie wechseln, so dient die Hälfte, welche also beständig
bereit sein und vielleicht einen Knecht oder ein Pferd mehr halten
muß, nicht auf den Kerbstock, holen auch die Dienste, die nicht
gebraucht sind, nicht nach. Wenn sie aber alle den Dienst wählen
sollten, so wünscht mein Mann, daß sie auf den Kerbstock dienen
und dagegen lieber zwei und zwei zusammen spannen möchten.
Uebrigens haben wir ihnen versprochen, die Dienste nie an andere
zu verpachten, welches wir doch auch vordem, wie sie noch leibeigen
waren, unbillig gefunden haben.

Der dritte bestimmt die Lieferung der Pachtschweine, deren
wir 24 zu empfangen haben. Da wir jährlich nur 6 ge=
brauchen, so ist die Ordnung so gemacht, daß immer zwei unter
den sechsen, welche die beiden besten liefern, auf acht Jahre von
der Naturallieferung befreit werden. Diejenigen, so das Jahr kein
Schwein liefern, entrichten dafür einen Malter Gerste, oder bezahlen
so viel als dieses zur Lieferungszeit gilt.

Der vierte betrifft das Holz. Ihr Brand=, Wagen= und
Zaunholz mögen sie zu ihrer Nothdurft auf ihren Höfen ohne An=
weisung hauen, und der Verkauf des Buchenholzes wird ihnen frei=
gelassen, jedoch nach Schlägen welche bei allen nach der Beschaffen=
heit des Holzes und Bodens einmal für alle regulirt sind. Sieht
man daß ein abgeholzter Ort nicht wieder gehörig in Anwachs
ist, so wird ihm der Verkauf auf die erforderliche Zeit ganz ver=
boten. Diejenigen aber, so Bauholz verlangen, müssen es des
Morgens, wann das Freienfest gehalten wird, bei uns anzeigen,
und dann senden wir unsern Verwalter mit zweien der ältesten
Freien herum, die es ihnen auf der Reihe auszeichnen. Außer
dieser Zeit darf sich niemand darum melden, wenn ihn nicht ein
großes Unglück dazu nöthigt. Auch vergönnen wir denjenigen, die
besonders fleißig pflanzen und überflüssiges Holz haben, Bauholz,
jedoch auf vorherige Anweisung, zu verkaufen, und machen ihnen
solches nicht schwer, sobald wir sehen daß sie kluge und redliche
Holzbauer und Haushalter sind.

Der fünfte untersagt ihnen, ihre unterhabende Höfe zu zer=
theilen und mit Schulden oder neuen Pflichten und Dienstbarkeiten
zu beschweren. So viel Geld, als aus einem vierjährigen Ertrage
ihres Hofs wiederum bezahlt werden kann, mögen sie für sich auf=
leihen, damit sie nicht ohne allen Credit sind. Es muß aber doch
mit Vorwissen des Freienvogts, welcher die Schuld in ein beson=
deres Buch trägt, das ein jeder einsehen kann, geschehen. Ist die
Noth größer und die Schuld soll weitergehen, so läßt mein Mann
die Umstände untersuchen und ertheilt nach den Umständen seine
Bewilligung dazu, will aber sodann auch für den richtigen Abtrag

sorgen. Die Landesgerichte, **denen** sie unterworfen sind, **können** zwar einen Freien zur Bezahlung verdammen, aber der Freienvogt, der die Erecution hat, verrichtet solche nicht weiter als auf den Ueberschuß eines jährigen Ertrages. Wer mehr verlangt, muß ihnen nicht borgen.

So oft, sechstens, der Wirth oder die Wirthin sich verheirathen, erhält mein Mann eine doppelte Pacht; und wenn ein Kind ausgesteuert wird oder **das** älterliche Haus verläßt, bekommt dasselbe einen Taufschein von dem Pfarrer und darunter einen Schein seiner freien Geburt **von** meinem Manne. Ist **es ein** Mädchen, so muß sie drei Tage auf unserm Hause sein **und in** demselben ein Stück Garn spinnen, eine Elle Linnen weben, einen Strumpf knütten und ein Hemd nähen. Ein Sohn muß ein Stück Garn spinnen und einen vollständigen Pflug machen. Verstehen sie dieses nicht, oder machen es nach dem Urtheil dreier andern Freien nicht tüchtig, so müssen sie uns so lange umsonst dienen, bis sie dieses gelernt haben. Für den Schein der freien Geburt wird, nach dem festgesetzten Verhältniß der Höfe, fünf, **vier**, drei, **zwei** oder ein Scheffel Weizen entrichtet.

Stirbt, siebentens, ein Wirth oder eine Wirthin vom Hofe, so wird für das freie Geläut in der Patronalkirche meines Mannes nach einem gleichen Verhältniß etwas bezahlt, und wenn **Kin**der versterben, bezahlen sie die Hälfte. Dagegen wird ihnen der Freienkranz geschickt, welchen sie bei der Leichenbegleitung auf den Sarg legen und dann zurück in die Kirche bringen müssen. **Eine** geschwächte Person, wenn sie unverheirathet stirbt, verliert das Recht zum Kranze, und ihre Verlassenschaft steht unter meines Mannes Gnade. Verheirathet sie sich aber, so muß sie den Kranz vorher mit einem Scheffel Weizen bezahlen und den Freien eine Tonne Bier geben. Das erste ist wol ein bischen hart für die armen Heren; aber sie sollen sich auch in Acht nehmen und vor Schimpf und Schaden hüten. Jeder Braut, die mit Ehren aus einem freien Hofe geht, wird hingegen aber auch ein fliegendes Haar zu tragen erlaubt, und ich, als Schutzfrau, setze ihr, wenn sie sich in diesem Schmucke bei mir einfindet, die Krone darauf.

Processe dürfen sie gar nicht führen ohne es vorher am Hause zu melden; und mein Mann hält ihnen für ein gewisses Jahrgeld einen gemeinschaftlichen Advocaten, an welchen sie sich einzig und allein wenden dürfen, und der vorher, ehe die Sache ans Gericht kommt, sein rechtliches Bedenken darüber abstatten muß. Dieses hält mein Mann für **die** wahre und heilige Pflicht eines jeden Schutz- oder Gutsherrn, wofür er ihre Pächte und Dienste zu genießen hat. Vordem, sagt er, hätte der Schutzherr seine Leute sowol **zu** Kampfe als Gerichte vertreten, und Schutzherrschaften wären darum aufgekommen, weil einzelne arme Leute wider Unrecht und Gewalt nicht bestehen können, sondern sich zu einer gemeinsamen Vertheidigung vereinigen müssen. Wenn sie aber unter sich Streit haben, müssen sie sich Schiedsfreunde unter den übrigen Freien wählen und sich deren Ausspruch unweigerlich gefallen lassen. Jeder Theil erwählt dazu drei, und diese müssen des Sonntags nachmittags sich in ein besonderes Zimmer in der Schenke begeben, und dürfen nicht eher trinken, bis sie sich eines gemeinschaftlichen Ausspruchs vereinigt oder darüber verglichen haben. Diesen muß sich ein jeder Freie hernach gefallen lassen.

Hierauf folgen die Rechte, welche die Freien sich selbst gesetzt haben und mein Mann nur bestätigt hat. Ich will auch hiervon einige anführen. Was die Braut oder der Bräutigam in einen Hof bringt, fällt nie wieder zurück. Der überlebende Ehegatte hat den Nießbrauch des ganzen Hofs, und verliert ihn sobald er sich wieder verheirathet. Doch kann mein Mann, als Schirmherr, ihnen gewisse Jahre geben, wenn die Kinder erster Ehe noch minderjährig sind. Dieses geschieht nach dem Gutachten der drei ältesten Freien, und gegen eine vorherbestellte Sicherheit daß der Hof in diesen Jahren nicht verschlimmert werden solle. Sind aber keine Kinder vorhanden, so muß der fremd eingekommene Theil, welcher zur andern Ehe schreitet, den Hof und das Hofgewehr dem nächsten Erben räumen; was darüber ist, mag er mitnehmen; und wenn hierüber Streit entsteht, entscheiden ihn die Schiedsmänner. Der letzte Wille einer kranken Person gilt für nichts, wenn auch ein Notarius die Gesundheit des Gemüths noch so deutlich erkannt hätte. Verlassungen und Vermächtnisse können nicht anders als bei gesunden Tagen, in Person, unter der Eiche, und vor gehegtem Freihofe geschehen. Das jüngste Kind erbt, damit die ältern aus dem Neste sind wenn der Erbe wieder brüten will; und wenn diesem sein Erbrecht genommen werden soll, müssen die Ursachen, welche den Vater dazu bewegen, von den zwölf ältesten Freien unter der Eiche gebilligt sein.

Die abgehenden Söhne erhalten Kost und Kleidung in ihrem älterlichen Hause bis ins einundzwanzigste Jahr; und dann bekommen sie zur Aussteuer sechs Hemden, ein vollständiges Kleid und einen Malter Korn. Gibt ihnen der Vater mehr, so ist es sein freier Wille, der Sohn aber kann es mit Recht nicht fordern. Die Töchter hingegen, welche bis in ihr achtzehntes Jahr in dem älterlichen Hause frei unterhalten werden, bekommen einen Brautwagen, so wie ihn drei der ältesten Freien bestimmen. Das unbewegliche Gut, die Gebäude, und alles was zum Hofgewehr gehört, darf dabei nicht in Betracht gezogen werden, weil mein Mann es widersinnig findet, den Leuten zu verbieten ihre Höfe und Gründe mit

Schulden zu beschweren, **und** demungeachtet **nach** dem Werth derselben etwas herauszugeben. Eine solche Abfindung, wenn sie auch
auf mehrere Jahre vertheilt und nach dem jährlichen Ertrag er-
mäßigt wird, ist zu vielen Zufällen unterworfen, und es findet sich
kein Exempel, daß die Erfahrung hierin **mit** der Vorschrift überein-
gestimmt. Zur Erbschaft kommt nichts **wie** das vorhandene baare
Geld, das unangeschnittene Linnen **und** das vorräthige Silber-
geräth. Der Hof, **mit** allem was dazu gehört, fällt auf den
nächsten Erben, und wenn mehrere vorhanden sind, auf den ältesten
unter ihnen; wenn der letzte Besitzer ihn in seinem Leben keinem
andern **unter** der Eiche übertragen hat. Ist der Erbe abwesend,
so wartet man auf ihn ein Jahr und sechs Wochen. Läßt er **in**
dieser Zeit nichts von sich hören, so wird er als todt angesehen
und lebt zur Erbfolge nie wieder auf. Seinen Miterben gibt der
älteste Erbe nichts heraus.

Das Hofgewehr ist besonders bestimmt. Es würde aber zu
weitläufig sein, wenn ich Ihnen dieses nach dem Verhältniß eines
jeden Hofes abschreiben wollte. Sie wissen ohnedem, daß darunter
Pferde und Vieh, Wagen **und** Pflug, Boden und Keller, mit
dem was darauf und darein gehört, nach einer sichern Zahl begriffen sind.

Einige unserer Nachbarn, welche ihre Leibeigenen auch in Erbpächter verwandelt haben, haben verschiedenes von der Knechtschaft
beibehalten und unter andern auch die Erlaubniß erhalten, ihre
sogenannten Freien, wenn sie etwas verbrechen, mit Gefängniß,
auch wol mit dem spanischen Mantel bestrafen zu dürfen. Allein
Leute, die nach **der** Willkür eines Schutzherrn unter solchen Strafen
stehen, sind keine wahren Freien, sondern Zwitter, die so wenig
den Ton als den Muth rechtlicher Leute bekommen werden; und
wo dieser Endzweck verfehlt wird, da ist es weit besser, die ganze
Leibeigenschaft in ihrer völligen Strenge beizubehalten. Meines
Mannes Absicht ist, den Seinigen ein richtiges Gefühl der Ehre
beizubringen und sie durch dieses zu guten Haushaltern und vermögenden Pächtern zu machen, die ihm das Seinige mit dankbarer
Freude geben sollen. . . .

Schreiberin dieses, meine älteste Tochter, welcher ich **den** Anfang dieses Briefes in die Feder gab und ihr hernach das übrige
aus meines Mannes Papieren zusammenzuschreiben befohlen,
ist . . .

Denken Sie doch, liebste Freundin, das närrische Mädchen
ist davongelaufen und wollte nicht schreiben, daß sie die Braut
wäre! Ich muß es also wol eigenhändig hinzusetzen, daß sie den
Herrn von R. heirathet, und ich sie zur Strafe, weil sie gestern
das Jawort nicht aussprechen wollte, dieses entsetzliche Packet habe

schreiben lassen. Ich wußte es aber auch nicht besser anzufangen um Ihnen die verlangte Nachricht zu geben. In meinem Leben hätte ich so viel nicht zusammengebracht ...

Was ist bei Verwandelung der bisherigen Erbesbesetzung mit Leibeigenen in eine freie Erbpacht zu beachten?

In gegenwärtigen der Freiheit günstigen Zeiten melden sich verschiedene Leibeigene um ihre Freiheit und wünschen ihre unterhabenden Höfe gegen gewisse zu bestimmende Pflichten und Dienste zu bauen; einige Gutsherren sind auch dazu gar nicht abgeneigt: aber beide wissen die Schwierigkeiten nicht alle zu überwinden, welche ihnen bei dieser neuen Einrichtung vorkommen. Es fehlt hier im Lande an einem allgemeinen Rechte freier Personen an gutsherrlichen Stätten; die alten Hofrechte, worin die hierzu erforderlichen Bestimmungen liegen, studirt fast niemand; und alles auf einen schriftlichen Contract ankommen zu lassen, ist bedenklich, weil man nicht alle Fälle vorsehen kann und mehr Processe entstehen sieht, seitdem jeder sein eigenes Testament gemacht hat, als zu der Zeit wo die Erbfolge durch gemeine Gewohnheiten und Rechte festgesetzt war.

Die Frage: ob es überhaupt gut sei, seinen Leibeigenen die Freiheit zu ertheilen und ihnen den unterhabenden Hof gegen bestimmte Pflichten und Dienste in Erbpacht zu geben, ist in diesen Blättern mehrmals aufgeworfen und von verschiedenen beantwortet worden. Lange habe ich denjenigen beigepflichtet, welche solche verneint haben, und dieses zwar aus dem Grunde, weil natürlicherweise jeder Gutsherr sich hierüber mit seinen Leibeigenen besonders vergleichen und mancher diesen Vergleich leicht zu hart machen würde, da denn, wenn alles und jedes, worüber sie beide solchergestalt einverstanden sind, gleich den alten gutsherrlichen Pächten bei dem Steueranschlage vorabgezogen werden sollte, andere mit ihnen in gleicher Reihe und Pflicht stehende Höfe darunter leiden würden. Ich konnte mir die Schwierigkeit nicht heben, wie es in dem Falle, wo ein Hof in Verfall geriethe und den öffentlichen und gutsherrlichen Lasten nicht zugleich gewachsen bliebe, gehalten werden sollte, ob nämlich sodann die Einkünfte, wie jetzt, zwischen beiden getheilt und dasjenige, was dem Hofe für die dem Besitzer ertheilte Freiheit neuerlich aufgelegt würde, mit zu dieser Rechnung kommen sollte, oder nicht. Eine Schwierigkeit, die mir um soviel größer schien, da man kein öffentliches Kataster hat, worin die

alten Pächte und Dienste miteinander verzeichnet sind, und solchergestalt hierunter dem Beweise würde trauen müssen, welchen beide
Theile für richtig erkennen. Mit Einem Worte, ich fürchtete, dasjenige, was für außerordentliche Gefälle zwischen dem Gutsherrn
und Leibeigenen verglichen und auf ein jährliches gewisses Geld
gesetzt werden würde, möchte eine Realerbslast und aus obigen
Gründen dem gemeinen Wesen, was doch zu diesem Contract nicht
gezogen werden soll, und in Ansehung dessen folglich auch dieser
so wenig als jener Beweis eine Gültigkeit haben kann, nachtheilig
werden.

Allein nachdem ich in den alten Hofrechten die Verordnung
fand,

daß ein Freier, der seine freie Urkunde jährlich nicht bezahlte,
als ein Leibeigener beerbtheilt und behandelt werden sollte,

so sah ich auf einmal, daß es nicht nöthig sei, aus demjenigen,
was zwischen dem Gutsherrn und Leibeigenen für die außerordentlichen Gefälle verglichen werden würde, zum Nachtheil des gemeinen
Wesens eine Erbeslast zu machen; ich dachte, der Gutsherr könne
zufrieden sein wenn derjenige, der ihm das Verglichene nicht bezahlt, zur Strafe wieder leibeigen werden müsse; und wie solchem
nach der Staat nicht mehr verliere, als er jetzt wirklich entbehren
muß, so pflichtete ich denjenigen bei welche für die Freiheit
redeten.

Aber nun entstand die Frage: was man allenfalls für allgemeine Grundsätze annehmen könnte, um alle Irrungen zwischen
dem Gutsherrn und dem freien Erbpachter zu verhüten und die
Grenzen ihrer beiderseitigen Rechte zu bestimmen. Es lag gleich
vor Augen, daß von dem Augenblick der ertheilten Freiheit an ein
ganz neues Interesse zwischen beiden Theilen entstünde. Vorher
lag dem Gutsherrn alles an der Erhaltung seines Leibeigenen; er
mußte ihn schonen, schützen und vertreten, um gute Auffahrten,
Sterbfälle und Freibriefe zu erhalten. Jede Schuld die der Bauer
auf sein bewegliches Gut machte, jeder Proceß den er anfing,
jeder Brüchte den er bezahlte, jedes Kind das er aussteuerte,
jede Schatzung die er bezahlen sollte, alles interessirte den Gutsherrn, alles bewog ihn zu ihrem beiderseitigen gemeinschaftlichen
Besten zu handeln. Sobald ist aber der Mann nicht frei, so
fallen alle diese Betrachtungen rein weg: der Gutsherr nimmt, was
ihm zukommt, und bekümmert sich nicht weiter um seinen Pachter:
er sieht ihn wie einen freien Handwerker an, den er so genau als
möglich bedingt, ohne danach zu fragen ob er auch Salz und
Brot behalte; wird er in Streitigkeiten verwickelt, desto schlimmer
für ihn; sind Steuern zu bewilligen, so sorgt der Gutsherr nur
für die Sicherheit seiner Erbzinsfrüchte, und das übrige ist ihm

gleichgültig, der freie Erbpachter hat kein Wort dabei zu sprechen und keinen Vertreter; kurz, der Mann der als Leibeigener einem Kutschpferde gleich gehalten wurde, was man zu seinem eigenen Vergnügen und Vortheile in dem besten Stande zu erhalten sucht, wird jetzt einem Miethpferde gleich, was man heute so gut und so viel braucht als man kann, und sich nicht darum bekümmert wie es morgen zittern werde. Dieses so plötzlich erscheinende neue Interesse, sage ich, lag vor Augen, und aus demselben ging der Schluß hervor: daß die Grenzen zwischen einem Gutsherrn und einem freien Erbpachter weit genauer bestimmt werden müssen, als zwischen jenem und seinem leibeigenen Pachter, wo ihr beiderseitiger Vortheil in der Schonung und Billigkeit beruht.

Zuerst kam der Hof in Betrachtung. Hier redete die Sache von selbst, daß die Freiheit dem Erbpachter in Ansehung dessen nicht mehr Rechte geben könnte, wie er vorhin als Leibeigener gehabt hatte. Beide sind in gleicher Maße schuldig die Gebäude zu errichten und zu erhalten und solche so wenig als Zäune und Frechten verfallen zu lassen; beide müssen in Bau und Spannung gleich gut bestehen; beide können den Hof nicht mit neuen Dienstbarkeiten, Schulden oder Auslobungen beschweren; beide können ihm durch Processe oder Contracte nichts vergeben; beide dürfen das Holz nicht ungebührlich angreifen; beide haben den Hof nur, wie es in der alten Formel heißt, to tellen unde to bowen, oder zum Pflanzen und Bauen unter, nicht aber um weiter unter oder über die Erde zu gehen und Veränderungen vorzunehmen, wodurch der Hof in seinem Wesen verändert wird; beide bleiben, wenn sie diesen Grundgesetzen zuwiderhandeln, der Abäußerung, oder wenn man in Ansehung der Freien einen andern Namen gebrauchen will, der Abmeierung unterworfen. Es hindert also nichts, sich hierunter in allgemeinen Ausdrücken an die Eigenthumsordnung zu halten und den Grundsatz anzunehmen,

daß der freie Erbpachter sich in Ansehung des Hofes ein Mehreres, als den Leibeigenen in der Eigenthumsordnung erlaubt ist, nicht herausnehmen oder widrigenfalls, wo dieser desfalls der Abäußerung unterworfen ist, die Abmeierung leiden solle.

Ebenso deutlich redete auch die Sache in Ansehung der Dienstleistungen und Pächte, und zwar dergestalt: daß der Gutsherr solche von dem freien Erbpachter nach ebendem Maße und ebendem Ziele fordern konnte, nach welchem er solche von seinem Eigenbehörigen hatte, die Selbstpfändung nicht ausgeschlossen. Es konnte also auch hier die Eigenthumsordnung die bekannte Richtschnur bleiben.

Die einzige Ausnahme, welche sich hier aufstellte, betraf das Holz, worum sich mancher Gutsherr, nach vermindertem Interesse,

zum Nachtheil des gemeinen Wesens jetzt weniger, oder auch wol,
um den freien Erbpachter durch einen Nebenweg wieder unter seine
Willkür zu bringen, zu sehr bekümmern würde. Die erste von diesen
beiden Folgen schien mir hier im Lande, wo man den völlig freien
Bauern, wiewol mit Unrecht, die willkürliche Nutzung ihres Holzes
gestattet, und solchergestalt das Publikum in Gefahr setzt durch
den übeln Haushalt eines einzigen schlechten Wirths einen Erb-
schaden an einem reibepflichtigen Gute zu erleiden, nicht gefährlich
und allenfalls zur künftigen Vorsorge des Gesetzgebers zu gehören.
Die andere aber fand ich um so viel bedenklicher, je mehr das
neue Interesse und der daraus gezogene Schluß eine scharfe Bestimmung nothwendig machte. Die Verweigerung der Anweisung
oder willkürliche Gebühren für jeden Stamm sind immer gefährliche
Mittel für einen übelwollenden Herrn; und wenn man einmal die
Absicht hat Freiheit und Leben einzuführen, muß man alles, was
diese verhindern kann, auf die Seite schaffen. Hierzu aber liegt,
soviel ich urtheilen kann, das Mittel nicht in der Eigenthumsordnung; und gerade hier wird es nöthig sein, den schriftlichen
Contract zu gebrauchen, mithin darin zu bestimmen: ob der Erbpachter, unter gehöriger Verpflichtung zur Wiederanpflanzung, die
Nothdurft an Brand- und Bauholz ohne Anweisung nehmen, oder
ob er solche zu dem letztern, sowol was das Zaun-, Wagen-,
Riegel- und Speer- als Hausbalkenholz betrifft, nachsuchen, und
wieweit er nach Beschaffenheit der Localumstände zum Verkauf oder
zu einer forstmäßigen Nutzung — denn das Verhauen und Verschwenden ist immer verboten — berechtigt sein solle.

Meine zweite Betrachtung fiel auf Bau und Besserung.
Hiervon weiß man bei der Erbesbesetzung mit Leibeigenen nichts;
alles, was dieselben in den Hof verwenden, kommt dem Hofe oder
dem Hofeserben, und wenn dieser fehlt, dem Gutsherrn ohne alle
Erstattung zugute. Aber auch dieses ist der wahre deutsche Meiercontract, und es hindert nichts, den Erbpachtscontract dahin zu
richten:

> daß alles, was der Erbpachter an dem Hofe bauen und bessern
> oder aus der offenen Mark, worin der Hof berechtigt ist, es sei
> unter welchem Titel es wolle, ankaufen würde, dem Hofe und
> Hofeserben, nach dessen Abgang aber dem Erbverpachter ohne
> alle Erstattung zugute kommen solle.

Der Fall, wo das Angekaufte noch unbezahlt und solchergestalt
noch nicht rein mit dem Hofe verknüpft ist, nimmt sich von selbst
aus; und das Recht was die Eigenbehörigen haben, Gründe,
welche sie außer aller Beziehung auf den Hof gekauft haben, bei
Lebzeiten wieder verkaufen zu mögen, bleibt dem Erbpachter und
seinen Nachkommen ewig. Aber in der Mark, worin der Hof liegt,

bezieht sich alles auf denselben.   Hier muß der Erbpachter nichts
zum freien Verkauf für sich und die Seinigen sondern alles dem
Hofe und Hofeserben erwerben; oder er ist in beständiger Ver=
suchung, ein Verräther an dem ihm anvertrauten Meiergute zu
werden und sein Erbgut zum Nachtheil des Pachtguts zu bessern.
Also kein Erbgut in derselben Mark, worin der Hof liegt!

Die Besitzer aller Pfründen befinden sich in gleichem Falle.
Was sie an ihren Curien und Obedienzien verbessern, bleibt nach
ihrem Tode ohne alle Erstattung dabei, insofern sie sich nicht durch
eine Bewilligung ihrer Obern vorgesehen haben, welche insgemein
auf eine jährliche Abtödtung gerichtet ist und auch in dieser Maße
dem Erbpachter, ohne sonderlichen Nachtheil des Gutsherrn, ent=
weder von diesem oder, wenn derselbe unbillig sein sollte, von
der Obrigkeit ertheilt werden kann, auf zwanzig Jahre, wenn er be=
reits einen Hofeserben im Leben hat, und auf zehn, wenn er der=
gleichen nicht haben sollte.

Nichts hat das Leibeigenthum mehr begünstigt als der billige
Vortheil welchen der Gutsherr hat, daß er wegen Bau und
Besserung, Gall und Gare, oder wie sonst die Zankäpfel zwischen
Pächtern und Verpächtern mehr heißen, mit keinen Gläubigern oder
Allodialerben zu liquidiren und zu streiten hat.   Dieser Vortheil
muß also auch mit der Erbpacht, wenn man dieselbe befördern will,
verknüpft bleiben.   Die abgehenden Kinder erhalten ihre Auslobung,
womit sie von aller Besserung abgefunden werden, und es gibt
hier keine Regredienterben.

Auch hat man bei den Pfründen das glückliche Recht, daß
sich keine Gläubiger und Erben ohne Mittel in die Erbschaft des
Verstorbenen mischen können, sondern was sie zu fordern haben
aus der Hand der ernannten Executoren nehmen müssen, so die
Erbschaft zu verwahren haben.   Eine solche Verwahrung war
auch ehedem bei den Lehnen unter dem Namen von Custodia, und
der Lehnsherr übte sie aus.   Ebendieselbe ist wiederum der große
Vortheil des Leibeigenthums, wo der Gutsherr völliger und einziger
Executor oder Custos auf dem Hofe ist, sobald der Fall eintritt.
Ein gleicher Vortheil kann dem Erbverpachter unter dem Namen
einer Erbesverwahrung zugestanden werden, um alles Besitz=
ergreifen, Vorenthalten (jus retentionis) und unmittelbare Ein=
mischen fremder Prätendenten und Gläubiger von seinem Hofe ab=
zuhalten; und würde solcherhalb in dem Erbpachtcontract zu be=
dingen oder vielmehr in einem gemeinen Meierrechte zu verord=
nen sein:

daß der Hof in beständiger Verwahrung seines Gutsherrn
bleiben, mithin keiner daran oder darauf einen festen Besitz

haben ſolle als derjenige, der ſolchen für ſeines Leibes Leben aus den Händen des Gutsherrn empfangen hätte.

Damit wäre denn alles Recht der Vorenthaltung und Beſitzergreifung für ſolche Perſonen, die nicht ſelbſt die Hand am Gute erhalten, völlig ausgeſchloſſen und die richterliche Handhabung gehörig eingeſchränkt; ſodann müßten die Erben zu dem beweglichen Gute was ihnen gebührte aus der Verwahrung des Executoren, nicht aber ohne Mittel nehmen. Das iſt auch der deutſche Unterſchied zwiſchen Erben und Erbgenahmen.

Wollte man dieſes zum Beſten der Erbgenahmen und Gläubiger mildern, ſo würde ſolches alſo geſchehen können, daß der Gutsherr ihnen in dem Falle, wo ihm das Erbe eröffnet würde, die ganze Ernte des Jahres, worin der letzte Erbpachter ſtirbt, und allenfalls noch ein Jahr aus ſeiner Verwahrung zugute kommen ließe; woraus dann diejenigen, mit deren Gelde oder Fleiße eine oder andere unbezahlte Beſſerung ausgerichtet worden, ihre Befriedigung erhalten könnten.

So viel von dem Hofe; jetzt will ich auf die Perſon des Erbpachters kommen. Hier zeigt ſich die größte Schwierigkeit, wie man eine genaue Scheidungslinie zwiſchen Hofeserben und andern Erben ziehen wolle. Dem Gutsherrn iſt es nicht zuzumuthen, daß er allen und jeden, die dem Verſtorbenen nahe oder fern verwandt ſind, in ihrer Ordnung den Hof übergeben ſolle. Wollte man dieſes fordern, ſo könnte ich keinem rathen ſich auf eine Erbpacht einzulaſſen; nie würde ihm ſein Hof eröffnet werden, und oft würde er mit allerhand Erben ſich herumzuzanken haben. Es iſt alſo durchaus nöthig hier eine Grenzlinie zu ziehen. Die Frage iſt aber, wie und wo man ſolche ziehen wolle.

Die Römer hatten hier zuerſt, wie ſie ihre ländlichen Begriffe mit in die Stadt brachten, ihre Suität und Emancipation. Sobald ein Kind aus der Suität trat, verlor es ſein Erbrecht. Gleiche Begriffe hatten die Deutſchen: der Erbe mußte ſein hörig, huldig und ledig; und dieſes ging ſo weit, daß ein Bruder in einer Hode oder Hulde ſeinen Bruder in einer andern nicht erben konnte. Keine Erbſchaft folgte aus der Stadt oder der Bürgerhulde aufs Land, aus einer Hode in die andere, aus einer Hörigkeit in die andere. So wenig jetzt ein freier Sohn ſeinen leibeigenen Vater beerbt, ebenſo wenig erbten emancipirte, aus der Suität, dem Gehör oder der Hulde entlaſſene Kinder ihre Aeltern. Hier im Stifte ward dieſes Recht zuerſt durch die mit dem Biſchof Konrad von Diepholz im Jahre 1482 geſchloſſene Capitulation § 12 aufgehoben, und auf demſelben beruht noch der Abſchoß.

Auf dieſe Begriffe leitete die Natur Menſchen, welche die Schwierigkeit fühlten, die ich vorhin angeführt habe, und die ſie gern vermeiden wollten; Begriffe, die das große Gebäude der Hörigkeit getragen haben, was ehedem über den Boden von ganz Europa hervorragte, und die in manchen Köpfen jetzt für redende Urkunden der Leibeigenschaft gelten. Allein eben diese Begriffe sind jetzt, da sie der Prätor zu Rom, und der Geldreichthum welcher bald den größten Theil der Erbschaften ausmachte, überall verbannt hat, sowol ihrer großen Feinheit wegen als weil sich alles in Territorialunterthanen verwandelt hat, ziemlich unbrauchbar. Sie sind das feinste Kunstgewebe des menschlichen Verstandes, der nur das Band der Hulde zwischen Haupt und Gliedern kannte; und man müßte sie, wie ehedem, täglich behandeln, um sie in Uebung und Anschauung zu unterhalten.

In dieser Verlegenheit müssen wir' wieder unsere Zuflucht zur Eigenthumsordnung nehmen; diese sagt:

Diejenigen, welche vom Erbe mit Aussteuer abgegütet, darauf Verzicht gethan, oder andere Erben und Güter angenommen haben, sollen keinen Regreß zur Erbfolge im Hofe haben; es sei denn daß der Gutsherr sie mittels gebührender Qualification hinwieder dazu lassen wolle.

Und dieses muß auch der Grund der Erbfolge im Hofe bei freien Personen bleiben. Jedes Kind, was aus dem Hofe freiet — ein Ausdruck der sich auch auf die alte Hörigkeit bezieht — muß, sobald der Priester den Ehesegen gesprochen hat, nichts weiter als seine Auslobung fordern können und damit von aller Erbfolge im Hofe abgeschnitten sein. Das Erbrecht fällt von einem Kinde aufs andere, solange sie noch ungefreit sind; unter diesen kann eins zum Vortheil des andern darauf Verzicht thun: aber es kann ohne gutsherrliche Bewilligung kein Verzicht oder Abstand zum Vortheil solcher Kinder gelten, welche das väterliche Gehör, oder den Hof, mit Heirathen verlassen haben. Und diesen Grundsatz zu verstärken, kann man im übrigen die völlige Analogie der Eigenthumsordnung gelten lassen.

Bei dem Leibeigenen streitet man darüber, ob diejenigen Kinder, welche auf eine andere Stelle in dem nämlichen Eigenthum heirathen, ihr Erbrecht verlieren. Ein gleicher Streit erhob sich auch ehedem im Hofrechte über die Verandersetzung (établissement ailleurs), und man behauptete, daß die Kinder, welche in derselben Hulde blieben, sich nicht verander setleten. Ebenso könnte es auch geschehen, daß bei dem Ausdruck aus dem Hofe heirathen die Frage entstünde: ob Kinder, die im Hofe heiratheten und auf demselben, entweder als Vormünder des Anerben, oder zur Heuer blieben, ihr Erbrecht damit verwirken, besonders wenn sie mit dem Hofeserben in einerlei Hulde bleiben. Diesem Streite wird man aber in Ansehung der Erbpacht damit vorbeugen können, wenn man in den Meiercontract setzt:

daß alle Kinder welche heirathen, wenn ein Anerbe im Leben ist, damit völlig abgeben und weiter nichts als ihre Auslobung fordern sollen.

Ueberhaupt aber wird es nöthig sein hier die Behandung einzuführen. Die Behandungsgüter sind bekannt, besonders in dem Fürstlich Werdenschen Lehnhofe; und sie werden auch Adelichen (wiewol nicht zu Meier-, sondern zu Ritterdiensten), mithin gewiß aller persönlichen Freiheit unbeschadet, verliehen. Diese Behandung gibt der ganzen Sache eine ordentliche Richtung, als:

1) Behandet der Gutsherr dem freien Erbpachter oder dessen Anerben und seiner Frauen das Gut; daher fällt es von dem Manne auf die Frau, und von der Frau auf den Mann für ihrer beider Leibes Leben.

2) Behandet er es einem Stiefvater oder einer Stiefmutter, wenn der Fall einer zweiten Ehe eintritt, und erhält damit das Recht, die Behandung auf ebendie Jahre einzuschränken, auf welche sie der Gutsherr in Ansehung der Leibeigenen einschränkt; da denn auch wiederum die Analogie der Eigenthumsordnung hier zu gebrauchen ist.

3) Behandet er nach dieser Analogie den Aeltern, wenn sie abziehen, auch die Leibzucht und behält dadurch deren Bestimmung nach üblichem Rechte in seiner billigen Vorsorge.

4) Steht die Behandung mit der vorgedachten Bewahrung in einem systematischen Zusammenhange.

5) Kann der Gutsherr kraft der Bewahrung, wenn er es nöthig findet, den Zustand seines Hofes untersuchen und nachsehen ob derselbe auch verschuldet sei.

6) Erhält auch mittels der Behandung der Zustand des Erben seine eigentliche Bestimmung. Man sieht, alle noch unverheirathete Kinder sind hörige und nothwendige Erben, haeredes sui et necessarii, alle andere aber nicht. Dennoch geht der Besitz auf diese nicht von selbst (ipso jure) sondern durch die Behandung über. Und da

7) eine Bestimmung nöthig ist, was bei dem Abzug der Aeltern auf die Leibzucht im Hofe gelassen werden muß und nicht mitgenommen werden kann, oder was von der Erbtheilung ausgeschlossen ist, so kann der Gutsherr dafür sorgen, daß diejenigen Sachen, welche unter die Behandung gehören (res mancipii, auf westfälisch Redegut), zusammen im Hofe bleiben und dem Hofeserben nicht entzogen werden.

Eine ganz andere Frage aber ist es, ob den also abgegangenen Kindern auf den Fall, da der Hofeserbe und seine Frau abgeben,

nicht das Näherrecht vor einem Fremden, wenn jener die nämlichen
Bedingungen eingeben will als dieser, zuzubilligen sei; und ob sodann die nächsten Verwandten des Letztlebenden, ohne Unterschied
ob der Hof ihm ursprünglich gehört habe oder nicht, den Vorzug
haben sollen. Allein da solches nur zu Processen führen würde, so
scheint es mir am besten zu sein, dieses Näherrecht auszuschließen;
wie es denn auch bei Eigenbehörigen nicht stattfindet. Doch mögen
andere die mildere Meinung, ohne daß ich ihnen darin widersprechen
will, behaupten.

Auch könnte man noch fragen, ob es nicht rathsam sein würde,
das Hagestolzenrecht, nach welchem der Hofeserbe, wenn er unverheirathet verstirbt, als Leibeigener beerbtheilt werden kann, zu bedingen. Denn der Gutsherr kann einen freien Mann nicht wie
einen Leibeigenen nöthigen, sich, beim Verlust seines Erbrechts, zu
verheirathen; und jenes Hagestolzenrecht kann nur bei freien Personen ausgeübt werden, weil Leibeigene ohnehin von ihrem Gutsherrn beerbtheilt werden. Allein diese Bedingung scheint mir überflüssig, weil der Meiercontract dahin geschlossen werden kann, daß
der Hofeserbe, wenn er bis über dreißig Jahr mit der Heirath
wartet, den Weinkauf so als wenn er wirklich heirathet bezahlen
solle. Und wenn man auch dieses nicht will, so müßten zugleich
mehrere unverheirathete Geschwister im Hofe geblieben sein, wenn
derselbe dem Gutsherrn nicht eröffnet werden sollte; und dieses
wird selten der Fall sein.

Der Freikauf.

Boito war der leibeigene Knecht eines sehr gütigen Gutsherrn,
und doch hatte er lange gewünscht, den Hof, welchen er von ihm
zum Bau unterhatte, als sein freies Eigenthum zu besitzen, aus
Besorgniß, der Nachfolger seines Herrn möchte einst minder edel
denken oder durch die immer geschwindere Zeiten genöthigt werden,
ihn an einen Tyrannen zu verkaufen. Die Freiheit war ihm oft
mit allen ihren hohen Reizungen erschienen, und mehr als einmal
hatte er die Eiche mit den Augen gemessen, wovon er sodann völliger Herr sein würde. „Eilike, Eilike", sagte er oft zu seiner Frau,
„wenn wir frei sind, so sind unsere Kinder auch frei, und was wir
mit unserm sauern Schweiße erwerben, bleibt ihnen."

Endlich kam die glückliche Stunde, worin sein Gutsherr sich
bewogen sah, einige seiner entfernten Eigenbehörigen, worunter

Boiko mitgehörte, abzusteben; und wie er diesen immer für einen guten Mann gehalten hatte, so bot er ihm seine Freiheit und seinen Hof für ein ziemliches Kaufgeld an. „Euch, Boiko", sprach er zu ihm, „möchte ich ungern an einen andern verkaufen; Ihr habt mir allemal ehrlich gedient, und es geht mir durchs Herz, wenn ich daran denke daß Ihr vielleicht einem Manne zutheil werdet, der, wenn er zu viel verspielt hat, sich an Eurer Armuth erholt. Könnt Ihr zum Gelde rathen, so versäumt die Gelegenheit nicht Euch frei zu kaufen. Zweitausend Thaler sind mir für Euch geboten, und Ihr sollt der Nächste zum Kaufe sein, wenn Ihr in Zeit von acht Tagen ebenso viel geben wollt."

Halb traurig und halb froh hörte Boiko diesen unvermutheten Vortrag an. „Ungern", erwiderte er, „verlasse ich das Eigenthum meines gnädigen Gutsherrn, der bisher mein Herr und mein Schutz gewesen und Geduld mit mir gehabt hat, so oft mich Unglücksfälle außer Stand gesetzt haben ihm meine Pacht zu entrichten; allein, wenn ich ihn durchaus verlassen soll, o, so bitte ich mir das Vorrecht vor andern zu gönnen; ich will sehen wie ich in der gesetzten Zeit, so blutsauer es mir auch werden wird, zum Gelde gelange, und die übrige Zeit meines Lebens gern Wasser trinken, um mit meinen Nachkommen zu ewigen Tagen in Freiheit zu leben und zu sterben."

Sowie er dies gesagt hatte, ging er in hohem Muthe nach Hause. Fünfhundert Thaler hatte er baar, zweihundert gedachte er aus seinem überflüssigen Holze zu machen, und das übrige hoffte er gegen Verpfändung eines Theils seiner Ländereien zu bekommen. Dieses waren seine Ueberlegungen unterwegs; und kaum hatte er seiner Frau und seinen Kindern ihr gemeinschaftliches Glück und den Plan eröffnet, wie er zum Gelde gelangen könnte, so wurde ein Nachbar nach dem andern herbeigeholt, um zu überrechnen, was für Leute in der Bauerschaft wären die Geld hätten und solches vorschießen könnten. Der eine hatte ihrer Vermuthung nach hundert, der andere hatte funfzig Thaler; und so oft etwas zu fehlen schien, sagte die Frau, daß sie in Zeit von vierzehn Tagen noch ein Stück Löwend Linnen fertig haben würde, womit auch noch ein gutes Loch gestopft werden könnte. Alle aber stimmten froh darin überein, daß das Geld noch wol zu kriegen sein würde; und Thränen der Freude traten dem guten Boiko ins Auge, so oft der Krug herumging und ihm schon mit einem „Es gilt Euch, Herr Bovemann" zugebracht wurde. Erst spät in der Nacht verließ die biedere Gesellschaft den warmen Herd, und jeder legte sich mit der hohen Erinnerung eines wichtigen Entschlusses, vielleicht auch etwas berauscht, zur Ruhe.

Allein indem alle im tiefen Schlafe begraben lagen, ohne daß auch nur ein Traum ihre Ruhe störte, machte sich Hazeke, ihre älteste Tochter, welche alles beim Herde mit angehört hatte, auf zu ihrem Bräutigam, um demselben ihr Unglück zu eröffnen. „Die fünfhundert Thaler, womit mich mein Vater ausgeboten hat, und worauf du dich mit mir versprochen hast, sollen jetzt zum Freikaufe angewandt werden", war ihre erste Anrede gegen ihn, sobald sie ihn auf der gewohnten Stelle fand; „und wann dann noch so viel Holz gehauen, so viel Länderei von unserm Hofe versetzt, und alles, was im Hause überflüssig ist, losgeschlagen werden soll, so bekommst du gerade nichts mit mir, und ich kann in die Welt gehen um mein Brot zu betteln. O Henrich, Henrich! wir müssen diesen Freikauf hintertreiben, oder du und ich sind unglücklich, unwiederbringlich unglücklich; mit ledigen Händen läßt sich nichts anfangen."

„Das läßt sich freilich nicht", erwiderte Henrich ganz ernsthaft, „und aus unserer Heirath kann nichts werden wenn du kein Geld hast; mein Gutsherr wird dich nicht annehmen, und ich muß Geld freien wenn ich meinen Hof erhalten soll. Aber ist es denn schon so ganz richtig mit dem Freikauf? und ist das Geld, was angeliehen werden soll, schon gezahlt?" „Keins von beiden", versetzte sie eiligst. „Mein Vater hat acht Tage Zeit genommen um das Geld zu schaffen, und morgen will er zu den Leuten in der Bauerschaft gehen, die es haben und leihen sollen. Es ist also noch möglich daß wir alles rückgängig machen, wenn wir entweder einen andern aufbringen, der für uns und unsern Hof dem Gutsherrn mehr bietet, oder aber die Leute bereden können unserm Vater kein Geld zu leihen. Gehe du morgen zu diesen und mache sie bange; ich will indessen sehen ob ich den Wasenmeister in unserm Dorfe, der Geld wie Heu hat, bewegen kann daß er unserm Gutsherrn einhundert Thaler für meinen Vater mehr biete. Ist es doch heutzutage so, daß ein Bauer den andern kaufen kann; und der Wasenmeister, der sein Camisol mit Golde besetzt hat, ist doch auch ein ehrlicher Mann."

Beide flogen nun eiligst auseinander, und das Gerücht sagt gar, daß sie sich nicht einmal eine Gute Nacht zugerufen hätten; so sehr hatte ihre Liebe gegeneinander ihre Aufmerksamkeit auf die Mittel geheftet, die zu ihrer Vereinigung führen sollten. Henrich ging, sofort wie der Tag anbrach, zu den Leuten, bei welchen er einiges Geld vermuthete, und entdeckte ihnen im Vertrauen, daß Boiko zu ihnen kommen und ihnen weismachen werde, daß er sich für zweitausend Thaler frei gekauft hätte; da er doch das Doppelte geboten hätte, welches sein Hof nie gelten könnte. Und hiermit richtete er so viel aus, daß Boiko, der später aufgestanden war, anstatt

Geldes nichts wie leere Entschuldigungen fand. Das Mädchen aber
wußte es mit dem Wasenmeister so gut einzuleiten, daß dieser den
Gutsherrn, wie er nach verlaufenen acht Tagen kein Geld von
seinem Eigenbehörigen sah, überführte, wie einundzwanzighundert
Thaler besser wären, als zweitausend die noch erst aufgeliehen
werden sollten.

Hazete sah nachher zwar oft ihren Vater dem Wasenmeister
dienen; aber die Freude, sich mit den nun von ihrem Vater erhaltenen fünfhundert Thalern glücklich zu sehen, machte ihr sein
Unglück leicht ertragen. Sie liebte ihren Henrich zwar nicht im
hohen Stil und nach dem Maße unserer Empfindungen, aber doch
auf ihre Weise stark genug um Vater und Mutter für ihn zum
Henker zu schicken.

Die Klage eines Leibzüchters, als ein Beitrag zur Geschichte der deutschen Kunst.

Es ist eine uralte Gewohnheit in Westfalen, daß bei jedem
Voll- oder Halbhofe eine Leibzucht sein, und wo solche fehlt,
eine erbaut werden müsse. Lange habe ich den Geist dieses Gesetzes nicht so lebhaft eingesehen als bei folgendem Vorfall.

Ein eigenbehöriger Mann kam unlängst zu mir und klagte mit
vielen Thränen, wie betrübt es ihm in seinen alten Tagen ginge,
da er mit einer Stieftochter in einem Hause wohnen und täglich
aus jedem ihrer Blicke einen heimlichen Fluch auf sich lesen müßte;
des Morgens früh und des Abends spät, wenn sie ihm auch nur
ein Stück Brot gäbe, sagte ihm jede ihrer Mienen, daß er sich
zum Henker scheren möchte. „O", schloß er endlich, „es ist eine schreckliche Sache, daß die Obrigkeit nicht besser darauf hält, daß bei
jedem Hofe eine Leibzucht sein müsse!"

Ich glaubte ihm recht vernünftig zu raten, da ich ihm sagte,
er sollte doch bei andern Leuten einziehen, oder sich eine besondere
kleine Wohnung mieten; ich wollte seine Stieftochter durch
den Weg Rechtens leicht zwingen, daß sie ihm jährlich für die
Leibzucht ein Gewisses an Gelde bezahlen sollte; und wenn ihm der
Weg Rechtens zu sauer würde, so wollte ich ihn wol für ihn geben
und die Reisekosten bezahlen. Der Mann dauerte mich von Herzen,
es war einer von den redlichen Greisen, die man nicht anders als
mit Ehrfurcht ansehen kann.

„Ach!" sagte der gute Alte, „das geht nicht an, denn ich
bin leibeigen; ich habe es schon versucht und wollte auf die ade-

lichen Gründe des Hauses . . . ziehen. Aber der gnädige Herr
sagte, er wolle nicht daß ein fremder Gutsherr den Sterbfall aus
seinen Häusern holen sollte; und er gestattete ihm auch dahin keine
unmittelbare Folge. Ich ging hierauf zu einem benachbarten Leib=
eigenen; aber der entschuldigte sich eben auch damit, wie sein Guts=
herr es übelnehmen würde, wenn er Leute, die einem fremden
Sterbfall unterworfen wären, auf seine Gründe nehmen und sein
Erbe dadurch in Verdacht setzen wollte.

　„Ein freier Mann, zu dem ich mich in gleicher Absicht wandte,
machte mir nicht allein fast eine gleiche Entschuldigung, sondern
setzte auch ganz trocken hinzu, daß er keine Leibeigene aufnehme,
weil er, wenn sie stürben, für die Heuergelder kein stillschweigendes
Unterpfand an Sachen haben würde, die zum Sterbfalle gehörten.
Endlich erbarmte sich doch noch ein armer Kötter über mich und
meine selige Frau, die ihm noch etwas verwandt war, und über=
ließ uns sein Backhäuschen. O wie froh, wie ruhig war ich hier!
Allein wie lange? Meine selige Frau starb, und nun kam auf
einer Seite der Gutsherr und auf der andern der Beamte, um
mir beide die Hälfte von allem dem Meinigen zu nehmen. «Was,»
sagte der Gutsherr zum Beamten, «gedenkt Er meine leibeigene
Magd als biesterfrei zu behandeln?» «Und wie,» antwortete der
Beamte dem Gutsherrn, «geht der gutsherrliche Schutz auch außer
der Wehr?» Hierüber entstand ein Proceß, welchen der Gutsherr
verlor, und nun sieht mich jeder als einen Unglücksvogel an, dem
keiner eine Wohnung verheuern will. Der Beamte sagte ganz eifrig
zu mir: es sind hundert freie Kotten durch die Nachlässigkeit meiner
Vorfahren verloren gegangen, weil sie Leibeigene darauf gelassen
haben; und wenn man nicht gleich die Leute als biesterfrei behan=
delt, so ist gar kein Mittel, einen Kotten gegen dergleichen Eingriffe
zu retten. Denn die Biesterfreiheit zwingt die Leute zur Hode,
und Hode redet wider das Leibeigenthum.

　„Ich bat hierauf meinen Gutsherrn, mich meinen Sterbfall
selbst dingen zu lassen und mich sonach in Freiheit zu setzen; er
war auch wirklich dazu nicht abgeneigt. Allein meine Stieftochter
hintertrieb es, aus der Ursache, weil ich sodann als freier Mann
das Meinige meinen Kindern zweiter Ehe würde zugewandt haben...‟

　Ich lernte hieraus, daß die praktische Einsicht des alten Greises
weiter ging wie meine Theorie, und bedauerte den Mann, der bei
dem Mangel der Leibzucht die Hölle mit seinen Kindern bauen
müßte, nachdem man das feine Kunstgewebe der deutschen Rechts=
gelehrsamkeit, worin die Nothwendigkeit der Leibzucht ihre eigen=
thümliche Stelle hat, nicht mehr erkennen will.

Das abgeschaffte Herkommen.
Eine lehrreiche Geschichte.

Nicht weit von der Burg zu Holte wohnten vor lieben langen
Jahren ein Paar fromme Hausleute, welche den edeln Herrn da=
selbst für ihren gnädigen Gutsherrn erkannten und ihm, so wie
es das Herkommen mit sich brachte, getreu und redlich dienten.
Ihre einzige Tochter, ein frisches schlankes Mädchen, hatte ihres=
gleichen unter allen zu dieser Burg gehörigen Leuten nicht; und
wenn sie jährlich auf der Hofsprache, welche die Herrschaft damals
noch mit ihrer Gegenwart zu beehren pflegte, tanzte, so hätte man
schwören sollen, es sei niemals ein Holzschuh an ihre Füße gekom=
men. Ihre Stimme war so rein und klingend, daß man es alle=
mal auf der Burg hören konnte, wenn sie unten im Sundern mit
den Nachtigallen wetteiferte; und die Hausarbeit ging ihr so leicht
von der Hand, daß der guten Mutter das Herz lachte, wenn sie
ihr liebes Kind die Drösche wenden sah.

Lange hatte der Sohn des alten Burgherrn, ein junger Herr
der jetzt die Jahre der Knapschaft angetreten hatte, und mit Ver=
gnügen der Zeit entgegensah da er auf Abenteuer reisen sollte,
die schöne Syltka, so war der Name der Dirne, insgeheim bewun=
dert und manchen Abend das Fenster in dem dicken Thurm auf
der Burg geöffnet, um sich an ihrer Stimme bei stiller Abendzeit
zu ergötzen. Oft hatte er schon seiner gnädigen Frau Mutter an=
gelegen, sie zu sich auf die Burg zu nehmen und im Perlensticken
und Haarflechten unterweisen zu lassen, um dermaleinst ein ge=
schicktes Hofmädchen, denn der Titel Kammerjungfer war zu der
Zeit noch nicht üblich, daraus zu erziehen. Allein da die Aeltern
ihr einziges Kind nicht gern missen und noch weniger die Anerbin
ihres Hofes zu falschen Hoffnungen und gewissen Thorheiten ver=
wöhnt haben wollten, so hatte der alte Burgherr, ein Mann der
zwar manchen Biedermann ritterlich erschlagen und manchen Bürger
gebrandschatzt, doch niemals einem frommen Ackersmann das min=
deste Leid zugefügt hatte, sich allezeit dagegen gesetzt, so oft sein
Sohn den Beifall der gnädigen Frau Mutter erschmeichelt hatte.
Denn damals richtete sich der Haushalt noch nach den Befehlen des
Herrn.

Endlich aber wagte er es doch, den Gegenstand seiner jugend=
lichen Wünsche, da er sie auf grüner Heide allein fand, um einen
Kuß anzusprechen; und vielleicht hätte sie ihm solchen in aller Un=
schuld nicht verwehrt, wenigstens hat man nicht gehört daß sie ein
saures Gesicht dazu gemacht, wenn nicht die Mutter, welche hinter

der Hecke stand, aufs eifrigste ihrer Tochter zugerufen hätte: Kind,
thue es nicht! es möchte eine Pflicht daraus werden.

Mutter und Tochter wußten damals noch nicht, was wir jetzt
wissen, daß ein Kuß, aus Pflicht gegeben, niemals so strenge als
ein anderer Hofdienst gefordert werde. Ihr Wahn war also leicht
und um soviel mehr zu entschuldigen, da sie von Jugend auf in
dem Glauben erzogen waren, daß derjenige, der seinen Hof mit
einer neuen Pflicht belüde, ewig auf demselben spuken gehen müßte;
ein Glaube, der ihnen jederzeit mehr Dienste als alle Gründe,
womit die geringen Leute selten recht umzugehen wissen, geleistet
hatte.

Der junge Herr erbot sich indeß gegen die Mutter bei ritter-
lichen Ehren, ihrer Tochter den Kuß so insgeheim zu geben, daß
niemals ein Zeuge darüber geführt werden könnte. Er versprach
in allem Ernst, weder seinem Herrn Vater noch seiner Frau Mutter
das mindeste davon zu sagen, und versicherte, daß der Kuß solchergestalt niemals ins Lagerbuch geschrieben werden sollte. Allein die
Mutter beharrte auf ihrem Sinn und meinte endlich, sie müßte
wenigstens vorher ihren Mann darüber zu Rathe ziehen. Das
Mädchen allein sagte nichts; und man weiß bis auf diese Stunde
nicht, ob sie nicht gern gewünscht hätte ihren Hof mit dieser Pflicht
zu beladen.

Wie sie des Abends zu Hause kamen und einmüthig beim
Herde saßen, erzählte die Mutter der Sylika ihrem Mann den
ganzen Vorfall. Sie ließen beide ihre Gedanken lange darüber
gehen; endlich aber sagte der Alte, ein Mann von vieler Erfahrung: „Die Sache betrifft nicht blos mich, sondern alle zur Burg
gehörigen Leute. Wenn der Gutsherr einmal das Recht hat, einen
Kuß von unserm Mädchen zu fordern, so wird er es mit der Zeit
von allen begehren. Es ist also am besten, ich trage es dem ganzen Hofe vor, und was dieser beschließt, das soll geschehen.“

Früh, wie die Sonne aufging, eilte der Alte zum Meierhofe,
und erhielt sogleich von dem Redemeier, daß eine Hofsprache an-
gesagt wurde. „Ihr Männer vom Hofe“, fing hierauf der beredte
Redemeier seine Rede gegen die versammelten Hofesgenossen an,
„ihr wißt, wie oft ich das Unglück beklagt habe, daß alle unsere
Pflichten jetzt nach dem Herkommen beurtheilt werden. In den
ältesten Zeiten, wie ich von meinen Vorfahren gehört habe, war
es nicht also; sondern die Genossen eines Hofes hatten alle nach
ihrem unterschiedenen Verhältnisse einerlei Pflichten, welche auf
einer Tafel, so hinter dem Altar hing, beschrieben waren. Man
wußte von keinem Lagerbuche und von keinem Besitze, sondern
richtete sich lediglich nach dieser öffentlichen und geheiligten Urkunde; und man sagt, daß im Anfange mit Fleiß die Pflichten in

jedem Hofe gleichförmig gemacht worden, **um** den geringen Mann gegen alle einzelne Aufbürdungen zu versichern. Zu dieser Zeit machte man sich kein Bedenken daraus, **der** gnädigen Herrschaft ein Fuder Wein aus dem Rheingau zu holen **oder** ihr den Heerwagen bis auf die roncalischen Gefilde zu fahren. Denn wir waren durch jene öffentliche Urkunde sicher, daß alles dasjenige, **was einer** über die durchgängig gleiche Pflicht leistete, **in Ewigkeit eine** Gefälligkeit bleiben würde. Und **wer** von uns **wollte** sich **auch noch weigern**, einem so **braven Herrn**, als unser **alter** Gutsherr **ist**, nicht **alles** aufzuopfern **was in** seinem Vermögen wäre, **wenn es** ohne Folge geschehen könnte? Allein seitdem man angefangen hat **lediglich** darauf zu sehen, was der Gutsherr bei jedem hergebracht hat; seit- dem unsere Pflichten nicht mehr hinterm Altar in unserer Bauer- kirche sondern in Büchern beschrieben stehen, welche vor hundert Jahren niemand gekannt hat, seit dieser Zeit, sage ich euch, hat sich das Unglück über uns arme hofhörige Leute wie eine Flut aus- gebreitet. Wir dürfen unserm Gutsherrn, so gern wir auch wollten, nichts zu Gefallen thun; wir **können** seine Gnade durch unsern besten Willen nicht verdienen; wir haben dagegen von ihm auch keine zu hoffen: und so wird die natürliche Bewegung der Erkennt- lichkeit in uns erstickt; wir müssen alle Augenblicke grobe Tölpel heißen, und sind es vielleicht auch aus Nothwendigkeit, weil wir kein Ei bringen können **das** nicht gleich angeschrieben wird. Es ist also auch nicht rathsam daß Eure Tochter **dem** jungen Herrn einen Kuß verstatte. Denn wenn derselbe **auch** nicht angeschrieben und in Gegenwart einiger Zeugen gegeben wird, **so** haben die ver- wünschten Rechtsgelehrten einen Eid **erfunden**, womit sie uns armen Leuten gleich auf den Leib fallen. Das Mädchen kann den em- pfangenen Kuß nicht abschwören, und dann heißt es, der Guts- herr ist im Besitz; und Besitz entscheidet jetzt alles, da doch ehedem weder **der** Besitz noch der Eid gegen die öffentlich bekannten Hofes- rechte zugelassen wurde. Ein anderes wäre, wenn unsere gnädige Herrschaft die Pflichten, welche aus jedem Hofe geben, von neuem öffentlich beschreiben und auf steinernen Tafeln in der Kirche wieder aufhängen lassen wollte. Alsdann möchten sie so viel Küsse, so viel Hühner und Eier verlangen als sie **nur** wollten. Mit Freuden sollten unsere Töchter sie hinbringen, **wir** wollten ihnen dienen so oft sie es nöthig hätten; und sie würden sich auch ihrerseits gegen uns mitleidig beweisen, wenn wir einmal nicht im Stande wären unsere Pflicht zu leisten.''

Kaum hatte die versammelte Menge dem Redemeier ihren Beifall gegeben, so ging der Vater der Sylika nach Hause, um seiner Frau die Meinung des Hofes bekannt zu machen; und diese brachte es durch ihre schöne Tochter dahin, daß das Herkommen ganz abgeschafft und die Tafel in der Kirche wieder aufgehängt wurde.

Seitdem hat man zwar in dieser Gegend oft im Finstern einen Kuß gehört, aber niemals geglaubt daß es eine Spukerei der Sylika sei; und ihre Nachkommen wissen es ihr noch jetzt Dank, daß keine Mutter über die Hecke rufen könne: Thue es nicht, es wird eine Pflicht daraus!

Haben die Verfasser des Reichsabschiedes von 1731 wohl gethan, daß sie viele Leute ehrlich gemacht haben, die es nicht waren?

Es ist ferner gewiß, daß die Zünfte und Gilden ungemein dadurch gelitten haben daß sie nach dem jüngern Reichsabschiede alle von irgendeinem Pfalzgrafen ehrlich gemachten Hurkinder und beinahe alle Geschöpfe, die nur zwei Beine und keine Federn haben, als zunftfähig erkennen müssen. Nach der seit einiger Zeit Mode gewordenen Menschenliebe, und vielleicht auch nach unserer Religion nach welcher Gott keinen Unterschied macht unter den Menschen vom Mutterleibe geboren, mag es mit dieser Verordnung gut genug gemeint sein. Allein ein rechtschaffener Polizeigrund läßt sich davon nicht angeben; oder man möchte denn an jene Verordnung eines sichern Reichsfürsten denken, welche also anfing:

Wir von Gottes Gnaden &c. fügen hiermit zu wissen, was maßen und nachdem Wir Uns mit Unserer Fürstl. Familie und Unsern Räthen der menschlichen Gesellschaft entzogen haben, diese nur aus lauter Canaillen besteht: Als wollen Wir gnädigst, daß alle Hurkinder, denen Wir unter Unserm Fürstl. Siegel die Rechte einer echten Geburt ertheilen, darin bei hundert Goldgülden Strafe aufgenommen werden sollen.

Was kann das unschuldige Kind dafür? und warum soll dieses darunter leiden daß seine Mutter ein einziges kleines Kind gehabt hat? pflegt man zwar insgemein zu sagen. Allein, zum Henker mit dem Wechselbalg! rief die Aebtissin von . . ., als man ein fürstliches Hurkind ins freiadeliche Stift bringen wollte. Man erbot sich zur Kaiserlichen Legitimation und bedauerte hundertmal das arme unschuldige Kind. Allein es half alles nichts; der Wechselbalg mußte fort, weil die Aebtissin keine andere aufnahm als diejenigen, so aus einem reinen adelichen deutschen Ehebette erzielt waren. Sie handelte recht daran. Aber warum ließ man die Gilden nicht bei diesen mit der deutschen Ehre zugleich geborenen Grund-

fätzen? Warum ſchändete man die gemeine Nationalehre mehr als
die hohe oder Dienſtehre? Warum verdiente der große, der wirk=
ſame Theil der Nation mindere Achtung **als** der geringere und
unwirkſame? Wahrlich aus keinem **andern Grunde** als welchen
Höchſtgedachte Jhro Fürſtliche Gnaden anzuführen geruhten. Die
Verfaſſer **des** Reichsabſchiedes ſtanden **auf der Höhe**, und was
unten am Berge **war**, ſchien ihnen nur **aus Mücken** zu beſtehen.

Der Grundſatz **der** neuern Geſetzgeber, **daß man die Hurerei**
minder ſchimpflich machen müſſe **um den Kindermord zu verhüten**,
iſt falſch und unzureichend. Der alte: daß **man den äußerſten**
Schimpf daraufſetzen müſſe **um die Ehre zu befördern**, iſt weit
dauerhafter und nach den **feinſten philoſophiſchen Grundſätzen** an=
gelegt.

Der Reichsabſchied macht eine Menge von Leuten e h r l i ch,
welche bis dahin für unehrlich gehalten wurden. Man kann aber
darauf wetten, daß die Verfaſſer den Sinn des Worts Unehr=
lichkeit verfehlt und die Sache wiederum aus dem unpolitiſchen
Geſichtspunkte der Menſchenliebe betrachtet haben. Bei den Deut=
ſchen war alles u n e h r l i ch, was nicht im Heerbann oder im
Bürgerbanne focht; und nach dieſem Begriffe würden **ſie** zu unſern
Zeiten allen Leuten die Ehre abgeſprochen haben, **die keine** Sol=
daten ſind. Dieſe Denkungsart ſcheint ſelten zu ſein. Verbietet
nicht aber noch jetzund ein jeder Hauptmann ſeinen Gemeinen, mit
andern Leuten, die nicht zu ihnen gehören, Brüderſchaft **zu** trinken
oder ſich mit ihnen zu duzen? Und hatte **der** Heerbann minder
Urſache, mit allen Leuten nicht aus einem Kruge zu trinken? Der
Krug war **der** geheiligte Becher, der in einer ebenbürtigen Geſell=
ſchaft nach der Reihe herumging. Wer nicht zu der Geſellſchaft
gehörte, gehörte auch nicht zum Kruge; und ſo ſagten unſere Vor=
fahren: Wir trinken mit keinen Schäfern ꝛc. aus einem Kruge, weil
ſie nicht mit fürs Vaterland ausziehen ſondern daheim bei der
Heerde bleiben müſſen. Sie ſprachen ihnen die chriſtliche und mo=
raliſche Redlichkeit nicht ab. Aber ſo wenig der Marketender die
Ehre eines Soldaten hat, ſo wenig hatte der Schäfer die Ehre
eines Bannaliſten. Ebendieſe Unehrlichkeit würde allen Heuerleuten
(den Leibzüchter, als den Invaliden aus dem Heerbann, jedoch
nicht mitgerechnet) angeklebt haben, wenn unſere Vorfahren Heuer=
leute auf dem platten Lande gekannt hätten.

Der Grund, daß Schäfer, Hirten **und** dergleichen Leute doch
gleichwol unentbehrliche Mitglieder der Geſellſchaft ſind und daher
billig aller Ehre genieſſen ſollten, iſt ſcheinbar in dem Munde des
Philoſophen und des Chriſten, aber nicht die Sprache der rechten
Polizei. Der zweite Rang kann ſich in der Einbildung für be=
ſchimpft halten daß er nicht zum erſten gehört, und der dritte

kann ebenso empfindlich darüber sein daß er nicht zum zweiten ge=
hört.   Aber darum ist es noch kein Schimpf, zum dritten Range
zu gehören.   Die unehrliche Klasse in der bürgerlichen Gesell=
schaft ist weiter nichts als die unterste oder die achte Klasse.   Die
Ehre war durch die sieben Heerschilde vertheilt.   Zum siebenten ge=
hörten die gemeinen Bannalisten.   Wenn nun die achte Klasse sich
nicht zu der siebenten rechnen kann, muß sie dieses nicht mit eben=
der Geduld ertragen, womit es die siebente Klasse erträgt daß sie
nicht zur sechsten gehört?

Der Reichsabschied, der christliche und philosophische Ehrlichkeit
bei solchen Menschen fand, welche in die Klasse ohne Ehre ge=
hörten, hatte daher noch keinen Grund, diese aus der achten Klasse,
oder aus der Klasse ohne Nummer, in die sechste zu setzen; und
noch jetzt sollten keine Heuerleute, Marktötter und andere, welche
blos Rauchschatz bezahlen, zur siebenten Klasse, worin die Voll=
und Halberben wie auch Erbkötter stehen, die dem Staate mit dem
Monatschatze, mit Wagen und Pferden ihre Ehre abverdienen, ge=
rechnet werden, um so viel bessere Wirthe auf den Städten zu er=
halten und die Heuerleute zu reizen, durch Uebernehmung mehrerer
Lasten sich den Weg zur gemeinen Ehre zu eröffnen.   Durch die
heutige Vermischung laufen wir Gefahr alles in Heuerleute zu
verwandeln.

Die Folgen des Reichsabschiedes sind wirklich traurig für
Gilden und Zünfte gewesen.   Denn dadurch, daß ihre Ehre solcher=
gestalt und ihre Klasse zerstört ist, wird es allmählich verächtlich,
sich in eine Zunft zu begeben.   Nur in England verschmäht es der
König nicht.   Der Reiche wird lieber ein sogenannter Fabrikant;
und die etwas Vermögen haben, kaufen sich Adelsbriefe, um aus
der siebenten Klasse in eine höhere zu kommen.   Die Politik unserer
Vorfahren war unendlich feiner, und nach ihren Grundsätzen sollte
die gemeine Ehre ebenso sorgfältig bewahrt werden als die hohe,
weil der Stand der gemeinen Ehre alle Lasten trägt, und dem
Staate daran gelegen ist daß sich solcher täglich vermehre, welches
gewiß nicht dadurch geschieht daß er beschimpft wird.   So wenig
der Kaiser einen aus der siebenten Klasse stiftsfähig machen kann,
so wenig hätte er jemand aus der Klasse ohne Ehre zunftfähig
machen sollen.

Allein diejenigen, so den Reichsabschied verfertigten, waren
nicht aus der siebenten Klasse; diese fühlten nur für sich, und nicht
für andere.   Sie dachten so wie Höchstgedachter Reichsfürst, ohne
es öffentlich zu sagen.   In der That aber war es eine fehlerhafte
Gesetzgebung, daß solchergestalt ein Stand über den andern rich=
tete.   Der gemeine Soldat kann nicht verurtheilt werden ohne daß
nicht zwei seiner Kameraden mit zu Gerichte kommen.   Und der

Reichsabschied hätte nach den Grundsätzen der deutschen Gesetzgebung nicht ohne besondere Deputirte aus der siebenten Klasse verfertigt werden sollen. Diese verliert auf einmal Freiheit und Eigenthum, sobald man ihr ohne ihre Einwilligung willkürliche Gesetze geben kann; und die russische Kaiserin verfährt mit ihren Unterthanen so streng nicht, **wie** das Reich mit bestätigten und privilegirten Zünften verfahren hat.

Also soll man mit Verstattung eines Begräbnisses auf dem Kirchhofe nicht zu gefällig sein.

Es ist schon **so** manches Unglück daher entstanden, daß die Obrigkeit solchen Personen, die sich selbst ums Leben gebracht oder auf andere Art des Rechts der christlichen Gemeinschaft verlustig gemacht haben, ein Begräbniß auf dem geweihten Kirchhofe zuge=lassen hat, daß es wol eine Untersuchung verdient, ob **es** besser sei, hierunter strengere als mildere Grundsätze zu befolgen. Viele glauben, die Obrigkeit habe hierunter freie Macht, und die Gemeinde, welche sich ihr in solchen Fällen nur gar zu oft widersetzt, sei durch die gröbsten Vorurtheile verblendet. Allein so wenig **ich** dieses gegenwärtig überhaupt bestreiten will, so sehr scheint mir **ein** solches Vorurtheil Schonung **und** die Macht **der** Obrigkeit Einschränkung zu verdienen.

In den mehrsten Fällen heißt **es**: **der** Mensch, welcher sich selbst entleibt, sei nicht bei Verstande gewesen; in zweifelhaften Fällen müsse man die Vermuthung zum Besten fassen; durch die Verweigerung des christlichen Begräbnisses leide der Todte nichts, die unschuldige und betrübte Familie aber desto mehr; und **der** menschliche Richterspruch müsse dem gnädigen Urtheil Gottes nicht vorgreifen, **der** keinen um deswillen, daß **er** sich in dem Augenblick einer Verrückung das Leben verkürzt, verdammen werde.

Gegen alle diese Gründe wende ich nichts ein. Ich will an=nehmen **daß** sich kein Mensch bei völlig gesundem Verstande das Leben nehme, wenn **er** auch, wie unlängst ein Deutscher in London, ein eigenhändiges Zeugniß in der Tasche hat, worauf geschrieben stand, daß er sich **mit** dem überlegtesten und reiflichsten Entschlusse die Gurgel abgeschnitten hätte; ich will daher zugeben daß man immer die Vermuthung dahin fassen könne, der Selbstmörder habe bei allem äußerlichen Scheine der Vernunft und bei kaltem Blute gerast — **wer** dieses nicht glauben will, der setze sich das Messer

an die Kehle und versuche es ob er sich, bei aller seiner Begierde
mir hierin zu widersprechen, nur die halbe Gurgel abschneiden
könne —; ich will zugeben daß die unschuldige Familie mehr als der
Schuldige leide, und daß Gott den zufälligen Verlust der Vernunft
nicht als ein Verbrechen bestrafen werde.   Dem allen aber ungeachtet scheint mir doch hier wiederum die Menschenliebe und natürliche Weichherzigkeit in die bürgerlichen Rechte zu greifen oder
unpolitisch zu verfahren.

Wenn wir einen enthaupteten Straßenräuber auf das Rad
legen, einen erhenkten Dieb am Galgen verfaulen, oder den Rumpf
eines Mordbrenners auf dem Scheiterhaufen verbrennen lassen, so
leidet der getödtete arme Sünder dadurch nichts; und demungeachtet halten wir dergleichen fürchterliche Ceremonien nöthig, um
andere von gleichen Unternehmungen abzuschrecken.   Die Rücksicht
auf arme unschuldige Witwen und Kinder und auf eine ebenso unschuldige als betrübte Familie bewegt uns nicht, den Gehenkten in
die Erde zu verscharren und jenen zum Trost das Aergerniß abzunehmen.   Ja wir haben wol gar die Absicht, die Unschuldigen zu
bewegen den Schuldigen in zeiten zu warnen und zu bessern, ihn
nicht in die äußerste Noth fallen zu lassen, und alles mögliche anzuwenden eine solche Beschimpfung von der Familie abzuhalten.
Und wer mag zweifeln, wenn Kinder, Aeltern und Verwandte
über einen Unglücklichen wachen, daß derselbe nicht sicherer sei, als
wenn jene ihn seinem bösen Hange überlassen und doch mit Ehren
in die Grube bringen können?

Von dieser Seite hat also die bisherige christliche Gewohnheit,
einem Selbstmörder ein christliches Begräbniß zu versagen, nichts
Widriges sondern vielmehr etwas sehr Löbliches; sie will den
Todten nicht strafen, sondern den Lebendigen Eindrücke und Bewegungsgründe zu ihrer Erhaltung und nöthigen Aufmerksamkeit
geben, die Schwachen stärken und die Starken befestigen.

Und sollte denn dieser Eindruck nicht auch noch auf Tiefsinnige,
Melancholische und Halbverrückte wirken? sollte er die Gründe
gegen den Selbstmord nicht verstärken? sollte er die Freunde und
Angehörigen des Tiefsinnigen nicht in der größten Wachsamkeit
halten? Ich denke, ja; und es sei nun wenig oder viel, so ist es
doch immer besser als nichts, besser als gar eine Ehre nach dem
Tode.   Damit würde denn aber auch jene christliche Gewohnheit
von der andern Seite noch immer gerechtfertigt, nämlich gegen den
Einwurf daß man vernunftlosen Menschen ihre Thaten nicht zu-
rechnen könne.   Wo die Vernunftlosigkeit klar ist, und jemand sich
in der Raserei eines hitzigen Fiebers oder in einer offenbaren
Verrückung den Hals abstürzt, wird die Ermäßigung sich ohnehin
von selbst finden.

Dem Urtheil Gottes wird aber dadurch gar nicht vorgegriffen, daß man demjenigen, der sich selbst entleibt, und den Lebenden zu ihrem eigenen Besten die unfehlbare Verdammniß auf einen vorsätzlichen Selbstmord verkündigt. Man würde vielmehr dem Menschen einen schlechten Dienst erweisen, wenn man ihm diesen letzten Ankergrund zur Zeit des Sturms entziehen wollte.

Aber die Hauptursache, warum man hierin zu unsern Zeiten milder ist als man ehedem war, liegt wol in unserer immer speculirenden und raisonnirenden Philosophie. Diese entweiht fast alles; die Kirche, oder das Haus worin die Gemeinde sich zum öffentlichen Gottesdienst versammelt, ist ihr nicht heiliger als der Berg worauf der Nomade anbetet; die Kirchhöfe sind ihr gemeine Aecker worauf man die Todten verscharrt; sie findet es ungroßmüthig, diese letzte Ruhestätte einem armen hingefallenen Pilgrim zu versagen, und lehrt, daß, was Gott im Himmel aufnehme, wir arme kurzsichtige Geschöpfe in der Gruft nicht trennen sollten.

Ist dieses nicht aber wiederum die Sprache der Menschenliebe, welche alle Hurkinder zunftfähig macht und den Menschen mit dem Bürger und Christen verwechselt? Heißt dieses nicht wiederum die Rechte der Menschheit über die bürgerlichen erheben, alle Stände und geschlossene Gesellschaften vernichten und die Menschen, wie im Himmel also auch auf Erden, in gleiche Brüder und Erben verwandeln? Der Kirchhof ist das geheiligte Eigenthum einer christlichen Gesellschaft; und wer sich nicht zum Mitglied aufnehmen läßt oder, wenn er sich hat aufnehmen lassen, seinen Verbindungen entsagt, hat daran nichts zu fordern. Wer kein Bürger der Stadt Gottes ist, hat auch keine bürgerlichen Rechte in derselben; die natürlichen werden keinem versagt, und dem Menschenfreunde steht es frei seinem Freunde eine Ruhestätte in seinem Garten zu geben. Das könnte der nächste Freund des Entleibten auch thun, wenn alles Vorurtheil wäre.

Zwar wäre es gut, wenn jene allgemeine Freiheit und Glückseligkeit, welche einer feurigen Einbildung so manches schimmernde und auch wirklich schöne Gemälde darbietet, das Los der Menschheit wäre und das menschliche Geschlecht nur Eine Gesellschaft ausmachte. Da sie aber dieses nach der Natur des Menschen nicht sein kann und die christlichen Polizeigesetze in Ansehung der Kirchhöfe einen guten und vortrefflichen Nutzen haben, so glaube ich daß wir wohl thun, uns daran zu halten und diejenigen, welche auf die gehörige Weise für Unchristen erklärt sind, mithin keinen Theil an den bürgerlichen Einrichtungen einer christlichen Gesellschaft haben, von dem ihr ausschließungsweise zustehenden Kirchhofe auszuschließen.

Von dem Einflusse der Bevölkerung durch Nebenwohner auf die Gesetzgebung.

Der Einfluß einer größern Bevölkerung auf die Sitten eines Landes ist ungemein groß, und er verdient die Aufmerksamkeit des Gesetzgebers, weil die Polizeigesetze sich mit den Sitten verändern müssen. In einem Lande, wo außer den ursprünglichen Hofgesessenen höchstens etwa ein Leibzüchter vorhanden ist und folglich ein jeder von seinem Ackerbau ruhig und genüglich lebt, ist ein Nachbar dem andern zu allen Pflichten bereit; er ist mitleidig, gastfrei und uneigennützig, weil jedes Unglück, was da kommt, heute den einen und morgen den andern trifft und dergestalt die Reihe hält, daß insgemein in funfzig Jahren jeder so viel Dienste, Freundschaft und Beihülfe von seinen Nachbarn wiederempfängt als er ihnen erwiesen hat. Hochzeiten, Kindtaufen und Leichen gehen in diesem Zeitraume gegeneinander auf, und keiner spricht den andern außer dem Falle einer unvorhergesehenen Noth um etwas an, weil ein jeder, was er gebraucht, selbst zieht und hat. Man kennt in diesem Lande keine Feld-, Holz- oder Gartendiebe, und noch weniger Räuber. Jeder der einen eigenen Hof und einen ehrlichen Namen besitzt, wagt hierbei zu viel und hat auch keine Versuchung zu stehlen, weil er mit allem nothdürftig versorgt ist. Die Kinder einer solchen Nation sind mit keinen schlechten vermischt; sie werden von hofgesessenen Vätern und Müttern durch Lehre und Beispiele zur Arbeit und Ordnung erzogen; und man kann sagen, daß in einem solchen Lande Fleiß, Ordnung und Tugend zu Hause sei, und daß die alten Deutschen, um die Reinigkeit ihrer Sitten zu erhalten und Freiheit und Ordnung zu verknüpfen, gar kein besser Mittel wählen konnten, als schlechterdings keine Heuerleute zu dulden und ihre kleinen Staatskörper aus lauter hofgesessenen Mitgliedern zu bilden. In einer solchen Verfassung bedarf es fast gar keiner Gesetze und Strafen. Der kleine Staatskörper gleicht einem würdigen Kapitel, wovon jedes Mitglied sich selbst und seine Mitbrüder ehrt, worin man keinen an seine Pflicht bei Strafe des Zuchthauses erinnert, und wo der unfehlbare Verlust der Präbende oder die Verweisung aus der Versammlung die größte und empfindlichste Strafe ist. Unfehlbar hatten die nordischen Nationen den großen Ruhm ihrer Tugenden größtentheils diesen ihren Einrichtungen zu danken; und es ist sehr wahrscheinlich, daß die großen Auswanderungen derselben nicht sowol eine Folge ihrer größern Bevölkerung als jener Verfassung gewesen, nach welcher sie blos den Hofeserben und für denselben eines Nachbars Tochter zu Hause behalten konnten, die übrigen

aber alle fünf oder zehn Jahr, gleich den Bienen, in fremde
Länder schwärmen lassen mußten, weil sie keine Städte und keine
Nebenwohnungen duldeten, keine Werbungen kannten und keine
Schiffahrt hatten wodurch sie einen Theil der Brut aufopfern
konnten. Blos **ein** Theil der Meeranwohner schwärmte räuberisch
zur See, **aber** auch aus ebendem Grunde woraus andere zu
Lande schwärmten, weil man nämlich **ihnen keine** Nebenwohnungen
im Lande **verstatten** und höchstens **eine Hütte auf der** Küste erlauben mochte.

Alle diese großen Vortheile für Tugend, Sitten **und Polizei
verlieren** sich, sobald eine starke Bevölkerung durch Städte, Dörfer
oder Heuerleute verstattet wird. Dergleichen kleine Beiwohner **haben**
keine genugsamen Holzungen, keinen hinreichenden Acker, **und ge-**
rathen leicht in die Noth oder in die Versuchung, dasjenige **was**
ihnen fehlt zu stehlen oder zu erbetteln. Die Gastfreiheit kann
gegen die Menge so vieler kleinen und unsichern Leute nicht so
reichlich mehr ausgeübt werden als gegen die wenigen hofgesessenen
Nachbarn; man kann ihnen auf ihren Hochzeiten, Kindtaufen und
Leichen nicht so nachbarlich zu Hülfe kommen; man kann nicht verlangen daß sie ihre Kinder so fleißig und rechtlich erziehen sollen
als die alten Hofgesessenen; was man ihnen **in** Nothfällen
gibt, hat man in gleichen Begebenheiten von ihnen nicht wiederzu-
erwarten; und Geiz, Mistrauen und Furcht schleichen sich **in die**
besten Herzen ein, die sich gegen eine Menge von ungleichen **Leuten**
nicht mehr so **öffnen** können als gegen edle Nachbarn, **welche der**
Hülfe nie mißbrauchen **und** allezeit im **Stande** sind das Empfangene durch Gegendienste zu vergüten. **Die** ganze Gesetzgebung
verändert sich. Es ist nun nicht mehr das würdige Kapitel, das aus
ebenbürtigen Mitgliedern besteht, das durch den Verlust seiner
Präbende in den Schranken der Ordnung gehalten werden kann
und eine Verweisung aus der Versammlung für die empfindlichste
Strafe hält. Die Nation ist nun mit Flüchtlingen vermischt, die
sich aus einer Landesverweisung nichts machen, die durch Galgen
und Rad gebändigt werden müssen, **und die** demungeachtet immer
in der größten Versuchung bleiben **sich** dasjenige durch Stehlen
und Betteln zu erwerben, was sie sich mit ihrer Hände Arbeit **nicht**
verschaffen können. Der Gesetzgeber, der in dem Falle, wo der
Geldreichthum einige Heuerleute erhebt, keine gelinderen Mittel gegen die Hofgesessenen als gegen die Flüchtlinge gebrauchen kann,
vermischt den Menschen mit dem Menschen; und wenn er zuletzt mit
einem falschen philosophischen Auge an jedem Menschen gleiche
Würde und gleiche Rechte erblickt, wenn er den Menschen vor dem
Angesichte Gottes, **vor** welchem wir alle gleich sind, mit dem
Menschen außer diesem Verhältniß verwechselt, und solchergestalt

seine Verordnungen überall mit Schande und mit Leibes= und
Lebensstrafe schärft: so verlieren sich die Begriffe von Ehre, Tugend
und Sitten, und die vorhin so große und edle Nation, die keiner
Gesetze bedurfte, die ohne Versuchung und Noth in ihrer Selbst=
genügsamkeit ruhig und sicher lebte, die den bloßen Gedanken einer
Leibes= und Lebensstrafe unerträglich fand, verwandelt sich in einen
vermischten Haufen von guten und schlechten Leuten, die nun, je
mehr ein unangesessener Mann Geld, Ehre oder Dienste erhält,
gar nicht anders als tyrannisch behandelt werden kann. Es ist
dann kein Vorzug mehr ein römischer Bürger zu sein, wenn das
Bürgerrecht allem, was auf dem römischen Boden lebt, mitgetheilt
werden muß, wenn unter dem Namen von Territorialunterthanen
Adel, Erbgesessenheit, Wachszinsigkeit, Erbpacht und Heuer durch=
einander gemengt und für diese unähnliche Masse nur einerlei
Recht gewiesen werden kann. Es entstehen dann Philosophen
welche allgemeine Gesetzbücher schreiben, und Regenten welche der=
gleichen einführen wollen, und man preist den Staat glücklich wo
die Rechte der Menschen am weitesten ausgedehnt oder, um die
Wahrheit deutlich zu sagen, wo jeder Landeseingesessene von aller
seiner Würde, die er aus dem ursprünglichen Verein hatte, be=
raubt und der Regent allein so viel höher erhoben wird.

Dergleichen Betrachtungen haben nun zwar freilich in einer
Zeit, wo die vermischte Bevölkerung so sehr überhandgenommen
hat und Denkungsart, Philosophie, Religion, Gesetzgebung und
politisches Interesse danach eingerichtet ist, keinen unmittelbaren
Nutzen; sie müssen aber demungeachtet nicht unterlassen werden,
weil sie zur Naturgeschichte der Staatsverfassung gehören und uns
in vielen Stücken über unsere wahren Vortheile aufklären, auch
gegen die herrschende Mode der allgemeinen Gesetzbücher mit einem
gerechten Mistrauen erfüllen können. Sie müssen besonders ge=
braucht werden um die Veränderungen in den Sitten und der
Denkungsart, welche durch eine zunehmende Bevölkerung verursacht
werden, nicht unbemerkt zu lassen, und um unsere Polizeiordnungen
danach einzurichten.

Unsere Absicht verstattet es nicht uns hierüber weiter heraus=
zulassen. Indessen wollen wir doch eine Veränderung in unsern
Polizeianstalten vorschlagen, welche die zunehmende Bevölkerung
nothwendig macht, und diese soll darin bestehen, daß in jedem
Kirchspiel sieben geschworene hofgesessene Männer angesetzt oder er=
wählt werden, von deren Urtheile es abhangen soll ob dieser oder
jener Heuerling im Kirchspiele zu dulden sei oder nicht. Oft und
sehr oft sieht mancher einen Heuermann auf unerlaubten Wegen;
er rechnet ihm nach, was er an Holz kauft und verbrennt, was
er gewinnt und verzehrt, was er säet und erntet; er ist so überzeugt

daß der Mann ein Dieb sei, als man nur immer sein kann, und
alle Haushalter stimmen mit ihm darin überein. Aber ihn gericht=
lich zu überzeugen, den ganzen Beweis zu übernehmen, sich wol
gar einer Injurienklage oder allen Folgen des Armenrechts aus=
zusetzen, **das thut** der gute Haushalter nicht; dafür schweigt er,
und opfert wol gar dem bösen Manne **der ihm** auf mancherlei
Art schaden kann.

Um diesem Uebel abzuhelfen, **ist kein leichter** Mittel als eine
Anstalt von obiger Art; oder wenn man **diese** der Absicht nicht
angemessen findet, so lasse man es geschehen **daß** alle Hofgesessene
der Gemeinheit zusammentreten und mit einer schwarzen und weißen
Kugel über die Verweisung eines unangesessenen Mannes aus dem
Kirchspiel entscheiden mögen. Man mache es zu einem Grundsatze,
daß **jeder** unangesessene Mann sich diesem Urtheile unterwerfen
solle, **sobald er** zum ersten mal am Amte einer Dieberei halben be=
straft **worden.** Dieses letztere ist nöthig, weil es sonst niemand
wagen würde den Namen eines Heuermanns zu einem solchen
Scrutinio aufzusetzen; und der Heuermann, der einmal als Dieb
überzeugt und bestraft ist, hat es sich selbst beizumessen wenn er
eine solche ehrenrührige Untersuchung erleiden muß.

Vielleicht denken einige, die Gerechtigkeit werde hierdurch ver=
letzt, und man könne keinen ohne ordentliches Recht **des** Kirchspiels
oder des Landes **verweisen.** Allein eben hierin **zeigt** sich unser
Unverstand, und **daß** wir nicht bemerken, **wie den** hofgesessenen
Unterthanen, oder **den** ursprünglichen Contrahenten eines Staats,
ein ganz ander Recht als jenen Flüchtlingen zu statten komme.
Ein Hofgesessener muß nie des geringsten Theils seines Eigenthums
oder seiner Freiheit beraubt werden **ohne** eine **genaue** und voll=
ständige Untersuchung; der geduldete und aufgenommene Fremde
hingegen hat hierauf keinen Anspruch. Wenn in großen Städten
ein Bettler auf der Gasse gefunden wird, so schickt man ihn, ohne
Untersuchung ob er durch ein großes oder kleines Unglück hierzu
gebracht worden, ins Werkhaus; und man hat im Kriege einen
weit kürzern Proceß wie im Frieden; ja die Noth steigt oft so hoch,
daß man das Recht, über Leben und Tod zu erkennen und das
Erkenntniß auf **der** Stelle zu vollstrecken, dem Generalgewaltigen
überläßt. **So** richtig die Grundsätze sind worauf ein solches Ver=
fahren gebaut ist, ebenso richtig sind auch bei zunehmender Bevöl=
kerung durch Heuerleute die Grundsätze jener Anstalt, und der
Heuermann hat sich **so** wenig als der Soldat zu beklagen, der
sich **zum** Gehorsam gegen vorher bekannte Gesetze verpflichtet hat.

Die alten Deutschen behandelten jeden Fremden als einen
Knecht; und wenn die neuern dieses Verfahren barbarisch nennen,
so verrathen sie nur ihre Unwissenheit. Ein Knecht ist derjenige,

welcher so wenig an der gesetzgebenden Macht als der Steuerbewilligung Antheil hat und nicht fordern kann, daß man ihn
durch seinesgleichen verurtheilen lassen solle. Nach diesem Begriffe
sind noch jetzt alle Fremden Knechte: sie müssen das Recht erkennen,
was im Lande ist, ohne es mitbewilligt zu haben; sie müssen die
Abgaben entrichten, welche allen Fremden ohne ihre Zustimmung
aufgelegt sind; und man verurtheilt sie durch gesetzte Richter, und
erlaubt ihnen nicht sich auf das Urtheil ihrer auswärtigen Rechtsgenossen zu berufen. Ganz anders verhält es sich mit den Hofgesessenen im Staat: diese haben entweder noch jetzt den Genuß obiger
alten Rechte, oder ihre natürliche und verfassungsmäßige Vertre-
tung; und obgleich die Folgen hiervon nicht mehr so wichtig sind
wie bei den alten Deutschen, so leuchtet doch der Grund daraus
deutlich hervor, daß man Hofgesessenen und Heuerleuten keineswegs
einerlei Rechte und einerlei Form schuldig sei.

Es verdient dieses um so mehr eine nähere Betrachtung, je
offenbarer es ist daß die Handhabung der Criminaljustiz gegen
die Heuerleute oft so viel Tausende erfordere, als Hunderte nöthig
sind um die Hofgesessenen in Zucht und Ordnung zu halten. Nun
wird die ganze Justizverfassung mehrentheils von den Hofgesessenen
getragen, es sei nun daß solche aus der Steuer, oder aus den
Sporteln, oder aus den Strafgeldern genommen werde. Zu allem
diesen trägt der Heuermann das wenigste bei; er leidet lieber am
Leibe als daß er sich mit Geld strafen läßt, anstatt daß der Hofgesessene lieber Hundert bezahlt ehe er sich durch eine Leibesstrafe
beschimpfen lassen sollte. Mit welchem Scheine der Billigkeit mögen
denn die Unangesessenen in einem Staat fordern, daß die große
Fontaine der Gerechtigkeit für sie ebenso springen soll wie für den
hofgesessenen Mann? Und warum geht man nicht auf den Grundsatz unserer Vorfahren zurück, sie als Knechte des Staats oder einer
Gottheit andern Rechten zu unterwerfen als die Hofgesessenen?
Die Religion mag den Christenmenschen noch so sehr veredeln, und
das Recht der Menschheit noch so hoch erhoben werden, so gilt
doch das eine so wenig als das andere vor dem Generalgewaltigen;
das Bedürfniß der Armee und des Staats entscheidet allein was
Recht ist.

Also ist eine Kirchspielsanstalt, welche nicht über die Verweisung eines angesessenen Mannes sondern über die Verweisung
eines unangesessenen und dabei verdächtigen oder unsichern Menschen erkennen soll, keineswegs eine so ganz unförmliche und un-
gerechte Sache. Religion und Menschenliebe werden hierbei ihre
Wirkung kräftiger zeigen, als wenn dieselben durch Gesetze und
Formen gelenkt oder verhindert werden; und wenn alle halbe Jahr
in jedem Kirchspiel eine dazu wohleingerichtete Predigt gehalten,

nach derselben zum Urtheil über die verdächtigen Heuerleute ge-
schritten, und dann jedem Verurtheilten ein halb Jahr zur Aus-
wanderung erlaubt würde, so glaube ich nicht daß einer sich mit
Billigkeit über eine solche Anstalt beklagen könne.

Man denke nicht, daß diese Einrichtung die unsichern Leute
nur aus einem Kirchspiel ins andere oder eben über die Grenze,
wo sie vielleicht noch gefährlichere Diebe werden würden, treiben
möge. Ein benachbartes Kirchspiel wird denjenigen nicht aufnehmen,
der auf solche Art aus einem andern verwiesen worden; und es ist
zu hoffen, daß auch in andern Ländern ebendergleichen Anstalten
getroffen werden würden, sobald man nur den guten Erfolg davon
einsehen würde. Sie scheint mir wenigstens unendlich besser zu sein
als unsere jetzige Einrichtung, wo der gefährlichste Mensch, wenn
er gleich allen dafür bekannt ist, nicht anders als durch einen
förmlichen, weitläufigen und kostbaren Criminalproceß verbannt
werden kann.

Ueberhaupt wird bei einer zunehmenden Bevölkerung eine weit
genauere Gesetzgebung und eine ungesäumte Handhabung der Gerechtigkeit erfordert. Keine Arbeit hat so natürliche Reizungen und
Anlockungen für den unverdorbenen Menschen als der Ackerbau;
sie erfordert einen Fleiß, der sich selbst belohnt und sich durch sich
selbst erhält. Vieles wächst dem Ackerbauer ohne Arbeit zu; die
Abwechselung der Jahreszeiten unterbricht die schwere Arbeit durch
leichtere, und sie geht mehrentheils ihren Gang fort ohne äußerlichen Zwang, besonders wo der Boden ergiebig und alles nicht
zu genau gemessen ist. Ganz anders verhält es sich mit der gemeinen Handarbeit (denn von Kunstarbeiten ist die Rede nicht) und
denjenigen, so davon leben sollen. Hier ist weit mehr Anstrengung
nöthig, die Arbeit belohnt sich nicht so wie jene, es wächst dem
Handarbeiter nichts zu, und einer muß die Minuten beim Spinnrade in Acht nehmen, der sich davon erhalten will. Zu einem so
geizigen Fleiße sind nicht alle Menschen geboren; auch der Beste
läßt wol einmal die Hände sinken, wenn er beständig einem Sklaven
gleich arbeiten soll; und der Böse legt sich aufs Rauben oder
Stehlen. Um die Masse von solchen Handarbeitern in ihrem
strengen Laufe zum Ziele zu erhalten, muß der Gesetzgeber gleichsam
beständig mit dem Prügel darüberstehen, er muß die Bettler unter
ihnen durch Werkhäuser abschrecken, er muß die Almosen verbieten,
er muß die Masse dieses Volks zu einem ganz andern Preise
schätzen wie er vorher seine Landeigenthümer schätzte, er muß nicht
zehn Schuldige laufen lassen um einen Unschuldigen zu retten,
wie bei einer mindern Bevölkerung billig Rechtens ist, und großen
Endzwecken große Opfer bringen.

Gesetzt, die größte Bevölkerung durch Handarbeiter könne nicht erhalten werden ohne von hunderttausend funfzigtausend aufzuopfern, so ist doch das Land, was dieses Opfer bringt und seinen Endzweck bei funfzigtausend fleißigen Handarbeitern erhält, größer und glücklicher als ein Land, worin man aus Furcht vor Dieben und Bettlern die Heuerleute gar nicht duldet. Die Engländer opferten im vorigen Kriege 135000 Matrosen und Schiffsoldaten auf, wovon etwa 1700 im Treffen oder an ihren Wunden fielen, die übrige Menge aber ein Raub der Schiffskrankheiten wurde. Vermuthlich könnte man den Landarmeen eine gleiche Rechnung machen. Was würde man aber sagen, wenn man, um einen Menschen gesund überzubringen, jedesmal hundert einschiffen müßte? Und gleichwol ist dieses beinahe der Fall im obigen Verhältniß; und schwerlich wird sich jemals eine erhebliche Bevölkerung durch Handarbeiter erhalten lassen, ohne die Hälfte davon unter der Peitsche des Hungers und der Noth sterben zu lassen.

Ein Staat, der zehntausend Ackerhöfe und zweimalhunderttausend Heuerleute hat, kann nicht allen Armen und Kranken auf gleiche Art aushelfen. Ich kenne ein Kirchspiel, worin die Bevölkerung eine ganz neue Kirche, eine Vermehrung von drei Predigern, von sechs Schulmeistern, acht Hebammen, zwei Wundärzten, vier Armenhäusern, zwei Hospitälern, vier Procuratoren zc. erfordert hat. Wenn ich die Rechnung von dem Unterhalte dieser Anstalten nachsehe, so werden neun Zehntel der Kosten von den Hofgesessenen getragen, und diese durch Mitleid, durch Andacht, und um größere Uebel abzuwenden zur gutwilligen Uebernehmung dieser Beschwerden bewogen. Wahr ist es, sie gewinnen auf einer Seite dabei daß sie ihre Ländereien und Früchte theuer ausbringen können; sie haben in vielen Fällen mehr Hülfe, und man kann zugeben daß ihnen die Ueberlast bis auf einen gewissen Grad vergütet wird. Aber nun auch einmal angenommen daß diese Volksmasse faul wird, daß die Noth den Damm durchbricht und der ganze Unterhalt der Handarbeiter auf die Menschenliebe des Kirchspiels fällt — in welche Verlegenheit wird dann dasselbe nicht gerathen? Die Oberpolizei tritt wol zu wenn es auf eines Jahrs Miswachs ankommt; auch das zweite wird noch wol gut oder übel ausgehalten. Aber eine muthlose, träge und schamlose Volksmasse, welche anfängt Betteln und Stehlen für ein ehrliches Nothmittel zu halten, wird die Landeigenthümer in wenigen Jahren erschöpfen, wo diese nicht ihr Herz verhärten und, Hunderten zum nothwendigen Exempel, Hunderte in Elend und Kummer vergehen lassen.

Nicht so leicht wird dieser Fall unter rechtlichen Landbesitzern eintreten, die mit keiner fremden Menge untermischt sind; diese können sich frei und ohne Gefahr der süßen Ausbreitung aller

wohlthätigen Tugenden überlassen, und sie dürfen nicht fürchten
daß sie dadurch den Hang zur Faulheit und zum Betteln vergrößern werden.

Eine große Frage ist es: ob man jemals den jetzigen an vielen
Orten verdorbenen und versunkenen Bauernstand ohne Einführung
einer neuen Mannszucht zum Fleiß und zur Ordnung zurückbringen
werde. Vormals war es so, und der hohe Adel hat seinen Ursprung
einer vererbten Landhauptmannschaft zu danken; er war zur Erhaltung der Mannszucht angeordnet; und wie alles noch so ging wie
es nach der reinen Absicht gehen sollte, mochte ein Bauer aus der
Hauptmannschaft, der sich dem Gesöffe ergab, oder jeder schlechte
und liederliche Wirth sogleich auf der Stelle entweder aus der
Landcompagnie gestoßen oder aber auf eine andere Art gezüchtigt
werden. Hat man solche Handhabungen guter Sitten und Ordnung
bei Landbesitzern nützlich gefunden, um wieviel mehr wird dieselbe
gegen unangesessene Leute nöthig sein, welche mehrere Noth und
Versuchung dulden, mindere Macht und Reizung zur Tugend haben
und so wenig an ihrer Ehre als an ihren Gütern so viel verlieren
können als echte Landbesitzer und Staatsgenossen! Es ist eine oft
gemißbrauchte Regel, man müsse die Leute drücken um sie fleißig
zu machen; aber die Wahrheit, so darin liegt, bleibt allemal richtig, daß die Noth der beste Zuchtmeister, und es fehlerhaft sei
diese zu erleichtern, wenn, so wie bei Handarbeitern, allezeit zu
besorgen ist daß Wohlthun neue Müßiggänger macht. Die Forderungen der Noth sind strenger als die Gesetze: man reißt seines
Nachbarn Haus nieder, um seins zu retten; aber wehe dem
Bösewicht der das Feuer selbst anlegt, um ein Recht zu dieser
Rettung zu erlangen, und der die Noth muthwillig verursacht, um
den Fleiß zu erweden!

Es ist unstreitig hart, die Sünden der Väter an den unschuldigen Müttern und Kindern zu rächen; und wir haben aus einer
besondern Menschenliebe fast alle die alten Gesetze gemildert, welche
nur einigermaßen dahin wirkten. Aber es ist auch sehr hart, daß
da, wo zwanzig unangesessene Väter ins Zuchthaus kommen, der
Unterhalt von zwanzig Müttern und hundert Kindern, welche sich
ohne ihren Vater nicht ernähren können, dem Kirchspiel oder dem
Staate zur Last falle. Hier fordert die größere Bevölkerung wiederum eine nothwendige Strenge; sie fordert daß Mutter und
Kinder mit dem Vater, der den Staat unsicher gemacht hat, des
Landes verwiesen werden, sollten sie auch gleich darüber im Elende
umkommen. Es gehört dieses zu den nothwendigen Aufopferungen,
welche Religion und Menschenliebe zwar allezeit von selbst mildern
werden, die aber doch in den Augen und Anstalten des Gesetzgebers ihre Richtigkeit behalten müssen. Der Gesetzgeber muß, je

mehr die Bevölkerung zunimmt, desto strenger seinem Plane nach=
gehen; er muß das Mitleid und die Menschenliebe nicht mit An=
stalten beschweren, sondern diesen die süße und wirksame Freiheit
lassen nach eigenen Empfindungen zu handeln, welche zur Zeit
der äußersten Noth um so viel wirksamer sein werden, je minder
sie vorher in die gesetzmäßigen Anstalten eingeflochten worden.

Die übrigen Beschwerden, welche die zu starke Bevölkerung im
Stifte Osnabrück nach sich zieht und die noch eine besondere Be=
trachtung erfordern, sind folgende.

Der wahre Landmann reicht bei einer theuern Zeit fast durch=
gehends mit seinem Vorrathe aus; den vielen Nebenwohnern aber
fehlt's. Wenn nun diesen durch öffentliche Anstalten geholfen wer=
den muß, es sei mit Fuhren, mit Korn oder mit Geld, und diese
Hülfe wird von der gemeinen Masse aller Kräfte des Staats ge=
nommen, so ist offenbar daß die größte Last davon dem Land=
besitzer aufgebürdet werde.

Ebenso verhält es sich mit den Armen, Findlingen, Gebrech=
lichen, Rasenden und andern dem gemeinen Wesen auf diese oder
jene Art zur Last fallenden Personen. Dergleichen Leute finden sich
unter den wahren Landbesitzern gar nicht; oder wo sie sich finden,
so fallen sie dem gemeinen Wesen nicht zur Beschwerde. Unter
den Nebenwohnern und Heuerleuten hingegen finden sie sich in
Menge; und sie mögen ihren Mangel durch Betteln, Stehlen, oder
aus den Landes= und Kirchspielskassen ersetzt erhalten, so muß der
Landbesitzer das mehrste dazu beitragen.

Unsere Kirchen werden uns fast durchgehends zu klein, und es
sind deren einige wo an die fünfhundert Menschen unter einer
Predigt auf den Kirchhöfen stehen, um die andere abzuwarten;
andere hingegen wo die Einwohner nur um den vierten Sonntag
zur Kirche kommen können, um sich einander Platz zu machen.
Den mehrsten Raum nehmen die Nebenwohner ein. Wenn aber
die Kirche gebaut und erweitert wird, so muß der Landbesitzer Holz,
Stein und Lohn bezahlen.

Die gemeinen Weiden, Moore und Holzungen werden von
Nebenwohnern am mehrsten genutzt, und auch hierunter muß der
Landbesitzer leiden. Die Hülfe, die er dagegen von ihnen erhält,
ist gering und kostbar, weil sie die beste Jahreszeit in Holland
liegen . . .

Der jetzige Hang zu allgemeinen Gesetzen und Verordnungen ist der gemeinen Freiheit gefährlich.

Die Herren beim Generaldepartement möchten gern alles, wie es scheint, auf einfache Grundsätze zurückgeführt sehen. Wenn es nach ihrem Wunsch ginge, so sollte der Staat sich nach einer akademischen Theorie regieren lassen und jeder Departementsrath im Stande sein, nach einem allgemeinen Plan den Localbeamten ihre Ausrichtungen vorschreiben zu können. Sie wollten wol alles mit gedruckten Verordnungen fassen und, nachdem Voltaire es einmal lächerlich gefunden hat, daß jemand seinen Proceß nach den Rechten eines Dorfs verlor, den er nach der Sitte eines nahedabei liegenden gewonnen haben würde, keine andere als allgemeine Gesetzbücher dulden, vermuthlich um sich die Regierungskunst so viel bequemer zu machen, und doch die einzige Triebfeder der ganzen Staatsmaschine zu sein.

Nun finde ich zwar diesen Wunsch für die Eitelkeit und Bequemlichkeit dieser Herren so unrecht nicht, und unser Jahrhundert, das mit lauter allgemeinen Gesetzbüchern schwanger geht, arbeitet ihren Hoffnungen so ziemlich entgegen. In der That aber entfernen wir uns dadurch von dem wahren Plan der Natur, die ihren Reichthum in der Mannichfaltigkeit zeigt, und bahnen den Weg zum Despotismus, der alles nach wenig Regeln zwingen will und darüber den Reichthum der Mannichfaltigkeit verliert. An den griechischen Künstlern lobt man es, daß sie ihre Werke nach einzelnen schönen Gegenständen in der Natur ausgearbeitet und es nicht gewagt haben, eine allgemeine Regel des Schönen festzusetzen und ihren Meißel nach dieser zu führen. Die römischen Gesetze bewundert man, und muß sie gleich den griechischen Kunstwerken bewundern, weil ein jedes derselben einen einzelnen Fall zum Grunde hat und allemal eine Erfahrung zur Regel für eine völlig ähnliche Begebenheit darbietet. Man spricht täglich davon, wie nachtheilig dem Genie alle allgemeine Regeln und Gesetze seien, und wie sehr die Neuern durch einige wenige Ideale gehindert werden, sich über das Mittelmäßige zu erheben; und dennoch soll das edelste Kunstwerk unter allen, die Staatsverfassung, sich auf einige allgemeine Gesetze zurückbringen lassen, sie soll die unmannichfaltige Schönheit eines französischen Schauspiels annehmen und sich wenigstens im Prospect, im Grundriß und im Durchschnitt auf einem Bogen Papier vollkommen abzeichnen lassen, damit die Herren beim Departement mit Hülfe eines kleinen Maßstabs alle Größen und Höhen sofort berechnen können.

Ich will es nicht untersuchen, ob die gelehrte Natur einen Hang zur Einförmigkeit genommen, oder das ruhige Vergnügen, allgemeine Wahrheiten zu erfinden und Gesetze für die ganze Natur daraus zu machen, diese unsere neumodische Denkungsart beliebt gemacht, oder auch der Militärstand, worin oft hunderttausend Menschen das Auge auf einen Punkt richten und den Fuß nach dem nämlichen Takte setzen müssen, sein Exempel zur Nachahmung empfohlen habe. Man mag hier annehmen was man will, die Wahrheit bleibt allemal: je einfacher die Gesetze und je allgemeiner die Regeln werden, desto despotischer, trockener und armseliger wird ein Staat.

Ich verlange nicht, daß man dieses auf alle Zweige der Staatsverfassung anwenden solle. Es sind einige, und hauptsäch= lich die äußerlichen Formalitäten des gerichtlichen Processes, der Testamente und Vormundschaften, welche sich mit allgemeinen Ge= setzen und Regeln zu einer nothwendigen und glücklichen Einförmig= keit bringen lassen, sodaß man aus dem Standort eines General= justizdepartements ihre Richtigkeit und Unrichtigkeit zuverlässig übersehen kann. So weit ist auch der Großkanzler von Cocceji gekommen. Es gibt auch in der Staatsökonomie eine Einförmigkeit der Formen, der Tabellen, der Vorstellungen und anderer äußer= lichen Umstände, welche die höchste Einsicht erleichtert; und vielleicht ließen sich auch wesentliche Theile der Polizei, als Maße und Münzen, zu einer Gleichförmigkeit bringen, so groß und so mannich= faltig auch die Schwierigkeiten sind, welche hier dem Auge des theoretischen Projectenmachers entwischen und den Mann, der in großen Staaten Hand angelegt, verwirren. Allein allgemeine Polizeiordnungen, allgemeine Forstordnungen, allgemeine Gesetze über Handel und Wandel, über Acker= und Wiesenbau und über andere Theile der Staats= und Landeswirthschaft, wenn sie nicht blos theoretische Lehrbücher sondern wahre, in jedem Falle zu be= folgende Regeln abgeben, wenn sie brauchbar und zureichend sein, wenn sie dem Generaldepartement zur Richtschnur dienen sollen, um die Vorschläge, Berichte und Ausrichtungen der Localbeamten danach zu prüfen, zu beurtheilen und zu verwerfen, sind mehren= theils stolze Eingriffe in die menschliche Vernunft, Zerstörungen des Privateigenthums und Verletzungen der Freiheit. Die philosophischen Theorien untergraben alle ursprünglichen Contracte, alle Privilegien und Freiheiten, alle Bedingungen und Verjährungen, indem sie die Pflichten der Regenten und Unterthanen, und überhaupt alle ge= sellschaftlichen Rechte, aus einem einzigen Grundsatze ableiten und, um sich Bahn zu machen, alle hergebrachte verglichene und verjährte Einschränkungen als so viel Hindernisse betrachten, die sie mit dem

Fuße oder mit einem systematischen Schlusse aus ihrem Wege stoßen können.

Die Contracte **eines** Privatmanns gelten bei Entscheidung **einer** Streitsache mehr als gemeine Rechte, außerordentliche Fälle ausgenommen. Gewohnheiten, Verabredungen und Vergleiche einer Gemeinheit gelten auf gleiche Weise und eben aus demselben Grunde mehr als Provinzialverordnungen, **und** Provinzialabschiede mehr als allgemeine Landesgesetze. Dieses **ist** allemal **der** natür- liche Hang der gesellschaftlichen Rechte gewesen, welchen **man zwar** dann und wann aus höhern Ursachen verändert hat, **aber doch** nicht völlig verlassen kann ohne den Willen eines einzigen **zum** Gesetze für alle zu machen. Voltaire hätte nicht nöthig gehabt, die Verschiedenheit der Rechte in zwei nahegelegenen **Dörfern** lächerlich zu finden; er hätte dieselbe Verschiedenheit in zweien unter einem Dache lebenden Familien finden können, wovon das **Haupt** der einen mit seiner Frau in Gemeinschaft lebt, das andere **aber** nicht. Wie viel tausend Rechtsfragen entstehen aus dieser einzigen Verschiedenheit und müssen gegen den einen so und gegen **den** andern anders entschieden werden, wofern man nicht Gläu- **biger** um ihre Forderungen, Kinder um erworbene Rechte, Mütter um ihre Sicherheit bringen will! Wollte man hier sagen, es wäre besser, daß entweder alle Eheleute in Gemeinschaft, oder alle außer derselben lebten, so würde dieses eine unnöthige Einschränkung der Freiheit und in vielen Fällen, die man hier nicht angeben kann, höchst schädlich sein. Durch ein allgemeines Gesetz läßt sich aber, wenn einmal die eine Haushaltung so und die andere anders lebt, hier gar keine Veränderung wagen, wofern man nicht eine Menge von Ungerechtigkeiten begeben will. Nicht einmal die Erbfolge läßt sich auf eine plötzliche Art durch ein allgemeines Recht verändern und in eine Gleichförmigkeit bringen, ohne sehr viele Familien in Unglück und Verwirrung zu stürzen. Verträge gelten gegen Ge- setze, und Besitz und Verjährung haben gleiche Rechte mit Ver- trägen und können, ohne große Ungerechtigkeiten zu begeben, nicht zurückgesetzt werden.

In dem ökonomischen Fache veranlassen die Localumstände **noch** eine **größere** Verschiedenheit. Wo an einem Orte das Holz ge- schont **werden** muß, mag es an einem andern verschwendet werden. Wo hier die Viehtrift im Holze schädlich ist, muß sie an einem andern aus höhern Ursachen geduldet werden. Wo hier die Schweine gekrampst oder gehütet oder auf dem Stalle gehalten werden müssen, können sie an einem andern frei geben. Wer kann hier eine Generalforst- oder -markenordnung machen, und ver- bieten oder zulassen, ohne dem Privateigenthum und eines jeden Forstes oder dessen Anwohner wahrer Nutzung zu schaden?

5 *

Zwar lobt man an einer jeden Maschine den einfachen Hebel, und die größte Menge der Wirkungen ist nicht bewundernswürdiger als wenn sie durch die kleinste Kraft (minimum) hervorgebracht wird. Allein kein vernünftiger Mensch wird leugnen, daß da, wo hunderttausend zusammengesetzte Hebel zugleich das Verdienst der kleinsten Kraft erhalten, die Wirkungen unendlich schöner und größer sein müssen. Ein Staat, worin ein jeder der vollkommensten Freiheit genießt und das allgemeine Beste zugleich im höchsten Grad erhalten wird, ist unstreitig besser, glücklicher und prächtiger als ein anderer, worin das letzte mit einer größern Aufopferung der Freiheit aufs theuerste erkauft werden muß. Jener aber wird gewiß eine größere Mannichfaltigkeit in seinen Gesetzen haben als dieser.

Daß bei einem Generaldepartement richtige Karten und Tabellen von allem, was zu seiner Beurtheilung eingeschickt wird, vorhanden sein müssen, um die Berichte des Localbeamten deutlich verstehen und seine Gründe prüfen zu können, ist eine Sache für sich; daß dasselbe die Geschicklichkeit, den Fleiß und die Redlichkeit des Localbeamten auf das genaueste controliren müsse, wird auch wol niemand in Zweifel ziehen. Allein dieses hindert nicht, daß nicht jeder Forst seine eigenen Regeln, jedes Städtchen seine eigene Polizei, und jede Bauerschaft ihre besondern Rechte sowie ihre besondern Vortheile und Bedürfnisse habe, welche ohne Gewalt unter keine allgemeine Verordnungen gezwungen werden können. Es hindert nicht, daß das Gutachten eines redlichen und einsichtsvollen Localbeamten nicht allemal mehr Aufmerksamkeit verdiene als die großen Theorien des Generaldepartements; und wenn ich ein allgemeines Gesetzbuch zu machen hätte, so würde es darin bestehen, daß jeder Richter nach den Rechten und Gewohnheiten sprechen sollte, welche ihm von den Eingesessenen seiner Gerichtsbarkeit zugewiesen werden würden. Dies war das große Mittel, wodurch unsere Vorfahren ihre Freiheit ohne Gesetzbücher erhielten; anstatt daß unsere Generalverordnungen und Gesetze, sobald es zur Anwendung kommt, immer nicht recht auf den einzelnen streitigen Fall passen und Natur und Gesetze gegeneinander in Processe verwickeln.

Es ist eine allgemeine Klage des jetzigen Jahrhunderts, daß zu viel Generalverordnungen gemacht und zu wenige befolgt werden. Die Ursache liegt aber aller Wahrscheinlichkeit nach darin, daß wir zu viel Dinge unter Eine Regel bringen und lieber der Natur ihren Reichthum benehmen, als unser System ändern wollen.

Von dem wichtigen Unterschiede des wirklichen und förmlichen Rechts.

Man findet jetzt so wenig Leute, die das förmliche Recht von dem wirklichen zu unterscheiden wissen, und die Gefahr, womit in unsern philosophischen Zeiten die Verwechselung von beiden das menschliche Geschlecht bedroht, ist so groß, daß es mir Pflicht zu sein scheint, diesen sonst wohlbekannten Unterschied einigermaßen wiederum in Erinnerung zu bringen. Selbst die förmliche Wahrheit wird nicht gehörig mehr von der wirklichen unterschieden, und es erwachsen unzählbare Zänkereien daraus, die vermieden werden könnten wenn man darauf gehörig achtete.

Was überhaupt wirkliches Recht und wirkliche Wahrheit sei, ist einem jeden bekannt, so schwer es auch ist, das eine oder die andere in einem gegebenen Falle zu entdecken; aber von der förmlichen hat nicht jeder einen deutlichen Begriff. Ich will ihn also, und zu mehrerer Deutlichkeit in einem Beispiele geben. Was die Kirche oder eine Versammlung erwählter und berufener Bischöfe zuletzt für Wahrheit erklärt hat, das ist förmliche Wahrheit für alle diejenigen, so zu dieser Kirche gehören; und förmliches Recht ist für streitende Parteien, was ein erwählter oder verordneter Richter zuletzt dafür erkannt hat. In beiden kann die wirkliche Wahrheit oder das wirkliche Recht zum Grunde liegen, und es ist die höchste menschliche Wahrscheinlichkeit vorhanden daß es so sei. In der That aber kommt es hierauf nicht an; es thut im eigentlichen Verstande nichts zur Sache, ob die Bischöfe oder die Richter geirrt haben oder nicht: ihr letzter Ausspruch verwandelt wirkliches Weiß in förmliches Schwarz, und umgekehrt. Beide können, was förmliche Wahrheit betrifft, nicht irren, wenn alles ordentlich zugeht. Denn es ist hier ein Nothrecht für die menschliche Ruhe, nach welchem nun einmal dasjenige förmliche Wahrheit und förmliches Recht sein soll, was also dafür erklärt oder ausgesprochen worden. Der Mensch würde nimmer aufhören zu zanken, jeder würde nach seinem eigenen Begriffe handeln wollen, und es würde daraus die größte Verwirrung entstehen, wenn man sich nicht endlich weislich darüber verstanden hätte, daß man dasjenige, was also ausgesprochen ist, für förmliches Recht halten und befolgen wollte. Einem jeden bleibt dabei seine freie Meinung von dem wirklichen Rechte, wenn er sich von dem förmlichen nicht überzeugen kann; aber man achtet darauf nicht.

Sobald man aber diese beiden Begriffe verwechselt, so erlaubt man einem jeden, dasjenige, was er für wirkliches Recht erkennt, auch in Ausübung zu bringen Der Fürst kann jeden Rath, der

nach seiner Ueberzeugung ein unredlicher Mann ist, seines Dienstes
entsetzen und nach Gefallen bestrafen; der Richter kann jeden ersten
Spruch, wenn er seiner Meinung nach wirklich recht ist, sofort zur
Vollstreckung bringen, ohne abzuwarten daß er die Kraft förmlichen
Rechtens erreiche; und um auch etwas von der Wahrheit zu sagen,
so müßte jeder Pfarrer sich ein Bedenken daraus machen, das
Glaubensbekenntniß seiner Kirche zu unterschreiben, sobald es seiner
Ueberzeugung nach nicht wirklich wahr wäre: da er es doch unter=
schreiben kann, sobald er nur gewiß ist daß es eine förmliche
Wahrheit sei.

Alle Menschen können irren, der König wie der Philosoph,
und letztere vielleicht am ersten, da sie beide zu hoch stehen und
vor der Menge der Sachen, die vor ihren Augen schweben, keine
einzige vollkommen ruhig und genau betrachten können.   Dieser=
wegen haben es sich alle Nationen zur Grundfeste ihrer Freiheit
und ihres Eigenthums gemacht: daß dasjenige, was ein Mensch
für Recht oder Wahrheit erkennt, nie eher als Recht gelten solle,
bevor es nicht das Siegel der Form erhalten.

Zur Form Rechtens gehört, daß es von einem befugten Richter
ausgesprochen und in die Kraft Rechtens getreten sei. Dies ist ein
Grundgesetz, worin ebenfalls alle europäischen Nationen überein=
kommen; und der Monarch, der eine wirkliche Wahrheit gleich einer
förmlichen zur Erfüllung bringen läßt, wirft dieses erste und jedem
Staate heilige Grundgesetz, ohne welches es gar keine Sicherheit
mehr gibt, über den Haufen: ein Unternehmen, das die Weis=
heit Salomons nicht entschuldigen kann, da alle Weisheit in der
Welt nur zur wirklichen, nicht aber zur förmlichen Wahrheit führt.

Das wirkliche Recht könnte zur Noth in der Welt ganz ent=
behrt werden; es gibt Nationen, die gar keine Gesetzbücher haben;
und unsere deutschen Vorfahren, die von einem wirklichen Rechte
nichts wußten und wol gar zweifelten, ob es dergleichen in der
Welt gebe, hatten sich vereinigt, dasjenige für förmliches Recht in
jeder Streitsache gelten zu lassen, was die von den Parteien er=
wählten Männer nach ihren großen oder geringen Einsichten für
gut und billig erkennen würden. Ebendas kann man auch von der
wirklichen Wahrheit sagen, worin so wenige Köpfe miteinander
übereinkommen.   Aber förmliches Recht und förmliche Wahrheit
lassen sich durchaus nicht entbehren, und es ist eine vergebliche
Frage, oder vielmehr eine Verwechselung dieser beiden ganz unter=
schiedenen Arten von Wahrheiten, ob man wirkliche Irrthümer
hegen und nähren dürfe.   Nur förmliche Irrthümer können nicht
gehegt und ernährt werden, oder es liegt ein Fehler in der Grund=
verfassung des Staats.

Alle Nationen haben dieses **erkannt,** die eher an **Proceß-**
ordnungen als **an** Gesetzbücher gedacht haben. Jene zeigen **den**
Weg zum förmlichen Rechte; und die beste Proceßordnung ist **die,**
welche den Weg in ein Minimum verwandelt. Diese aber enthalten nur das wirkliche Recht, welches, wie gesagt, **zur Noth** entbehrt werden kann; wie denn auch der Großkanzler von Cocceji die
Proceßordnung dem Gesetzbuche vorgehen ließ.

Der traurigste Fall, worin ein Richter sich oft **befindet,** ist
dieser, wenn **er** das wirkliche Recht augenscheinlich **erkennt** und
es doch nicht zum förmlichen machen **kann.** Aber demungeachtet ist
es besser, daß ein einzelner Mann trauere, als daß man **alles** in
Gefahr setze; **und dies** würde geschehen, wenn jeder Richter dasjenige, was **er für** wirklich Recht erkennt, sogleich als rechtskräftig
annehmen könnte. Jeder Mensch hat es mit dankbarem Herzen zu
erkennen, daß man das förmliche dem wirklichen vorziehe, wenn
beides sich nicht zusammenfindet; **und** diejenigen versündigen sich
an der Menschheit, welche entweder **diese** Form ganz ausschließen
oder unnatürlich verkürzen und erschweren wollen.

Uebrigens ist es, was die Mittel **zur Erhaltung förmlichen**
Rechtens, oder die Processe, betrifft, **eine** edle Leidenschaft des
Menschen, daß **er** für dasjenige, was **ihm** seiner Meinung nach
zukommt, Gut und Blut aufsetzt und **sich** gegen alles, **was** ihn
seiner Einsicht nach unterdrücken will, aus allen Kräften wehrt.
Diese Leidenschaft muß nicht unterdrückt sondern aufgemuntert
werden, besonders bei Geringern, deren Menge **den** Staat unterhält, und die gar bald zu Grunde gehen würden, wenn sie sich
heute ein Stück und morgen ein anderes, ohne darüber zu klagen,
nehmen ließen. Der Fürst selbst ist **von** dieser Leidenschaft beseelt:
er läßt sich nichts nehmen und fordert was ihm zukommt. Das
ist er dem Staate, und jeder Bauer dem ihm anvertrauten
gemeinen Gute schuldig. Sein Hof ist sein Gewehr, und er muß
auch nicht einen Flintenstein davon verloren gehen lassen ohne zu
klagen.

Zu diesem Ende muß ihm der Weg des förmlichen Rechtens
gerade, leicht und kurz gemacht, aber nicht versperrt oder verengert
werden.

Beantwortung der Frage:
Ist es billig, daß Gelehrte die Criminalurtheile sprechen?

Diese Frage muß meines Ermessens mit Nein beantwortet werden, und zwar selbst nach der peinlichen Halsgerichtsordnung. Denn so wie es schon in der Vorrede derselben heißt: Daß im heiligen römischen Reich deutscher Nation altem Gebrauch und Herkommen nach die meisten peinlichen Gerichte mit Personen, die der Kaiserlichen Rechte nicht gelehrt, erfahren oder Uebung haben, besetzt wären, und daß es dieserwegen nöthig gewesen die peinliche Halsgerichtsordnung abzufassen, damit alle und jede Reichsunterthanen ein gerechtes Urtheil zu finden im Stande sein möchten: also ist auch ferner sogleich im ersten Artikel verordnet, daß die peinlichen Gerichte besetzt sein sollten mit frommen, ehrbaren, verständigen und erfahrenen Personen, ohne die Rechtsgelehrsamkeit auch nur im mindesten zu erfordern. Vielmehr heißt es ebendaselbst ferner: Daß auch wol Edle und Gelehrte dazu gebraucht werden möchten; zu einem sichern Beweise, wie man dafür gehalten habe, daß die Gelehrsamkeit wirklich einen Mann eher unfähig als fähig zum Urtheilfinden mache. Die ganze Ordnung ist auch mit der äußersten Deutlichkeit für Ungelehrte abgefaßt, und durchgehends vorausgesetzt worden daß die Urtheiler keine Rechtsgelehrten sein würden, weil sie in zweifelhaften Fällen beständig angewiesen werden sich bei den Gelehrten Raths, aber nicht Urtheils zu erholen.

Der Kaiser nennt das Urtheilfinden ungelehrter Personen einen alten deutschen Gebrauch; und da in England noch jetzt ein Gleiches üblich ist, so fragt sich billig, ob wir wohl und recht gethan haben diesen Gebrauch zu verlassen. Und dazu sage ich nein.

Denn was kann unbilliger und grausamer sein, als einen Menschen zu verdammen, ohne versichert zu sein daß er das Gesetz, dessen Uebertretung ihm zur Last gelegt wird, begriffen und verstanden habe oder begreifen und verstehen können! Die deutlichste Probe aber, daß ein Verbrecher das Gesetz verstanden habe oder doch verstehen können und sollen, ist unstreitig diese, wenn sieben oder zwölf ungelehrte Männer ihn danach verurtheilen und durch eben dieses Urtheil zu erkennen geben, wie der allgemeine Begriff des übertretenen Gesetzes gewesen, und wie jeder mit bloßer gesunder Vernunft begabte Mensch solches ausgelegt habe. Dies ist die einzige Probe von der wahren Deutlichkeit des Gesetzes, welche der Gelehrte nie geben kann, weil seine Sinne zu geschärft, zu fein und über den gemeinen Begriff zu sehr erhaben sind. Der in der peinlichen Halsgerichtsordnung vorgeschriebene Eid erfordert von den Urtheilfindern, daß sie nach ihrem besten Verständnisse sprechen sollen. Das beste Verständniß eines Gelehrten ist aber nothwendig von dem besten Verständniß des Verbrechers sehr unterschieden. Der Gelehrte ist ein Naturkundiger, der durch ein Vergrößerungsglas hundert Dinge in einer Sache entdeckt, welche einem gemeinen Auge entwischen; und der feine Moralist, der das menschliche Herz lange studirt hat, entdeckt Falschheiten in den Tugenden, welche im gewöhnlichen Leben gar nicht bemerkt werden. Wenn also ein Gelehrter urtheilt, so ist er in beständiger Gefahr, von seiner feinern Einsicht entweder zum unzeitigen Mitleide oder zu einer übermäßigen Strenge verführt zu werden, und er sollte sich um seines eigenen Gewissens willen nie mit peinlichen Urtheilen abgeben. Haben doch die englischen Gesetze die Fleischer davon ausgeschlossen, weil sie geglaubt haben, daß ein solcher Mann, der alle Tage ein sterbendes Vieh unter seinem Messer mit Vergnügen röcheln sähe, leicht zu hart gegen einen armen Sünder sein könne. Es ist,

zweitens, unwidersprechlich, daß ein Gelehrter durch eine feinere Erziehung zu einem ganz andern Gefühle als der gemeine Mann gebildet sei. Eine garstige Unordnung, eine Injurie, eine Schlägerei, eine Grobheit wird ihm tausendmal ekelhafter und abscheulicher vorkommen, als sie einem geringen Mann, der mit dem Vieh aufgewachsen ist, vorkommt; und dies muß nothwendig einen solchen Einfluß auf sein Urtheil haben, daß er schwerlich unparteiisch sein kann. Es ist,

drittens, gewiß, daß die Urtheilfinder, wenn sie aus der Gegend oder dem Kirchspiele zu Hause sind worin der Verbrecher gewohnt hat, dessen vorigen Lebenswandel und mögliche Besserung weit sicherer und besser kennen, und nach dieser ihrer auf eigene Erfahrung gegründeten Erkenntniß weit besser urtheilen, als ein Gelehrter, der ein kaltsinniges Zeugniß vor sich hat. Wer einen Menschen recht kennt, fühlt allemal dessen üble oder gute Gemüthsart besser, als er solches ausdrücken kann. Er wird sich nur unvollkommen in der Beschreibung ausdrücken, aber richtig nach seiner Empfindung urtheilen, wenn er den Ausspruch thun soll. Nichts ist aber billiger und vernünftiger, als daß bei Verurtheilung eines Verbrechers dessen Gemüths- und Lebensart mit in Betracht gezogen werde. Es leidet,

viertens, der Militärstand kein fremdes und gelehrtes Urtheil. Der Gelehrte oder der Auditeur hat den Vortrag; allein das Urtheil selbst wird von denen, so dem Kriegsrecht beiwohnen und die Lebens- und Gemüthsart des Verbrechers kennen, nach ungespitzten Begriffen gefällt. Ebenso hält es, fünftens, der Bürger in den Städten, der sich von keinem andern verurtheilen läßt, als die er selbst dazu aus seinen Mitteln und aus den Ungelehrten erwählt hat, ob er gleich auch die von ihm erwählten Gelehrten, nachdem sie im Gefolge der peinlichen Halsgerichtsordnung auf den Nothfall zugelassen werden, nicht aus- schließt; und schwerlich würde sich,

sechstens, ein Edelmann in seinem Lande, oder in einem andern wohin er auf Geleit gekommen, verurtheilen lassen, ohne Urtheilsweiser von seinem Stande zu fordern. Dies kann er mit Recht thun, und die peinliche Halsgerichtsordnung ist ihm hierin nicht zuwider. Es ist,

siebentens, für einen Landesherrn sehr hart, daß er sich und seine Bediente immer mit dem Hasse der Criminalurtheile be- laden sollte. Die Fälle sind zwar nicht gemein, aber doch bei großen Gärungen im Staate, und wenn die Gerechtigkeit nicht gegen Landstreicher sondern gegen angesehene Männer ihr Amt verrichten soll, auch nicht ganz selten, wo die Obrigkeit das Recht zu urtheilen nicht verlangt sondern lieber den geschworenen Rechts- genossen des Verbrechers überläßt. Es erstickt auch,

achtens, nothwendig alle Liebe zur Freiheit und den auf- richtigen Ausdruck derselben, wenn einer vorher fürchten muß, von Gelehrten, so in Bedienungen stehen, verurtheilt zu werden.

Der bisherige Gebrauch, daß die Criminalurtheile von Ge- lehrten abgefaßt werden, hindert,

neuntens, dagegen nichts, indem dieser Gebrauch lediglich gegen schlechte und flüchtige Verbrecher geübt worden, welche nicht als wahre angesessene Unterthanen sondern als Knechte (servi poenae) verurtheilt werden. Ein Fremder, der kein Geleit hat, ist ein Feind, der, wenn er die bürgerliche Gesellschaft stört und sie gleichsam mit Krieg überzieht, als ein Kriegsgefangener ohne Cartel, nach Willkür gehangen werden kann und es als eine Gnade an- zusehen hat, daß ihm ein förmlicher Proceß durch Gelehrte gemacht wird. Einer solchen Willkür hat sich aber kein wahrer Unterthan unterworfen, und dieser kann sich noch immer auf die Halsgerichts- ordnung berufen, ohne daß ihm jener Gebrauch mit Bestand ent- gegengesetzt werden könne. In der That ist auch,

zehntens, ein solcher Gebrauch nur dem Scheine nach vor- handen, indem die Kanzleien kein Urtheil abfassen, sondern nur ihren rechtlichen Rath geben und darüber die landesherrliche Be- stätigung auf den Fall einholen, daß die Urtheilfinder oder Sael- höfer dem Verbrecher sein Recht danach finden werden. Sollten die Saelhöfer anders weisen als der Rath der Rechtsgelehrten es mit sich bringt, so kann dieser Rath nie zum Urtheil werden, und die landesherrliche Bestätigung setzt jene Weisung unwidersprechlich

voraus. So leer uns daher auch jetzt die Ceremonie mit den
Saelhöfern, wie man die Urtheilfinder der Gemeinen hier jetzt
nennt, scheint, so wichtig ist sie im Grunde, wenn einmal ein an-
gesehener Mann peinlich beklagt werden sollte, indem dieser unwidersprechlich fordern kann, daß der Rath der Gelehrten an ihm
nicht vollstreckt werden soll, bevor nicht seine Rechtsgenossen denselben für Recht gepriesen haben. Ferner und

elftens trägt es zur Würde des Menschen vieles bei, daß er
von Jugend auf mit den Gesetzen seines Landes bekannt gemacht
und schon in der Schule zu einem künftigen Urtheilfinder auferzogen
wird. Dies geschieht aber nicht, wo blos Gelehrte urtheilen. Bei
jedem der Zehn Gebote sollten einem Kinde die daraus fließenden
peinlichen Fälle, und was die Gesetze seines Landes darauf für
Strafen verordnet haben, bekannt gemacht werden. So könnte er
denken und sich hüten. Endlich und

zwölftens ist die Appellation in peinlichen Fällen eben um
deßwillen verboten, weil man vorausgesetzt hat, daß der Verbrecher
von zwölf ehrlichen frommen und ebenbürtigen Männern verurtheilt
worden und daher nicht leicht beschwert sein würde. Unmöglich
hätte aber die Appellation in einer so wichtigen Sache abgeschnitten
werden können, wenn die Meinung eines gelehrten Richters das
Urtheil hätte abgeben sollen.

Also verdient der Accusationsproceß den Vorzug vor dem Inquisitionsproceß.

Man kann doch jetzt keinen Bärenhäuter einen Bärenhäuter
beißen, ohne daß nicht gleich eine Strafe darauf sitzt; und theilt
man vollends Rippenstöße aus, oder jagt seinem Feinde eine Kugel
durch die Haare, so griesegramt die heilige Criminaljustiz gleich
nicht anders, als wenn sie einen lebendig verschlingen wollte.
Wahrlich, es ist jetzt eine traurige Sache, ein braver Kerl zu sein.
Jede feige Memme macht die Obrigkeit zu ihrem Champion; und
wenn man einmal denkt, nun sei die Zeit, eine derbe Wahrheit
an den Mann zu bringen, so steht der Anbringer hinter der Thür
und schreibt einen zur Rüge. Vordem war es nicht also; man
haßte die Anbringer und forderte Kläger; und wo diese fehlten,
da mußte der Herr ex officio, oder wie er sonst heißt, seine Nase
so lange zurücklassen, bis derjenige auftrat, der die Rippenstöße
empfangen hatte, oder wo dieser bei solcher Gelegenheit den Hals

gebrochen, bis sein nächster Verwandter kam und für ihn Genug=
thuung forderte.

„Hör' Er", sagt' ich jüngst zu einem Stubensitzer, den die
Leute einen Philosophen schelten, „woher kommt es doch in aller
Welt, daß die Obrigkeit sich jetzt in alle Händel mischt und überall
amtshalber verfährt? und was bewegt sie, von dem alten deutschen
Grundsatze: wo kein Kläger ist, da ist auch kein Richter,
abzugehen? Was geht es sie an, ob ein schlechter Kerl geprügelt
wird, wenn er damit zufrieden ist und sich das Empfangene zur
guten Lehre dienen läßt? Was geht es sie an, wenn auch einem
hübschen Mädchen Gewalt geschieht? Klagt die Dirne nicht, so ist
das ja ein Zeichen, daß sie sich nur ein bischen aus Verstellung
gewehrt und gern hat berauben lassen."

„O!" fuhr der Mann im Schlafrocke auf, „wenn die leidende
Unschuld zu ihrem Unglück auch noch die Kosten eines schweren
Processes tragen, sich einem mächtigen Unterdrücker entgegenstellen
und, wo sie dieses nicht wagen dürfte, das erlittene Unglück ver=
schmerzen müßte; wenn der Erschlagene ohne Anverwandte und
Freunde ungerochen verscharrt werden sollte; wenn der Räuber
keinen mächtigen Verfolger an der Obrigkeit zu befürchten hätte;
wenn der Wucherer von keinem als seinem bedrängten Schuldner
zur Verantwortung gezogen werden könnte; wenn die Obrigkeit
nicht die Macht hätte, Leute, die zu dem Verbrechen ihrer Freunde
gern schweigen oder das Zeugniß der Wahrheit scheuen, zum Reden
zu bringen; und wenn jeder Verbrecher nichts weiter als die ohn=
mächtige Anklage und blos denjenigen Beweis, welchen ein armer
Kläger anschaffen könnte, zu fürchten hätte: so würde mancher
Schelm ungestraft bleiben, so würde es um die öffentliche Sicher=
heit sehr schlecht aussehen, und einem ehrlichen Kerl keine andere
Wahl offen sein, als entweder selbst zu schlagen oder sich schlagen
zu lassen . . ."

„Ist das alles?" fragte ich ihn; „und was meinen Sie nun
damit erwiesen zu haben? In der That nichts weiter, als daß die
Obrigkeit der unterdrückten Unschuld, dem bedrängten Schuldner,
und dem armen geschlagenen oder beraubten Mann ihren Anwalt
wie ihren Beutel leihen müsse. Allein dieses habe ich gar nicht
geleugnet. Mein Satz war blos dieser, daß überall ein Kläger
erfordert werden sollte, nicht aber daß dieser Kläger die Kosten
eines langweiligen und beschwerlichen Processes nothwendig zu
tragen hätte. Antworten Sie mir also auf meinen Punkt."

„Verschlägt es denn so viel", versetzte er, „ob die Obrigkeit
eine Sache amtshalber untersucht und bestraft, oder dem Kläger
ihren Anwalt leiht und demselben ihren Beutel öffnet?"

„Ob das viel verschlage? Herr, ich fasse Ihn beim Kragen und heiße Ihn einen Erzstümper, wenn Er nicht sofort einsieht, daß überall, wo ein Kläger auftritt, niemals auf die Folter erkannt werden könne! Weiß Er denn nicht, daß der Engländer ebenso gut wie alle seine Nachbarn die Tortur eingeführt haben würde, wenn er nicht auf dem alten deutschen Satze, daß ohne Kläger nicht gerichtet werden könne, bis in die heutige Stunde geblieben wäre? Einen Kläger fordert man um deswillen, daß er seine Klage vollständig beweisen solle; und dieses wird auch von dem Anwalte erfordert, den die Obrigkeit einem armen geringen Kläger leiht. Je mehr Geld die Obrigkeit anwenden kann, desto leichter kann sie auch den Beweis anschaffen; aber sie muß so wenig als ein anderer Kläger auftreten und bitten können, daß der Richter, in Ermangelung eines vollständigen Beweises, den Beklagten ein klein bischen peinigen lassen solle. Nicht wahr, Sie würden eine solche unterthänigste rechtliche Bitte in dem Munde eines Klägers sehr lächerlich finden? Und wenn Sie das thun, wie ich Ihnen hiermit wohlmeinend rathe, verschlägt es denn nichts, daß man das Klagen fast überall, außer in England, abschafft und der Obrigkeit zumuthet, jedes Verbrechen sofort auf bloße Anzeige zu untersuchen? Es ist bei meiner Treu eine wunderliche Forderung, eben diese Untersuchung! Da soll die Obrigkeit auf die Gründe für und wider den Angeklagten mit gleicher Unparteilichkeit herabsehen, mit den scharfsichtigsten Augen hier alles mögliche was nur irgend zu seiner Entschuldigung dienen kann, dort alles was ihm zur Last fällt, aufsuchen; und wenn die Nothzucht sich in eine gemeine Hurerei, der Straßenraub in ein Spolium, der Diebstahl in eine Veruntreuung, und die Schlägerei in eine wohlverdiente Züchtigung verwandelt, die Kosten von jeder Thorheit stehen. Der Angeklagte soll, wenn er nicht überführt wird, bei der Entschuldigung daß man amtshalber gegen ihn verfahren habe, Schimpf und Schaden verschmerzen oder, wenn man alle scheinbaren Umstände wider ihn aufgetrieben, Vermuthungen auf Vermuthungen gehäuft und die sogenannten Anzeigen nach einem noch unerfundenen Maßstabe berechnet hat, sich mit dem Eide oder wol gar mit der Marter reinigen; der Angeber soll ungesehen hinter dem Vorhange lauern und, ohne den Beweis vollführt zu haben, sich hinter das obrigkeitliche Amt verbergen. Heißt dieses nicht der feigen Verleumdung die Thür öffnen, die Obrigkeit in unverantwortliche Kosten stürzen und unmögliche Dinge fordern? Denn eine Unmöglichkeit ist es doch wol, daß einer einerlei Grad von Hitze, von Eifer, von Scharfsinn und von Leidenschaft in Aufsuchung der Gründe für beide Theile beweisen soll.“

„Aber", erwiderte mein Philosoph, „die Obrigkeit nimmt nicht jede Angabe an; sie untersucht erst wenigstens einigermaßen den Werth der Gründe und des Beweises, sie kann und wird den Angeber nöthigen hinlängliche Sicherheit für den Beweis zu bestellen; und der Angeber kann ebenso gut als ein Kläger angewiesen werden, dem Angeklagten Schimpf und Schaden zu ersetzen."

„Das danke ihr ein anderer, daß sie nicht auf jedes Angeben einen Proceß anstellt", rief ich ihm zu. „Aber so gut wie sie von dem Angeber dem Befinden nach Sicherheit für den Beweis fordern kann, ebenso gut könnte sie ihn auch nöthigen seinen Namen zur Klage herzugeben: so bliebe denn doch immer der Proceß in derjenigen Form und Gleise worin alle Processe sein müssen, und das Endurtheil könnte darin nicht anders kommen, als daß entweder der Angeklagte freigesprochen oder verdammt würde; anstatt daß in unsern Inquisitionsprocessen, wo diese Form auf die Seite gesetzt wird, der unüberwiesene Beklagte nicht immer freigesprochen, sondern oft um deswillen, daß er sich eines Verbrechens sehr verdächtig gemacht hat, ein paar Maimonate nacheinander ins Zuchthaus gesetzt werden kann. In England muß sogar der König, wenn keiner für einen unschuldig Ermordeten um Rache schreit, die Klage wegen eines verlorenen Unterthanen anstellen, damit kein Inquisitionsproceß daraus entstehe, sondern der Beklagte, wenn der Beweis gegen ihn nicht vollführt wird, so wie in einer gemeinen Schuldsache, freigesprochen werden könne. Ebenso machten es unsere deutschen Vorfahren. Sie belohnten den Kläger mit dem Wehrgelde der Erschlagenen; sie erkannten ihm den Werth einer gestohlenen Sache doppelt und vierfach zu; er konnte für eine empfangene Ohrfeige einen fetten Ochsen fordern; und ein Mädchen, der man wider ihren Willen das Strumpfband abgebunden hatte, verdiente sich, wenn sie klagte, gewiß eine Schnur feiner Perlen... alles in der Absicht, um bei dem großen Abscheu gegen die Inquisitionsprocesse den Accusationsproceß zu begünstigen und die Kläger aufzumuntern, sich durch die Kostbarkeit eines Processes und die Macht des Verbrechers nicht zum Schweigen bringen zu lassen."

„Aber bei uns ... bei uns", fing mein Philosoph an, „stehlen die Leute nicht, die vierfach bezahlen können; und die eine Schnur Perlen zu geben haben, brauchen keine Gewalt. Auch werden die Verwandten desjenigen, der im Duell erstochen, nichts aufs Wehrgeld klagen; und überhaupt wird nie der Herausforderer oder der Herausgeforderte sich an den Richter wenden . . ."

Der verzweifelte Kerl! daß er das Maul nicht halten will! Aber wenngleich der alte Accusationsproceß sich mehr für die alten Zeiten schickt, wo noch keine vermischte Bevölkerung überhandgenommen hatte, und ein Hofbesitzer gegen einen andern auftrat, so erfordert es doch die allgemeine Freiheit, ihn nicht ohne die höchste Noth zu verlassen.

Ueber die Todesstrafen.

Es ist zu unsern Zeiten sehr oft die Frage aufgeworfen worden: woher die Obrigkeit das Recht erhalten habe, diesen oder jenen Verbrecher mit dem Tode zu bestrafen; und die hierüber gewechselten Schriften haben nicht allein manchen flüchtigen Kopf, der einen Dieb mit ebender Gleichgültigkeit zum Galgen gehen sah, womit er sein Hochzeitsfest angesehen haben würde, zum Nachdenken gebracht, sondern auch unsere ganze Lehre von Verbrechen und Strafen aufgeklärt. Mich dünkt aber immer, daß wir mit diesen philosophischen Untersuchungen noch weiter gekommen sein würden, wenn wir die Frage also gestellt hätten: woher die Obrigkeit das Recht erhalten habe, diesen oder jenen Verbrecher beim Leben zu erhalten.

Denn unstreitig lag die Sache im Stande der rohen Natur und, wie uns die Geschichte zeigt, sogar in dem Stande der ersten Vereinigungen also: daß jeder Mensch denjenigen, der ihn beleidigt hatte, so weit und so lange verfolgen mochte als seine Stärke reichte, daß jeder seinen Feind erschlagen oder begnadigen konnte, wie es ihm gutdünkte, und daß einer überhaupt seine Rache so weit treiben durfte wie er wollte.

Hier nun trat die Obrigkeit, oder vielleicht die Gesellschaft, ins Mittel und sprach:

„Lieben Freunde! Euere Rache hat kein Ziel; es treten erst Männer gegen Männer, dann Familien gegen Familien, und zuletzt Bundesgenossen gegen Bundesgenossen auf; und jedes Blut, was vergossen wird, vermehrt euere Wuth, die zuletzt nicht anders als durch den völligen Untergang der einen oder andern Partei gestillt werden kann. Dieses Unglück wird unsern Staat zu Grunde richten, oder wir müssen der Privatrache Ziel setzen; und dieses kann nicht besser geschehen, als wenn wir ein Gesetz machen: daß alle Rache der Obrigkeit oder der Gesellschaft überlassen, und wer sich hieran nicht halten will, von uns mit gesammter Hand als ein wilder Mensch verbannt und verfolgt werden soll."

Und wie ihr hierauf die lärmende Menge antwortete:

„Was? wir sollten das edelste Kleinod unserer Freiheit, das Recht uns selbst Recht zu verschaffen, aufgeben? wir sollten den

Dieb, der uns unser sauer erworbenes Gut raubt, nicht würgen? wir sollten dem Bösewicht, der unsere Ehre angreift, nicht den Dolch in die falsche Brust stoßen? wir sollten den Mörder unserer Kinder, Freunde und Verwandten nicht bis zum Grabe verfolgen dürfen? ja sogar gezwungen werden dieses unser Recht einer ruhigen kalten Hand zu überlassen, die sich vielleicht nicht rührte, wenn wir von Eifer brennen, oder wol gar nur suchte unsern Zorn mit Hülfe der Zeit zu schwächen, um hernach den Verbrecher in der Stille begnadigen zu können? Nimmermehr kann und darf dieses geschehen!"

so war natürlicherweise ihre Antwort oder doch ihre Meinung diese:

„Was das letzte betrifft, lieben Freunde, so versichern wir euch hiermit feierlichst: Wer Menschenblut vergießt, dessen Blut soll wieder vergossen werden; es soll Aug' um Auge, Hand um Hand, Zahn um Zahn gegeben werden. Dieses soll unter uns ein ewiges Grundgesetz sein; hingegen soll wider Willen der Beleidigten kein Mitleid stattfinden."

Und nun die obige Frage also gefaßt:

Wie kommt es, daß die Obrigkeit von diesem Originalcontract abgeht und Verbrecher erhält, die der Privaträcher zu tödten befugt war oder doch befugt zu sein glaubte?

so kommt es zuletzt darauf an:

in welchen Fällen der Privaträcher sich befugt erachten konnte, denjenigen, der ihn an seiner Ehre, seinem Leibe oder seinem Gute verkürzt hatte, selbst ums Leben zu bringen.

Denn die Obrigkeit lieh nicht so oft dem Rächer ihr Schwert, als sie den Verbrecher in Schutz nahm. Es war mehr Wohlthat für diesen als für jenen, daß sie der Privatrache Ziel setzte; und so wäre es ein offenbarer Misbrauch ihres Amtes gewesen, wenn sie dem Verbrecher zu viel nachgegeben und ihn in den Fällen verschont hätte, worin ihn der Beleidigte umbringen konnte. Alles, was sie thun konnte, mußte darauf hinausgehen, den unwilligen oder unglücklichen Todtschläger von dem vorsätzlichen und schuldigen Mörder zu unterscheiden.

Schwerlich wird sich aber jenes so genau angeben lassen. Das Recht der Privatrache geht im Stande der Natur so weit als die Macht, und man weiß von keinen andern Grenzen; und wie schwer es gehalten habe, die Menschen von diesem Grundsatze abzubringen, legt sich am ersten daraus zu Tage, daß fast kein einziger Gesetzgeber es gewagt, denselben geradezu und auf einmal umzustoßen, sondern überall zuerst gesucht denselben durch Anordnung gewisser Freiörter, wo der Verbrecher gegen seinen Verfolger sicher war, allmählich zu schwächen.

Diesemnach scheint es, daß man die Vermuthung für die Privatrache — welche noch jetzt in gewissen Fällen, wo die Ehre eines Mannes beleidigt ist, aller Gesetzgebung und allen Strafen trotzt — fassen und von der Obrigkeit den Beweis fordern könne: wodurch sie sich berechtigt halte, gewisse Verbrecher beim Leben zu erhalten.

Diesen kann sie, rechtlicher Art nach, nicht anders führen als durch die darüber vorhandenen Gesetze, und wo diese mit Bewilligung des Volks zur Erhaltung eines Verbrechers gemacht sind, da ist dasselbe von dem ersten Contract der Gesellschaft insofern abgegangen, und die Erhaltung beruht auf einem richtigen Grunde. Wo aber dieses nicht geschehen, wo nach den Gesetzen oder dem zweiten Contract des Volks mit der Obrigkeit jeder Dieb gehangen werden muß, da kann man gar nicht fragen, woher diese das Recht habe, einen Dieb am Leben zu strafen, oder man muß sich die Antwort geben: die Mitglieder des Staats haben ihrer ursprünglichen Befugniß, jeden ihrer Feinde, soweit sie konnten, zu verfolgen, nicht weiter entsagt, und die Obrigkeit ist nicht befugt, ihr Mitleid weiter zu erstrecken.

Mitleidige können hier einwenden, daß nicht leicht ein guter Mann, dem ein Schaf gestohlen wird, den Dieb sogleich ums Leben bringen würde. Aber jeder wird sich noch eines Falles erinnern, wo jemand einem nächtlichen Diebe, der ihm verschiedentlich in den Schafstall gestiegen war, auflauerte, demselben, wie er ihn endlich ertappte, beide Beine und beide Arme zerschlug und ihn so auf dem Misthaufen sterben ließ. That dieses ein Christ, was mochten denn nicht die rohen Menschen thun? Diese machten keinen Unterschied unter dem Wolfe und unter dem Menschen, der ihnen ein Schaf nahm: sie schlugen den einen wie den andern todt; und gegen solche Menschen hat die Obrigkeit die Verbrecher in Schutz genommen, aber damit nicht sogleich und überall die Befugniß erhalten, ihren Schutz gegen den Originalcontract auszudehnen und wol gar ohne eine allgemeine Einwilligung aller Privaträcher, und zu ihrer größten Unsicherheit, da zu erhalten wo jene getödtet haben würden.

Zwar lassen sich dagegen auch noch andere Erinnerungen machen, und es können deren verschiedene sehr wichtig sein; allein ich glaube immer, daß man auf dem angelegten Wege am ersten das wahre Ziel erreichen und solchen in der Maße führen könne, daß man zu einer sichern Theorie gelange.

———————

Wann und wie mag eine Nation ihre Constitution verändern?

Eine jede Nation, hört man jetzt vielfältig sagen, sei allemal befugt, sich, wenn es ihrer Meinung nach das allgemeine Beste erfordert, von neuem zu formen und sich über alle bis dahin bestandenen Rechte und Verträge hinwegzusetzen; gegen diese ihre Machtvollkommenheit schütze weder der Titel des Eigenthums noch der des längsten Besitzes; nur in einer bestehenden Staatsverfassung seien die Gesetze heilig, welche dabei ehedem zum Grunde gelegt worden, aber in einer jetzt zu errichtenden oder neu zu formenden Constitution könne die Nation mit ebendem Rechte davon abgehen, womit sie solche vorhin angenommen habe; und es hänge einzig und allein von ihr ab, ob sie solche beibehalten oder verwerfen, jedem ein Eigenthum gestatten oder in völliger Gemeinschaft leben wolle. Aber keiner gedenkt der Frage, wo und was nun die Nation sei, welche so große Befugnisse habe. Und doch hängt von der Beantwortung derselben die Richtigkeit jenes Schlusses vorzüglich ab.

Sind es gleiche Theilhaber oder gemeinschaftliche Eigenthümer einer Colonie, welche ihre Constitution verändern oder neu formen, so ist gegen jene Grundsätze nichts zu sagen. Die, welche ein Gesetz gegeben oder einen Vertrag miteinander gemacht haben, können der Regel nach auch davon wieder abgehen, soweit es ohne Nachtheil eines dritten geschehen mag. Und wenn z. B. eine Seehandlungscompagnie sich trennt, ihre Schiffe, Magazine und Eroberungen verkauft oder zu andern Zwecken verwendet, so hat niemand dagegen etwas zu erinnern. Allein wo findet sich die Colonie oder der Staat, worin alle Einwohner gleichberechtigt sind?

Soviel wir aus der Erfahrung wissen, sind überall — wenigstens in Europa — in jede Colonie (Rousseau mag sagen was er will) einige früher und andere später gekommen oder geboren; und wo die ersten alles erobert hatten, da war es unmöglich daß die letztern mit den ersten zu gleichen Rechten gelangen konnten. Die letztern mußten nothwendig, solange sie das Recht der ersten Eroberung gelten ließen, von den ersten die Erlaubniß sich niederzulassen suchen, von ihnen das Land, was sie gebrauchten, in Erbzins, Pacht oder Steuer nehmen und sich jede Bedingung, wäre es auch die Leibeigenschaft gewesen, gefallen lassen.

Ueberall, in allen Ländern, Städten und Dörfern, ist — nach der Erfahrung, und demjenigen was wir vor Augen haben, zu urtheilen — ein doppelter Socialcontract entstanden: einer, welchen die ersten Eroberer unter sich geschlossen, und ein anderer,

den diese ihren Nachgeborenen oder spätern Ankömmlingen zuge=
standen haben. Beide Theile stehen als Contrahenten gegen= oder
nebeneinander; und wenn sie gleich unter dem Ausdruck Nation
vereinigt sind, so ist dadurch jener augenscheinliche Unterschied
kenntlich nicht gehoben, es würde vielmehr die offenbarste Er=
schleichung sein, wenn die letztern, oder die Minderberechtigten, ein
Menschenrecht aufstellen, durch ihre Mehrheit die bisherige Con=
stitution aufheben und sich, als gleichen Menschen, mit den erstern
gleiche Rechte beilegen wollten. Es würde dieses ebenso sein, als
wenn die englische Nation, oder das Parlament, wäre es auch
darüber einstimmig, die Ostindischen Compagnien aufheben oder alle
geborenen Engländer in Actionäre verwandeln wollte.

So wenig demnach eine Nation, welche aus so verschiedenen
Contrahenten besteht, ihre Constitution nach Gefallen durch die
Mehrheit der Stimmen verändern mag, ebenso wenig kann sie auf
diese Art über die erschleichungsweise so genannten Nationalgüter
disponiren. Denn angenommen, wie man es wol annehmen
kann, daß die ersten Eroberer einen Theil Landes für einen König
oder ein anderes Oberhaupt ausgesetzt, daß sie diesem Oberhaupte
auf ihrem Eigenthum gewisse Rechte unter dem Namen von Re=
galien eingeräumt, daß sie auch ein Los für ihren Bischof, für
ihren Pfarrer und für andere gute Stiftungen bewilligt haben: wie
mögen die Mitglieder des zweiten Socialcontracts, solange es
ihnen nicht ausdrücklich zugestanden ist, daran einigen Antheil
nehmen? Weiter angenommen, wie es ein jeder, der auf den
wahren Grund zurückgeht, sicher annehmen wird, daß der eigent=
liche Erbadel nichts anderes sei oder doch nichts anderes sein sollte,
als die Ehre ein Mitglied des ersten Contracts zu sein: mit
welchem Rechte kann denn die Menge, unter dem Namen Nation,
ihm diese Ehre nehmen, ohne ihn zugleich, was sie doch nicht will,
seines echten Eigenthums, als wovon diese Ehre unzertrennlich ist,
zu berauben?

Es war eine Zeit, wo den ersten Contrahenten die ganze Last
der gemeinen Vertheidigung oblag, und worin die Mitglieder des
zweiten Contracts zu ihnen mit dem vollkommensten Rechte sagten:
Wenn wir unsern Zins, oder unsere Pacht, oder unser Schutz= und
Schirmgeld bezahlen, so haben wir unsern Contract erfüllt, und ihr
mögt zusehen wie ihr davon fertig werdet; die gemeine Verthei=
digung ist die Sache der Eigenthümer. Hier hätten die ersten die
letztern, nach dem jetzigen Rechte der Menschheit, zwingen können
mit ihnen unters Gewehr zu treten. Aber jene begnügten sich viele
Jahrhunderte hindurch mit Bitten oder sogenannten Beeden; und
wie diese endlich zu häufig kamen, gingen sie mit den letztern einen
neuen Contract ein, welcher die Landstandhaft genannt wurde; und

6*

dieser ward nach dem ewigen Naturgesetze der mindesten Aufopferung, nicht aber mit gänzlicher Aufhebung der bisherigen
Constitution geschlossen. So handelten vernünftige, von der Erfahrung und nicht von bloßer Theorie geleitete Nationen, um die
allgemeine Glückseligkeit zu erhalten und dem Kriege zuvorzukommen,
wozu der durch die Mehrheit angegriffene oder überwältigte Theil
unstreitig berechtigt ist, sobald jene blos nach ihrer Macht verfährt
und den Contract bricht, welcher nicht anders als durch ein gemeinschaftliches Einverständniß aufgehoben werden kann.

Das Lob, welches Gudin dagegen der neuen französischen
Constitution ertheilt, wenn er sagt: L'assemblée nationale y est
parvenue, en s'attachant à une idée unique, d'autant plus grande
et plus majestueuse, qu'elle est plus simple. Elle a rendu à
l'homme ses droits; elle a reconnu sa dignité, et toutes les
vaines grandeurs se sont éclipsées devant elle, gilt von jedem
Gärtchen, worin der Gärtner, um sich seine Botanik ins kleine zu
bringen, nur Blumen — und wären es auch die edelsten — von
einerlei Art und Farbe duldet; und Montesquieu behauptete mit
Recht, daß diese idées simples et uniques der helle Weg zum
monarchischen (und so auch wol zum demokratischen) Despotismus
wären.

Ueber die Einwendungen des Herrn K** gegen vorstehenden Aufsatz.

Die Frage: Wie und wann mag eine Nation ihre
Constitution verändern? bleibt immer sehr wichtig; und die
Leser dieser Monatsschrift werden es mir nicht verdenken, daß ich
noch einmal darauf zurückkomme, nachdem Herr K** ihnen gegen
meine erste Beantwortung derselben einige Zweifel vorgelegt hat,
welche eine Erläuterung erfordern.

Der Hauptinhalt meiner Beantwortung jener Frage ging dahin: daß eine Nation unter gewissen Umständen allerdings dazu
befugt sei und auch ebenso wie jede andere handelnde Gesellschaft
über die ihr gemeinschaftlich zustehenden Güter disponiren könne. Nur
sei es noch nicht ausgemacht, wer eigentlich die Nation vor-
stelle, und was es für Güter seien, welche ihr gemeinschaftlich zustehen. Beide Fragen schienen mir bei der in Frankreich vorgenommenen Veränderung der Constitution nicht genugsam
erwogen zu sein.

Meiner Meinung nach ließen sich die Menschen in jedem Lande in zwei Hauptklassen theilen, wovon die eine das Land zuerst in Besitz genommen, und die andere das ihrige von jener in Zeit- oder Erbpacht erhalten hätte. Beide zusammen könnten zwar unter dem Namen Nation begriffen werden; aber es müsse doch einem jeden einleuchten, daß jede dieser Klassen ihr eigenes Verhältniß habe und einen besondern Socialcontract voraussetze, deren erstern die Landeigenthümer unter sich, den andern aber die Pächter mit jenen geschlossen hätten. Die letzte Klasse könne und müsse sich mit ihrem Contracte begnügen, welchen sie von der ersten erhalten habe; und die erste habe, kraft des von ihr zuerst ergriffenen Besitzes und des dadurch erlangten Eigenthums des Landes, ein Recht, alle spätern Ankömmlinge davon auszuschließen oder diesen die Bedingungen vorzuschreiben, worunter sie solches von ihr zu neh- men hätten. Dieses Recht fließe aus dem Begriffe des Eigenthums und stehe sowol jedem einzelnen Mitgliede in Ansehung des sei- nigen als der ganzen ersten Klasse in Gemeinschaft zu; und diesem- nach sei es offenbare Gewalt, wenn die zweite Klasse zusammen- treten, sich und die Mitglieder der ersten für Menschen erklären und sich mit ihnen einer gleichen Disposition über das Landeigen- thum anmaßen wollte, gesetzt auch daß einige der ersten, aus Furcht oder andern Absichten, sich diese Erklärung hätten mitgefallen lassen. Diese Prämisse schien mir evident.

Nun fragt Herr K * *: „Wer sind doch wol die ersten Besitz- nehmer eines Landes? Sind es die ersten Jäger oder Hirten, die sich in einem Lande niederließen? oder gehören auch die ersten eigentlichen Anbauer des Landes mit dazu?" Allein meine ganze Behauptung heißt ja im Grunde weiter nichts als: der Eigen- thümer ist überall früher gewesen als der Pachter, der Gutsherr eher als dessen Bauer. Welchen Standes dieser oder jener ge- wesen, wie er geheißen, und wann er entstanden, sind Fragen die nichts zur Sache thun.

Herr K * * fragt weiter: „Können die Einwohner der Städte nicht mit dazu gerechnet werden?" . . . Ich antworte: Nein, ge- rade aus der Ursache weil sie keine echten Landeigenthümer sind und ihrer Verfassung nach, als Bürger, höchstens einen Kohlgarten besitzen, der bei dem Heerbannskataster in die Brüche fällt. Man sieht es jeder Stadt und in Westfalen jedem Dorfe beim ersten Anblick an, daß sie zu einer Zeit entstanden sind, wo das Land, worin sie liegen, bereits getheilt war und sie sich nicht mehr nach Nothdurft ausdehnen konnten. Jäger, Hirten und Landbauer haßten ehedem dergleichen Nester, wie die Franzosen die Bastille oder wie die Fürsten die Verbindung mehrerer Städte untereinan- der. Einzelnen Anbauern sind die auf einem Flecke versammelten und verbundenen Menschen ebenso gefährlich, wie mehrere verbundene Städte den Fürsten.

Ein anderes ist wo die Bürger zugleich Landeigenthum haben. Dieses war der Fall mit den Quiriten in Rom, und ist es noch jetzt mit den Einwohnern von Charlestown, wo jeder seine Plantage besitzt, auf welcher er 50 bis 100 Sklaven hält, aber auch seine Schuhe auswärts machen lassen muß, weil sich kein Schuster und anderer Handwerker unter so vornehmen Bürgern in Ehren niederlassen kann. Dergleichen Städte sind aber selten, und wo sie sind, gehören ihre Bürger, wie an manchen Orten die Patricier, zu den Landeigenthümern. Der Regel nach sind Städte auf Handlung und Handwerk gegründet und folglich nicht früher entstanden, als bis die Landeigenthümer ihrer bedurften. Ich glaube also mit dem vollkommensten Rechte behaupten zu können, daß, sowie es auch die Geschichte zeigt, die Bürger ihr weniges Land nicht aus der ersten Hand haben und sich die Bedingungen haben gefallen lassen müssen, welche ihnen von den frühern Landeigenthümern sind vorgeschrieben worden.

„Aber — sagt Herr K** — wann und wodurch wird die Zahl der ersten Besitznehmer geschlossen? Welches ist der Zeitpunkt, wovon man sagen kann: nun ist alles in Besitz genommen, von nun an darf sich niemand mehr anbauen, niemand im Lande mehr niederlassen als mit Erlaubniß derer, die bereits da wohnen? Dieser Zeitpunkt könnte doch nur durch eine ausdrückliche Erklärung der vermeinten ersten Besitznehmer bestimmt werden. Von welchem Lande sind aber solche Erklärungen vorhanden? Wenn man nun diese nicht aufweisen kann, ist denn nicht alles, was man von einem unter den ersten Besitznehmern verabredeten Vertrage zur Ausschließung der Spälerkommenden annehmen will, bloße Fiction?"

Wenn Herr K** meine beiden Aufsätze: über die natürliche Entstehung des Deichbandes, und über die ebenso alte als natürliche Eintheilung der Menschen in Hundredarios et Plegiatos, einiger Aufmerksamkeit werthgeschätzt hätte, so würde er die Auflösung dieser seiner Zweifel gewiß selbst gefunden haben. Der Deichband, sowie der Band der Leibeigenthümer, entsteht durch die Einheit ihres gemeinschaftlichen Interesses in demselben Augenblick, worin das Meer oder ein anderer Feind ihr Eigenthum angreift und kein einziger seinen Acker unbedeicht lassen darf, wenn das Wasser nicht einbrechen soll. Dieses ist wahrlich keine Fiction, sondern eine nothwendige Voraussetzung; und es würde nur dann einer ausdrücklichen Erklärung bedurft haben, wenn die ersten Besitznehmer oder die Landeigenthümer die später Gekommenen hätten nicht ausschließen, sondern in den Deichband mit einschließen wollen. Die Mitglieder des Deichbandes haben Land und Leben zu

verlieren, wenn der Deich durchbricht; nicht so die später gekom=
menen Handwerker, Häusler oder Pächter.

Uebrigens, dünkt mich, versteht es sich von selbst, daß der
Zeitpunkt, wann die Gesellschaft der Landeigenthümer sich schließt,
mit dem Augenblicke da ist, wo alles Land getheilt ist, und daß,
wo noch Land übrig ist, diese Gesellschaft immer wachsen könne.
Es ist daher auch ein sehr unerheblicher Einwurf, daß die Nord=
amerikaner ungroßmüthig und thöricht handeln würden, wenn sie
den sich dort ansiedelnden neuen Colonisten mit sonderbaren Bedin=
gungen beschwerlich fallen wollten.   Denn da jene das Obereigen=
thum von vielen Wüsteneien besitzen, welche noch unvertheilt sind,
so können und müssen, nach einer gesunden Politik, den später An=
kommenden ganz andere Bedingungen zugestanden werden, als da
wo alles Land bereits seinen Privateigenthümer hat; und von
einem solchen Lande habe ich allein geredet.

Hier scheint es mir auch so wenig ungroßmüthig als grausam
zu sein, wenn die Interessenten einer Steppe oder Heide, sie seien
nun Jäger, Hirten oder Landeigenthümer, zu den ankommenden
Fremdlingen, die von ihnen einiges Land zum Anbau verlangten,
sagten: „Wir wollen euch so und so viel Ackerland geben, aber ihr
sollt dagegen alle Wege in der Steppe bessern, damit wir so viel
bequemer jagen können; dabei sollt ihr euch aller Jagd enthalten."
Erhält nicht der Mensch, der sich diese Bedingung gefallen läßt,
seine Vergütung dafür im voraus? Und seit wann ist der Contract,
worin der Pachter alle Beschwerden und Unglücksfälle mit über=
nimmt, für unbillig oder ungültig erklärt worden? Ist es nicht im
Grunde doch der Eigenthümer, der die Beschwerden und Unglücks=
fälle trägt, da er von seinem Pachter so viel weniger Pacht erhält,
als jene möglichen Beschwerden und Unglücksfälle betragen können?
Und steht dem Pachter, wenn ein ganz außerordentliches Unglück
eintritt, eine andere Ausrede zu als: dieses steht nicht in meinem
Contracte? Mit Recht verlangten die steuerbaren Unterthanen in
Frankreich, als die Wege in der Steppe durch Erdbeben und Fluten
von Grund aus verdorben waren, daß die Befreiten ihnen zu
Hülfe kommen sollten, weil ihr Contract nicht auf solche ungewöhn=
liche Fälle ginge. Konnten sie aber die nämliche Hülfe fordern,
solange die Wege im erträglichen Stande waren?

Die Erscheinung solcher Colonen in der Volksversammlung
und die Verwaltung öffentlicher Aemter fällt von selbst weg, weil
sie dergleichen Lasten zu übernehmen so wenig schuldig als ver=
mögend sind, oder sie müßten ihnen auch durch den Contract auf=
gebürdet sein. Die Rede ist hier nicht von besoldeten Dienern des
Staats, oder von Abgeordneten welche Diäten erhalten. Bei diesen
kann die Geschicklichkeit den Mangel des Landeigenthums ersetzen;

aber wo der Landeigenthümer jede Art der Vertheidigung und
Verwaltung unbesoldet verrichten muß, da kann einer seiner
bloßen Geschicklichkeit halber nicht gezwungen werden mitzuwirken.
Und gewiß waren in der ältesten Verfassung die Ehrenstellen Reihelasten; man hatte sich lange mit eigener Faust vertheidigt, ehe
man Söldner gebrauchte, und den ersten um soviel mehr Ehre gegeben, je weniger man sie mit Gelde belohnte.

Die übrigen Einwürfe übergehe ich, weil ich offenbar sehe,
daß Herr K * * mich misverstanden hat.   Ich rechne so wenig
jemanden blos seiner Geburt wegen zu jener ersten Klasse, als ich
die jüngern Kinder eines Actionärs zur Compagnie rechne, wenn
der älteste die Actie allein geerbt hat.   So ist es in England, wo
sogar der Sohn des Königs nicht wegen seiner Geburt sondern
wegen seines Herzogthums im Oberhause sitzt.   So war es auch
vordem in Deutschland; und noch muß ein Fürst fürstenmäßige
Güter, sowie der Landedelmann ein landtagsfähiges Gut besitzen,
wenn er aller Vorrechte seiner Klasse genießen und in der Reichs-
oder Landesversammlung stimmen will.   Den Edelgeborenen lege
ich blos persönlichen Adel bei, sowie der Engländer ihnen den Titel
Gentleman gibt; und unter dem Erbadel verstehe ich das Vorzugsrecht, welches mit der Landactie vererbt.   Jener sollte mit der
Person aussterben; und wenn die Franzosen diese Grenzlinie angenommen hätten, so würden sie ihren Zweck mit allgemeiner Zufriedenheit erreicht haben, anstatt daß sie jetzt ein Wort verbannt
und die Sache gelassen haben.   Denn der große Eigenthümer wird
doch in der That Tréfoncier bleiben und ein starkes Uebergewicht
über andere Menschen behalten, wenn er auch nicht mehr noble
genannt wird.

Ebenso rechne ich zu jener zweiten Klasse keinen blos seiner
Geburt wegen, sondern jeden, der nicht so viel echtes Landeigenthum hat, daß er zum Deichbande oder Heerbanne in Person auf-
geboten werden kann, er sei ein bloßer Pachter, oder ein Kleiner,
der etwa $\frac{1}{4}$, $\frac{1}{8}$, $\frac{1}{16}$ oder $\frac{1}{32}$ seiner Nothdurft hat, dergleichen
es in allen Ländern unter verschiedenen Namen in Menge gibt.
Und die Franzosen haben ja selbst auf eine ähnliche Art den
activen Bürger von dem bloßen Menschen unterschieden.   Alle
diese setze ich in die Klasse der spätern Ankömmlinge, weil schon
vor ihnen andere da gewesen sein müssen, welche sie verhindert
haben ihre ganze Nothdurft zu nehmen.

Gesetzt auch, ein Land hätte die Verfassung wie das Land der
ehemaligen Franken, daß der Besitzer von zwölf Mansi im Harnisch
erscheinen müßte, oder wie das Herzogthum Bremen, worin nur
der Besitzer von zwölf Höfen eine Stimme in der Landesversammlung hat, oder auch wie mehrere Handelscompagnien, daß nur der

Besitzer von zwölf Actien directionsfähig sein solle (wie die Localumstände dieses ganz natürlicherweise mit sich bringen können):
würden hier nicht ebenfalls unterschiedene Klassen entstehen? oder
würde man sagen, jeder Gutegroschen ist so viel als ein Frie-
drichsdor, weil beides Münzen und auf einerlei Art geprägt sind?
Und ist es mit dem Schlusse der Franzosen, daß alle Menschen
gleich sind, anders beschaffen? Der Mensch kann auf verschiedene
Weise angeschlagen werden, zum Tanzen anders wie zur Musik;
und es kommt auf den Zweck an, welchen die Gesellschaft bei ihrer
Auswahl hat.

Und was verliert die zweite Klasse bei dem allen? Sobald ihr
etwas über ihren Contract aufgebürdet werden will, tritt sie als
ein freier Stand auf, der so gut das Recht zu bewilligen oder zu
verweigern hat als die erste Klasse.   Sobald sie mit t h a t e n soll,
sagten die Alten, muß sie auch mit r a t h e n; und dies ist der natürliche Ursprung des tiers état.   Er ist nach dem Verhältnisse gestiegen, als der Geldreichthum sich dem Landeigenthume genähert
hat, die Geldsteuern den Landdienst verdrängt haben und die Kriege
durch Söldner geführt worden. Für Sold dienten Ritter von
Adel, von bürgerlichem und vom Bauernstande; und Herr K **
vermischt gewiß den Allodial-, Lehn- und Söldnerdienst, wenn er
mich fragt: ob die ehemaligen großen Armeen aus lauter Edel-
leuten bestanden hätten.

Die Rechte einer edeln Geburt setze ich bei dem allen nicht
außer Betracht.   Alle europäischen Völker haben darauf zu jeder
Zeit zurückgesehen; und die Achtung, welche man für dieselbe hegt,
scheint ebenso in der Empfindung des Menschen zu liegen, wie die
Ehrfurcht, welche man dem Alter beweist, und welche nicht dadurch
geschwächt wird daß viele Alte zuletzt kindisch werden. Lessing
zeigte, daß man eine ganze Nation hassen und jedes Individuum
derselben lieben könne; und so scheint es mir auch umgekehrt, daß
man die hohe Geburt achten könne, ohne einem einzigen Hoch- und
Wohlgeborenen, wenn er es sonst nicht verdient, eine gleiche Achtung zu bezeigen.   Was sich sonst von dem Vorzuge der Geburt
sagen läßt, hat der Herr Oberappellationsrath von Ramdohr zu
gründlich vorgetragen, um darüber noch etwas Erhebliches sagen
zu können.   Wenn ich aber wünsche, daß der Adel, welchen Geburt, Bedienungen oder Briefe geben, mit der Person, die ihn
erhält, erlöschen möge falls er nicht in der Folge mit einer standesmäßigen Landactie verbunden wird, so geschieht dieses aus der
Besorgniß, daß, wie in Frankreich alle Edelleute Menschen, so zuletzt in Deutschland alle Menschen Edelleute werden möchten.

— —

Ueber das Recht der Menschheit, als den Grund der neuen französischen Constitution.

Nun, lieber R**, es mag ein Recht der Menschheit geben oder nicht, so ist mir doch jetzt in Europa kein Staat bekannt, welcher darauf gegründet wäre; und ich will die Franzosen für das erste Volk in der Welt erkennen, wenn sie auf dem Wege ihrer Theorie vom Rechte der Menschheit etwas Fruchtbarliches und Dauerhaftes zu Stande bringen. Ueberall und in jeder gesellschaftlichen Verbindung, es sei zum Handel oder zur gemeinschaftlichen Vertheidigung, liegt außer der Menschheit eine dem Zwecke angemessene Actie oder Wahre zum Grunde, die einer besitzen muß um Genosse zu sein. Das geringste Dörfchen hat mehrentheils seine ganzen, halben und Viertelwahren, nach welchen jeder der gemeinen Weide und Waldung genießt oder das Seinige zur gemeinen Besserung beiträgt; und wenn ein Ungewahrter darin auftreten und sagen wollte: „Ich bin ein Mensch, darum laßt mich ein Stück Vieh auf die gemeine Weide treiben", so würde ihm der Vorsteher antworten: „Du bist ein Narr; die Menschen erhalten in unserm Dorfe nichts mehr als was wir ihnen aus gutem Herzen geben wollen". Ebenso verhält es sich in allen Städten: nur der Bürger und Eigenthümer einer gewissen Wahre ist daselbst ehrenfähig; und man gestattet den bloßen Menschen nicht einmal das Recht, ihr Brot daselbst zu betteln. Höchstens erlaubt man ihnen sich auf einen Contract anzubauen; oder man überläßt es den Theologen, ein Reich Gottes ohne Actien zu errichten und die Menschen miteinander unter der Rubrik von armen Sündern auszugleichen.

Wie sich hier die kleinen Genossenschaften formen, so haben sich auch ganze Staaten gebildet. Die Europäer, als Landbauer, legten eine Landwahre oder das Eigenthum eines für jeden Staat bestimmten Ackerhofs, Mansus genannt, zum Grunde ihrer Verbindung. Nur der echte Eigenthümer eines solchen Mansus war Mitglied der Nation und theilte Gewinn und Verlust mit seinen Genossen. Alle übrigen Menschen, welche ohnehin bei der Naturalvertheidigung in die Brüche fielen, zur Zeit wo man diese Brüche noch nicht mit Hülfe des Geldes ausgleichen konnte, waren entweder Knechte, oder Leute die auf Contracte wohnten und keine Stimme zu den Gesetzen und Schlüssen des Staats zu geben hatten.

Lange wollte man diesen ungewahrten Menschen nicht gestatten, sich untereinander zu verbinden und besondere Staaten in dem großen Staate zu errichten. Man hielt es für gefährlich, daß ein Haufe solcher unverbürgten Menschen sich auf einen Fleck

versammeln, Mauern und Gräben um sich aufwerfen, und also ver=
eint den gewahrten Genossen den Kopf sollte bieten können; oder
daß sie unter dem Schutze einer Gottheit oder eines Heiligen ein
eigenes Corps ausmachen, einen Schutzvoigt oder Syndicus er=
wählen und sich mit zusammengesetzten Kräften vertheidigen möchten.
Zeit, Noth, Bedürfniß, Gelegenheit, und besonders der Königsschutz
brachte jedoch endlich dergleichen kleinere Gesellschaften unter den
Namen von Städten, Burgen, Flecken, Hoden und Echten zu
Stande, die nun freilich, wie die Heringscompagnien, auch ihre
kleinen Actien zu ihrer Selbstvertheidigung zusammenlegten und
Statuten machten, aber noch lange keine Mitglieder der Nation
wurden und zu deren Entschlüssen stimmten, sondern blos nach dem
Contracte Recht gaben und nahmen, welchen ihnen die Nation be=
willigt hatte. Bis endlich die Gewahrten, nachdem sie sich durch
ihre vielen Kriege erschöpft hatten und durch Borgen und Bäten
oder Beeden von den Ungewahrten nichts mehr erhalten konnten,
diesen eine förmliche Beihülfe über den Contract anmuthen, dazu
natürlicherweise ihre Bewilligung suchen und ihnen dagegen die
Rechte eines besondern Standes einräumen mußten, der nun, da
die Staatscompagnie auf diese Weise zu den alten Landactien,
wovon bisher die gemeine Vertheidigung allein bestritten war, fast
so viele Geldactien machte, als reiche Menschen im Staate
waren, und durch neueingeführte Vermögensteuern von diesen sehr
oft mehr als von jenen bezog, ein verhältnißmäßiges Gewicht mit
jenem erhielt.

Die Geldactie ist nun zwar nicht so bestimmt wie die alte
Landactie; ob es gleichwol in unserer jetzigen Verfassung so ganz
unrecht nicht sein möchte, hierauf zu speculiren. Indeß wird doch
ein jeder leicht fühlen, daß der Eigenthümer eines Hundertheils
nicht die Rechte eines vollen Actionärs fordern könne, und daß der
Besitzer von zehn solcher Actien vor jenem ein natürliches Näher=
recht zur Direction der Compagnie habe. Ein jeder wird einsehen,
daß die Menschheit hierbei in keinen besondern Betracht komme, und
daß bei der auf Geldactien gegründeten Staatsverbindung ebenso
viele Menschen in die Brüche fallen müssen als bei der Landactie,
wo man dergleichen Einhundertstel (Wachszinsige) oft für ein Pfund
Wachs wohnen und kramen ließ und ihnen weiter keine gemeine
Beihülfe abforderte, ihnen aber auch keine Ehrenfähigkeit in der
Nation einräumte.

Zum Scherz oder auch zur Parade kann in Frankreich der
Herzog wol mit seinem Schneider unter der unbesoldeten National=
garde aufziehen und das Recht der Menschheit in einem komischen
Aufzuge zeigen; aber wenn beide sich unbesoldet gleich rüsten und
gegen den Feind fechten sollten, so würde es wahrlich dem Schneider

nicht wohl zugemuthet werden können, so viel Blut für seine Werk=
stätte zu vergießen als der Herzog für sein Herzogthum aufopfert;
auch würde der letztere sich auf jenen nicht wie auf seinesgleichen
verlassen können.   Und doch würde das Recht der Menschheit
erfordern, daß jeder Nachbar gleich seine Haut für den andern
wagen sollte.

Wie sehr hat nicht schon das Recht der Menschheit die Cri=
minalgesetze verwirrt! Das israelitische Volk, das außer seinem
Bündel nur seine Menschheit in die Wüste trug und folglich überall
seinen Gehorsam gegen die Gesetze blos nur mit der Haut ver=
bürgte, mußte auch bei jedem schweren Verbrechen gleich mit der
Haut bezahlen.   So gerecht dieses Criminalrecht für Menschen
war, und für Soldaten noch ist, denen alles auf die Haut geborgt
wird: so ungerecht bleibt es immer für Leute, die mit ihrer Land=
actie für ihr gesetzmäßiges Betragen der Staatscompagnie eine an=
gemessene Sicherheit bestellt haben.   Für diese war ehemals der
Verlust der Actie die höchste Strafe. Die Gesetze, welche hierdurch
verpönt waren, wirkten strenger als alle Verordnungen bei Galgen
und Rad, die noch nirgend die Anzahl der Verbrecher vermindert
haben.   Der Verlust der Actie war Strafe für einen Actionär, sein
Weib und seine Kinder: wohin er sich wandte, stand ihm nichts
wie die Knechtschaft offen; und bis er irgendwo Schirm fand, war
er der Rache des Beleidigten preisgegeben.   Dagegen konnte man
ihm nie an die Haut kommen, und selbst der Todtschläger konnte
sich lösen, wenn er die Taxe bezahlte wozu der Erschlagene von
der Compagnie geschätzt war, eine Taxe, die vermuthlich die ganze
Actie wegnahm.   Nicht einmal ein gewahrter römischer Bürger
stand unter der Ruthe, und später mochten auch die Ehrenbürger
davon befreit sein, indem der Apostel Paulus, von dem man wol
annehmen kann daß er so wenig eine Stadtactie in Rom als eine
Landactie im römischen Reiche besaß, sich hierauf mit dem gesetz=
mäßigen Erfolge bezog.

Zwar wird das Volk, insofern man darunter die in die Brüche
fallende Menge versteht, es itzt nicht leicht gestatten, daß man auf
jenen hohen Plan des Criminalrechts zurückgehe, nachdem einmal
die Geldactie nicht so anschauend sicher ist als die Landactie, und
nachdem Consumtions=, Vermögen= und Menschensteuern die Ge=
wahrten und Ungewahrten zu sehr vermischt haben.

Allein es verdient immer noch tiefe Bewunderung, daß unsere
rohen Vorfahren, die sogenannten Barbaren, einen solchen Plan
erfunden und sich dabei so lange glücklich erhalten haben, bis die
christliche Religion die Gesetze, welche Moses den ziehenden
Israeliten gegeben hatte, den erbgesessenen Landeigenthümern unter
Begünstigung jener Vermischung der Geld= und Landactie nach und

nach aufnöthigte. Wie nöthig ist es aber nicht noch immer dem
Gesetzgeber, einen mächtigen Wink dahin zu geben, damit nicht, nach
dem Rechte der Menschheit, alle Verbrecher ohne Unterschied ihrer
Wahrung auf der Haut gepeitscht, gebrandmarkt und gefoltert oder
auf die Schandbühne gestellt werden!

Vielleicht sage ich Ihnen aber doch **noch ein** andermal, **wie,**
mit Hülfe des Hypothekenbuchs, neue A c t i e n in der Nation erschaffen und Ehre und Fleiß auf eine mächtige Art gehoben
werden **könnten,** wenn man den Plan unserer Vorfahren wieder
befolgte.

Ueber das Recht der Menschheit, insofern es zur Grundlage eines Staats dienen kann.

Schreiben an Herrn Bibliothekar Biester.

Es hat mir eine wahre Freude gemacht, daß Herr von Clauer
meinen Aufsatz über die Frage: Ob ein Staat wie Frankreich auf
das Recht der Menschheit gegründet werden könne? einer so scharf-
sinnigen als wohlgemeinten Prüfung werthgeschätzt hat; und ich
ersuche Ew. ꝛc. ihm in meinem Namen zu sagen, daß ich seine
Kritik völlig so genommen habe wie er es von mir erwartet hat.
Ihnen selbst aber danke ich von ganzem Herzen, daß Sie sich
meiner L a n d a c t i e n, worauf ich besonders die Staaten acker-
bauender Menschen gegründet habe, auf der Stelle angenommen
und solche al pari discontirt haben.

In der Hauptsache glaube ich indeß mich nur etwas deutlicher
ausdrücken zu dürfen, um auf den Beifall meines Herrn Gegners,
wo nicht in allen, doch in einigen Stücken, rechnen zu dürfen; ich
will es wenigstens versuchen. Wenn Ländereien gegen den Einbruch der See durch einen Damm oder Deich gesichert werden
müssen, so kann man die Vertheilung der Arbeit, welche dazu und
in der Folge zur Erhaltung des Werks erfordert wird, nicht wohl
anders machen als daß man einen jeden nach Verhältniß seiner
dahinter belegenen Ländereien, also z. B. den Eigenthümer von
1000 Morgen zehnmal so viel als den von 100, dazu beitragen
läßt. Der nun aus sämmtlichen Landeigenthümern entstehende D e i c h -
b a n d kann von denen, welche gar kein Land und höchstens eine
Hütte in der abgedeichten Gegend besitzen, wenig oder nichts fordern:
weil diese, um sich zu ernähren, den ganzen Tag zu Hause arbeiten
müssen und, ohne zu verhungern, nicht auf eigene Kost täglich am

Deiche stehen können, auch bei dem Einbruch der See nicht viel zu
verlieren haben; anstatt daß die Landeigenthümer, welchen ihre
Nahrung gegen eine mäßige Arbeit zuwächst und deren ganze
Existenz als Landbesitzer von der Erhaltung des Deiches abhängt,
Zeit und Mittel zur Arbeit in Ueberfluß haben. Hieraus habe ich
die natürliche Folge gezogen, daß die erstern mit den letztern gar
wohl in Gottes Kirche, wo alle Menschen einander gleich sind,
aber nicht als stimmführende Mitglieder in der Deichversammlung
erscheinen und auch mit Grunde Rechtens bei Verlosung des der
See abgewonnenen Vorlandes keinen Antheil fordern oder mit dem
Amte eines unbesoldeten Deichgrafen oder Deichhauptmanns
beschwert werden könnten, wenn sie auch die größte Einsicht vom
Deichwesen hätten und über allen Verdacht, daß sie um ihre Hütten
zu retten sich nicht in Lebensgefahr wagen würden, erhaben wären.
Auf eine kurze Zeit bietet man wol alle Hände zu einer Deich=
oder Wegebesserung auf, wenn es die höchste Noth erfordert, und
bei Löschung einer Feuersbrunst ergreift der Geringere wie der
Vornehme den Eimer; allein die ordentliche Deich= oder Wege=
besserung muß nach andern Verhältnissen geschehen, oder die Ein=
wohner, welche wenig oder nichts dabei zu gewinnen und zu ver=
lieren haben, fliehen ein Land, das ihnen nicht die Zeit gönnt
ihr tägliches Brot zu erwerben.

Dieses ist alles, was ich vorhin behauptet habe; wie man
leicht sehen wird, wenn man anstatt der Ländereien an der See
ein Land, das sich zu vertheidigen hat, und anstatt des Deichbandes
den Heerbann, oder die von ihrem Lande zur gemeinen Vertheidigung
dienenden unbesoldeten Eigenthümer, setzt. Und von einem solchen
Staate sage ich, daß er auf das Landeigenthum gegründet sei und
nicht wohl auf das Recht der Menschheit, nach welchem jeder Mensch
in gleichem Maße zur Deicharbeit verpflichtet sein würde, gegründet
werden könne. Unter den echten Landeigenthümern, d. i. unter
denen die ihr Land nicht blos zum Bau oder pachtweise besitzen,
gedenke ich mir dann die stimmbaren Mitglieder der Deich= oder
Landesversammlung und lasse aus den Nichteigenthümern einen be=
sondern Stand, welchen man den tiers état zu nennen pflegt, ent=
stehen, nachdem er contractweise einige Beihülfe zur Unterhaltung
des Deiches übernommen hat und, so oft der Deich eine neue Hülfe
erfordert, billig dahin zu sehen ist, daß jener so wenig über seinen
Contract als mit unnöthigen Ausgaben beschwert werde. Ich be=
haupte, daß dieser tiers état später zu Hülfe gezogen und folglich
jüngern Ursprungs sei als der Deichband, welcher dem einbrechenden
Meere zuerst entgegenarbeitete, und daß jener nicht anders als
durch einen Contract habe entstehen können, indem die Nichteigen=
thümer, wenn sie wie Sklaven durch Gewalt oder Gesetze zur

Deicharbeit wären gezogen worden, gar keinen besondern Stand ausgemacht haben würden. Hiermit stimmt auch die Geschichte überein, die überall die Landsteuern und Landdienste den Kopf- und Vermögensteuern vorgehen läßt, **die** den Ursprung der Städte in Deutschland in sehr späte Zeiten setzt, die den Einwohnern der Städte lange keinen Morgen Landes, sondern höchstens einen Kohl- garten einräumt, **und die,** wie denselben endlich zur Lehnszeit einige Morgen urbar **zu** machen verstattet ward, die Urkunden in Menge aufbewahrt hat, worin ein Ritter mit dem Zinskorne belieben wird, das **davon** zur gemeinen Landesvertheidigung aufgebracht werden mußte.

Wenn Hr. v. Cl. sich die Sache auf die nämliche Art vorstellt, **so wird er** gewiß selbst finden, daß es nicht allein höchst **unbe- sonnen** sondern auch äußerst grausam sein würde, wenn man **einen** Schneider zwingen wollte mit **dem** Herzoge in einer unbe- soldeten Reihe zu dienen, und daß alle Rechte der Menschheit den Hunger des erstern nicht stillen werden, wenn er anstatt zu nähen fechten soll. In einer besoldeten Reihe kann freilich ein Prinz **als** Gemeiner und ein Bauer als Hauptmann dienen. Hier kom- **men** blos der Mensch und seine Eigenschaften **in** Betracht, und die ganze Arbeit am Deiche kann durch Besoldete, ohne Unterschied **ob** sie Leibeigenthum haben **oder** nicht, getrieben werden. Allein ich habe ausdrücklich **von** einer unbesoldeten Nationalgarde ge- sprochen und, daß in dieser **der Herzog** mit seinem Schneider, wenn derselbe auch tapferer als der **brave** Crillon wäre, **im Ernst** nicht dienen könne, behauptet. Dieser wichtige Umstand, welchen Hr. **v. Cl.** übersehen hat, ist die Ursache, daß alle seine Gegen- gründe, so richtig dieselben auch in einer andern Hinsicht sind, mich auf diesem Standorte gar nicht treffen.

Um sich von der Wahrheit und Wichtigkeit des Unterschiedes zwischen Eigenthümern und Nichteigenthümern zu überzeugen, darf **man** nur beide Theile eine gemeinschaftliche Deich- oder Landesver- sammlung ausmachen lassen und darin die Fragen aufwerfen; ob der **Deich** hergestellt, und die Kosten dazu durch eine Land- oder Kopfsteuer aufgebracht werden sollen. Wie verschieden ist hier nicht das In- teresse beider Theile! Kann hier eine Uebereinstimmung Platz finden, wenn beide sich trennen? Und könnte **der** Nichteigenthümer sich des Veto bedienen, wenn die Eigenthümer für die Herstellung des Deiches stimmten?

Ich leugne **um** deswillen gar nicht, daß nicht auch ein Staat auf die bloße Menschheit gegründet werden könne. In Paraguay säeten und ernteten unter der Jesuiten Regierung alle Einwohner für ein öffentliches Magazin, woraus jeder täglich seinen nothdürf- tigen Unterhalt empfing. Wenn in einem solchen Lande der Deich

durchbricht, so ist es möglich und billig, alle Menschen von gewissen
Jahren zur Arbeit aufzubieten: sowie solches auch bei den Israe=
liten geschah, deren kleiner Staat nicht auf ein Landeigenthum,
sondern auf eine Mannszahl und deren größte Vermehrung ge=
gründet wurde. Ebendieses scheint auch der Fall bei den alten
Sueven gewesen zu sein, als sie das Landeigenthum aufhoben, um
sich mit einer stärkern Mannszahl gegen die zahlreichen Horden der
über die Elbe eindringenden Völker zu wehren. Allein eine solche
Verfassung wie die in Paraguay gibt den edeln Leidenschaften zu
wenig Spielraum und dient nur für Schafmenschen, wozu die
Franzosen am wenigsten aufgelegt sind. Die suevische Verfassung
hingegen, welche noch gewissermaßen im ungarischen Banate
besteht, kann nur zur Noth angenommen werden; und die israe=
litische, worin ein Hirt zum Könige gesalbt werden konnte, ist nur
durch ihre beständigen Unruhen berühmt.

Aber auch selbst Völker, welche bei ihrer Vereinigung auf die
bloße Menschheit gesehen zu haben scheinen, haben von ihren Ge=
nossen gewisse Eigenschaften, die man Actien nennen kann, er=
fordert und nicht gleich jeden Menschen zum Mitgliede aufgenommen.
Diese Vorsicht braucht jede Gesellschaft, sobald sie sich zu einem
gewissen Zwecke vereinigt. Nie wird der Araber, der zu Pferde
gerüstet auszieht, die Beute mit dem Marketender, welcher ihm den
Branntwein für Geld nachbringt, theilen, so wenig dieser solches
nach dem Rechte der Menschheit zu fordern befugt ist. Ja selbst
das Reich Gottes ist auf Actien gegründet. Wer eine Actie, näm=
lich den Glauben an Jesus Christus, nicht besitzt, ist bekanntlich
davon ausgeschlossen; und es ist dem heiligen Gregor dem Großen
nur ein einzigesmal gelungen, durch seine Fürbitte einem Heiden,
dem guten Kaiser Trajan, das himmlische Bürgerrecht zu verschaffen,
wie solches Bobadilla, Munnoz ab Eskobar und andere billig
denkende spanische Juristen glaublich finden. So wenig bei einem
Rekruten, dem ein Zoll am Maße fehlt, die Menschheit in Betracht
kommt, ebenso wenig kommt sie auch dem Unchristen, der ein
Himmelsbürger werden will, zu statten, ob es gleich allemal ein
Mensch sein muß, der hier oder dort aufgenommen werden will.
Dieses ist keine Buchtheorie von den Rechten der Menschheit, wie
es Hr. v. Cl. nennt, sondern die gewöhnliche Praxis; und so glaube
ich mich auch von dem Redegebrauch nicht entfernt zu haben, wenn
ich sage, daß ein Staat wie Frankreich nicht auf das Recht der
Menschheit gegründet werden könne.

Außerdem aber möchte ich auch dieses Recht nicht so weit aus=
dehnen, wie es Hr. v. Cl. gethan hat, und alles, was billig, ver=
nünftig, menschlich und anständig ist, darunter begreifen. Meiner
Meinung nach besteht das Recht der Menschheit in der Befugniß,

alles Ledige zu **erobern** und alles solchergestalt Eroberte zu ver=
theidigen. Außer diesem Falle collidirt ein Mensch gleich mit an=
dern und muß sich bald durch Quasicontracte, und zuletzt durch
Contracte deren Form **von** der gesellschaftlichen Verbindung ab=
hängt, helfen, **wenn** er es nicht auf **die** Faust ankommen lassen
will. Die Acte Habeas corpus, welche **Hr. v. Cl.** als **das** höchste
Resultat aller Menschenrechte ansieht, **kommt** in England keinem
Menschen zu **statten,** als wenn **er** Bürgen stellt; **und was** man
nicht anders als gegen gutes Unterpfand erhalten **kann,** ist im
eigentlichen Verstande kein Recht der Menschheit; **ob es** gleich sehr
menschlich ist, daß wer Bürgen stellt, nicht ins Gefängniß geworfen
werde. Solange die Landactie in Deutschland ihren Werth **hatte,**
wußte man von gar keinen Gefängnissen. Karl der Große ver=
ordnete in Sachsen zuerst eins für jeden Comitat, und sicher **nur**
für Landstreicher und unverbürgte Menschen, indem der Eigenthümer
eines Mansi damit für sich und als Vater **für** seine Kinder und als
Herr für seine Knechte **noch** viele hundert Jahre nachher dem
Staate bürgte. Die Habeas corpus=Acten traten ein, wie die
Landactien unter dem daraufgesetzten Bauer und Pachter versunken
waren, der Geldreichthum das Leibeigenthum zu überwiegen anfing,
und eine neue Sicherheit gegen die Willkür mächtiger Richter ein=
geführt werden mußte. Der Geldreichthum ist unsichtbar; aber
mit Hülfe eines guten Hypothekenbuchs kann auch dieser zur öffent=
lichen Anschauung gebracht werden. Und was könnte es hindern,
einem Manne, der z. B. 10000 Thaler Kapital besitzt, die
Standesfreiheit zu ertheilen daß er nicht gefänglich eingezogen
werden dürfe? Sollte nicht mancher, um sich diesen Adel zu er=
halten, fleißiger und aufmerksamer auf seine Wirthschaft sein? Und
sollten die Strafgesetze, welche mit dem Verluste dieser Geldactie
verpönt würden, nicht wirksamer sein als diejenigen, welche alle
Menschen ohne Unterschied mit Leib= und Lebensstrafen bedrohen?
Unter tausend Verbrechern gibt es viele, die ihr Leben für nichts
achten, und vielleicht nicht einen, der eine solche Geldactie aufs
Spiel gesetzt haben würde.

Ich will hier abbrechen, um Ihnen nicht länger beschwerlich
zu fallen. Vielleicht schicke ich Ihnen nächstens eine kurze Geschichte
des alten deutschen Landkatasters oder der Mansorum, wozu uns
der Herr Graf von Herzberg vor einiger Zeit einen so schätzbaren
Beitrag geliefert hat, und nehme darin auf einige andere Einwürfe
des Herrn von Clauer Rücksicht, die ich vorerst unberührt ge=
lassen habe.

———————

V.

Religion und Kirche.

Die Religion das beste Hausmittel.

Ew. Gnaden fragen: wo wir endlich wiederum standfassen wollen, wenn wir alle Offenbarung und alle Wunder wegphilosophirt haben. Allein so weit wird es wahrscheinlich nie kommen; der Mensch, welcher sein Brot mit Arbeit verdienen muß, und dieser macht doch wol den größten und eigentlichen Theil der Menschenkinder aus, wird keins von beiden aufgeben, solange es noch Kreuz und Elend in der Welt gibt; und was den Mann am Hofe oder den Gelehrten anlangt, der sich, weil er auf der Erde nichts zu thun hat, mit seinen Speculationen über die Firsterne hinaus verliert, der meint es in der That so böse nicht als Sie wol glauben. Sein Geist ist blos der Religion satt, so wie solche den einen Tag wie den andern für Hohe und Niedrige aufgetragen wird, und er wünscht sie nun auch einmal à la glace oder mit einer sauce au diable zu genießen. Dies ist die natürliche Folge der Seelenüppigkeit, die zuletzt aus dem vielen Untersuchen und Genießen entsteht. Die Zärtlichen spinnen die Religion in einen empfindsamen Roman aus, und die stolzen Weisen können sich nicht entschließen mit dem Pöbel einerlei Gott zu glauben. Aber im Grunde sind es Gottes verwöhnte Geschöpfe, die sich recht gern bedeuten lassen, sobald sie seine Hülfe nöthig haben. Ich habe einen der Kühnsten und Feinsten unter ihnen gekannt; der Himmel nahm ihm das Weib, woran seine Seele hing, ein liebes vortreffliches Geschöpf, und nun fing er an an ein ewiges Leben zu glauben, weil er den Gedanken nicht ertragen konnte, daß eine so edle Seele auf ewig für ihn vernichtet, auf ewig von ihm getrennt

sein sollte. Ich habe hernach oft mit ihm über diese Veränderung
gescherzt und ihn gefragt: ob die Religion nicht vortreffliche Haus=
mittel habe. Der simple Trost: er ist bei Gott, hat schon mehr
Kummer in der Welt gestillt als alle Feinheit der Metaphysik.

Ueber Toleranz.

O sorgen Sie nicht, liebster Freund, die Religion wird immer
oben bleiben, wenn sie auch noch so sehr gedrückt wird. Der Mensch
bedarf ihrer zu sehr, um sie gänzlich zu entbehren; er wird sie
immer unter den Ruinen wieder hervorsuchen, wenn es jemals
einem Herostratus gelingen sollte, ihren Tempel zu verbrennen.
Daß viele der scharfsinnigsten Männer sich gegen sie verbunden
haben, irrt mich nicht. Zu scharfe Sinne geben unrichtige Em=
pfindungen, und zu scharfes Nachdenken macht schwindeln. Die Re=
ligion ist für Menschen von gesundem Verstande, und ihr weiser
Urheber hat wohl dafür gesorgt, daß wir ihn aus seinen Werken
anschauend erkennen, lieben und verehren können. Wie viele Mil=
lionen Menschen würden nichts von ihm wissen und folglich ohne
Trost, ohne Hoffnung und ohne Furcht dahinleben, wenn sie sich
an dem Faden der Metaphysik zu ihm hinaufspinnen müßten.

Jedoch, Sie wollten eigentlich nur wissen, ob eine unbeschränkte
Duldung aller Meinungen nicht zuletzt eine gänzliche Gleichgültig=
keit gegen alle Religion hervorbringen werde. Auch dieses, liebster
Freund, besorge ich nicht. Denn eine solche unbeschränkte Dul=
dung, welche Atheisten, Deisten und Christen zu einem Zweck oder
zu einem Staat verbinden soll, wird sich nirgends einführen lassen.
Der Atheismus isolirt seiner Natur nach und kann niemals ein Band
der Menschen abgeben. Der Deismus, solange er ganz rein bleibt und
nichts exoterisch versinnlicht, ist nur für wenige Elektiker. Die christliche
Religion hingegen bindet die größte Gesellschaft, wenn sie auch noch so
sehr gemischt ist, und kommt überall den Bedürfnissen der Menschen
im Glück und Unglück bestens zu statten. Eine allgemeine Duldung
wird sich also nur auf Christen erstrecken, und hiervon hat man
um so viel weniger eine Gleichgültigkeit gegen alle Religion zu be=
fürchten, je gewisser uns eine lange Erfahrung von dem Gegentheil
überzeugt hat; denn ihre verschiedenen Sekten lehren nichts, was
das allgemeine Band der bürgerlichen Gesellschaft schwächen kann,
oder wo sie es thun, werden sie solches mit der Zeit gewiß ab=
legen, wenn der Duldungsgeist sich erst völlig ausgebreitet hat.

Ueber die allgemeine Toleranz.

Briefe aus Virginien.

Erster Brief.

Sie wollen wissen, liebster Freund, wie wir bei der hier ein=
geführten allgemeinen Duldung gefahren sind. Gut, das will ich
Ihnen erzählen wie ich es selbst mit erlebt und erfahren habe.

Anfangs, wie einer mit dem andern nicht viel zu theilen
hatte, ging alles gut. Deist und Atheist, Christ und Unchrist gin=
gen ganz friedfertig miteinander um. Man richtete einen jeden
nach seinen Handlungen; und keiner fragte den andern: was
glaubst du?

Allein diese ruhige Verträglichkeit währte nicht lange. Ein
schlechter Mensch hatte von einem Kaufmann, der sich einmal in
Gesellschaft hatte verlauten lassen daß er an keinen Gott glaube,
für mehr als dreihundert Dollars Waaren auf Credit erhalten und
leugnete jetzt die Schuld. Der Kaufmann klagte, und der Richter
erkannte, daß ihn, wenn er sein Buch beschworen haben würde,
der andere bezahlen sollte. „Das geht nicht, Herr Richter“, ver=
setzte der Beklagte, „oder der Mann muß erst bekennen, daß er an
einen Gott glaubt, der die Meineidigen bestraft.“ „So recht!“
urtheilte der Richter und wollte eben den Kläger, der sich hierzu
nicht verstehen wollte, abweisen, als ein Quäker auftrat und be=
hauptete, man müsse einem ehrlichen Manne auf seine Versicherung
glauben. Nun galt aber das Nein des Beklagten so viel als das
Ja des Klägers; und der Richter sah sich genöthigt die ganze
Colonie zusammenzurufen, um von der gesetzgebenden Macht zu
vernehmen, wie er sich hierbei zu verhalten habe.

Der Sprecher fing damit an, daß auch die Götter den Eid
nicht entbehren könnten:

Una superstitio superis quae reddita divis.

Allein um die vielen Quäker nicht vor den Kopf zu stoßen, faßte
man endlich das Gesetz dahin: „Daß jeder Colonist sein Glaubens=
bekenntniß zu Protokoll geben sollte; danach wollte man urtheilen,
wie er sein Wort bekräftigen solle. So habe man es in Europa
mit dem Judeneide und der Quäkerversicherung gemacht. Wer aber
gar keinen Gott glaube, solle nur gegen seinesgleichen zeugen
können.“

„Auf diese Weise“, sagten die Atheisten, deren jedoch nur
wenige waren, „sind wir übel daran. Die gemeinen Leute hier,
denen wir wegen des großen Geldmangels borgen müssen, sind alle

Christen und werden sich vielleicht ein Verdienst daraus machen, einen Atheisten zu betrügen.“

„Nicht allein das“, rief einer aus dem Volke, „sondern ihr Atheisten seid auch unfähig ein obrigkeitliches Amt zu verwalten oder Repräsentanten des Volks zu werden; ihr könnt auch von andern Religionsverwandten kein Zeugniß verlangen, weil ihr ihnen keins wiedergeben könnt. Und wenn einmal das Unglück sein sollte, daß wir gegen die Wilden ziehen müßten, so fechten wir nicht mit euch, weil ihr mit uns nicht gleichen Muth haben könnt, indem ihr mit dem Leben alles verliert, wir aber nur aus einem Leben ins andere übergehen. Ihr seid also nicht besser als Sklaven, die sich den Gesetzen und Steuern, die wir ihnen ohne ihre Zustimmung auflegen, unterwerfen müssen“ . . . Ein Philosoph bemerkte noch hierbei: „der Atheismus könne nie das Band einer bürgerlichen Gesellschaft werden; derselbe isolire seiner Natur nach und führe überhaupt zu einem freudenlosen Leben, um dessenwillen es sich nicht der Mühe verlohne Gesellschaften zu errichten.“

Nun ging es ans Protocolliren, da ein jeder sein Glaubens=bekenntniß ablegen mußte. Der eine glaubte dies, der andere das; und was das Schlimmste dabei war, so hatte fast ein jeder alle acht Tage seiner Meinung etwas ab= oder zuzusetzen, wie dieses fast immer der Fall ist, wenn man erst anfängt einer Sache recht nachzudenken und darüber warm wird. Hierüber wurde aber das Protocoll so dick, daß der Colonieschreiber Johann Jakob solches durchaus geschlossen haben wollte. Allein keiner wollte dem Rechte, seine Meinung früh oder spät ändern zu mögen, entsagen, und so blieb das Protocoll zur großen Beschwerde des Schreibers immer offen, sodaß man kein Ende davon absehen konnte.

Endlich erforderte es doch die Nothwendigkeit, weil eine bevor=stehende Magistratswahl nicht länger verschoben werden konnte, die sämmtlichen bis dahin eingebrachten Glaubensbekenntnisse vorläufig, jedoch mit Vorbehalt des Rechts eines jeden wegen des Ab= und Zusetzens, in einen Auszug zu bringen und festzusetzen, welchem ein Colonist beipflichten sollte um in vorkommenden Fällen zum Eide, zum Zeugnisse, zur Repräsentation, zur Magistratur und zur Landesvertheidigung zugelassen zu werden. Man brachte also die sämmtlichen Bekenntnisse auf gewisse Hauptartikel zurück und setzte unter jeden die Namen derjenigen Colonisten, welche darin überein=kamen.

Die Atheisten wurden sogleich aus der Zahl der ehrenfähigen Männer ausgestrichen. Man erklärte ihnen jedoch dabei, daß sie bleiben, handeln, bauen und leben könnten wie andere Colonisten, und daß auch ihre Kinder ehrenfähig werden sollten, wenn sie die festzusetzenden Artikel künftig mit annehmen würden; wogegen sie sich aber gefallen lassen müßten, wenn es zum Kriege mit den Wilden ginge, als Trainknechte zu dienen, da sie nicht in Reihe und Glied stehen könnten.   Denn hier, wo es auf die Hand an= käme, könne man ihnen nicht, wie den Juden, erlauben einen an= dern an ihre Stelle zu dingen; und weil man sich auf ihr Gewissen nicht verlassen könnte, müsse man den Vermögenden unter ihnen alles bei schweren Geldstrafen und den Unvermögenden bei hundert Stockprügeln verbieten.

Vergeblich beriefen sie sich dagegen auf die bekanntgemachte allgemeine Duldung, auf die Freiheit des Glaubens und die Un= schuld des Irrthums, auf ihre guten moralischen, physikalischen und politischen Eigenschaften.   Die Antwort war immer: das Vertrauen lasse sich so wenig wie der Glaube erzwingen.   Beide Theile folgten mit gleichem Rechte ihrer Freiheit zu denken, die Atheisten, indem sie keinen Gott glaubten, und die andern, indem sie einem Atheisten in keinem Stücke trauten.   Und damit blieb der Stärkere oben, von Rechts wegen.

Nächstens will ich Ihnen melden, wie es uns weiter ge= gangen.

Zweiter Brief.

Nachdem der Schluß wider die Atheisten, wovon ich Ihnen in meinem Vorigen Nachricht gegeben habe, gefaßt war, fing man endlich an die Glaubensbekenntnisse derjenigen, welche einen Gott glaubten, zu untersuchen, setzte aber doch zu Verhütung aller Misdeutungen (wiewol meiner Meinung nach sehr überflüssig) fest: daß man sich blos wegen einer in dieser Colonie allein ehrenfähig machenden Religion vereinigen und übrigens dem lieben Gott auch nicht einmal das Recht streitig machen wolle, einen frommen Atheisten, dessen Verstand nicht so weit reichte um ein höchstes Wesen zu erkennen, selig zu machen.   Wie denn auch keiner von diesen aus der Versammlung ging, dem nicht einer oder der andere die Hand drückte und ihm seine Kasse anbot, wenn er sie nöthig hätte.   Das individuelle Zutrauen blieb also nach wie vor; aber man konnte und wollte es nicht zur Generalzwangsregel machen.

In den Glaubensbekenntnissen von Gott fand sich jedoch eine solche Verschiedenheit, daß es eine lange Zeit unmöglich schien alle zu vereinigen.   Einige hielten es für höchst verwegen und für unmöglich, daß ein endliches Wesen sich einen Begriff vom Unendlichen machen wollte; andere glaubten, man brauche davon nicht mehr zu wissen als man mit seinen fünf Sinnen und mit dem von Gott erhaltenen Verstande begreifen könnte; und noch andere

hatten besondere Offenbarungen angenommen, woraus sie das un=
endliche Wesen erkennen wollten; der großen Verschiedenheit nicht
zu gedenken, die aus den Begriffen, welche sich jeder entweder aus
der Natur oder aus den Offenbarungen von einem höchsten Wesen
machte, hervorging. Endlich kam man doch darin überein: „ daß
ein jeder, der in dieser Colonie ehrenfähig sein wollte, ein all=
weises, allmächtiges und allgütiges Wesen, welches diese Welt er=
schaffen habe und regiere, bekennen, jedoch dabei die Freiheit haben
sollte, von diesen drei großen Eigenschaften des allerhöchsten oder
allerersten Wesens so viel zu hoffen und zu fürchten als er könnte
und brauchte.''

Nun glaubte jeder die Colonie auf das herrlichste gegründet
und von Menschen, welche jenes höchste Wesen annähmen, nicht
allein nichts zu fürchten zu haben, sondern auch alles erwarten zu
können was zu seinem Frieden diene. Allein der Erfolg zeigte
bald, wie sehr man sich geirrt hatte. Nicht die Hälfte der Colo=
nisten hielt etwas auf besondere Gottesverehrungen, auf besondere
Versammlungshäuser oder Tempel, oder auf besondere Lehrer. Ihrer
Meinung nach fühlten besondere Lehrer immer einen Geist des
Standes, der überall unendliche Verwirrungen anrichte, und sie
zögen die Menschen nur von der Thätigkeit zur Speculation; Ver=
sammlungshäuser wären nichts gegen den unermeßlichen Tempel
des Allmächtigen, worin der freie Mensch unter einem freien Him=
mel anbete; der Sonntag sei nicht besser als jeder andere Tag, und
ein Augenblick der Zeit dem Höchsten ebenso angenehm als jeder
andere. Es wäre, sagten sie, lächerlich, Gott mit gewissen Cere=
monien zu verehren oder auch nur zu glauben, daß das höchste
Wesen von schwachen Menschen geehrt werden könne; sie hielten es
sogar für gotteslästerlich, ein Gebet an dasselbe zu richten oder,
welches einerlei sei, zu fordern, daß der Allweise auf das thörichte
Bitten der Menschen den Lauf der Welt abändern solle, und das
Dankgebet zeugte nur, wie sie sich ausdrückten, von dem Stolze
des Menschen, der sich vorstellt, dem Allmächtigen ein freiwilliges
Dankopfer bringen zu können . . .

Sie hatten also auch nichts von äußerlichen Ceremonien, und
jeder Hausvater, jedes Glied der Familie hatte seine eigenen Ge=
danken von dem allmächtigen, allweisen und allgütigen Wesen,
ohne daß sie einige bestimmte Schlüsse zum Besten der Colonie
daraus machten und sich zu denselben gemeinschaftlich bekannten.

Indeß konnte man sie deßfalls von den Ehrenstellen nicht aus=
schließen, und weder Christen noch Juden, welche nach ihrer Weise
sich vereinigt hatten und ihre Kinder nach festgesetzten Schlüssen er=
ziehen ließen, machten ihnen diese Glaubensfreiheit streitig. Auf
einmal aber erfuhren diese, daß unter jenen ein Vater seine Tochter,

eine Mutter ihren Sohn, ein Bruder seine Schwester geheirathet hatte; man erfuhr, daß verschiedene derselben sich mehrere Weiber zulegten und solche nach Gefallen wieder zurückschickten; man erfuhr, daß einer seinen Erstgeborenen zum Opfer geschlachtet, und die Frau eines andern sich auf dem Grabe ihres Mannes den Tod gegeben hätte; man erfuhr, daß verschiedene von ihnen gar kein Eigenthum erkennen und alles, was Gott erschaffen hat, in Gemeinschaft haben wollten; man erfuhr, daß einige gar nicht zur Landesvertheidigung folgen und fechten wollten und der Obrigkeit die Macht zu strafen streitig machten. Mit Einem Worte, man erfuhr so viel, daß es unmöglich schien, solche Leute für ehrenhaft zu erkennen und mit ihnen Glück und Unglück zu bestehen.

Man hielt es also für Pflicht und für die allgemeine Ordnung nöthig, denselben eine ernstliche Vorstellung zu thun. Aber wie groß war das Erstaunen, als man die Antwort hören mußte: „Wie? das allgütige Wesen sollte es dem Vater versagt haben, bei seiner Tochter zu schlafen, die ihm zugehört, sollte es der Mutter wehren, für alle ihre Mühe, die sie mit Erzeugung und Erziehung ihres Sohns gehabt, seine Erstlinge zu fordern; sollte die Heirath zwischen Schwester und Bruder jetzt mehr misbilligen als es sie im Anfange der Welt gemisbilligt hat; sollte dem Menschen, den es zum Genuß aller Freuden erschuf, nicht mehrere Weiber vergönnen, oder ihn wol gar zwingen sich mit einer einzigen, die sein ganzes Leben verbittert, zu begnügen; sollte das Opfer des Erstgeborenen, das theuerste was ein Mann ihm bringen kann, nicht gern annehmen; oder auch einem Vater verwehren, allenfalls seine neugeborenen Kinder, welche er nicht ernähren kann, ins Wasser zu werfen?" Mit Einem Worte, jeder wußte das allweiseste, allmächtigste und allgütigste Wesen besser in seinen Kram zu ziehen, als die weiland natürliche Madame Warens die Philosophie oder ein Betrunkener Gottes Barmherzigkeit. Wie es aber hart gewesen sein würde, jemand zu zwingen wider seine Ueberzeugung zu handeln, also konnte man auch nicht fordern daß sie anders handeln sollten als sie wirklich handelten, so groß auch der Greuel war, welchen die übrigen Colonisten an diesen ihrer Meinung nach von Gott verworfenen Menschen hatten.

Indeß konnte das Ding doch so nicht bestehen, besonders da eine Menge verstoßener Weiber sich aufs Betteln legten, und da viele, welche glaubten die Früchte der Erde gehörten allen Menschen zu und keiner dürfe sich derselben ausschließlich anmaßen, den andern in die Krautgärten gingen und was sie bedurften daraus nahmen. Die sämmtlichen Christen und verschiedene andere Sekten traten demnach zusammen und beschlossen, jene Andersgesinnten ganz aus ihren Grenzen zu verbannen und allenfalls auch, wenn

es ihre Sicherheit durchaus erforderte, als Raubthiere vom Erd=
boden zu vertilgen. Jedoch wollte man es erst noch versuchen ob
sie nicht in Güte auf andere Gedanken zu bringen sein möchten.

Sechs der weisesten Männer übernahmen dieses Geschäft; und
wie sie das Glück hatten an den Abgeordneten der andern sehr
billige und vernünftige Männer zu finden, so kamen sie gar bald
darin überein: daß diese sich alles, was zum Besten der Colonie
von der Mehrheit gewillkürt werden würde, als mensch=
liche Polizeigesetze gefallen lassen, dieselben aber nur nicht
als göttliche Befehle verehren wollten. Jedoch auch diesen
Unterschied der Meinungen, welcher anfangs Anlaß gab daß der
eine Theil sich Gottesknecht und der andere Menschenknecht hieß,
wußten die Weisen bald zu heben, indem sie sich dahin verglichen:
daß Gott der einzige Beherrscher der Colonie, das versammelte
Volk Gottes Stimme, die Obrigkeit Gottes Diener und ihre Gesetze
Gottes Gesetze sein sollten, weil es anstößig und schimpflich wäre,
daß ein Mensch den andern beherrschen sollte.

Zwar machte einer der Weisen noch den Einwurf, daß es
ebenso anstößig und unschicklich sein würde, wenn man hiernach
sagen müsse: Gott zürne und räche, oder: er werde beleidigt und
versöhnt. Allein sie wurden bald über den Begriff eines Gottherr=
schers einig und hielten es für einen edeln Zug der Urwelt,
welcher den lautesten Beifall verdiene daß die ersten Menschen keine
Hintersassen eines Königs oder Fürsten, sondern unmittelbare
Gottessassen hätten sein wollen.

Solchemnach ward eine Gottespolizei (eben wie ehemals in
Deutschland ein Gottesfrieden) in die Colonie eingeführt; und durch
dieselbe wurden nicht allein gewisse Grundsätze in Ansehung des
Eigenthums, der Ehen u. s. w. als Gottesgesetze festgesetzt, sondern
auch unter andern als auf Gottes Befehl gewisse Tage geheiligt,
Versammlungshäuser angeordnet, dabei eigene Lehrer angestellt und
Schulen angelegt — alles in der Absicht, um sowol den jungen als
alten Colonisten jenen bestimmten Willen Gottes in Ansehung dieser
Colonie recht tief und fest einzuprägen, um ihre vormaligen freien
Handlungen zum allgemeinen Besten einzuschränken.

Indeß waren doch bei weitem nicht alle mit dieser Einrichtung
der Weisen zufrieden. Einige sagten, man verwechsele hier offen=
bar den theokratischen Gott mit dem allweisen, allmächtigen und
allgütigen Wesen; es sei eine bloße Vergötterung seines eigenen
Begriffs, daß man einen Theokraten aufstelle und diesen gebieten
oder verbieten lasse, was man selbst wolle. Eine solche Täuschung
erniedrige den Menschen; und sie hätten ebendie Freiheit, welche
andere hätten, sich einen Gott zu bilden, welcher ihnen verstatte so
weit zu gehen, als die ihnen von ihm nicht umsonst verliehenen

Kräfte reichten. Hier aber zog auf einmal, gleich als ob sie von einem Sturm ergriffen worden wäre, die Menge ihr Schwert, und jeder rief, es komme nur der Mehrheit und dem Stärkern zu, sich einen Gott zu wählen, und alle diejenigen in dieser Colonie, welche sich unterstehen würden andere Götter zu haben neben dem ihrigen, sollten ausgerottet werden in ihren Grenzen. Dies machte einen sichtbaren Eindruck, obgleich die andern heimlich murrten: eine solche Intoleranz, wodurch ihnen nun sogar die jedem Menschen zustehende Denkfreiheit abgeschnitten werden wollte, wäre unerhört; und sie wollten doch glauben was sie wollten, wenn sie sich gleich in ihren Handlungen nach jenen sogenannten göttlichen Gesetzen richten müßten; die Zeit käme vielleicht noch wol, worin sie die Stärksten sein würden . . .

Dies wäre ihnen aber bald übel bekommen. Denn da die andern hörten, daß diese sich nur äußerlich nach den Gesetzen halten und aufs Lauern legen wollten, so vermutheten sie von ihnen, sie würden sich denselben heimlich so oft sie könnten ent= ziehen, unter sich den Gott der Colonie lästern, in Kammern bei ihrem vorigen Wesen beharren und endlich, wenn sie stark genug geworden wären, alle Gesetze wieder über den Haufen werfen. Man hielt es also für nöthig, auch dergleichen Colonisten, die nur den geringsten Zweifel an jener Satzung der Weisen zu Tage ge= legt hatten, von aller Ehrenfähigkeit auszuschließen, um ihnen nicht zu viel Macht in die Hände kommen zu lassen; und um ihre Vermehrung zu hindern, nahmen sich alle Sekten, welche sich an festgesetzte Schlüsse aus dem großen Grundsatze vom allweisen, all= mächtigen und allgütigen Wesen, oder mit andern Worten, an eine besondere Offenbarung hielten, sogleich vor, sich mit ihnen nie durch Heirathen zu verbinden. Dieses Volk, sagten sie, ist unrein; der Vater schläft gewiß heimlich bei der Tochter, da er es öffentlich nicht thun darf; und wenn wir gleich in unsern Polizeigesetzen eine Probe festgesetzt haben, woran die unbefleckte Keuschheit einer Braut erkannt werden kann, um dergleichen heimlichen Greueln Einhalt zu thun, so ist doch diesem Volke, das sich blos äußerlich den Ge= setzen unterwerfen und innerlich die vollkommenste Glaubensfreiheit behalten will, keineswegs zu trauen.

Dies gab der allgemeinen Duldung abermals einen Stoß, so= daß endlich die Weisen wieder zusammentreten mußten, um auf Mittel zu denken, wie der innerliche Mensch mit dem äußerlichen zu vereinigen, oder jede gesetzmäßige Handlung desselben auch aus seinem Glauben herzuleiten sei.

Jedoch ich muß hier abbrechen. Also von dem weitern Er= folg nächstens.

Dritter Brief.

Ich kann Sie, liebster Freund, von demjenigen, was in der Versammlung der Weisen vorgefallen ist, nicht besser unterrichten, als wenn ich Ihnen die ganze Unterredung, so wie ich solche selbst mit angehört und gleich nachher aufgeschrieben habe, hiermit vorlege. Hören Sie also:

A. Ich dächte, es wäre immer noch besser, wir ließen einen jeden glauben, was er will, und erforderten von keinem ein Bekenntniß seiner Meinungen.

B. Also auch kein Bekenntniß seiner moralischen?

A. Wozu alle dergleichen Bekenntnisse? Gibt es nicht schon Heuchler genug in der Welt? Und kann nicht ein jeder immer anders sprechen als er denkt?

B. Sie wollen sich also, wenn es sich treffen sollte daß Sie eines Verbrechens wegen angeklagt würden, auf das Zeugniß von zwei oder drei Menschen, deren Gesinnungen Ihnen völlig unbekannt sind, um Ehre und Gut, Leib und Leben bringen lassen? Oder denken Sie, daß man in unserer Colonie den Beweis durch Zeugen ganz werde entbehren können?

A. Wenn die Zeugen durch einen rechtschaffenen Wandel bekannt sind und das Zeugniß auf ihre Ehre ablegen, so werde ich dabei ebenso sicher sein als wenn sie bei allen Göttern schwören. Die Ehre hat noch allemal ihre Schuld richtig bezahlt, nicht so die Liebe des Nächsten, die oft ihren Bruder darben ließ.

B. Aber unsere Colonie besteht aus allerhand zusammengeflossenen Leuten, von allerlei Nationen, Religionen und Charakteren; und es können leicht auch einige unter ihnen sein, welche den Grundsatz haben, daß es erlaubt sei seinen Feind durch Gift oder ein falsches Zeugniß von der Welt zu bringen. Ein solcher Mann kann, wie die mehrsten eifrigen Sektirer, bei diesen Grundsätzen übrigens einen ganz guten Wandel führen, und wir können ihn so wenig verachten als zur Verantwortung ziehen, wenn er seinen Grundsätzen gemäß handelt und mit der Freiheit, zu denken wie er will, zum Mitbürger aufgenommen ist.

C. Ich bin ein Deutscher, und meine Vorfahren erforderten lange Zeit ebengenosse Zeugen, die, wenn sie ein falsches Zeugniß ablegten, Ehre und Gut zu verlieren hatten. Die wenigsten von unsern Colonisten sind aber noch zurzeit solche Ehrenmänner; sie können davonlaufen, wenn sie sich eines falschen Zeugnisses zu schämen haben, und solche Flüchtlinge haben keine Ehre zu verlieren. Ich lasse mich also auch auf ihr Ehrenwort nicht hängen. Es ist so schon schlimm genug, daß man in neuern Zeiten unter

Christen, zur Schande der Nation, ebengläubige Zeugen statt ebengenosser zugelassen hat.

A. Aber meinen Sie denn, daß ein abzulegendes Bekenntniß seiner Meinungen den Menschen um ein Haar besser und sein Zeug= niß im geringsten zuverläßiger mache?

B. Es ist in der That so leicht nicht, wie Sie zu glauben scheinen, gegen sein eigenes feierlich abgelegtes Bekenntniß zu han= deln. Der Mensch, wie ich ihn kenne, braucht Religion und Tugend als Mittel zu seinem Zwecke; und wer lange bei diesem oder jenem Grundsatze seine gute Rechnung gefunden hat, wird ihn allemal ungern verlassen. Jeder Schritt, welchen er gegen sein ausge= hängtes Bekenntniß oder seine Maske wagt, wird daher mit der größten Sparsamkeit geschehen; und ich habe es als Richter dieser Colonie sehr oft zu bemerken Gelegenheit gehabt, daß nicht leicht einer in einer öffentlichen Versammlung seiner Mitbürger, wenn er nur einen einzigen darin vermuthete, der von dem Gegentheil des= jenigen, was er feierlich betheuern wollte, unterrichtet sein konnte, ein falsches Zeugniß abgelegt habe. So groß ist die Scham für einen Lügner zu bestehen; und Lügner ist, wer gegen sein eigenes Bekenntniß handelt. Alle Vortheile, welche wir von diesem Um= stande ziehen können, gehen aber verloren, wenn wir keinem sein Bekenntniß abfordern oder wol gar einen Türken oder Juden seine Versicherung auf die heilige Dreifaltigkeit ablegen lassen. Der Mann, der das Gift für ein erlaubtes Vertheidigungsmittel hält und sich damit einen Feind von der Seite geschafft hat, sucht viel= leicht wol gar als Märtyrer seiner Meinung zu sterben, da er doch nicht anders als Lügner sterben kann, wenn er sich vorhin zu an= dern Grundsätzen bekannt hat und itzt eine andere Meinung blos zur Entschuldigung einer bösen That gebrauchen will. Nur in diesem Falle kann die Obrigkeit den Bösewicht mit dem Tode be= strafen, anstatt daß sie ihn in jenem blos als ein schädliches Thier zu behandeln hat, wofern sie ihm die Freiheit gelassen sich zu keiner Religion bekennen zu dürfen. Insgemein wird auch einer in den Grundsätzen, wozu er sich bekennt, von Jugend auf unterrichtet und daran gewöhnt sein, mithin seine Meinung, wäre sie auch nur Vorurtheil, nicht nach Gefallen verändern können oder, wo er es thut, solches gern bekennen wollen, um nicht von dem einen oder andern Theile als Heuchler verachtet zu werden. Und ein öffent= licher Lehrer kann seinem Bekenntnisse niemals zuwider lehren, ohne seinen Dienst niederzulegen. Jeder ehrliche Mann kann Gründe haben, seine Meinungen zu ändern, aber keine, um solche zu verhehlen, wenn dieses zum Nachtheil des gemeinen Wesens gereicht.

A. Herrliche Grundsätze, die Religion und Tugend als Mittel zu gebrauchen!

B. Die **Leidenschaften** sind das erste Princip, wonach das kaum geborene Kind **handelt**, und seine Erziehung besteht darin, daß wir diesen ihren **von** ungefähr aufgefangenen Samen nicht wild aufschießen lassen, sondern gehörig cultiviren. Dieses geschieht durch Grundsätze **der** Religion und Tugend; und das heiße ich, sie als Mittel gebrauchen. Die natürliche Begierde zu gefallen und sich Beifall zu erwerben, welche jedes Kind wie jeder Mensch wol nicht so ganz ohne Ursache in seiner ersten Anlage hat, **mag** eine größere Menge guter Gesinnungen und Thaten hervorgebracht **haben** als der übertriebene Geist alles Purismus.

A. Und noch herrlicher, daß einer sogleich sein Lehramt niederlegen soll, sobald er seinem ersten Bekenntnisse nicht länger getreu bleiben kann, sondern die besser erkannte Wahrheit vorzutragen sich verpflichtet hält!

B. Aber wie kann das anders sein? Hier sind z. B. deistische und christliche Tempel; was hat nun der Christ für ein Recht, die deistische Gottesverehrung zu stören, oder der Deist, die christliche Gemeinde zu beunruhigen? Beide Theile sind und bleiben in unserer Colonie ehrenfähig, aber **der** eine muß dem andern die Ruhe gönnen, die er selbst **fordert**. So muß ein Lehrer bei uns demokratisch lehren, wenn er **von** der Vortrefflichkeit der Monarchie auch noch so sehr überzeugt wäre.

A. So soll also ein jeder Mensch, welcher ein Bekenntniß, das mit dem allgemeinen Zweck der Colonie bestehen kann und dafür erkannt ist, abgelegt hat, hierselbst ehrenfähig sein und sogleich als Zeuge völligen Glauben haben?

B. Nicht doch; er soll nur die Rechtsvermuthung für sich haben, bis daß ein anderer den Gegenbeweis führt, daß er seinem Bekenntnisse zuwider gelehrt oder gehandelt habe. So fragt man unter **den** Christen einen Zeugen, wann er das letzte mal zum Abendmahle gewesen, um zu erfahren, ob **er** seinem Bekenntnisse getreu geblieben sei; und findet man, daß er sich des Abendmahls binnen Jahresfrist nicht bedient hat, so wird er nicht für ebengläubig **und** ehrenfähig gehalten, man begräbt ihn als einen Ehrlosen **wenn** er **also** verstirbt. Alles dieses macht einen jeden aufmerksam **auf** sein Bekenntniß, und mit der Zeit ist er so daran gefesselt wie irgend an eine andere Meinung. Auf alle Fälle ist es aber doch besser, hier etwas als **gar** nichts zu thun.

A. Hm! In England müssen **die** Juden erst communiciren, ehe sie einen Contract von der Krone erhalten können! Aber wer soll nun darüber urtheilen, was für ein Bekenntniß in dieser Colonie zugelassen werden soll oder nicht?

B. Die Mehrheit.

A. Sie halten also den größten Haufen für den weisesten? Und wer ist weise?

B. Lieber sollte es mir sein, wenn die Mehrheit der weisesten Männer entschiede; und vielleicht läßt sich der große Haufen dieses gefallen. Wir sind dann auch weise, wenn wir das Volk dahin bringen und es glücklich leiten.

A. Auf diese Weise kommen wir ja wieder auf den alten Fleck: zu glauben was die Mehrheit oder die Kirche glaubt.

B. Nicht völlig; man legt dem Volke die Gründe, welche es fassen kann, vor und sagt ihm dabei, daß die vernünftigsten und weisesten Männer die zugelassenen Lehrsätze ebenfalls gebilligt haben. Dadurch erhält es einen gedoppelten Grund seiner Beruhigung. Bei dieser Art des Verfahrens wird ihm nichts so schlechterdings als Wahrheit und noch weniger für göttliche Wahrheit aufgedrungen. Und wenn dann jemand noch Zweifel behält, so kann er solche dem hierzu angeordneten Senate mit derjenigen Bescheidenheit vortragen, welche die allgemeine Ruhe der Colonie ihm zur ersten Pflicht macht, und erwarten, daß man ihn, da er Empfänglichkeit für höhere Gründe zeigt, wo nicht von der Wahrheit, doch von der relativen Nothwendigkeit und Nutzbarkeit der zugelassenen Lehrsätze überzeuge. Wird er auch hierdurch nicht beruhigt, so bedenke er daß er nicht unfehlbar sei, und behalte seine Zweifel für sich oder fürchte die Macht derjenigen, die ebenso viel Recht haben, ihre eigenthümlichen Meinungen zu vertheidigen, als er, die seinigen auszubreiten. Hiernächst wird auch das erste Weisthum der Weisen nicht für unfehlbar gehalten; es kann sich mit den Bedürfnissen der Colonie oder bei mehrerer Aufklärung ändern, aber dieses muß in der Ordnung von der Mehrheit und mit Behutsamkeit geschehen. Anderwärts, wo immer eine Armee in Bereitschaft steht das Volk zu bändigen, wenn es einmal eine schädliche Meinung zum gefährlichen Ausbruch kommen läßt, ist vielleicht weniger Behutsamkeit nöthig; aber hier, wo wir keine stehenden Armeen halten wollen, ist es gefährlich, solchen Meinungen, die nicht mit dem allgemeinen Wohl unserer Colonie bestehen, freien Lauf zu lassen. In den letzten Unruhen redete mich einst mein Sohn, ein guter Junge von vierzehn Jahren, mit den Worten an: „Du verfluchter Hund, ich möchte dir das Messer im Herzen umdrehen!“ Und was meinen Sie warum? Die Schulknaben waren amerikanische Patrioten geworden, und ich war damals, noch als Bedienter der Krone Englands, meinen Verbindungen getreu. O dergleichen Meinungen gehen in Ländern, wo das Volk durch keine Macht zurückgehalten wird, in die abscheulichsten Ausschweifungen über, und eine kluge Polizei wird allemal dafür sorgen müssen, daß gute, der Verfassung entsprechende Meinungen im Umlaufe bleiben. Sie wird besonders für Schulen und Tempel zu sorgen haben, daß darin keine andere Meinungen gelehrt werden, als welche sie von der Mehrheit zur getreuen Bewahrung empfangen hat. Auf andere Art ist die Grenze schwer zu bestimmen.

A. Wäre es indeß nicht besser, wenn jeder bloß durch Gründe von seinen Pflichten überzeugt werden könnte?

D. Da ich als Secretär dieser Colonie die Glaubensmeinungen eines jeden zu Protokoll genommen habe, so kann ich actenmäßig versichern, daß fast keiner des andern Gründe fassen und mit ihm einerlei Schlußfolge daraus ziehen konnte. Ich bin oft so erstaunt über die verschiedene Fassungskraft dieser in so verschiedenen Schulen, Sprachen und Lehrarten erzogenen Menschen gewesen, daß ich geglaubt habe zu träumen. Sogar kamen einige, die von einem gewissen indianischen Stamme entsprossen sind, und verlangten, man solle alles frische Fleisch verbieten, weil das Aas allein eine gottgefällige und heilige Speise wäre. Mich dünkt, so wenig alle Menschen im Kopfe gleich fertig rechnen können, so wenig können sie auch gleich fertig in ihren Begriffen und deren Anwendung sein; und mancher verbindet mit einem Begriffe sofort unzählige Beziehungen, wovon ein anderer kaum eine empfindet. Was für ein Unterschied zwischen dem Virtuosen, der das schwerste Concert vom Blatte spielt und dabei auf einmal tausend Dinge mit beobachtet, und dem Landmanne, der ein Kirchenlied dem Vorsänger buchstabirend nachheult! Jener fühlt und denkt alles mit einer solchen Schnelligkeit, daß seine Seele nicht einmal etwas davon bemerkt, wogegen dieser oft nicht einmal den Sinn des Gesangs, sondern nur den Werth der Buchstaben faßt. Wie will man aber hier mit Gründen fertig werden, die dem einen wie dem andern einleuchten sollen!

B. Werden nicht auch jedem die Gründe nach seiner Fassungskraft vorgelegt? Und ist die Mehrheit nicht auch ein Grund von ziemlichem Gewicht, indem ich dadurch belehrt werde, daß die Fassungskräfte vieler Tausende mit den meinigen übereinstimmen? Erhalte ich dadurch nicht die Beruhigung, daß von mir nicht mehr gefordert und mein Irrthum mir nicht übel gedeutet werden könne? Wir können es ferner nicht verhindern, daß nicht jedes Kind von seinen Aeltern und Lehrern voreingenommen oder an seiner Fassungskraft verstümmelt werde. Wollten wir es ganz frei aufwachsen lassen, so würde es ihm vielleicht wie dem Hunde gehen, der nach einem gewissen Alter zu nichts mehr abgerichtet werden kann; oder wir müßten die Klage des Schneiders in unserer Colonie gerecht finden, der seinen Vater verwünscht, daß er ihn nicht alle mögliche Künste und Wissenschaften lernen lassen, um unter allen Handwerken die freie Wahl zu haben. Kann nun aber diese nothwendige Verstümmelung der Kräfte des Menschen nicht vermieden werden, so wird auch ein jeder Colonist minder oder mehr geneigt sein den besten Gründen Gehör zu geben. Andere Völker, welche die Gründe ebenfalls nicht fassen konnten, sollen von Gott durch eine unmittelbare Offenbarung von der Wahrheit belehrt sein, oder es hat bei ihnen eine Gottheit das Opfer des Rechtgläubigen angezündet. Beides haben wir nicht zu erwarten; und wenn wir die Stimme der Mehrheit nicht für die Stimme Gottes halten wollen, so bleibt uns nichts übrig als sie für die Stimme der Vernünftigsten oder der Mächtigsten zu erkennen.

A. Es scheint, Sie sind auch für die Täuschung des Volks?

B. Wenn man einem jeden den Bissen so zuschneidet, daß er ihn in den Mund fassen kann, und er davon satt wird, so ist das keine Täuschung. Der Mensch will nach einem natürlichen Triebe von allen Dingen einen Grund wissen; das Kind beruhigt sich mit andern Gründen als der Mann, und das Volk mit andern als der Weise. Dieses ist allgemeine Erfahrung, welcher zufolge man ein Kind mit einem Zuckerbrote weiter bringt als mit dem besten Schlusse. Dagegen ist es bloße Theorie, daß jeder Mensch durch Gründe, in Worte gefaßt, regiert werden müsse. Die ganze Schöpfung kann ohne Hülfe der Metaphysik zu uns sprechen; so auch der Redner zum Volke, seine Thränen werden mit den meinigen fließen und seine Wuth wird sich mit der meinigen vereinigen, ohne daß es lange untersucht ob sie gerecht sind.

A. Das wäre schlecht.

B. Aber Gott hat den Menschen so erschaffen, weil Gründe viel zu langsam und viel zu unsicher wirken, die Sinne aber allen Eindrücken offen stehen und die Leidenschaft allezeit fertig ist. Am Ende besteht denn doch die größte Vernunft darin, zweckmäßige Mittel zu gebrauchen; man kann weiter nichts fordern, wo der Zweck gut ist, als daß das Mittel ein Minimum sei: und dieses ist die Metaphysik in den wenigsten Fällen.

A. Es scheint mir doch immer widersprechend zu sein, daß göttliche Wahrheiten den Stempel der Mehrheit, und wahre Naturgesetze den Namen der Obrigkeit auf der Stirn haben sollen; man sagt dies wenigstens nicht gern.

B. Die Rede war bisjetzt nur von moralischen Gesetzen, und inwiefern es gut sein könne, jeden Colonisten sich dazu, wie sie von der Mehrheit angenommen sind, bekennen zu lassen, oder ihm, wenn er sich dessen weigert, das öffentliche Vertrauen bei abzulegenden Zeugnissen, in der Beschwörung seines Handelsbuches, in obrigkeitlichen Stellen, oder in der Vertheidigung des Vaterlands, zu entziehen. Und ich denke, solange in dem einen Lande die größte Schamlosigkeit für Heldentugend **und die** Keuschheit für ein kleinliches Vorurtheil gehalten, **in dem andern** aber diese als ein Naturgesetz verehrt wird, thun wir wohl, durch die Mehrheit zu bestimmen was bei **uns** Naturgesetze sein sollen, besonders da die Schulbegriffe **der** Europäer von dem was die Natur gebietet oder verbietet den wenigsten in unserer Colonie bekannt sind, und man hier sich **nicht** einmal darüber einverstehen konnte, **daß ein** Vater seine Tochter **nicht** heirathen dürfe, oder daß das Eigenthum eines jeden sicher sein müsse. Um nun aber auch auf die göttlichen Wahrheiten zu kommen, so will ich hiermit einen jeden fragen, woran **wir** diese **erkennen** sollen. Christen, welche überzeugt sind eine göttliche Offenbarung zu haben, wird dieses nicht schwer fallen; und so **wird** es jedem andern in seiner Religion gehen, **da** sich nicht leicht eine finden wird und vielleicht auch nicht finden kann, die nicht ihre Offenbarung habe. Wenn es aber darauf ankommt **zu** bestimmen, ob alle Offenbarungen zugelassen werden können, **und** ob die Offenbarung, welche Menschenopfer fordert, mit andern gleiche Rechte haben solle, so wird man doch untersuchen müssen, ob dieselbe mit der Wohlfahrt unserer Colonie bestehe; und dieses wird zuletzt ebenfalls durch die Mehrheit entschieden werden müssen, wenn wir uns nicht auf eine andere Art darüber vereinigen können. Zudem kann der Beweis für eine unmittelbare göttliche Offenbarung nicht anders als **durch** Wunder geführt werden; und wie die Fassungskraft der Menschen in Ansehung der letztern wiederum unendlich verschieden ist, so wird **man** es auch hier auf die mehrsten Stimmen oder auf die Einsicht der Männer, worauf **die** mehrsten ihr Vertrauen setzen, ankommen lassen müssen.

C. Mich dünkt, wir sind von der wahren Streitfrage abgewichen. Die uns zur Entscheidung vorgelegte bestand darin: ob es nicht ein Mittel gebe, jeden Colonisten dahin zu bringen, daß **er** nicht blos äußerlich und gleichsam zwangsweise die von **der** Mehrheit gebilligten religiösen und moralischen Lehren annehme, **sondern** auch denselben seinen ganzen herzlichen Beifall schenke, ohne **dabei** anzunehmen, daß die Mehrheit aus Eingebung Gottes oder **eines** göttlichen Geistes spreche.

B. Christus, welcher ebeneinen solchen Zeitpunkt traf als wir itzt **vor uns** haben, indem die Juden blos ihre äußerlichen Handlungen ihren Gesetzen unterworfen und den Wolf im Herzen behalten hatten, so sehr auch ihre Weisen ihnen die Allgegenwart ihres Gottes zu versinnlichen bemüht gewesen waren — Christus versuchte es durch **die** Vortrefflichkeit seiner Lehre.

A. Der Plan **war** eines so großen Weisen würdig; aber dennoch fanden seine Nachfolger es nöthig, ihn und seine Lehre **von** Gott kommen **zu** lassen, sowie die christliche Kirche es für

rathfam hielt, dieses durch einen göttlichen Geist auf einer
Kirchenverfammlung bestätigen zu laffen.

B. Ich glaube daher auch nicht, daß es andere Mittel gebe
den herzlichen Beifall eines jeden Coloniften zu gewinnen, als daß
jede der hier zugelaffenen Parteien die Ihrigen von Jugend auf
in ihren Grundfätzen unterrichte und befestige, damit man von
Obrigkeits wegen die Vermuthung, daß fie dasjenige wirklich glauben was fie bekennen, faffen und, wenn fie dann durch Handlungen
ihr Bekenntniß verleugnen, fie von aller Ehrenfähigkeit ausschließen
und nach Befchaffenheit der Umstände auch bestrafen könne. Von
der Jugend ift zu hoffen, daß fie fich auf diese Weise bilden laffen
werde. Die Alten, welche itzt noch folche Grundfätze haben, die
nach dem Urtheile der Mehrheit mit dem Wohl unferer Colonie
nicht beftehen, werden wenigftens wünfchen ihren Kindern die
Ehrenfähigkeit zu verfchaffen. Und wenn die zugelaffenen Religionen
von dem Zeugen Redlichkeit, von der Obrigkeit Treue, von dem
Landesvertheidiger Patriotismus und von jedem Coloniften Ueberzeugung von feinen Pflichten vermuthen laffen; wenn die Erfahrung
zeigt, daß fie Troft im Unglück und Mäßigung im Glück wirken;
wenn die Lehre von einer göttlichen Vorfehung, und daß ohne deren
Willen keinem ein Haar gekränkt werden kann, unfere vor den
Wilden geflüchteten Coloniften bewegen wird ihre verlaffenen Felder wieder anzubauen; wenn die Hoffnung eines beffern Lebens
nach dem Tode, die dem Menfchen (dem einzigen Gefchöpfe, das
von feinem Tode benachrichtigt ift) zu feinem Glücke eingeflößt
worden, den Sterbenden Beruhigung und den Hinterbleibenden
Troft gibt; wenn . . . o, fo wird man auch aus diefer Wirkung
erkennen, daß, fowie die höchfte Glückfeligkeit aller Gefchöpfe, alfo
auch die von der Mehrheit bewirkte Glückfeligkeit diefer Colonie
Gottes offenbarer Wille fei; und das Volk wird fich mit diefem
Schluffe begnügen, ohne fich mit Unterfuchung der Vorderfätze,
welche eigentlich für den Meifter der Kunst oder den Dilettanten
gehört, die beffer anzuwendende Zeit zu verderben . . .

＊　　＊　　＊

Ich breche hier ab, liebfter Freund, weil Sie den Erfolg leicht
errathen werden. Jede Partei mußte ihr Glaubensbekenntniß der
Obrigkeit vorlegen und, wenn diefe es gebilligt hatte, folches in
ihren Schulen und Tempeln getreulich ohne allen weitern Zufatz
lehren, fodann ihre Jugend fich dazu auf eine feierliche Art bekennen laffen, um folchergestalt ficher zu fein, daß keine der Colonie
fchädliche Meinungen verbreitet würden. Wer diefes nicht thun
wollte, konnte es bleiben laffen, aber fein Handelsbuch hatte keinen
gefetzmäßigen Glauben, fein Zeugniß ward nicht angenommen, er

konnte zu keinem obrigkeitlichen Amte gelangen, und wenn es zum Kriege ging, mußte er seinen Mann bezahlen. Dabei aber ward er, wenn er nach den von der Mehrheit beliebten Gesetzen sich verging, ebenso bestraft, als wenn er in der Eigenschaft eines ehrenfähigen Mannes das Gesetz selbst mit bewilligt hätte.

Der Cölibat der Geistlichkeit, von seiner politischen Seite betrachtet.

Edler Herr und Freund!

O, mein edler Freund, **Rom** hat zu allen Zeiten kluge Leute gehabt, und es steckt in seinem geistlichen Rechte etwas mehr als **viele** darin sehen. Der Cölibat seiner Geistlichkeit hat meiner Meinung nach viel mehr hinter sich als die Reinigkeit und Heiligkeit ihres Standes, und der Papst kann ihr weit eher den Concubinat als die Ehe verstatten. Mit Einem Worte: wenn die Geistlichen verehelicht sein dürfen, so kann auch der Papst, so können auch die Bischöfe sich verehelichen: und was könnte dann **den** Kaiser hindern die dreifache Krone **mit der** einfachen zu vereinigen, oder die weltlichen Fürsten abhalten **den** Fürstenhut über die bischöfliche Mütze zu setzen?

Sie wissen es, ohne daß ich es Ihnen beweisen darf, wie sehr die weltlichen Fürsten der geistlichen und die geistlichen der weltlichen Macht zu allen Zeiten und in allen Reichen nachgetrachtet haben. Melchisedek war schon König und Priester zugleich; ebenso

Rex Ancus, rex idem hominum Phoebique sacerdos;

und August wurde bald Pontifex maximus. Auch Aaron scheute sich nicht seinem Bruder Moses die Feldherrschaft zu rauben und die Oriflamme eines Hirtenvolks, ich meine das güldene Kalb, zum Zeichen seiner neuen Hoheit für sich aufstellen zu lassen. Es half den Israeliten nichts, daß sie so oft das Richteramt von dem Priesterthume trennten: immer kam ein überwiegender Umstand, oder ein Saul, der beides vereinigte, und den Priester nöthigte ihn zu salben; immer haben große Staaten zu geschwinderer Wirksamkeit ihrer Masse einen Monarchen erfordert und das Glück, in der Trennung beider Mächte ein Mittel gegen den Despotismus zu erhalten, verfehlt, zufrieden, in dem großmüthigen Vereiniger von beiden eine mächtige Stütze gegen eine schmarotzende Mittelmacht, einen Joseph oder einen Friedrich zu finden.

Aber durch den Cölibat der Geistlichen in der römischen Kirche wird diese Trennung natürlicherweise, soviel es Menschen möglich ist, befestigt. Solange derselbe besteht, kann ein weltlicher Fürst nie zu dem Bischofthume in seinem Lande gelangen, auch selbst in dem Falle der Noth ohne besondere Erlaubniß nicht, und doch — bedenken Sie die Feinheit! — ein Bischof immer die ganze weltliche Landes= hoheit besitzen.

Nach dem Plane Gregor's VII. sollte alle weltliche Macht nur von der Kirche zu Lehn gehen. Der Kaiser sollte des Papstes Vasall, und die Herzoge und Grafen sollten Vasallen der Erzbischöfe und Bischöfe werden, jedoch ihre Lehen nicht erblich besitzen. Allein nach der Wendung, welche die Sachen nachher genommen haben, empfängt der Bischof die Lehen selbst und hält einen Diener unter dem Namen von General oder Obersten darauf, der des Reiches und des Landes Bestes besorgt. Dem Papste steht nichts im Wege die Kaiserkrone anzunehmen, wenn sie ihm geboten würde: und das alles, weil die Bischöfe und der Papst nicht in einem reinen Ehe= bette leben, wohingegen die weltlichen Fürsten nicht einmal ein Monokel, vielweniger eine Abtei, womit doch Karl der Große noch manchen tapfern Kriegsmann belohnte, besitzen können.

Sie sehen hieraus, daß der Cölibat in der römischen Kirche eine weit höhere Absicht habe, als den Himmel durch Enthaltsamkeit zu verdienen; und ich übertreibe die Sachen nicht, wenn ich Ihnen sage, daß den Geistlichen der Concubinat weit eher als die Ehe verstattet werden könne. Der Concubinat war in der alten Kirche eine christliche Ehe ohne bürgerliche Wirkung, er war das Contu= bernium der alten Römer, und die Ehe zur linken Hand der prak= tisch denkenden Deutschen. Alle diese drei Arten von Verbindungen waren in Ansehung Gottes und der Kirche ebenso heilig und be= ständig als die wahre Ehe; aber die darin erzeugten Kinder hatten kein Bürgerrecht, sie erbten ihres Vaters Namen und Vermögen nicht, und der Sohn einer geistlichen Concubine konnte sich nie einige Hoffnung auf seines Vaters Pfründe machen.

Noch jetzt leben unsere Eigenbehörigen, wenn man es genau betrachtet, in einer solchen christ=natürlichen Ehe oder in contubernio, denn ihre Kinder sind weder Bürger noch Erben ihrer Aeltern; noch jetzt leben diejenigen, welche pro vagis copulirt sind, in keiner bürgerlichen Ehe, sie sind Wildfänge, die nicht von ihren Kindern sondern von dem Landesfürsten beerbt werden, bis derselbe sie in seinen Staat aufnimmt und ihnen das Recht der Bürgerschaft mit= theilt; ja der Adel allein will nur Ehegemahlinnen und Witwen kennen, andere sollen nur Hausfrauen und Relicten haben. Ich sehe also nicht ein, warum man den Geistlichen nicht ein gleiches und, wenn etwa das Wort Concubine anstößig sein sollte, Hausfrauen erlauben sollte, sobald ihren Kindern nur alle Hoffnung den väterlichen Namen und Stand zu erben benommen ist, und diese letztern ihre Abfindungen nur nicht als sui nehmen dürfen, sondern aus den Händen der Executoren empfangen müssen. Im Grunde ist es blos der Name Concubine, welcher den damit zuerst verknüpften Begriff gestürzt hat, und so wäre es auch so unbillig nicht, wenn der Name Hausfrau die Sache wieder herstellte. Die Geistlichen leben ohnehin in einer Art von Knechtschaft; und so wie diese ursprünglich daran schuld gewesen sein mag, daß man ihre kirchlich-gültigen Ehen von seiten des Staats blos als Concubinate betrachtet hat, so mag sie auch jetzt dazu dienen ihre Hausfrauen zu rechtfertigen.

Die Ursachen, welche den ehemaligen Concubinat gestürzt haben, werden bei deutlicher Festsetzung des Namens und Begriffs einer Hausfrau ihre widrige Wirkung bald verlieren. Denn eigentlich war es der Stolz der Concubinen, welche bürgerliche Rechte forderten und über die Ehefrauen gehen wollten, der ihren Fall verursachte und die Kirche bewog den Concubinat aufzuheben. In meinem Vaterlande hatte die Hausfrau eines Domherrn auf einer Hochzeit den Rang über des Bürgermeisters Ehefrau genommen; hierüber kam es zu einem Aufruhr, der vielen Menschen das Leben gekostet hat: und so ist es an mehrern Orten ergangen.

„Aber", werden Sie sagen, „warum sollen wir uns in den Fall einer gleichen Verwirrung setzen? Sollte eine bischöfliche Hausfrau nicht immer noch wieder den Rang über der Ehefrau des ersten Bürgermeisters nehmen, und sollten ihre Söhne nicht immer noch die besten Pfründen und Commenden erhalten? Da der Unterschied zwischen einer christ-natürlichen und christ-bürgerlichen Ehe in den Köpfen des Volks verschwunden ist, und wir selbst, in dem Jahrhundert der Menschenliebe, unser Bürgerrecht mit der ganzen Menschheit zu theilen gewohnt sind: werden wir da eine Ehe, die im Himmel gültig ist, auf Gottes Erden minder gültig sein lassen? Empfinden die protestantischen Länder einige Unbequemlichkeit davon, daß ihre Bischöfe, Aebte, Superintendenten und Pfarrer in einer christ-adelichen oder christ-bürgerlichen Ehe leben? Und kann man jemals hoffen, daß die Hausfrauen der Geistlichen, wenn sie nicht zugleich Ehefrauen sind, bei Ehren bleiben werden, wenn sie jeder Ehehausfrau weichen und ihre Kinder zwar christlich-echt, aber nicht vollbürtig sein sollen? Wo soll hier die Legitimation anfangen und aufhören? Und was soll sie wirken, Turnierfähigkeit oder blos Zunftfähigkeit, im Fall hier ein Geistlicher bürgerlichen Geschlechts eine bürgerliche, und dort einer aus dem hohen Adel eine stiftsfähige Person zur

Hausfrau gehabt hätte? Sollte der Titel Bastard von Mainz, Trier oder Köln nicht wol gar ein größerer Ehrenname werden als der von Junker zu Holze oder zu Felde? Und sollte nicht überhaupt, ich bitte dieses wohl zu merken, der ganze Gedanke von Trennung der geistlichen und weltlichen Macht, und von der Hoffnung damit dem geistlichen oder weltlichen Despotismus zu wehren, eine bloße Speculation sein? da sich an dem Orte, wohin wir nun einmal verschlagen sind und wohin alle Staaten, die theokratischen am ersten, früh oder spät verschlagen werden, durchaus alle Kräfte vereinigen müssen, um ihn gegen auswärtige Ueberfälle zu vertheidigen, und sonach nicht die Frage ist von dem was das Beste sei, sondern was die Noth erfordere. Diese aber erfordert jetzt, in unserm erleuchteten und hochgespannten Jahrhundert, unwidersprechlich, sowol daß die geistliche Macht uns arme Laien nicht außer dienstfertigen Stand setze, als daß sie sich gegen die weltliche so verhalte, wie es das allgemeine Beste, das ist jener Nothstand, befiehlt. Beweist nicht eben die Geschichte, daß die Trennung der geistlichen und weltlichen Macht, welche vor Nimrod's Geburt so manche Familienstaaten glücklich machte, auf die Dauer nirgends bestehe, und daß, sobald nur ein Staat alle seine Kräfte zur Unterdrückung anderer angespannt, der Nachbar ein Gleiches thun müsse, um sich zu erhalten? Man hat hier nicht mehr zu wählen, sondern blos das einzige Mittel zu ergreifen was in unserer Macht ist."

Gut, liebster Freund, die Sache mag nicht ohne Schwierigkeiten sein; aber desto schlimmer ist es auf alle Fälle, den Geistlichen und besonders den hohen das Gelübde der Keuschheit nachzulassen. In England, wo der Adel ein beständiges Majorat ist, und die jüngern Söhne nicht den Adel sondern blos die Majoratsfähigkeit auf den Fall der Eröffnung behalten, bis dahin aber sich in jedem Stande ehrlich ernähren können, kann auch der Sohn eines Bischofs sich mit der Menge vermischen. In Deutschland hingegen, wo die Bischöfe Fürsten sind und alle Söhne der Fürsten Prinzen heißen, möchte leicht jeder Sohn eines Bischofs Episcopunculus sein wollen und, wie wir an dem Bischofthum Lübeck sehen, die Wahl immer auf die bischöfliche Familie fallen. Immer würde der Vater den Sohn zum Coadjutor haben wollen; und wie viele Domherren würden dem Einflusse des Hofes und den Mitteln, welche dieser immer in Händen hat, widerstehen? Ernennen doch die letzten selbst in den protestantischen Stiftern, wenn sie heirathen dürfen, immer ihre Söhne zu Domicellaren oder erhalten auf andere Weise die Pfründen in ihren Familien. Sollte dieses aber für das gemeine Beste zuträglich sein? Haben wir nicht Prinzen und Edelleute genug und überflüssig, oder ist es nöthig ihre

Anzahl noch mit den Kindern einer hohen Geistlichkeit zu vermehren, die, wenn keine Jesuitengüter mehr vorhanden sind wovon Commenden für sie gemacht werden können, dem Staate oder ihrer Familie zur Last bleiben?

Nach dem vorangezogenen Plane Gregor's VII., der lange vor unsern neuern Philosophen alle weltliche Macht für eine gesetzlose Anmaßung erklärte und schon weiter ging als nach ihm der Abbé St.-Pierre, sollte die ganze Christenheit von ehelosen Geistlichen mit dem Löse- und Bindeschlüssel regiert, und kein Staat mit dem Witthume einer Fürstin oder mit der Absteuer fürstlicher Kinder beschwert werden; alle Minister und Bediente sollten geistlich sein und folglich dem Lande, welchem sie dienten, keine Söhne und Töchter zur standesmäßigen Versorgung hinterlassen; zu allen hohen und niedrigen Pfründen sollte, nach einer nothwendigen Folge, jeder verdiente Mann im Staat und nicht blos einer aus dieser oder jener Familie gelangen können. Würden nicht aber alle diese wichtigen Vortheile für die ganze Menschheit, für Freiheit und Eigenthum wegfallen, wenn wir den Geistlichen die Ehe verstatteten? Wo würde die freie Wahl, wodurch die Vereinigung aller geistlichen und weltlichen Macht in den Bischofthümern so sehr gemildert wird, bleiben? Und würde nicht der Schos der Kirche, der vom Heiligen Geist getrieben wird, dem unheiligen Schose einer Dame weichen müssen, der ebenso gut Bischöfe als Herzoge und Grafen hervorbringen kann? War es nicht auch eines Weibes Schos, der dem Volke das Recht, seine Herzoge und Grafen unter kaiserlicher Bestätigung zu wählen, geraubt hat?

Zwar ist jener große Plan nicht zur Erfüllung gebracht worden; die weltlichen Fürsten haben sich hier und da mit Macht dagegen erhalten. Allein er besteht doch noch immer in den deutschen Bischofthümern, und wodurch anders als durch den Cölibat der Geistlichkeit, der mit dem ebengedachten Plane von gleichem Alter und ja so fest mit ihm verbunden ist, wie die große Hochachtung, welche man in der römischen Kirche für die Keuschheit hat, mit der ganzen Lehre vom Cölibat.

Wenn irgendeine Tugend Altäre und Anbetung verdiente, so war es die Keuschheit; die inexhausta pubertas ist in aller Absicht von großem Werthe: und wer zieht nicht ein unbeflecktes Mädchen allen übrigen vor? Gleichwol hat die römische Kirche immer auf die Keuschheit noch einen besondern Werth gelegt, die Gelübde ihr zu Ehren vor allen andern begünstigt und keiner Tugend so viel Märtyrer verschafft als ihr. Aber wahrscheinlich würde diese Tugend, soweit als sie dem Ehestande entgegengesetzt wird, längst ihren Altar verloren haben, wenn sie nicht eben in diesem Maße ihren politischen Nutzen, in Absicht auf den Cölibat der Geistlichkeit und die Erhaltung der großen Familien, gehabt hätte.

Bei dem allen leugne ich nicht, wie ich den Pfarrern, besonders auf dem Lande wo sie keine Kosthäuser und keine Gesellschaften besuchen können, sondern ihre eigene Haushaltung führen und sich auf ihre Studirstube einschränken müssen, von Herzen die Hülfe einer guten Ehefrau wünschte; ich gebe auch zu, daß die Folgen hiervon für die katholischen Staaten so wenig schädlich sein würden, als sie es für die protestantischen sind; ungeachtet der Kinder, die immer studiren und nicht pflügen wollen, genug vorhanden sind. Allein ich sehe nicht ab, wo man die Grenzen setzen und diese gehörig befestigen wolle, wenn man einmal anfängt den Priestern die Ehe zu gestatten.

Mit Dispensationen ist hier nicht auszulangen; und wenn man sich auch hierauf zurückziehen wollte, wer sollte diese ertheilen? Der Papst? O wie würde die deutsche Nation schreien! Der Bischof? Ach, der arme Mann! er wird so schon von den Hofdamen und Hofleuten genug geplagt, seitdem er sich nicht mehr wie sonst hinter den Fels Petri verbergen und den Papst mit dem Hasse aller abgeschlagenen ungebührlichen Dispensationen beladen kann. Der weltliche Landesherr? Nun freilich, man hat ihm, damit er nicht einmal auch eine Priesterehe für gesetzmäßig erklären möge, die Ehesachen so lange entzogen, daß man ihm endlich wol das Vergnügen gönnen könnte einem rechtschaffenen Landpfarrer eine eheliche Wirthin zuzuführen. Aber sollte bei dem einen oder andern, nach dem Laufe der menschlichen Handlungen zu urtheilen, die Hierarchie der römischen Kirche so bestehen wie sie jetzt besteht, und ewig bestehen muß wenn sie eine Stütze gegen den Despotismus abgeben soll? Sollte nicht ihre monarchische Form, welche hierzu allein im Stande ist, zu einer elenden Aristokratie oder wol gar zu einer Oligarchie herabsinken? Kann man irgend hoffen, daß die Dispensationen den Damm halten werden, welchen täglich Meere bestürmen?

Die Bischöfe, welche jetzt aus der Kirche eine Aristokratie und dem Papste dasjenige streitig machen, was ihm Zeit und Umstände gegeben haben, während sie ihre Landeshoheit, welche sie der Zeit und den Umständen zu verdanken haben, eher zu vermehren als zu vermindern trachten, setzen sich überhaupt in eine sehr kritische Lage, da sie in gar zu großem Vertrauen auf ihre eigene Macht dem Papste alles und nun auch sogar die Mönche entziehen wollen, ohne zu bedenken, daß ihre ganze Macht in ihrer Einigkeit mit dem sichtbaren Oberhaupte der Kirche bestehe und sie sich einzeln gegen die weltliche Macht nicht werden erhalten können. Die exemten Orden, oder die Orden überhaupt, sind im geistlichen Staate, was die

unmittelbare Reichsritterschaft und gewissermaßen auch die Land=
stände im weltlichen sind; diese drückt die weltliche und jene die
geistliche Landeshoheit zu Boden; diesen hat der Kaiser und jenen
der Papst ehemals ihre Exemtionen ertheilt: und wenn beide Arten
von Exemtionen aufgehoben werden, so werden auch beide Ober=
häupter der Christenheit (ich spreche im Stil der alten Zeit, worin
die Lehre von der Einheit der Kirche mit der von der Einheit des
Reichs in Verbindung stand) Freiheit und Eigenthum der Reichs=
unterthanen den Landeshoheiten preisgeben müssen, so werden beide
es nicht der Mühe werth achten oder auch nicht die Kräfte haben,
das gemeinsame Band der Kirche und des Reichs zu erhalten, und,
wenn dieses erst zerrissen ist, die guten Bischöfe schon zu finden
wissen, die jetzt ihre Oberherren aller Macht, sie in Zukunft zu
schützen, berauben.

Aber die Ordensleute sind selbst schuld an ihrem Unglück. Die
Zeit, worin sie es allein waren die lesen und schreiben konnten,
ist nicht mehr, und die veränderten Bedürfnisse des Staats erfordern
etwas mehr als Latein; aber sie haben nicht eingelenkt, sie sind, nach=
dem sie die Jesuiten, ihren rechten Arm, verloren und darüber frohlockt
haben, wo nicht in allen Wissenschaften, doch gewiß in der Politik
Jahrhunderte hinter den Laien zurück. Sie haben noch keinen
Mann von Geschmack zu ihrem Vertheidiger gesucht und klagen
immerfort über das unförmliche Verfahren wider sie, ohne zu be=
denken, daß eine glückliche Rettung jede unmethodische Cur in eine
heroische verwandle, und alle großen Revolutionen und Refor=
mationen fast niemals förmlich anfangen und endigen können.

Jedoch diese Betrachtungen gehören nicht zu meinem Zweck;
dieser ging blos dahin, Ihnen zu zeigen, wie der Cölibat der Geist=
lichen, indem er die Trennung zwischen der geistlichen und welt=
lichen Macht unterhält und da wo er beide vereinigen muß den
Zwitter mit der Erblosigkeit bestraft, der menschlichen Freiheit sehr
zugute komme und ein Opfer sei, welches die Laien eher mit Dank
annehmen als verschmähen sollten. Die praktisch=denkenden Leute,
welche im vorigen Jahrhundert noch einige Predigten gegen das
leichtfertige Heirathen des Gesindes halten ließen, haben es zu allen
Zeiten schicklich und nützlich gefunden, daß die Cadets von Familie
unverheirathet blieben, damit der Staat keine Witwen zu pensio=
niren, keine neue Bedienungen zu erschaffen, und keine Verräther
in seinem Schose haben möchte. Denn was kann aus den Nach=
kommen der Cadets, die auf Bedienungen heirathen müssen, in
Deutschland, wo alles Namen und Wappen behält, anders werden
als Diener und wiederum Diener? Und so wird es auch ein
praktisch=denkender Mann wie Sie, mein Freund, nicht so ganz
unpolitisch finden, daß die geistlichen Cadets unverheirathet bleiben

oder, wo sie zu Gütern gelangen, ihre Pfründen andern über=
lassen.

Was endlich Ihren Haupteinwurf anlangt, daß die Trennung
der geistlichen und weltlichen Macht in unserer gegenwärtigen Lage
eine unzeitige Speculation sei, indem die neuern Zeiten ein anderes
System erforderten, so räume ich solchen gern ein. Dagegen sollen
Sie mir aber auch zugeben, daß ein weiser Steuermann immer
wohl thue, so viel möglich nach der Linie zu steuern, welche der
Kompaß zeigt, wenn er gleich dem Sturme noch so viel nachgeben
muß; er möchte sonst zuletzt den einen Pol für den andern wählen
und anstatt das Schiff dem Hafen zuzuführen es auf den gegen=
seitigen Strand jagen.

Uebrigens bitte ich, mich nicht, wie einige andere gethan
haben welche auch die Politik nach der Orthodorie abmessen wollen,
einer Irreligion zu beschuldigen, wenn ich die religiösen Meinungen
blos von der Seite des Vortheils betrachte den sie dem Staate
leisten; einer Seite, die mir immer sehr wichtig scheint, da Gott
auch das Wohl der Staaten durch die Religion zu befördern sucht
und uns nicht zu seinem sondern zu unserm Glück eine Offenbarung
gegeben hat. Ich thue es mit redlicher Absicht und mit Ehrfurcht
für die theologischen Gründe, welche außer meiner Sphäre liegen.
Die Politik läßt in den protestantischen Staaten Deutschlands die
bischöfliche Gewalt aus der Landeshoheit fließen, sowie in Frank=
reich das Oel, welches den Königen die Vollkommenheit der Macht
gibt, nicht von Rom sondern vom Himmel kommen; und ich kann
den Nutzen beider Meinungen wol untersuchen, ohne über ihre
Wahrheit zu entscheiden. Ich kann bei dem jetzigen allgemeinen
Wunsche, die Religionen im Heiligen Römischen Reiche zu vereinen,
wol fragen: ob es nicht die Ministerial= und Antiministerialpartei
oder die Guelfen und Ghibellinen seien, welche in Deutschland
unter dem Namen von Katholiken und Protestanten gegeneinander
fechten; und ob es für das gemeine Beste so sehr rathsam sei,
daß alle Theile einander im Arme schlummern, — ohne den Vor=
wurf zu verdienen, daß ich mit der Religion scherze. Doch
kein Wörtchen weiter von solchen Kleinigkeiten. Gehaben Sie
sich wohl!

Schreiben an den Herrn Vicar in Savoyen,

abzugeben bei Herrn Johann Jakob Rousseau.

Wie mancher Vater sagt nicht zu seinem Sohn: „Junge, geh nicht ins Bordel, du wirst sonst im Hospitale sterben"! Gerade dies und nichts mehr hab' ich in dem Briefe sagen wollen. Man thut mir also unrecht, wenn man fordert daß ich andere Gründe für die christliche Religion gebrauchen sollen; oder der Vater hat auch gesündigt, daß er seinen Sohn nicht jedesmal auf das sechste Gebot verwiesen.   Der Verfasser.

Mein Herr Vicar!

Es ist mir leid, daß Ihr Glaubensbekenntniß, welches Sie so lange zurückgehalten hatten, in solche Hände gefallen, die es sogleich der ganzen Welt bekannt gemacht haben. Vermuthlich hatten Sie es, als den Stein der Weisen, mit einem Fluche versiegeln und blos den Adepten hinterlassen wollen. Ich schließe dieses aus der sorgfältigen Achtung, welche Sie Ihrer kleinen Gemeinde bezeigt, und aus der ehrfurchtsvollen Andacht, womit Sie Ihrer heimlichen Meinung ungeachtet den öffentlichen Gottesdienst Ihres Kirchspiels abgewartet haben. Es ist mir leid, sage ich, daß Ihr Freund nicht ebendie Achtung gegen ganz Europa gehabt, womit Sie Ihrer gebirgischen Gemeinde begegnet sind. Sehr weise Gesetzgeber und Stifter haben eine geheime Religion von der öffentlichen unterschieden und damit eine große Einsicht in die mancherlei Fähigkeiten der Menschen bewiesen. Vielleicht thäten wir bisweilen nicht übel, dieser Weise zu folgen. Auch die ersten Christen hatten Geheimnisse, welche nicht sogleich den Anfängern eröffnet wurden.

Jedoch der Fehler ist geschehen und das Aergerniß gegeben, und alles was Ihnen und andern, mein werthester Herr Vicar, übrigbleibt ist dieses, solches auf alle Weise wieder auszulöschen. Sie erkennen einen Gott, Sie machen unser Gewissen zum Richter und nehmen ewige Strafen und Belohnungen an. Dieses ist der Hauptinhalt Ihrer Lehre, und damit glauben Sie daß wir einen sichern Führer haben und aller übrigen Leiter entbehren können. Wenn dieses die geheime Lehre einiger natürlich guten und wohlerzogenen Emile sein sollte, so würde ich Ihrer Meinung in der Stille nachdenken und vielleicht die einförmigen Geschöpfe, welche sich mit mit einem so gelinden Faden leiten ließen, glücklich preisen. Da es aber eine allgemeine Lehre sein soll, worin Ketten für Bösewichter, allerhand mächtige Triebfedern für Schwache und Feige,

Trostgründe in den grausamsten Martern, Gewichte gegen tyrannische Fürsten, und sehr viele andere Dinge liegen müssen, so glaube ich, daß Ihr Plan viel zu schwach und zu allen Absichten bei weitem nicht hinlänglich sei. Ich glaube, daß wir nicht wohl thun, Religion blos für Philosophen und nachdenkende Wesen zu bilden, ja ich glaube, daß es nach der neuesten Art gedacht sei: die Schöpfung verarmen zu lassen, um lauter milchbärtige Emile zu haben.

Sie haben vermuthlich längst die Anmerkung gemacht, daß die positive Religion mehrentheils mit den bürgerlichen Gesellschaften ihren Anfang genommen, und die Lehre von den Göttern sich in der Genealogie der ersten Stifter und in der Vollmacht der Gesetzgeber am ersten gezeigt habe. Wenn wir ein wenig nachdenken, so werden wir die Ursache leicht finden, warum Nachbarskinder, die übereinander herrschen wollen, dergleichen Maschinen zu Hülfe nehmen müssen. Wir werden gar bald entdecken, daß ein einzelner Mann auf einer wüsten Insel, einzelne Hirten mit ihren Familien in großen Wüsteneien mit der natürlichen Religion wol auskommen könnten, anstatt daß die Vereinigung vieler Menschen zu einem gemeinsamen Stande, zu nahen Aeckern und Wohnungen und zu reizenden Versuchungen ganz neue Triebfedern, Schnellkräfte und Gegengewichte erforderte, und daß endlich der Gesetzgeber, welcher die Anlage dazu machte, sich einige Stelzen geben müßte.

Laßt uns nun einmal annehmen, eine bürgerliche Gesellschaft sei nöthig gewesen um die Welt glücklich oder wenigstens minder unglücklich zu machen, oder man habe nicht umhin können dergleichen zu errichten: was meinen Sie, würde es besser gewesen sein, daß ein glückliches Genie eine erdichtete Nemesis oder eine Asträa aus seinem Gehirne kommen und durch dieselbe gewissen Pflichten das Siegel der Heiligkeit aufdrücken lassen, wenn seine Gesellschafter sich durch bloße Vernunftgründe nicht hätten bändigen lassen wollen; oder aber daß er ihnen, wie die Chinesen ihren Weibern, die Füße verdorben hätte, um seine neuen Bürger in Ruhe und Frieden beieinander zu halten? Vielleicht, denken Sie, sei keins von beiden nöthig und selbst die Errichtung großer Gesellschaften überflüssig gewesen, indem jeder Mensch ein guter Philosoph sein und in den savoyischen Gebirgen ruhig leben können; vielleicht gehen Sie gar so weit und sagen, daß der Mensch glücklicher gewesen sein würde, wenn ihn so wenig Furcht als Liebe geplagt und ihm die großen Gesellschaften zur Vertheidigung und Bequemlichkeit nöthig gemacht hätten. Allein wir wollen nicht grämlich sein und unsere Einwürfe übertreiben, sondern freundschaftlich annehmen, daß allmählich von Adam's Kindern einige tausend schlimme Enkel herangewachsen und voneinander völlig

unabhängig geblieben wären; daß sie als Hirten in einer geraumen
Wüste gelebt und sich endlich über die Weide entzweit hätten; wir
wollen weiter annehmen, daß diese Hirten in der Schule des Herrn
Rousseau nicht erzogen, sondern etwa solche Menschen, solche
Husaren gewesen, wie wir noch zu unsern Zeiten, wo wir doch
Lehrer und Prediger haben, bisweilen sehen: was meinen Sie
würde bei diesem Kriege entstanden sein? Ein Heerführer, glaube
ich, auf beiden Seiten, eine Macht viele Köpfe zu vereinigen, sie
auf den Nothfall zu zwingen, zu züchtigen, zu strafen, zu henken,
zu brennen, ganze Rotten von ihnen zu vertilgen. Und welchen
würden Sie zum Heerführer erwählt haben? Im Eifer den Tapfersten
und Stärksten. Aber nun wenn der Eifer vorüber? Aus Dankbarkeit den Erretter. Und wenn Eifer und Dankbarkeit erkaltet
wären; wenn Stolz, Eifersucht, Haß und Strafen einige aufge-
wiegelt hätten; wenn niemand mehr gehorchen und jedermann gebieten wolle; die auswärtige Gefahr aber, welche dem Auge des
Pöbels entwischt, eine innerliche gute Verfassung, Gesetze, Ordnung,
Steuern, Strafen und mancherlei Anstalten noch immer nothwendig
gemacht hätte: wie sollte da ein glückliches Genie, welches seinen
und seiner Freunde Untergang verhüten wollte, zu der nothwendigen
Macht gelangen? Das Ansehen einer fürstlichen Geburt, welches
itzt die Stelle einer göttlichen Genealogie vertritt, konnte ihm nicht
dienen. Ueber eine Mütze mit glänzenden Steinen, über einen
Pelz von Hermelin, und über einen kurzen runden Stab an beiden
Enden mit Gold beschlagen hätten die Hirten gelacht; keiner unter
ihnen wäre mit einem Helm geboren, und keiner zu bereden gewesen
das Wiehern eines Pferdes oder den Traum einer guten Frau für
einen göttlichen Beruf zu halten; unter ihnen hätte sich zwar ein
Findling gezeigt, der in seinem Busen das göttliche Feuer genährt,
wodurch privilegirte Seelen zur Herrschaft über den Haufen zuerst
berufen werden, allein er wäre wie Moses von schwerer Zunge
gewesen, und also hätte ihm auch das letzte Hülfsmittel, die Macht
der Beredsamkeit, welche sonst die Menschen beherrschte ehe sie vor
dem Fürsten schweigen mußte, gefehlt: was sollte er nun anfangen? Wie? ich frage? Er sollte, wenn er konnte, einen Gott
zu Hülfe nehmen, oder mit einer Göttin buhlen, seine Mutter von
einem Herkules schwängern und seine Gesetze vom Himmel fallen
lassen; er sollte Geheimnisse, Tempel und Priester anordnen, Wunder
befehlen, und die Aufrührer niederdonnern lassen. Das sollte
er thun.

Das sollte ein Mensch, ein glückliches Genie, ein Held thun?
Und wir sollten Lügen und Betrügereien billigen? — Ich denke aber
doch, die ersten Stifter großer Gesellschaften haben dieses nothwendig thun müssen, um sich die nöthige Vollmacht zu verschaffen,

eine Vollmacht, welche sie berechtigen konnte Vater und Mutter auf den Scheiterhaufen zu setzen, wenn sie sich dem großen Endzweck der allgemeinen Wohlfahrt einer ganzen Gesellschaft widersetzten.

Aber die Leute sind auch Narren, dumme Köpfe und Klötze gewesen, welche sich auf solche Art hintergehen oder, welches einerlei ist, regieren ließen! — O, mein werthester Herr Vicar, sie waren freilich keine Emile. Allein bei aller ihrer Einfalt suchten sie doch, wie er, auf einem kleinen Hügel in einem weißen Hause mit grünen Volets und rothen Ziegeln zu wohnen, sie wollten der Frucht ihrer Arbeit und der Reben ihres Weinstocks ruhig genießen, und ge- langten zu diesem großen Endzweck indem sie sich gewisse Dinge einbilden ließen. Das waren gewiß keine dummen Leute! Und wenn Ihnen das nicht Beweis genug ist, so nehmen Sie dieses dazu, daß keiner von den Klügern die Kunst und den Meister ver- rathen. Ich bitte das letztere Ihrem guten Freunde, dem Herrn Rousseau, zu sagen.

So ist es aber erlaubt, böse Mittel in guter Absicht zu ge- brauchen? — Bewahre mich der Himmel, daß ich dieses behaupten sollte. Verstehen Sie mich ja recht, Herr Vicar, ich misbillige dieses alles im höchsten Grade, indem es zu meinem Satze gar nicht dient. Nur eine Folge habe ich aus dem allen nöthig, und diese müssen Sie mir nun auch ohne weitere Einwürfe zugeben, nämlich: daß alle Gesetzgeber und Stifter großer Staaten, sie mögen nun zu loben oder zu tadeln sein, die natürliche Religion unzulänglich gehalten haben, eine bürgerliche Gesellschaft einzurichten, zu binden und zu führen, und daß sie deswegen zu Göttern und andern Maschinen oder zu einer positiven Religion ihre Zuflucht nehmen müssen. Nun, das geben Sie mir zu!

Was meinen Sie aber, wenn Gott, den wir beide erkennen, ebenso viel Einsicht als jene Gesetzgeber, jene Genies, jene großen Schelme, wenn Sie wollen, in die menschliche Natur gehabt hätte? Was dächten Sie, wenn er einige seiner Gottheit anständige, sei- nem großen Endzwecke zusagende Maschinen erwählt hätte, um uns — glücklicher zu machen? Sollte dieses unwahrscheinlich sein? sollten ihn hierin menschliche Genies beschämen? Entweder hat er die großen Gesellschaften gewollt, oder nicht. Im ersten Falle lassen Sie die erwiesenermaßen zu ihrer Erhaltung nothwendige positive Religion durch irgendein Mittel offenbaren, so haben Sie eine geoffenbarte Religion; im letztern streite ich gar nicht mit Ihnen.

In der Natur mag diese Offenbarung freilich auch schon lie- gen, aber es ist doch seltsam, daß alle Weisen und alle Gesetzgeber sie nicht darin gefunden haben. Sie muß also wol so tief liegen, daß sie dem gemeinen Auge entwischt. Und wenn dieses ist, so ist es ebenso gut als wenn sie nicht darin läge.

So ist also die Religion eine Politik? und ihr erhabener End= zweck nicht, Gott zu dienen? — Ja, die Religion ist eine Politik, aber die Politik Gottes in seinem Reiche unter den Menschen. Und wenn wir Gott dienen, ihn loben und preisen, so befördern wir damit Gottes Ehre; und Gottes Ehre ist die Glückseligkeit seiner Geschöpfe. Können Sie aber der Gottheit noch eine größere Absicht zuschreiben, so bin ich es auch zufrieden. Aber allezeit, denke ich, wird die größte Vollkommenheit seiner Geschöpfe damit verbun= den sein.

Versuchen Sie es einmal, die geoffenbarte Religion aus diesem niedrigen Gesichtspunkte zu betrachten. David auf dem Throne oder in der Asche, der Sünder auf der scala sancta oder unter einem mit goldenen Fransen besetzten Himmel, der Philosoph mit einem System und das Kind mit einer Klapperbüchse können dem allmächtigen Gott einerlei sein; wenigstens würde es uns so schei= nen, wenn er blos auf das einsiedlerische Vergnügen eines Ge= berdenspiels rechnete und ein speculativisches Wohlgefallen an der verschiedenen Lage unserer Seelen hätte. Allein uns und der bürgerlichen Gesellschaft ist unendlich daran gelegen, daß der König bisweilen in der Asche und auf den Knien erkenne, wie er vor Gott ein armer Sünder sei; es ist von der äußersten Wichtigkeit für das Wohl einer Gesellschaft, daß der Mensch Andacht habe und sich da= durch zu guten Regungen, zur heilsamen Furcht und zu der nöthigen Standhaftigkeit bereiten lasse; es ist von der größten Nothwendig= keit, daß wir gewisse verstärkte Glaubensartikel haben, welche den Unglücklichen trösten, den Glücklichen zurückhalten, den Stolzen demüthigen, die Könige beugen, und den Krämer einschränken. Ich sage, es ist dieses von der äußersten Nothwendigkeit in der bürger= lichen Gesellschaft. Diesen Endzweck hat Gott mit der Religion wol suchen können, und ich würde es seiner Weisheit gemäß achten, wenn er auch solchen nur allein mit seiner Offenbarung gesucht hätte.

„Meine natürliche Religion aber", sagen Sie, „wird dieses alles ebenso gut und noch besser leisten. Sie gründet sich dabei auf keine zweideutige Zeugnisse; ich erkenne den Schöpfer aus seinen Werken: diese sind die beredtesten Prediger, sie reden zu allen Augen und Ohren, ihre Sprache versteht der Irolese wie der Kalmucke; ihre Schönheit gründet sich auf unveränderliche Regeln, welche den weisesten, den mächtigsten Gott erkennen und nach einer ganz nothwendigen Folge auch zugleich verehren, bewundern und lieben lassen. Wenn wir diesen Empfindungen folgen und mit Hülfe einer guten Erziehung unser Gefühl oder unser Gewissen

bilden, so wird uns dieses allemal aufrichtig führen; und die Aus=
sicht einer ewigen Strafe und Belohnung, welche ich annehme, wird
den schlechtern Theil der Menschen beugen oder doch wenigstens
dem Gesetzgeber die Mittel geben, sie zu bändigen, zu begeistern
und ins Feuer zu führen."

Gut, mein werthester Herr Vicar, ich will Ihre Theorie noch
nicht bestreiten. Aber nun laßt uns auch den Faden der Erfahrung
ergreifen. Wenn wir diesem folgen, so werden wir sogleich finden,
daß alle Gesetzgeber mit dieser Theorie nicht ausgelangt sind. Ich
habe es oft versucht und Mosen mit aller der Stärke ausgerüstet,
welche ihm die natürliche Religion darbieten konnte; ich habe ihn
gegen einige hunderttausend Ziegelbrenner, welche ihr Gefühl und
ihr Gewissen in den Lehmgruben gebildet hatten und ihn stürmisch
fragten: wer hat dich doch zum Richter über uns gesetzt? von der
Schönheit der Gestirne, von der Pracht des Donners, von der
Ordnung im unendlich Kleinen und andern Dingen reden lassen;
ich habe ihm die Gründe eingegeben, welche die Verfasser der
Donner=, Stein= und Fischtheologien dem gebändigten Theil der
Menschen mit gutem Erfolge vorgelegt haben; ich habe ihn endlich,
mein werthester Herr Vicar, aus Ihrer natürlichen Theologie und
besonders aus Ihren Vermuthungen über die ewigen Strafen und
Belohnungen gegen die Rotte Kora, Dathan und Abiram reden
lassen; allein niemals habe ich damit auch nur zu der Vermuthung
gelangen können, daß er mit diesen menschlichen Kräften ein un=
bändiges Volk von seinem göttlichen Beruf zur Herrschaft überzeugt
haben würde, besonders wenn es die Noth erfordert hätte etliche
Rotten aufhenken zu lassen. So stelle ich mir die Sache vor;
trauen Sie den Ziegelbrennern ein besseres Gefühl zu, so habe ich
unrecht.

Ueberhaupt aber dünkt mich, Gott habe die Seelen der Men=
schen nicht alle nach einem Maßstabe gemacht, so wenig als er sie
alle zu Königen und Weltweisen berufen. Ein großer Theil der=
selben scheint mir unfähig zu sein, gewisse Wahrheiten und Folgen
zu begreifen. Viele werden von der Wahrheit nicht lebhaft genug
gerührt, um zur Zeit der Anfechtung auszuhalten; es gibt sklavische
Seelen, welchen die Wahrheiten anbefohlen werden müssen; es
gibt Könige, welche keine andern Beweise als Wunder zulassen;
das Costüm, die Sitten, und die Arten zu denken und zu begreifen
sind unterschieden; alle diese Menschen finden sich in der Gesell=
schaft, und die Religion muß für alle gerecht sein. Wenn wir aber
der Erfahrung folgen, so hat die natürliche Religion alle diese
Bedürfnisse nicht erfüllen können.

Und was thun wir Menschen mit der Beredsamkeit und Poesie?
Wir malen unsern Sinnen. Und warum das? Weil uns eine

finnliche Rede mehr als bloße Schlüsse rührt. Nun wollen wir
einmal annehmen, eine gewisse positive Religion wäre eine sinnliche
Rede von der natürlichen, und warum dürften wir das nicht annehmen, da die sinnliche Rede auch das Wahre zum Grunde haben
kann? Sollten denn nicht die Stifter und Gesetzgeber Macht haben,
unsern eigenen Plan zu verfolgen und die menschlichen Gemüther
auf ebendie Art zu ihrem Besten anzugreifen und zu rühren, wie
wir solche mit sinnlichen Reden anzugreifen nöthig finden? Sie
haben ewige Strafen und Belohnungen in Ihre natürliche Religion
aufgenommen. Thun Sie mir nun die Liebe und malen der be-
dürftigen Einbildung einiger Menschen den Himmel und die Hölle,
so wie uns Gott diese Vorstellung zu geben dienlich befunden hat,
um den nöthigen Eindruck zu machen, so sind wir über den ersten
Punkt schon verglichen, daß nämlich Gott gar wohl einige Wahrheiten zur nähern Intuition bringen und dasjenige, was wir in
der natürlichen Religion blos als Schlüsse und Folgen erkennen,
durch eine Offenbarung verstärken, bilden und besiegeln können.

Sie führen an, da Sie das Dasein Gottes als das erste
Hauptstück Ihrer natürlichen Theologie beweisen, daß es Menschen
gäbe welche solches leugneten, und vielleicht sind diese Menschen
Gelehrte. Sie führen an, daß andere von ebendiesem Range die
Unsterblichkeit der Seele, Ihr zweites Hauptstück, in Zweifel zögen.
Sie werden mir zugeben, daß es um das Gewissen, weil es durch
zufällige Umstände gebildet wird, eine gar mißliche Sache sei; und
das ist Ihr drittes Hauptstück. Sie werden aus der Erfahrung
wissen, daß die Predigt der Werke Gottes, welche wir täglich vor
Augen haben, gar oft dem Geschrei eines Canarienvogels gleiche,
welches sein Besitzer zuletzt gar nicht mehr hört, wenn einem
Fremden im Zimmer die Ohren davon erklingen. Und mit dieser
Predigt, mit diesen Hauptstücken gedenken Sie die wilden Ziegelbrenner zu einem starken, glücklichen und ruhigen Volke zu bilden?
Wie, wenn diese menschlichen Thiere Ihre Schlüsse von dem Dasein
Gottes und der Unsterblichkeit unserer Seelen gar nicht faßten? Wie,
wenn sie ihre Begierden mit dem Gewissen verwechselten und den
unrechten Richter ihrer Handlungen erwählten; wenn sie die Sonne
auf- und untergehen ließen ohne an etwas anderes als an ihre
Nahrung zu denken; wenn ihnen die Werke Gottes blos zu der
Zeit einleuchteten, wo die Saat auf ihren Aecker verdorrte und der
Blitz die Ziegelöfen einschlüge? O, mein werthester Herr Vicar,
glauben Sie gewiß, Ihre natürliche Religion ist gut aber nicht hinlänglich.

Lassen Sie Tyrannen, Erdbeben, Ueberschwemmungen und
andere Landplagen kommen: mich sollen Sie als einen andern
Orpheus unten am Felsen und vor mir die erschrockenen Menschen-

finder finden; jedes Herz will ich mit Hülfe der geoffenbarten Re=
ligion stärken, trösten und zu neuen Unternehmungen geschickt
machen, wenn Sie in Ihren Gebirgen einigen verzagten Zweiflern
die Schönheit der eingestürzten Werke Gottes vergeblich predigen
werden.

Sie mögen mir immer sagen, die Religion sei solchergestalt
nur eine bezaubernde Musik, ein Kappzaum für den Pöbel; ich
antworte Ihnen darauf itzt weiter nichts als: Wir sind alle Pöbel,
und Gott hat besser gethan, uns seinen Zaum an die Seele als
an die Nase zu legen; denn an einer Stelle, denke ich, war es
uns doch nöthig um zu gewissen Endzwecken geführt zu werden.
Für uns Pöbel und nicht für Engel ist unsere Religion gemacht.

Was ist der Mensch? Ein Thier das an der Kette seiner Ein=
bildung liegen soll. Etliche brauchen einen Klotz von fünf Centnern,
um nicht mit der Kette wegzulaufen; andere liegen vielleicht geruhig
an einem Lothe. Die Religion aber muß beides, den Klotz und
das Loth, für Millionen Einbildungen haben. Und Sie, mein
theuerster Herr Vicar, glauben mit einigen zweifelhaften Sätzen
diesen unermeßlichen Plan zu erfüllen?

Aber weiter. Können wir in der natürlichen Religion zu einer
vollkommenen Gewißheit gelangen? Nein. Ist dieses ein Vorzug
der geoffenbarten? Nein. Und warum das nicht? Gerade aus der
Ursache weil wir Menschen sind. Der Fehler liegt nicht an Gott,
er liegt an dem Maß der Erkenntniß, welches wir in der unend=
lichen Reihe von Geschöpfen erhalten haben. Wir könnten alle
Engel sein, und alle Thiere könnten gleiche Ansprüche machen; wir
könnten durch einen Schluß Gott zwingen, zu bekennen daß er billig
nur ein einziges Geschöpf in der nächsten und vollkommensten Ord=
nung nach ihm selbst erschaffen sollen (dann aber wären wir alle
beide wol nicht dagewesen); und dieses einzige Geschöpf könnte
seinen Schöpfer fragen, warum er nicht ein unmögliches Ding,
einen zweiten Gott aus ihm gemacht hätte? Dieses alles könnten
wir thun, wenn wir thöricht genug wären zu glauben, daß wir
als Menschen billig mehr Einsicht haben müßten als wir wirklich
empfangen haben.

Aber nun die Folge? werden Sie mir sagen; zu welchem
Ende sollen wir denn eine ungewisse natürliche mit einer ungewissen
geoffenbarten Religion vertauschen? Freilich sollten wir das nicht
thun. Wie, wenn wir aber hier die Wahl nicht haben; wenn wir
zu gewissen Pflichten durch eine Offenbarung, durch einen Glauben
geführt werden müssen, wie ich itzt voraussetze; wenn das Maß
unserer Erkenntniß gerade nicht anders ist und also auch nicht an=
ders hat sein können, als daß wir Mitteldinge etwas wissen und
etwas glauben sollen, und daß wir folglich nur unter Offenbarungen

zu wählen haben? Dann werden Sie mir doch zugeben, daß es nur auf die beste Wahl und nicht mehr auf die unzulängliche natürliche Religion ankomme; dann werden Sie mir doch einräumen, daß eben die Ungewißheit, diese Quelle unsers Vergnügens, uns fähig mache von einer höhern Weisheit geleitet zu werden.

Vermutlich stellen Sie sich aber nun in den Weg und rufen mir noch eifrig nach: Was ist Wahrheit? Was ist Wahrscheinlichkeit? Wer kennt alle Religionen? Wer hat sie alle verglichen? Wer ist im Stande den Geist einer jeden durchzuschauen und danach ein richtiges Urtheil zu fällen? Entweder alle Religionen, welche das Beste der bürgerlichen Gesellschaft, die Glückseligkeit der Menschen und die Vollkommenheit des Ganzen befördern, sind gleichgültig, und es ist kein Unterschied ob ich dieser oder jener meinen aufrichtigen Beifall gebe; oder aber diejenige, welche den Vorzug verlangt und grausam genug ist andern ehrlichen Leuten die Thüre des Himmels vor der Nase zuzuwerfen, muß unterscheidende, sehr unterscheidende Kennzeichen haben; und wenn sie diese nicht hat, so gehe ich am sichersten, wenn ich der Religion meiner Erziehung folge. Denn diese hat meinem Gewissen seine itzige Falte gegeben: es ist schwer, solche wieder auszulöschen, und für die bürgerliche Gesellschaft höchst gefährlich, wider sein Gewissen zu handeln. Dieses werden Sie sagen, und ich erkenne die ganze Macht Ihrer Gründe.

Aber nun erstlich, was verlangen Sie für Kennzeichen? Menschliche Zeugnisse können trügen, ja, sie können trügen. Wunder, sagt Hume, können von Menschen nicht beurtheilt und nicht beurkundet werden; denn es sind Wunder, und diese eben deswegen nicht häufig genug um untereinander und mit ähnlichen Dingen hinlänglich verglichen und geprüft zu werden. Wenn Leute von den Todten auferständen, so würden sie dennoch wieder Menschen sein; und Engel, denke ich, können auch nichts anders als eine zweideutige Figur annehmen, wenn sie uns eine von ihren Geberden sehen lassen wollen. Erschiene uns Gott in der Gestalt einer Feuerflamme oder im Donner, so würden wir mit unsern Augen nichts als eine Feuerflamme sehen und mit unsern Ohren nichts als einen Donner hören. Beide Erscheinungen würden nichts anders als brennen und donnern können. Und nähmen sie Menschenstimmen an, so würden Sie wieder sagen: Was habe ich denn mit Menschen zu thun? Und auch sogar der Donner will wie ein Mensch lügen? Kurz, ich stelle mir wenigstens nach unserer Geisterlehre vor, Gott könne sich uns Menschen nicht anders als unter einer Gestalt offenbaren und hierzu keine Gestalt wählen, ohne daß wir nicht immer noch zweifeln könnten ob die Gestalt wirklich einen Gott enthielte. Ja ich glaube, wenn er sich täglich jedem

9 *

Menschen in jedem Alter und in jeder Laune of
Copernik oder Newton eine krumme Linie erfir
öftern Erscheinungen in den ordentlichen Lauf
werden könnten; Maupertuis würde es thöricht
Kosten so vieler Wunder zu stürzen, wo er u:
Scheine derselben regieren könnte; und wenn
Himmel regnete, so legte Herr Rousseau gewi
dem Monde an.   Das thäten wir Philosophen
eine mächtige Rede: Hören sie Mosen und die
werden sie auch nicht glauben, ob jemand von :
käme.   Es ist ein hartnäckiges Volk, beides der
Mensch.   Fünf Centner halten sie nicht.

Was meinen Sie nun, wenn wir unsere
machten und von Gott keine andern Kennze
solche, die in unsere fünf Sinne oder in u:
können? Wenn wir dieses thäten, so würde
lüsternes Verlangen nach außerordentlichen K
und endlich erkennen, daß wir hier auf Erd
Apostel, welche uns die Wahrheit aus den L
erwarten haben.

Was dächten Sie weiter, wenn ich gegen (
daß die Oekonomie einer jeden Religion erfo
behaupten daß außer ihr kein Heil sei? Mir
eine Religion ihre bürgerliche Wirkung ohne di
haben.   Wenigstens bilde ich mir ein, wenn i
Katechismus mit großen Buchstaben die Kinder
kann in allen Religionen selig werde
nöthigen Enthusiasmus ungemein schwächen :
fauler Knabe würde sicher geträumt haben: laß
bringt sie keine Wahrheiten, so bringt sie P
Religion ist Gott angenehm.   So hätte ich ge:
mein Vater hätte mir die große Lehre von der
Religionen eine Zeit lang verbergen und mich
erst mit einem Vorurtheil auferziehen müssen.
ich vielleicht so billig geworden mich hierdurch :
Allein der große Haufe der Kinder, welche nien
lichen Verstande kommen, würde mich allem
Eine solche Gleichgültigkeit hätte meiner Meinu:
um ihre Kraft gebracht die Gewissen zu binden
wenig ist, um den bürgerlichen Endzweck des (
behrlichen, obgleich traurigen Mittels zu erhal:
wegt mich zu glauben, daß jede Religion in ih
alle andern ausschließen und den Philosophen
heilsame Ungewißheit zur weitern Betrachtung

er Höllenstrafen **ist** seit einiger Zeit bestritten
herheit dieses Satzes ist erträglich, ja vielleicht
damit **wir** zwischen Furcht, Hoffnung und Ver=
Aber **die** öffentliche Gewißheit des Gegentheils,
s Gesetz über die kurze Dauer der Höllenstrafen,
en bedenklich.

etzt, will ich auf Ihre **Frage: ob nicht** solcher=
le Religionen vergleichen, prüfen und die beste
ine, jeder wohl thue in seiner Religion **zu** be=
antworten: daß wir so etwas nicht **öffentlich**
hen Regel machen können, ohne alle Religionen,
Gesellschaft befördern, gut zu heißen, und daß
heißen können, ohne jede in ihrer besondern
zu binden zu schwächen. Sobald wir aber das
so heben wir den bürgerlichen Nutzen jeder
r wollen uns also hierüber solchergestalt ver=
ädlich sei, durch eine öffentliche Kirchenlehre die
zur größten Vollkommenheit der Welt einge=
zu behaupten; und daß **Ihr** Freund kein
, wenn **er** einen solchen Satz zur öffentlichen
n. Ich **bitte** mir aber **aus**, daß dieser Ver=
s gelte; denn dies, was ich hier sage, ist nur
ich antworte jetzt lediglich auf Ihre Einwürfe.
n doch noch einmal die Gründe, welche große
Wahrheit und Wahrscheinlichkeit der christlichen
haben; Sie haben selbst die Probe gemacht,
ie reden könne, und wenn **Sie** nur das voraus=
itive Religion nothwendig sei, so wird Ihnen
r so schwer fallen als vorher.
Satz gewagt habe, so will ich auch noch einen
glauben, daß keine Religion auf bloßen Ver=
en dürfe. Denn dieses **kann** nicht geschehen
enschen Vernunft zum Richter zu machen. Der
urtheilen dürfen als der Meister; oder es muß
und eine gewisse Auslegung der Natur fest=
ollte die Auslegung der Natur anvertraut wer=
l? Je nun, so hätten wir wieder eine Offen=
rsten? Dem werden wir schwerlich den Vorzug
iumen, und die Natur möchte leicht einen Kam=
rem Hohenpriester erhalten. Einer versammelten
aber würden wir nicht gleich fragen: Redet sie
oder aus göttlicher Macht? Und so kämen wir
enbarung, oder zu Menschentand. Die Priester
ich auch **von** den beiden Polen nicht versammeln,

um eine allgemeine Auslegung, wie Sie doch verlangen, zu machen;
und wenn die Schwarzen und Weißen nur jede eine besondere
Kirchenversammlung hielten, so hätten wir doch schon zwei Aus=
legungen, die dem Ansehen nach sehr verschieden sein würden.
Dem versammelten Volke? Dieses würde freilich das Beste und
Natürlichste sein, die Stimme des Volks würde die Stimme Gottes
heißen. Aber sollte der große Haufe ebendie Ehrfurcht vor seinem
eigenen Werke haben, die er vor einer Offenbarung haben kann?
Würde dasselbe wol zu vereinigen sein? Würde die Erinnerung
des Zanks und der dabei vorgefallenen Heftigkeiten nicht die Macht
der Religionen schwächen? Würde nicht Voltaire aus dem Unter=
gange Lissabons einen bösen Urheber der Natur, und Candide bei
dem weißen Mädchen auf dem schwarzen Atlas einen gütigen vor=
aussetzen?

In der That, diese Schwierigkeiten sind groß, und ich bin be=
reit anzunehmen, daß alle Völker solche eingesehen, welche sich
Orakel erwählt haben. Die Orakel sind gute Beweise der Noth=
wendigkeit einer Offenbarung; obige Schwierigkeiten haben die
weisesten Männer dahin zurückbringen müssen; sie konnten die Aus=
legung der Natur nicht heiligen ohne sie von Gott kommen zu
lassen; sie konnten solche bei dem Mangel der Buchstaben nicht be=
wahren ohne sie täglich von Gott geben zu lassen, und das geschah
durch ein Orakel. Sehen Sie, mein werthester Herr Vicar, so hat
die Noth vernünftige Menschen in ihren Erfindungen geleitet. Und
welche Erfindungen? Ruhe, Freundschaft, Liebe und viele andere
gesellschaftliche Tugenden zu besondern Pflichten zu heiligen, eine
Gottheit da einzuflechten, wo sie fühlten daß die natürlichen Bande
reißen möchten.

Es ist ein besonderer Hang des Menschen zum Wunderbaren,
zum Außerordentlichen, zu Geistern, Gespenstern, Vorgeschichten,
heimlichen Naturwirkungen und andern Dingen, welche auch oft
dem Philosophen das Bekenntniß abpressen: Ja, wir wissen noch
nicht alles. Die großen Männer, welche die Wirkungen dieses
Hanges als abergläubische Einbildungen bestritten haben, sind glück=
lich genug gewesen solchen unschädlich zu machen. Allein die
Wurzel haben sie nicht ausrotten können; und viele schämen sich
nur dasjenige jetzt öffentlich zu gestehen, was sie sich in ihrer Be=
trachtung heimlich selbst beichten. Sollte aber dieser Hang nicht
eine höhere Ursache haben? Die Rosse sind weich im Maule, damit
sie den Zaum vertragen; und wir haben vielleicht diesen Hang, um
zu weisen Absichten geleitet zu werden. Stellen Sie sich einmal
vor, daß wir ihn nicht hätten, daß wir einen Knorpel im Gehirn
hätten, der sich blos durch mathematische Beweise behandeln ließe:
sollten wir dann wol diese glücklichen, zärtlichen, weichlichen und

ßfindungen haben, welche so vieles zu unserer
Entweder wir **müßten** alles bis auf den Grund
und **diese** Forderung ist ungereimt —, oder
daß **wir uns** leichter und sanfter beruhigen
dieser Hang sehr bequem den Aberglauben zu
die natürliche Liebe, die Gütigkeit, **die Groß-**
br zu misleiten. Sie **wissen** dieses selbst und
lucht. O, der Mensch ist **ein** allerliebstes, wun-
ist **der** Herr und der Narr aller seiner Mitge-
n Vermuthungen und Systeme über seine Be-
e ich nur auf sein Verhältniß **in diesem Leben,**
ich ihn mit meinen Augen sehe: und da **finde**
rung, daß er auf mancherlei Art geleitet **und**
uß.
ßtige Betrachtung, mein werthester Herr Vicar,
legen, und ich bitte Sie inständigst, solche in
nge bei sich selbst zu überdenken. Glauben Sie,
die natürliche Religion einem Priester die voll-
Heiligkeit, worauf alle Völker einmüthig ver-
en werde? Jeder Mensch ist dem andern durch
ß heilig, Reichs- und Landstände sind durch be-
ß Gesetze **in** ihrem Amte geheiligt; beide aber
cht gewaltsamer Fürsten nicht sicher geblieben.
iesters aber **hat man** weit mehr gefürchtet und
hat diesem **Stande einen** besondern heiligen
t, und Gott mag dieses zum Besten und zur
der Menschen gar weislich **verordnet** haben.
es für höchst nothwendig, **daß** Wahrheit und
ß was Sie sonst wollen sich vereinige, **um** die
das göttliche Merkmal der Unverletzlichkeit und
diesem Stande zu erhalten.
mal die Staaten an, woraus Thomasius und
n Theil dieser Wahrheit, oder dieses wichtigen
Sie wollen, verbannt haben. Die Bischöfe,
anonile **und** andere dieser Art Geistliche haben
Kleide den Charakter ihres Standes abgelegt,
cht mehr als andere Weltliche, der Pfarrer ist
nd geplagter Hauswirth geworden. In einigen
der unbedachtsame Staatsmann dem Fürsten die
istlichen Einkünfte übertragen und diesen zum
et und ihre Stimme gemacht, das Heiligthum
nst, worauf sich die weltlichen Stände stützten,
nd **es** ist ein Glück, daß der Fürst gerecht ist.
äre, niemand würde ihn binden. Treten Sie

nun mit Ihrer natürlichen Religion hinzu, verwandeln Sie die
ganze Geistlichkeit in ordentliche Menschen, schwächen Sie in dem
großen Haufen die Meinung daß der Heilige Geist auf eine besondere Art in ihnen wohne, beruhigen Sie damit den Fürsten
wider Himmel und Hölle, Unruhen und Empörungen: was meinen
Sie, sollte daraus wol ein großer Vortheil zu erhalten sein? Gewiß, die Reformation hat den katholischen Fürsten wohl gedient,
aber die katholische Religion dient noch immer den lutherischen
Unterthanen.   In dieser Religion hat sich die politische Heiligkeit
des geistlichen Standes besser erhalten; der zweischneidige Schluß,
daß man keinen Staat im Staate dulden müsse, welcher in seinem
unbestimmten Umfange ebenso schädlich als glücklich gebraucht werden kann, hat sie noch nicht unterdrückt.   Die bischöflichen und
landesherrlichen Rechte sind zwar, wie billig, auf ein Haupt vereinigt, aber glücklicherweise nicht so durcheinander gemischt, daß
man nicht immer noch die verschiedenen Aemter, den Oberaufseher
und den Herrn, voneinander unterscheiden könnte; und diejenigen
bringen einen Fluch über das menschliche Geschlecht, welche der
Geistlichkeit ihr politisches Heiligthum, welches sich nicht anders als
auf eine göttliche Offenbarung zulänglich gründen kann, entreißen.
Seitdem der Fürst seine beständige Miliz erhalten, darf man eben
nicht befürchten, daß die Geistlichkeit das Ansehen, welches wir ihr
geben müssen, mißbrauchen könne.

„Laß den Mufti einen Bösewicht sein", sagte mir einstmals ein
türkischer Staatsmann, „aber falle vor ihm in den Staub, wenn
du ein Unterthan des Großsultans bist.   Dieser und seine Geistlichkeit ist der einzige heilige Fels, hinter welchem du dich verbergen
kannst, wenn dich der Tyrann sucht.   Hört dich Gott im Zorn und
erlaubt dir, den würdigen Geistlichen allein zu verehren und den
unwürdigen öffentlich zu verachten, so wirst du das politische
Heiligthum dieses Standes schwächen.   Der Tyrann wird deinen
Unterschied gern annehmen, er wird den Priester, der dich vertreten
soll, als einen Unwürdigen schelten und ihn mit dieser Entschuldigung tödten, und dich hernach umbringen."

So urtheilte ein Türke, der kein Donatist war und die Kraft
des göttlichen Worts von dem Wandel der Priester abhängen ließ.
Wie würde es in Spanien und Portugal seit dem Verlust ihrer Gesetze stehen, wenn die geistliche Gewalt den
Ausbruch der Obermacht nicht hemmte? Dieses sagt Montesquieu.   Und ich sage nichts mehr, als daß die natürliche Religion uns diesen großen Vortheil nicht gewähre, und daß es politische
Verfassungen gebe, worin die schreckliche Inquisition zu einem nothwendigen Uebel, zu einem heiligen Zaume des Despoten gereiche.

Nunmehr erwarten Sie vielleicht, daß ich die Vertheidigung der Wahrheit unserer christlichen Religion übernehme. Allein hier muß ich Ihnen aufrichtig gestehen, daß ich kein Theologe sondern ein Rechtsgelehrter bin. Ich habe meine Betrachtungen blos so entworfen, wie ich glaube daß sie ein unparteiischer Mann, der von unserer Religion nur etwas versteht, entwerfen könnte. Ich habe die Bedürfnisse einiger Arten von menschlichen Gesellschaften und ihre Zufälle angesehen; ich habe die Krankheiten dieser großen Staatsvereinigungen, sie mögen Monarchien, Aristokratien, Demokratien oder Tyrannien heißen, erwogen und daraus geschlossen, daß ihnen eine geoffenbarte Religion jederzeit nothwendig und heilsam gewesen. Hiernächst habe ich gefunden, daß die christliche Religion zu allen Absichten, welche eine Gottheit mit den Menschen haben kann, auf das vollkommenste hinreiche. Und daraus ziehe ich den Schluß, daß wir thöricht thun, ein so vollkommenes Band zu schwächen oder wol gar zu zerreißen.

Schließlich bitte ich Sie, Ihrem Freunde, dem Herrn Rousseau, zu sagen, daß es einem großen Geiste, der tausend Seiten an einer Sache entdeckt, sehr leicht sei, etwas wider die Meinung zu behaupten und jede besondere Wahrheit einer unterlegten höhern Weltabsicht aufzuopfern; eben wie ein Held alle bürgerlichen Rechte aufhebt und einen Tempel mit Recht in Brand schießt, wenn er ihn am Siege hindert. Sagen Sie ihm, daß Arlaud sein schönes Gemälde von der Leda, ungeachtet es der vollkommenste Ausdruck einer nackten Wahrheit gewesen, selbst wieder zerschnitten habe. Zeigen Sie hieraus, daß es auch ärgerliche Wahrheiten gebe, und daß man dasjenige ärgerlich nenne, was der Absicht der bürgerlichen Gesellschaft widerspricht. Schnell wird er vielleicht fragen, ob sich denn die Religion selbst den Absichten der bürgerlichen Gesellschaften unterwerfen sollte, und ob die Theorie der christlichen Religion nicht gerade das Gegentheil thue. — Aber ich komme niemals zu Ende. Vielleicht antworte ich hierauf ein andermal. Bis dahin leben Sie wohl!

Ueber symbolische Bücher.

Ew. wissen es am besten, wie eifrig unsere Gottesgelehrten eine Zeit her gearbeitet haben, die alten Grenzzeichen und Schnatselsen, welche unsere Vorfahren mit so vieler Sorgfalt geheiliget haben und mit ihrem Blute zu bezeichnen bereit waren, umzustürzen, um wo immer möglich die Stimme der Vernunft und

Wahrheit zur einzigen würdigen Führerin freier Menschen zu machen und das Genie von den Regeln zu befreien, welche ihm vielleicht ein sehr mittelmäßiger Lehrmeister vorgeschrieben hatte. Nun gestehe ich es gern, daß mir diese Erweiterungen im Anfange sehr gefallen und mehr als einmal mit der Hoffnung geschmeichelt haben, wir würden endlich in den Tempel der Wahrheit durchdringen und zu einer vollkommenen Gewißheit gelangen. Allein nach einiger Ueber-legung fange ich an zu zweifeln, daß wir jemals so glücklich sein werden, und dies bewegt mich Ew. die Frage vorzulegen:

Ob es besser sei, sich an den von unsern Vätern gesetzten Grenz-steinen zu halten, oder solche ganz wegzuwerfen.

Die Rechtsgelehrten, welche den Wahrheiten, die zu ihrer Sphäre gehören, gewiß lange und mühsam nachgespürt haben, sind nach vieler vergeblichen Arbeit endlich auf den Satz gerathen, daß ein Ausspruch, welcher in der letzten Instanz erfolgt oder wogegen binnen zehn Tagen von den Parteien nicht gesprochen worden, Schwarz in Weiß und Weiß in Schwarz verwandeln könne; und sie nennen diejenige Wahrheit, welche durch einen solchen Ausspruch bestätigt worden, rechtskräftig; nicht weil sie an sich wahr ist, sondern weil sie zur Beruhigung der Parteien wahr sein soll, um dem Gezänke endlich ein Ende zu machen. Meine Frage geht also dahin:

1) ob es nicht besser sei, demjenigen, was in einem von der Kirche angenommenen symbolischen Buche für wahr ausge-sprochen worden, jene Rechtskraft beizulegen, als der ganzen Nachwelt das Appelliren frei zu lassen; und

2) ob denn nicht im ersten Fall ein Lehrer oder Prediger das ihm vorgelegte symbolische Buch, ohne im geringsten zu unter-suchen ob es Schwarz in Weiß oder Weiß in Schwarz ver-wandelt habe, als eine rechtskräftige Wahrheit unterschreiben könne, sobald er nur überzeugt ist, daß es ein förmliches rechtkräftiges Symbolum sei was ihm vorgelegt wird.

Er unterschreibt das Symbolum nicht quia verum, sed quia judi-catum; eben wie eine sachfällige Partei, die dem Urtel flucht, doch in Gefolge desselben bezahlt.

Meiner Meinung nach haben die alten und neuen Kirchenväter nie ein anderes verlangt. Sie zankten sich zuerst über die Frage: was ist Wahrheit? Und wie sie solche nicht geradezu entscheiden konnten, vereinigten sie sich dahin, daß sie dasjenige dafür erkennen wollten, was drei, oder sieben, oder zwölf von ihnen erwählte Richter dafür erkennen würden. Wie diese den einen Theil nicht beruhigen konnten, berief sich derselbe auf eine große Menge von Richtern, und zuletzt auf eine allgemeine Kirchenversammlung; was diese aussprechen werde, sollte Wahrheit sein...

Der Schluß muß sein: Das Gezänk muß, wie der Krieg, in der Welt bleiben, damit der Mensch speculire, arbeite, tapfer und nicht dumm werde.

Der Stuhl Petri.
Schreiben eines römischen Politikers.

Es scheint wol als wenn die guten Ermahnungen unsers Aller-heiligsten Vaters auch bei Ihnen ohne Segen bleiben werden, in-dem Sie sich noch immer mit Untersuchung solcher Wahrheiten ab-geben, welche allezeit Wahrheiten bleiben müssen, wenn sie auch gleich die letzte Probe nicht aushalten sollten. Es geht Ihnen hierin wie mehrern Deutschen, welche immer sehr unparteiisch und gelehrt, aber so nicht recht zu einem gewissen Nutzen schreiben und besonders keine Acht darauf haben, ob sie auch durch den Grund-satz, welcher ihnen in einem Streite wohl zu statten kommt, in einem andern geschlagen werden: eine Achtsamkeit, worin uns die Kinder dieser Welt, die ihres gnädigsten Fürsten Unternehmungen mit einer rechtlichen Ausführung nachfolgen müssen, unendlich weit übertreffen.

Die Frage, ob alle Bischöfe unserer wahren und alleinselig-machenden katholischen Kirche von ihrem sichtbaren Oberhaupte eine gleiche Vollmacht erhalten haben, oder ob der Heilige Vater der Kirchen sie als seine Söhne lieben, lehren, strafen und züchtigen könne, sollte billig nie vor den Augen des ungeschlachten Pöbels in einigen Zweifel gezogen werden. Ihre päpstliche Heiligkeit sind gewiß das sichtbare Haupt der christlichen Kirche; der unmittelbare und wohlgelegene bischöfliche Stuhl zu Rom ist unstreitig der be-quemste Platz welchen wir diesem sichtbaren Haupte anweisen kön-nen. Und wenn wir von diesen beiden Wahrheiten überzeugt sind, wozu nützt es denn die Kirche darüber in Zweifel zu setzen und den Ketzern eine Blöße zu geben?

Gegen Sie, als meinen theuersten Bruder in Christo, mag ich es im Vertrauen wol gestehen, daß wir in Italien und besonders in Rom längst wohl eingesehen haben, daß der heilige Apostel Petrus nicht der Fels gewesen worauf Christus seine Kirche ge-gründet, und daß dieser Fels von den Engeln nicht nach Rom ge-tragen sei um den päpstlichen Stuhl daraufzusetzen. Wir haben lange eingesehen, daß die päpstliche Stuhlfolge von dem heiligen Petrus bis auf unsere Zeiten manche Lücke habe, welche sich nur

halb bedecken läßt. Allein wir haben gar frühzeitig erkannt, daß
es zum wahren Besten der christlichen Kirche und aller ihrer Mitglieder höchst nöthig sei, das eine sowol als das andere mit aller
Macht, die Gott dazu verleihen wollen, zu behaupten; und es ist
billig als ein Wunderwerk anzusehen, daß das Toben der Heiden
und Ketzer und alle Verwegenheit der Gewaltigen auf Erden diesen
Felsen noch nicht ganz hat in die Luft sprengen können.

Sie können sich, geliebter Bruder in Christo, von der Vollkommenheit dieser nun einmal in der christlichen Kirche von Gott
oder von sehr großen Leuten eingeführten Oekonomie nicht besser
überzeugen, als wenn Sie in Ihren Gedanken den heiligen Fels,
worauf die christliche Kirche bisher so wohl gestanden, von Rom
wegnehmen und in eine andere Metropole verlegen. Wohin ge-
dächten Sie ihn zu versetzen? Und welche Nation wollten Sie damit
beehren? Ist Ihnen ein Ort in der Welt bekannt, der unserm Rom,
dieser ehemaligen Hauptstadt der ganzen Welt, dieser Stadt wofür
den Alten wie den Jungen in den Schulen eine allezeit neue Ehrfurcht erhalten worden, nach allen Absichten zur Seite gesetzt werden könnte? Steht nicht jede andere Metropole auf sichere Weise
unter dem Einflusse des Reichs wozu sie gehört? Ist ihr Bischof
zu allen Zeiten im Stande die allgemeine Kirche Gottes so zu regieren wie es sein Gewissen erfordert? Würde die französische
Nation einem deutschen Bischofe, oder die spanische einem französischen gehorchen? Und sollte nicht der Römer unter allen am
liebsten geduldet werden? es sei nun daß Zeit, Vorurtheil, Wahrheit, oder das Angedenken seiner alten Größe ihn hierin begünstigen.

Es ist kein bloßer Zufall sondern eine offenbare Gnade Gottes, aber doch das größte Meisterstück der menschlichen Weisheit,
daß sich der Stuhl zu Rom von aller weltlichen Lehnbarkeit befreit
hat; und die ganze christliche Kirche kann es dem heiligen Petrus
nie genug verdanken, daß er seine Nachfolger in ihren klugen Bemühungen so wohl unterstützt und sie in ihrer unermüdeten Arbeit
an dem Weinberge Christi so herrlich erleuchtet hat. Ohne ihn
würde vielleicht der Bischof zu Rom wie mancher andere Bischof
von einem weltlichen Herrn verjagt und vertrieben, und mit der
Zerrüttung des ehemaligen Kaiserthums auch die ganze christliche
Kirche zerrüttet worden sein. Wir würden nicht mehr eine allgemeine Kirche, sondern ebenso viele haben als weltliche unabhängige
Reiche und Herrlichkeiten vorhanden sind. Die französischen Bischöfe
würden von einem Lehnträger des Heiligen Römischen Reichs schwerlich einige Befehle angenommen haben.

Noch weniger aber würde dieses geschehen sein, wenn man an
dem heiligen Apostel Petrus keinen sichern Fels gehabt, oder den
Heiligen Geist, welchen unser Heiland ausgoß, nicht durch eine

ununterbrochene **Reihe reiner und** getreuer Nachfolger **am Stuhl**
Petri so sorgfältig bewahrt hätte. Denn eine menschliche **Vollmacht**
würde nicht hinreichen die aufrührischen Herzen aller Nationen **zu**
lösen und zu binden. Es wird dazu allezeit **eine** göttliche erfordert, und keiner braucht sich zu schämen sein **Haupt** vor dem allerhöchsten Gott in den Staub zu legen und **demjenigen** die Füße zu
küssen, der als dessen Statthalter von Gott **verordnet und** gewiß
durch die allgemeine Stimme der Nothwendigkeit — **und** Politik,
wie ich gegen Sie wol sagen mag — **dazu** berufen ist. Diese göttliche Vollmacht würde aber gewiß **von den** Mächtigen dieser Welt
sehr **oft** angefochten werden, wenn sie nicht aus einer heiligen **und**
vor ihrer Macht gesicherten Quelle flösse; und **ich** meine nicht, **daß**
die Ketzer viel dabei gewonnen haben, wenn sie den Heiligen **Geist**
nach ihrer Meinung unmittelbar von Gott erhalten und solchen nach
dem Befehle ihres weltlichen Herrn austheilen können. Ihr Doctor
Luther war auch einer von **den** deutschen Gelehrten, der blos die
Wahrheit suchte und die Gründe, welche man zum Schein in eine
Kriegserklärung setzt, **von** denjenigen nicht unterschied, die man im
Cabinet hat. Sonst **würde** er gewiß seine Verbesserungen nicht bis
auf eine völlige Trennung, wie es **auch** lange seine Absicht nicht
gewesen, erstreckt und seine Nachfolger **von dem** Felsen losgerissen
haben, welcher sie in allen weltlichen Stürmen noch sehr oft gerettet
haben würde.

Noch keiner **hat** uns aus **der** Kirchengeschichte **den** wahren
Grund gezeigt, wodurch das Ansehen des römischen Stuhls —
wenn wir die göttlichen Wunder einen Augenblick beiseitesetzen
— in der christlichen Kirche mit so allgemeinem Beifall verehrt
worden. Die Bischöfe in allen Reichen waren es selbst, welche aus
Noth, und um sich gegen die Macht der Tyrannen zu wehren, eine
auswärtige Stütze suchten worauf sie sich verlassen könnten. Ihr
Wunsch mußte sein, irgendwo einen Gott auf Erden zu haben, der
mit seinem Bannstrahl eherne Scepter zerschmettern könnte: und sie
fanden ihn in Rom. Ihre ganze Bemühung mußte sein, dieser
auswärtigen Macht alles das wirklich einzuräumen, was sie durch
den heiligen Petrus und die ununterbrochene Reihe der Bischöfe
erhalten zu haben behauptete; und sie empfanden selbst **den** Vortheil
davon. Sie konnten sich auf einen Gott in ihrer Heimat nicht berufen, weil der Tyrann **ein** Zeichen gefordert haben würde, womit
der allweise Gott nicht immer auf den Wink eines jeden Bischofs
bereit steht. In solcher Verlegenheit war es kein Wunder, wenn
sie vor dem heiligen Stuhle knieten, wovon sie Hülfe und Rettung
erwarteten.

Seitdem die Bischöfe große Reichsfürsten geworden oder mit
Hülfe der Religion eine genugsame Herrschaft über die Gemüther

der Großen erhalten zu haben sich rühmen dürfen, haben sie freilich so große Ursachen nicht mehr, dem römischen Stuhle zu opfern. Inzwischen ist es doch auch einigermaßen undankbar, seinen Wohl= thäter, welcher sich so mancher Gefahr mit einem göttlichen Muthe entgegengestellt und ihnen so lange die Hand geboten hat, bis Kaiser und Könige ihre Freundschaft sich kostbar erwerben müssen, jetzt zu verleugnen. Es ist auch höchst unsicher; wie ihnen alle Bischöfe in Frankreich, welche sich in ihrer äußersten Noth jetzt hintennach und zu spät den Beistand des römischen Stuhls, mit demüthiger Annehmung der Bulle Unigenitus, zu erschmeicheln suchen, aufrichtig gestehen werden. Und die Mönchsorden sind gewiß durch eine göttliche Eingebung geleitet worden, sich mit dem römischen Stuhl nach dem Maße zu vereinigen, als sie gesehen haben daß ihre weltgeistlichen Fürsten unsichere Wege gewandelt. Sie müssen also auch gewiß erkennen, daß die heilige Zuflucht gen Rom noch immer das Mittel sei, sich dem Tyrannen zu widersetzen.

Warum wollen Sie ihnen aber diese Zuflucht benehmen?

VI.

Aesthetisches und Moralisches.

Ueber die deutsche Sprache.

Die deutsche Sprache wird von einigen für sehr reich gehalten; mir aber kommt sie noch immer zu arm vor, nicht sowol deswillen weil sie in das Wesen einer Sache gar nicht eindringen kann, denn diesen Mangel haben auch unsere Begriffe, und zu etwas Mehrerem als unsere Begriffe auszudrücken ist keine Sprache gemacht; auch nicht **um** deswillen weil sie eine Menge von Größen und Eigenschaften, besonders aber die feinen Unterschiede derselben nicht namentlich angeben kann: denn auch hier ist die Empfindung immer reicher als der Ausdruck — man dürfte nicht **einmal** wünschen, einen solchen Reichthum zu haben womit man diesem Unterschied ins Unendliche nachfolgen könnte —; sondern weil sie wirklich an solchen Ausdrücken Mangel hat, welche das tägliche Leben, **den** täglichen Umgang betreffen und zu unserm nächsten Bedürfniß gehören; oder **um** mich deutlicher auszudrücken, weil wir mit Hülfe derselben kein tägliches Leben, was in jedem Provinzialdialekt vollkommen geschildert werden kann, vorstellen können.

Dieser Mangel rührt unstreitig daher, daß die deutsche Sprache in keiner deutschen Provinz gesprochen wird, sondern eine todte Büchersprache ist worüber sich die Schreibenden vereinigt oder verglichen haben. In eine solche Sprache ist auch natürlicherweise nichts aufgenommen was außer der Sphäre der Schreibenden gewesen, und solchemnach sind die Bedürfnisse des täglichen Lebens fast überall besser mit Provinzial-Worten und Bildern als in der Büchersprache auszudrücken.

Verschiedene große Genies, welche diesen Mangel gefühlt, haben zwar seit einiger Zeit gesucht demselben abzuhelfen; aber kaum wagt ein Lessing das Wort Schnickschnack oder beschreibt uns stiere, starre Augen, so empören sich diejenigen, welche die Buchsprache allein gebraucht wissen wollen, gegen dergleichen Bemühungen und maßen sich das Recht an, was die französische Akademie mit so vielem Nachtheil über ihre Sprache ausgeübt hat.

Der Engländer allein nimmt alles an was er gebraucht und nützlich findet, und dieses thut mit ihm jeder Provinzialdialekt. Man sehe Menschen im täglichen Leben und ihrer ganzen Freiheit, wie sie in ihren Ausdrücken einen Gegenstand schildern und durch die Nachäffung vorbilden wollen: ihr Auge, ihr Gesicht, ihre Geberde und ihre Sprache wird muthwillig, nachäffend, launicht und malerisch; sie machen Worte, nehmen eine ganz eigene Wendung ihrer Rede, verkürzen, verbessern und verderben manches Wort, und erschaffen sich eine Sprache die ihren Gegenstand ganz natürlich darstellt, ohne sich im geringsten nach den Regeln der Buchsprache zu richten. Dieses leidet jeder Provinzialdialekt, und die englische Sprache ist ein Provinzialdialekt der sich zur Buchsprache für die ganze Nation erhoben hat, anstatt daß alle übrigen gelehrten Sprachen in Europa nichts wie ein Buchherkommen zum Grunde haben oder doch durch tyrannische Kritiker von ihrer natürlichen Macht auf eine künstliche herabgesetzt sind.

——————

An einen jungen Dichter.

O, Ihre Lieder sind schön, mein Freund, und bezaubernd wenn Sie wollen. Aber darf ich nun auch wol fragen, wozu es eigentlich dienen sollte die Reizungen der Liebe noch reizender zu malen und den Geschmack für den Wein noch mehr zu schärfen? Haben Liebe und Wein nicht schon ihre natürlichen Reizungen für unsere Bedürfnisse, und ist es rathsam, das Gewicht, was schon auf dieser Seite den Ausschlag gibt, noch zu vermehren?

Ja wenn die Andacht jeden Kuß zur Todsünde gemacht hätte, wenn das schöne Geschlecht sich weigerte die Mühseligkeiten und Gefahren des Ehestandes zu tragen, oder wenn die Männer sich in die Einsamkeit begäben, Wein und Liebe flöhen, oder wenn gar der Staat Gefahr liefe auszusterben: dann wäre es freilich Zeit jenen Gegenständen alle nur mögliche Reizungen zu leihen und in jeden Busen eine neue Flamme zu singen. Aber so geht nur alles

darauf hinaus, einem dasjenige **was** man ohnehin nur gar zu sehr
sucht, noch süßer zu machen und den Menschen immer mehr und
mehr von andern Beschäftigungen abzuziehen. Man stört die
Oekonomie der Natur, welche die Arbeit sauer und das Vergnügen
süß gemacht hat, um die erstere durch das andere zu befördern,
nicht aber um sich dem letztern zu sehr zu überlassen.

Was würde man sagen, wenn jemand die Ehre auf **diese Art**
behandelte, wenn man von nichts als von dem hohen Vergnügen,
zu gebieten und der Beherrscher vieler Tausenden zu **sein**, sänge
und damit den Stolzen nur noch stolzer machte? Und doch ist die
Ehre in unsern heutigen Verfassungen noch fast **das** kräftigste
Mittel, den Menschen zu edeln Thaten und kühnen Aufopferungen
zu bringen. Die Ehre hat dabei über die Liebe noch den Vorzug,
daß sie blos durch edle Handlungen erworben und erhalten werden
kann; man hat einmal die Anlage so gemacht, daß keiner sich solche
erwerben kann ohne sich ihrer würdig **zu** machen, und der Adel
selbst fühlt die Pflicht, seine angeborenen Rechte durch neue Verdienste aufrechtzuerhalten. Gleichwol **wird** von den Süßigkeiten
derselben nur wenig gesungen, und unsere mehrsten Dichter scheinen
sich eine Freude daraus **zu** machen, den Genuß der Ehre soviel sie
können herabzusetzen.

Keiner schildert mehr das Vergnügen viele Reichthümer zu
besitzen und seine Schätze zu überrechnen. Und doch sollte dieses
zu unsern Zeiten, worin man die Verschwendung so sehr liebt, **vor-**
züglich reizend gemalt werden. Die Dichter sollten es sich **zur**
Hauptpflicht machen, von nichts als dem Glücke zu singen **ein**
großes unverschuldetes Eigenthum zu besitzen. Aber so denken sie:
zu dieser unedeln Empfindung sinkt der Mensch **von** selbst herab,
und es ist nicht nöthig ihm eine edle Hülfe zu geben; gleich als
wenn Liebe und Wein minder lockten. Nur selten preisen sie noch
das Glück eines freien Mannes, der von seinem Stammgute weder
Zinsen zu zahlen noch Ritterdienste zu leisten hat, was uns Horaz
so schön besingt.

Freilich kann es auch die Politik erfordern, die Liebe als das
größte Glück zu schildern und **der** Ehre oder den Reichthümern nur
den untersten Platz anzuweisen. Dieses war der Fall der Griechen,
welche die Gleichheit unter ihren Bürgern erhalten und so wenig
die Ehrbegierde als die Sucht nach Reichthümern vermehren, sondern Helden durch Kränze, von schönen Händen gewunden, ziehen
wollten. Aber was hier der Patriotismus erforderte, das fordert
er in unsern Verfassungen nicht, und **der** Dichter, der bei uns von
Liebe und Wein singt, arbeitet nicht **nach** einem so großen Ziele.
Wenn aber die Größe der Wirkung den Werth der Handlung

entscheidet, so hat die seinige bei weitem den Werth nicht, den sie bei den Griechen hatte.

Sehen Sie nur einmal selbst den Werth an, welchen unsere Nation zu ihrer Ehre auf die Gedichte legt, die Tugend und Religion befördern. Die Kritik hat es einigemal gewagt darin Fehler aufzusuchen, und sie hat vielleicht in manchen Stücken recht gehabt. Allein es hat ihnen nichts geschadet; man hat ihren großen Nutzen erkannt und diejenigen verachtet, welche sich Mühe gaben Fehler in den Verzierungen zu finden. Der Nutzen den die Dichtkunst bringt, und der Vortheil welchen die menschliche Glückseligkeit davon zieht, ist also zu jeder Zeit das Maß gewesen, wonach man ihren Werth bestimmt hat, und das Kriegslied hat bei einer kriegerischen Nation so viel gegolten als ein Liebeslied, wie das letztere noch dazu diente Helden zu erwecken.

Ich erinnere mich hier eines jungen Neubauers, der ein Moor abtrocknete und eine Menge von alten Wurzeln im Schweiße seines Angesichts ausrodete. Schon oft war er in der Versuchung gewesen, dem Heer seines Königs zu folgen und diese seine Unternehmung zu verlassen. Ermüdet von der Arbeit saß er manchen Abend auf der ausgerodeten Wurzel eines alten Eichenstammes, auf seinen Spaten gelehnt, und dachte über sein Schicksal nach. Aber wenn er nun zu Hause kam, so fand er sein gutes Weib, welche ihn mit offenen Armen und an einem wohlbereiteten Tisch erwartete. Sie brachte ihm frisches Wasser zum Waschen, setzte ihm den Stuhl, reichte ihm seinen Becher und legte ihm den besten Bissen vor. Dann lächelte ihm sein Erstgeborener Wonne in die Seele, und er segnete ihn und sein Weib, die ihn so glücklich machten. Jede Mühseligkeit des Tages verlor sich bei diesem süßen Genuß, und er eilte des andern Morgens mit neuem Muthe zur Arbeit, um sich wiederum einen solchen Abend zu verschaffen. Mit Entzücken übersah er dann, so oft er ausruhte, den Platz welchen er bereits gewonnen und urbar gemacht hatte, überschlug die Frucht die er darauf ziehen würde, wählte den Platz wo seines Weibes Leibzucht stehen sollte, maß mit seinen Augen den Garten den er dazu nach der Mittagsseite bestimmte, grub den Graben um ihre Wiese tiefer aus, und hoffte er würde auch Fische halten können. Und das immer mit Erinnerung der Freude, die er seinem guten Weibe und ihren Kindern verschaffen würde.

Wenn ich mir eine ganze Colonie von Neubauern auf diese Art gedenke, so würde ich ihr einen Dichter wünschen, der das Glück, von einem solchen Weibe empfangen, geliebt und erquickt zu werden, mit allen Reizungen malte und dadurch nicht allein die Männer zum fernern Ausroden ermunterte, sondern ihnen auch ihre Belohnung ühlbarer machte. Allein die Reizungen der Liebe

und des Weins für ein verwöhntes Volk zu singen ist ganz etwas
anderes. Der sanfteste Trieb, den Gott dem Menschen gab, wird
dadurch abgewürdigt, daß man ihn zu mindern und unedeln
Zwecken braucht; und der Dichter, der dieses thut, kann das Lob
und den Beifall nicht fordern, den er sich auf die Rechnung seiner
glücklichen Erfindungen und Wendungen verspricht. Ich ziehe ihm
wahrlich die alten Reimchroniken vor, die zu meiner Zeit, wo man
nicht gewohnt war alles zu Buche zu setzen, edle Thaten im Ge-
dächtniß zu erhalten suchten. Ihr Zweck war wenigstens größer.
Man lernt aus ihnen und vergißt darüber den Mangel des dich-
terischen Schmucks.

Keine Satiren gegen ganze Stände!
Antwort an Bibulus.

Sie hätten sich, mein lieber Herr Bibulus, für Ihre Person
so weit herabsetzen mögen wie es Ihnen gefallen hätte; dieses
würde Ihnen niemand übel genommen haben, wenn Sie sich auch
ein bischen in dem Kothe gewälzt hätten. Allein Ihr Amt, ein
Amt was der Landesherr rechtschaffenen und angesehenen Männern
anvertraut, hätten Sie schonen und kein Wort von dem jetzigen
Vogte sagen sollen. Denn was von Ihnen selbst gilt, das gilt
zum höchsten noch von einem, aber sonst auch von keinem andern,
so viel ich auch ihrer zu kennen die Ehre habe. Was ehedem von
dem seligen Vogte in diesen Blättern geschrieben, zeigt die ganze
Würde und den großen Werth des Amts, welches ein Vogt hierselbst bekleidet, den unendlichen Einfluß auf das gemeine Beste,
welchen er sich geben kann, und die hohe Achtung, so er verdient
wenn er sich durch Einsicht und Redlichkeit das nöthige Ansehen er-
wirbt. Die Absicht des Verfassers, der sich in seinen „Patriotischen
Phantasien" zu diesem Stück bekannt hat, ging dahin, den Dienst
zu erheben, um große Männer zu vermögen denselben anzunehmen
und Unwürdige davon auszuschließen. So oft derselbe die Satire
zur Besserung eines Standes gebraucht, will er durch Liebe gewinnen und keine Abneigung gegen seine Lehren erwecken. Er macht
es wie der Kapitän, der auch mit einem schlechten Unteroffizier
nicht anders als mit dem Hute in der Hand spricht, um Leuten,
welche die Seele des Regiments sind, Achtung gegen ihren Stand
und durch diese Achtung einen Geist beizubringen, der sich unter
der Beschimpfung verliert. Er spricht mit Ehrfurcht von dem Land-

mann, wenn er gleich einen schlechten Wirth die Geisel fühlen
läßt; er macht den Handwerker zum ersten Patrioten, um ihn von
der Versuchung abzuhalten ein schädlicher Krämer zu werden, und
zieht den großen Kaufmann allen großen und kleinen Männerchen
vor, damit derselbe sich nicht durch einen Adelbrief erniedrigen
oder seine Töchter zu unbürgerlichen Ehen bereden möge. Dieses
ist, wenn Sie es bemerkt haben, immer seine Manier gewesen,
und er glaubt, daß dieses noch der einzige Weg sei um etwas zur
allgemeinen Besserung beizutragen. Wenn die Hohen dieser Welt
einem Pfarrer nicht mit der gehörigen Achtung begegnen, so denkt
er, ihre Nachkommen werden bei dem Vorreiter zur Beichte gehen;
und wenn er von Advocatenstreichen sprechen hört, so fürchtet er,
daß sich mit der Zeit kein redlicher und großer Mann in einen
Stand begeben werde, welchem man auf eine so unwürdige Art
begegnet. Er fürchtet, Eigenthum und Freiheit sei in der äußersten
Gefahr, wenn ihre Vertheidigung Männern obliegt, die einen sol=
chen Vorwurf zu erleiden haben. Man hasse, man verfolge, man
geisele den schlechten Kerl, sagte er, aber man ehre seinen Stand
nach dem Maße wie er dem gemeinen Wesen nöthig und nützlich
ist! Ein römischer Bürger stand nicht unter der Ruthe, und einer
gleichen Ehre genießen in allen wohlgeordneten Staaten verschiedene
Stände. Man entsetzt sie erst ihres Standes und peitscht sie her=
nach wie andere schlechte Missethäter.

Dieses muß die Politik der Satire sein, wenn sie als ein
öffentliches Strafamt geduldet werden soll; und Sie, Herr Bibulus,
da Sie selbst, obgleich unverdient, die Ehre haben ein Vogt zu
sein, hätten solche nicht außer Augen setzen sollen. Es ist ein
schlechter Vogel, sagten unsere deutschen Vorfahren, der sein eigenes
Nest verunreinigt; und ebendas gilt von der Entehrung seines
eigenen Standes. Ich kenne einen Vogt im Lande, der sein Haus
brennen ließ, um die Rettungsanstalten für das Dorf anzuführen;
ich kenne einen andern, der sich die ihm für eine Kornausmessung bei
der theuern Zeit zugebilligten Diäten verbat, weil er das Geschäft
zu seiner Pflicht rechnete; ich könnte Ihnen einen nennen, der in
seiner Vogtei keinen Streit zu einem gerichtlichen Proceß kommen
läßt, der seine Leute in der strengsten Zucht zu halten weiß ohne
ihre Liebe zu verlieren, der nie eine Erinnerung abgewartet hat
um seine Dienstpflichten zu erfüllen, und der zu seinem Vergnügen
seine ganze Vogtei mit den besten Obstbäumen unentgeltlich ver=
sorgt hat. Männer von dieser Art verdienen nicht, daß man ihren
Stand angreife und sie dadurch mit schlechtern vermische.

Die Gefahr, welche aus einer solchen Vermischung entsteht, ist
fürchterlicher wie Sie zu glauben scheinen. In dem vorigen Kriege
hörte ein englischer Generalcommissarius — ich will den redlichen

Mann nennen, er hieß Elliot — daß ein allgemeiner Verdacht der Betrügerei die Männer seines Standes drücke; sogleich faßte er seinen Entschluß, legte sein **Amt nieder und** ging nach England zurück. Und vielleicht hat die **Krone durch** seinen Abgang eine Million mehr verloren, vielleicht sind **hundert ehrliche** Leute dadurch **um** ihre Bezahlung gekommen, und **gewiß ist das** Gemische **von** der damaligen Commissarien dadurch **immer schlechter** geworden, daß **ein** solcher Mann sich demselben entzog. **Wie viel** Mühe hat die Wundarzneikunst gehabt, Genies **und** Männer von Einsichten an sich zu ziehen, weil sie mit der Baderei in Deutschland vermischt und verachtet wurde! Und wie **elend** sah es **um** die Ehre des Militärstandes aus, als man noch **sagte** daß blos ungerathene Söhne dem Kalbfelle nachliefen! Wer geht noch jetzt **unter ein** Regiment, das in übelm Rufe steht? Wer gibt sein gutes **Kind in eine** Bauerschaft, die man diebisch heißt?

Dieses sind **aber** die natürlichen Folgen aller Satiren, welche **einen** ganzen Stand, **ein** Regiment **oder** ein Dorf angreifen; und **wie** soll **man** hernach Leute, denen man **die** Reizung der Ehre, die Achtung gegen ihren Dienst und die hieraus fließende Empfindung aus dem Herzen schlägt, in Ordnung halten?

Derjenige Staat ist glücklich, **der** viele rechtschaffene, geliebte und geehrte Diener hat. Um diese zu erhalten, spart **er** gern das Geld, wozu **der** geringere Theil **der** Menschen das mehrste aufbringen muß, und belohnt sie **mit der** Ehre, die den Steuerbaren nichts kostet. Allein durch jene Art **von** Angriffen, **welche** einem ganzen Stande **die** Fehler seiner Mitglieder, sollten dieselbigen auch noch so gegründet sein, aufrücken, verschüttet man diese edle Quelle; man zwingt diejenigen, die einen verachteten Stand ergreifen, sich wegen ihrer Verachtung aufs theuerste schadlos zu halten und nur blos um schnöden Gewinst zu dienen. Man setzt den Staat in die Nothwendigkeit, scharfe Mittel zu ergreifen und sich den Vorwurf eines despotischen Verfahrens zuzuziehen; man fährt bei dem allen **mit** hartmäulig gemachten Pferden schlechter wie mit muthigen und empfindlichen, und beladet sich endlich selbst mit allen den übeln Folgen, die aus dem daraus entstehenden Verderben stromweise fließen. Die moralischen Stände **der** Menschen, als den Stand der Geizigen, der Verschwenderischen und anderer Lasterhaften, kann man immerhin angreifen, aber nicht den bürgerlichen.

Ohnfehlbar hatten Sie die gute Absicht zu bessern. Urtheilen Sie aber jetzt selbst, ob Sie glücklich in der Wahl der Mittel gewesen, da Sie den jetzigen Vogt, der ebenso gut wie in benachbarten Landen Amtmann heißen könnte, wenn man hier nicht mit der Ehre ökonomischer umgehen müßte, von derjenigen Seite gezeigt haben, welche der Ihrige preisgibt. Urtheilen Sie selbst, ob nicht auch sogar in dem Falle, da der größte Theil eben so schlecht wäre, Ihr Verfahren so ungerecht als unpolitisch zu nennen sei.

Wie man zu einem guten Vortrage seiner Empfindungen gelange.

Ihre Klage, liebster Freund, daß Sie sich in Ausdruck und Vorstellung selten ganz vollkommen genug thun können, wenn Sie eine wichtige und mächtig empfundene Wahrheit andern vortragen wollen, mag leicht gegründet sein, aber daß dieses eben einen Mangel der Sprache zur Ursache habe, davon bin ich noch nicht überzeugt. Freilich sind alle Worte, besonders die todten auf dem Papier, welchen es wahrlich sehr an Physiognomie zum Ausdrucke fehlt, nur sehr unvollkommene Zeichen unserer Empfindungen und Vorstellungen, und man fühlt oft bei dem Schweigen eines Mannes mehr als bei den schönsten niedergeschriebenen Reden. Allein auch jene Zeichen haben ihre Begleitungen für den empfindenden und denkenden Leser; und wer die Musik versteht, wird die Noten nicht sklavisch vortragen. Auch der Leser, wenn er anders die gehörige Fähigkeit hat, kann an den ihm vorgeschriebenen Worten sich zu dem Verfasser hinaufempfinden und aus dessen Seele alles herausholen was darin zurückblieb.

Eher möchte ich sagen, daß Sie Ihre Empfindungen und Gedanken selbst nicht genug entwickelt hätten, wenn Sie solche vortragen wollen. Die mehrsten unter den Schreibenden begnügen sich damit, ihren Gegenstand mit aller Gelassenheit zu überdenken, sodann eine sogenannte Disposition zu machen und ihren Satz danach auszuführen; oder sie nützen die Heftigkeit des ersten Anfalls und geben uns aus ihrer glühenden Einbildungskraft ein frisches Gemälde, was oft bunt und stark genug ist und doch die Wirkung nicht thut, welche sie erwarteten. Aber so nöthig es auch ist, daß derjenige, der eine große Wahrheit mächtig vortragen will, dieselbe vorher wohl überdenke, seinen Vortrag ordne und seinen Gegenstand, nachdem er ist, mit aller Wärme behandle, so ist dieses doch noch der eigentliche Weg nicht, worauf man zu einer kräftigen Darstellung seiner Empfindungen gelangt.

Mir mag eine Wahrheit, nachdem ich mich davon aus Büchern und aus eigenem Nachdenken unterrichtet habe, noch so sehr einleuchten, und ich mag mich damit noch so bekannt dünken, so wage

ich es doch nicht sogleich meine Disposition zu machen und sie da=
nach zu behandeln; vielmehr denke ich, sie habe noch unzählige
Falten und Seiten, die mir jetzt verborgen sind, und ich müßte
erst suchen solche so viel möglich zu gewinnen, ehe ich an irgend=
einen Vortrag oder an Disposition und Ausführung gedenken dürfe.
Diesemnach werfe ich zuerst, sobald ich mich von meinem Gegen=
stande begeistert und zum Vortragen geschickt fühle, alles was mir
darüber beifällt aufs Papier. Des andern Tages verfahre ich wie=
der so, wenn mich mein Gegenstand von neuem zu sich reißt, und
das wiederhole ich so lange, als das Feuer und die Begierde zu=
nimmt, immer tiefer in die Sache einzudringen. Sowie ich eine
Lieferung auf das Papier gebracht und die Seele von ihrer ersten
Last entledigt habe, dehnt sie sich nach und nach weiter aus und
gewinnt neue Aussichten, die zuerst noch von nähern Bildern be=
deckt wurden. Je weiter sie eindringt und je mehr sie entdeckt,
desto feuriger und leidenschaftlicher wird sie für ihren geliebten
Gegenstand. Sie sieht immer schönere Verhältnisse, fühlt sich leichter
und freier zum Vergleichen, ist mit allen Theilen bekannt und ver=
traut, verweilt und gefällt sich in deren Betrachtung, und hört
nicht eher auf als bis sie gleichsam die letzte Gunst erhalten hat.

Und nun wenn ich so weit bin, womit insgemein mehrere
Tage und Nächte, Morgen= und Abendstunden zugebracht sind, in=
dem ich bei dem geringsten Anschein von Erschlaffung die Feder
niederlege, fang' ich in der Stunde des Berufs an mein Ge=
schriebenes nachzulesen, und zu überdenken wie ich meinen Vortrag
einrichten wolle. Fast immer hat sich während dieser Arbeit die
beste Art und Weise, wie die Sache vorgestellt sein will, von selbst
entdeckt; oder wo ich hierüber noch nicht mit mir einig werden
kann, so lege ich mein Papier beiseite und erwarte eine glück=
lichere Stunde, die durchaus von selbst kommen muß und leicht
kommt, nachdem man einmal mit einer Wahrheit so vertraut ge=
worden ist. Ist aber die beste Art der Vorstellung, die immer
nur einzig ist, während der Arbeit aus der Sache hervorgegangen,
so fang' ich allmählich an alles was ich auf diese Art meiner
Seele abgewonnen habe danach zu ordnen, was sich nicht dazu
paßt wegzustreichen, und jedes auf seine Stelle zu bringen.

Insgemein fällt alles was ich zuerst niedergeschrieben habe
ganz weg, oder es sind zerstreute Einheiten, die ich jetzt nur mit
der herauskommenden Summe zu bemerken nöthig habe. Desto
mehr behalte ich von den folgenden Operationen, worin sich alles
schon mehr zur Bestimmung geneigt hat; und der letzte Gewinn
dient mehrentheils nur zur Deutlichkeit und zur Erleichterung des
Vortrags. Die Ordnung oder Stellung der Gründe folgt nach
dem Hauptplan von selbst, und das Colorit überlasse ich der Hand,

die, was die erhitzte Einbildung nunmehro mächtig fühlt, auch mächtig und feurig malt, ohne dabei einer besondern Leitung zu bedürfen.

Doch will ich eben nicht sagen, daß Sie sich sogleich hierin selbst trauen sollen. Jeder Grund hat seine einzige Stelle, und er wirkt nicht auf der einen wie auf der andern. Gesetzt ich wollte Ihnen beweisen, daß das frühe Disponiren sehr mislich sei, und finge damit an daß ich Ihnen sagte: „Garrick bewunderte die Clairon als Frankreichs größte Actrice, aber er fand es doch klein, daß sie jeden Grad der Raserei, worauf sie als Medea steigen wollte, vorher bei kaltem Blute und in ihrem Zimmer bestimmen konnte", so würden Sie freilich die Richtigkeit der Vergleichung leicht finden, aber doch nicht alles dabei fühlen, was ich wollte daß Sie dabei fühlen sollten. Garrick disponirte seine Rolle nie zum voraus, er arbeitete sich nur in die Situation der Person hinein, welche er vorzustellen hatte, und überließ es dann seiner mächtigen Seele, sich seiner ganzen Kunst nach ihren augenblicklichen Empfindungen zu bedienen. Und das muß ein jeder thun, der eine mächtige Empfindung mächtig ausdrücken will.

Das Coloriren ist leichter, wenn man es von der Haltung trennt, aber in Verbindung mit derselben schwer. Hierüber lassen sich nicht wohl Regeln geben; man lernt es blos durch eine aufmerksame Betrachtung der Natur und viele Uebung, was man entfernen oder vorrücken, stark oder schwach ausdrücken soll. Das mehrste hängt jedoch hierbei von der Unterordnung in der Gruppirung ab, und wenn Sie hierin glücklich und richtig gewesen sind, so wird die Verschiedenheit des Standorts, woraus die Leser, wofür Sie schreiben, Ihr Gemälde ansehen, nur eine allgemeine Ueberlegung verdienen.

Unter Millionen Menschen ist vielleicht nur ein einziger, der seine Seele so zu pressen weiß, daß sie alles hergibt was sie hergeben kann. Viele, sehr viele haben eine Menge von Eindrücken, sie mögen nun von der Kunst oder von der Natur herrühren, bei sich verborgen ohne daß sie es selbst wissen; man muß die Seele in eine Situation versetzen um sich zu rühren, man muß sie erhitzen um sich aufzuschließen, und zur Schwärmerei bringen um alles aufzuopfern. Horaz empfahl den Wein als eine gelinde Tortur der Seele; andere halten die Liebe zum Gegenstande für mächtiger, oder den Durst zu Entdeckungen; jeder muß hierin sich selbst prüfen. Rousseau gab nie etwas von den ersten Aufwallungen seiner Seele. Wer nur diese und nichts mehr gibt, der trägt nur solche Wahrheiten vor, die den Menschen insgemein auffallen und jedem bekannt sind. Er hingegen arbeitete oft zehnmal auf die Art wie ich es Ihnen vorgeschlagen habe, und hörte nicht auf so

lange noch etwas zu gewinnen übrig war. Wenn dieses ein großer
Mann thut, so kann man so ziemlich sicher sein, daß er weiter
vorgedrungen sei als irgendein anderer vor ihm. So oft Sie sich
mächtiger in der Empfindung als im Ausdruck fühlen, so glauben
Sie nur dreist, Ihre Seele sei faul, sie wolle nicht alles hervorbringen. Greifen Sie dieselbe an, wenn Sie fühlen daß es Zeit
ist, und lassen sie arbeiten. Alle Ideen, die ihr jemals eingedrückt
sind und die sie sich selbst aus den eingedrückten unbemerkt gezogen
hat, müssen in Bewegung und Glut gebracht werden; sie muß vergleichen, schließen und empfinden, was sie auf andere Art ewig
nicht thun wird; sie muß verliebt und erhitzt werden gegen ihren
großen Gegenstand. Aber auch für die Liebe gibt es keine Disposition, kaum weiß man es nachher zu erzählen wie man von
einer Situation zur andern gekommen ist.

Ueber die Ruinen der deutschen Kunst.
Fragment.

Man gibt sich jetzt viele Mühe um die Kunstwerke der Alten
und sucht alle ihre Ruinen auf, um den großen Geist jener Werke
nicht ganz zu verlieren. Allein das Gebiet der Kunst erstreckt sich
weiter als auf jene sichtbaren Gegenstände; und wenn wir usn
nicht dem Vorwurf bloßstellen wollen, daß wir das Geringere dem
Höheren vorziehen oder parteiisch verfahren, so müssen wir auch
andern Unternehmungen des menschlichen Geistes und Fleißes,
wenn sie auch gleich nur in der Erfindung einer großen und nützlichen Wahrheit bestehen sollten, nachspüren und solchen den gehörigen Rang unter den Kunstwerken einräumen. Ich rechne dahin
besonders die großen Anstalten der alten Deutschen, wodurch sie
sich in ihren politischen Verfassungen bei Freiheit und Eigenthum
zu erhalten gewußt haben. So weit die wahre Glückseligkeit einer
freien Nation über alle Arten der bildenden Künste erbaben ist, so
weit muß man ein Volk, welches allen seinen Kunstfleiß auf die
erstere verwendet, demjenigen vorziehen, das blos einige Maler
und Bildhauer gezogen oder einige geschickte Sänger und Tänzer
aufzuweisen hat. Nur der Despot, der in der Abwürdigung des
ihm gehorchenden Menschen seinen Vortheil sucht, wird die letztern
allein mit seinem Beifall krönen; der edle Mann hingegen, der den
Werth der Verdienste nach der Größe des Erfolgs für das gemeine
Beste abwiegt, wird beiden Gerechtigkeit widerfahren lassen.

Die Aufmerksamkeit, welche die Römer, diese von aller Welt anerkannten Oberrichter, den Deutschen vor allen Nationen in ihren sorgfältigen Beobachtungen und Beschreibungen erwiesen, ist der schmeichelhafteste Beweis dieses Verdienstes. Sie, welche so viele Völker bezwungen, haben einzig und allein den Deutschen die Ehre erzeigt, ihre Einrichtungen und Sitten mit Aufmerksamkeit zu betrachten. Diese Ehre ist ihnen nicht umsonst widerfahren, und man hat Recht zu glauben, daß eine Nation, welche sich eine so schmeichelhafte Beobachtung zugezogen, solche nicht bloß durch eine besondere Art von Wildheit verdient habe. Montesquieu bekennt, daß alles was für die gemeine Freiheit Großes erfunden worden, den Sachsen seinen Ursprung zu danken habe. Diese erreichten aber diesen großen Zweck nicht von ungefähr oder auf eine leichte, natürliche Art. Die Ruinen, welche uns davon übriggeblieben sind, zeugen von der größten Anstrengung des menschlichen Verstandes und von einem Gebäude, das in allen seinen Theilen nach dem höchsten Ideal aufgeführt worden. Es verlohnt sich daher wol der Mühe, die Geschichte dieser Kunst, wodurch unsere Vorfahren, die Freiheit und Eigenthum über alles schätzten, eine Nationalvereinigung mit der mindesten Aufopferung ihrer natürlichen Rechte zu errichten wußten, zu erforschen. Unstreitig war die Arbeit der letztern bewundernswürdiger als jene kleinen Bemühungen einiger wohlunterwiesenen Meister; und die kleinen städtischen Republiken der Griechen waren gewiß nur Puppenwerke gegen die nordischen Staaten, worin Millionen Menschen ·jene großen Rechte ungestört genossen. Den Geist der Freiheit und die Kunst, das Eigenthum gegen alle Eingriffe der Obermacht und der Herrschsucht ungekränkt zu bewahren, haben wir den Sachsen zu danken.

Wenn wir auch von unsern Vorfahren nichts weiter wüßten, als daß sie keine Städte, ja nicht einmal zwei Hauptwohnungen auf einem Hofe duldeten, so müßte dieser einzige Rest ihrer Staatsverfassung allein schon hinreichen, uns den erhabensten Begriff von der Größe ihres politischen Plans zu geben. Ein Staat, welcher aus einer Million einzelner Höfe besteht und mit reiflicher Ueberlegung verordnet, daß keiner seine Wohnung mit Wällen umgeben, keiner mehr Familien als der andere aufnehmen, keiner sein Strohdach in ein Ziegeldach verwandeln soll, erkennt unstreitig die Vortheile der Gleichheit und läßt den Keim zu aller heimlichen Ausdehnung nicht aufkommen. Die gleiche Gefahr wirkt eine gegenseitige Schonung; und die Gesetze müssen da am ersten beachtet werden, wo jeder der Strafe bloßsteht und der Schuldige sich nicht auf eigene Stärke verlassen kann.

Keine Nation kann einen Anspruch auf Kunst machen, welche ihre Kinder der Natur überläßt und sich nicht sorgfältig bemüht, der jungen Seelen diejenige Bildung zu geben, welche das höchste allgemeine Beste erfordert. Je mehr Fertigkeiten, Empfindungen und Gedanken zu diesem großen Endzwecke angezogen und befestigt werden, desto vollkommener ist sie; und je sorgfältiger die Mittel in dieser Absicht gewählt, je mühsamer solche erreicht und je feiner dieselben verknüpft werden, desto mehr gehören sie in das Gebiet der Kunst. Von der körperlichen Erziehung der Deutschen, wie sie durch das Waffenspiel zur Unerschrockenheit gewöhnt, abgehärtet und geübt wurden, haben wir keinen vollständigen Begriff mehr; und wir wollen uns auch bei demjenigen was dahin gehört nicht aufhalten, weil wir blos unser Auge auf die Kunst richten wollen, wodurch sie in ihrer politischen Verfassung Freiheit und Eigenthum zu erhalten bemüht gewesen. Ihre sittliche Erziehung aber muß sehr vollkommen gewesen sein, weil sie die Ehe für sehr heilig hielten, eine Ehebrecherin gar nicht unter sich duldeten, einem Mädchen keinen Liebesfehler verziehen, und die Jünglinge in solcher Zucht hielten, daß sie vor dem fünfundzwanzigsten Jahre sich — — —

Ueber das Kunstgefühl.

Von einem Weinhändler.

Hierbei übersende ich Ihnen, nebst tausend Danksagungen für Ihre mir letzthin bewiesene viele Freundschaft, das Fäßchen was Sie verlangt haben. Der Wein ist gut, und wenn er das noch hätte und dieses nicht, so wäre mir das Stück davon nicht für tausend Gulden feil.

Lachen Sie nicht über diese seltsame Sprache; es hat nicht viel gefehlt oder ich wäre dadurch bei meiner letzten Durchreise durch D . . . . zum Mitgliede eines gelehrten Clubs aufgenommen worden. Unser guter Freund, der Kanonikus L . . ., der vermuthlich nicht wußte wie er den Abend mit einem Weinhändler zubringen sollte, hatte mich dahin geführt, und ich fand über zwanzig junge Herren zusammen, die immer das Wort Kunstgefühl im Munde hatten und von dessen Mangel in gewissen Gegenden ein langes und breites sprachen. Der eine beschuldigte mit einer vielbedeutenden Miene das feindselige Klima, der andere schob die Schuld auf die schlaffe Regierungsform, ein dritter klagte die philosophische Erziehungsart an, und ein vierter brachte sogar die Religion mit ins Spiel, um den eigentlichen Grund zu be-

stimmen, warum in dem einen Lande mehr Kunstgefühl und Ge=
schmack sei als in dem andern.

Nachdem ich den Gelehrten meiner Meinung nach lange genug
zugehört hatte, so glaubte ich endlich auch mit etwas von meiner
Weisheit aufwarten zu dürfen und sagte zu ihnen: „Aber um des
Himmels willen, wie können Sie sich über eine solche Sache so
lange zanken? Ich kenne alle Gewächse des Rheingaues und will
nicht allein alle Arten sondern auch alle Jahrgänge auf das ge=
naueste unterscheiden: das ist aber von Ihnen keiner im Stande;
und woher rührt dieser Mangel des Geschmacks bei Ihnen? Wahr=
lich nicht vom Klima, und auch nicht von der Religion, sondern
weil Sie nicht wie ich von Jugend auf in Kellern gewesen sind
und nicht alle Arten von Weinen oft genug versucht haben."

Anfangs schienen sie zu stutzen; aber bald sagte einer, das
wäre etwas ganz anderes, ein solches Memorienwerk, als diese
Weinkenntniß wäre, könne ein jeder lernen. Der Geschmack, der
dazu gehörte, sei nicht der wahre Kunstgeschmack, der prüfen und
glücklich wählen könnte; es sei etwas ganz anderes eine Menge von
Weinen zu kennen, und zu entscheiden welches der beste sei; man
müßte sich ein Ideal machen können . . .

„Das wäre doch der Henker!" versetzte ich und nahm das Glas,
was eben vor mir auf dem Tische stand. „Dieser Wein dahier ist
ein Markebrunner von 1759; und wenn er das noch hätte und
dieses nicht, so wäre es der schönste Markebrunner den ich je=
mals getrunken habe; ich prüfe, wähle und entscheide hier besser
als der Präsident von allen gelehrten Akademien in Europa und
will denjenigen erwarten, der meinen Geschmack tadeln wird. So
will ich mir in jeder Art des Rheinweins nicht allein den größten
Grad der Güte, sondern auch, weil Sie doch von Kunstidealen
sprechen, das möglichst vollkommene Weinideal in Rüdesheimer,
Hochheimer, Laubenheimer und kurz in allen unsern Weinen den=
ken; ich will so gut als wenn ich sie wirklich getrunken hätte die
Weine schmecken, die aus unsern Trauben vom Cap an bis in
Westfalen gezogen werden können; und wenn das nicht Kunstgefühl
ist, so weiß ich nicht was es sei."

Die ganze Gesellschaft lachte immerfort über meinen Eifer und
wiederholte das Wort: wenn er das noch hätte und dieses
nicht. Aber ich störte mich daran nicht und behauptete, daß es
das einzige Mittel wäre, dessen sich alle Kunstverständige — zu ver=
stehen von denen, die durch den Keller gezogen würden — be=
dienten um zu hohen Idealen der Vollkommenheit zu gelangen,
und daß derjenige, welcher nicht lange die Keller besucht und fleißig
geschmeckt hätte, nie zu einem so festen und richtigen Weingeschmack
gelangen sollte.

Sowie endlich der Lärm sich zu einer ruhigen Betrachtung herabstimmte, fingen einige an auf **meine** Seite zu treten; aber **wie** die andern darauf drangen, daß man um Geschmack zu haben nach Gründen billigen oder verwerfen müßte, verstummten meine Freunde wieder.

„Sackerlot", rief ich, „nach **Gründen?** nach Gründen? Freilich nach Gründen, aber doch wol nicht nach solchen, **die** ihr **Herren** in **euerer** armseligen Sprache ausdrücken könnt! Lavater hat auch **Gründe** angegeben, um die Physiognomien **zu** erkennen und die guten von den schlechten zu unterscheiden. **Aber** beim Element, wenn ich einem Kerl ins Gesicht schaue, **so will** ich tausendmal eher wissen, was **der** Knabe im Schilde führt, als alle diejenigen so ihn nach den von jenem großen Meister angegebenen Gründen beurtheilen. Ich habe mehr Menschengesichter gesehen, **als** ich Weine geschmeckt habe, und die Eindrücke, so ich von ihnen be= halten habe, dienen mir zu so viel Werkzeugen der Menschen= erkenntniß. Mit allen diesen Werkzeugen berühre ich den Kerl auf einmal, mein ganzes Gefühl fließt **um** seine Form, und **ich** drücke ihn damit so ab, daß ich ihn habe wie **er** da steht, von innen und **von** außen; aber die Gründe **davon** klar **zu** denken, sie in einen dünnen elenden **Faden** auszuspinnen und andern mitzutheilen, das verstehe ich so wenig, daß ich vielmehr glaube **es** sei nicht möglich, und unsere Sprache sei so **wenig** das Werkzeug alle Empfindungen, die wir durch unsere fünf Sinne erhalten, auszudrücken, als die vier Species das Mittel sind unendliche Größen zu berechnen."

Hier **ging** nun der Streit **von neuem** an; ich behauptete daß einer, der **des** Menschen Gesicht **in** einem Hui mit zehntausend, obgleich unerklärbaren Tangenten berührte, richtiger davon urtheilte als ein anderer, der immer nur ein einzelnes Fühlhorn ausstrecken und dasjenige was er dadurch empfände deutlich beschreiben könnte. Und hieraus zog ich sodann die Folge: daß es nothwendig in allen Arten des Geschmacks zuerst darauf ankäme, wieviel **einer Tan= genten** hätte, und ob solche richtig wären? Dieses bewiese **der** Italiener, der täglich gute Gebäude und Gemälde schaute und schöne Musik hörte; durch die Eindrücke, so er davon erhielte, ge= langte **er** zu vielen und richtigen Tangenten, und es ginge ihm mit dem Geschmack in der Musik und der Baukunst wie mir mit dem Weine; das Vergleichen und Entscheiden folge von selbst, sobald man vieles kenne und nebeneinander stelle, und es fehle nur da an Kunstgefühl und Geschmack, wo man keine Gelegenheit hätte sich Tangenten zu erwerben.

Der eine fragte mich, ob es nicht da schlechterdings an dem Weingeschmack fehlen würde, wo, wie in der Türkei, die Religion den Wein verböte, und ob also nicht die Religion eine Hinderungs=

urfache des Kunstgefühls sein könnte. Der andere, ob ich nicht am liebsten in solche Länder reiste, wo der Wein gut bezahlt würde; und ob ich viel Wein in den Staaten absetzte, wo die Unterthanen, von Lasten niedergedrückt, das Weintrinken vergäßen. Der dritte, ob nicht ein Klima vor dem andern mehr Wasser als Wein erfor= derte. Der vierte, ob man zu einem guten Weingeschmack gelangte, wenn man wüßte, daß der eine = A und der andere = B, der dritte aber, der mit beiden übereinkäme, = AB wäre. Und alle wollten nun wieder ihren vorigen Satz behaupten: daß Religion, Regierungsform, Klima und Erziehung den guten Geschmack hindern und befördern könnten.

Hier glaubte man mich recht in die Enge getrieben zu haben. Aber da ich ihnen so weit recht gab, als sie recht hatten, so mußten sie mir auch recht geben, daß Religion, Klima, Regierungsform und eine gewisse Art von Studiren an und für sich keinem Men= schen den Geschmack geben oder bilden würden, wofern er ihm nicht dadurch gegeben würde, daß er recht viele und richtige Tangenten bekäme; und so käme alles darauf an, wie man ihm diese bei= brächte. Hierüber wollte ich mir den Ausspruch des gelehrten Clubs erbitten und mich und meine Weine inmittels bestens empfohlen haben.

Dieser fiel endlich dahin aus: daß das Kunstgefühl des Weins und dessen Wissenschaft zwei ganz unterschiedene Studien wären, wovon jede in ihrem besondern Keller erlernt werden müßte. Ich aber behauptete: daß Mengs, der von der Kunst zu ihrer Wissen= schaft übergegangen wäre, es in der letztern unendlich weiter ge= bracht hätte als diejenigen, welche sich blos mit der Wissenschaft der Malerei beschäftigt hätten; und daß es der Hauptfehler unserer heutigen Erziehung sei, daß wir unsere Jugend früher zur Wissen= schaft als zur Kunst anführten.

Was ist die Liebe zum Vaterlande?

Ein armer Westfälinger ging vor einigen Jahren nach Holland und erwarb sich dort in kurzer Zeit so viel, daß er wie andere seinesgleichen aus einem mit Silber beschlagenen Pfeifenkopfe rau= chen konnte und nicht allein ein seidenes Halstuch sondern auch ein Paar große silberne Schuhschnallen und ein Dutzend silberner Knöpfe in seinem Wamse trug. Die Leute, bei denen er arbeitete, liebten ihn und vermehrten ihm seinen Lohn in der Maße, daß er, wie seine andern Landsleute ihrer Gewohnheit nach heimgingen, den Winter über zu bleiben versprach. Kaum aber waren acht Tage verflossen, so überfiel ihn eine solche Sehnsucht nach seinem Dorfe, daß er ganz unmuthig und zuletzt gar krank darüber wurde. Er sprach von nichts als seinen lieben Aeltern und Freunden; die Heiden, worauf er geboren war, kamen ihm so reizend und der Nebel in Holland so stinkend vor, daß er durchaus seinen Dienst verlassen und in die älterliche Hütte zurückkehren wollte. Wie ihm aber sein Herr hierin nicht zu Willen sein konnte, so fiel er zuletzt in eine auszehrende Krankheit, und der Arzt, welcher inmittels dazu berufen war, erklärte, daß ihn nichts als die Rückreise in seine Heimat herstellen würde. Nun blieb dem Herrn, wenn er sich nicht mit den Begräbnißkosten beladen wollte, kein anderer Weg übrig als ihn heimzuschicken; und von dem Augenblick an, da dem Kranken diese frohe Nachricht verkündigt wurde, erholte er sich dergestalt, daß er in wenig Tagen seine Reise antreten wollte. „Gott sei ewig Lob und Dank! morgen reise ich in mein geliebtes Vaterland", sagte er eben mit der reinsten Andacht zu sich selbst, als sein Herr hereinkam und ihm die Rechnung von den Unkosten seiner Krankheit, und was er bei ihm ohne zu arbeiten verzehrt hätte, vorsagte. „Hier", fügte er hinzu, „diesen Pfeifenkopf, diese Schnallen und diese Knöpfe will ich dafür zum Unterpfande behalten; und nun könnt Ihr in Gottes Namen reisen, wenn es Euch gefällt."

„In Ewigkeit nicht!" erwiderte der junge Mann, nachdem er sich aus seiner ersten Bestürzung erholt hatte; „ich befinde mich jetzt so gut, daß ich Euch gar nicht zu verlassen und morgen, anstatt die Reise anzutreten, Euere Arbeit wieder anzufangen gedenke." Er that es auch wirklich und blieb so lange gesund, bis er nicht allein seine Rechnung getilgt und seine Schnallen, seinen Pfeifenkopf und seine Knöpfe zurückerhalten, sondern sich noch ein spanisches mit Silber beschlagenes Rohr und eine große silberne Schnupftabacksdose erworben hatte. Nun hielt ihn aber auch nichts ab, in sein Dorf zurückzukehren und dort mit seinen herrlichen Sachen zu glänzen.

„Ach", sagte der Pfarrer als ihm dieses Geschichtchen erzählt wurde, „was ist die Vaterlandsliebe, wenn man ihr das eitle Glück, daheim mit den auswärts erworbenen Schnallen und Knöpfen prahlen zu können, entzieht! Der eine wünscht seinem alten Rector zu zeigen, was aus dem Schüler geworden; der andere will mit seinem Glücke einer Geliebten, die ihn ehemals verachtet hat, noch eine Thräne der Reue abzwingen; der dritte will seinen Aeltern eine unvermuthete Freude machen: und alle hoffen auf Bewunderung oder rechnen auf die Erneuerung einer alten Erinnerung; hier lebt noch ein Neider, worüber man triumphiren kann; dort sperrt die Nachbarschaft erstaunte Augen auf; man ist dem einen als ein

neues Phänomen, und dem andern als ein alter Bekannter will=
kommen; höchstens eilt man in sein Vaterland, um noch ein Un=
recht, was ihm widerfährt, aus Rechthaberei abwehren zu helfen,
oder in demselben ein erlerntes Geschäft mit mehrerm Vortheil zu
treiben. Aber keiner denkt auch nur von weitem an die Verbind=
lichkeiten, so er seinem Vaterlande schuldig ist; keiner kehrt aus
Liebe zum Lande oder zu seiner Verfassung zurück; und keiner malt
sich dasselbe reizender als ein fremdes Land, wenn es ihn verhin=
dert seine Knöpfe und Schnallen zu zeigen, die in einem armen
Lande immer besser glänzen als in einem reichen, wo Tausende sie
besser haben!"

Nachricht von einer einheimischen, beständigen und wohlfeilen Schaubühne.

Endlich bin ich mit meiner hiesigen Schauspielergesellschaft
fertig. Die zwölf armen Waisenkinder, die ich mir vor zehn Jahren
von unserm Fürsten dazu ausgebeten habe, sollen diesen Winter
zum ersten mal öffentlich erscheinen und für Geld spielen und, wie
ich hoffe, alles in Entzückung setzen. Einige unter ihnen singen
dabei vortrefflich, und fast alle tanzen gut. Es hat freilich Mühe
und Arbeit gekostet, sie zu dieser Vollkommenheit zu bringen. Ich
hoffe aber dem Staate einen wesentlichen Dienst auf ewig geleistet
zu haben. Es sind schon viele Mütter bei mir gewesen, die mir
ihre Kinder in gleicher Absicht anbieten, und der Geist dieser An=
stalt kann sich nie wieder verlieren, solange die Menschen ihr Ver=
gnügen lieben.

Einer von ihnen ist bei dem Fürsten als Hoflakai im Dienste;
ein anderer nährt sich als Maler; noch einer ist Kupferstecher; und
alle haben ein Handwerk dabei gelernt, wovon sie zur Noth ihr
Brot haben können und zum Theil auch suchen sollen. Die Mäd=
chen sind geschickt in allerlei Arten von Arbeit, daß sich ein jeder
in sie verliebt; und sie sind so gut erzogen, so fest in ihren Grund=
sätzen, daß ich in der Folge weniger für sie als für anderer ehr=
licher Leute Töchter besorgt bin.

Anfangs hielt es etwas schwer, sie zu formen. Allein wie sie
nur acht Tage auf eine feine Art gekleidet gewesen waren, brauchte
ich einem widerspenstigen nur die Kleider ausziehen und ihm sein
voriges Gewand wieder anlegen zu lassen, so ließen sich alle zu
allem leiten. Eins, das lange nicht gutthun wollte, schickte ich ins

Waisenhaus zurück. Es grämte sich aber dort so lange, daß ich endlich für sein Leben besorgt wurde und es wieder in meine Erziehung nahm. Jetzt ist es das beste; und überhaupt machte ich sie zu Prinzen und Prinzessinnen auf meiner kleinen Schulbühne, nachdem sie sich wohlverhalten hatten. Dadurch brachte ich sie zu einem erstaunlichen Wetteifer gegeneinander.

Ich glaube, daß dieses die erste und einzige Anstalt in dieser Art in der ganzen Welt ist. Zwar sieht man in Amsterdam eine Prinzessin auf der Schaubühne, welche des Tages über Aepfel auf dem Markte verkaufen soll, und sämmtliche Schauspieler leben dort nicht blos von der Bühne, sondern von ihrem Handel oder von ihrem Handwerk. Auch ist mir nicht unbekannt, daß die französischen Schauspieler an vielen Orten zugleich Sprach- oder Tanzmeister abgeben, und das Frauenzimmer einen kleinen Handel mit allerhand französischen Putzwaaren treibe. Der Gedanke, daß eine Schauspielergesellschaft nicht blos von der Bühne leben soll, ist also gar nicht neu. Aber kein Fürst hat doch noch den Einfall gehabt, sich auf diese Art eine eigene, sich zum Theil selbst ernährende und das Geld im Lande verzehrende Gesellschaft zu bilden. Die ehemalige Bühne im Stifte zu St.-Cyr muß aus einem andern Gesichtspunkt betrachtet werden.

Gleichwol ist es offenbar, daß keine Stadt in Deutschland so groß und volkreich sei, um eine ziehende Gesellschaft, die sich blos von ihren Vorstellungen unterhalten will, lange bei sich ernähren zu können; es ist offenbar, daß selbst in London und Paris verschiedene Schauspieler Mühe haben sich ein hinlängliches Auskommen zu erwerben, so groß auch das Glück ist was bisweilen ein und der andere Liebling der komischen Muse macht; es ist offenbar, daß eine Gesellschaft, welche nicht allein alles im Staate frei hat, sondern noch überdem viele Tausende an Besoldungen, es sei nun aus der Chatoulle oder aus einer andern Sparkasse, genießt, manchem anstößig sei. Die Sache selbst, daß einige Einwohner einer Stadt, sie mögen sich nun von der Feder oder vom Leder nähren, sich zur Bühne geschickt machen und für einen mäßigen jährlichen Nebengewinst ihren Mitbürgern etwa die Woche zweimal das Vergnügen eines Schauspiels geben sollen, beruht also auf einem richtigen ökonomischen Grunde, und das Aepfelweib, was zu Amsterdam die Prinzessin vorstellt, verdient um deswillen nicht belacht sondern bewundert zu werden.

Man werfe mir nicht ein, daß Leute dieser Art schwerlich die feine und anständige Lebensart, den Geschmack und den Ausdruck und alle die Talente erreichen werden, welche zu einer guten Vorstellung erfordert werden. Correggio, dieser große Maler, dieser Fürst der Grazie und des Colorits, starb, wie bekannt, an einem

hitzigen Fieber, nachdem er zu Parma die Bezahlung für ein Ge=
mälde in Kupfermünze empfangen und solche vier Meilen in der
größter Hitze zu Fuß nach Hause getragen hatte. Ohnfehlbar be=
diente sich Correggio hierzu eines Quersacks und wandelte also mit
seinem Bündel die Landstraße. Wer wird aber um deswillen dem
Manne Geschmack, Ausdruck und Genie absprechen? Garrick ist
gewiß kein Mann von feiner Lebensart, und man sollte ihn außer=
halb der Bühne für dumm und wahnsinnig halten; demungeachtet
ist er der mächtigste im Ausdruck, und der Mann, der sich in alle
Formen bildet. Der Firniß einer guten Lebensart ist bald erreicht,
wo Empfindung und Macht vereinigt sind; und ich getraue mir fast
zu behaupten, daß die eigentliche feine Lebensart der Kunst mehr
schädlich als vortheilhaft sei.   Es sind mehrentheils hohle Figuren
mit einer erschlafften Seele, die keine Muskel anstrengen und keine
Nerve spannen wollen, welche nach dem Rath des Riccoboni sich
in der scheinbaren Hitze einer großen Leidenschaft bei kaltem Blute
wahren und, aus Besorgniß ihre zarte Lunge zu verderben, kein
Gewitter im Busen tragen, vielweniger aber solches nach Gefallen
donnern und schweigen lassen können; und dies ist doch die kräftige
Manier Garrick's.   Ueberhaupt aber ist es auch in diesem Ver=
stande wahr, daß das Kleid den Mann mache, oder daß, sobald
eine Person ihre theatralische Kleidung anzieht und auf der Bühne
erscheint, eine ganz neue Seele in ihren Körper fahre und die
größte Blödigkeit sich oft in die anständigste Dreistigkeit verwandle.

Eine theatralische Erziehung wird aber durchaus erfordert, und
wenn eine Person diese zugleich mit erhalten hat, so mag sie her=
nach Blumen, Handschuh oder Aepfel verkaufen, es schadet solches
ihren Talenten nicht. Und hierauf ist der Plan von meinem neuen
Sparta gegründet.   Wie viele Witwen, die heimlich nach Brote
seufzen, wie viele Männer, die des Morgens etwa zwei Suppliken
zu machen oder zehn Bärte abzunehmen haben, wie viele Frauen,
die keinen Flachs zum Spinnen haben, wie viele Mädchen, die
keine Gelegenheit wissen ihren Aeltern etwas zu erwerben, könnten
hier auf solche Weise sich in* dreien Abendstunden eine angenehme
Beihülfe erwerben, wenn sie diese Erziehung gehabt hätten! Und
wie beruhigend würde es für den Patrioten sein, wenn er mit dem
Gelde was er solchergestalt seinem Vergnügen aufopferte, zugleich
eine redliche Familie ernährte!

Die Kleidungsstücke welche eine solche Gesellschaft gebraucht,
ließen sich bei einer so sparsamen Einrichtung mit der Zeit leicht
erübrigen und anschaffen, besonders wenn die Einnahme keinem
Manne, der wiederum davon leben will, sondern einem öffentlichen
Bedienten für eine geringe Zulage anvertraut würde.   Die erste
Auslage für meine Anstalt hat der Fürst gethan, und ich halte sie

besser angewendet als irgendeine andere, die zu einem Feuerwerke oder zu einer andern Art von Lustbarkeit verwendet wird. Die Bühne erhält das Waisenhaus und genießt dafür so viel als es billigerweise erwarten kann; und alle diejenigen, welche aus dieser Anstalt ein sittliches Verderben fürchten, sind verdammt die Grab= schrift der Mistreß Pritchard, welche ihr im vorigen Jahre in der Westmünster=Abtei, an der Seite Shakespeare's und Händeln gegen= über, auf Kosten einiger Patrioten errichtet wurde, täglich dreimal zu lesen. Sie ist folgende:

Her comic vein had ev'ry charm to please,
'Twas nature's dictates, breath'd with nature's ease.
E'en when her powers sustain'd the tragic load,
Full, clear, and just th' harmonious accents flow'd;
And the big passions of her feeling heart
Burst freely forth and shew'd the mimic art.
Oft, on the scene, with colours not her own
She painted vice, and taught us what to shun;
One virtuous track her real life pursu'd,
That nobler part was uniformly good.
Each duty there to such perfection wrought,
That, if the precepts fail'd, th' example taught.

W. Witehead. P. L

Hoffentlich sollen alle meine Mädchen ein gleiches Denkmal verdienen.

Ueber die Sittlichkeit der Vergnügungen.

Höre, Freund, ich geb's dir zu, es ist unnötig, von den Dächern zu singen wie süß die Liebe und wie lieblich der Wein sei, denn die Natur wird's dem Jungen schon sagen; und es ist besser, daß diese es thue, als daß eine Kupplerin die Rose vor der Zeit breche. Aber daß ich nun auch auf der andern Seite im Genusse aller Menschenfreuden so sparsam und vivisch sein soll, damit bleib mir vom Leibe; ich genieße was ich vertragen und bezahlen kann, das ist mein Maß und das Maß eines jeden red= lichen Mannes unter der Sonnen.

Du selbst hast mir zugestanden, daß es keine Sünde sei ein Fürst, Graf oder Edelmann zu sein; unser Pfarrer hat es mehr= mals öffentlich gepredigt, man könne hunderttausend Thaler besitzen

und doch selig werden, ob's gleich ein bischen hart herginge.
Wenn ich also von der Ehre und vom Gelde so viel nehmen darf,
wie ich vertragen und mit Recht erhalten kann, warum nicht auch
von der Lust? Wir sind nicht in Amerika, wo man sich mit der Ehre
der bloßen Menschheit begnügen muß und, so lange es dauert, so
wenig ein Edelmann als ein Graf sein darf; wir sind auch keine
Wiedertäufer, daß wir alle Freuden wie alle Güter gemein haben
müssen; und wenn dieses nicht ist, wenn einer Feldmarschall sein
darf, obgleich hunderttausend als Gemeine dienen müssen, wenn
einer eine Million Pistolen besitzen mag, obgleich eine Million
Menschen nicht so viel Heller zählt, so denke ich auch, ich dürfte
satt Pasteten essen, wenngleich alle meine Nachbarn nur grob Brot
zu essen kriegen.

Du nennst das hart? Gut, mitleidiger Mann; ich will
allen was mitgeben, es soll niemand bei mir darben; ich will groß=
müthiger sein als der König, der seine ganze Ehre für sich allein
behält, und billiger als der Reiche, der immer noch mehr sammelt.
Wir Meister in der Kunst sich zu vergnügen haben einen edlern
Hang als beide; wir lassen keinen darben, und wir sind nicht glück=
licher als wenn die ganze Welt mit uns glücklich ist; wir theilen
Opern, Redouten, Komödien, Pasteten und was wir haben von
Herzen gern mit, und böse Leute allein sind es, die uns nachreden
daß wir unsern Wein allein trinken. Unser größtes Vergnügen ist,
recht viel vergnügte Leute zu machen. Sind nicht eben die Redouten
und Komödien gerade so eingerichtet, daß ein jeder für ein Billiges
daran theilnehmen kann; und lachen wir wol jemals herzlicher, als
wenn die ganze Versammlung mitlacht? Also . . .

Aber das geht nicht; wir müssen arbeiten, wir haben Pflichten
gegen uns, gegen andere, gegen Gott . . .

Richtig, vollkommen richtig. Jedoch gesetzt, wir wohnten auf
Otaheiti, wo die Brotfrucht auf den Bäumen wuchs und jeder nur
den Mund aufthun durfte um satt zu werden, wo die Einwohner
den ganzen Tag in der Sonne lagen und nicht anders aufstunden
als um Komödien zu spielen oder zu tanzen, wo Jungen und
Mädchen sich beständig im Grase wälzten, und die Königin mit ihren
Hofdamen den Engländern immerfort in die Arme lief, wo Essen
und Trinken und Schlafen die einzige Berufsarbeit war, wo es
keine Arme und keine Almosen gab, weil der Schöpfer für jedes
menschliche Geschöpf mit gleicher Freigebigkeit gesorgt hatte, wo
man, anstatt zu beten, alles nur mit Empfindung, die man kaum
Dankbarkeit nennen konnte, genoß: sollten hier die Leute sich auch
Pflichten machen? sollten sie die Brotbäume abhauen, um Korn im
Schweiße ihres Angesichts aus der Erde zu ziehen, oder sich in

die spanischen Bergwerke schleppen lassen, um Ursache zu haben
Gott stündlich für ihre Errettung anflehen zu können? He! . . .

Du lachst und meinst, Westfalen sei nicht Otaheiti. Je nun,
so kommen wir auf dem rechten Fleck zusammen, so ist die Frage
nicht, ob Redouten und Komödien erlaubt sind, nein, alles kommt
dann darauf an, ob sie dem Orte, worin sie gehalten werden,
angemessen sind, und ob die Person, welche sie besucht, ihre
Pflichten dabei verletzt. Aber wozu denn die allgemeinen Urtheile
über ihre Sittlichkeit und Unsittlichkeit in Ansehung unbestimmter
Oerter und Personen?

Man gewinnt doch noch immer etwas damit, man hält doch
noch manchen zurück, der sich sonst diesem Vergnügen zu sehr über=
lassen würde, sprichst du. O Freund, Freund! was soll der ge=
meine Mann denken, wenn die Sittenlehrer mit aller Macht der
Beredsamkeit Opern, Komödien und Redouten verdammen, und er
gleichwol sieht daß die großen Fürsten und Fürstinnen, deren
Weisheit und Tugend ebendiese Sittenlehrer nicht genug zu erheben
wissen, ihrer Lehre geradezu entgegenhandeln, wenn eben die=
jenigen, welche eine Sache zu prüfen und zu schätzen wissen, sich
an diesen Vergnügungen gar nichts abziehen lassen? Muß er hier
nicht ganz irre werden, muß er nicht zuletzt glauben, alle Sitten=
lehre sei bloßes Gewäsche, und, indem er ein Gebot verachtet sieht,
alle für gleich verächtlich halten? Und thäten wir nicht ver=
nünftiger, wenn wir aufrichtig sagten: seidene Kleider sind gut
aber nicht für jedermann, als wenn wir, um die Unvermögenden
abzuhalten sich nicht auch darin zu kleiden, sie für sündlich er=
klärten und uns gleichwol selbst darin brüsteten? Auch hier kommt
alles auf die Grenzlinie an; und so schwer auch diese anzuweisen
sein mag, so ist sie doch vorhanden und, wie manche andere Sache,
leichter im Griffe als im Ausdruck.

Hierüber sage mir was du weißt, und dann will ich dich gern
hören. Ziehe die Grenzlinie strenge, sie soll mir nicht leicht zu
strenge sein; oder wenn du ja ins allgemeine gehen willst, so sage
mir erst, wenn du die nothwendige Ungleichheit der Stände und
Güter in der Welt als erwiesen annimmst, warum du die Ungleich=
heit der Vergnügungen minder gerecht findest.

Der Werth der Complimente.

Schreiben einer Witwe.

O, meine Liebe, närrisch sollte man über die halbwitzigen
Mannsköpfe werden! Gestern, wie wir uns zu einer Promenade
fertig machten, sagte ich zu dem Herrn — seinen Namen errathen
Sie leicht —: Geben Sie mir Ihren Arm, ich habe doch keine
bessere Stütze. Hierauf machte er mir ein langes und breites
Compliment; ich mußte ihm Ehren halber antworten, und wir geriethen darüber zu aller Welt Wunder in einen höflichen Gallima-
thias, wobei ich so roth ward wie Scharlach, er aber sich die stolze
Miene eines triumphirenden Complimentirers gab. Die ganze Gesellschaft hatte, ehe ich es mir versehen, theil an unserer Unterredung genommen; und was nach meiner Absicht blos ein vertrau-
liches Wort zur Aufmunterung eines Mannes von gewissen Verdiensten sein sollte, erhielt durch das Gepränge, womit er solches
aufhob, eine Art von Gewicht, was mich ordentlich kränkte und,
in Beziehung auf verschiedene andere von der Gesellschaft, in eine
wahre Verlegenheit setzte. Wie ist es aber möglich, daß ein
Mensch so wenig gesundes Gefühl haben und jede sanfte Manier
des Ausdrucks, wodurch man Gefälligkeit, Aufmerksamkeit und Empfindung in einer Gesellschaft von Freunden zu erwecken sucht, auf
eine so rauhe Art behandeln könne?

Es ist, wie Sie wissen, meine Gewohnheit, daß ich in Gesellschaften entweder den Geringsten oder denjenigen, worauf die andern am wenigsten achten, gern zu meiner Unterhaltung erwähle
und ihn oft zu seiner eigenen Verwunderung zum allerliebsten
Manne mache. Dazu gehört nun mancher Blick der feinsten Aufmerksamkeit, manches verbindliche Wort und auch wol ein unfrei-
williger Druck der Hand, der so weggleitet, ohne daß er förmlich
erwidert werden soll. Wenn man aber alles dieses, was das
feinere gesellschaftliche Leben erfordert, in ein großes Licht setzen,
mich wegen jeder Bewegung gleichsam zur Rechenschaft fordern und
alle Schattirungen zu besondern Farben herausheben wollte, so
würde man, ich weiß nicht was, aus mir machen können.

Bei dem Herrn . . . ist es jedoch nicht Mangel an Gefühl,
sondern blos die Begierde in fertigen und witzigen Antworten zu
glänzen, die ihn zu einer solchen Unbesonnenheit verführt. Er
weiß wohl, daß ich eine entschlossene Witwe bin, die keinen Menschen und am allerwenigsten ihn an sich zu ziehen gedenkt, er war
überzeugt, daß dasjenige, was ich ihm sagte, blos Gutheit und
keine aufs Fangen ausgelegte Lockung war; aber demungeachtet
führte ihn das Glück, meine beste Stütze zu sein, zu einer

solchen Schilderung seiner Schwachheit, daß ich, um dem Gezier ein Ende zu machen, in die nächste Hecke griff und anstatt seines Arms den ersten Krüppelstock in die Hand nahm.

Sie, meine Beste, haben mir oft geklagt, daß es ein wahres Unglück für die Gesellschaften sei, auch selbst einem Freunde nicht alles sagen zu dürfen, was man für ihn fühlt. Ich habe aber die Wahrheit dieser Klage niemals so lebhaft empfunden als damals. Wenn ein Freund nicht einmal die aufrichtigen Ergießungen der Freundschaft von der Liebe unterscheiden kann, wenn man auch gegen diesen noch etwas von dem was man ihm gern sagte zurückhalten muß, um seine ruhende Eigenliebe nicht aufzuwecken: wie sehr wird man dann nicht gegen einen Gleichgültigen mit jeder Gefälligkeit auf seiner Hut sein müssen! Das männliche Geschlecht muß einen eigenen Grad von Selbstgefälligkeit besitzen, um sogleich jeden beifälligen Blick für einen verbuhlten Wink aufnehmen zu können.

Jedoch Ihren lieben Freund nehme ich davon aus, das versteht sich. Diesem kann man sogar mit der Wahrheit schmeicheln, ohne daß er sich feierlich dagegen verwahrt. Er fühlt, was man ihm Angenehmes sagt, mit Bescheidenheit und Zärtlichkeit und erwartet seine Gelegenheit um uns eine ebenso warme Empfindung abzulocken; oder er schmeichelt in Thaten und läßt von seiner Erkenntlichkeit noch immer mehr errathen, als man davon sieht. Von der Nothwendigkeit des gegenseitigen Gefallens in der menschlichen Gesellschaft überzeugt, legt er einem vertraulichen Drucke nicht mehr bei, als darin liegt, und weiß wohl, daß auch die sanft getroffene Eigenliebe sich unterweilen durch einen Blick verräth, den man der Liebe zuschreiben könnte. Nie belästigt er diese süßen Ausbrüche der menschlichen Natur, diese für die Freundschaft so wichtigen Schwächen, mit widrigen Vermuthungen, nie schreckt er unser Herz durch eine witzige Antwort zurück; und wenn auch ein Zug von Liebe sich mit einmischt, so ist man doch bei ihm wegen einer augenblicklichen Empfindung über alle Auslegung ruhig.

Jedoch ich merke zu spät, daß ich über einen Text predige, anstatt Ihnen einen Brief zu schreiben. Verzeihung! Mein Unwille über einen Mann, der ein Compliment höher aufnimmt, als es gemeint ist, und wol gar einen sogenannten galanten Wettstreit sucht, war zu groß, er mußte Luft haben. Ich schließe Sie und Ihren lieben Freund zugleich in meine Arme und bin alles was Sie wollen, nur nicht Ihre

ganz gehorsamste Dienerin.
Amalia.

Schreiben einer Dame an ihren hitzigen Freund.

Verzeihen will ich Ihnen gern, mein lieber Freund, und zwar vom Grunde meines Herzens; aber Ihre Entschuldigung, „daß Ihre polternde Hitze ein Naturfehler sei, den man übersehen müsse", lasse ich durchaus nicht gelten. Denn einestheils ist es noch gar nicht ausgemacht, daß es ebenso gebrechliche Seelen als gebrechliche Körper gebe; und anderntheils, wenn es auch einige Seelen geben sollte, die von Natur Krüppel wären, so glaube ich doch nicht daß man solche Geisteskrüppel mit ebendem christlichen Mitleid ertragen müsse, womit man einen von Natur schielenden Menschen zu ertragen verbunden ist. Endlich setzt man auch den körperlichen Fehlern noch wol etwas entgegen, und schient ein schwaches Bein was zu hinken droht; daher es drittentheils höchst schädlich sein würde, dergleichen von Natur mangelhafte Seelen ohne Hülfe, oder ohne Schienen, wenn ich es so ausdrücken mag, zu lassen. Und woher wollen Sie Schienen für die Seele suchen, wenn Sie solche nicht aus dem Zorn, dem Unwillen und der Verachtung nehmen, womit man dergleichen natürliche Fehler der Seelen bestraft? Wie sehr würden diese immer mehr und mehr diesem übeln Hange folgen, wenn man die Narren bedauerte, daß sie von Natur nicht recht gescheit wären, oder mit den Hitzigen Mitleid hätte! Hier muß man nicht ablassen mit wohlthätigem Strafen und Ermahnen; und so wie man der Kinder Seelen mit Fluchen und Segnen, mit Strafen und Belohnungen und mit allen Spann- und Sperrhölzern die nur möglich sind umgibt, um sie gerade zu ziehen und vor dem Ueberschlagen zu bewahren, so muß man auch des Mannes Seele, wenn sie eine Unart angenommen hat, so lange hämmern, bis sie einen reinen Schlacken gibt.

Wenn es jemals einen Naturfehler an der menschlichen Seele gegeben hat, so ist es gewiß die gar zu große Begierde, welche wir haben, unsern Gegnern eine absurde Folge ihrer Behauptungen zu zeigen. Auch ich fühle diese Schwäche so stark wie ein anderer und habe ihr vielleicht schon zu viel nachgegeben, da ich Ihnen jetzt auf gewisse Weise das Absurde Ihrer Entschuldigung gezeigt habe. Aber was würde daraus werden, wenn man gegen diesen Fehler gar nicht auf seiner Hut wäre, wenn man immer sogleich nach einer Instanz haschte, womit man seinen Gegner so recht bei der Nase ins Narrenspital führte, und dieser einen mit noch größerer Erbitterung ins Tollhaus schickte? Würde es nicht eine Marter sein in Gesellschaft zu gehen, und würde man nicht in beständiger Angst zittern müssen daß sich die lieben Männer und Herren Collegen beim Kragen fassen würden?

Ich will indessen damit nicht sagen, daß man diese Manier der Widerlegung ganz verlassen solle; nein, sie ist die kürzeste und treffendste unter allen, wenn sie glücklich gebraucht wird, und eigentlich bei Hofe zu Hause, wo man die Syllogismen in forma haßt. Ich wollte Ihnen nur damit zu erkennen geben, daß man seinen Gegner nicht sogleich im Triumph und mit aller Bitterkeit einer Rechthaberei ins Tollhaus schicken müsse, theils weil es beleidigend ist, theils weil man sich auch selbst in der Geschwindigkeit verfehlen und eine bittere Instanz machen kann, die durch eine noch bitterere gehoben wird. Der berüchtigte Lord Rochester fuhr einmal in einer Miethkutsche aus der Komödie, und wie der Kutscher beim Empfang seines Fuhrlohns sah, daß er den Lord gefahren hatte, sagte dieser zu ihm: „Wenn ich das gewußt hätte, in die Hölle hätte ich Sie fahren wollen." „O", antwortete der Lord, „so hättest du Narr ja mit deinen Pferden zuerst hinein müssen." „Phau!" schrie der witzigere Kutscher, „ich würde Euer Herrlichkeit rückwärts hineingeschoben haben (I should have backed in your Lordship)." So übel kann man oft mit einer dem Anscheine nach ganz guten Instanz anlaufen.

Ihr erster hitziger Ausdruck war, dasjenige was Sie anführten sei so klar wie die Sonne; und der Schluß, den die ganze Gesellschaft daraus machen sollte, war natürlicherweise dieser, daß Ihr Gegner stockblind sein müßte. Ob Sie recht oder unrecht hatten, bedarf keiner Untersuchung, denn über die Sache streiten wir nicht, sondern nur über die Manier des Vortrags. Aber fragen Sie sich selbst, ob es Ihr Wille war, der Gesellschaft einen so übeln Begriff von Ihrem Gegner zu geben. War er's nicht, wie ich versichert bin, wozu denn diese Heftigkeit? Und wenn nun die Gesellschaft gedacht hätte, es fehle Ihnen an dem Gefühl des Anständigen, was zu einem freundschaftlichen Streite erfordert wird, oder wol gar an einer guten Erziehung: würde Ihnen dieses angenehm gewesen sein? Gewiß auch nicht; und so haben Sie Ihren Gegner wider Ihren Willen und wider Ihren eigenen Vortheil mishandelt.

Ihr zweiter hitziger Ausdruck war, Sie wollten es der ganzen Welt zur Beurtheilung überlassen. Hier kam Ihr Gegner auf einen noch schlimmern Posten zu stehen. Denn ein Mann, der einzeln in seiner Art zu denken ist und die ganze Welt gegen sich hat, ist gewiß der größte Sonderling, wo nicht ein sonderbarer Narr; und im Grunde ist denn doch eine Berufung auf das Urtheil der ganzen Welt eine bloße Fanfaronade: man weiß wohl, daß solches nicht zu erhalten steht. Meine kleine Nachbarin à la Circassienne sagte mir ins Ohr, in einer so großen Versammlung würde gewiß ein Schisma entstehen, und der Himmel möchte sich der jetzigen

Kopfzeuger erbarmen, wenn die große Welt so hitzig würde wie
die kleine jetzt in meinem Zimmer . . . Den Spott zogen Sie sich
zu, ohne es zu wissen und zu wollen.

Immer sprachen Sie von gesunder Vernunft und dem schlichten
Menschenverstande, womit man Ihr Recht einsehen könne; Sie
sagten, es könne nicht anders sein, und Sie wollten kein Wort mehr
darum verlieren, und schwiegen dann zu zeiten mit Verachtung. O
wenn Sie gesehen hätten, wie wir armen Weiber, die wir mit dem
frohesten Herzen, uns mit unsern lieben Männern zu ergötzen, zu-
sammengekommen waren, bei dergleichen Scenen zitterten; wenn
Sie gesehen hätten, wie oft der Frau Ihres Gegners das Blut
ins Gesicht stieg, wenn Sie auf jene Art ihren Mann für stockblind
oder für unverständig erklärten; wenn Sie gesehen hätten, wie
Ihre eigene liebe Frau eine heimliche Thräne nach der andern ver-
goß; wenn Sie die bedeutenden Seitenblicke unserer jungen Fräulein, das unvermerkte Achselzucken der jungen Herren, das räuspernde
Item, das Bestreben etwas vorzubringen, wobei man das Gezänk
nicht hören sollte, und alle die verunglückten Mittel Ihnen den
Streitpunkt zu verschieben, bemerkt hätten: wahrlich, Sie würden
eine solche Schiene um Ihre Seele empfangen haben, die auch der
größte Naturfehler derselben nicht hätte zerbrechen sollen!

Und was ward nun am Ende aus dem allen? Ich ließ die
Karten eine halbe Stunde früher geben, um den ungeschickten
Streiter mit einer Puppe zu beschäftigen, und Sie verspielten mit
glühenden Wangen und zankenden Augen eine Zeit, die wir des
Tags vorher zu einer weit edlern Ergötzung ausgesucht hatten.
Die Wahrheit aber gewann nichts dabei, und vielleicht schmollen
Sie heute und morgen noch im Kauf gegen Ihren Freund, der
doch weiter nichts that als daß er gelassen sagte, ihm käme die
Sache, welche Sie blau fänden, etwas grünlich vor oder schiene
ihm ins Grüne zu fallen, und ihn däuchte, man könne sie auch zur
Noth für grün ansehen.   So bescheiden war er in dem Vortrage
der Zweifel, die Sie so hitzig zu widerlegen suchten.

O mein lieber würdiger Freund, Sie sind gewiß ein Mann,
dem niemand seine großen Verdienste abspricht; man läßt Ihren
Einsichten, Ihrem Eifer und Ihrer Redlichkeit die vollkommenste
Gerechtigkeit widerfahren; man widerspricht Ihnen oft nur, um sich
von Ihnen belehren zu lassen und die starken Gründe zu hören,
womit Sie jede Wahrheit in ein neues Licht zu setzen wissen: warum wollen Sie alle diese großen und edeln Vorzüge durch Ihre
aufbrausende Hitze verderben? warum wollen Sie diesem Naturfehler Entschuldigungen bereiten und sich dadurch des einzigen Mittels berauben, womit er noch einigermaßen gemäßigt werden kann?
Von mir müssen Sie wenigstens nicht fordern, daß ich Entschul-

digungen annehmen soll.   Nein, das müssen Sie nicht; ich will
Ihnen vielmehr **jedesmal**, so wie ich heute gethan habe, meinen
ganzen Unwillen **zeigen**, damit Sie davon den lebhaftesten Eindruck
nehmen und zur Zeit der Gefahr einen Erretter haben mögen.   Ich
will, wenn **wir in** Gesellschaft zusammen sind **und** ich sehe, daß
Sie sich **von Ihrer** Hitze übermeistern lassen, meinen Crapaud
schnurren **lassen**; und dann schlage dieses Geräusch **wie ein** Donner
in die Bratpfanne, die den besten Braten **immer** verbrennen läßt!
Ich wünschen indessen doch, daß er Ihnen mit dieser Crème à la
Sultane wohl schmecken möge; und wenn Sie heute kommen **um die**
Ruthe zu küssen, womit Sie gestäupt sind, so sollen Sie an mir
eine ebenso warme Freundin finden, als Sie ein hitziger Fechter . . .
gewesen sind.

, **Amalia.**

Keine Beförderung nach Verdiensten!

An einen Offizier.

Es geht **mir** zwar nahe, liebster Freund, daß Ihre Verdienste
so wenig erkannt werden; allein Ihre Forderung, daß in einem
Staate einzig **und** allein auf wahre Verdienste gesehen **werden**
sollte, ist, mit Ihrer gütigen Erlaubniß, die seltsamste, welche noch
in einer müßigen Stunde ausgeheckt worden. Ich wenigstens würde,
belohnt oder unbelohnt, nie in dem Staate bleiben, worin man es
zur Regel gemacht hätte, alle Ehre einzig und allein dem Verdienste
zuzuwenden.   Belohnt würde ich nicht das Herz gehabt haben, einem
Freunde unter die Augen zu gehen, aus Furcht ihn zu sehr zu de=
müthigen; und unbelohnt würde ich in einer Art von öffentlicher
Beschimpfung gelebt haben, weil ein jeder von mir gesagt haben
würde: Der Mann hat keine Verdienste.   Glauben Sie mir gewiß,
solange wir Menschen bleiben ist es besser, daß unterweilen auch
Glück und Gunst die Preise austheilen, als daß eine menschliche
Weisheit solche jedem nach seinen Verdiensten zuwäge; es ist besser,
daß Geburt und Alter als wahrer Werth die Rangordnung der
Welt bestimme.   Ja ich getraue mich zu sagen, der Dienst würde
gar nicht bestehen können, wenn jede Beförderung sich lediglich auf
das Verdienst gründete.   Denn alle diejenigen, so mit dem Beför=
derten in gleicher Hoffnung gestanden — und dieses würde natür=
licherweise der Fall aller derjenigen gewesen sein, die nur irgend=
eine gute Meinung **von** sich gehabt hätten —, würden sich für

beleidigt und beschimpft halten. Ihre Gesinnungen würden sich
gegen ihn, gegen den Dienst und gegen den Herrn wenden; sie
würden in Haß und Feindschaft ausbrechen, und in kurzer Zeit
würde man unter allen Kriegs= und Landesbedienten ebendie Auf=
tritte sehen, welche man sonst nur an Höfen und auf Universitäten
sieht, wo der Ruhm persönlicher Verdienste näher in Betracht
kommt, folglich auch alle obigen Fehler erzeugt.   Erwägen Sie
dagegen den Fall, wo dieser durch eine höhere Geburt, jener durch
seine mehrern Jahre im Dienste, und dann und wann auch einer
durch einen glücklichen Zufall befördert wird, so bleibt es einem
jeden frei, sich damit zu schmeicheln, daß es nicht nach Verdiensten
in der Welt gehe; es kann sich so leicht niemand für beschimpft
halten, die Eigenliebe beruhigt sich, und man denkt: Glück und
Zeiten werden uns auch an die Reihe bringen.   Mit diesen Ge=
danken vertreiben wir unsern Kummer, fassen neue Hoffnungen,
arbeiten fort, vertragen den Glücklichern, und der Dienst wird nicht
gehindert; anstatt daß der Fähndrich dem Lieutenant, und dieser
dem Hauptmann heimlich zu schaden suchen würde, wenn der Obere
dem Untern blos seines größern Verdienstes halber vorgesetzt wor=
den.   Die größte Zwietracht findet sich insgemein unter den Ge=
neralen, weil die Hauptausführungen bisweilen große Verdienste
erfordern.   Allein diese Zwietracht würde allgemein sein, wenn die
Offiziere nach den Grundsätzen befördert würden, nach welchen
Generale zu Ausführungen erwählt werden.

Und wie viele Ungerechtigkeiten würden nicht in einem Staate,
unter dem Scheine das Verdienst zu befördern, vorgenommen wer=
den können! Der Fürst ist nicht allemal ein einsichtsvoller Richter,
er kann auch von seiner Höhe nicht alles übersehen.   Diesem würde
ein Günstling, jenem eine Maitresse Verdienste leihen; und wahr=
scheinlich würde der dreiste Stümper den bescheidenen Künstler, der
gefällige Schmeichler den stillen Redlichen, der unruhige Pojecten=
macher den erfahrenen Kameralisten, und das Schimmernde allemal
das Wahre verdrängen. Der Fürst, wo er, wider alle Wahrschein=
lichkeit, nicht zugleich der größte Mann von Einsicht und Redlichkeit
wäre, würde sich wenigstens in der größten Verlegenheit befinden
oder sich, unter dem Vorwande das Verdienst zu belohnen, zu einem
orientalischen Despoten erheben, der zuerst aus einem ähnlichen
Grundsatze abgereist ist, wie er einen Sklaven zu seinem ersten
Minister verordnete, alle Klassen der Menschen durcheinandermischte
und sich allein zum Ungeheuer machte.   Wer ruhig in der Welt
leben, wer die Süßigkeit der Freundschaft genießen, wer den Bei=
fall der Redlichen behalten und große Endzwecke befördern wollte,
würde sein Verdienst verleugnen und sich vor allen äußerlichen

Belohnungen desselben **mit der** größten Sorgfalt in Acht nehmen müssen.

Wären wir Menschen nicht so beschaffen, daß jeder nicht die beste Meinung **von** sich selbst hätte, so möchte es freilich anders sein. Allein **solange** wir unsere jetzige **Natur** und unsere Leidenschaften behalten, **und** solange es gewissermaßen nöthig ist, daß jeder eine **gute** Meinung von sich selbst **habe,** scheint mir **die** Beförderung **nach** Verdiensten gerade das **Mittel** zu sein alles **zu** verwirren. Schon jetzt ist es im Militärstande eine **Art von** Gesetz, daß **der** ältere Offizier seinen Abschied nehmen muß, **wenn ihm** ein jüngerer vorgezogen wird. Was würde es dann nicht sein, **wenn** das Avancement nach Verdiensten ginge, wenn auf einmal **der** Generaladjutant, der einem **alten** General jetzt zum Rathgeber zugegeben wird, diesem und allen übrigen vorgesetzt würde? Würden hier nicht alle diejenigen öffentlich gescholten und außer Stand gesetzt werden länger zu dienen, **wenn** das Verdienst alles entschiede?

Zwar hat **ein** großer König unserer Zeiten ein Mittel erfunden, auch in diesen Fällen die Gemüther **zu** beruhigen. Er geht **oft** die Ordnung des Dienstalters vorbei, zieht einen Geschickten dem Aeltern vor **und befördert nach einiger** Zeit **einen** Vorbeigegangenen auf **eine** so schmeichelhafte **Art,** daß jeder Uebergangene allezeit im Zweifel erhalten wird, ob **der** König ihn nur zu einer bessern Beförderung gespart, oder aber aus Mangel von Verdiensten zurückgesetzt habe. Allein dieses Mittel **wird** allezeit als außerordentlich betrachtet werden müssen; es gehört **bloß** für den Herrn, den Einsicht und Erfahrung zu dessen Gebrauch privilegiren. In jeder andern Hand würde es das gefährlichste für die Ruhe der Menschen und der helle Weg zur äußersten Sklaverei sein.

Sie wenden mir ein, bei großen Verdiensten finde sich auch allezeit Bescheidenheit und Mäßigung, und mit Hülfe dieser Tugen-**den** würde **der** Glückliche sich mit dem Unglücklichen leicht versöhnen **und** die Empfindungen des Hasses und Neides ersticken, welche sich zum Nachtheil des Dienstes in der Brust aller Zurückgesetzten erzeugen könnten. Allein sobald Verdienste öffentlich erkannt und belohnt sind, wird einem die Bescheidenheit und Mäßigung nur für Politik angerechnet, und man kann davon keine Wirkung hoffen. Ja ich möchte sagen, die Bescheidenheit vermehre oft nur die Kränkung des Unbelohnten, weil dieser nicht selten wünscht, an dem Glücklichen **einen** Fehler zu finden, um ihn zu seiner eigenen Ruhe desto rechtmäßiger hassen zu können. So sind wir Menschen. Zudem wiegt der Staat die Verdienste nicht wie der Sittenlehrer ab. Jener zieht oft große Talente, wenn sie auch von Stolz und Unbescheidenheit begleitet werden, mit Recht einer minder geschickten Bescheidenheit vor.

Derjenige Staat würde auch sehr unglücklich sein, der nicht mehr und viel mehr Männer von Verdiensten besäße, als er belohnen könnte; und bei dieser Voraussetzung würde es doch immer für sehr viele Menschen unangenehm sein, sich vorstellen zu müssen, daß die Belohnten auch die Vorzüglichsten unter allen wären und jedes Ordensband auch den besten Ritter bezeichnete. Jetzt können diese zu ihrer Beruhigung denken, das Glück und nicht das Verdienst hat diese erhoben, oder mit dem Dichter sprechen: Hier deckt ein großer Stern ein kleines Herz. Allein wenn alles nach Verdiensten ginge, so fiele diese so nöthige Beruhigung ganz weg, und der Schuster, der mit aller Zufriedenheit an seinem Leisten klopft, solange er sich schmeicheln kann daß er ganz etwas anders als der Frau Burgemeisterin ihre Pantoffeln flicken würde, wenn Verdienste in der Welt geachtet würden, könnte unmöglich glücklich sein.

Lassen Sie also, liebster Freund, Ihren schwärmerischen Gedanken von der Glückseligkeit eines Staats fahren, worin alles nach Verdiensten gehen sollte. Wo Menschen herrschen und Menschen dienen, ist Geburt und Alter, oder das Dienstalter, immer noch die sicherste und am wenigsten beleidigende Regel zu Beförderungen. Dem schöpferischen Genie, oder der eigentlichen Virtù, wird diese Regel nicht schaden; aber eine Ausnahme von dieser Art ist sehr selten und wird auch nur schlechte Herzen kränken.

Ein gutes Mittel wider die böse Laune.

Von einer Dame auf dem Lande.

Ich muß Ihnen in der Geschwindigkeit eine Entdeckung mittheilen, die ich in der vorigen Woche gemacht habe. Mein Mann und ich waren so unaufgeräumt als zwei Eheleute bisweilen sein können, wie sich eben Herr und Frau . . . bei uns ansagen ließen. „Nun so wollte ich . . .“, fuhr mein Mann heraus, „man kann doch keinen Augenblick auf dem Lande allein sein! Es ist doch eben keine Zeit um zu schmausen, da so viele arme Menschen Hunger leiden; und ich weiß nicht was den Leuten ankommt, es sind ja erst vierzehn Tage daß sie uns besucht haben.“ — „Und ich bin auch nicht im Stande“, stimmte ich ihm grämlich bei, „einen Besuch anzunehmen, indem ich noch in meinem ersten Négligé und wahrhaftig außer Stande bin diesen Mittag einen Braten zu schaffen.“ Indessen, und da die Gäste schon vor dem Thore und zwei Meilen gefahren waren, mußten wir doch die Antwort sagen lassen: es sollte uns viele Ehre sein.

„Nun", sagte mein Mann, „das wird eine recht schöne Gesellschaft sein; ich bin nicht im Stande drei Worte zu sprechen, und du . . ." „O", antwortete ich ihm, „hier ist nichts zu thun als wir müssen beide eine Rolle spielen: ich will die allerliebste Frau, und du sollst den allerliebsten Mann agiren; wir wollen sehen . . ." In dem Augenblick kamen unsere Gäste auf den Platz gefahren, und wir machten den Anfang unserer Rolle so vortrefflich, daß die guten Leute ganz entzückt darüber wurden. Die rührendsten Versicherungen der Freude über ihre Ankunft, die zärtlichsten Umarmungen, die schmeichelhaftesten Lieblosungen folgten einander ganz ungezwungen; und mein Mann, der durch diesen possierlichen Einfall fortgerissen wurde, gab mir nichts nach. Wir lachten beide über unsere Rollen von ganzem Herzen, und unsere Gäste, die dieses Lachen für lauter Zeichen der Freude über ihre Ankunft dankbar annahmen, drückten ihre Zufriedenheit mit gleicher Lebhaftigkeit aus; und ehe eine Viertelstunde vorüberging, waren wir alle so aufgeräumt, als wenn wir uns recht zum Vergnügen bei einander versammelt hätten. Der Mangel des Bratens wurde leicht ersetzt; das Négligé fand Beifall; und der Tag lief uns in dem Tone so fort, daß wir uns am Abend nicht scheiden konnten. Es war als wenn sich auf einmal ein ganz neuer Geist unserer bemeistert hätte, und was erst blos Rolle war, hatte sich dergestalt in Natur verwandelt, daß wir wirklich alles dasjenige fühlten, was wir anfangs nur spielen wollten.

Was dünkt Ihnen, liebste Freundin, von diesem Mittel sich in eine gute Laune, die wir so selten in unserer Gewalt haben, zu versetzen? Sollte es nicht zu dieser Zeit, wo man oft so verdrießlich empfangen und so kaltsinnig entlassen wird, eine öffentliche Bekanntmachung verdienen? Die ganze Kunst scheint nur darin zu bestehen, daß man seine Freunde erst aufgeräumt und erkenntlich macht; und wird dieses gleich anfangs durch eine glückliche Verstellung erzwungen, so können wir selbst nicht unaufgeräumt und unerkenntlich bleiben, sondern müssen nach einer ganz natürlichen Harmonie mit einstimmen. Wir vergessen sodann das Mittel und schmecken nur die Süßigkeiten des Erfolgs.

Mein Vater, ein tiefsinniger Mann, der seine Hausrechnungen niemals nachsah, aber dagegen den Lauf der Kometen desto genauer zu berechnen suchte, den alle fünfhundert Hofnarren des Königs von Monomotapa nicht zum Lachen gebracht haben würden, pflegte sich alle Tage einmal in seinen Lehnstuhl zu setzen und so lange mit dem Munde zu lachen, bis er wirklich von Herzen lachen und seiner Lunge eine wohlthätige Erschütterung geben konnte. Hier

war also noch ein anderer Grund der veränderten Laune; und ich
glaube, wenn man aus Muthwillen oder aus Ueberlegung sein
Gesicht eine Zeit lang vor dem Spiegel zu freundschaftlichen Zügen
übte, es würde diese Bewegung der Lachmuskeln auch eine glückliche Mitwirkung auf unser Herz hervorbringen.

Doch Sie können ohne dieses Mittel vergnügt sein; aber wir
armen geplagten Hausfrauen mit unsern grämlichen Männern müssen
bisweilen unsere Zuflucht zur Kunst nehmen, um die Falten zu
verziehen, welche sich wider unsern Willen zu Runzeln aufwerfen
wollen.   Leben Sie indessen wohl und vergessen uns tragikomische
Landleute nicht!

Ich bin   Amalia . . .

————

Die Ehre nach dem Tode.

Die Zeit, mein Sohn, daß ich aus der Welt scheiden muß,
nähert sich nun mit jedem Tage; ich fühle, daß ich keinem weiter
nützlich sein kann, und stehe andern, die das Werk frischer angreifen
können, nur im Wege.   Bereite dich also nur in Zeiten, deinen
Vater, der dich so sehr geliebt hat, zu verlieren; versprich mir aber
vorher, daß du mir nach meinem Tode ein Denkmal in unserer
Kirche aufrichten lassen wollest, wodurch mein Andenken noch auf
einige Zeit dem Staate, dem ich gedient habe, erhalten werde.
Ich weiß zwar wohl, daß die heutige Welt über dergleichen Dinge
spottet.   Laß dich aber dadurch nicht abhalten, meine letzte Bitte
zu erfüllen.   In dem vorigen Jahrhundert, worin ich geboren bin,
wurde jedem verdienten Mann ein solches Ehrengedächtniß errichtet;
und ich glaube es auch verdient zu haben.   Die Sitte der damaligen
Zeit gefällt mir überhaupt besser als die jetzige, und ich sehe es
als eine höchst schädliche Neuerung an, daß man den verdienten wie
den unverdienten Mann ganz in aller Stille verscharrt und oft
den einen so wenig als den andern mit einem Stein bedeckt, der
seinen Namen der Nachwelt meldet.   Wenigstens scheint mir diese
Neuerung eine große Epoche in der Geschichte der menschlichen
Denkungsart zu machen und mehr Aufmerksamkeit zu verdienen,
als man insgemein darauf wendet.

Die Zeit, welche ich gelebt habe, hat mir diese Veränderung
mit ihren Ursachen leicht entdeckt, und ich kann sie dir mit wenigem
sagen.   Vordem arbeitete ein jeder für seinen Nachruhm, jetzt für
den Tag den ihm der Himmel gibt.   Unbekümmert um den Tadel

wie um den Ruhm der spätern Zeiten, genießt er was er findet, verzehrt was er hat, und dient um genießen und verzehren zu können. Der Glanz eines kurzen Tages hat mehr Reiz für ihn als der größte Dank des spätesten Jahrhunderts, und das Glück mit Sechsen fahren zu können ist ihm köstlicher als die Ehre eines marmornen Denkmals. Das ist die kurze Geschichte: und nun erwäge, ob die Sitte der vorigen oder der jetzigen Zeiten die beste sei.

In beiden Fällen kommt es auf die Befriedigung einer Ehrbegierde an. Aber die erstere Art der Befriedigung ist dem Staate unstreitig weit nachtheiliger als die letztere. Erstere führt zu fortwährenden Verschwendungen, großen Besoldungen, schädlichen Zerstreuungen und einem sittlichen Verderben: anstatt daß die letztere nichts als eine wahre Größe im Leben und einen mäßigen Aufwand nach dem Tode erfordert.

Sicher wirkt auch die Ehre, bei der Nachwelt in einem gesegneten Andenken zu sein, stärker als ein Stern, Band oder Titel, womit ein kleiner Fürst oft einen noch kleinern Diener beschenkt. Wir sehen es an den Gelehrten, welchen man die Pedanterei, für ihren Nachruhm zu arbeiten, verzeiht. Wie vieles opfern diese von ihrer Ruhe, von ihrer Gesundheit und von ihrem Vermögen nicht auf, um durch ein unsterbliches Werk ihren Namen auf die Nachwelt zu bringen! Keine Ehrbegierde ist durch das ganze Leben so dauerhaft und anstrengend als diese; und keiner von ihnen würde so getreu, so fleißig und so schwer für irgendeine Besoldung oder Belohnung arbeiten, als sie für das Lob der Zukunft thun. Kein Augenblick geht ihnen ungenutzt vorüber, und alles was andere den Lustbarkeiten aufopfern, das wenden sie mit dem größten Geize für einen guten Nachruhm an.

Jedem ist es nicht gegeben, sich durch gelehrte Werke zu verewigen. Es würde auch gewiß nicht gut sein, wenn die Ruhmbegierde alle Menschen nöthigte diese Bahn zu laufen. Für diese nun, die gleichwol auch ihre Verdienste haben, die dem Staate vielleicht wichtigere Dienste leisten und demselben keine mindern Opfer bringen als Gelehrte, sollte jeder Staat durch ein Denkmal sorgen, so wie die Griechen und Römer thaten und noch jetzt verschiedene empfindsame Nationen, obwol selten, thun.

Fällt diese Art von Ehrgeiz ganz, so ist zu besorgen, daß auch die Großen dieser Erde gegen das Lob oder den Tadel der künftigen Geschichte gleichgültig sein werden. Bisher ist es noch immer ein großer Bewegungsgrund für manchen Helden und Fürsten gewesen, sein Andenken von dem Fluche der Zukunft und dem Brandmal der Nachwelt zu befreien. Wenigstens haben solche Fürsten, die sich durch einige Thaten im Andenken erhalten werden,

immer gewünscht, solches unbefleckt zu erhalten, und in dieser Ab=
sicht manches unterlassen, was sie sich sonst wol erlaubt haben
würden.

Vordem starb kein Mann von Ansehen, ohne nicht wenigstens
eine Leichenpredigt zu erhalten. Sind dieselben gleich gemißbraucht
worden, so war doch die Absicht, welche man anfänglich dabei
hatte, groß und wichtig; und man hätte solches unter einer Staats=
censur immer erreichen können, wenn wir nicht zu früh hierein
nachgegeben hätten. Allein so haben wir eins mit dem andern
aus der Welt heraus satirisirt, und nur Ludwig XV. hat das
Glück gehabt daß ihm in einer Leichenrede die Wahrheit nachgesagt
worden. Billig sollte uns diese französische Mode wieder dahin
bringen wo wir vor hundert Jahren waren; und hierzu, mein
Sohn, laß mich das Exempel geben. Laß mir eine Leichenpredigt
halten, und errichte mir ein Denkmal, so wie meinem Urgroßvater
errichtet worden. . .

Anmerkungen.

.

S. 4, Z. 1 v. o.: „Der Bauerhof als eine Actie betrachtet." — Man muß es dem Verfasser nicht verdenken, daß er zu oft von dieser Materie redet. Sie ist die wichtigste für das Wohl der Staaten und in öffentlichen Schriften noch wenig behandelt. Die Aufsätze, so hier folgen, sind in den Zeiträumen von mehreren Jahren geschrieben und enthalten oft einen Gedanken mehrmals. Allein wer in einem Regierungscollegio sitzt und täglich den verschiedenen Beschwerden und Forderungen nach einer Theorie, welche auf die mindeste Aufopferung von Freiheit und Eigenthum gegründet ist, abhelfen soll, weiß es am besten, wie viel daran gelegen, solche Grundsätze aufrecht zu erhalten.   J. M.

S. 7, Z. 8 v. o.: „Wehrgut." — Ein Gut, welches zum Heerbann gehörte; vgl. Möser's Einleitung zur „Osnabrückischen Geschichte", § 24.

S. 7, Z. 10 v. u.: „Briestracht." — Diejenigen Kötter, welche die Briefe des Bischofs an die Aemter und die der Aemter an die Voigte bestellen mußten, waren von einzelnen Lasten und Diensten frei.

S. 10, Z. 9 v. u.: „Abgisten" = Abgaben.

S. 13, Z. 15 v. o.: „Kleiner Sterbfall." — Von den Hausgenossen verfällt dem Hofherrn der vierte Fuß oder der vierte Theil von allem auf dem Hofe vorhandenen Vieh, wobei die Hälfte der Schafe ausgenommen ist. In einzelnen Fällen nimmt der Hofherr nur das beste Stück des Viehes.

S. 13, Z. 18 v. u.: „Auffahrt." — Die Summe, welche der Fremde dem Gutsherrn zahlt, welcher ihm eine Stätte als eigen-

13 *

behörig angewiesen hat. Verheirathet sich der Anerbe einer eigenbehörigen Stätte oder der Wehrfeste selbst, so muß auch die angeheirathete Person die Auffahrt zahlen, da sie als fremde betrachtet wird.

S. 13, Z. 17 v. u.: „Bewilligung auf Schulden." — Kein Eigenbehöriger kann ohne Bewilligung des Gutsherrn auf den ihm überlassenen Grund und Boden Schulden aufnehmen. Diese Bewilligung erfolgt nur dann, wenn das erborgte Kapital zum besten der Stätte verwendet wird; dann lastet die Schuld auf der Stätte selbst.

S. 13, Z. 17 v. u.: „Abäußerung." — Die nach gerichtlichem Erkenntniß erfolgte Entfernung des Eigenbehörigen und seiner Familie von der ihm zugewiesenen Stätte.

S. 16, Z. 11 v. o.: „Weinkauf." — Das Auffahrtsgeld, welches die angeheirathete Person zu zahlen hat, und wodurch sie das Recht erhält, nach dem Tode des Gatten, dem die Stätte nach Erbrecht zustand, auf derselben zu bleiben.

S. 18, Z. 1 v. o.: „Schulden." — Um dieses in seinem vollen Maße zu verstehen, muß man bemerken, daß es in dem Stifte Osnabrück Leibeigene gibt, die ihre Höfe mit zehn- und zwanzigtausend Thaler Schulden beladen haben.   J. M.

S. 18, Z. 10 v. o.: „Freibrief." — Die vom Gutsherrn ausgestellte Urkunde über die Entlassung eines Eigenbehörigen aus dem Stande der Leibeigenen.

S. 20, Z. 11 v. u.: „Gowgrafen." — Diejenigen bischöflichen Beamten, welche die Gowrichte abhielten. In diesen ward unter anderm abgeurtheilt über falsches Maß und Gewicht. Der Gowgraf war dem Droste untergeordnet und mußte z. B. auf dessen Anordnung Zeugenverhöre abhalten, die Gerichtsdiener einweisen u. s. w.

S. 24, Z. 22 v. u.: „Heergewedde", besser hergewäte (ahd. herigiwâti), ursprünglich „Kriegsgewand". — Die fahrende Habe, die sich auf Bewaffnung und Ausrüstung des Mannes bezieht und nur in dem Mannsstamme, auf Verwandte männlicher Seite forterben kann.

S. 24, Z. 17 v. u.: „Hofgewehr." — Das nöthige Inventarium eines Bauerhofes, welches die Aeltern, wenn sie die Leibzucht beziehen, auf dem Hofe lassen müssen. Nach den einzelnen Hofrechten war die Hofgewehr sehr verschieden.

S. 25, Z. 23 v. o.: „Sachsen." — Die sächsische Nation ist die einzige gewesen, welche die Menschen in vier Klassen, nämlich in Edle, gemeine Eigenthümer, Zweidrittelknechte und ganze Knechte eingetheilt hat.   J. M.

S. 25, Z. 18 v. u.: „Leute." — Möser's Ableitung des Wortes von liti ist unrichtig. Ahd. liut = Menschenmenge.

S. 25, Z. 14 v. u.: „Ein drittel Eigenthum." — Es ist vermuthlich noch eine Folge hiervon, daß man später den Leibeigenen indirect zugestanden hat, ein Drittel ihres Gutes zu verschulden, indem sie nicht eher abgeäußert werden, als bis sie dieses Drittel überschritten haben.   J. M.

S. 25, Z. 5 v. u.: „peculium servorum." — Das durch Nebenverdienst erworbene Sondergut der römischen Sklaven, durch welches diese gewöhnlich sich ihre Freiheit erkauften.

S. 26, Z. 1 v. o.: „Vortheil." — Der heutige Soldatenstand ist ebenfalls eine Art von Knechtschaft; aber er hat eben das Seine, daß ein Fürst als Musketier dienen kann, ohne seiner Ehre zu schaden.   J. M.

S. 30, Z. 6 v. o.: „auf den Kerbstock dienen." — Zwei aneinander passende Hölzer, von denen das eine der Gutsherr, das andere der Knecht besaß, wurden in der Weise als Verzeichniß der Arbeitstage benutzt, daß am Abend eines jeden über beide ein Schnitt gemacht wurde. Der Versuch einer Fälschung mußte sogleich entdeckt werden, weil einer jeden Partei nur ein Holz zu Gebote stand.

S. 35, Z. 11 v. u.: „Brüchte." — Das durch den Voigt einzutreibende Strafgeld.

S. 36, Z. 5 v. o.: „Miethpferd." — Linguet bediente sich dieser Gründe zur Vertheidigung des Leibeigenthums; sie gelten aber nur da, wo ein Staat wenig Steuern zu zahlen und wenig Rekruten zu stellen hat. Dieses ist aber jetzt in wenigen Ländern der Fall. In den meisten ist ihm mehr an der Erhaltung und dem Wohlstande vieler geringer Unterthanen als an dem Vortheile großer Gutsherren gelegen.   J. M.

S. 38, Z. 19 v. o.: „Gall und Gare." — Synonyma: Düngung. Im Texte ist die von J. Möser gebrauchte Form „Gall" beibehalten worden, obgleich auch im Osnabrückischen dafür „geil" gebraucht wird. Det land in gare (gêr) un geile erhälen = dem Lande die gehörige Fettigkeit (Geilheit) durch Düngung erhalten.

S. 39, Z. 9 v. o.: „Erbe und Erbgenahmen" = heres, Synonyma.

S. 39, Z. 3 v. u.: „Abschoß." — Abzugsgeld, die Summe, welche der Landesherr von dem einem Ausländer zufallenden Erbe eines Fremden abzieht.

S. 47, Z. 9 v. o.: „Hofsprache." — So wird der Versammlungstag der hofhörigen Leute im Stifte Osnabrück genannt. J. M. Gewöhnlich einmal im Jahre versammeln sich die Hofhörigen im Hause des Meiers, ihres Vorstehers, wo ihnen ihre Rechte vorgelesen werden. Doch kann auch der Leibeigene bei einer außerordentlichen Hofsprache sich Rath und Recht holen.

S. 47, Z. 13 v. o.: „Sundern." — Ein beträchtliches Gehölz, das in Absicht der Viehweide offen und gemein, aber was das Holz betrifft davon gesondert oder einem Herrn zuständig ist. J. M.

S. 48, Z. 17 v. o.: „Lagerbuch." — Mit den gutsherrlichen Flur- oder Lagerbüchern, welche gegen die Mitte des 17. Jahrhunderts Mode wurden und wozu in dem gegenwärtigen schön groß Papier genommen worden, ist es eine eigene Sache. Ich getraue mir zu sagen, daß kein einziges richtig sein könne, weil man zur Zeit, wie sie aufkamen, z. B. sagte: Rindgeld, Schweinegeld, Dienstgeld, und kein Gutsherr dieses zu Buche schreiben konnte, ohne sich mit seiner eigenen Hand zu schlagen, gleichwol aber auch ohne Verletzung seines Pflichtigen nicht schreiben durfte: ein Rind oder dafür 4 Thaler, ein Schwein oder dafür 2 Thaler, ein wöchentlicher Spanndienst oder dafür 10 Thaler. Jeder setze sich hier an die Stelle des Gutsherrn und schreibe, und sehe dann zu, ob er nicht seine eigene Auslegung für die Wahrheit niederschreibe. J. M. — Bei Streitigkeiten über Dienstleistungen der Leibeigenen war das Herkommen entscheidend; die Pflichten und Dienstleistungen der Eigenbehörigen waren in dem „Lagerbuche" der Gutsherren verzeichnet, das jedoch keine juridische Beweiskraft hatte.

S. 48, Z. 4 v. u.: „Tafel." — Die Tafeln in den Kirchen, worauf die Pflichten der Gerichtsunterthanen beschrieben waren, waren ehedem häufig; und man muß die alten Deutschen bewundern, welche die Erfahrung zu dieser Vorsicht geleitet hat. J. M.

S. 48, Z. 3 v. u.: „Besitz." — Der Besitz ist immer das arme elende Nothmittel, worauf die römischen Rechtsgelehrten verfallen, wenn sie sich um die vaterländischen Rechte nicht bekümmern; es ist aber auch ein gefährliches Mittel, besonders wo der Eid einzelnen Leuten aufgetragen werden kann. Dieses ist wiederum ein unverzeihlicher Fehler unserer Praxis. Einem einzelnen Manne, der zu

einer Gilde oder einem Hofe gehört, muß nie über Gilde- oder Hof-
gerechtsame der Eid angetragen werden können: sondern er muß der
ganzen Gilde deferirt werden, die sich per Syndicum vertheidigt und
die Männer selbst stellt, deren Eid hiernächst für alle verbindlich sein
soll.   J. M.

S. 51, Z. 10 v. u.: „Bannalisten." — Die unter der Juris-
diction (Bann) einer Oberherrschaft oder eines Dominiums standen.

S. 52, Z. 17 v. o.: „Monatschatz" (Mondgeld). — Die von
Voll- und Halberben und von Erbköttern gezahlte Grundsteuer; davon
befreit waren die Heuerleute, welche den Rauchschatz entrichteten.

S. 66, Z. 19 v. o.: „Großkanzler von Cocceji." — Sa-
muel von Cocceji, geboren 1679 zu Heidelberg, war zuerst Professor der
Rechte zu Heidelberg, 1723 Kammerpräsident zu Berlin, 1727 Staats-
und Kriegsminister, 1746 Großkanzler und starb am 22. October 1755.
Sein bedeutendstes Werk ist die Gerichtsordnung „Codex Fridericia-
nus" (1747—60).

S. 67, Z. 5 v. u.: „Schweine krampfen" (krampen). —
Den Schweinen einen Draht, der sie am Wühlen hindert, durch den
Rüssel ziehen.

S. 74, Z. 3 v. u.: „Saelhöfer" (Saddelhöfer). — Die
Schöffen, welche bei den Halsgerichten das Urtheil einbringen, Galgen,
Rad und Leiter aufrichten und die Grube graben mußten, jedoch nicht
für Weiber.

S. 75, Z. 8 v. u.: „Champion" = Vertheidiger.

S. 77, Z. 17 v. u.: „Spolium" = Die eigenmächtige Weg-
nahme und Vorenthaltung fremden Eigenthums, mit Wissen aber nicht
mit Willen des rechtlichen Besitzers.

S. 78, Z. 19 v. u.: „Wehrgeld." — Diejenige Geldsumme,
welche nach altdeutschem Recht den Verwandten eines Erschlagenen
gezahlt werden mußte, um die Blutrache zu hindern. Nach Einführung des Landfriedens ward das Wehrgeld nur bei fahrlässiger
Tödtung gefordert.

S. 79, Z. 9 v. u.: „Das Recht der Privatrache." — Es
kommt zuletzt auf die Frage an, wie weit das jus primi occupantis
gehe, und ob dieser nicht ein Recht habe, alle Thiere, den Menschen
mit eingeschlossen, welche ihn darin stören wollen, über den Haufen

zu schießen. Die Regel: Was du nicht willst, das dir die Leute thun
sollen, das thue ihnen auch nicht — spricht hier für den occupantem;
denn dieser kann sagen: ich verlange nicht, daß man mir besser be-
gegne, wenn ich andere in ihrem Rechte kränke.   J. M.

S. 82, Z. 1 v. o.: „Wann und wie mag eine Nation
ihre Constitution verändern?" — Dieser Aufsatz wurde zuerst
in den „Westfälischen Beiträgen", 1791 Nr. 37, veröffentlicht; er
wendet sich besonders gegen Gudin, Supplément au Contrat social
(Paris 1791).

S. 83, Z. 21 v. o.: „Los." — Ein Theil des Grund und
Bodens.

S. 83, Z. 9 v. u.: „Schutz= und Schirmgeld", auch Freien-
schilling genannt. — Eine Abgabe, welche diejenigen zahlen mußten,
welche, um nicht biesterfrei zu werden, sich in die Hode eines Schutzherrn einschreiben ließen; vgl. Anmerkung zu Th. I, S. 152 „Wachszins".

S. 84, Z. 4 v. o.: „Theorie." — „Je allgemeiner das Princip
angenommen wird, desto größer wird die Entfernung zwischen demselben und dem Gegenstande, worauf es angewandt werden soll" —
sagt Necker in der Vertheidigung seiner Administration.   J. M.

S. 86, Z. 13 v. u.: „Hundredarei." — Die echten Eigenthümer der Mansorum, welche im Heerbanne sich auf eigene Kosten
rüsteten.

S. 86, Z. 13 v. u.: „Plegiati." — Plegium (Pflege) umfaßte
die geringern Leute, die nicht vermögend waren sich einzeln selbst
auszurüsten, jedoch mit gesammter Hand einen Schutzvogt ausrüsteten,
der ihren schuldigen Antheil an der gemeinen Vertheidigung verrichtete.

S. 90, Z. 1 v. o.: „Ueber das Recht der Menschheit." —
Zuerst veröffentlicht in den „Westfälischen Beiträgen", 1790, Nr. 16.

S. 90, Z. 11 v. o.: „Wahre." — Möser erklärt den Ausdruck
in der Einleitung zur „Osnabrückischen Geschichte", § 11 b, als „den
Theil, den ein voller Genosse in der Gemeinheit zu wahren hat".
Gewöhnlich wurde als Wahre die Markgerechtigkeit einer Stätte bezeichnet. Das Recht an der Mark richtete sich danach, ob der Grundbesitz ein volles oder ein halbes Erbe war. Einzelne Erben hatten
auch zwei und mehr Wahren.

S. 91, Z. 15 v. o.: „Bäte" oder „Beede." — Der Name
einer außerordentlichen Steuer, die sowol mit Bitten als mit Zwang

gesammelt werden **konnte**, weil die gemeine Last mit gemeinen Schultern zu tragen war. In letzterm Falle mußte sie berechnet werden. („Osnabr. Geschichte", § 39.) Das Wort kommt her von **bâten**, helfen. (Redensart: **schât nicht, bât nicht** — schadet nicht, hilft nicht.)

S. 91, Z. 23 v. o.: „**Vermögenssteuern.**" — Dieses ist überall der Ursprung des tiers état. Der zweite Stand nahm seinen Anfang, als der Director der Compagnie von dem echten Eigenthümer eines Mansus Steuer und Folge über seine Verbindlichkeit und von den Dienstleuten über ihren Dienstcontract forderte. Denn **wozu** ein jeder durch den ursprünglichen Verein oder durch den Contract verbunden war, das konnte der Director fordern, ohne dazu **eine neue** Einwilligung zu suchen. J. M.

Z. 91, Z. 8 v. u.: „kramen" = Handel treiben.

S. 93, Z. 11 v. o.: „**Ueber das Recht der Menschheit.**" — Gegen den vorhergehenden Möser'schen Aufsatz schrieb ein damals in Berlin sich aufhaltender Herr **von** Clauer Einwürfe, welche in der „Berliner Monatsschrift", September 1790, Nr. 2, abgedruckt und zugleich von Herrn Biester **auf** anständige und treffende Weise (ebend. Nr. 3) beantwortet wurden. Hierauf bezieht sich der gegenwärtige Aufsatz. Anm. **von** Nicolai, dem Verleger **des** Werks.

S. 93, Z. 5 v. u.: „**Deichband.**" — **So nennt man** die Gesellschaft der zur Wiederherstellung **oder** Unterhaltung **eines** Deiches Verpflichteten. J. M.

S. 96, Z. 4 v. o.: „**größte Vermehrung.**" — Darum war auch bei den Juden die Unfruchtbarkeit so schimpflich. Vult futui Gellia, **non** parere — denkt ein gesundes Volk von einem unfruchtbaren Weibe. J. M.

S. 96, Z. 15 v. u.: „**Bobadilla.**" — Nicolaus B. war einer der Gründer des Jesuitenordens, welcher unter Ferdinand nach Wien berufen wurde. Möser bezieht sich auf L. II. Polit. c. 2. n. 84.

S. 96, Z. 15 v. u.: „**Munnoz ab Eskobar.**" — Ein spanischer Rechtsgelehrter, dessen Werk „de Ratiocinio" (c. 25. n. 47) von Möser hierbei angeführt wird.

S. 97, Z. 6 v. o.: „**Die Acte Habeas corpus.**" — Es ist immer auffallend, daß man diese Acte in Deutschland auf englische Weise benennt, da doch in Deutschland nicht leicht ein Ländchen sein wird, das nicht **eine** gleiche Acte hat. In den osnabrückischen Capitulationen mit den Bischöfen heißt es von den ältesten Zeiten her: Es solle kein Einwohner mit Kummer oder Arreſt beſchwert werden, es würde denn ſofort ein Gerichtstag oder Verhör dem Beklagten dabei angeſetzt, daß er ſich zu Recht wiſſe zu ſchützen; und nun ſchützte Bürgſchaft einen jeden gegen perſönliche Haft. — Die Delicateſſe in Anſehung der perſönlichen Verhaftung ging ſo weit, daß die Kölner einem Uebertreter ihrer Stadtgeſetze, nach hanſeatiſchen Rechten, nur einen Kornhalm oder Binſen um den Arm banden, womit er ſich für verarreſtirt halten mußte und übrigens ſeinen Geſchäften nachgehen konnte. Wie charakteriſtiſch! Ein Arreſt, der ſo leicht wie ein Halm gelöſt werden kann, ſchimpft niemanden.　　　　　　J. M.

S. 97, Z. 4 v. u.: „Graf von Herzberg." — Bekannt durch Herausgabe des Landbuchs von der Mark Brandenburg, welches Kaiſer Karl IV. Anno 1375 in lateiniſcher Sprache hatte verfertigen laſſen.　　　　　　J. M.

S. 100, Z. 11 v. u.: „Una superstitio superis quae reddita divis." — Der eine bindende Eid, welcher den obern Göttern zuſteht. Virgil.

S. 115, Z. 12 v. u.: „Rex Ancus." — Der König Ancus, König ſowol der Menſchen als Prieſter des Phöbus.

S. 116, Z. 8 v. u.: „in contubernio" = in wilder Ehe.

S. 116, S. 6 v. u.: „pro vagis copulirt" = als fahrende Leute zuſammengethan.

S. 116, Z. 1 v. u.: „Relicten" = die Hinterlaſſenen.

S. 118, Z. 11 v. u.: „Episcopunculus" = ein kleiner Biſchof.

S. 119, Z. 8 v. u.: „inexhausta pubertas" = vollkräftige, unerſchöpfte Mannheit, welche Tacitus der germaniſchen Jugend nachrühmt (Germania, cap. 20).

S. 131, Z. 19 v. u.: „Hume." — David H., engliſcher Philoſoph und Geſchichtſchreiber, geboren am 26. April 1711 zu Edinburg, widmete ſich dem Staatsdienſte, wurde Unterſtaatsſecretär und ſtarb zurückgezogen von den öffentlichen Geſchäften am 25. Auguſt 1776. Sein Hauptwerk iſt die „Geſchichte Englands von der Invaſion Cäſar's bis zur Revolution im Jahre 1688", von welcher 1754 der erſte Band erſchien.

S. 132, Z. 4 v. o.: „Maupertuis." — Pierre Louis Moreau de M., bedeutender Mathematiker, geboren am 17. Juli 1698 zu St.-Malo, 1723 Mitglied der Akademie, leitete 1737 die Gradbestimmung in Lappland, 1741 Präsident der berliner Akademie, gestorben am 27. Juli 1759 zu Basel.

S. 136, Z. 9 v. u.: „Donatist." — Der Bischof Donatus hatte in Afrika im Beginn des 4. Jahrhunderts durch seinen und seiner Anhänger Protest gegen die „Traditoren", welche der herrschenden Gewalt Zugeständnisse machten, um das Christenthum zu retten, einen gewaltigen Sturm erregt. Die Kirche, sagte er, sei die Braut Christi und müsse deshalb heilig, rein und fleckenlos sein. In einem nun entstehenden langen Bürgerkriege verübten die Donatisten die entsetzlichsten Grausamkeiten gegen die rechtgläubigen Christen.

S. 137, Z. 23 v. o.: „Arlaud." — Jakob Anton A., geboren zu Genf 1668, bildete sich zu einem namhaften Miniaturmaler aus, der besonders am englischen Hofe viel Bewunderung fand, und starb 1743 zu Genf.

S. 137, Z. 4 v. u.: „Schnatfelfen" = Grenzfelsen (von snien = schneiden, trennen; snådweg = Grenzweg im Forste).

S. 147, Z. 13 v. o.: „Bibulus." — Der in einem andern Aufsatze den Stand der Vögte angegriffen und sich selbst als Vogt unterschrieben hatte. J. M.

S. 149, Z. 9 v. o.: „Wundarzneikunst und Baderei." — Die Bader gehörten ehemals wie die Schäfer und Abdecker zu den unehrlichen Leuten und wurden erst durch Wenzel 1406 für ehrlich und durch einen Beschluß des augsburger Reichstages 1548 für zünftig erklärt. Nach der Vereinigung der Zünfte der Bader und Barbiere durften nur diejenigen die niedere Chirurgie betreiben, welche sieben Jahre lang die Kunst des Rafirens geübt hatten und die Gerechtigkeit einer Barbier- oder Badestube besaßen.

S. 149, Z. 15 v. o.: „Bauerschaft." — Die ländlichen Gemeinden in Westfalen wurden zusammengefaßt in Bauerschaften, Kirchspiele, Kreise und Provinzen. Als Abkürzung von Bauerschaft gebraucht Möser auch das Wort „Bauer" zur Bezeichnung einer Vereinigung von Grundbesitzern.

S. 152, Z. 8 v. o.: „Garrick." — David G., geboren 1716 zu Hereford, erlernte die Kaufmannschaft, ward dann Schauspieler, als welcher er besonders auf dem Drurylane-Theater in London bedeutendes

Aufsehen erregte, kaufte später dieses Theater, erweckte den Geschmack an Shakspeare's Dramen und starb 1779 zu London. Er war
auch Verfasser von 27 Lustspielen und einer Anzahl von Prologen,
Episteln u. s. w.

S. 152, Z. 9 v. o.: „Clairon." — Eigentlich Claire Josephe
Hippolyte Leyris de la Tude, geboren 1723 in der Nähe von Condé
in Flandern, gestorben 1803 in Paris, war als Schauspielerin her-
vorragend in den Rollen einer Phädra, Zenobia, Dido.

S. 158, Z. 15 v. u.: „Mengs." — Anton Raphael M., geboren
1728 zu Aussig in Böhmen, Hofmaler am kurfürstlichen Hofe zu
Dresden, unternahm Studienreisen nach Italien und Spanien und
starb zu Rom 1779. Seine Gemälde zeichnen sich mehr durch Colorit
und correcte Zeichnung als durch geistigen Gehalt aus; seine theoretischen Werke über Malerei sind in italienischer Sprache gesammelt
1780 zu Parma erschienen.

S. 162, Z. 15 v. o.: „Riccoboni." — Ludovico R., geboren
zu Modena 1677, gestorben zu Paris 1753, berühmt als Dramaturg;
seine bedeutendsten Werke sind „Histoire du théâtre italien" (Paris
1727) und „L'art du théâtre" (Paris 1750, deutsch von Schröder,
Hamburg 1828). Einzelne seiner dramatischen Entwürfe hat Lessing
in der „Theatralischen Bibliothek" mitgetheilt.

S. 163, Z. 10 v. o.: „Her comic vein." —

Ihre komische Ader hatte jeglichen Reiz zu gefallen;
Was die Natur ihr gebot, hauchte sie mit der Leichtigkeit der Natur aus.
Selbst wenn ihre Kräfte die Last der Tragödie auf sich nahmen,
Floß ihre Stimme voll, klar und harmonisch dahin;
Und die gewaltigen Leidenschaften ihres gefühlvollen Herzens
Traten frei hervor und zeigten ihre mimische Kunst.
Oft malte sie auf der Bühne mit entlehnten Farben
Das Laster und lehrte uns, was wir scheuen sollen;
Die Tugend beherrschte ihr wirkliches Leben,
Diese edlere Rolle war gleichmäßig gut.
Da war jede Forderung so vollkommen erfüllt,
Daß, wenn die Vorschriften nicht genügten, das Beispiel belehrte.

S. 163, Z. 7 v. u.: „pipisch" = zimperlich, enthaltsam.

S. 171, Z. 6 v. o.: „Crapaud." — Eine Art neumobischer
Schnurrkatzen, welche die Stelle des Fächels eingenommen hat. Eine
Schnurrkatze aber ist so ein Ding, ja es ist so ein Ding, womit die
Kinder spielen.						J. M.

Druck von F. A. Brockhaus in Leipzig.